Theo Girshausen

Ursprungszeiten des Theaters

Das Theater der Antike

Vorwerk 8

Das Lektorat besorgten Barbara Schweizerhof und Rudolf Mast

Die Deutsche Bibliothek - CIP-Einheitsaufnahme
Girshausen, Theo: Ursprungszeiten des Theaters :
Theater der Antike / Theo Girshausen. - Berlin : Vorwerk 8, 1999
ISBN 3-930916-14-2

Gesamtgestaltung und Satz: Michael Roggemann (osthafen-DESIGN)
Druck: Oktoberdruck
ISBN 3-930916-14-2

Inhalt

Die Institutionen

Zur Wirkungsgeschichte des antiken Theaters

»Klassische Antike«

In einem 1971 zuerst erschienenen, 1990 in deutscher Übersetzung vorgelegten Bändchen des französischen Historikers Paul Veyne mit dem Titel: *Geschichtsschreibung. Und was sie nicht ist* heißt es an einer Stelle: »Für jeden kritischen Leser und die meisten professionellen Historiker handelt ein Geschichtsbuch von etwas anderem, als es zunächst den Anschein hat. Es handelt nicht vom Römischen Reich, sondern von dem, was wir von diesem Reich noch wissen können.«[1] Damit ist unmißverständlich gesagt, was Geschichtsschreibung, unter anderem, nicht ist – unvermittelte, umstandslose Auskunft über die Vergangenheit. Daß Geschichtsschreibung diesen Anspruch nicht erfüllen kann, also auch gar nicht erheben darf, daran will sich vorliegende Darstellung halten. Auch sie wird nicht unvermittelt und umstandslos vom Theater der griechischen Tragödie handeln, sondern Vermittlungen berücksichtigen und Umstände machen. Vermittlungen, die im komplizierten Prozeß seiner Überlieferung begründet sind; Umstände, die in der insistenten Reflexion auf das mögliche Wissen bestehen, welches uns solche Vermittlungsweisen überhaupt noch erlaubt. Sie wird dies nicht stillschweigend, sondern ausdrücklich tun. Sämtliche für unser Thema wichtigen Aspekte werden durch die Frage nach dem möglichen Wissen darüber hindurch behandelt. Darin wird die stets im Auge zu behaltende Leitfrage bestehen.

Wenn eine Auseinandersetzung mit dem Theater der Tragödie diesen Weg einschlägt, lassen sich dafür gute Gründe anführen. Die Frage nach dem noch erreichbaren Wissen über unseren Gegenstand liegt auf der Hand, bedenkt man, daß die Rede von einem Theater sein soll, dessen Anfänge im fünften vorchristlichen Jahrhundert greifbar werden und von denen wir mithin durch die ungeheure Zeitspanne von nunmehr fast genau 2.500 Jahren getrennt sind. Aber nicht genug mit der rein zeitlichen Distanz. Von diesem Theater und der Kultur, der es zugehörig ist, sind wir auch durch ganz anders gewordene Strukturen des Lebens, des Denkens, Glaubens und Meinens, des Fühlens, Vorstellens und Wahrnehmens geschieden. Es soll also um ein Theater und eine Zeit gehen, die uns – könnte man meinen – in allem radikal fremd gegenüber stehen.

Dies ernsthaft bedenkend, läßt sich das Problem sogar noch schärfer formulieren. Kann man angesichts solcher Fremdheit über dieses Theater und die Epoche, der es zugehörig ist, *überhaupt* noch etwas wissen? Welche Kriterien stehen denn eigentlich zur Verfügung, um zu entscheiden, was zureichendes Wissen darüber ist, solches Wissen also, das die längst vergangene Sache in ihren Eigentümlichkeiten trifft, die uns doch offensichtlich keine Selbstverständlichkeiten sein können – und was möglicherweise schiere Projektion, Rückverlagerung des uns Nahen und Eigenen ins Ferne und Fremde sein mag?

Solche Fragen sind nun freilich keineswegs so selbstverständlich, wie sie scheinen mögen. Im allgemeinen hat man, bevor sie recht formuliert sind und uns mit Zweifeln plagen können, eine Antwort parat, die über die längste Zeit der Beschäftigung mit der Antike weitaus plausibler schien. Nicht nur, daß der Philologe hier die »Entdeckung des Geistes« konstatiert, der Historiker das Entstehen des »Politischen« und des »Demokratischen«, der Philosoph die des »Logischen«, der Wissenschaftler die Anfänge der Naturwissenschaft. Auch die meisten gebildeten »Laien« sehen in der altgriechischen Kultur als ganzer die Anfänge einer europäischen Tradition des Denkens, Glaubens, Meinens, Fühlens, Vorstellens und Wahrnehmens, an welche wir – bei allem, was zwischenzeitlich wieder und wieder neu und anders geworden ist – im wesentlichen noch immer gebunden sind.[2] Das sichert den Zusammenhang zwischen damals und heute. Unsere Kultur und also auch unser Theater erscheinen unter solchen Voraussetzungen eingebunden in eine Wirkungsgeschichte, welche im fünften vorchristlichen Jahrhundert beginnt und an deren sicherem Leitfaden wir zurückfragen können danach, wie das, was geworden ist, am Anfang war. Man geht hier also von einem die weit über zweitausendjährige Geschichte des Theaters umspannenden Traditionszusammenhang aus, an dem wir angeblich die sichere Gewähr finden können, das Langvergangene noch verstehen zu können, weil wir eben, im Prinzipiellen, im Wesentlichen, noch immer mit seinen Anfängen als mit den unseren verbunden sind.

Damit ist uns nicht nur die Sicherheit gegeben, daß uns die antike Kultur und ihr Theater nicht so radikal fremd sein können, wie es auf Anhieb erscheinen mag. Sondern viel mehr noch – daß wir in ihr, mitsamt den historischen Anfängen unserer selbst, auch das Muster zu fassen bekommen, das auch unserer Kultur, unserem Theater, noch immer zugrunde liegt. Darin besteht nun aber die über lange historische Wegstrecken und durchaus auch heute noch gültige und prägende Auffassung von der herausragenden Bedeutung der Antike. Sie ist als unser Anfang auch unsere Norm und stellt insofern das Klassische schlechthin dar.[3]

Ohne Zweifel wird solch ausgesprochene Überzeugung heutzutage seltener oder jedenfalls weniger vehement vertreten.[4] Das ist einerseits die Folge des massiven Geltungsverlusts »klassischer Bildung«[5]; andererseits – und wichtiger noch – die Konsequenz der besonnenen Reaktion von seiten einiger Vertreter der Altertumswissenschaft auf das – an Bildungsreform und Lehrplanänderungen an Gymnasien und Universitäten abzulesende – Fragwürdigwerden ihres Gegenstandes in unserer Gegenwart. Philologen[6] und Historiker[7] reflektieren seit geraumer Zeit auf die Bedeutung, welche die alte Kultur in unserer Zeit noch haben kann, und betonen, wie sehr die scheinbare Vertrautheit mit ihr sich eher als Hindernis für ein wirkliches Interesse auswirken kann. Auch hier wird Aufmerksamkeit für das Eigene und Fremde der alten Welt und gerade für die Vermittlungen gefordert, die für vielfältige Brechungen im Verhältnis zwischen ihr und uns gesorgt haben – als Voraussetzung wirklich intensiver Auseinandersetzung mit ihr und ihrer möglichen Relevanz für uns. Trotz solcher Problematisierung durch die Fachwissenschaften wirkt die alte Überzeugung bei vielen aber fraglos – und gerade darum so hartnäckig – ganz einfach als Bildungsrelikt weiter.

Das gilt nun für den größten Teil der Theatergeschichtsschreibung im besonderen. Seit jeher allen Debatten über Theorie und Methode ihres Geschäfts abgeneigt, zogen und ziehen die Theaterhistoriker die Frage nach Kontinuität und Diskontinuität in der europäischen Theatergeschichte gar nicht erst in Erwägung. Das hat in der Praxis oft genug zur Folge, daß die »klassische« theoretische Überzeugung gerade deshalb als eingeschliffener Topos (manchmal auch nur als Klischee) mächtig weiter zu wirken vermag. So lange die Entstehung des altgriechischen Theaters auch zurückliegen mag, wird in den meisten Theatergeschichten eben weniger argumentiert denn stillschweigend vorausgesetzt, wir seien mit diesem Theater deshalb eng verbunden, weil dieses Entstehen zugleich als Anfang unseres, des europäischen Theaters schlechthin zu begreifen sei. Deshalb scheint ein Überspringen aller Vermittlungen und ein umstandsloses Verstehen möglich, das keiner ausdrücklichen Überlegung bedarf.

Das fällt sofort ins Auge, schlägt man eine der üblichen Geschichtsdarstellungen zum Theater Europas auf. In aller Regel beginnen diese Theatergeschichten mit dem »antiken Theater«, worunter insbesondere die Tragödien- (und Komödien)aufführungen des fünften vorchristlichen Jahrhunderts verstanden werden und zu denen alles Spätere nur einen Appendix bildet.[8] Eher kursorisch behandelt finden sich in solchen Theatergeschichten das hellenistische Theater, was meint: das seit dem vierten Jahrhundert sich international verbreitende Theater in der griechischsprechenden Welt, zu dem auch das Theater Siziliens gehört, von dessen Wichtigkeit immerhin der Umstand zeugt, daß es bereits im fünften Jahrhundert in Konkurrenz mit dem Athener Theater treten konnte. Sowie das Mitte des dritten Jahrhunderts zur offiziellen Institution erhobene Theater Roms, das (zunächst als »Kulturimport«, dann als sein lateinisches Imitat) in der Bedeutung dem griechischen zwar nachstand, schließlich aber auch eine fast zweihundertjährige Geschichte aufzuweisen hat. Beides wird durch das vorherrschende Interesse für Athen im fünften Jahrhundert ausgegrenzt, obwohl hellenistisches und römisches Theater zur historischen Antike dazugehören. »Theater der Antike« heißt – allein durch solche Auswahl und Akzentsetzung – in den meisten Fällen also eigentlich: das Theater der klassischen Antike oder eben das klassische Theater der Antike bzw., nicht normativ, sondern historisch betrachtet, das Theater der Anfänge, das allererste Theater Europas. Ohne daß es ausdrücklich gesagt werden muß, erscheint dieses Theater – lediglich kraft der Maßgaben stofflicher Disposition – als Muster und Modell oder aber, was letzten Endes dasselbe bedeutet, als Ursprung und Keimzelle alles folgenden und infolgedessen als Prägeform der gesamten Geschichte des europäischen Theaters. Das antike Theater wird jedenfalls, mag man es als Norm oder Ursprung nehmen, als erster Entwicklungsschritt auf dem Weg zu dem Theater verstanden, wie wir es heute kennen: als Beginn einer Tradition, in der noch das heutige Theater zu verorten ist.

Die theaterhistorischen Abrisse, die den Zusammenhang des allerersten mit dem uns vertrauten Theater durch eine alles umfassende europäische Tradition gestiftet sehen, müssen freilich im Verlaufe ihrer weiteren Darstellungen mit einer auffallenden Schwierigkeit fertig werden. Nämlich mit einem tiefreichenden Einschnitt, einer Zeitspanne von rund 1.000 Jahren, während derer die Überlieferung, die gesamte Wirkungsgeschichte des altgriechischen Theaters vollständig abgerissen war. Vom sechsten Jahrhundert nach Christus bis zum 15./16. Jahrhundert gab es in Europa zuerst gar kein und dann ein vollständig anderes Theater als das aus der Antike bekannte; ein Theater der Kirche und der Städte, das in Text- und Bühnenform keinerlei Vorläufer in der vorangegangenen und keine Folgen in der späteren Entwicklung hatte: mittelalterliches Theater in geläufigster Gestalt der (christlich geprägten) geistlichen Spiele.

So sind solche Darstellungen gezwungen, sobald das Kapitel »Antikes Theater« abgeschlossen und das Kapitel »Mittelalterliches Theater« aufgeschlagen ist, noch einmal ganz von vorn anzufangen und sich die grundlegende Frage wieder vorzulegen, welche bereits am Anfang des ersten Kapitels über das Theater der Griechen gestellt worden war – die nach dem Ursprung des Theaters. Im Verlauf unserer Beschäftigung mit den einzelnen dazu vorgelegten Theorien wird deutlich werden, wie dringlich das Problem der Herkunft, des Entstehungs- und Entwicklungsprozesses des tragischen Theaters des fünften Jahrhunderts bereits in der Antike gewesen und – bis heute – geblieben ist. Kein noch so kurzer Beitrag zu diesem Theater, der nicht anhebt mit Überlegungen, aus welchen Ur-, Vor- und Frühformen dieses Theater entstanden ist, in welchen Schritten es sich herausgebildet hat, bis es zu der »klassischen« Gestalt herangewachsen war, die noch uns verpflichten können soll.

In diesem Zusammenhang tauchen nun aber die eklatanten Schwierigkeiten auf, welche die geistlichen Spiele den Geschichtsschreibern des europäischen Theaters bereiten müssen. Wenn im Mittelalter, grob gesprochen vom zehnten Jahrhundert an, ganz andere, zutiefst dem Christentum verpflichtete Theaterformen in Europa auftauchen, die in vollständiger Differenz stehen zu den Tragödien und Komödien Athens, dann können die Wurzeln, die man für das antike Theater gefunden hat, nicht länger mehr für die sich jetzt herausbildenden geistlichen Spiele gelten. Wiederum muß also geklärt werden – aus welchen besonderen Ur-, Vor- und Frühformen sind die geistlichen Spiele entstanden, wie sind sie ihnen entwachsen, in welchen Etappen haben sie sich entwickelt, bis sie sich zu den mehrtägigen, großen Spielen des 15./16. Jahrhunderts herangebildet hatten. Lassen wir momentan die Frage nach dem Sinn solcher Ursprungssuche beiseite, wir werden ihr später noch gründlich nachspüren. Hier soll die Aufmerksamkeit nur darauf gelenkt werden: Die zweifache Suche nach dem Ursprung des Theaters, einmal des antiken, das andere Mal des mittelalterlichen Theaters, weist darauf hin, daß auch jene, die von einer wirkmächtigen Tradition in der europäischen Kulturgeschichte ausgehen, zumindest in einem Fall gründliche Diskontinuität, das Abreißen des Traditionsfadens, einzuräumen haben. Dann nämlich, wenn sie implizit (wiederum nicht ausdrücklich, sondern dispositionell, eben durch die abermalige Diskussion der Ursprungsfrage) zugeben müssen, daß das mittelalterliche dem antiken Theater in allem unvergleichlich ist und demzufolge von ganz besonderen

Voraussetzungen her neu zu begreifen sein muß. Wenn sie also einen *doppelten Ursprung* des Theaters in Europa in Betracht ziehen müssen. Einmal in der Antike und dann im Mittelalter ist ja offensichtlich – ohne jeden nachweisbaren, manifesten Zusammenhang – etwas ganz Eigenes, fundamental Unterschiedliches entstanden.

Es würde an dieser Stelle zu weit führen, die Argumentation darzustellen, mittels derer man versucht hat, trotz der nicht zu leugnenden Verschiedenheiten von antikem und mittelalterlichem Theater dennoch von der Antike ausgehende, im Mittelalter fortwirkende Kontinuitäten zu behaupten.[9] Hier genügt es, auf das Entscheidende hinzuweisen. Zum dritten Mal ergibt sich nämlich aus der immanenten Logik der Darstellung, diesmal durch die Epocheneinteilung selbst, ein Argument: Die geistlichen Spiele, mögen sie aus der Wirkungsgeschichte der antiken Kultur und ihres Theaters in Europa tatsächlich herausfallen, sind letztlich nur als ihre Unterbrechung zu werten. Nach ihnen begegnet ja wiederum ein neuer, diesen geistlichen Spielen ebenso unvergleichlicher Typus von Theater. Der aber entsteht auf dem Wege des aktiven Anknüpfens an die unterbrochene Tradition: als Wiederherstellung ihrer antiken Anfänge – als *Renaissance.* Damit nimmt man das Selbstbewußtsein der Zeit, in der das Theater in Europa zum dritten Mal auf andere Weise begegnet, ganz anders jedenfalls als in mittelalterlicher Gestalt, beim Wort. Sie selbst hat sich ja als Renaissance verstanden: als »Wiedergeburt«, und das hieß auf allen Gebieten, der Philosophie, der Wissenschaften vom Menschen und der Natur und, zuerst und vor allem, auch der Künste, nur und ausschließlich Wiedergeburt der Antike. Die humanistischen Gelehrten haben durch die hinter ihnen liegenden (und von ihnen erst so bezeichneten) »Finsternisse« des Mittelalters hindurch die Verbindung zu den antiken Mustern gesucht. Wobei und wodurch sie, so wollen die Theaterhistoriker es wahrhaben, die abgerissene Tradition, ganz wie sie es bewußt vorhatten, auch tatsächlich wiederhergestellt haben. Das Theater der Renaissance, seine Dramatik wie seine Bühne, stellen sich so, nach der Unterbrechung durch die geistlichen Spiele im Mittelalter, als bewußte und planmäßige Restitution, als Resurectio und Renovatio, als Wiederherstellung, Wiederauferstehung und Erneuerung dessen dar, was in der Antike schon einmal war – als profunde *Reaktualisierung* der Anfänge europäischer Kultur. In den entsprechenden Abschnitten über die Anfänge des neuzeitlichen Theaters folgt jedenfalls aus Kapitelauswahl (Theater der italienischen Renaissance) und Schwerpunktsetzung (auf das Theater der Gelehrten und der interessierten Höfe): Die Humanisten stellen im bewußten Rückgang auf die Antike, in überlegter Rekonstruktion, die im Mittelalter unterbrochene Tradition und damit die Kontinuität im vollen Sinne wieder her.

Dieser Gedankengang läßt sich noch weiterführen: Die Renaissance stellt mit solcher Reaktualisierung der antiken Muster – als epochaler Vollzug – selbst das Muster für einen in der weiteren europäischen Kulturgeschichte noch öfters zu beobachtenden Vorgang dar. Wie in der Renaissance verhält es sich später noch mehrfach. Entscheidende Wendepunkte in der europäischen Kulturgeschichte kommen immer wieder durch ein aktives Zurückgehen auf die Anfänge, auf die Antike zustande. Darin beweist sich für die Verfechter eines ungebrochenen geschichtlichen Zusammenhangs in der europäischen Kultur die Wirkkraft der Tradition neuerlich und neuerlich. Sie können konzedieren: Es mag durchaus Phasen ihres Nachlassens gegeben haben. Aber die Tradition meldet ihre Ansprüche regelmäßig wieder an; stets wirkt sie dann auch wieder als Herausforderung, sich ihrer zu vergewissern, mit ihr erneut Verbindung aufzunehmen.

In solchen leitenden Prinzipien der Theaterhistoriographie wird, ganz im Gegensatz zu den eingangs vorgebrachten Zweifeln daran, die sichere Möglichkeit eines unmittelbaren Verhältnisses zu einer weit zurückliegenden Vergangenheit suggeriert – als Voraussetzung ihres ziemlich unvermittelten, umstandslosen Verstehens. Als Argument dafür werden eben die kulturellen Umbruchphasen angeführt, an denen man sich ganz bewußt in ein solch unmittelbares Verhältnis zu dieser Vergangenheit hat setzen wollen und in denen das Alte in neuer Gestalt wiederkehren, das Klassische, die Norm, wieder in ihre angestammten Rechte eingesetzt werden sollte. Zweifellos ist dies ein starkes Argument; manchen mag es sogar als Beweis genügen.

Wirkungsgeschichtliche Einsatzstellen

Dieser Beweis freilich bleibt daraufhin zu überprüfen, ob er wirklich beweiskräftig ist. Ich möchte deshalb – stichprobenhaft – ein paar Beispiele für die angebliche Wirksamkeit des antiken Vorbilds durch die Geschichte hindurch überprüfen, ohne Anspruch auf Vollständigkeit, geht es doch um eine Frage von systematischem Interesse: Ist es gerechtfertigt, solche Einsatzstellen der antiken Wirkungsgeschichte, sieht man näher hin, als Glieder einer Tradition zu betrachten, in der über lange Zeitstrecken des Vergessens und Verdrängens wirkungsgeschichtlicher Verkettungen hinweg der Zusammenhang mit den antiken Mustern wiederhergestellt wird und damit letzten Endes über die Jahrtausende gewahrt bleibt? Anders gefragt: Liegt in solchen Versuchen, eine Tradition aktiv herzustellen, ein wirkliches Verständnis des Alten vor, das auf diese Weise als Aktuelles wiederzuerstehen vermag?

Überprüft werden sollen namentlich die Stationen der Wirkungsgeschichte der Antike, auf die sich diejenigen vordringlich berufen, die auch in bezug auf das Theater so gern von einer ungebrochenen Tradition reden, an deren Anfängen eben das antike Vorbild verortet wird – die (Spät-)Renaissance im 16., der französische Klassizismus im 17. und die deutsche Klassik an der Wende des 18. zum 19. Jahrhundert. Wobei ich glaube zeigen zu können, daß in allen drei Fällen Intention und Leistung der Antiken-Rezeption, die Anverwandlung der eigenen Kultur an das antike Vorbild, auseinanderklaffen. Daß also die Inanspruchnahme dieses Vorbilds in jedem Fall auf einer Täuschung beruht, auf einem Mißverständnis und einer Verwechslung. Die These lautet: Was hier – so war der Anspruch – als Erneuerung des Uralten in Erscheinung treten sollte, gibt sich – im Ergebnis – als ganz und gar Neues, so noch nie Dagewesenes zu erkennen, das des Vorbilds bedurfte, nur um sich artikulieren und sich dann – auf ganz und gar eigenständige Weise – durchsetzen zu können. Um es mit den bekannten Termini Ernst Blochs zu sagen: Indem man glaubte, das »Nicht mehr Bewußte« aus dem Vergessen zu befreien und zu reaktualisieren, das, was einst gewesen war, neu aufleben zu lassen, realisierte man in Wahrheit das »Noch nicht Bewußte«, das, was noch nie da war und jetzt neu entstand. Das ganz Alte verlieh dem Neuen sozusagen nur die Sprache, in der es sich anmelden konnte. Daran läßt sich zeigen: Die Meinung, man erneuere das antike Theater, man schaffe es neu nach, ist immer eine Täuschung gewesen, und zwar eine immens produktive Täuschung.

Die genannten Beispiele belegen nun zunächst einmal, daß solche Selbst-Täuschung durchaus unterschiedliche Motive haben konnte, daß ihnen jeweils andere, immer aber die eigene Zeit und Situation betreffende Motive zugrundelagen. Das erste Beispiel zeigt eine Täuschung aus einem *ästhetischen Bedürfnis*, das zweite eine aus einem *ideologischen Bedürfnis*; der dritte Vorgang – die Inthronisierung des klassischen Ideals im ästhetischen Humanismus – beruht auf einem eklatanten *Utopiebedürfnis*. In jedem Fall entsprechen diese Bedürfnisse nicht etwa der klassischen Vergangenheit, sondern: Sie entstammen und korrespondieren ganz und allein der eigenen Zeit.

Es soll hier aber nicht einfach Behauptung gegen Behauptung gestellt, sondern vor allem begründet werden. Das setzt Sorgfalt der Betrachtung und einigen Aufwand an Argumenten voraus. Deshalb wird in allen Fällen jeweils ein doppelter Blick auf das Exempel geworfen: einer, der ein bestimmtes Phänomen der Rückwärtswendung isoliert (das *dramma per musica* im Fall der italienischen Renaissance, die *doctrine classique* im französischen Klassizismus, die kunstgeschichtliche Betrachtungsweise im deutschen Humanismus); danach ein zweiter, der diese Phänomene in den umfassenderen kulturgeschichtlichen Kontext ihrer jeweiligen Zeit rückt. So erst wird sich der Vektor zu erkennen geben, entlang dessen das, was sich als Rückwärtswendung verstehen will, tatsächlich auf die Zukunft tendiert.

Renaissance

Das erste, oft angeführte Beispiel neuzeitlicher Wiederkunft einer »klassisch«-antiken Theaterform entstammt der Epoche der Renaissance, der ersten umfassenden Erneuerungsbewegung der Antike, die zum Paradigma aller folgenden geworden ist. Es handelt sich, wenn nicht um die Anfänge, so doch um die Vorgeschichte der Oper. In den achtziger Jahren des 16. Jahrhunderts entsteht in Florenz ein Musikdrama, sozusagen am Reißbrett einiger Literaten, Musiker, Musiktheoretiker, die sich – wie in dieser Zeit der überall entstehenden Akademien und gelehrten Zirkel üblich – im Umkreis der platonischen Akademie zu einer – zunächst *Camerata de'Bardi*, später (nachdem Jacopo Corsi die Leitung übernommen hatte) *Camerata Fiorentina* genannten – Arbeitsgruppe zusammengeschlossen hatten. Das Hauptinteresse der vom Grafen Giovanni Bardi angeregten, gemeinsam mit

Vincenzo Galilei, Girolamo Mei, Jacopo Peri, Giulio Caccini und anderen durchgeführten Studien galt der Musik und ihrer Erneuerung. Anstoß für ihren Reformeifer war der Zustand der zeitgenössischen (Kirchen-)Musik. Sie galt dem Gelehrtenkreis, wie alles in ihrer Zeit Übliche, als eine weitere »Erfindung höchst barbarischer Zeiten und Menschen, die jeder Kenntnis und Bildung beraubt waren«.[10] Kenntnis und Bildung mußten also auch auf dem Felde der Musik gegen den herrschenden Unverstand mobilisiert werden, und zu gewinnen waren sie eben, wie überall, nicht anders als durch den Rückgang auf die Antike. Wobei der Weg dazu – schrittweise – über das Theater gefunden wurde, und zwar über ein Theater, wie es in der »klassischen« griechischen Tragödie bereits verwirklicht gewesen war.

Nun wurde diese Tragödie von den genannten florentinischen Gelehrten nicht gerade wiederentdeckt. Schließlich hatte die humanistische Bewegung zu dieser Zeit selbst schon eine lange Geschichte und war sich bereits seit Beginn des 15. Jahrhunderts über die Besonderheiten der altgriechischen Kultur einigermaßen bewußt geworden. Daß die Tragödie als spezifische Form dieser Kultur anzusehen war, wer ihre Autoren waren, welche Stoffe sie behandelt hatte, war schon früher bekannt, und man hatte auch durchaus schon begonnen, sich mit der Textüberlieferung selbst zu befassen, die erhaltenen Tragödien zusammenzutragen[11], zu edieren[12] und sogar zu übersetzen.[13] Die Kenntnis der Originale, wenngleich sie noch auf kleine Zirkel beschränkt blieb, hatte denn auch auf zeitgenössische Autoren ihre Wirkung getan; es gab bereits einige Dramen, die nach Vorbildern der antiken Stücke geschrieben worden waren. Solche Muster – etwa für die *commedia erudita*, für die »gelehrte«, das heißt an den alten Vorbildern geschulte Komödie – lieferten freilich insbesondere die Texte römischer Autoren, vor allem die Komödien des Terenz. Dagegen waren die Versuche, Tragödien zu schreiben, selten und die Ergebnisse blaß geblieben. Aber auch hier wirkte eher ein römischer Autor als Vorbild: Seneca inspirierte die meisten der Tragödienversuche der Zeit.[14] An die griechischen Autoren dachte man dagegen weniger. Das lag vor allem daran, daß sie den meisten Humanisten eben nicht von gründlicher Kenntnis der Originale her, sondern in erster Linie aus den Beschreibungen der – zu dieser Zeit gerade wiederentdeckten und lebhaft diskutierten – *Poetik* des Aristoteles und anderer antiker Quellen bekannt waren.[15]

Die florentinischen Gelehrten vertieften sich nun in solche Dokumente, in die Beschreibungen und Kommentare der antiken Autoritäten, und fanden heraus, daß man bisher etwas Entscheidendes am antiken Vorbild übersehen hatte. Nämlich, daß das Theater der griechischen Tragödie *Musik-Theater* gewesen war, daß die erhaltenen Texte also für *szenische* Aufführungen geschrieben worden waren und daß zu diesen Aufführungen Gesänge, Instrumentalmusik und Tänze dazugehört hatten.[16] Darin lag eine ernüchternde Einsicht: Wie die einmal geklungen und ausgesehen hatten, darüber wußte man nämlich so gut wie überhaupt nichts.[17] Auch die unmittelbarsten Zeugnisse, die von diesem Theater geblieben waren, die Texte der Tragödien selbst, konnten keine erschöpfende Auskunft über die *Aufführungen* geben. Musik (und Tanz) sind in diesen Texten eben nicht notiert. Wollte man die Kunstform der Tragödie, in vollem Sinne und so, wie es gewesen war, wieder aufleben lassen – und eben das wollten die Humanisten mit Insistenz und Akribie –, dann mußte es darum zu tun sein, auch Musik und Tanz als *Aufführungsformen* zu reaktualisieren.

Im Blick auf dieses Vorbild des antiken Musiktheaters und im Versuch, das missing link zu ersetzen, die blinden Flecken in der Überlieferung aufzuhellen, ging man also daran, dem Original Kongeniales nachzuschaffen. Im florentinischen Kreis wurde ein Musikdrama (*dramma per musica*) konzipiert, in welchem Handlung, Wort und Musik eine Einheit bilden sollten, der Musik also nicht nur eine illustrierende oder atmosphärische Rolle zugedacht war. Zwar ging man ganz entschieden von der Dominanz des Wortes aus – und machte es mächtig stark gegen die Textunverständlichkeit in der Polyphonie der zeitgenössischen Musik –, aber die Musik wurde nunmehr in Dienst genommen, den Sinngehalt der Worte – und zwar auf ganz eigene, selbständige Weise – auszudrücken und zu intensivieren. In den neu entwickelten Formen und Techniken der musikalischen Gestaltung einer »tragedia rediviva« – der genau bemessenen Beziehung von Wort und Ton, der Monodie, der rezitativischen Stillagen des *stile espressivo* und des *stile rappresentativo* usw. – sollte nach dem beherrschenden Leitgedanken die Poesie den Gesang beseelen, der Gesang der Dichtung Körper und Sinnlichkeit verleihen. Erprobt wurde dies seit 1594 in Florentiner Aufführungen wie der von Jacopo Peris »tragedia per musica« *Dafne* (nach dem Libretto von Ottavio Rinuccini), die – auf der Grundlage theoretischer Überlegungen zustandegekommen – selbst noch als Teil theoretischer Demonstration endlich zurückgewonnener »Kenntnis und Bildung« angesehen werden wollten.

Es erübrigt sich, genauer auf dieses »Musikdrama« einzugehen. Hier soll nur auf das Vorzeichen hingewiesen werden, unter welchem in

Europa die Oper entstanden ist. An ihren Anfängen stand eben jenes – in der Spätzeit der Renaissance konzipierte – *dramma per musica*, und dies hatte man als getreue – alle diesbezügliche Forschungen umfassende, sie in vollkommene Synthese einbindende – Rekonstruktion der originalen altgriechischen Tragödie verstanden, so wie sie im fünften Jahrhundert vor Christus geschrieben *und* aufgeführt worden war. Man wollte also die verzerrte Überlieferung korrigieren, selbst nachschaffen, was verloren war. Man verstand das *dramma per musica* als Wiedererweckung des Vergangenen.

Was aber waren die Motive dieser umfassenden Rückwärtswendung selbst? Was waren die beherrschenden Ziele der Renaissance? Ihre Anfänge zeugen zunächst einmal von einem aus den politischen Verläufen des Spätmittelalters entstandenen Identifikationsbedürfnis. Das mag schon ein Antrieb der sogenannten karolingischen Renaissance gewesen sein, also des Wiederbelebungsversuches der antiken Größe unter Karl dem Großen, der auch Florenz – die spätere Hochburg der Humanisten und Heimstatt der *Camerata* – nicht unberührt ließ. Ganz deutlich wird es aber, als Florenz 1250 zur Selbständigkeit einer verfassungsmäßigen Republik gefunden hatte – nach langen Kämpfen zwischen Guelfen und Ghibellinen, den Papst- und Kaiseranhängern als der bestimmenden Kräftepolarität des Mittelalters, und vor weiteren Kämpfen mit immer vielfältiger werdenden Parteiungen und komplizierter verlaufenden Frontlinien. Von Kaiser und Papst (wenigstens für einen Augenblick) unabhängig geworden, berief man sich nunmehr mit Emphase auf das Vorbild der antiken römischen Zeit und dabei, wie Brunetto Latini, der erste Kanzler der Republik, zuvor und vor allem auf die Bürgertugenden Roms. Republikanischer Geist, freiheitliche Gesinnung, die das Gemeinwohl über den Eigennutz stellt, das war nicht in der eigenen leidverstrickten, von bloß angemaßten Mächten beherrschten Gegenwart zu lernen. Wohl aber an der ruhmvollen Vergangenheit Italiens – als Aufforderung zu einer vita activa, in der das Geschick des neuen Gemeinwesens tatkräftig in die Hand genommen werden kann. Wenn hier in der Rückwendung auf eine – in der eigenen Gegenwart und durch sie untergegangene – Vergangenheit in politicis ein Neuanfang gesucht wurde, dann ist damit der Gedanke an die Kontinuität der Geschichte, der das ganze sogenannte Mittelalter kennzeichnete, bereits zum ersten Mal – und nachhaltig – erschüttert. Schon zu Beginn der humanistischen Bewegung – in der Erinnerung nicht (nur) an die politische, sondern (vor allem) an die kulturelle Größe Roms – wird dieser Gedanke dann endgültig verabschiedet.

Man sieht es an der Literatur und hier insbesondere am bezeichnenden Unterschied zwischen Dante und Petrarca. Wenn bei Dante in der *Divina comedia* antike, christliche und mittelalterliche Figuren in gleichberechtigter Reihe vorüberziehen, dann hat das – bei allem Ernstnehmen und aller Aufwertung der antiken Gestalten, die damit verbunden ist – doch immer noch den Gedanken der mittelalterlichen Heilsgeschichte zur Voraussetzung. Danach ist alles irdisch-zeitliche Geschehen in eine unteilbare Einheit eingebunden, durch Gottes Heilsplan unlöslich miteinander verknüpft. Jede Begebenheit, jede Figur hat einen genau bemessenen Stellenwert im vorgeplanten Ablauf ein- und derselben, bruchlos verlaufenden Universalgeschichte, und jedes Begebnis wie jede Person sind dadurch und darin unverbrüchlich aufeinander bezogen. Alles deutet aufeinander hin, nichts außer unwesentlich Ereignishaftem ist selbständig und für sich Seiendes, sondern immer nur Vorausdeutung auf Kommendes oder Rückverweis auf Früheres. Auch in der heidnischen Geschichte der Antike finden sich so *figurae* oder *exemplae* der biblischen Geschichte oder der endlich christlich gewordenen Welt, so wie diese ihre rückbezüglichen Entsprechungen finden in der Figuren- und Ereigniswelt der Antike. Dante geht so, wenn er die Antike nicht länger in christlicher, sondern in der ihr eigenen mythologischen Stilisierung zur Anschauung bringt, von ihrer Gleichberechtigung mit biblischer und nachbiblisch-christlicher Geschichte aus, und darin ist er neuzeitlich. Wenn er die Geschichte aber als einen in allem untrennbar zusammengehörigen, weil letzten Endes in der Heilsplanung fundierten Ereigniszusammenhang nimmt, der keine wirklichen Zäsuren kennt, dann ist er darin noch mittelalterlich.

Dagegen bricht sich bei dem ersten »modernen« Literaten, bei Petrarca, das Bewußtsein von einem qualitativen Zeitensprung Bahn.[18] Wenn er Trauer und Leid gegenüber den Niedrigkeiten der eigenen Zeit verspürt, so werden diese Trauer und dieses Leid eben auch über den Verlust einst gewesener Zeiten empfunden – die *tenebrae*, die Finsternisse der Gegenwart, schmerzen, weil sie den tiefen Bruch offenbaren mit einer anderen, lichten und großen Zeit in Italien, die nun aber definitiv als Vergangenheit empfunden werden muß. Daran macht sich nun die eigentliche *Ambivalenz der Gefühle* fest, von der Petrarcas Selbstvergewisserungsversuche durchdrungen sind und die er in seinen weltanschaulichen Traktaten und Gedichten gleicherweise ausspricht. Dieses ruhmvolle Einst, das von der eigenen, so finsteren Zeit endgültig verabschiedet worden ist, weckt nämlich die Sehnsucht nach der Wiederherstellung des Gewesenen. An ihm entzündet sich die Hoffnung, daß die finstere Zeit ihrerseits überwunden und die einstige Größe Italiens wieder neu errichtet werden könne.

An dieser Zerrissenheit der eigenen Gefühle will Petrarca im imaginierten Gespräch mit dem Vorbild der unerbittlichen Selbsterforschungs-Literatur, dem Augustinus der *Confessiones*, unbedingt festhalten – und darin liegt der bezeichnende Unterschied zu seinem auf Weltabsage dringenden Vorbild. Petrarca kann nicht ablassen von der Welt, und er begründet dies mit nicht mehr als mit der Übermacht seiner Gefühle. Er kann nicht ablassen, weil er nämlich bei aller *Scham* über seine Verstricktheit in die weltlichen Dinge, über seinen Stolz, seine Eitelkeit, seine Liebe, seine Sehnsucht nach Ruhm, zugleich die höchste *Lust* daran empfindet. Dem aber liegt als tiefstes Motiv die gegenüber Augustinus ganz neue Erfahrung zugrunde, daß die Weltzeit nicht einheitlich ist, sondern Zäsuren kannte und wieder kennen kann. Die eigene Zeit würde die Weltflucht nahelegen – die Größe der Vergangenheit aber erfordert die bedingungslose Zuwendung zur Welt, den Gedanken nämlich an die zukünftige Wiederkehr der einstweilen verlorenen Größe. Die Zerissenheit der Gefühle entspricht der Zerissenheit der geschichtlichen Zeit, die Lust daran aber kommt aus der Hoffnung auf Zukunft in dieser Welt. Hier und auf diese Weise meldet sich die entschiedene Aufkündigung des homogenen Zeitbewußtseins des Mittelalters an, weil eben die eigene Zeit in ihrer Negativität als eine Einheit aufgefaßt wird, die als solche abzusetzen ist gegenüber dem, was Bewundernswertes war: der Antike, und dem, was kommen wird: der neuen Zeit, deren Aufgabe es ist, das Gewesene wiederzugewinnen, zurückzuholen. Im Resonanzraum einer heftigen Bewegung der Affekte flammt also die Inspiration auf für eine uns noch immer geläufige Epocheneinteilung, hier und auf diese Weise wird Geschichte »erfunden«, wie wir sie gewohnt sind einzuteilen: in Antike, Mittelalter und Neuzeit. Festzuhalten bleibt: Gleichurspünglich mit dem Gedanken der Renaissance, der möglichen Wiedergeburt des Vergangenen, ist – gemessen an dem strikten Kontinuitätsdenken der Christenheit – das Gefühl für die Diskontinuitäten in der Geschichte. Jener Gedanke hat dieses Gefühl zur unverzichtbaren Voraussetzung. Wiedergeboren werden kann eben nur das, was einst war und nicht mehr ist.

Natürlich finden wir bei Petrarca nicht etwa eine ausgeprägte »Geschichtsphilosophie«, wie sich überhaupt – Felix Gilbert hat das gezeigt[19] – das mangelnde echte Interesse der Renaissance an der Geschichte am Fehlen einer nennenswerten humanistischen Geschichtsschreibung zu erkennen gibt. Um so nachdrücklicher ist deshalb aber zu betonen, daß, vermittelt über ihre konstitutive Affektbezogenheit, die *künstlerischen* Formen dieser Zeit selbst von einem ganz und gar neuartigen Geschichtsbewußtsein durchdrungen sind. Als dessen emphatischer Ausdruck sind sie allesamt zu lesen. So erarbeitet sich Petrarca seine Vorstellung von den drei Zeitaltern schließlich nicht als Historiker, sondern an seinen Sprachstudien, im Blick nämlich auf den Stilverfall des klassischen Latein in den *tenebrae* des herrschenden *medium tempus*, das er als Schriftsteller und Erneuerer des Lateinischen wiederzugewinnen angetreten ist.

Für unseren Zusammenhang ist es nun ganz und gar ausschlaggebend, daß sich dieses Geschichtsbewußtsein des näheren eben in der Form artikuliert, die es bei Petrarca erhält: als ein mit Gefühlen verbundener, im höchsten Maße affektbesetzter Vorgang. In der von ihm zum Ausdruck gebrachten Ambivalenz von Trauer und Leid (über die eigene Zeit) und Sehnsucht und Hoffnung (gegenüber der entschwundenen Größe des verlorenen Einst) kündigt sich ein höchst eigenartiges Selbstbewußtsein an. Es spannt sich aus zwischen Kontemplatio, Besinnung und Erinnerung an das Vergangene, und höchster Tatbereitschaft, die auf die Zukunft gerichtet ist. Dieses Selbst erkennt sich nicht (nur), sondern vor allem fühlt es sich – und zwar in einem Zustand der Unvollkommenheit, der mit Leid gleichwie mit sehnsüchtiger Hoffnung verbunden ist und deshalb gleicherweise betrauert wie beglückt genossen wird.

Dieses Selbstgefühl wird bei Petrarca zum Sensorium, zum eigentlichen Resonanzboden der *imitatio* des bewunderten Latein der »Klassiker«. Er selbst berichtet von seiner ersten Begegnung, die er als Kind noch mit den Texten Ciceros gehabt habe, wo er – ohne etwas vom Inhalt des Gelesenen zu verstehen – allein von der »Klangschönheit und Süße der Worte (verborum quaedam dulcedo)« fasziniert gewesen sei. Der Romanist Hugo Friedrich konnte denn auch zeigen, daß die Affinitäten von Petrarcas Sprache zu den Vorbildern in dieser Schicht liegen – nicht im Sinn der Worte, sondern »in der Rhythmik, in der Periodengliederung, zuweilen auch nur in der Abfolge von Vokalen und Konsonanten«, wie sie sich dem »musikalischen Sprachsinn« Petrarcas erschließen, seiner »Lektüre mit dem Ohr«.[20] Es ist – sagt Friedrich – ein »Dichten aus akustischer Erinnerung«, in der Petrarca eine in den geliebten Texten vernommene »präverbale Melodie« nachträglich mit Worten unterlegt, ein Dichten, das auch seiner Lyrik im »volgare«, den Gedichten des *Canzoniere* zugrunde liegt. Sie sind dem Toskanischen im wahrsten Sinne abgelauscht, wodurch der Dialekt in seiner schmiegsamen Anformung ans lateinische exemplum zu einer »dem Umgangsitalienisch maßvoll enthobenen Literatursprache« durchgebildet wird.[21]

Die Entdeckung der musikalischen Ausdrucksfähigkeit der Sprache ist eine unvergleichliche Innovation der Italiener, die eine stürmische Entwicklung nimmt. Das beginnt mit Dantes *dolce stile nuovo;* bei Petrarca gewinnt es geschichtlichen Sinn, indem solche Musikalität in der Imitatio antiker Formvollendung ihre Bewährungsprobe besteht. Ein ganz eigenartiges, von antiken Einflüssen völlig unabhängiges Verständnis des musikalischen Ausdrucksvermögens von Sprache steht denn aber auch am Beginn der Idee eines Musiktheaters, die in der *Camerata* aufkommt. 1581 empfiehlt Vincenzo Galilei dem Komponisten, in »Tragödie und Komödie« nicht zuallererst auf den Wortsinn, sondern auf die Klanglaute der Figuren-Reden zu hören: »beachten Sie, wie ein ruhiger Ehrenmann mit seinem Freunde konversiert, in welcher Manier er spricht, wie hoch sich seine Stimme erhebt bzw. wie tief sie herabsinkt, mit welcher Kraft, Betonung, Bewegung und wie schnell oder wie langsam er die Worte ausspricht. Beachten Sie, welcher Unterschied es ist, wenn jemand zu einem seiner Diener spricht oder diese untereinander reden. Beachten Sie den Fürsten, wie er einen seiner Untertanen durch Anrede auszeichnet, wie er mit dem Bittsteller verhandelt, der um seine Gnade bittet; wie der cholerische oder aufgeregte Mensch spricht, wie die Frau, das Mädchen, das einfältige Kind, der liebende, klagende, streitsüchtige, furchtsame und vor Freude jauchzende Mensch sprechen.«[22] Gesten der Auszeichnung, des Verhandelns, von Wut und Ruhe, von Liebe, Streit, Furcht und Jubel werden so als – bestimmten Handlungszusammenhängen inhärente – Klangwerte rezipiert. Sie sollen nach Galileis Empfehlung vom Komponisten in musikalische Modulation umgesetzt werden. Er hat sozusagen nur der eigenen Musikalität der Handlungen, Haltungen und der Sprache zu folgen, um dramatische Wirkungen hervorzubringen (ein Umstand, der übrigens auch im zeitgenössischen Volkstheater eine wichtige Rolle spielt).[23] Solche Beobachtungen über die »affektanzeigende ... Funktion der menschlichen Stimme«[24] laufen der Forderung nach Erneuerung des antiken Musiktheaters parallel – und führen letztendlich zum Konflikt des entstehenden Neuen mit dem selbstgewählten Vorbild.

Das läßt sich schon an bestimmten Widersprüchen in der Berufung auf die antiken Referenzen erkennen, welche den strengen Denkern der *Camerata*, Galilei oder Doni, unterlaufen. Sie beziehen sich nämlich in ihren Grundimpulsen auf die Musiktheorie Platons, auf seine

Idee einer musikalischen *paideia*, einer erzieherischen, bildnerischen Funktion der Musik. Sie fordern mithin die Erneuerung der Musik vom Ethos her. Deshalb auch das Postulat von der führenden Rolle des Wortes als der »Seele« der erneuerten Tragödie, des *dramma musicale*, welcher die Musik erst die volle Präsenz in opaker Klangkörperlichkeit verleiht. Von Anfang an aber steckt ein Undurchdachtes in dieser Forderung, die eben den vollen Konsequenzen der platonischen Lehre auszuweichen sucht. Platon war es schließlich, der die Tragödie als verderbliche, die Affekte aufpeitschende und die Zuschauer verweichlichende Form aus der *polis* ausgrenzen wollte. Musik als Inszenierungsweise der Affekte – dies aber soll nun die Form sein, von welcher die Platoniker in Florenz die Erneuerung der Tragödie erhofften. Das geschieht nur vorgeblich im Sinne der Ethoslehre des Tragödienfeindes Platon, tatsächlich aber im eklatanten Widerspruch zu ihr.

Bei Monteverdi wird dieser Widerspruch dann zur Absurdität gesteigert. Unbeirrt beharrt er in seinen theoretischen Äußerungen auf dem platonischen Grundsatz, nach dem die Sprache der Herr und nicht der Diener der Harmonie sei, daß also der ethisch-erzieherische Aspekt im Vordergrund des Musikwerkes zu stehen habe. *Gleicherweise* aber darauf, daß sich der Komponist neben dem »indifferenten Stil« (*stilo temperato*) und dem »traurigen Stil« (*stilo molle*) auch des *stilo concitato*, des »erregten Stiles« zu bedienen habe.[25] Es ist dies aber der dramatische Ausdruck just des gespaltenen, des zerrissenen Affekts, den Platon – hätte er ihn gekannt – gerade im Sinne seiner Ethoslehre aufs Schärfste hätte verurteilen müssen. Hier liegt der eigentliche Widerspruch zwischen der Argumentation des Komponisten und seiner antiken Berufungsinstanz. Zielt Platon im letzten Sinn seiner politisch-ethischen Kunstlehre auf Mäßigung, auf Bändigung der Affekte, fordert Monteverdi nun seiner ganzen Tendenz nach gerade ihre maßlose musikalische Entfesselung.

An diesem Punkt zeigt sich nun aber die innere Übereinstimmung auch der praktischen Neuerungen in Monteverdis Opern-Kompositionen mit einer Form-Tendenz seiner eigenen Zeit, die nicht die geringste Entsprechung im antiken Vorbild finden kann. Schon in der Mantuaner Aufführung von *Orfeo ed Euridice* von 1607 durchbricht er die strengen Regeln des von der *Camerata* empfohlenen und, wie bei Peri, praktizierten Sprechgesangs, des rezitativischen Stils. Systematisch erarbeitet er sich dann in seinem folgenden Opernschaffen die Techniken einer *seconda prattica*, die alle denkbaren Effekte des musikalischen Gefühlsausdrucks ausinstrumentiert. Wie äußerlich das antikisierende Gehabe der *Camerata fiorentina* und ihrer Erfindung war, wie sehr es nur Vorwand und Anlaß war für eine neue, auf ganz anderen Fundamenten aufbauende Kunstform, zeigt dieses Beispiel ganz plakativ. Unverzüglich läßt Monteverdi alle theoretischen Regeln der Akademie beiseite und außer acht, und unbekümmert um die doch so heftig beschworene historische Treue, experimentiert er mit allen Möglichkeiten des neu entdeckten Musikdramas und entwickelt dabei Formen, die sich auf kein Beispiel der Vergangenheit mehr berufen können und wollen. Im Einklang mit den neu erschlossenen Möglichkeiten der Bühnentechnik, wird die Musik nunmehr zum Mittel, eine eigene, rein theatralische Welt zu imaginieren, deren Stoff ganz Phantasie und Leidenschaft und nichts als Phantasie und Leidenschaft sein sollte. Hier ist es um reine Fiktion zu tun, um vollendete Illusion, in der Handlungs-, Wort- und Klangraum einander zur überhöhten, in größtmögliche Intensität gesteigerten Festwirklichkeit ergänzen. Das *dramma per musica* traf also ganz offensichtlich auf ein bestimmtes *ästhetisches* Bedürfnis der eigenen Umgebung und mutierte in den – überall zu einer perfekten Illusionierung der autonomen, rein theatralischen Spielwelt tendierenden – Entwicklungen sofort zu einer ganz neuen Kunstform, eben der Oper. Davon zeugt nicht zuletzt der ungeheuer große Erfolg, mit der sie sich bald an allen – an Altertümlichkeiten durchaus nicht interessierten – europäischen Fürstenhöfen und dann, vornehmlich in Italien, auch in den städtischen Opernhäusern durchsetzte, die den Bürgern offenstanden.

Sieht man nur ein wenig näher auf den hier angerissenen Zusammenhang von Selbstgefühl an der Schwelle einer neuen Zeit, Musikalität und künstlerischer Form, dann wird deutlich, daß auch diese Kunstform letzten Endes der Fliehkraft der ästhetischen Entwicklung ihrer Zeit folgt, die auf dem Felde der Literatur mit Petrarca beginnt. Sie tendiert dahin, daß Kunst der Ausdruck eines ganz und gar neuartigen Subjekts wird – der Innerlichkeit eines Selbstgefühls, das im intensiven Erlebnis der mit sich selbst im Zwist liegenden Affekte erfaßt wird. Von ihm war zu zeigen, daß ihm im tiefsten Grunde die affektive Resonanz auf ein eigenartiges Geschichtsbewußtsein zugrunde lag. Diese Seelenschwingung artikuliert die innere Zerrissenheit angesichts der zerrissenen Zeit.

Wenn nun in manchen Operngeschichten die Palette der zeitgenössischen Einflüsse auf die Oper ausgebreitet und der Streit über die tatsächliche Wirkkraft des einen oder des anderen vermutlichen Einflusses geführt wird – der Musik der geistlichen Spiele, der

Madrigalkompositionen, der Intermedienaufführungen usw. –, so scheint dies doch eher nebensächlich gegenüber dem *inneren Motiv*, das all diese Formen in einer viel tieferen Schicht tatsächlich miteinander verbindet. Darin offenbart sich der ganze Gegensatz zwischen antiker und neuzeitlicher Formensprache. Im Klang und Ton der Sprache, der Literatur, der verschiedenen Theaterformen drückt sich die gespaltene Innerlichkeit eines Subjekts im Streit mit der Welt, im Streit mit dem Fatum aus, ein Selbstgefühl, das sich zu seiner Zerrissenheit bekennt und auf ihr beharrt. Dieser Neuanfang steht also am Beginn der Logik einer neuen Formensprache, welcher die Entwicklung der Oper recht eigentlich verpflichtet ist. Es handelt sich um die Affektbezogenheit der künstlerischen Form[26] und deren Zusammenklang mit der Lautlichkeit von Sprache als einer Sphäre, in der sich die Innerlichkeit eines Subjekts heranbildet, das sich über die Leidenschaften erfährt und intensiv erlebt; über Leidenschaften, welche sämtliche Klangfarben annehmen, umfassen und umspannen können. Das ist nicht mehr die von außen zustoßende, zernichtende Leidenschaft, die den alten Tragödienhelden zerbricht. Statt daß sie – wie dort – eine objektive Gegebenheit ist, die den Menschen widerfährt[27], kommt sie hier ganz aus dem Inneren des Menschen und wird von ihm in all ihrer Ambivalenz mit *Genuß* ausgekostet. Das ist auch beileibe noch nicht etwa die »bürgerliche« Innerlichkeit des 18. Jahrhunderts, nicht subtil und differenziert, sondern elementar und absolut: eine am und im Menschen erlebte *Macht*, die ihre ganze Wahrheit erst im Extrem und – durch solche Extremlagen erzeugt – im Konflikt mit der Gegenmacht der Welt erfährt.

In dieser Logik der Affektmelodie, als ihr perfekter Ausdruck, entsteht die Oper, und hier liegt tatsächlich auch der wahre Zusammenhang zwischen zwei bloß äußerlich-stilistisch zu unterscheidenden Kunstepochen, von sogenannter »Renaissance« und sogenanntem »Barock«. In der Barockoper kulminiert schlußendlich nur das, was als treibendes Motiv von Anfang an präsent war. Im siebzehnten Jahrhundert, als sie ihren Siegeszug in Italien und dann in ganz Europa antritt, ist sie ganz das geworden, was Kunst überall sein sollte und als was sie allüberall erfahren und aufs Intensivste genossen wird: ein »Kraftwerk der Gefühle«, reiner Ausdruck der Leidenschaft. Ihre enorme Wandlungsfähigkeit und ihre darin begründete Formenvielfalt, die sich in einem rapiden Entwicklungsprozeß entfaltet, begründet sich gerade in der Vielfalt und Wandlungsfähigkeit der Leidenschaften, deren Ausdruck sie ist.[28]

Grundlage der Oper ist also, in aller Kürze zusammengefaßt, eine historische Intuition, die – bevor sie so recht bewußt werden kann – ihren ersten Ausdruck in der affektbesetzten künstlerischen Form findet. Sie läßt sich als Ausdruck eines »Schwankens des Subjektes« verstehen, das – bei Petrarca – angesichts der Zerrissenheit der Zeiten und an der Schwelle zu einer neuen Zeit zuerst gefühlt wurde. Künstlerische Form verhilft also einer völlig neuen Selbsterfahrungsweise des Subjekts zur Artikulation und schafft und bildet sie dadurch mit. Das Vorbild der Antike ist dabei nur das Ferment des großangelegten Projektes, das, in gemeinsamer Anstrengung von »Theoretikern« und »Praktikern« unternommen, zur Ausarbeitung eines neuen künstlerischen Formenrepertoires verhilft, das in der Oper einen seiner Höhepunkte erreicht.[29] Und zwar als ganz und gar neuartige Gattung eines Musiktheaters, in dem sich die seit Dante sich herausbildenden inneren Tendenzen der Formensprache der italienischen Kunst der Neuzeit gleichsam bündeln. Die Affektspannung einer leidenschaftlich aufgewühlten Innerlichkeit findet hier ihren perfekten Ausdruck, die, in der Literatur wie in der bildenden Kunst gleichermaßen angelegt, schließlich ins Gesamtkunstwerk umschlägt, nämlich in der Illusionsbühne *schaubar*, wie sie auch in den seit Monteverdi zu immer größerem Reichtum vordringenden musikalischen Formen der entwickelten Opernwerke *hörbar* wird. So daß in dieser Gattung Wort, Bild und Klanglaut einander ergänzen und gegenseitig steigern – zum festlichen Genuß eines gleichermaßen höfischen wie städtischen Publikums.

Die Innerlichkeit, die hier zum vollendeten Ausdruck gelangt, hat aber zum ersten Konfliktanlaß – bei Petrarca war das zu sehen – das in Trauer und Freude zerrissene Erlebnis einer in Trümmer geschlagenen Geschichte, die Erfahrung gleicherweise einer *zurückliegenden* Zeitenwende von der Größe der Antike zum Barbarismus der »gotischen«, der deutschen Gegenwart wie die Hoffnung auf eine *bevorstehenden* Zeitenwende, die Rückkehr nämlich der verlorenen Vergangenheit. An dieser geschichtlichen Erfahrung entzündet sich das Gegeneinander der Leidenschaften zum ersten Mal, und in jeder dieses Gegeneinander inszenierenden künstlerischen Ausdrucksform bleibt sie virulent. So gesehen ist auch die Oper im tiefsten Grunde nichts anderes als der Ausdruck des Selbstgefühls der anbrechenden Neuzeit selbst, das sich an der Vergangenheit nur orientiert, um Spannkraft für die zukünftigen Aufgaben zu erhalten. Im Gedanken an die Wiedergeburt der Vergangenheit selbst ist dabei freilich auch schon das aufdämmernde Bewußtsein von der Kluft angelegt, welche die Gegenwart von dieser bewunderten Vergangenheit trennt – eine Kluft, die sich, man wird es sehen, mit jeder »Renaissance« vertiefen und schärfer ins Bewußtsein vordringen wird.

Klassizismus

Gehen wir zum zweiten Beispiel für eine Anknüpfung ans antike Muster über, in dem viele wiederum eine aktive Bestätigung für das Fortwirken der klassischen Tradition erblicken wollen. Die Suche nach einem Parallelfall zum *dramma per musica* als »tragedia rediviva« im Frankreich des 17. Jahrhunderts dürfte es dabei eher schwer haben. Das zeigt sich insbesondere bei der Betrachtung der klassischen französischen Tragödie, der *haute tragédie*. Niemand wird heute mehr so einfach auf den Gedanken kommen können, die Stücke von Corneille und Racine als authentische Nachbildungen der griechischen Tragödie zu nehmen, wiewohl sie griechische Tragödienstoffe verwenden, so wie Corneille etwa eine *Medea* und einen *Ödipus* geschrieben oder Racine in der *Phädra* die Geschichte des *Hyppolitos* des Euripides noch einmal behandelt hat. Man wird in solchen Stücken kaum mehr die getreue Fortsetzung des Vergangenen am Werke sehen – obgleich diese Stücke damals offensichtlich als solche verstanden werden sollten. Man hat jedenfalls einiges dazu getan. Zumal Racine hat sich mit einiger Virtuosität an die drei Einheiten – von Ort, Zeit und Handlung – gehalten, die (so glaubte man jedenfalls[30]) Aristoteles in der *Poetik* als feste Grundsätze jeder klassischen Tragödie postuliert hatte. Wer sich nur ein wenig näher mit den klassizistischen Tragödien des *grand siècle* einläßt, wird unschwer bemerken, daß sich Corneille in jedem *examen*, in den Vorreden zur Buchausgabe seiner Dramen, mit genau den gleichen Problemen herumschlägt, wie sie Aristoteles in der *Poetik* behandelt hat.[31] Dieses Werk galt als Richtschnur aller poetischen Produktion, es wurde zur unangefochtenen Autorität der klassischen Doktrin, vor der auch jemand wie Corneille jedes seiner Stücke zu rechtfertigen hatte – und des öfteren der Untreue gegenüber dem griechischen Vorbild verdächtigt wurde.

Trotz all dieser Hinweise darauf, daß die klassizistischen französischen Tragödien als getreue Nachbildungen des klassischen Musters gelten sollten, haben die Stücke selbst freilich wenig mit den altgriechischen Vorbildern gemein. Sie weichen oft genug mit Kalkül vom Vorbild ab, so daß rasch einzusehen ist: Es sind die Konventionen des höfischen Lebens, es ist das Menschenbild des *honnête homme*, des am Hof lebenden Adligen, welche hier die Anlässe und das Muster für die Konflikte und die tragischen Entwicklungen bieten, die auf die Bühne gebracht werden. Diese Tragödien entstammen ganz unverkennbar der Kultur und der Gesellschaft ihrer eigenen Zeit. Demgegenüber mag man die poetischen Regeln des Aristoteles, welche der Behandlung solcher durchaus zeitgenössischen Konflikte als formales Korsett aufgezwängt werden sollten, als nur sehr äußerliche Merkmale der Anknüpfung an das antike Vorbild werten. Gerade dessen *theoretische* Beschwörung ist verräterisch genug. In Corneilles Schriften erkennt man auf Schritt und Tritt, daß die *Poetik* nur zitiert und dann sehr eigenwillig interpretiert wird, um sich vor den Anwürfen, er verrate die klassische Norm, zu verteidigen oder ihnen gleich vorzubeugen. Hier dient die Berufung auf das antike Vorbild meist nur als Schutzbehauptung, durch die eine in Wahrheit sehr eigenwillige, in nichts den antiken Vorlagen entsprechende ästhetische Lösung legitimiert werden soll.

Wichtiger aber ist der gesellschaftliche und kulturelle Kontext selbst, dessen unmittelbarer dramatischer Ausdruck diese nur sehr äußerlich antikisierenden Tragödien sind. Er zeigt sich als Ausdruck einer Zeit des Umbruchs, der gewollten und planmäßig ins Werk gesetzten Neukonstruktion einer ganzen Gesellschaft. Angestrebt wurde unter Richelieu, unter Mazarin und dann, konsequenter noch, während der Alleinregentschaft Ludwig XIV. die Einheit der Nation in Form der absoluten Monarchie. Verwirklicht wurde sie als differenzierte hierarchische Gliederung der ganzen Sozietät mit dem König, dem absoluten Souverän, an der Spitze. Mit solcher Vereinheitlichung der Gesellschaft ging eine Neuorganisation der Kultur einher, die diese Gesellschaft legitimieren, ihr ein angemessenes Selbstbewußtsein und diesem wiederum einen repräsentativen Ausdruck verschaffen sollte. Regeln wurden also aufgestellt, die die neue Einheit schaffen, sichern und bewahren sollten. Regeln für das Verhalten, die Sprache, die Literatur, das Theater, welche als angemessener Überbau der neuorganisierten Nation angesehen wurden. Und die Hauptquelle für diese Regeln waren (neben den Römern) die Griechen und, auf dem Felde der Poesie, allen voran Aristoteles mit der *Poetik*.[32]

Wieder wurde also – kalkuliert, planmäßig – die Wiederentstehung der Anfänge ins Werk gesetzt. Und zwar nicht nur eingeschränkt auf die in der italienischen Renaissance praktizierte gelehrte Rekonstruktion einzelner Institutionen, Gebräuche und Kunstformen. Hier ging es um das Vorhaben einer nach antiken Mustern zu errichtenden allumfassenden Kultur. Im Rahmen einer staatlichen Offensive sollte die ganze Nation, und dabei besonders die Literatur und das Theater, unter das Diktat der klassischen Norm gestellt werden.

Der französische Klassizismus insgesamt zeugt allerdings vom ausgesprochenen Bewußtsein eines *mittelbaren* Verhältnisses zur Antike. Anders als die Humanisten, die auf die direkte Wiedergewinnung der Errungenschaften ihrer Vorfahren auf italischem Boden aus waren, war man sich in Frankreich des mehrfachen Abstandes von Römern und Griechen durchaus bewußt. Französischer Geist und französische Sitte waren eigenständig und forderten Eigenrechte. Um sie jedoch zur Vollkommenheit auszubilden – zur vollendeten Ordnung, zur methodischen Strenge, zu Klarheit und Präzision –, bedurfte es der *imitatio*, der bewußten Nachahmung der *anciens*. Mit La Bruyères bekannten Worten gesagt, konnte es nicht darum gehen »rencontrer le parfait«, sondern darum »surpasser les anciens ... par leur imitation«. Wenn dieser Satz auch verhältnismäßig spät fällt, so faßt er doch den Grundimpuls noch der Hochzeit des französischen Klassizismus gültig zusammen. So zeigt gerade das französische Beispiel, daß das wirkungsgeschichtliche Bewußtsein selbst über Spielräume verfügt, in welchen dem naiven Glauben an die Rückkehr des Gewesenen durchaus Reflektierteres entgegengesetzt werden konnte. Das Reaktualisierungsprojekt schließt in diesem Falle, sehr bewußt, das abwägende Vergleichen der alten mit der eigenen Zeit ein und setzt damit zugleich ein Unterscheiden zwischen dieser und jener voraus.

Deshalb erweist sich die Vorbildlichkeit des Alten in der fortwährenden Kraft seines Appells an die Gegenwart und in der von eben dieser Gegenwart auf sich genommenen Verantwortlichkeit, durch eine zeitgenössische Aktivität fortwährend darauf zu reagieren. Es war darum zu tun, sich aus dem antiken Kanon das zu nehmen, was eigenem Geist und eigener Sitte entspricht, andererseits aber notwendigerweise weiterhin und immer wieder genommen werden muß, damit diese sich ihrer eigenen Natur nach entfalten, aus- und durchzubilden vermögen. So läßt es sich erklären, daß im Theater des »Sonnenkönigs« Gestalten und Gehalte des Hoflebens auftauchen und die antiken Heroen in Pose, Kostüm und Allonge des *honnête homme* figurieren, die antike Norm dennoch ungebrochen in Kraft bleibt. Diese Figuren wollten eben durchaus nicht als Imitationen, als Abbilder verstanden werden, und zwar *weder* der historischen oder mythologischen Griechen und Römer *noch* auch der Menschen des zeitgenössischen Lebens, und seien es die vornehmsten.[33] Als Synthesen beider, als ihr Ineinander sind sie die Übersteigerung aller Wirklichkeiten, der vergangenen wie der gegenwärtigen, zum Inbild höchsten Geistes und höchster Sitte schlechthin geworden. Franko-Griechen, Franko-Römer verkörpern solche Inbilder in aller Reinheit, wie sie allein den Regularien schierer Künstlichkeit erreichbar ist. Von der adaptierten antiken Form her – die den zeitlosen Prüfkriterien sowohl der Vernunft wie der Natur (und weiteren noch[34]) entspricht – gewinnt das Zeitgemäße hier ewiggültigen Stil, Form, Würde, eben Vollkommenheit. Auf diese Weise werden die an den Alten bewunderten Qualitäten in der eigenen Gegenwart, für die eigene Gegenwart zurückgeholt. Dafür gab es die zahllosen Regelschriften der *doctrine classique*, die permanenten Debatten zwischen Gelehrten und Künstlern, davon zeugt auch Corneilles Ringen mit den »klassischen« Mustern – damit das Vorbild in der beständig geführten Auseinandersetzung seine Gültigkeit unter den Bedingungen der eigenen Gegenwart vollends unter Beweis stellen kann.

Im Bewußtsein der Zeitgenossen jedenfalls stand unverrückbar fest: Die eigene *gloire* konnte Ausdruck finden nur in antiker Form, im Ganzen wie im einzelnen, in beider engem Zusammenhang und Wechselbezug. So also kann man das unter den Vorzeichen der *anciens* amtierende, ganz und gar bürokratisch durchrationalisierte System der Kontrollinstanzen auf allen Gebieten – der Sprache, der Literatur, der Münzprägung, des Inschriftenwesens, der Redekunst – verstehen (und so sollte es verstanden werden): als Instrumentarium des angestrebten Austausches von nationalen Tugenden – französischem *esprit* und *air* – und antiker Norm, als Leistung einer bewundernswert überlegten staatlichen »Bildungspolitik« also.[35] In diesem allumfassenden Rahmen einer konsequenten Adaptation der »angemessenen« Formen sollte auch das antike Theater fortgesetzt, in diesem Sinne sollte es reaktualisiert werden. Wieder aber wird zu zeigen bleiben, daß eine Wiedererweckung der Antike auch in diesem Verstande chancenlos bleiben mußte – daß vielmehr, im Namen des Uralten und Mustergültigen, etwas ganz und gar Innovatives entstanden ist.

Der französische Klassizismus vor dem Hintergrund seiner Zeit, hatte ich behauptet, zeigt eine Innovation aus einem *ideologischen* Bedürfnis, in welchem sich die vorgebliche Bemühung um die Vergangenheit selbst verkennt. Dabei vollzog sich die Aufstellung von Regeln für die Dichtung nach dem Vorbild der *anciens* im Zuge eines gewaltigen Umbaus der Gesellschaft, die zur zentral regierten Nation werden sollte und auch wurde. Es ging mithin um die endgültige Auflösung der alten Feudalgesellschaft mit ihren vielen verschiedenen Machtzentren – den einzelnen Fürstenhöfen – und um deren vollständige Ersetzung durch einen zentralistischen Staat, in dem alle Macht an einem Hof – dem Königshof – konzentriert war. Wo aber Macht konzentriert wird, geht Macht verloren. In diesem Fall wurde dem Adel, den ritterlichen Höfen, die ganze Macht genommen – der zentralistische Staat verdankte sich eben der restlosen Beseitigung der regional begrenzten Machtzentren des Feudaladels. Dem mußte dafür eine Kompensation gewährt werden. Man gab ihm also alle Möglichkeiten und Mittel, das zu *repräsentieren*, darzustellen, was er realpolitisch verloren hatte: Macht, Einfluß, Stellung. Der Adel wurde aus den alten lokalen Residenzen abgezogen und am Königshof versammelt. Das höfische Leben hier war gesteuert durch ein System von Zeichen, welche Macht und ihre verschiedenen Grade, die Gunst des Königs und die genau abgestuften Rechte, die einzelne Adelige aus ihr ableiten, die unterschiedlichen Vorteile, die sie daraus ziehen konnten, und die Verteilung von Stellung und Privileg ausdrückten. Die Adeligen, die realiter gerade Macht und Einfluß verloren hatten, spielten sich gegenseitig und vor dem König also Macht und Einfluß und nichts als Macht und Einfluß vor. Neben dem König besaßen auf diese Weise absolute Macht nur die Konvention und ihre Regeln, in welchen sich die entmachteten Adeligen auf ganz und gar fiktive, wenngleich durchaus nicht illusionäre Weise selbst bestätigten. Anders gesagt: Einzig und allein die Konvention und die Regeln besaßen die Macht, in der Person des Königs inkarnierten sie sich nur. Die Regeln drückten königlichen Wert, königliches Gepräge und Ansehen aus und den Abglanz, der davon auf die Adeligen fiel – alles ganz äußerlich und formal. Wobei die Form und die Äußerlichkeit äußerst ernst genommen wurden. Man lebte sozusagen in einer Welt des Imaginären, die vollends als Realität genommen wurde.[36]

Dieses höfische Verhaltensoktroi entspricht also, ebenso wie die Regeln, die man unter Berufung auf das antike Vorbild für die neue Kultur der Nation insgesamt aufstellte, ganz und gar einem machtpolitischen Bedürfnis des absoluten Souveräns. Beides entspringt einem Bedürfnis nach praktizierter Ideologie, welche die real Entrechteten über ihre Verluste hinwegzutäuschen vermochte. Der *honnête homme*, das Leitbild der Adeligen, der in Gestalt der antiken Heroen in den Stücken von Corneille und Racine auftritt, das ist eben, grob gesprochen, der entmachtete Adelige, der bloß formal – eben durch die antike Gestalt – seine Wichtigkeit ausdrückt, den anderen vorspielt. Was die Figuren, Schauplätze, Handlungen dieser Stücke betrifft, so liegt das alles weitab von aller Abbildlichkeit. Die Griechen und Römer dieser Tragödien sind Idealisierungen der höfischen Leitfigur, deren Überhöhung und durchaus künstliche Steigerung. Damit sind sie – auf den Hintergrund der Grundtendenz ihrer Zeit bezogen – zugleich und im letzten Sinn die künstlerische Überhöhung und Steigerung der *Auswirkung*, die der Prozeß der Staatswerdung unter Ludwig XIV. auf die Menschen, auf die Individuen selbst ausübt.

Der Vergleich der klassizistischen Tragödien mit den Formen des Renaissancetheaters, der Oper gleicherweise mit den Stücken Shakespeares, ist dabei sprechend. Bei Shakespeare – und das verbindet sein »Menschenbild« mit den Ausdrucksformen der Oper – erfahren die Individuen ihr Selbst über ihre Leidenschaften. Ihnen unterliegen sie, über sie tragen sie den Sieg davon, sie sind Auslöser der Konflikte, in denen ihr Untergang beschlossen liegt oder durch deren Bewältigung sie zur Größe gelangen. So an die Leidenschaften gebunden, sind diese Stücke in gewisser Weise – wie die Oper, die das in noch höherem Grade ist – *gesellschaftslos*. Das heißt, ihre Figuren stoßen sich nicht an Verhältnissen, die ihnen vorausliegen und mit denen sie sich notgedrungen auseinandersetzen müssen. Sie schaffen diese Verhältnisse vielmehr selbst kraft ihrer Handlungsmacht, der als ungeheurer Motor eben die Leidenschaften innewohnen. Sie, in ihrer unbeschränkt großen Palette – Liebe und Haß, Eifersucht und Geltungsdrang, schieres Machtstreben –, knüpfen die Netze, in denen sich diese Figuren *selbst* (und andere) verstricken. All das kann man als Ausdruck des Freiheitsgefühls eines Individuums verstehen, wie es im Zerfall der feudalabsolutistischen Bindungen entstanden ist und das sich nun – fühlend, handelnd – gleichsam in die Welt erstreckt und die Welt ganz mit sich ausfüllt.

Ganz anders sind die Tragödien des Corneille und des Racine (auch die Komödien des Molière im übrigen) *Dramen der Vergesellschaftung* (man kann ruhig sagen: der *Verstaatlichung*) der Menschen. Alle drei reflektieren auf den sich zu ihrer Zeit abspielenden, alles vereinnahmenden Vergesellschaftungsprozeß – um Unterordnung geht es bei Corneille, um tragisch scheiternde Auflehnung bei Racine, um pragmatische Anpassung bei Molière.[37] Solche Haltungen gegenüber den Prozessen der eigenen Zeit überhöhen also die »klassischen« Geschichten und Figuren der Griechen und Römer bei Corneille und Racine recht eigentlich; es sind Repräsentationsformen dieser Prozesse, ebenso wie das in der bildenden Kunst, in den überall errichteten Statuen, den Medaillenabbildungen, den Inschriften etc. der Fall ist.

Wenn nun gesagt wurde, die Anknüpfung an die Antike im französischen Klassizismus erfülle im Rahmen der Nationwerdung ideologische Funktionen, sie sei sozusagen als passender Überbau des gesellschaftlichen und politischen Neubaus zu werten, so sind solche Ausdrücke freilich noch zu schwach, um den wirklichen Vorgang wiederzugeben, der damit verbunden ist. Tatsächlich handelt es sich bei dieser Anknüpfung nämlich um einen integralen Teil dieses gesellschaftlichen und politischen Neubaus selbst, der als solcher wesentlich und unverzichtbar war. Das zeigt sich an der Stellung des Königs, der die absolute Mitte des Machtsystems bilden sollte.

Diese Stellung mußte um allen Preis abgesichert werden, und zwar mit ganz und gar neuartigen Mitteln und Methoden. Die alten, aus dem Mittelalter tradierten Loyalitätsbande, welche die Bindung des Feudaladels an den Herrscher im Sinne einer *wechselseitigen* Verteilung der Rechte und der Pflichten regelten, konnten nicht länger funktionieren, wenn die Machtbindung nunmehr ganz und gar einseitig vom Souverän ausgehen sollte. Das aber erforderte die Absicherung seiner Stellung in einem ausgesprochenen Königsmythos.

Der kann sich einerseits natürlich weiterhin auf die alten Vorstellungen von der Sakralität des Königtums stützen, insbesondere auf den Glauben an die dadurch verbürgte Unsterblichkeit der königlichen Person.[38] Unter Ludwig XIV. wurden solche Traditionen mehr als anderswo in Europa reaktiviert.[39] Andererseits aber bröckelten die Fundamente dieser mittelalterlichen Königsaura. Mehr noch: Sie sollten gerade durch die »nationale« Politik der absoluten Königssouveränität bewußt und nachhaltig zerstört werden. In dem Maße aber, in dem sie ihre Überzeugungskraft verloren hatten und weiter verloren, mußten flankierende Maßnahmen her. Neue Legitimationsverfahren hatten die immer weiter aufklaffende Lücke zu füllen. *Dazu* diente letzten Endes der Aufbau der National-Kultur »im Sinne des Aufbaus einer Struktur von offiziellen Organisationen, die Künstler, Dichter und Gelehrte für den Dienst des Königs warben«.[40] Deswegen entstanden die Akademien und ihr vielfältig verzweigtes Beziehungssystem, gab es die Zeitungen, die verschiedenen Instanzen einer reibungslos funktionierenden Zensur, die planmäßig betriebene Hofgeschichtsschreibung. Zu diesem Zweck werden auch die verschiedenen Verwaltungsinstanzen für die Künste eingerichtet, die – von Direktoren, Superintendanten, Inspektoren geleitet – als ganz und gar engmaschiges Netz

Hof, Metropole und Provinz überziehen und miteinander verbinden. An der Spitze steht das »Ministerium des Ruhms«, in dem der Staatsminister Colbert die Kulturpolitik Frankreichs in allen Einzelheiten dirigiert, beraten von Chapelain in Fragen der Literatur, von Lebrun in Fragen der Malerei und Bildhauerei, von Charles Perrault in Fragen der Architektur. Solche »Bürokratisierung der Künste ... hatte die Aufgabe, die Präsentation des königlichen Bildes zu organisieren, genauer gesagt, ein bewegliches Bild der Hauptereignisse der Regierungszeit vorzuführen, die *histoire du roi*.«[41] Die ganze Vielfalt der »Medien« wurde aufgeboten – Literatur, Medaillen, Statuen, Gemälde, Inschriften, Theater –, die, einander spiegelnd und dadurch einander verstärkend, allesamt dem gleichen Zweck dienten: der Schaffung und permanenten Sicherung des erneuerten Königs-Mythos als wichtigstem Stützpfeiler seiner Souveränität.

Dieser Aufgabe diente auch das Aufgebot der antiken Mythologie und der mythologischen Gestalten, in die sich der König überall – in den Hofballetten, den Medaillen, den Inschriften – verwandelte. Sie verbürgten, zumindest am Anfang der Alleinregentschaft Ludwig XIV., seine Größe in einem weit intensiveren Sinn, als Symbole es beanspruchen können. Peter Burke schreibt vom Weiterwirken einer ausgesprochenen Bildmagie, die auch in der ersten Phase der Herrschaft Ludwigs noch Geltung beanspruchen konnte.[42] Er vergleicht solche Bildkraft mit Lévy-Bruhls Gedanken einer *participation mystique*, einer mystischen Teilhabe von Bild oder Zeremoniell mit dem in ihm und durch es Ausgedrückten. Das verbindet die alten, aus mittelalterlichen Traditionen stammenden Rituale wie das Krönungszeremoniell, in welchem die Vermählung von König und Reich nicht nur bedeutet, sondern auch wirklich vollzogen wird, mit den neuen Bild-Mythologemen. Am deutlichsten wird das in der Aura des »Sonnenkönigs«, wo der Sonnenvergleich Natur und Staat über die Person des Königs miteinander identifiziert. Genau dasselbe geschieht nun auch in der Parallelschaltung des Königs mit mythologischen oder historischen Figuren des Altertums. Ludwig in der Gestalt des Apoll, des Herkules, des Alexander, des Augustus – ob im Ballett, im Gemälde, auf einer Medaille, in einer Inschrift, auf einer Statue –, das war der zurückgekehrte Apoll, Herkules, Alexander, Augustus; allesamt massive Zeichen für die absolute, von allen Bedingtheiten losgelöste Spitzenstellung des Königs. Sie drücken die Macht, Stärke, die Vollkommenheit und Unangreifbarkeit des Souveräns aus, repräsentieren sie in einem starken Sinne, indem sie ihre Bedeutung gleichsam auf seine Person übertragen. Umgekehrt verliehen dann ja auch die Statuen, die Bilder, die Medaillen dem abwesenden Herrscher allüberall und jederzeit Realpräsenz.[43]

Es ist freilich dieser Repräsentationsgedanke, der noch im Zeitalter Ludwig XIV. in die Krise gerät, ein Vorgang, in dem die Autorität der Bilder und damit auch des antiken Beispiels, der »klassischen« Norm, untergraben wird. Burke spricht von einer in den letzten Jahrzehnten des 17. Jahrhunderts aufbrechenden »Krise der Repräsentation«[44] im Zuge einer intellektuellen Revolution dieser Zeit.[45] Unter vielem anderen, was sich durch diese Krise ändert, hat sie ein »Verschwinden der Magie« zum Ergebnis.[46] In der neuen Mentalität verändert sich der Status der Analogie von Zeichen und Bezeichnetem: »statt objektiver Gleichsetzung nun die subjektive Metapher.« Jedenfalls sei »von einem zunehmenden Bewußtsein für den Unterschied zwischen wörtlicher und symbolischer Bedeutung zu reden«.[47] Peter Burke resümiert: »Mit diesen Veränderungen entwickelte sich der Glaube an die Vernunft und an das, was man ›Kulturrelativismus‹ nennen könnte, an die Vorstellung also, daß bestimmte gesellschaftliche und kulturelle Verhältnisse nicht gottgegeben oder notwendig, sondern bedingt sind. Sie unterscheiden sich von Ort zu Ort und lassen sich von Zeit zu Zeit ändern.«[48]

In der Krise des Überkommenen wird sich dieses Zeitalter seiner eigenen Größe bewußt, seiner Überlegenheit über alle anderen Zeiten und damit auch – seiner unüberwindlichen Entfernung von der Antike. Dies ist Anlaß und Gegenstand der berühmten *querelle des anciens et des modernes*, der ersten von vielen, die ihr nachfolgen sollten. Hier wandten sich die Anhänger der eigenen Zeit und der Eigenständigkeit ihrer Kultur gegen das angemaßte Diktat der antiken Norm. Sie behaupteten die Souveränität des Neuen, des »Modernen«, gegen die Engbrüstigkeit des antiken Regelsystems und verwiesen damit das antike Beispiel in die Schranken der relativen Gültigkeit einer vergangenen Epoche.

Es kennzeichnet nun die Flexibilität des Herrschaftssystems Ludwig XIV., daß es auf den mit solchen Prozessen einhergehenden Schwund der legitimierenden Bildkraft[49] angemessen zu reagieren vermochte. So, wie das mittelalterliche Königsritual modifiziert wurde[50], setzt sich jetzt die *Person* des Königs – alle möglichen Vorbilder übertreffend und überflügelnd – an die Stelle seiner Repräsentationen. Seit 1680 greifen Ludwig und seine Berater zu einer neuen Strategie: »Der neue Mythos von Ludwig stützte sich auf eine neue Rhetorik, eher modern als klassisch und eher wörtlich als allegorisch.«[51] Die buchstäblich – und das heißt: zeitgeschichtlich – genommene *histoire du roi* ersetzt und verdrängt die repräsentative; ersetzt und verdrängt damit das antike Beispiel.[52]

In solchen Vorgängen wird sich die französische *gloire* in der zweiten Hälfte des 17. Jahrhunderts ihrer eigenen Rechte bewußt, ihrer Unübertrefflichkeit in der und durch die Geschichte und insofern ihrer *Vorbildlosigkeit* selbst. Die Nation wurde so begriffen, wie sie politische Theoretiker in ganz Europa gefordert hatten – als eine Notwendigkeit ganz und gar ihrer eigenen Zeit, als Lösung von den Glaubensstreitigkeiten der vorangegangenen Jahrzehnte und Jahrhunderte, in der der Souverän – damit es erst gar nicht zum Konflikt der gegensätzlichen Mächte kommen kann – alle Macht, die weltliche *und* die geistige, selbst und allein in der Hand hielt, zunächst eben in seinem Bild, dann in seiner Person. Eigentlich war diese Überlegenheit des Königs über die historischen Vorbilder, und zwar nicht nur über die antiken, sondern auch über die aller sonstigen Zeiten und Epochen, ziemlich unmißverständlich bereits in dem sich »klassisch« gerierenden Propaganda-Programm bedeutet worden. Ludwig war in den Hofballetten ja nicht nur als Apoll, sondern auch als Alexander, als Perserkönig Cyrus, als Ritter Roger usw. aufgetreten. Gerade solch unbegrenzte Verwandlungsfähigkeit in alle möglichen Vorbilder hatte aber schon da seinen Anspruch auf Unvergleichlichkeit zum Ausdruck gebracht. Indem er sich ihnen allen anverwandeln kann – oder eben sie alle sich ihm –, überragt er jeden einzelnen der größten Staatsmänner der ganzen Welt wie auch die bedeutendsten Figuren der großen Mythologien.

Für unsere Problemstellung zeigt sich in diesem Vorgang Wesentliches. Ich hatte für Italien zu zeigen versucht, daß bereits im ursprünglichen Gedanken der »Renaissance« ein Gefühl vom Unterschied der antiken und der »modernen« Zeiten enthalten ist, die Ahnung zumindest von der Diskontinuität in der Geschichte, welche die Gegenwart absetzt von der entschwundenen Vergangenheit. Das Ergebnis der für den französischen Klassizismus beschriebenen Prozesse aber zeigt, daß sich dieses Gefühl von der Verschiedenheit von Vergangenheit und Gegenwart präzisiert, daß es schlußendlich zum vollen Bewußtsein von der Eigenständigkeit und vom eigenen Recht der Gegenwart geworden ist, daß es sich mithin ganz und gar zum Selbstbewußtsein ausgebildet hat. Das belegt der Bedeutungswandel, den das Wort von der »modernen« Zeit im Verlauf der *querelle* erfährt. Bei Petrarca und den Humanisten der *Camerata* hatte es einen pejorativen Klang gehabt. Es bezeichnete die eigenen, finsteren, »gotisch«-

barbarischen Zeiten, gegenüber denen nur die vergangene Zeit des Antiken Rang und Wert beanspruchen konnte. Dagegen heißt »modern« seit dem Ausgang des 17. Jahrhunderts: Überlegenheit der Gegenwart über die Vergangenheit. Seitdem hat nur, was »modern« ist, Rang und Wert, weil es relativ, in bezug auf die Gegenwart, das »Angemessene« ist, weil es ersetzt und ersetzen muß, was einst, in der Vergangenheit und relativ zu ihr, das Angemessene gewesen war.[53]

Paul Hazard hat sich angesichts des abrupten Bedeutungswandels des Wortes »modern« die Frage gestellt: »... dies Gleiten von der Vergangenheit in die Gegenwart, wie erklärt es sich? Woher mag es kommen, daß ein Teil des denkenden Europa dem Kultus der Antike aufsagte, zu dem sich die Renaissance und das ganze klassische Mittelalter bekannt hatten? Der berühmte Streit der ›Alten‹ und ›Modernen‹, den man gern als Erklärung für diesen Wandel anführt, ist nur ein äußeres Zeichen dafür; die Ursache aber muß noch gefunden werden.«[54] Die Antwort, die er darauf gibt, hat ganz unmittelbar etwas zu tun mit den weiteren Veränderungen in der Einstellung, im Verhältnis zur Antike, wie sie uns hier interessieren. Den Grund für die Absage an das antike Vorbild sieht er nämlich in dem sich zu dieser Zeit in Frankreich und anderswo in Europa breitmachenden Mißtrauen gegenüber der Geschichtswissenschaft. Hazard fährt fort: »In den Tiefen des Bewußtseins der Menschen machte die Geschichte bankrott; das eigentliche Gefühl für das Geschichtliche war im Schwinden. Man wandte sich von der Vergangenheit ab, weil sie schwankend, unmöglich zu erfassen und immer falsch erschien. Man verlor das Vertrauen zu denen, die sie zu kennen behaupteten; entweder irrten sie sich oder sie logen. Etwas wie ein großer Erdrutsch vollzog sich, und danach gab es nichts Gewisses mehr als die Gegenwart: und alle Wunschbilder mußten sich fortan in die Zukunft flüchten.«[55]

Wir werden diesem Phänomen einer Umkehr im Zeitenverhältnis, einer Futurisierung der mit der Geschichte verbundenen Hoffnungen, die mit dem Wort »modern« verbunden ist, auf merkwürdige Weise wiederbegegnen: wenn wir nämlich die deutsche Klassik betrachten, wo das Kunststück versucht wird, die älteste Vergangenheit, die klassische Antike, zur fernsten Zukunftshoffnung zu machen; ein Versuch mit nachhaltigen Folgen noch im 19. und 20. Jahrhundert. Aber noch etwas anderes ist für uns an Hazards Beobachtungen wichtig zu nehmen. In der unbarmherzigen Kritik an den damals üblichen Formen der Geschichtsschreibung, die sich in allererster Linie an rhetorische Regeln anlehnte und sich selbst als Form der Beredsamkeit, mithin als

Kunst-Form verstand, bricht sich ein neues Bewußtsein von den Aufgaben und Formen der Geschichtsschreibung Bahn, das als Anfang noch unseres Verständnisses von Geschichtswissenschaft gelten kann. Bezeichnend dafür ist eine Anekdote, die Hazard von einem der Historiker des alten Stils erzählt: »... als Vertot seine Darstellung der Belagerung von Malta niedergeschrieben hatte und man ihn auf Urkunden hinwies, antwortete er, es sei zu spät, seine Belagerung sei fertig.«[56] Und das konnte er, ausgehend von seinen Überzeugungen, was Geschichtsschreibung zu leisten habe, ruhigen Herzens und guten Gewissens sagen. Danach war Historie die erbauliche und erhebende Darstellung erhabener und moralisch bedeutsamer Handlungen großer und vornehmer Personen. Was aber in einer Belagerung als erhaben, moralisch-bedeutsam, groß und vornehm gelten konnte, das konnte man sich denken. Dazu gab es ja die Vorbilder und insbesondere die antiken. Was sollten da Urkunden?

Eine solche Haltung entsprach nun nicht länger den »modernen« Überzeugungen. Hazard zählt die Beispiele für den neuen Typus eines Geschichtsforschers auf, der sich nunmehr auf den Weg in die Archive machte und Jahre und Jahrzehnte lang Urkunden aufstöberte und Quellen sammelte, die nun wirklich verläßliche Auskunft geben sollten über eine bestimmte Vergangenheit. So wurde der Ausweg aus der Krise der Geschichtsschreibung gesucht und ein Mittel gefunden, »die Geschichte wieder aufzubauen: die Gelehrsamkeit«.[57]

Der neue Typus des Geschichtsschreibers ist nicht länger Rhetor, der sich an bestimmten Topoi, vor allem natürlich an antiken, orientiert, sondern Forscher. Einer, der sich in die Archive begibt, um authentische Quellen zu finden. Der sich sodann an die Auswertung dieser Quellen macht, unter ganz anderen Maßgaben, als es sein Vorgänger in der »schlechten«, alten Geschichtsschreibung getan hatte. Statt der Vergangenheit mit Bewunderung und Vertrauen entgegenzutreten, fordert er nun das schiere Gegenteil: Skepsis bei der Betrachtung der Dokumente der Vergangenheit. Man war jetzt überzeugt, daß die Quellen lügen konnten (und dies in aller Regel auch taten), und forderte deshalb eine tief kritische Haltung, durch die allein den Quellen die Wahrheit zu entreißen sei. Mitsamt der Idee der Quelle taucht die Idee der Quellenkritik auf, und das bedeutete nun wirklich eine Revolution im Geschichtsbewußtsein. Die Vergangenheit sprach nicht mehr mit Selbstverständlichkeit zur Gegenwart, sie mußte erst zum Sprechen gebracht werden. Und zwar in *kritischer* Befassung mit dem, was von ihr in Wirklichkeit geblieben war, und das waren nicht mehr denn einige ganz und gar als unzuverläßlich betrachtete Trümmer und Reste. Ein Vorbild konnte das nicht mehr sein. Wie sich dieses kritisch-forschende Geschichtsverständnis, das am Ausgang des 17. Jahrhunderts aufkommt, am Ausgang des folgenden Jahrhunderts schärft und weiter präzisiert, vor welch immense Probleme die Idee der Quellenkritik dann, ein weiteres Jahrhundert später, die Vertreter einer ausgesprochenen Zunft der Geschichtswissenschaft stellen wird – das sind Probleme, die noch die unsrigen sind. Auf sie wird deshalb zurückzukommen sein.

Ästhetischer Humanismus

Zuvor noch das dritte Beispiel, das für die Macht der Wirkungsgeschichte ins Feld geführt wird; für eine Reaktualisierung der Antike, ein weiteres Jahrhundert später. Nun geht es um das Verhältnis der deutschen Klassik zur Antike. Bis dahin hatte das klassische Paradigma in Deutschland eine weniger große Rolle gespielt, oder doch eine grundsätzlich andere als etwa in Frankreich, wo die Antike einen so entscheidenden Beitrag in der Herausbildung und Legitimierung der *grande nation* geleistet hatte. Der französischen Nation und ihrer Kultur aber standen die deutschen Intellektuellen des 18. Jahrhunderts, die in ihrem Lande eine eigene kulturelle Identität, eine Kultur für die noch nicht bestehende, aber für die Zukunft postulierte deutsche Nation schaffen wollten, mehr als skeptisch gegenüber – die französische Kultur, das war eben auch die Kultur der vielen kleinen Höfe in den zersplitterten deutschen Landen, gegen welche sich die Bürger im Anspruch wenn nicht auf Emanzipation, so doch zumindest auf Anerkennung ihrer Rechte und Ideen wandten.

Dieser Absicht zufolge, der französischen – und das heißt für die deutschen bürgerlichen Intellektuellen allemal: einer feudalabsolutistischen – eine deutsche, bürgerliche Kultur entgegenzusetzen (oder doch zu integrieren), mußte die Antike zunächst einmal ein wenig ins Hintertreffen geraten. Der Grund dafür zeigt sich etwa am Gegensatz zwischen Gottsched und Lessing. In der ersten Jahrhunderthälfte hatte Johann Christoph Gottsched ebenfalls auf die allgültigen Regeln der »Alten« verwiesen, um das Niveau der deutschen Sprache und Literatur zu heben und hier zu eigenen, nationalen Ausdrucksformen zu gelangen. In seiner eigenen Dichtungslehre aber war er – weil diese Regeln ja bereits von den französischen Autoren zum Modell gewählt worden waren – ziemlich umstandslos der Poetologie der *doctrine classique* gefolgt.[58]

Was ihm die Mißbilligung durch die kritischen bürgerlichen Intellektuellen eintrug, die das höfische Frankreich, das unangefochtene Vorbild der deutschen Höfe, als Hauptgegner betrachteten. Nicht die Antike selbst, wendet Lessing ein, wird von Gottsched aufgegriffen, sondern ihre *Verfälschung* durch die höfische Literatur und das höfische Theater des absolutistischen Frankreich; ahmt man sie nach, dann ahmt man höfisch-französische und nicht etwa antike Vorbilder nach. Das war weniger ein abgewogenes kulturhistorisches denn ein politisches Urteil. Die Ablehnung französischer Kultur und Literatur, der Regelpoetik des Aristoteles und der klassischen Doktrin, welche sich auf jenen berief, durch die bürgerlichen Intellektuellen, ist in erster Linie als antiabsolutistischer, antifeudaler Akt zu verstehen.[59]

Die Entdeckung der Antike trug sich in Deutschland zu dieser Zeit aber auf kunsttheoretischem Gebiet zu. Mitte des Jahrhunderts ging es hier zu Ende mit der aus humanistischen Traditionen stammenden »antiquarischen Wissenschaft«. Das war eine Art Quellenkritik, welche ganz oder in Teilen verlorengegangene antike Kunst- und Baudenkmäler nach dem Zeugnis zeitgenössischer literarischer Kommentatoren zu rekonstruieren suchte. Man ließ sich also gar nicht erst ein auf die aus der Antike erhaltenen Kunstdenkmäler, geschweige denn, daß man sie aus eigener Anschauung vor Ort studiert hätte, sondern versuchte, sich durch systematische Auswertung ihrer zufälligen Erwähnung und Beschreibung bei diversen antiken Autoren ein Bild vom Originalzustand eines erhaltenen Torsos oder gar nicht mehr existenter, ganz verschollener antiker Bildwerke zusammenzusetzen.

Gegen die damit verbundenen Spekulationen erhob sich bald vehemente Kritik, die auf die Beschäftigung mit dem Erhaltenen, den aus der Antike gebliebenen Originalen selbst drängte. Diese Forderung untermauert Johann Joachim Winckelmanns Angriff gegen die Beschränkung der Altertumskunde auf rein quellenkundliche Fragestellungen, auf das Registrieren und Vervollständigen der in den literarischen Quellen zu findenden Detailauskünfte. Seine Hauptgegnerschaft gilt der grassierenden »Seuche der Kunstschreiberei«, die von Leuten betrieben werde, »deren Gelehrsamkeit darin besteht, zu wissen, was andere gewußt haben«, und deren Neugier sich darin erschöpfe, herauszufinden, »wieviele Knoten an der Keule des Herkules gewesen sind, wieviel des Nestors Becher nach dem heutigen Maß enthalten«.[60] Wohingegen er versuchen will, die Einzelergebnisse der spekulativen »antiquarischen« Forschung mit der Anschauung der alten Kunstwerke selbst zu verbinden und beides in der Einheit einer neuen Wissenschaft von der antiken Kunst zum Sprechen zu bringen.

Dabei geht Winckelmann in jedem Belang einen entschiedenen Schritt auf den bisher begangenen Wegstrecken der Beschäftigung mit dem Überlieferten weiter. Gegenüber der auf sekundäre Literatur eingeschränkten Auseinandersetzung eröffnet er den Blick für die Phänomene der griechischen Kunst selbst. In deutschen Galerien wie der kaum beachteten Dresdner Antikensammlung, dann in Rom selbst sucht er nach eigener Anschauung der Kunstwerke und bemüht sich um ein sachbezogenes, einfühlsames Urteil über das einzelne Werk, wie es sich aus eigenem ästhetischen Erleben begründet.[61]

Das entscheidende Buch ist hier natürlich seine *Geschichte der Kunst des Alterthums* von 1764, in dem sich das erste Mal antike Kunstwerke selbst beschrieben finden, so, wie sie der Autor in Rom gesehen und in den Empfindungen gespiegelt, die sie in ihm erregt hatten. Gegenüber der Faktenhuberei der »Antiquarischen« verleiht er der Beschäftigung mit dem Konkret-Einzelnen solcherart die Zielsetzungen und Maßstäbe einer veritablen Wissenschaft der Kunstgeschichte. Zu diesem Zweck historisiert er seine Gegenstände in höchst bezeichnender Weise. Er versteht sie nicht länger wie die Antiquare als Einzelobjekte der Rekonstruktion und Klassifikation, sondern sieht ihren inneren Zusammenhang in allererster Linie durch die Kultur verbürgt, als deren Zeugnisse sie allesamt zu gelten haben. Indem er sie so zur Einheit zusammenfaßt, reiht er sie in den Kontext einer abgeschlossenen Epoche ein und rückt sie damit zugleich in die Vergangenheit zurück. Wobei er diese Epoche, dem modernen Verständnis nach, ganz und gar unhistorisch konzipiert. Er versteht sie nämlich als »organische Einheit«, die zwar vergangen, zugleich aber von gegenwärtiger Bedeutung ist, weil sie in nuce überzeitlich Gültiges enthält. Die Antike erscheint ihm gleichsam als Musterfall aller möglichen Kunstentwicklung, an dem sich – in exemplarischer, weil vollständiger Ordnung – die Ausbildung und Aufeinanderfolge der gesamten Kunst in ihren allgemeinen Gesetzlichkeiten und Regelmäßigkeiten zeigt. Dieser »Modellcharakter« der Epoche ermöglicht also einen – sonst unzulässigen – Zirkelschluß in der (kunst)wissenschaftlichen Methodik. Aussagen über die geschichtliche Entwicklung werden auf diesem exzeptionellen Felde zugleich zu Aussagen über Stilgesetzlichkeiten der Kunst selbst. Hier kann man nämlich die sich in immer wiederkehrenden Phasen einander ablösenden Kunststile jeder echten Kultur studieren – den älteren, den zweiten, hohen, den schönen Stil und schließlich den Stil der Nachahmer, dem sich regelmäßig der Verfall anschließt. Für Winckelmann treten solche stilistischen Wesensmerkmale an den antiken Beispielen in paradigmatischer Ausprägung und Aufeinanderfolge zutage.

»Die Antike« faßt auf diese Weise alle mögliche Geschichte der Kunst in sich zusammen. Ihr Beispiel kann die neue historische Kunstwissenschaft also nutzen, um überzeitlich gültige Aussagen über ihren Gegenstand zu erhärten: »Die Geschichte der Kunst soll den Ursprung, das Wachstum, die Veränderung und den Fall derselben nebst dem verschiedenen Stil der Völker, Zeiten und Künstler lehren und dieses aus den übriggebliebenen Werken des Alterthums, so viel möglich ist, beweisen.«[62] In einer solchen Konstruktion umspannen »Ursprung, Wachstum und Fall« nicht etwa das gegeneinander abgegrenzte faktisch Besondere einer bestimmten Kultur und Zeit. Hier ist durchaus kein Relativismus am Werk, ausdrücklich wird der Stil der Völker, der Zeiten, der Künstler als Nebensache bezeichnet. Bedeutung haben sie zu jeder Zeit nur als invariante Stadien einer idealen Abfolge, als immer wiederkehrende Phasen der kunstgeschichtlichen Entwicklung insgesamt, die in der Antike vollgültig vorgeprägt ist. Der Kunsthistoriker versucht also, das Panorama einer vergangenen Zeit in ganzer Breite und in seiner Einzigartigkeit in den Blick zu rücken, indem er alles in ihr enthaltene in eine epochale Synthese zusammenfaßt und diese Epoche zugleich als transhistorisch gültiges Beispiel für alle folgenden Zeiten und ihre Kunstentwicklung auslegt.

An diesem Exempel – gleichsam am Naturgesetz der Kunst[63] – läßt sich studieren, was Klassik (ja, was Kunst im eigentlichen Sinne) überhaupt ist. Sie tritt in Erscheinung – aufgrund des einzigartigen Zusammentreffens bestimmter ethnischer, geographisch-klimatischer, gesellschaftlich-kultureller Konditionen – im hohen und am schönen Stil des griechischen fünften und vierten Jahrhunderts, und hier insbesondere in den Werken der bildenden Kunst, der Plastik. Durch diese Festlegung erneuert Winckelmann das Vorbild der Antike in mehrfacher Weise. Er begreift die Kunst – trotz ihrer Anbindung an materielle Faktoren – als autonome Größe (die aus sich selbst heraus, unabhängig von historischen und literarischen Quellen, aussagekräftig ist). Er engt die »klassische« Kunstperiode zum ersten Mal ganz dezidiert auf die »Blütezeit« der griechischen *polis*-Kultur ein (grenzt mithin die Archaik, den Hellenismus und Rom aus). Er führt schließlich am Beispiel der bildenden Kunst neue, die französischen Dezenzregeln hinter sich lassende (Proportions-)Maße der Stilbildung vor

Augen. In ihnen verkörpert sich nunmehr ein durchaus neues *Ideal* der Humanität, das die Griechen aus der Natur, die an sich selbst stets imperfekt bleiben muß, zum vollendeten (und vollendet bleibenden) *Ausdruck* der Harmonie von körperlicher und seelischer Schönheit des Menschen (des Mannes) durchgebildet hatten.

Damit bleibt Winckelmanns Kunstverständnis bei aller Berücksichtigung der Kunstgeschichte letzten Endes ganz und gar normativ.[64] Im Modell der Antike will er ein- für allemal Klassisches vom Nichtklassischen, Kunst von Nichtkunst (das heißt: von bloßer mechanischer Kunstnachahmung) unterscheiden, um einen sicheren Maßstab für den Kunsthistoriker bei der Betrachtung der Stilentwicklung verschiedener »Völker, Zeiten und Künstler« zu besitzen. Das ermöglicht ihm ganz entschiedene Wertungen – gemessen an der griechischen Klassik scheint ihm nur Italien im 16. und frühen 17. Jahrhundert Vergleichbares hervorgebracht zu haben. Da er aber dank des einzigartigen Ranges der griechischen Kultur – zugleich in der Geschichte und ihr enthoben – nicht nur über ein (historisch kontingentes) Muster (das man nachahmen *kann*), sondern zugleich über eine (überhistorisch gültige) Norm verfügt (die man nachahmen *muß*), bleibt seine Wirkung durchaus nicht nur auf die Anweisung zur *Betrachtung* des Vergangenen oder der eigenen Zeit beschränkt. Dieser – und aller Zukunft – gegenüber besitzt der Kunsthistoriker nunmehr die Möglichkeit, den Künstlern selbst verbindliche Modelle für die echte Nachahmung der klassischen Kunst vor Augen zu führen. Er vermag Kriterien dafür aufzuweisen, was die Zeitgenossen als nachahmenswert anerkennen (und folglich auch weiterführen) können und was sie – als zu früh oder zu spät oder als nebensächlich – am antiken Beispiel verwerfen (und folglich in ihrer eigenen Arbeit vermeiden) müssen.[65] Das ist der Vorgang, in dem ein Bild von klassisch-antiker Kunst entsteht, das in Deutschland selbst klassisch werden sollte und das als Urteilsmaßstab (bis heute) nachwirkt. Winckelmanns Formel für die Klassizität der griechischen Kunst, »edle Einfalt, stille Größe«, setzte ein Muster in Geltung, das vom deutschen Idealismus und Humanismus aufgegriffen und weiter entwickelt wurde.[66]

Mit Winckelmanns *Geschichte der Kunst des Alterthums* wird die Antike in Deutschland wiederum auf besondere Weise zum »klassischen Alterthum«[67], zum historischen Beispiel einer Kunstgesetzlichkeit, welcher auch die zeitgenössischen Künstler nachzueifern hatten. Über den Umweg einer sich herausbildenden Kunstgeschichte gelangt die neue Norm bis in die Bezirke der zeitgenössischen poetischen Produktion. Man kennt den Briefwechsel zwischen Schiller und Goethe über die Fragen des poetischen Handwerks und die Rolle, welche das »Vorbild der Alten« darin spielt; man weiß um die Bemühungen der beiden um antike Stoffe – in Goethes *Iphigenie* so gut wie in Schillers *Braut von Messina*. Man kennt Schillers Beschäftigung mit den griechischen Tragödien, während er am *Wallenstein* und der *Maria Stuart* schrieb, speziell mit dem *König Ödipus*, der ihm als der klassische Fall einer »tragischen Analysis« galt, wie sie ihm auch für seine eigenen Stücke vorschwebte.[68] Wichtiger als dies aber ist die viel weiterreichende Rolle, die die klassische Antike im *Denken* der deutschen »Klassiker« spielt – die einer kulturschöpfenden Kraft, die der eigenen fragwürdig gewordenen Zeit alternative Möglichkeiten des Menschseins entgegensetzen soll, indem Humanität und Schönheit einander zur wechselseitigen Bedingung werden sollten. Unter diesem Vorzeichen erfolgt insbesondere Schillers Beschäftigung mit der klassischen Kultur und ihrem Zusammenhang mit seiner eigenen Zeit, wie sie sich ausdrückt in Gedichten wie *Die Götter Griechenlands* und *Das Ideal und das Leben* oder in der ästhetisch-politischen Programmschrift der Briefe *Über die ästhetische Erziehung des Menschen*. Auch hier geht es um das klassische Ideal, freilich auf eine komplizierte und äußerst reflektierte Weise, die selbst schon in die Nähe der endgültigen Revision des Gedankens an die mögliche Wiederbelebung des antiken »Ideals« führt.

Wo aber liegen die den italienischen – der Subjektwerdung – und den französischen – der Staats- und Nationwerdung – vergleichbaren eigentlichen Antriebe für die Antikenbegeisterung in Deutschland? Ich hatte dazu bereits gesagt: So wie die Oper für ein ästhetisches Zeitbedürfnis und der Klassizismus in Frankreich für ein ideologisches Zeitbedürfnis zeugt, so resultiert die »Wiederauferstehung« der Antike in Deutschland um 1800 aus einem Zeitbedürfnis, das durch einen akuten *Utopiemangel* hervorgerufen wurde. Das ist der Fall im »klassischen Ideal« des ästhetischen Humanismus.

In dieser Rolle begegnet das antike Vorbild im bereits angesprochenen Briefwechsel zwischen Goethe und Schiller im übrigen noch nicht. Hier sind die griechischen Tragödien, oder besser die ihnen zugrundeliegenden Handlungsmodelle, eher poetologische Vorbilder im eigentlichen Sinne des Wortes. An ihnen diskutiert man, wie im erwähnten Fall der »tragischen Analysis«, Fragen der schriftstellerischen Methode oder technische Probleme des dramatischen Baus. Ideal ist die antike Form hier also eher im handwerklichen Sinne, sie kann als Modell dienen, dem in praktischem Interesse nachzueifern ist.

Ausgehend von Winckelmanns Beschreibung der »klassischen« Kunstepoche Griechenlands, verbreitete sich freilich unter den Gebildeten ein Bild des »klassischen« Griechenland, das nunmehr als unverlierbarer, absoluter Wert angesehen wurde. Die »klassische« Antike – von Winckelmann als »organische Einheit« definiert – galt von da an als paradigmatische Totalität. In ihr hängt alles in bruchlos geschlossener Einheit miteinander zusammen; hier herrscht absolute Identität aller Momente, die allesamt und jedes für sich ein Ideal – die Idee nämlich der Zusammengehörigkeit des Wahren, Guten und Schönen – zum Ausdruck bringen. Diese innere Einheit widerspiegelt sich auf selbstverständliche, »natürliche« Weise im künstlerischen Stil, in der in ihm erreichten Ausgeglichenheit – Winckelmanns Stilideal war die Mitte als der Ausgleich der Extreme, und das blieb nach ihm sehr lange unangetastet in Kraft –, in der hier erreichten Ganzheit, den harmonisch ausgewogenen Proportionen, der Dichte und Geschlossenheit der ästhetischen Gebilde. Idee und Ausdruck bilden so ein Ganzes; sie repräsentieren das maßstabsetzende, überhistorische Ideal – das Klassische schlechthin, dem jetzt auf allen Gebieten der Kunst und der Wissenschaft nachzuspüren *und* nachzueifern war.

Diese doppelte Maxime, welche die Verschränkung von Historischem und Normativem in Winckelmanns Antikenverständnis mit sich bringt, gilt im »ästhetischen Humanismus« also für Gelehrte und für Künstler in gleicher Weise, sie verbindet sie. In aller Breite und Vollständigkeit kann man sich in beiden Gefilden im ungeteilten Reich der neuen »Humanisten« einer vergangenen Zeit zuwenden, in der und an der man sich zugleich zuverlässig orientieren kann. Man braucht nicht zu befürchten, den Überblick zu verlieren, wenn nunmehr die gesamte griechische Kultur durchmustert wird. Alles, was da an Einzelheiten zu entdecken und zu traktieren ist – die Zeugnisse der Kunstgeschichte, die Bildnisse, Statuen und Baudenkmäler, die literarischen und philosophischen Schriften, die Überlieferungen der Mythologie usw. –, gehört ja durch die sie verbindende Kunstgesinnung des griechischen Menschen untrennbar zusammen; es handelt sich hier immer nur um Facetten ein- und desselben Bildes.

Insofern wird auch verständlich, daß es in der zweiten Hälfte des 18. Jahrhunderts – obwohl Drama und Theater der Griechen doch bevorzugte Themen der Diskussion bildeten – keine besondere Forschungen zur altgriechischen Theaterinstitution gab, es existierte überhaupt keine Beschäftigung mit »Spezialbereichen« der antiken

Kultur. Das ist gemäß dem geschlossenen Bild vom antiken Ideal auch gar nicht anders zu erwarten. Wenn vom Theater geredet wird, dann mit genau den gleichen Worten, mit denen von griechischer Kunstlehre, von Kunst- und Baudenkmälern, von Philosophien und Mythologien gesprochen wird. Und umgekehrt: Wenn von alledem gesprochen wird, ist vorausgesetzt, daß das gleiche, wovon hier die Rede ist, auch für das Theater gelten muß.

Es konnte nicht geschieden werden, weil nicht geschieden werden sollte – weder nach Einzelbereichen der Kultur noch nach etwaigen Differenzen zwischen antikem Leben und antiker Kunst, noch nach Stufenfolgen irgendeiner konkreten zeitlichen Entwicklungsabfolge in der gesellschaftlichen oder politischen Geschichte der »klassischen« Zeit Griechenlands (nur davor und danach gab es so etwas, aber nach Winckelmanns stilgeschichtlichem Vorbild begriff man solche Entwicklung ganz schematisch: vor dem klassischen Höhepunkt nämlich als »Aufstieg«, hernach dagegen als Verfall). Ursprünge interessierten nirgends. Die entsprechenden Hinweise in Aristoteles' *Poetik*, die jetzt auch in Deutschland als »klassische« Schrift eines »klassischen« Autors aus »klassischer« Zeit galt, über den historischen Entstehungsprozeß des tragischen Theaters und über seine Herkünfte, überlas man geflissentlich. Die *Poetik* galt weiterhin als normative Dichtungslehre, wenngleich – mit dem Entstehen einer Altertumskunde eigener Art – das Material nunmehr schon reichlich zur Verfügung stand, anhand dessen man bestimmte historische Bemerkungen des Aristoteles hätte interessant finden und, wenn schon nicht überprüfen, dann doch wenigstens hätte diskutieren können.

Wie aber mit diesem Material verfahren wurde, auch nachdem sich nach der Vorbereitung durch Winckelmann ein akademisches Studium der Antike herausgebildet hatte, das illustriert vorzüglich die 1791 erschienene *Götterlehre* des nachmaligen Professors für Altertumswissenschaft an der Berliner Kunstakademie, Karl-Philipp Moritz. Man kennt Moritz eher als Verfasser des *Anton Reiser*, eines viel gelesenen Theaterromans des 18. Jahrhunderts, der ein eminentes Zeugnis für die Theaterleidenschaft, die *Theatromanie* dieser Zeit war. Man kennt ihn mithin als Künstler, als Literaten, und nicht als beamteten Professor. Aber das ist eben typisch für diese Zeit, und das verbindet deren Typik mit den vorher genannten Stationen der Antikenrezeption im 16. und 17. Jahrhundert. Wie die humanistischen Gelehrten mit den praktizierenden Künstlern kooperierten (zum Teil waren sie ja Gelehrte und Künstler in Personalunion), wie ein Autor wie Corneille sich mit den Gelehrten seiner Zeit auseinandersetzte (ja selbst gelehrte dichtungstheoretische Schriften verfaßte), so bestanden eben auch im Deutschland des ausgehenden 18. und frühen 19. Jahrhunderts – gerade auf dem weiten Felde der Antikenbegeisterung – noch ganz enge Bande zwischen Künstlern und Gelehrten. Winckelmann war einflußreich für Goethe, so wie Goethe einflußreich war für Moritz' *Götterlehre* – sie entstand im permanenten Austausch zwischen beiden. Was heißt: Die von der Antike inspirierte »Kunst« und die »Wissenschaft« von der Antike waren durchaus noch nicht so scharf voneinander getrennt, wie wir das heute kennen. Das ist eine später eintretende Differenzierung, die als solche charakteristisch ist für eine andere Einstellung der sich zu ausgesprochenen Forschungsdisziplinen spezialisierenden Wissenschaften zum Forschungsgegenstand Antike.

Nun ist diese Schrift von Karl-Philipp Moritz deshalb so sprechend für die breite Wirkung des »klassischen« Ideals Winckelmannscher Prägung auf den – von der Literatenszene sich in den reformierten akademischen Lehrbetrieb ausbreitenden – »neuen« Humanismus, weil in ihr noch ganz und gar ungeschieden vorkommt, was man sich später in mehrfachem Sinne zu trennen und alsdann zeitlich wie systematisch aufeinander zu beziehen bemühte. Hier ist auf dem Felde der »Mythologie« der Griechen verwirklicht, was Winckelmann auf dem Felde der »Kunstgeschichte« gefordert hatte: die Überwindung trockener, »antiquarischer« Gelehrsamkeit, wie sie etwa in den vorher viel benutzten mythologischen Lehrbüchern von Damm oder Karl Wilhelm Ramler ausgebreitet worden war. In Moritz' Konzeption der griechischen »Götterlehre« wird die klassische Antike als eine allumfassende Einheit aufgefaßt, die als solche vorbildlich sein kann für alle Zeiten, für jede Gegenwart.

Wobei Theateraufführungen bei Moritz im übrigen an einer höchst bezeichnenden Stelle erwähnt werden, nämlich in dem Abschnitt der *Götterlehre*, in dem die Rede auf Bacchus (oder: Dionysos) kommt.[69] Die Verbindung dieses Gottes mit den Bemerkungen über das Theater der Griechen zeigt, daß Moritz durchaus ein Bewußtsein über die hier vorliegenden historischen Zusammenhänge besitzt. Aber dieser Zusammenhang konnte nicht weiter erstaunlich sein und zu Fragen Anlaß geben. Er mußte als selbstverständlich gelten, weil er in der Einheit des »Klassischen« von vornherein verbürgt schien.

Bacchus (oder Dionysos) wird in der *Götterlehre* als Gestalt der Mythologie behandelt, wie Moritz sie versteht, nämlich als Erzählung aus freier Einbildungskraft, an die bestimmte, überzeitlich gültige

Lehren geknüpft sind (und mit diesem Mythenverständnis war Moritz ungeheuer erfolgreich, es setzte sich rasch durch und blieb über die längsten Zeiten hin Bildungsgut in Deutschland). So wird etwa die Geschichte von der Geburt des Gottes, der – nachdem seine Mutter Semele vom Anblick des Zeus getötet worden war – aus der Hüfte des Göttervaters zum zweiten Mal geboren wird, als dichterische Demonstration tief wahrer Menschenmaximen aufgefaßt. »Das Sterbliche« – so faßt Moritz die in diesem Mythos gelegene Lehre zusammen – »wird zerstört, ehe das Unsterbliche hervorgeht.« Die gleiche Geschichte lehrt ihn auch noch: »Die Menschheit kann den Glanz der Gottheit nicht ertragen und wird von ihrer furchtbaren Majestät vernichtet.«[70] Des näheren zeugt der Dionysos-Mythos für Moritz wieder vom selbstverständlich Erwartbaren: vom streng eingehaltenen und klar bewußten Ideal der Harmonie und der gelungenen Balance der Gegensätze im griechischen Wesen. Er veranschaulicht den Ausgleich des Komischen mit dem Erhabenen, des Scherzes mit dem Religiösen und die ruhige Würde der Leidenschaften dort, wo sie gerade in der höchsten Anspannung vorkommen.

Dies alles attestiert Moritz genau genommen nicht nur dem Mythos, den – wie er das versteht – erdichteten (»sagenhaften«) Erzählungen um den Gott, sondern gleicherweise auch der Dionysosverehrung, seinem Gottesdienst. Der ist Moritz also durchaus bekannt. Mehrfach führt er die Berichte der »Dichter« über die nächtlichen, zügellosen Orgien der Frauen an, die – singend und tanzend, den efeuumwundenen Stab, den *thyrsos*, schwingend – die Feiern für Dionysos begangen haben. Nur fühlt sich Moritz angesichts solcher Nachrichten keineswegs veranlaßt, hier einen Unterschied zu den Göttererzählungen zu treffen. Auch in solchen Berichten über das, was wir den Dionysoskult nennen würden, sieht er letzten Endes Phantasie und Kunst am Werk – es sind ihm auch dies Berichte der »Dichter«. Er versteht Kult und Ritus mithin nur als eine andere Form der Vergegenwärtigung jener Lehren, die auch in den mythischen Erzählungen vom Gott selbst enthalten sind. Das heißt: Er behandelt solche Berichte wie die über die Bacchantinnen selbst als Mythen – und damit, seinem Mythenverständnis nach, als »Sagen«, als Dichtungen.

Das unterstreicht er mehrfach ausdrücklich. Die »Üppigkeit« der Bacchus-Verehrung, von der die »Dichter« sprechen, kann keinesfalls real gedacht werden. Auch sie ist Ausfluß der Einbildungskraft, der Kunst, die die Ekstase aufruft, um sie zugleich in strengen und klaren

Formen zu bändigen. Anläßlich solcher Überlegungen zieht Moritz endlich die Parallele zum Theater: »... gerade die Wildheit, das Taumeln, das Schwingen des Thyrsus-Stabes, die Ausgelassenheit, der Mutwille macht das Schöne bei diesen frohen Wesen (das sind die Bacchantinnen, T. G.) aus, die nur in der Einbildungskraft ihr Dasein hatten und, bei den Festen der Alten in einer Art Schauspiel dargestellt, den düsteren Ernst verscheuchten.«[71] Moritz sagt nicht, ob er mit dieser »Art des Schauspiels« die Riten der Mänaden oder aber die Tragödien- und Komödienaufführungen des fünften Jahrhunderts meint. Daß er hier aber keine wesentlichen Unterschiede sieht, verdeutlicht das, was er, anschließend und im einzelnen, über die Funktion dieser »Art Schauspiel« sagt. Der Exzeß ist hier wie dort, im Göttermythos und im Mythos von seinem Gottesdienst, enthalten – aber beide Male ausschließlich als Gegenstand der ästhetischen Veredelung. Und angesichts dieser Überlegungen kommt dann das »Tragische« ins Spiel. Die Grenzziehung zwischen Kunst und Leben muß betont werden, sagt er, um den »zerstörerischen Folgen«, die das Dargestellte im Leben selbst haben müßte, begegnen zu können: »Denn der höchste Genuß grenzt an das Tragische, er droht Verderben und Untergang; dasselbe was die Menschengattung mit jugendlichem Feuer beseelt, untergräbt und zerstört sie auch.«[72] Wie der Mythos, die Göttergeschichte, wie die »dichterischen« Erzählungen von den mänadischen Riten, so trägt also auch das Schauspiel, zumal das, von dem wir den höchsten Begriff in den Tragödien des fünften Jahrhunderts haben, vornehmlich lehrhafte, didaktische Züge. Das Tragische, so wie es Moritz betrachtet, ist die Lehre von den Folgen des Übertritts der Leidenschaften aus dem Bezirk der Kunst in den des Lebens. Es ist die eindringlichste Warnung davor, Aufforderung zur Mäßigung hier im Leben, indem man dort, in der Kunst, ganz und gar maßlos ist.

So zeigt Moritz' Darstellung zweierlei Symptomatisches für das Antikenbild des ästhetischen Humanismus auf dem akademischen Felde einer »Alterthumskunde«. Erstens: Die enge Bindung des gesamten Dionysoskomplexes an die Einbildungskraft, an ein ästhetisches Vermögen, das Mythos, Kult, Ritus und Schauspiel allesamt und gleicherweise hervorgebracht hat und in dem sie letzten Endes ihren unverbrüchlichen Zusammenhalt finden. Weiter wird die Verknüpfung der Einbildungskraft mit dem Winckelmannschen Stilideal der Mitte, des Ausgleichs, der Harmonie der Kräfte deutlich, das Moritz im übrigen genauso an den bildkünstlerischen Darstellungen des Gottes und seiner Begleiter, den bocksgestaltigen Silenen, wiedererkennt. Ein solches Dionysos-Bildnis zeigt ihm etwa: »Das Grausame und Wilde schmiegt sich unter die Herrschaft des Sanften und Fröhlichen.« Oder ein Silen wird beschrieben als »schönes Sinnbild des hohen Taumels, der in harmonische Gesänge überströmt.«[73] Auch die Zeugnisse der Kunst sind also durch die – vom Ideal beherrschte – Phantasie durchdrungen, so gut wie der Mythos, der Ritus und das Schauspiel.

Zweitens aber schreibt Moritz' Deutung all diesen Formen der freien Phantasie eben belehrende Funktionen zu. Die Leidenschaften und deren Genuß darstellend, veredelnd und sie zugleich idealisierend, warnen sie ja alle gleichermaßen vor ihren zerstörerischen Folgen im Leben. Das, so war zu sehen, ist für Moritz der Sinn des Tragischen. Da aber dessen Lehren von den Griechen auch befolgt wurden, gehören, könnte man folgern, Kunst und Leben schlußendlich zusammen. Das Ideal des Ausgleichs wirkt in beiden zugleich, bezieht Kunst auf Leben und Leben auf Kunst, regiert mithin ihren Zusammenhang. Hier ist also die vollendete Totalität erreicht.

Gerade aber diese Betonung des Lehrhaften belegt schließlich plastisch das – nur zum Teil in der postulierten Normativität des Ideals begründete – Unhistorische des hier herrschenden Antikenbildes noch in einem weiteren – und dem eigentlichen! – Sinn. Es kennt nämlich gar keine Trennung des in den alten Zeugnissen entgegentretenden Vergangenen von dem Heute, in dem es dieser Interpret zur Kenntnis nahm. Denn was bei Moritz den antiken Formen der Einbildungskraft zugesprochen wird, zeigt doch unübersehbar die Züge dessen, was als Höchstes auch von den zeitgenössischen verlangt wird. Man könnte diese Gleichsetzung recht umstandslos eben mit dem normativen Grundzug der zugrundeliegenden Kunstauffassung erklären. Aber das wäre zu einfach. So gesehen, würde das eigentliche Problem verfehlt. Hier geht es um mehr als pure Normativität und um Schwierigeres.

Unübersehbar bleibt die Analogie, die Moritz zwischen der »klassischen« Antike und seiner eigenen Zeit zieht. Bei den von ihm – an Mythos, Kult, Ritus und Schauspiel – beschriebenen Formen der Phantasie der »Alten« handelt es sich in seinem Verstande ja immer um Exempel der richtigen Lebensführung. Das aber wollten die zeitgenössischen Dramen unbedingt auch sein. Ihre Handlungen und Figuren – von der versittlichenden Kraft des Ideals überformt – waren im Geist der Formeinheit von Wahrem, Schönem und Gutem konzipiert, und so sollten sie herabstrahlen von den Bezirken der Kunst, des »schönen Scheins«. Diesseits dieser Bezirke, hier im Leben, sollte das seine Wirkung tun. Diese Vorstellung war es, nach der Schiller, mehr als Goethe – aber er galt um 1800 ja auch als der eigentlich »klassische« Autor der Gegenwart –, die alten Formen eines bürgerlichen Trauerspiels mit ihren unmittelbar utilitaristischen Zügen verändern und veredeln wollte – im griechischen Sinn, im Sinne des antiken Vorbilds.

In solcher Nutzanwendung traten die entscheidenden Schwierigkeiten auf, und nicht nur die bekannten dramaturgisch-praktischen. Sie berühren vielmehr die gedanklichen Grundlagen des »ästhetischen Humanismus«, von denen, im Rückgriff vom Erscheinungsjahr der *Götterlehre* auf die ersten Jahre der Französischen Revolution und ihrer Aufnahme in Deutschland, noch die Rede sein muß, um den ganzen Sinn des beschriebenen Vorgangs verstehen zu können, in dem eine vergangene Kunstepoche zum (unerreichbaren) Ideal verklärt wird. Das zeigt sich nun im Blick auf die Auseinandersetzung Schillers mit dem unverlierbaren, absoluten Wert des Ideals und in der ganz eigentümlichen Formulierung, die es bei ihm erhält.

Mit Deutlichkeit gibt sich das schon an dem ein Jahr vor der Französischen Revolution entstandenen Gedicht *Die Götter Griechenlands* zu erkennen. »Edle Einfalt, stille Größe« – die Formel Winckelmanns läßt sich unschwer im Bild des Klassischen erkennen, das Schiller hier anhand der menschengestaltigen Götter Griechenlands entwirft. Überall herrschte da Ganzheit, Einheit und Gleichklang. Im Bild der Götter waren Natur und Menschen verbunden. Die Natur war göttlich belebter Raum. Die Menschen erkannten sich wieder in der Götterschar, von der sie geschützt und geehrt wurden und zu der sich der Tätige, als Heros, gesellen konnte. Die menschliche Tätigkeit umspannte alle späteren Gegensätze – die Tugend der Arbeit bewies sich im friedlichen Wettkampf; alle Konkurrenz vollzog sich im freien Spiel der Kräfte. Rausch und Freude wurden erfahren, ohne als besondere Gaben genossen werden zu müssen. So kommt hier auch Dionysos, der Theatergott, vor, zusammen mit rasenden Mänaden, Satyrn und Silenen, aber mit der Selbstverständlichkeit des die Menschen beglückenden »großen Freudebringers«, und nicht, wie er den Späteren begegnete, als Einzelgänger oder Fremder. Auch Dionysos erscheint als Teil von Totalität und Ganzheit der Götterwelt, als Ausdruck ihrer Harmonie, nicht etwa als der wahnsinnige Gott, der an die dunkle, kultische Seite der griechischen Religion erinnert. Hier, in den äußeren Umrissen, die das Gedicht vom Ideal zeichnet, herrscht also volle Übereinstimmung zwischen Schillers Bild vom »Ideal« mit Winckelmann vor, und auch mit Moritz ein paar Jahre nach ihm. Freilich: Wenn in Anbetracht des »schönen Einst«, das Schiller seiner Gegenwart vor Augen rückt, von Naivität geredet werden kann, dann nur im Sinn der reinen Einfalt, von der das Götterideal, wie er es zeichnet, vollständig durchdrungen war.

Im Historischen allerdings gibt es für Schiller, und das ist kennzeichnend für die Fassung, die das Ideal bei ihm erhält, keinerlei Naivität. Denn schon im Gedicht wird ausdrücklich eingestanden: Hier ist die Rede vom Klassischen als von einem schönen Bild. Das Ideal der Götter Griechenlands war nichts als Schein. Es ist die Rede von etwas, das nur Bestand haben konnte, heißt es, »Da der Dichtung zauberische Hülle / Sich noch lieblich um die Wahrheit wand«. Wobei es Schiller hier wie ansonsten völlig klar ist: Nur deshalb, weil es Produkt der lebhaften Einbildungskraft, der wirkmächtigen Poesie, der Dichtung eben, war, konnte es solche Harmonie überhaupt geben. »Fabelland«, wie es im Gedicht heißt, war das schöne Einst also schon zu Zeiten, als das Ideal in den Göttern noch seine schönsten Gestalten hatte schaffen können. Das aber heißt wiederum: Neben und getrennt vom Ideal herrschten, mitten im »klassischen« Griechenland, bedrängende Lebensrealitäten und harte, widersprüchliche, zerreißende politische Wirklichkeiten, nicht zu beschönigende despotische Zustände, auf die Schiller an anderer Stelle, diesmal nicht als Lyriker, sondern als Historiker und ohne das Ideal zu erwähnen – in der Vorlesung *Über Lykurg und Solon* nämlich –, auch eigens eingegangen ist.

Das Gedicht drückt also einen offensichtlichen Widerspruch aus – den nämlich, daß es das Ideal einst, im fünften Jahrhundert, gegeben und zugleich nicht gegeben hat. Denn das Ideal, so sagt Schiller ja im Gegensatz zu aller vorhergehenden Antikebewunderung, ist durchaus nicht deckungsgleich mit der Wirklichkeit der Antike. Diesen offensichtlichen Widerspruch nimmt sich Schiller dann in den Briefen *Über die Ästhetische Erziehung des Menschen* vor.[74]

Man sieht hier die prekäre Stellung, in die das Ideal im ästhetischen Humanismus eingetreten ist. Es wird im Blick auf die Antike, auf deren Göttergestalten, eben konsequent als *Ideal* bestimmt, was heißt: in der ihm eigentümlichen Entgegensetzung zur Realität. Und als solches, *im Gegensatz zur Realität*, wird es bedeutsam für die Notwendigkeiten der Gegenwart, die, höchst modern, als Zustand ständig zunehmender Entfremdung beschrieben wird. Das klassische Ideal drückt das Gegenbild zu *dieser* Wirklichkeit aus, das diese Wirklichkeit aber braucht, soll sie sich nicht ganz in der Entfremdung verlieren. Schärfer als alle anderen stellt sich Schiller also der Problematik der eigenen Zeit, der bürgerlichen Gesellschaft, wie sie für ihn die Französische Revolution hervorgebracht hat. In seinen Schriften begegnet die eigene Gegenwart – gerade durch die Konfrontation mit einer ins Idealische gesteigerten Antike – als ein Zusammenhang universaler Entfremdung. Es ist so das Ende des klassischen Ideals in der aus der Renaissance überkommenen Fassung, das Schiller in diesen Werken mit einiger Radikalität beschreibt, just indem er versucht, es auf recht merkwürdige und komplizierte Weise für die eigene Gegenwart und – wie es in seiner Antrittsrede als Professor in Jena heißt – für ein »menschliches Jahrhundert« der Zukunft zu retten.

Ganz bewußt hat Schiller die Realität des griechischen Lebens im fünften Jahrhundert von der harmonischen Totalität getrennt, als die sich die griechische Götterwelt (für ihn wie für die Gebildeten seiner Zeit) darstellt und die (für ihn) *nur und allein* im Bild, im Schein Gestalt werden, auf*scheinen* läßt, was in der Realität nicht existent war. Vielleicht – da sind Schillers Formulierungen in den *Briefen* merkwürdig schwankend – auch in der Realität nicht existent sein kann, aber doch, das legen einige Wendungen nahe, existent sein sollte. Insofern wird das klassische Ideal also utopisch im Wortsinn. Es wird zum Nirgendwo, dem man aber insistent nachzustreben hat, um der in den eigenen Lebensrealitäten herrschenden Entfremdung entkommen zu können; einer Entfremdung, welche sich für Schiller durch die politischen Vorgänge in Frankreich bis ins höchstmögliche Extrem potenziert hatte, indem hier nämlich der für ihn undenkbare Versuch unternommen worden war, Freiheit und Gleichheit Realität werden zu lassen, wodurch sie aber gerade vollends untergehen mußten.

Wenn Schiller die Aufgabe des unablässigen »Idealisierens« – als ästhetische, per definitionem dem Bereiche des Schönen zugehörige Aufgabe – nunmehr der Kunst zuschreibt, der auf diese Weise also ganz entschieden eine utopische Funktion zugeschrieben wird, wenden spätere diesen Gedanken ins Praktische. Liest man die Frühschriften von Karl Marx, die *Ökonomisch-philosophischen Manuskripte* etwa, dann zeigt sich auf Anhieb, wie viel seine Philosophie dem ästhetischen Humanismus verdankt, wie stark seine Kritik an dem entfremdeten Leben und sein Gedanke an die unentfremdete, befreite Arbeit Schillerschen Kategorien verhaftet ist. Der Mensch, so heißt es in diesen *Pariser Manuskripten*, »formiert« – und das heißt: er arbeitet – »auch nach den Gesetzen der Schönheit«.[75] Befreiung der Arbeit aus der Entfremdung bedeutet also, ihr den Charakter des Schönen und damit des Ganzen zurückzugeben. Die klassische

Antike und ihre Kunst selbst aber bleiben auch bei dem ansonsten bekanntermaßen strikt geschichtlich denkenden Marx jedem historischen Relativismus entzogen. Sie werden als »Norm und unerreichbares Muster« und also wiederum als Utopie bestimmt, der nachzueifern ist, ohne sie erreichen zu können, um immerhin ein Bild besserer Lebensrealitäten vor Augen zu haben, das anspornt, solche schaffen zu können.

In dieser Rolle begegnet die Antike dann bei vielen kritischen Intellektuellen des 19. Jahrhunderts. Angesichts des tief zerrissenen Lebens gemahnt das von ihr gebliebene Bild von Harmonie, Schönheit, Ganzheit daran, daß es anders sein könnte. Wodurch aus dem längst Vergangenen das zukünftigste Zielbild wird: Das, was sein soll, wenngleich es vielleicht nie sein kann. Damit ist eine Wahrheit ausgesprochen über die Art und Weise, in der das antike Muster in allen hier besprochenen Fällen gewirkt hat: Zu reaktualisieren war es nie, aber es konnte als Mittel dienen, das ganz und gar Neue zu sagen, das mit anderen Mitteln nicht zu sagen war.

Das Uralte erscheint nunmehr als anzustrebendes Neues, als das zukünftigste Zielbild. Die Zukunft könnte (und müßte) – für Hegel etwa – die verwirklichte Freiheit und die praktizierte Verantwortlichkeit für das Gemeinwohl, wie sie sich im *citoyen* inkarnieren, könnte (und müßte) damit die Idee des griechischen *polis*-Bürgertums endlich lebendig werden lassen – und mit dem *citoyen* ist bei Hegel eben ein Bürger gemeint, der ausdrücklich einem anderen Bürgertypus kontrastiert wird, nämlich dem auf die Unterordnung unter Nützlichkeitserwägungen und das schiere Eigeninteresse orientierten *bourgeois*.

Vom Ideal zur Altertumswissenschaft

Die klassische Antike als Utopie und insofern als Politikum, in dessen Namen man der eigenen Zeit gegenüber Kritik üben und auf Veränderungen drängen konnte, in dieser Rolle hielt sie sich freilich nicht lange. In den 48er Jahren war das zwar noch ganz präsent, danach schwand die kritisch-utopische Kraft, der Aufforderungscharakter des Ideals. Wenngleich es seine Attraktivität deswegen durchaus nicht verlor; die klassische Antike verband die ansonsten vielfältig geschiedenen und gespaltenen deutschen Geister weiterhin als starkes, als einziges Band. Walter Jens weist darauf hin, daß sich, oberflächlich betrachtet, die Ursprungsidee der Renaissance im Deutschland des 19. Jahrhunderts verwirklicht zu haben schien. »Man stelle sich vor ..., daß auf dem Scheitelpunkt des neunzehnten Jahrhunderts in Deutschland kein einziger Mann eine Hochschule besuchte, der nicht Homer und Platon zu lesen verstand. In der Tat, was im sechzehnten Jahrhundert eine Utopie war, das Herrschaftsreich lateinisch sprechender Zahnärzte, Homer lesender Rechtsanwälte und Sophokles zitierender Handelsherren, wurde um 1850 Realität.«[76] Wobei Jens angesichts dieses Phänomens freilich, bei näherem Hinsehen, von einem »Höllensturz der klassischen Bildung« spricht. Was er damit meint, läßt sich am Bedeutungswandel dieses Worts »Bildung« selbst ablesen, der sich in den 50 Jahren seit der Jahrhundertwende vollzogen hatte. War Bildung um 1800 ein Persönlichkeitsbegriff gewesen, der eben die *Ausbildung* der persönlichen Prägungen, Fähigkeiten und Anlagen bezeichnete, so war er in der Mitte des 19. Jahrhunderts zu einem Begriff sozialer Klassifikation geworden. Seitdem führt etwa die offizielle preußische Statistik die oberste Gesellschaftsschicht als die »wohlhabende und gebildete Klasse«. Seitdem also gehören Besitz und Bildung zusammen.

Von nun an kann also nicht mehr die Rede davon sein, daß die »klassische« Antike Stimulus oder Vorbild für entscheidende Einschnitte geblieben wäre. Sie wird jetzt vielmehr im rapiden Fortgang zum unverbrüchlichen bildungsbürgerlichen Besitz. Die Antike wird konservativ. Ein saturiertes Bürgertum vereinnahmt sich das Klassische umstandslos. Wie selbstverständlich man sich dabei auch das Theater, seine Stücke und deren Poetik einverleibt hat, belegt etwa Gustav Freytags *Technik des Dramas* aus dem Jahre 1863; ein Buch, das mit Begriffen der aristotelischen Dichtungslehre ein penibles Regelwerk zur Verfertigung von Erfolgs- und Gebrauchsdramatik macht.

Auch im äußeren Kennzeichen bezog sich das Theater beständig auf die klassische Norm. Das zeigt sich im höfischen und städtischen Theaterbau dieses Jahrhunderts, wo ein antikisierender Säulen- und Giebelvorbau bei der Fassadengestaltung zur massenhaft verbreiteten Regel wurde. Das sollte als unübersehbarer Hinweis auf den »Musentempel« gelten, in dem das Klassische in der Gegenwart ganz und gar eingemeindet und – endgültig mit Beschlag belegt worden war.

Im deutschen Kaiserreich – und das ganze Kaiserreich überdauernd – war also tatsächlich verwirklicht, was nachdenkliche Althistoriker von heutzutage als Gefahr für ein echtes Interesse an der Antike bezeichnen. Die Antike galt als Selbstverständlichkeit. In ihr, ihren Helden, ihrer Literatur, ihren Bauten konnte man sich – umstandslos und unvermittelt – wiedererkennen. Aber wer war es, der den Griechen derart als seinen Zeitgenossen begegnete, mit ihnen – beim Besuch in einem der Theatertempel – festlichen Umgang hielt und sich dabei selbst feierte? Eben die »wohlhabende und gebildete Klasse«. Der *bourgeois* als antiker Heros, dessen Leistung eine ökonomische, dessen Existenzausweis die Prosperität war. Man hatte sich derart die Antike vereinnahmt und konnte sich infolgedessen jede weitere Auseinandersetzung mit ihr ersparen.

Dieser Vorgang auf breiter Front hat noch eine andere, folgenreiche Seite. In dem Maße, in dem die Antike zur Selbstverständlichkeit für viele wurde, hatte sich der Kreis derer, die sich noch mit der Antike wirklich auseinandersetzten, eingeengt, und er engte sich mehr und mehr ein. Die Künstler mochten sich ihrer Norm, zunächst in der Minderheit, versagen oder in der Majorität mit dem Geschmack des zahlenden Publikums mitgehen und die eingeschliffenen Muster (und damit sich selbst) nur noch kopieren – die bis dahin bestehende Allianz zwischen gelehrter Beschäftigung und künstlerischer Auseinandersetzung mit ihr löste sich jedenfalls in jäher Wendung auf. Als Studienobjekt wurde die Antike zunehmend zu einer Angelegenheit der Experten, und die Expertenkenntnis sicherte sich nunmehr in einem neu werdenden Verständnis von Wissenschaftlichkeit ab. Von ihm führte kein Weg mehr zu einem wirklichen Austausch mit der Entwicklung der Künste, jedenfalls was das Theater betrifft. Die Anregungen, die von den wachsenden Kenntnissen der Experten auf die Bühnen ausgingen, waren seitdem kaum von größerer Bedeutung. Und sie betrafen nunmehr – gegenüber den früheren, universalen Ansprüchen auf Reaktualisierung – ein stark eingegrenztes Feld der Antiken-«Rezeption« im engeren, im Repertoire-Sinne nämlich, der (seltenen und selten gebliebenen) Aufführungen von Tragödien und Komödien. Die Kontakte verbanden also nicht länger Wissen und Kunst im ganzen, sondern ergaben sich eher aus persönlichen Beziehungen einzelner Kenner und Künstler und beschränkten sich dabei im wesentlichen auf sachlich-sachdienliche Information seitens der Wissenschaften, auf Probleme der Übersetzung vor allem oder die Bühnenform und -technik betreffende Fragen.[77]

Von nun an muß sich unser Blick auf die Geschichte des Antikenbildes mithin verengen, von der in Beispielen angerissenen Konstellation Antike – Kunst – Gelehrsamkeit auf die Konstellationen von Antike und Wissenschaft, in der die einst umfassend interessierte Gelehrsamkeit neue, ganz eigene Voraussetzungen machte, sich strenge Beschränkungen auferlegte und strikte Methodenform annahm. Es würde zu weit führen, alle in dieser Entwicklung zusammenkommenden Einflüsse beschreiben zu wollen. Sie sind zu vielfältig, bilden sich auf verschiedenen Ebenen aus, verzweigen sich in zu viele Richtungen, als daß man sie zuverlässig in großen Linien nachzeichnen könnte. Hier müßte man – da auf allen Gebieten einer sich rasch vollziehenden Spezialisierung der Wissenschaften eben das Detail beherrschend wurde – zwangsläufig ins Detail gehen. Ich will mich deshalb nur auf zwei Phänomene beschränken, die in mehrfacher Hinsicht für unser Thema wichtig sind und im übrigen auch auf unser eigenes – wissenschaftliches – Verhältnis zur alten Welt führen, wenn auch nicht geradewegs, sondern über einen – auch für uns noch wichtigen – Umweg.

Es ist hier auf den Historismus hinzuweisen, der bereits in der ersten Hälfte des 19. Jahrhunderts für die Geschichtswissenschaft wie für die Kulturwissenschaften gleicherweise wichtig wird – als alles umspannender Rahmen, der das neuartige Verständnis von Geschichtsschreibung zusammenhält. Nur auf einen Punkt will ich dabei aufmerksam machen: Dieser Historismus wendet sich gegen die Geschichtsphilosophie, wie sie mit Hegel ihren Höhepunkt in Deutschland erreicht hatte. Damit verwirft er die Überzeugung, nach der die Geschichte einen sinnvoll-gerichteten Prozeß darstelle, daß ihr – wie Hegel das in großartiger Synthese darzutun versucht hatte – eine Teleologie innewohne, eine Zielstrebigkeit, die zu einem Ende kommen kann, in welchem sich der Sinn erfüllen, in welchen die Geschichte selbst an ihren Beschluß und damit zur Erfüllung gelangen könne. Die neuen Historiker begriffen sich als Gegentypus zu einem solchen Philosophen. Sie wandten sich gegen alle Spekulation und betonten demgegenüber die Notwendigkeit einer veritablen Erforschung der Geschichte.

Das hatte Folgen für zweierlei: nämlich für die Definition des Gegenstands historischer Forschung wie für die Bestimmung ihrer Methode. Es ist der Gesichtspunkt der Individualität, der nunmehr zum Ausweis des im echten Sinne historischen Phänomens wird. Die Geschichte wandelt sich vom Medium eines Sinngeschehens, als welche sie den Philosophen erschien, zur Mannigfaltigkeit singulärer Epochen, Perioden, Phasen etc., als die dem Historiker sein Forschungsmaterial nunmehr vor Augen liegt. Auch hier gibt es ein Wort, eine Formel, die diese Geschichtsauffassung sehr treffend zum Ausdruck bringt. Es stammt vom Begründer der Geschichtswissenschaft der »historischen Schule«, Leopold von Ranke, und lautet: »Jede Epoche ist gleich nahe zu Gott« oder »Jede Epoche ist unmittelbar zu Gott.«

Das meint einerseits: Jede Epoche hat in ihrem nur ihr eigenen, unverwechselbaren Gepräge auch ihr eigenes Recht; sie steigt nicht aus einer früheren auf und erfüllt ihren Sinn; sie ist nicht Verfallsprodukt einer vorangegangenen und bereitet die nächste vor; sie verläuft auch nicht – wie Hegel das dachte – über transitorische Phasen in einem dialektischen Prozeß, der über Positionen und Negationen zu Synthesen und schließlich zur abschließenden Synthese als der Erfüllung eines Sinns führt, als dessen Vehikel die bloß äußerlich verschiedenartigen Zeitabschnitte verstanden werden müssen. Nein: Jede Epoche muß aus sich selbst verstanden werden, aus ihrer Identität mit sich selbst.

Der Gott, der in Rankes Satz vorkommt, darf bei dieser Konzeption einer nur im Wechsel und als Wechsel von Individualitäten zu erfassenden Geschichte freilich durchaus nicht metaphorisch verstanden werden. Er ist vielmehr der Inbegriff der unerschöpflichen Möglichkeiten ein- und desselben Menschengeistes. Es sind eben letzten Endes die von Gott im Menschengeist angelegten unendlich reichen Möglichkeiten selbst, die sich in den Epochen individuieren. Die Epochen konzipiert Ranke als Manifestation der geistigen Potentialitäten des Menschen in ihrer Mannigfaltigkeit. Also nicht etwa so, daß sie nach einem bestimmten Plan aufeinander folgen, einander begründen würden. Jede hat vielmehr ihre ganz eigene Gestalt, jede ihr eigenes Recht in der unverbundenen Reihe, in der sich, so oder so, diese oder jene Möglichkeit des Menschen verwirklicht. Die Mannigfaltigkeit der Geschichte begründet sich eben nicht (wie Hegel das dachte) in der Logik eines Prozesses, sondern gerade im Nacheinander der geistigen Manifestationen der Menschen. Gott wird dabei wichtig für Ranke, und er bleibt es bis zuletzt. Er ist nämlich der Garant für den Sinn der Geschichte, er beugt einem hemmungslosen Relativismus vor, der Grund zur Verzweiflung gäbe. Daß es sich bei der Reihe von geschichtlichen Phänomenen, als die dem Historiker die Folge seiner Objekte entgegentritt, um von Gott dem Menschengeist eingegebene Möglichkeiten handelt, verbürgt, daß er die einzelnen Epochen – wenn schon nicht aus einer Kausalität von Ursache und Wirkung erklären – eben doch »verstehen« kann: Gott begründet die Möglichkeit einer Hermeneutik der Geschichte.

Die Arten und Weisen aber, auf die man verstehen kann, werden nunmehr zum bevorzugten Gegenstand der fachwissenschaftlichen Reflexion. Die insistenten Fragen danach führen zu einer ausgesprochenen Methodenlehre der Geschichtsforschung, in der im übrigen Philologen, also Kulturforscher, und Historiker, also Staats- und Rechtsforscher, eng zusammenarbeiten. Die entscheidende Wende zur Fachgeschichte, wie Ranke sie vollzieht, fällt geradezu zusammen mit der Wende zur methodisch betriebenen Quellenkritik. Die aber war in der Philologie vorbereitet worden, und dort hatten die Historiker gelernt.[78] Ranke hatte bei Barthold Georg Niebuhr klassische Philologie studiert und in dessen Vorgehensweise ein Modell für die historische Forschung gefunden. Und Droysens *Historik – über Enzyklopädie und Methodologie der Geschichte* von 1868, die konsequenteste Zusammenfassung historischer Methodenlehre, hat zum Vorbild August Boeckhs (selbst erst 1877 veröffentlichte) *Enzyklopädie und Methodologie der philologischen Wissenschaften*; sie ist aus Vorlesungen hervorgegangen, die Droysen an der Berliner Universität bei dem hoch berühmten Altphilologen gehört hatte. Für Droysen zählt jetzt einzig und allein der Erkenntnisweg, den auch die Philologie seit längerem schon für sich entdeckt hatte, und der führte einzig und allein über die Fakten, über Quellen und über Quellenkritik. Reste und Trümmer müssen zum Sprechen gebracht werden, damit erkannt werden kann – einzelnes zunächst und dann, womöglich, der Zusammenhang.

Um all dies Erwähnte zusammenzufassen, das der Konzeption von Geschichte und Geschichtsforschung in der »Historischen Schule« zugrunde liegt, genügen zwei Zitate ihrer frühen und führenden Vertreter. Leopold von Ranke schreibt 1831 (im Todesjahr Hegels): »Mein Grundgedanke ist, von den Theorien weder die eine noch die andere, selbst nicht diejenige, die zwischen ihnen beiden liegt, zu der meinigen zu machen; sondern die Fakten, wie sie sind, just wie sonst die Historie, zu erkennen, zu durchdringen und darzustellen. Die wahre Lehre liegt in der Erkenntnis der Tatsachen. Gewiß eine gefährliche, aber eine große Laufbahn, die sich mir eröffnet.«[79] Droysen schreibt das nämliche: »Sieh die Philosophen seit der Revolution: sie bemühen sich, irgendeinen Zusammenhang des Ich zur Welt zu wissen oder kritisch zu ergründen, dann phantastisch sich im Zusammenhange der Welt zu wissen, dann in schneidender Schärfe sich über ihm und als dessen Basis und Spitze zu begreifen; endlich, was das fürchterlichste ist, den Zusammenhang selbst zu wissen. ... Aber was weiter? Man muß beginnen, ephemer und empirice zu leben, zu denken, zu hoffen und zu verzweifeln.«[80] Alle Motive der historischen Schule, von denen gesprochen wurde, sind in diesen Stellen präsent – die Wendung gegen die spekulative Philosophie, die Konzeption von Geschichte als Abfolge von je individuellen Epochen und die Forschungsmethode der Empirie. Aber noch etwas fällt auf – wie eng nämlich für beide Historiker Hoffnung, Gefahr und die Möglichkeit der Verzweiflung zusammenliegen, die sie mit ihrer neuen Geschichtswissenschaft verbunden sehen. Die Hoffnung ist klar: sichere, in Fakten begründete Erkenntnis eines geschichtlichen Phänomens zu erarbeiten, so wie es – nach Ranke – »eigentlich gewesen« ist. Worin die Gefahr besteht, worüber Verzweiflung zu empfinden sein könnte – wird zu sehen sein.

Zweierlei Tendenzen im Umgang mit der Antike durch das 19. Jahrhundert hindurch haben wir bislang verfolgt. Die allgemeine nämlich, in der die Antike zum bildungsbürgerlichen Besitz wird – mithin die Trivialisierung des »Klassischen«. Sowie die besondere und besondernde, in der die Antike zum Gegenstand der Geschichtsforschung wird, und zwar – aufgrund des neuartigen Gegenstands- und Selbstverständnisses dieser Geschichtsforschung – nicht länger zum privilegierten Gegenstand, sondern zu einem Gegenstand unter vielen anderen. Mit der Idee von den historischen Individualitäten, die alle ihr eigenes, einander inkommensurables Recht haben, ist die Relativierung des »Klassischen« ja zwangsläufig verbunden. Gegen solche Vereinnahmungsversuche des Antiken durch Bildung auf der einen, Wissenschaft auf der anderen Seite wurde dann zwar nicht von der Majorität, doch aber von einer viel beachteten Minderheit in der zweiten Hälfte dieses Jahrhunderts ein ganz neues Antikenbild ins Feld geführt, das eben auf das radikal Andere, Fremde der Antike einging, wie es nun nicht mehr mit der (bildenden) Kunst zusammenhing. Unter dem Einfluß romantischer, also gegenklassischer Vorstellungen beschäftigte man sich jetzt statt mit der Kunst des »Altertums« mit seiner Religion, und zwar mit Kult und Ritus, also mit der dunklen, irrationalen, der – wie man damals sagte – »morgenländischen« oder orientalischen Seite der altgriechischen Religion.

Orientalisierung der Antike

Den Anfängen dieses gewendeten Antikenbildes präludiert – beginnend etwa um 1800 – wiederum der Streit zweier Schulen, der »klassischen« und der »romantischen«. Diesen Streit des Klassischen mit dem Romantischen, man kann ihn – Goethe etwa hat das selbst getan – als Neuauflage der *querelle des anciens et des modernes* in Deutschland betrachten, in dem sich die Neuen (unter anderem) wiederum gegen das Diktat des aus der Antike herbeizitierten »klassisch« Vorbildhaften richteten. Die Romantiker suchten demgegenüber andere Anknüpfungspunkte in der Geschichte und bemühten sich darum, (möglichst) polar entgegengesetzte Positionen zu den bislang geltenden zu beziehen. Für sie galt jetzt statt der »klassischen« Antike das lange in Verruf gewesene Mittelalter als vorbildlich (es wird durch die Romantiker »modern«). Sie boten das »Volk« und die »Volksseele« gegen die Elite der Künstler und Gebildeten auf und werteten Bild und Symbol – als Ausdrucksformen jener – höher als Wort und Begriff – als den Ausdrucksformen dieser. Solche Operation betraf unmittelbar auch das Antikenbild selbst. Gegen das Abendland als der Wiege Europas sahen die Romantiker nun das, was man damals Morgenland nannte, als den Ursprungsort der europäischen Geschichte an. Ägypten und, vor allem, Indien galten etwa Friedrich Schlegel als der Ausgangsort der Menschheitsgeschichte, und das heißt also auch – als Ausgangsort der Geschichte Griechenlands. Auf diese Weise aber war schon ein Schritt zurück getan hinter die von Winckelmann festgelegten Grenzen der »klassischen« Zeit von Hellas in die Vorzeiten, in denen eben die »indische«, orientalische Kultur in Europa ihre Einflüsse geltend gemacht haben sollte. Das war ein entscheidender Schritt zurück – zurück nämlich in vorgeschichtliche Zeiten, für die es eben keine Zeugnisse mehr gab, keine baulichen Überreste, keine Statuen, keine Literatur, keine Philosophie. In eine Zeit, in der es keine Schrift und keine Kunst gab, von der also nichts geblieben war, was vom Ideal zeugen, nichts aber auch, worin ein Historiker eine »Quelle« finden könnte. Solch neue Intuitionen, die im Kreis der Romantiker aufkamen, taten nun bald schon ihre Wirkungen auf die entstehenden Altertumswissenschaften, noch immer auf eine in unserem Verstande eher unwissenschaftlich erscheinende Altertumskunde nämlich, und wirkten hier als Anregungen, andere Wege zu gehen, als sie bislang beschritten worden waren.

Das betrifft des näheren zweierlei Hinsichten. Gegen das mit dem »Ideal« verbundene Interesse an der großen Zeit von Hellas und an Kunst und Künstlern regte sich mit der grassierenden »Morgenländerei« ein neues Interesse an der archaischen, also der vorgeschichtlichen Zeit und, damit verbunden, ein Interesse für das Volk und den Volksglauben. Und gegen die Hochschätzung vor allem literarischer Zeugnisse als Quellen einer Geschichtswissenschaft vom Typ der »Historischen Schule« interessierte man sich jetzt für eine »Quelle« ganz eigener, unvergleichlicher Art: für den Mythos, der nunmehr ganz anders begriffen wurde als bei Karl-Philip Moritz, der die »Mythologie« zur Dichtungsform »veredelt« hatte. Für ihn war der Mythos oder die Götterlehre dichterisch-reizvolle, schöne Sage gewesen, die auf wirkungsvolle Art ganz bestimmte, für unsere Menschheitserfahrung wichtige Lehrsätze zum Ausdruck bringt. Im allgemeinsten Sinne genommen, hatte er den Mythos also als eine Form allegorischer Dichtung verstanden, wenn man dieses Wort – Allegorie – in seiner ursprünglichen Bedeutung nimmt. Da heißt es nämlich: »es anders sagen«. Der Mythos formuliert mit seinen Erzählungen von den Göttern und Heroen eben jeweils Lehren, die sich durchaus auch anders ausdrücken ließen; in diesem Sinne liegt bei Moritz ein allegorisches Mythenverständnis vor. Unter dem Eindruck des – nach dem Vorgange Herders – ebenfalls bei den Romantikern gewachsenen Interesses für die Sprache, taucht demgegenüber nun aber ein ganz anderes Verständnis vom Mythos auf. Im Jahr 1842, wiederholt in den Jahren 1845/46, hält Friedrich Wilhelm Joseph von Schelling Vorlesungen zur *Philosophie der Mythologie*, die 1857 als Buch erscheinen. Hier bezieht Schelling dezidiert die Gegenposition zu jeder Art von allegorischem Mythenverständnis. Der Mythos – sagt er – ist statt allegorisch vielmehr »taute-gorisch«[81], und das heißt: Er sagt das und genau und nur das, was sich nicht anders als eben so sagen läßt; er enthält eine Wahrheit sui generis.

Das war nun noch nicht das eigentlich Bemerkenswerte. Das allein hätte man irgend verkraften können. Dieses Interesse für die Eigenständigkeit einer autonomen »Sprache« des Mythos – für seine eigenartigen Darstellungsformen wie für seine eigenartigen Inhalte – war nun aber mit einer weiteren »Dezentrierung« der »klassischen Antike« verbunden und relativierte sie auf viel einschneidendere und folgenreichere Art, als das der »Historismus« in der Geschichtswissenschaft mit seiner Individualitätskonzeption und seiner quellenkritischen Methode getan hatte. Schon viel früher, im Jahr 1724 nämlich, hatte der

Pater J. F. Lafitau darauf hingewiesen, daß man mit Blick auf die Sprache des Mythos eigenartige Übereinstimmungen feststellen könne zwischen den griechischen Mythen und den Mythen, die damals in Europa in immer größerer Anzahl *neu* bekannt wurden – und die durchaus keine Kunde gaben von der Vergangenheit, sondern von der Gegenwart, nur einer anderen eben als der europäischen. Solche Mythen nämlich gerieten damals in immer größerer Zahl in Umlauf, die von den Indianern der Neuen Welt stammten und dort noch lebendig waren. Wiederum wird die Antike ihrer Einzigartigkeit beraubt, und das, wie gesagt, mit atemberaubender Konsequenz. Diesmal betrifft es ja den ganzen Kulturkreis selbst, der mit dem Anspruch auftritt, die »Wiege« der europäischen Menschheit und damit aller gängigen Überzeugung nach der »zivilisierten« Menschheit überhaupt zu sein. Die Antike wird über die Sprache der Mythologie plötzlich zur relativen Größe, zur Vergleichsgröße nämlich. Und nicht nur das, sondern eben auch: zur Vergleichsgröße »primitiver« Kulturen und ihrer Mythologie – sie wird dadurch nicht nur zur Vorzeit, sondern zur »primitiven Vorzeit«. Sie wird – der Gedanke regt sich schon früh, hat dann aber erst später seine Auswirkungen – zum Stadium eines (nicht länger auf Europa beschränkten, sondern universalisierten) Menschengeistes, der etwas über die Gattungsgeschichte der Menschheit selbst aussagt.

Schon allein darin liegt ein Skandalon, mehr noch aber darin, daß man unter dem Gesichtspunkt der »Primitivität« seit dem 18. Jahrhundert schon aufmerksam werden muß für etwas, vor dem der »ästhetische Humanismus« fest die Augen verschließen sollte, dem die Mythenforscher des 19. Jahrhunderts nun aber nicht mehr ausweichen konnten. Jean-Pierre Vernant faßt das in der in diesem Jahrhundert immer öfter gestellten Frage zusammen: »Wie ist ... zu erklären, daß ein Volk, das ›zu den äußersten Grenzen der Kultur‹ vorgestoßen ist, eine so ›unsinnige und anstößige Sprache‹ spricht, so ›wilde und absurde‹ Geschichten erzählt und den Göttern Dinge zuschreibt, ›welche die wildesten Rothäute in Schrecken und Schauder versetzen würden‹ (Max Müller), Schandtaten wie Vatermord, Inzest, Ehebruch, Sodomie und Kannibalismus? Wie ist – unmittelbar an der Seite der reinsten Vernunft – dieses irrationale Element im Mythos zu rechtfertigen, das an die Sprache ›eines vorübergehend vom Wahnsinn befallenen Geistes‹ denken läßt? In einem Wort: wie kommt es, daß, vermittelt über den Mythos, das Barbarische gerade im Zentrum jener Kultur in Erscheinung tritt, von der sich unmittelbar unsere

Wissenschaft und weitergehend auch unsere eigene Religion herleitet?«[82]

Damit mußte man sich nunmehr herumschlagen, das hatte man sich nun zu erklären. So oder so: Sei es, daß man den Mythos – negativ – als Ergebnis eines Defekts, einer Krankheit, einer Wucherung und Verwilderung der Sprache betrachtete (wie das Max Müller tat). Oder – abschwächend – indem man ihn doch in irgendeiner Weise allegorisch zu verstehen trachtete (nämlich als Auskunft über prähistorische Entwicklungen von Politik, Gesellschaft und Kultur, wie das Karl Otfried Müller tat, der den Mythos sozusagen als »volkstümliche« Verpuppung, Chiffrierung vorgeschichtlicher Entwicklungen betrachtete, die zufolgedessen historisch zu dechiffrieren bleiben). Sei es schließlich, daß man den Mythos – entschieden positiv – zum religiösen Phänomen erklärte und damit als »symbolischen« Ausdruck eines vorgeschichtlichen Geisteszustandes wertete, über den man eben nicht nur Zugang zur griechischen Archaik, sondern überhaupt zur Archetypik des Menschseins allüberall auf der Welt erlangen konnte.

Mehr muß an dieser Stelle dazu nicht gesagt werden – außer dem Hinweis, daß mit solchen Überlegungen ein anderer Zweig der Erforschung der Antike als der durch die Geschichtswissenschaft der »Historischen Schule« repräsentierte, quellenfixierte vorbereitet wird; einer nämlich, den man – alle besonderen Disziplinen und Methoden zusammenfassend – als so etwas wie eine Sozialanthropologie der Antike bezeichnen könnte. Auf Einzelfragen in diesem Zusammenhang werden wir zurückzukommen haben, wenn es um die Beiträge dieser Forschungsrichtungen zur altgriechischen Theatergeschichte gehen wird[83] – hier interessieren nur die Grundlagen, von denen solche Wissenschaften ihren Ausgang nahmen, und die Grundlinien, entlang derer sie sich fortentwickelten.

Durch alle diese neu aufkommenden Interessen und Fragestellungen wurde gleichsam die Rückseite des »klassischen« Antikenbildes hervorgekehrt – die Antike wurde plötzlich wild. Wobei solche Interessen und Fragestellungen erst am und in gewisser Weise noch vor dem Beginn der Wissenschaften von der Antike aufkommen. Und: sie richten sich – zum Teil provokativ – gegen die Harmoniebesessenheit, den Schönheitskult des »klassischen« Antikenbildes. Schon Goethe hat die Wende von diesem klassischen Antikenbild Winckelmannscher Prägung zu einer so andersartigen Antikenforschung sehr bewußt wahrgenommen, die sich nunmehr für Vorgeschichte statt für Geschichte, für Urtümliches statt für Klassisches, für Religiöses statt für Künstlerisches, für mythisches »Symbol« statt für das Bild, für Primitivität statt für Reife, für Disproportion statt für Proportion, für Dissonanzen statt für Harmonien interessiert. In einem Brief an Sulpiz Boisseré klagt er: »Winckelmanns Weg, zum Kunstbegriff zu gelangen, war durchaus der rechte ... sehr bald aber zog sich die Betrachtung in Deutung über und verlor sich zuletzt in Deuteleien; wer nicht zu schauen wußte fing an zu wähnen und so verlor man sich in ägyptische und indische Fernen, da man das Beste im Vordergrunde ganz nah hatte. Zoëga fing schon an zu schwanken, Böttcher tastete überall herum, am liebsten im Dunkeln und man hatte immerfort an den unseligen dionysischen Mysterien zu leiden. Creuzer, Kanne und nun auch Welcker entziehen uns täglich mehr die großen Vorteile der griechischen lieblichen Mannigfaltigkeit und der würdigen israelitischen Einheit.«[84] Die Namen, die Goethe hier nennt, Zoëga, Böttcher, Creuzer, Kanne, Welcker, sind eben die Namen der »Alterthumskundler«, die – alle mehr oder minder »romantisch« inspiriert – die Wende im Antikenbild vorbereiten oder gar vollziehen, welche die Alternative zum klassischen Antikenbild (was Goethe als provokativ empfindet), gleicherweise aber zum Antikenbild der »Historischen Schule« bezeichnen soll.

Der Weg, dessen Anfang Goethe hier beschreibt, führt nun aber zunächst einmal, soweit das jedenfalls die letztgenannte Alternativsuche betrifft, aus Deutschland heraus – und zwar nach Basel. Bei dieser Konstellation wäre wieder etwas länger zu verweilen, weil sie sprechend ist für eine überlegte Opposition gegen beide (in Trivialität und Spezialistentum auseinanderdriftenden) Richtungen des Antikenbildes. Wenn hier – statt einzelner Gelehrter, einzelner Theorien, einzelner Disziplinen – ganz einfach ein nicht-deutscher Ort, eine nicht-deutsche Universität genannt wird, dann hat das mehr als anekdotische Bedeutung. Eine Universität in der Schweiz war nämlich der rechte Ort für die Opposition – ein Ort fern ab vom Schuß, von dem aus man die Tendenzen so recht erst überschauen konnte. Da man andererseits nicht gezwungen war, im »Wissenschaftsbetrieb«, der sich zusammen mit dem deutschen Universitätssystem sehr rasch herausbildete, mitzutun, konnte man – mit Abstand – auch die bedenklichen Seiten dieser Tendenzen wahrnehmen. Gegen die »Verbürgerlichung« der Antike in der »wohlhabenden« Klasse und gegen ihre Relativierung durch die Historische Schule in der Wissenschaft, statt dessen die Schattierungen des anderen Antikenbildes aufgreifend, dessen tiefere Schichten durch die Romantiker freigelegt worden waren, kommen hier drei Schriften zustande, die im einzelnen sehr unterschiedliches Gepräge haben, aber durch *einen* Impetus geeint sind: den nämlich, Widerspruch einzulegen gegen dies Doppelte – daß die Antike nur Bildungsinventar des bürgerlichen Besitzdenkens ist auf der einen, daß sie nur Demonstrationswert besitzt für die Raffinessen historischer Quellenkunde auf der anderen Seite. Im Jahr 1861 erscheint die Schrift *Das Mutterrecht* des Basler Professors Johann Jakob Bachofen; seit etwa 1865 arbeitet der Basler Professor Jakob Burckhardt an einer Vorlesung zur *Griechischen Kulturgeschichte*, die er dann 1872 hält (im Druck erscheint sie erst posthum 1898-1902), und bereits ein Jahr vor Burckhardts Kolleg war das Buch des (zwar nicht, wie die beiden anderen, in Basel gebürtigen, aber als ganz junger Mann nach Basel berufenen) Professors Friedrich Nietzsche erschienen mit dem Titel *Die Geburt der Tragödie aus dem Geiste der Musik.*

Kürzeste Stichworte zur Charakterisik dieser Schriften müssen hier genügen, um ihr – bei allen sonstigen und schwerwiegenden Unterschieden – Gemeinsames zu zeigen: daß sie nämlich als Manifestation einer Gegenwendung gegen die beiden genannten Tendenzen der Antiken-»Rezeption« in Deutschland zu verstehen sind, damit zugleich aber auch als Zeugnisse des entschiedenen Eintretens für den weiterwirkenden Geltungsanspruch, für die herausragende kulturgeschichtliche Bedeutung des Altertums.

Bei Burckhardt zeigt sich das in der Hervorkehrung des »pessimistischen« Grundgefühls des griechischen Menschen, der damit von der »klassischen« Lichtgestalt zu einem – freilich nicht minder heroischen – Bewältiger eines »tragischen« Grundgefühls wird.[85] Die griechische Kultur stellt Burckhardt als die Errungenschaft des griechischen Geistes dar, als eigentliche Tat der Griechen aber die (im Bewußtsein der tragischen Auflehnung unternommene) Verteidigung dieser Kultur gegenüber den zerstörerischen Mächten von Politik und Wirtschaft. So wird ihm das fünfte Jahrhundert, in dem solches gelang, auf ganz andere Weise als bisher »klassisch«; es wird ein Beispiel für die Gegenwart, in der (für ihn) die Kräfte des Politischen und Wirtschaftlichen die abendländische Kultur gerade restlos zu verdrängen drohten – ein Beispiel, das, bei allem Wissen um die Vergeblichkeit, Aufforderung zum Widerstand gegen den letzten Endes unaufhaltsamen Schwund von Geist und Kultur enthält.

Bachofen unterstreicht die Außerordentlichkeit des Altertums im Versuch, die dunklen, mit Bestattungs- und Totenkult zusammenhängenden Seiten des archaischen Lebens aufzuwerten;[86] vor allem aber darin, daß er den Mythos als authentischen Ausdruck der Vorgeschichte begreifen will, und zwar – anders als K.O. Müller – als Ausdruck nicht einer vorgeschichtlichen (weil literarisch oder künstlerisch nicht dokumentierten) Zeit, sondern eines sozusagen vorgeschichtlichen *Prinzips*. Die ältesten griechischen Mythen (wie den Totenkult auch) nimmt Bachofen als Ausdruck einer *religiösen* Zeit, wie sie mit dem ursprünglichen Matriarchat, der Frauenherrschaft, verbunden gewesen sei. Er richtet sich ausdrücklich gegen die historische Schule und insbesondere gegen einen ihrer deutschen Vertreter, Theodor Mommsen nämlich, indem er etwa nachdrücklich unterstreicht, daß »das Mutterrecht keinem bestimmten Volke, sondern einer Kulturstufe angehört«.[87] Bachofen denkt damit nicht historisch-individualisierend, sondern im Kulturvergleich.[88] Die Geltung des Mutterrechts gilt ihm als Stadium einer menschheitsgeschichtlichen Entwicklung, die alle Kultur- und Gesellschaftswerdung gleichermaßen durchläuft, bei den außereuropäischen »Wilden« ebenso wie bei den alten Griechen. Es ist ihm des näheren eine im wesentlichen vom Mythos beherrschte Zeit, in deren Wechsel – zum Patriarchat nämlich – erst das entsteht, was wir Geschichte nennen. Und Bachofen nimmt nun die – gegenüber der »echten« Mythologie späteren – literarischen Zeugnisse, vor allem die Tragödien (und da wiederum vor allem den sophokleischen *Ödipus Rex* und das dritte Stück der *Orestie* des Aischylos, die *Eumeniden*), als Bewußtseinszeugnis der Griechen über diesen entscheidenden Zeitenbruch, der mit dem Wechsel vom Matriachat zum Patriarchat verbunden ist. Dazu ist hier nichts weiter zu sagen, wir werden solcher Argumentation wiederbegegnen und uns einläßlich damit beschäftigen, wenn auf die Ethnologen und Anthropologen von Cambridge und ihre Tragödientheorie eingegangen wird.[89]

In der dritten, bekanntesten Schrift, Nietzsches *Geburt der Tragödie*, ist eine radikale Absage ans »klassische«, ans, wie er das hier nennt, »apollinische« Griechenbild formuliert. Da ist das Dunkle, Irrationale, Entgrenzende, vertreten vom Theatergott, vom dionysischen Prinzip, das ein eigenes Recht beansprucht und nur durch die Liaison mit dem Apollinischen noch mit dem alten, idealischen Bild in Verbindung, besser: in Spannung dazu steht.

Dies alles ist eine unübersehbare Reaktion auf den beschriebenen Prozeß der Vereinnahmung und Eingemeindung der Antike durch das Bildungsbürgertum wie auf die »Verwissenschaftlichung« der Antike durch die deutschen Historiker. Ganz deutlich wehren sich Nietzsche und die anderen mit ihm dagegen, indem sie eben – im Bild des

Pessimistischen, des Religiösen, des Entgrenzenden, Furchtbaren und Dunklen – das Fremde der Antike als die ihr verbliebene Würde, als ihr Anderes, Eigenes gegen die überall sich abzeichnenden Nivellierungsversuche stark machen.[90]

Der neue Abschnitt der Antiken-Rezeption, der uns zuerst auf die vom altgriechischen Theater des fünften Jahrhunderts gebliebenen Zeugnisse und die mit ihnen verbundenen Überlieferungsprobleme führen wird und der insofern also zur unmittelbaren Vorgeschichte der modernen, wissenschaftlichen Befassung mit der Antike gehört, ist nun nicht durch die von Goethe genannten Wissenschaftler, die von der archaisch-düsteren Seite Altgriechenlands fasziniert waren, und ist auch nicht von Nietzsche und den anderen Baslern inauguriert. Die zunächst einmal erfolgreiche und bis heute prägende Partei im Streit um das Altertum kämpft (und siegt) in einer anderen Frontstellung als jene. Die Wende kommt zustande gegen die normative, klassische Antike der ästhetischen Humanisten[91] und gegen die subversiven Versuche, die archaische Religiosität der Griechen gegen ein immer deutlicher zu Schwulst und Kitsch herabsinkendes Ideal auszuspielen. Im Streit der Richtungen setzt sich die Majorität durch.

Die historische Schule trumpft auf, und da kommt ihr der Basler Vorstoß gerade recht, um ihn – und mit ihm die »Symboliker« und Romantiker – endgültig zu parieren und zu erledigen. Solche Kritik richtet sich – was weniger bekannt ist – auch gegen Bachofen und Burckhardt. Bekannt aber ist der Angriff auf Nietzsche. Auslöser dafür ist eine ein Jahr nach ihrem Erscheinen publizierte Polemik gegen Nietzsches *Geburt der Tragödie aus dem Geiste der Musik*, die Schrift *Zukunftsphilologie!* des jungen Gelehrten Ulrich von Wilamowitz-Moellendorff, der in seinem langen Leben (1848-1931) zum ersten großen Repräsentanten der wissenschaftlich betriebenen Altphilologie werden sollte. Sein Angriff gegen Nietzsche erfolgt denn auch ausdrücklich im Namen der Wissenschaften und des historischen Denkens. Er wirft Nietzsche Phantasterei und Spekulation vor, macht ihn geradezu lächerlich, weil er sich nur an die Ausgeburten seiner Einbildung, seiner ausschweifenden Vorstellung gehalten habe. Und eben nicht: an die Fakten, wie sie sich allein in der akribischen, nüchternen Bestandsaufnahme der Quellen und in deren emotionsloser, vorurteilsfreier Auswertung zu erkennen geben könnten. »herr nietzsche« heißt es hier, trete eben nicht, wie es eigentlich erforderlich wäre, als »wissenschaftlicher forscher« auf. Er verabsäume es, wird mit unübersehbarem Hinweis auf Nietzsches miserable Abiturnote in Mathematik gesagt, genau zu rechnen und zu kombinieren. Er schaffe nur aus seiner »intuition« und sei eher als ein »metaphysiker« und »apostel« des Dionysos anzusehen denn als ein irgend ernst zu nehmender Gelehrter. Kurz, Rhapsode und nicht Forscher, sei er ein Verführer der akademischen Jugend, die durchaus nicht die Künste der interessanten Spekulation zu lernen habe, sondern die »askese selbstverläugnender arbeit«.[92] Solche Kritik markiert einen ersten Schritt des Weges, auf dem sich Nietzsche als Philologe und Professor der klassischen Altertumswissenschaft blamiert sehen mußte. Und: einen weiteren Schritt des damals längst beschrittenen Weges, auf dem die Beschäftigung mit dem Altertum zur ausschließlichen Angelegenheit der Wissenschaften, und das hieß damals eben der im positivistischen Verstande historisch ausgerichteten Wissenschaften geworden war.

Resümee

Die »Wirkungsgeschichte der Antike« durch die Neuzeit hindurch hat sich letzten Endes als die Geschichte des abendländischen Antiken*bildes* herausgestellt. Die aber präsentiert sich bei genauerer Prüfung als Geschichte der permanenten Umschwünge dieses Bildes. Diese Geschichte beginnt mit der Neuzeit, als sich die Renaissance die Römer und Griechen zum höchsten Vorbild erwählt. In diesem Moment wird die Antike klassisch. Der Prozeß setzt sich fort mit dem Klassizismus in Frankreich und der Kunst und Philosophie des deutschen Idealismus. Hier und öfter begegnet die vehemente und emphatische Überhöhung der Antike zur höchsten Norm, die aktive Bekräftigung ihrer Idealität im beständig neuen Anknüpfen an die durch sie mustergültig gewordenen Formen des Dramas, der Kunst, der philosophischen Spekulation, der diversen Gelehrsamkeiten. Ohne solchen Enthusiasmus wäre in allen Fällen kein Wiederfinden im Alten möglich gewesen. Identifikation braucht Überschwang, hat Naivität nötig. So weit gehören das Vertrauen in die Kontinuität der Geschichte und das Erstaunen vor der Klassizität zusammen. Wenngleich man sehen konnte, daß in jeder der hier genannten Etappen der Antikenrezeption das kritische Bewußtsein vom letztlich unaufhebbaren Abstand der Gegenwart von der bewunderten Vergangenheit wuchs, so sind sie durch diese Bewunderung, durch Emphase und Überschwang eben, im tiefsten Grunde noch geeint. Nur dadurch hatte in der Berufung auf das Alte jeweils sehr Neues entstehen können.

Der radikale Umschwung aber fällt mit dem endgültigen Schwund solcher Naivität zusammen. Vorbereitet wird das in den eigendynamischen Verläufen der entschiedensten »Renaissancen« der Antike in der neuzeitlichen Geschichte Europas selbst. Wenn sie jeweils ein ganz und gar Neues zum Ergebnis gehabt haben, in dem sich jeweils ein Grundbedürfnis der eigenen Zeit artikuliert, wenn damit in jedem Falle geradezu das Umgekehrte des Beabsichtigten eingetreten ist, entfernt man sich mehr und mehr von der Antike, statt ihr näher zu kommen. Mit diesem Prozeß verbunden ist aber zugleich ein zunehmendes *Bewußtsein* von dieser Entfernung. Der Grundgedanke der Renaissance bringt zum ersten Mal in der europäischen Geschichte die Vorstellung von historischer Diskontinuität zum Ausdruck. Die *querelle des anciens et des modernes* am Ende des 17. Jahrhunderts verhilft einem ausgesprochenen

Gegenwartsbewußtsein, einem ganz neuartigen Selbstbewußtsein der *Modernität* zum Sieg, das den Glauben an alle mögliche Vorbildhaftigkeit des Geschichtlichen beiseiteräumt. Schließlich verabschiedet der ästhetische Humanismus, wie er bei Schiller konzipiert wird, das klassische Ideal endgültig aus der Vergangenheit, indem er es (vorderhand) in die Zukunft verlegt. Ernüchterung tritt ein, als sich die exakten Wissenschaften, statt wie bis dahin die in Aktionseinheit kooperierende Gelehrsamkeit und die Künste, der Antike annehmen und sich zugleich das unbefangene Weiterdenken der Autoritäten versagen. Seit sie zu Beginn des 19. Jahrhunderts als historische Disziplin auftritt – von Anfang an um objektives, positives Wissen und damit um die Erforschung eines Früheren und Anderen bemüht –, liefert zuerst die Philologie das Antike dem Strom der Zeit aus. Sie erklärt es zur Vergangenheit allein dadurch, daß sie es zu ihrem Thema erwählt. Damit hat sie selbst aber, zunächst unvermerkt, das Klassische als ein wesensgemäß Über- und damit Unhistorisches ausgestrichen. Die Trennung von Antike und Ideal folgt als unausweichliche Konsequenz des Historismus, dem sich die Wissenschaften von Beginn an verbündet hatten. Als Geschichtliches und damit Relativiertes konnte das Antike nicht mehr das Eigene in Höchstform bleiben. Es wurde der Wissenschaft und *durch sie* – allein schon durch ihr Auftreten – ein Fernes *und* Fremdes.

Alle Bemühungen, den Humanismus, dem seine Naivität abhanden gekommen war, als (durchaus künstlichen) »dritten Humanismus« in Stellvertreterschaft einer »klassischen Philologie« zu erneuern, halfen denn auch nicht weiter. In den zwanziger Jahren unseren Jahrhunderts verloren sie sich – wie in Werner Jaegers Humanismus-Konzeption – in weltfremdem Pathos, verstiegen sich gar zu elitärer Attitüde. Deshalb mußte die Philologie im neu entstehenden Rangstreit der Wissenschaften die Führungsposition verlieren. Auch hier ließ der Fortschritt der Wissenschaften nichts unberührt. Archäologie, Anthropologie, Ethnologie steuerten, indem sie sich den kultisch-mythischen, vor allem den stummen, materiellen Zeugnissen der Antike zuwandten, andere Kulturbefunde bei, als sie die vertraute Sprache, die liebgewordenen Texte bereitgehalten hatten. Mit neuen Quellen und neuen Methoden gelangten sie zu neuen Interpretationen. Die aber stärkten den (schon älteren) Gedanken, die bisherige »Überlieferung« spreche eben nicht die Sprache der Griechen. Sie sei, im Gegenteil, nichts anderes als das Echo auf die Fragen, welche eine um ihr Selbstverständnis ringende und in ihrer Identität immer wieder aufs Neue verunsicherte Neuzeit an die »Alten« gerichtet habe, nur um der Bestätigung des *eigenen* Selbstwertgefühls willen.[93]

Nach der Intervention dieser im 19. und im frühen 20. Jahrhundert neu entstehenden Kulturwissenschaften ertönten die Stimmen aus noch größerer Ferne als aus der ohnehin schon in die Historie entrückten Antike. Ja, nunmehr wurden sie geradezu unverständlich durch die dissonanten Ober- und Nebentöne, die jetzt aus einer *Zeit vor der Geschichte, einer menschheitsgeschichtlichen Periode vor der Schwelle zur Zivilisation* mitgehört wurden. In die hatten sie die Romantiker, die Symboliker, die Basler Professoren mit Bachofen als demjenigen, der den Späteren die bleibendsten Anregungen vermittelte, zurückgestoßen. Zur Vorgeschichte sollten sie die auf solchen Fundamenten aufbauenden Wissenschaftsdisziplinen der Anthropologie, der Ethnologie, der verschiedenen Religionswissenschaften – mit ihren ganz und gar unklassischen neuen Bezugsgrößen: »primitive«, »wilde«, »religiöse« Formen menschlichen Zusammenlebens, Denkens und Verhaltens – vollends verfremden. Darin bestand – nach dem historistischen – der zweite, scheinbar noch radikalere Umschwung des Bildes von der »klassischen Antike«.

Die Alternative ist also schon seit geraumer Zeit in der Welt: die Antike eben nicht als Anfang unserer Kultur, sondern, umgekehrt, als Urtümlichkeit, die im Prozeß dieser Kultur gerade überwunden wurde. Aber auch hier ist Vorsicht angebracht, Nüchternheit geboten. Prüft man nach, entpuppt sich die Antithese oftmals nur als recht einfache, wenngleich verwickelt begründete Umdrehung der These. Sehr früh sollte die schaudernde Faszination durchs Archaische und Fremde oftmals bloß dem Schwund der Faszination durchs idealisierte Selbstbild abhelfen. Schon Goethe konnte in der romantischen Verdunklung des Altertums nicht mehr erblicken als eine schale Kompensation für verlorene Werte – schieres Interessantmachen durchs Exotische. Die andere Seite der Medaille also, weil man des Anblicks der ersten, zu Goethes Leidwesen, überdrüssig geworden sei. Nietzsches heftige Subversion des klassisch Apollinischen durchs dionysische Chaos ist letzten Endes (neben anderem) *auch* nur eine Reaktion auf die deprimierende Entmachtung des Klassischen durch das Auftrumpfen der historischen Wissenschaften. Schiller hatte noch versuchen können, das Ideal, das er, der Professor der Geschichtswissenschaft, bereits selbst als unhistorisch durchschaut hatte, wenigstens dem Künstler, in den Gefilden des schönen Scheins, als im Ursprung des Humanen geborene Utopie und damit als Antrieb zur unablässigen ästhetischen Veredelung der Welt und des Menschen zu retten. Nietzsche, rund achtzig Jahre später, zieht dagegen unbestechlich Bilanz. Das Ideal ist jetzt in jeder Hinsicht unhaltbar geworden, eine historisierte Antike ist nur noch ein Paradox und kann keine singuläre Bedeutung beanspruchen. Im Widerschein der sich häufenden historischen »Fakten«, als reines Probstück der Raffinessen philologischer Interpretationskunst, als Objekt bloß redseliger Idealisierung droht nunmehr ihre ganze Bedeutung zu schwinden. Also sollte sie im Kehrbild der dunkelsten und elemenarsten, der eigenen Gegenwart (nur) fremd gewordenen Existenzgründe des Menschlichen wiedergewonnen werden. Auch hier, und zwar ausdrücklich, bleibt die Negation – Dionysos, das gestalt- und maßlose Dionysische – fest ans Negierte – Apoll, das durch Form und Maß bändigende Apollinische – gefesselt.

Schließlich geriet denn auch die archaische Antike der erfolgreichen Ethnologen und Anthropologen in unserem Jahrhundert zur Modeerscheinung. Das belegt im übrigen nichts deutlicher als eine Trendwende in den Inszenierungen antiker Tragödien im (französischen wie im deutschen) Gegenwartstheater der sechziger und siebziger Jahre, die, so Roland Barthes polemisch, »den Akademismus der Tragödie in ein Negerfest« verwandelten. Sein Urteil darüber fällt drastisch und apodiktisch aus: »Aischylos als Bantu-Autor ist nicht weniger falsch denn Aischylos als bürgerlicher Autor.«[94] Sofern man hier von einem Trend reden kann, der sich bloß gegen eine bestimmte Voreingenommenheit absetzt, also auch nur gegen einen Trend, wird das selbst wiederum den Verdacht der Voreingenommenheit erregen. Mag sein, ein neues Klischee verhält sich da abermals bloß symmetrisch zu einem alten, überholten Klischee – *als* Klischee aber *muß* eins die Sache ebenso notwendig verfehlen wie das andere.

Das ist die Paradoxie, die letzten Endes zu bilanzieren bleibt: »Klassisches« und »Un-«, ja »Antiklassisches« gehören in gewisser Weise zusammen. Dabei bietet die Anti-Tradition – bei aller nur scheinbaren Gegensätzlichkeit zur Tradition des »klassischen« Antikenbilds – letzten Endes lauter Indizien für das Fortdauern des Sehnens nach besonderer Attraktivität ihres Objekts. Mithin: für hartnäckige Persistenz des klassischen Impulses gerade in den unklassischsten Gegenbildern. Aber wie die Vertreter der Klassizität den Überschwang der schieren Idealisierung zu dämpfen suchen, so ist auch den Anhängern antiker Archaik die unauflösliche Fesselung an die Gegenposition aufgefallen, und auch hier ist man inzwischen geneigt zu relativieren. Seit längerem sucht man die Wahrheit nicht mehr in den Extremen, sondern irgendwo in der Mitte. Die Fahndungsstellen in dieser unermeßlich großen Zwischenzone sind unterdessen zahlreich geworden.

Anmerkungen

1 Paul Veyne: *Geschichtsschreibung. Und was sie nicht ist.* Frankfurt am Main 1990, S. 22.

2 Wie massiv solche Überzeugung noch in den sechziger Jahren über die Fachkreise hinaus, über alle Berufe hinweg in der deutschen Bildungsschicht verbreitet war, konnte Manfred Fuhrmann in seiner 1968 vorgetragenen Konstanzer Antrittsvorlesung an der Umfrage einer Monatszeitschrift über die »Zukunft der klassischen Antike« demonstrieren und in der erregten Resonanz auf seine dazu vorgebrachten kritischen Einwände retrospektiv erneut – und heftiger noch – verspüren. Im Vorwort zur Auswahlausgabe seiner Vorträge und Aufsätze spricht Fuhrmann von der Wirkung seiner Rede in Fachkreisen, »einem Paukenschlag gleich«. Manfred Fuhrmann: *Die Antike und ihre Vermittler. Bemerkungen zur gegenwärtigen Situation der Klassischen Philologie.* In: Ders.: *Cäsar oder Erasmus? Die alten Sprachen jetzt und morgen.* Tübingen 1995, S. 11ff.

3 Wie unverzichtbar die Kategorie des Klassischen für die Theorie der Kontinuität ist und welche Rolle sie darin spielt, zeigt sich am stringentesten Versuch, die (geistes)-geschichtliche Entwicklung des Abendlandes in einer Wirkungsgeschichte der Antike zu fundieren; vgl. dazu Hans-Georg Gadamer, *Wahrheit und Methode.* Tübingen 1960. Das auffälligste an Gadamers Konzeption von Tradition ist die passivische Art, wie in ihr Überlieferung gedacht wird. Ganz deutlich wird das im Blick auf die entschiedene Aufwertung der Kategorie »Tradition«, die in seiner Lehre vom Zustandekommen der Überlieferung vorgenommen wird. Nur auf den ersten Blick ist sie aktivisch konzipiert: Die Einheit der Überlieferung (des Sinns von Texten, aber auch von Vorstellungen, Normen, Werten, Verhaltensregeln, die sich in Institutionen manifestieren) kommt zustande durch den ständigen Dialog von Frage, die in jeder Gegenwart neu an die Vergangenheit zu stellen ist (oder besser: die immer neu in ihr aufzuspüren ist), und der jeweiligen Antwort, die die Vergangenheit darauf zu geben in der Lage ist. Auf den ersten Blick also scheint Überlieferung durch einen ununterbrochenen, zu jeder Zeit neuerlich nötigen Prozeß der Aneignung vermittelt. Tradition wird von den Subjekten gestiftet, die zu verstehen in der Lage sind. Und Verstehen vollzieht sich als beständig auf neue Weise hergestellte Annäherung von Vergangenheits- und Gegenwartshorizont, insofern das Gelingen der hermeneutischen Tätigkeit im »Vorgang der Verschmelzung solcher vermeintlich für sich seiender Horizonte« (ebd., S. 289) bestehen soll. Aber Gadamer läßt nicht den geringsten Zweifel daran, daß solcher Überlieferungsprozeß letzten Endes doch im Zeichen der Vorrechte des Objektiven steht. Besonders deutlich wird das, wo er »den Begriff des Klassischen zum Prototyp aller geschichtlichen Vermittlung der Vergangenheit mit der Gegenwart erheben will« (so Hans Robert Jauß: *Literaturgeschichte als Provokation der Literaturwissenschaft*, in: Ders.: *Literaturgeschichte als Provokation.* Frankfurt am Main ²1970, S. 186). Das ebenfalls am Ursprung aller europäischen Kultur, in der Antike, verortete Klassische – definiert als das, was »nicht erst der Überwindung des Abstands (von Vergangenheit und Gegenwart) bedürftig (ist) – (sondern) selber in beständiger Vermittlung diese Überwindung« vollzieht (H.-G. Gadamer, *Wahrheit und Methode*, a.a.O., S. 274) – fundiert ein Verständnis von Tradition als integrales Subjekt/Objekt eines Prozesses, der keiner weiteren, historisch in je besonderer Weise konditionierter Subjekte der Aneignung mehr bedarf. Es begründet das, was Gadamer in offensichtlicher

Anlehnung an den bekannten Heideggerschen Terminus vom »Seinsgeschehen«: das »Überlieferungsgeschehen« (ebd., S. 275) nennt. In ihm ist alle Aktivität derer, die Geschichte als beständig neu erforderliche und deshalb auch als möglicherweise beständig neue und andersartige Aneignung der Vergangenheit betreiben, wiederum vollständig getilgt. Wenn die Formulierung gelten soll: »In Wahrheit gehört die Geschichte nicht uns, sondern wir gehören ihr« (ebd., S. 261), so ist Tradition in einem transhistorischen Geschehen begründet, das historische Subjektivität lediglich sozusagen als Vehikel des Weltgeistes nötig hat. Sofern sich Tradition gleichsam hinter dem Rücken der Subjekte herstellt, muß sich deren Aktivität schließlich darin erschöpfen, jede Gegenwart immer neu in Übereinstimmung mit der im »Klassischen« enthaltenen einen und einzigen Wahrheit zu versetzen. Darum, sagt Gadamer konsequent, heißt Verstehen eigentlich: Wiedererkennung (ebd., S. 109), und das wiederum kann nur bedeuten: Erkenntnis der wesentlichen Wahrheit, die durch alle geschichtlichen Transformationen hindurch wirksam ist und ihre tiefere Einheit begründet. Solches Fortwirken des Vergangenen, das sich gleichsam von selbst immer neu zum Zusammenhang einer Tradition fügt, ist nur denkbar, wenn mit der Dualität von Erscheinung und Wesen operiert wird, das heißt, wenn man die Gesichtspunkte von Diskrepanz und Kohärenz zwei verschiedenen Ordnungen zuzurechnen in der Lage ist und so behaupten kann, daß von einer *wesenhaften* Identität des *historisch* Besonderten zu sprechen sei. Eigentlich kann es, so gedacht, gar keine Einschnitte und Zäsuren in der Traditionskette geben. Selbst in Fällen, in denen Subjekte den Einschnitt und Bruch mit dem Tradierten suchen und ihn bewußt zu verwirklichen trachten, unterliegen sie einer Täuschung, verwechseln sie die durch ihre Tätigkeit erscheinende Form mit dem ihr zugrundeliegenden Wesen, während sich, durch solche Selbsttäuschung hindurch, das Wesen als identische Substanz der Überlieferung fortzeugt. Weshalb Hans Robert Jauß mit Recht apodiktisch feststellen kann, daß Gadamers nur scheinbar historisch-subjekthaft konzipierter Traditionsbegriff, erkennbar am Sonderfall des »Klassischen«, insofern er als »Prototyp« jeder Überlieferung zu betrachten ist, zu guter Letzt in einer »substanzialistischen Metaphysik« verankert ist (H.R. Jauß: *Literaturgeschichte als Provokation der Literaturwissenschaft*, a.a.O., S. 187). Man kann in einem solchen Begründungsversuch der Tradition als »Überlieferungsgeschehen« mit einigen Gründen auch den theoretischen Überbau der europäischen Theatergeschichtsschreibung erkennen, der von ihr selbst nicht explizit geliefert wurde. Ein ähnliches Objektverständnis tritt jedenfalls im Vorgehen derer, die die Geschichte des europäischen Theaters als einheitlichen Traditionszusammenhang begreifen möchten, deutlich zutage (vgl. dazu Anm. 9). In all den Versuchen, antikes, mittelalterliches und Renaissancetheater eng miteinander zu verbinden, zeigt sich als mitunter recht brachiale Operation am jeweiligen Substrat, was Gadamer als Pflicht des hermeneutischen »Verstehens« kulturgeschichtlicher Phänomene postuliert hat: das »Einrücken in ein Überlieferungsgeschehen« (H.G. Gadamer: *Wahrheit und Methode*, a.a.O., S. 275). (Gadamers wirkungsgeschichtliches Konzept im Zusammenhang mit der von uns thematisierten Kontinuitätsproblematik historischen Bewußtseins diskutiert Hans Michael Baumgartner: *Kontinuität und Geschichte. Zur Kritik und Metakritik der historischen Vernunft*. Frankfurt am Main 1972, S. 167ff.)

4 Sie ist freilich nicht nur in Deutschland, sondern auch im internationalen Maßstab so fest mit dem Unterbau kulturhistorischer Überzeugungen verwachsen und dort

so hartnäckig wirksam, daß ihnen noch in diesen Jahren der Versuch einer grundsätzlichen Revision gelten kann. Er findet sich im großangelegten Projekt von Martin Bernal: *Schwarze Athene*, in dem er – wie es im Untertitel heißt – die *afroasiatischen Wurzeln der griechischen Antike* nachweisen will. Dabei folgt er den aus der Antike stammenden Theorien über die Herkunft der griechischen Kultur aus ägyptisch-phönikischer Kolonisation und konfrontiert dies (von ihm in revidierter Form akzeptierte) »antike Modell« dem »arischen Modell«, das noch der heutigen communis opinio zugrunde liegt und nach dem die hellenische Besiedelung Griechenlands vom europäischen Norden her erfolgt sein muß. Von diesem Erklärungsmodell kann er – im Versuch nachzuweisen, so der zweite Untertitel: *Wie das klassische Griechenland erfunden wurde* – zeigen, daß es erst zu Beginn des 19. Jahrhunderts mit Klassizismus und Romantik aufkam und sich seitdem an die Stelle der antiken Kulturgeschichtsschreibung gesetzt hat. Ihr wesentliches Motiv aber hatte diese Theorie darin, die Grundlagen der westlichen Zivilisation ganz und gar in Europa zu verwurzeln und damit solchen Grundlagen-Anspruch erst vollkommen hieb- und stichfest zu machen: »Für die Romantiker und Rassisten des 18. und 19. Jahrhunderts war der Gedanke einfach unerträglich, daß Griechenland, das für sie ja kein bloßes Anhängsel Europas, sondern geradezu die Wiege der europäischen Kultur war, das Ergebnis der Mischung einer zwar europäischen, aber kulturell unterlegenen Urbevölkerung mit kulturell überlegenen afrikanischen und vorderasiatisch-semitischen Kolonisten gewesen sein soll. Deshalb mußte das antike Modell gestürzt und durch etwas Akzeptableres ersetzt werden.« (S. 33) Wenngleich die heutigen Kulturhistoriker nichts mehr mit den im »arischen Modell« virulenten Ideologien des 19. Jahrhunderts, gar mit deren ausgesprochen rassistischen Anteilen, im Sinn haben – der vehementen Abwehr der Majorität gegen den Vorstoß eines Dilettanten und Fachfremden (Bernal ist von Hause aus Sinologe) dürfte noch immer zu einem guten Teil die »quasireligiöse (oder sogar tatsächlich religiöse) Ehrfurcht« vor den »Quellen der europäischen Zivilisation« (S. 35) zugrunde liegen. Martin Bernal: *Schwarze Athene. Die afroasiatischen Wurzeln der griechischen Antike. Wie das klassische Griechenland erfunden wurde.* Englische Ausgabe: London 1987. Deutsch: München, Leipzig 1992.

5 Wenn Manfred Fuhrmann im Rückblick auf seinen Konstanzer Vortrag von 1968 davon spricht, daß die Entwicklung der Klassischen Philologie seiner damaligen Kritik an den »klassizistischen Schranken« und dem »Mangel an Selbstreflexion« der Disziplin weitgehend die Basis entzogen habe (= Anm. 2), so halten dennoch zahlreiche Vertreter der deutschen »Klassischen Philologie«, jenseits solcher Defizite, wenn nicht am »klassischen«, so doch am griechischen Grund unserer Kultur fest. Das zeigt sich – ex negativo – insbesondere an den Klagen über die »wachsende Entfremdung unserer Gesellschaft von den geistigen Leistungen und Ansprüchen der griechischen Begründer unserer Kultur – Folge einer prinzipiell verfehlten Bildungspolitik«, als Klage über die Selbstentfremdung, Selbstverkennung und infolgedessen der Selbstverleugnung unserer Kultur, so bei Joachim Latacz: *Einführung in die griechische Tragödie.* Göttingen 1993, S. 9. Die bewundernswerte Klarheit und Prägnanz seiner Analyse der tragischen Texte verdankt sich einem humanistisch geprägten, fest gefügten »Menschenbild«, von dem aber, wenn nicht für den Philologen, so doch für den Theaterhistoriker, zu fragen bliebe, ob es das der Theaterzuschauer im fünften vorchristlichen Jahrhundert gewesen sei – ebenso wie sich bezweifeln ließe, daß es das heutiger Zuschauer einer Tragödienaufführung sein mag.

6 Manfred Fuhrmanns Vorträge und Aufsätze zur Situation des klassischen Philologie, zum Lektürekanon im Lateinunterricht, zum Zustand der Allgemeinbildung und zur Lage der Bildungspolitik bieten exponierte Beispiele dafür (= Anm.2).

7 Hier ist insbesondere Christian Meier zu nennen mit seinen Reden: *Was soll uns noch die Alte Geschichte* (von 1970) und *Neue Herausforderungen und Chancen der Alten Geschichte* (von 1989), beide jetzt in: Wilfried Nippel (Hrsg.): *Über das Studium der Alten Geschichte*. München 1993, S. 323ff. und 384ff.

8 Als Beispiel mag das umfangreichste und noch immer viel benutzte deutschsprachige Überblickswerk, Heinz Kindermanns *Theatergeschichte Europas*, genügen: In Band 1 sind dem altgriechischen Theater der Tragödie 73 Seiten, dem Theater der Komödie 36 Seiten, insgesamt also 109 Seiten gewidmet, vier Seiten davon gelten den sizilischen Entwicklungen; dem stehen 79 Seiten für den Rest antiker Theaterformen gegenüber, circa 10 Seiten befassen sich ausdrücklich mit dem hellenistischen Theater, der Schwerpunkt liegt hier auf Tragödie und Komödie und der Theaterinstitution Roms. Diese Wichtung beruht auf den im Vorwort ausdrücklich genannten Prämissen, nach denen »die Geburtsstunde des abendländischen Theaters in die gleiche Epoche fällt, in der von Griechenland aus das Fundament für die gesamte abendländische Kultur gelegt wird«, so daß von einer »zweitausendjährigen Kontinuität« ihres Theaters auszugehen sei (Heinz Kindermann: *Theatergeschichte Europas*. Erster Band: *Das Theater der Antike und des Mittelalters*. Salzburg 1957, S. 4). Ganz ähnlich disponiert die jüngste deutschsprachige Theatergeschichte Europas, die ebenfalls deutlich auf die möglichst weit gedehnte Ausbreitung des Stoffs hin angelegt ist: Manfred Brauneck: *Die Welt als Bühne. Geschichte des europäischen Theaters*. Erster Band. Stuttgart, Weimar 1993. Im ersten Kapiel zum »Theater der Antike« entfallen rund 146 Seiten auf die »klassische Zeit«, die hellenistischen Entwicklungen werden dagegen nur mit ca. 20 Seiten, die römische Bühne mit ca. 63 Seiten bedacht. Wenn im Vorwort auch betont wird, daß im Mittelpunkt der Betrachtung der einzelnen Theaterepochen die je »innovativen Entwicklungen« (S. XIX) stehen sollen, so wird im Blick auf ihre Anfänge doch explizit vom »attischen Ursprung des Dramas« (ebd.) gesprochen. Darin – und wohl nicht nur aufgrund der besonderen Bedeutung dieses Theaters im Kontext seiner Kultur und wohl auch nicht nur der günstigeren Quellenlage wegen – muß man wohl den eigentlichen Grund solcher Bevorzugung der »klassischen« Zeit vermuten.

9 Da keine historischen Belege für die Tradierung antiker Theaterformen während des Mittelalters (jedenfalls im Westen) präsentiert werden können, behilft man sich – nach dem Vorgang von Hermann Reich: *Der Mimus. Ein literar-entwicklungsgeschichtlicher Versuch*. Berlin 1903 – mit dem Postulat eines allgemeinmenschlichen »Spieltriebs«, der sich auf irgendeine (historisch freilich nicht greifbare) Weise manifestiert haben müsse, bis er dann in den Spielen des Mittelalters ausdrücklich wiedererstanden sei. In Artur Kutschers *Grundriß der Theaterwissenschaft* (München 1949) wird der Begriff des Mimus ganz zur anthropologischen Kategorie, ein alles Theatralische hervorbringendes und durchwaltendes Prinzip, im menschlichen Wesen begründete Disposition zum Spiel, der ewige, zu allen Zeiten immergleiche Antrieb zur *mimesis* in szenischer Darstellung. In solcher Verallgemeinerung geht die mit dem Problem der Tradition eng verklammerte Ursprungsfrage des Theaters in die Sachwalterschaft der Anthropologie über, und gerade dadurch wird die Frage, die *an die Geschichte* zu stellen wäre – die nach der Einheit einer *Tradition* des Theaters in Europa oder den möglichen Diskontinuitäten in seiner Entwicklung –, ohne daß

sie erst einmal hätte formuliert werden müssen, gleich mit einer entschiedenen Antwort versehen: Ja, es gibt das einheitliche Theater, und eigentlich nicht nur in Europa, sondern immer und überall gleich. Europäisches Theater als Fall und Variante des Welttheaters – hervorgebracht und geeint durch die universale, zu allen Zeiten gleiche menschliche Disposition zur Darstellung. Wobei am Gegenstand der Darstellung die gleiche Verdopplung vorgenommen werden muß, die bei Gadamer auffällig wurde (= Anm. 3): Er fällt auseinander einerseits in die Phänomene, die durchaus unterschiedlich, ja gegensätzlich *erscheinen* mögen, und in das durch sie hindurchwirkende »Geschehen« andererseits, also: in die Faktizität der *Geschichte*, in der dauernd Neues und Anderes sich dem Vergangenen entgegenzusetzen scheint, auf der einen und das sich in ihr stets auf gleiche Weise fortzeugende, eigentlich *Geschichtliche*, das für die Dauer des Substanziellen garantiert, auf der anderen Seite. Obwohl ihm ein wissenschaftliches Fundament in anthropologischer Argumentation gelegt ist, vertritt der Mimusbegriff, systematisch gesehen, unverkennbar die Funktion, die bei Gadamer die Kategorie der wesentlichen Wahrheit erfüllt. Der Trieb darzustellen, die Disposition, Handlungen nachzuahmen wirkt *hinter* den verschiedenen Formen, in denen das Theater zu verschiedenen Zeiten auf verschiedene Weise begegnet und begründet ihre *wesenhafte* Einheit. Anders als durch solche Spaltung des Objekts in Erscheinung und Wesen, durch die es an zwei Ordnungen zugleich teil hat – an der Geschichte und den durch sie hindurch wirksamen Geschehensgründen – ist die Einheit einer Tradition nicht zu begründen. Zu garantieren ist sie nur und ausschließlich als die des integralen, in metaphysischen oder anthropologischen Tiefendimensionen wirkenden Wesens. Das ist den Darstellungen durchaus nicht nur zu extrapolieren, sondern in ihnen ganz explizit enthalten: Wie sollen ein paar verstreute mimi oder wie sollen Initiations-, Frühlings- oder Erntebräuche eine hochkomplizierte Form wie das geistliche Spiel inspiriert haben, wie bloße humanistische Gelehrsamkeit für die Restitution des antiken Theaters verantwortlich zu machen sein? Wie? – Wenn sie nicht als Vehikel und Figuranten des fortwirkenden Wesensgrunds des Theatralischen begriffen werden, in dessen bloßer *Repräsentanz* also. Menschliche Disposition zum Theatralischen, zum Spiel, zur *mimesis* in körperlicher Darstellung – daß es so etwas gibt – und gerade dann, wenn es, wie etwa in Plessners Essay über den Schauspieler (*Zur Anthropologie des Schauspielers*, jetzt in: H. P.: *Zwischen Philosophie und Gesellschaft. Ausgewählte Abhandlungen und Vorträge*, Frankfurt am Main 1979), in weitreichender und tragfähiger anthropologischer Perspektive plausibel gemacht wird – soll und muß auch gar nicht geleugnet werden. Aber: die Theater*geschichte* hat sich bewußt agnostisch zum Auftreten des »homo ludens« auf der Bühne der Geschichte zu verhalten. Auf die mit ihm verbundenen Kategorien ist nämlich dann entschieden zu verzichten, sofern sie – auf historischem Terrain gebraucht – deutlich substituierenden Charakter tragen, weil sie erkennbar nämlich da – als transhistorische Substanzen – einspringen, wo mit der Geschichte und ihren Phänomenen allein nicht mehr zurande zu kommen ist, wo historisches Beweismaterial für die Vorstellung des theatergeschichtlichen Kontinuums fehlt und man deshalb auf unhistorisch Prinzipielles zurückzugreifen gezwungen ist.

10 So Giovanni Battista Doni, der berühmteste Theoretiker (und Historiker) des Florentiner Musikerkreises (vgl. unten, Anm. 29).

11 Bereits in den zwanziger Jahren des 15. Jahrhunderts brachte der Buchhändler Giovanni Aurispa von Reisen ins byzantinische Reich die Texte der Tragiker nach Italien; in Florenz besaß der Privatsammler Vespasiano da Bisticci sämtliche Texte

des Aischylos sowie eine, jeweils drei Texte umfassende Auswahl der Dramen von Sophokles und Euripides, die nach seinem Tod 1498 in die Bestände des Klosters von S. Marco und damit in die erste öffentliche Bibliothek von Florenz gelangten, wo sie um weitere Tragödientexte ergänzt wurden.

12 Erste Ausgaben der Tragiker erschienen in der berühmten Druckerei des Aldus Manutius, und zwar: die Werke des Sophokles (Venedig 1502), des Euripides (1503; eine Auswahlausgabe mit vier Dramen war bereits 1496 in Florenz erschienen) und des Aischylos (1518).

13 Bereits Guarino versuchte sich während seiner Zeit in Florenz, wo er seit 1408 als Lehrer für klassische Literatur wirkte, auf Bitten eines Bekannten an der Übersetzung eines Sophokles-Textes. Sein Bericht darüber ist lehrreich für das frühe Verfahren der italienischen Humanisten, »die Fremdsprache *beim* Übersetzen und *mit Hilfe* des Übersetzens zu lernen« (Horst Rüdiger: *Die Wiederentdeckung der antiken Literatur im Zeitalter der Renaissance*, in: *Die Textüberlieferung der antiken Literatur und der Bibel.* München ²1988, S. 567). Dies wiederum macht verständlich, warum Übertragungen der griechischen Tragödien verhältnismäßig spät zustandekamen; erste Übersetzungen liegen erst ca. 20 Jahre nach dem Erscheinen der ersten griechischsprachigen Ausgaben vor. Vgl. R.R. Bolgar: *The Classical Heritage and its Beneficiaries from the Carolinian Age to the End of the Renaissance.* New York, Evanston, London 1961 (Anhang: *The Translations of the Greek and Roman Classical Authors before 1600*, S. 506ff.).

14 Die erste, ausdrücklich nach Senecas Vorbild geschriebene Tragödie liegt mit Albertino Mussatos lateinischer *Ecerinis* von 1314 vor, wobei sich der Autor immerhin des Unterschieds zu den griechischen Tragikern bewußt war, die er aber aus eigener Lektüre noch nicht kennen konnte. Es handelt sich hier – vom Sujet her – um ein moralisches Lehrspiel aus der Zeitgeschichte, von der Form her – darin noch ganz mittelalterlichen Vorstellungen über die »Aufführungsweisen« antiker »Dramen« verpflichtet – um einen zur Rezitation vor einem gelehrten Auditorium bestimmten Text ohne Musikbegleitung. Eine sklavisch nach einem original griechischen Vorbild, den Stücken des Euripides, gearbeitete Tragödie liegt erst 1515 mit Giangiorgio Trissinos *Sophonisba* vor, sie blieb freilich genauso ohne breitere Wirkung auf die Autoren wie Sperone Speronis *Canace* von 1546, die ebenso sklavisch den »Gesetzesvorschriften« der Aristotelischen *Poetik* folgt. Seneca, und sei es nur aufgrund der Bevorzugung grausiger Stoffe, blieb für die ohnehin dürftige Geschichte der italienischen Renaissancetragödie im Ganzen einflußreicher (etwa für Giovan Battista Giraldi Cinzios, 1541 in Ferrara aufgeführte *Orbecche*).

15 Die Mitglieder der *Camerata* kannten Aristoteles *Poetik* (wie auch die griechischen Tragödien) vor allem aus den Kommentaren des Florentiner Lehrers für klassische Studien, Piero Vettori, dessen 38 Bände umfassende *Varia lectiones* zwischen 1553 und 1563 erschienen waren.

16 Daß die Tragödientexte mit Musik verbunden gewesen waren, war auch während des Mittelalters nicht in Vergessenheit geraten; nur folgte man bis weit in die Neuzeit hinein dem Irrtum des Isidor von Sevilla aus Buch 18 der (im 6./7. nachchristlichen Jahrhundert entstandenen) *Ethimologiarum libri XX*. Hier wird davon ausgegangen, daß die antiken Dramen Texte zur Rezitation vor Zuhörern und weiter, daß die »tragodoi« tragische Sänger gewesen seien, die ihren Zuhörern die alten Geschichten von Leid und Jammer der Heroen und Könige zu Musikbegleitung vorgetragen

hätten. Tragische Musik galt seitdem als Untermalung eines Sologesangs; übersehen wurde, daß die Tragödie eben Musik*theater* gewesen war. Sich ein Bewußtsein von dieser Eigenart der griechischen Tragödienaufführungen erarbeitet zu haben (nachdem die humanistische Terenzforschung bereits vorher auf die szenische Darbietungsform der römischen Dramen gestoßen war), darin besteht die »rekonstruktive« Leistung der *Camerata*. Es bildete sich zunächst einmal in der Unterscheidung von Schauspieler- und Chorpartien und in der Diskussion der Frage heraus, ob die griechische Tragödie durchkomponiert oder nur in den Chorteilen gesungen worden sei. Die zunächst vertretene theoretische Auffassung neigte der zweiten Meinung zu, konzedierte freilich, daß wohl auch bestimmte Monologe musikalisch gestaltet waren (wobei der Streit über deren Beschaffenheit geführt wurde). In der Aufführungspraxis waren die Dramen Trissinos, Speronis, Cinzios ebenfalls nur in Chor- und einigen Solopartien von Musik begleitet worden; so verfuhr man auch bei der Aufführung einer Originaltragödie, nämlich des sophokleischen *Ödipus Rex*, im Teatro Olimpico 1585 unter der Leitung von Angelo Ingegneri, wo nur der Chor (von Andrea Gabriele) in Musik gesetzt worden war. Erst Francesco Patrizzi vertrat in seinem Traktat *Della Poetica* von 1586 die entschiedene Meinung, »che tutta la Tragedia, che di attori era composta, e di choro si cantava«, daß die ganze Tragödie, welche aus den unterschiedlichen Partien von Schauspielern und Chor bestand, gesungen worden sei. In diesem Satz liegt die volle Einsicht vor, daß es sich bei der Tragödie um eine *szenische Form* musikalischer Darbietung gehandelt hat.

17 Die sehr ernsthaft durchgeführten Forschungen der *Camerata* zur Tragödienmusik blieben ohne Ergebnis. Im *Dialogo della musica antica et della moderna* von 1581 veröffentlicht Vincenzo Galiliei im Anhang erste Funde antiker Musiknotation, wobei es sich aber nicht um dramatische Musik, sondern um Hymnen (des Mesomedes) handelte. Galiliei diskutiert diese Dokumente selbst nicht. Francesco Patrizzi (= Anm. 16) analysiert sie unter Zuhilfenahme des Traktates des Alypios zur altgriechischen Notenschrift (der freilich – heute datiert man ihn auf die Mitte des vierten Jahrhunderts nach Christus – als apokryphe Quelle zu bewerten ist).

18 Zu diesem »geschichtsphilosophischen« Zusammenhang siehe Horst Günther: *Zeit der Geschichte. Welterfahrung und Zeitkategorien in der Geschichtsphilosophie.* Frankfurt am Main 1993.

19 Felix Gilbert: *Guicciardini, Macchiavelli und die Geschichtsschreibung der Renaissance.* Frankfurt am Main, New York 1991.

20 Hugo Friedrich: *Epochen der italienischen Lyrik.* Frankfurt am Main 1964, S. 176.

21 ebenda, S. 177.

22 Zitiert nach Dénes Zoltai: *Ethos und Affekt. Geschichte der philosophischen Musikästhetik von den Anfängen bis zu Hegel.* Berlin 1970, S. 123.

23 Nicht umsonst spricht man von der »Sprachmaske« auch in der »Commedia dell´arte«, welche die Gesichtsmaske ergänzte und mittels derer verschiedene Figuren durch eine für sie – für ihre soziale Stellung, Affektlage, für ihren »Charakter« – kennzeichnende Stimmführung eben als je bestimmter Typus gekennzeichnet waren.

24 Dénes Zoltai: *Ethos und Affekt. Geschichte der philosophischen Musikästhetik von den Anfängen bis zu Hegel*, a.a.O., S. 123.

25 So heißt es im Vorwort von Monteverdis 8. Madrigalbuch, vgl. ebenda, S. 134.

26 Wie sie Aby Warburg auch in der bildenden Kunst, in der Übernahme der von ihm sogenannten antiken »Pathosformeln« durch die Renaissance-Künstler, beobachtet.

Solches »Nachleben der Antike« als Forschungsfeld im Sinne Aby Warburgs kann in unserem Zusammenhang außer Acht gelassen werden. Dies Nachleben ist gerade nicht an einen klassischen Ursprung gebunden und damit in einem normativen Geltungsanspruch begründet. Schon die Antike selbst ist für für Warburg synketistisch, bereits hier mischen sich europäische und außereuropäische »Pathosformeln« im leib-seelischen Bemühen der Menschen um Symbolisierung von elementaren und überwältigenden Affektenergien. In Symbolen und Bildern werden die Gefühlsreaktionen mit den sie erregenden Anlässen in einen gestalthaften Zusammenhang gebracht, damit – durch ihren Ausdruck – bewußt gehalten und zugleich distanziert, um ihnen einen »Denkraum« abzugewinnen. In der Formel vom Nachleben der Antike liegt der Akzent dabei auf dem zweiten Wortteil. Die sich aus dem Bildgedächtnis speisenden Reaktualisierungen antiker Pathosformeln sind ebenfalls immer synkretistisch, bringen je Verschiedenes und Ungleichzeitiges zusammen, so daß solche die Neuzeit durchziehenden Symbolisierungsschübe, obschon sie aus dem immer gleichen kulturellen Bedürfnis, letzten Endes: aus dem Bedürfnis nach Kultur selbst erwachsen, eine in jedem Fall eigenständige historische Konfiguration bilden.

27 Solchen Vorrang des Objektiven widerspiegelt sich im übrigen in der griechischen Sprache, auch und gerade in ihrem spezifischen Verhältnis zur Musik. An der Sprache kann man einen Anhalt für Rückschlüsse auf das Musiktheater der Tragödie finden. Auch in diesem Zusammenhang wäre dann wiederum ein tragfähiges Unterscheidungskriterium des Musikdramas im Altertum und in der Neuzeit zu gewinnen. Über die Modulationsfähigkeit der italienischen Affektmelodie, über die darin gelegene Handlungsmächtigkeit der Leidenschaften als Agens des Subjekts, verfügt die griechische Sprache eben nicht. Th. Georgiades (*Musik und Rhythmus bei den Griechen. Zum Ursprung der abendländischen Musik*. Hamburg 1958) spricht von der ihr eigentümlichen Musikalität, die in der objektiven rhythmischen Struktur der Worte vorgebildet ist, die sich in der Versifikation oder durch die Deklamation eben gerade nicht subjektivieren lassen: »Die Wörter stehen da, starr, sphinxhaft. Sie werden wie Steine eines Mosaiks nebeneinandergesetzt. Sie bilden starre Figuren, sie lassen sich auf gar keine Weise mit uns verbinden, sie können nicht mit dem Subjekt zur Einheit verschmolzen werden. Die griechische Sprache ist eine *Maskensprache* ...« (S. XX). Hierin besteht also der entscheidende Unterschied der griechischen Musik-Sprache zu aller neuzeitlichen: »Daß der Vers nicht nur Sprache, sondern gleichzeitig auch Musik ist«, beruht hier darauf, »daß die Sprache, *die den Vers bildet, nicht nur ›Sprache‹ in unserem Sinne ist*, sondern daß sie eben eine besondere musikalische Eigenschaft besitzt.« (S. XX)

28 Diese Leidenschaft umspannt auch die sozialen Unterschiede und Gegensätze; sie kann ebenso heroisch-erhaben sein (als welche sie in den Hofopern des Nordens genossen wird) wie trivial und alltäglich (wie in der Volksoper Venedigs).

29 Wie wenig sich die Zeitgenossen über die Verbindung dieser Form mit dem theoretischen Anstoß, der zu ihrer Entstehung geführt hatte, im Klaren waren, zeigt ein schlagendes Beispiel. Der Geschichtsschreiber der *Camerata* und Fortsetzer ihrer antikisierenden Versuche ins folgende Jahrhundert, Giovanni Battista Doni, kommt gar nicht erst auf den Gedanken, daß die erfolgreiche neue Gattung, wie sie zu seiner Zeit, im 17. Jahrhundert, überall ihren Siegeszug angetreten hat, etwas mit dem antiken Musiktheater zu tun haben könnte. Für ihn zählen weiterhin nur die Theorie der *Camerata* und die im Florenz der neunziger Jahre des vorangegangenen Jahrhunderts aufgeführten Schulaufführungen mit ihren engbrüstigen Regeln, deren

Durchbrechung tatsächlich erst zur Entstehung des erfolgreichen Neuen geführt hatte. Das aber gilt für Doni ausdrücklich nur als Abweichung von der Norm und neuerlicher Verfall. Womit er immerhin erkannt hat, daß hier etwas anderes, dem antiken Vorbild völlig unvergleichliches entstanden ist, eine Form, die so anders ist als die antike Tragödie – anders durch die unvergleichlichen Grundlagen nämlich, auf welchen beide beruhen –, daß sich mit ihr der Abstand zwischen der alten und der neuen Zeit noch mehr vergrößert hat, als er durch das »Mittelalter« selbst schon geschaffen war. Über lange Zeit wird die Innerlichkeit des Renaissancemenschen sozusagen zum Deckbild, das die Sicht auf die ganz andere Subjekterfahrung verstellt, die sich in den Affektzuständen der Tragödientexte ausdrückt.

30 Hier folgte die französische Klassik – mit den Dichtungslehren Scaligers oder Jean de la Tailles – dem Verbesserungsvorschlag der italienischen Humanisten, die – wie Lodovico Castelvetro in der *Poetica d'Aristotele, vulgarizzata et sposta* von 1570 – auch die Einheit des Ortes postulierten, wo Aristoteles nur von der Einheit der Handlung und der Zeit spricht.

31 Jeder der drei Bände der Gesamtausgabe von Pierre Corneilles Dramen von 1660 wird von einer ausführlichen dramentheoretischen Abhandlung eingeleitet, in der jeweils ein ausgewähltes Problem der aristotelischen *Poetik* näherer Betrachtung und Diskussion unterzogen wird. In der ersten Abhandlung handelt es sich um die grundlegende Kategorie der Wahrscheinlichkeit und die Fragen des Rangverhältnisses von Handlung und Figuren; in der zweiten um die Auslegung der *katharsis*-Lehre des Aristoteles und, wiederum, um Wahrscheinlichkeit und Notwendigkeit der dramatischen Handlung; die dritte beschäftigt sich mit der Lehre von den drei Einheiten. Ausgabe: L. Forestier (Hrsg.), *Trois discours sur le poème dramatique*. Paris 1963. Literatur: J. Boehm, *Die dramatische Theorie Pierre Corneilles*. Berlin 1901; M.-O. Sweetser, *Les conceptions dramatiques de Corneille d'après ses écrits théoriques*, Genf, Paris 1962.

32 Zur Herausbildung der klassizistischen Kunstlehre vgl. R. Bray, *La formation de la doctrine classique en France*. Paris 1927 (Neuauflage 1963); eine systematische Einführung in ihren Zusammenhang mit der antiken Dichtungslehre bietet M. Fuhrmann, *Einführung in die antike Dichtungstheorie*. Darmstadt 1973.

33 Das Verbot der simplen Angleichung der antiken Muster an die Zeitgenossen spricht Boileau im 3. Buch der *L'Art poetique* ausdrücklich aus: »Gardez donc de donner, ainsi que dans Clélie, / L'air ni l'esprit francois à l'antique Italie /... /... la scène demande une exacte raison; / L'étroite bienseánce y veut etre gardée.« Karl Vossler unterstreicht die allgemein verbreitete Beachtung dieses Grundsatzes: »Kaum trat eine Tragödie an die Öffentlichkeit, so prüfte man ängstlich, ob ihre Griechen, ihre Römer, ihre Türken echte Griechen, Römer, Türken und nicht etwa verkappte Landsleute und Zeitgenossen waren.« (Karl Vossler: *Jean Racine*. Bühl/Baden 1948, S. 123)

34 Nicolas Boileau-Despréaux' *L'Art poétique* von 1674, die Zusammenfassung der klassizistischen Dichtungslehre, bietet das beste Beispiel für das Zusammenspiel verschiedenster Faktoren, welches nötig ist, damit man jenseits mechanischer Nachahmung zu einem angemessenen Verhältnis zu den Mustern gelangen kann. Nicht nur die Norm allein, sondern erst ihre vor dem kritischen Geist der Zeitgenossen demonstrierte Übereinstimmung mit Vernunft (*raison*), gesundem Menschenverstand (*bon sens*), mit menschlicher Natur und rechter Sitte (*bienséance*) vermag dem Muster regelsetzende Autorität zu verleihen. Schon François Hédelin

Abbé d'Aubignac hatte in seiner *Pratique du Théâtre* von 1657 den kritischen Richtspruch der *raison* als Voraussetzung für die Befolgung der aristotelischen Regeln postuliert.

35 Wie planmäßig die Wirkungsgeschichte im wahrsten Wortsinne organisiert wurde, zeigt sich etwa an der Gründung der *Académie Française* im Jahr 1637 oder, zwei Jahre früher bereits, an der Einberufung der sogenannten *cinq auteurs*. Diese fünf Autoren, unter ihnen Corneille, hatten den Auftrag, in gemeinsamer Arbeit, die neue, »regelmäßige« Tragödie, und das meint die – an die Regeln der antiken Tradition anknüpfende, ihnen getreulich und detailliert folgende, dabei und dadurch aber eben auch die eigenen Tradition vollendende – nationale Tragödie zu entwickeln. Die Akademie wurde sodann als Wächterin über die Einhaltung dieser Regeln und damit des überlieferten Musters eingesetzt. Im Jahr ihrer Gründung hatte sie beispielsweise ein inkriminiertes Stück des Corneille, den *Cid*, nach Maßgabe der aristotelischen »Gesetzesschrift« zu beurteilen: beständiger Wächter über die Balance von antiker Form und nationalem Gehalt, in der allein sich die Aktualität der »Alten« zu erweisen hatte.

36 Worüber man nachlesen kann in Saint-Simons Erinnerungen ans Leben am Hofe Ludwig XIV. oder in Norbert Elias' Buch: *Die Höfische Gesellschaft*. Neuwied 1969.

37 Der notwendigen Kürze halber sei in diesem Zusammenhang auf ein Buch des (dem Umkreis der Kritischen Theorie entstammenden) Literaturwissenschaftlers Leo Löwenthal verwiesen: *Das Bild des Menschen in der Literatur*. Neuwied, Berlin 1966. Hier wird der Gegensatz zu Shakespeare am Menschenbild des Corneille, des Racine (und Molières) und im Blick auf die je besondere Art und Weise beschrieben, wie sich dies als Reaktionsbildung auf die Prozesse der politischen und der damit zusammenhängenden sozialen Umstrukturierung zu erkennen gibt: »Im Drama Corneilles paßt sich der Mensch an, indem er seine persönlichen Wünsche und Ansprüche den Bedürfnissen des Staats unterordnet; die Unterwerfung löst seine Spannungen und Konflikte und wird zum wahren Weg der Selbstverwirklichung. Racines Drama andererseits zeigt den unvereinbaren Konflikt zwischen dem Einzelnen und dem Machtapparat, und seine Figuren finden kein Zuhause in dem absoluten Staat. Im Werk Molières tritt das Bürgertum als eine Macht eigenen Rechts auf; seine Charaktere fühlen sich in die neuen Institutionen ein und lernen – wenn auch mit Vorbehalten – sich den gemeinsamen Sitten und Werten des bürgerlichen Lebens anzupassen.« (ebd., S. 145f.)

38 Der nur in seinem sozusagen privaten Körper sterblich ist. Zum mittelalterlichen Königsmythos vgl. Ernst H. Kantorowicz: *Die zwei Körper des Königs. Eine Studie zur politischen Theologie des Mittelalters*. München 1990.

39 Etwa im Zeremoniell der königlichen Handauflegung, der heilende Kraft zugeschrieben wurde und das der »Sonnenkönig« von Anfang bis zum Ende mit nicht nachlassender Zähigkeit gegenüber größten Menschenmassen ausübte, die sich zu solchen Anlässen versammelten. Vgl. dazu Marc Bloch: *Les rois thaumaturges*. Paris 1924.

40 Peter Burke: *Ludwig XIV. Die Inszenierung des Sonnenkönigs*. Berlin 1993, S. 68.

41 ebenda, S. 78.

42 »Die Mythen von mittelalterlichen und frühmodernen Herrschern gründeten in beträchtlichem Maße auf einer traditionellen Weltsicht oder Mentalität. Wird ein Herrscher jener Zeit etwa als Herkules dargestellt, dann war das viel mehr als eine Metapher, die besagt, daß er stark ist oder gar, daß er die Probleme seines Königsreichs ebenso mühelos lösen wird wie Herkules seine Aufgaben löste. Der Bezug,

oder die ›Korrespondenz‹, wie es manchmal hieß, war noch stärker, wie etwa bei der Gleichsetzung von Staat und Schiff, von König und Vater, von Gemeinwesen und menschlichem Körper oder Mikrokosmos und Makrokosmos. Der Herrscher wurde in einer Weise mit Herkules identifiziert, als würde sich die Aura des Halbgottes auf ihn übertragen.« (ebd., S. 155)

43 Was durchaus wichtig ist für den gegenüber dem mittelalterlichen Königtum völlig gewandelten Königsgedanken. Der mittelalterliche König mußte reisen, (unter anderem) um für die Untertanen präsent zu sein, er war ständig unterwegs; Ludwig XIV. konnte in Versailles residieren, die Sonne strahlte aus. Er war in seinem Reich allerorten und für jeden ständig präsent – eben in der Repräsentation durch die »Medien«, die in einem starken Sinne als seine Stellvertreter fungierten.

44 P. Burke: *Ludwig XIV. Die Inszenierung des Sonnenkönigs*, a.a.O., S. 151ff.

45 Eine Revolution, die in der glänzenden Arbeit von Paul Hazard umfassend nachgezeichnet wird. Paul Hazard: *Die Krise des europäischen Geistes*. Hamburg 1939.

46 P. Burke: *Ludwig XIV. Die Inszenierung des Sonnenkönigs*, a.a.O., S. 156.

47 ebenda.

48 ebenda, S. 157.

49 »Herrscher verloren einen Großteil dessen, was Pierre Bourdieu als ihr ›symbolisches Kapital‹ bezeichnen würde«; »Kurzum, Könige verloren ihre symbolischen Kleider, wurden entmythologisiert und entmystifiziert.« (ebenda)

50 Indem beispielsweise die tradierte Formel: »Der König berührt dich, Gott heilt dich« durch die vorsichtigere: »Der König berührt dich, Gott möge dich heilen« ersetzt wird.

51 P. Burke: *Ludwig XIV. Die Inszenierung des Sonnenkönigs*, a.a.O., S. 110.

52 Bezeichnend dafür sind die Änderungen am Bauprogramm von Versailles. Wo in ursprünglicher Planung in der Grande Galerie ein Deckengemälde mit der Darstellung der Taten des Herkules vorgesehen war, tritt eine Darstellung der historischen Taten des »Sonnenkönigs« selbst. Ganz im gleichen Sinne beschließt man, die traditionelle dorische, ionische oder korinthische Säulenordnung im Louvre durch eine neue »französische« Säulenordnung zu ersetzen.

53 Das führt in den Debatten über die *imitation des anciens* zur Unterscheidung des *beau universel*, des zeitlos Schönen, vom *beau relatif*, des zeitbedingt Schönen.

54 P. Hazard: *Die Krise des europäischen Geistes*, a.a.O. S. 57.

55 ebenda.

56 ebenda, S. 60.

57 ebenda, S. 75f.

58 Gottsched geht dabei in seiner Dichtungslehre hinter den zu seiner Zeit erreichten Stand der Poetologie in Frankreich zurück. Dort war – infolge der *querelle des anciens et des modernes* – das Vernunftkriterium bei der Beurteilung des Schönen durch die Kriterien der Empfindung, des Geschmacks und des Gefallens ergänzt worden, wodurch Urteilsvermögen nicht länger den Gelehrten allein, sondern einem kunstsinnigen Publikum zugesprochen worden war (so etwa in Dubos' *Réflexions critiques sur la Poésie et sur la Peinture* von 1719). Gegen diesen Text richtet sich Gottsched in seiner *Critischen Dichtkunst vor die Deutschen*, wenn er dezidiert die Vernunft als alleinige Richtinstanz für die Beurteilung des »festen und nothwendigen Grund(es) in der Natur der Dinge«, also auch der Schönheit bezeichnet (*Critische Dichtkunst*. Leipzig, 3. Aufl. 1751, S. 132). In Übereinstimmung mit der

entsprechenden Argumentation der *doctrine classique* postuliert er die Kongruenz des Vernünftigen mit dem Griechisch-Klassischen: »Regeln sind ja nur Aussprüche der gesunden Vernunft, von dem, was sich in Kunstwerken schicket, oder nicht; was dieselben schöner macht, oder verunzieret.« Und: »Die Regeln sind ja aus den Exempeln gemachet worden, die dem gescheidtesten Volke auf der Welt gefallen haben, und die ihnen auch der Vernunft nach, am besten haben gefallen müssen.« (*Beyträge zur Critischen Historie der deutschen Sprache, Poesie und Beredsamkeit*, 29. Stück. Leipzig 1742, S. 155) Dieser Unterschied zwischen Publikumsurteil in Frankreich und Expertenurteil in Deutschland ist charakteristisch für die Zurückgebliebenheit der deutschen Situation – ein Publikum im Sinne der Übereinkunft von *cour et ville* gab es hier nicht; Lessing (= Anm. 59) wird das ausdrücklich analysieren und für das Vorbild der Alten in Deutschland daraus die fälligen Konsequenzen ziehen.

59 Wo immer Lessing – jenseits der etwa in der *Hamburgischen Dramaturgie* vorherrschenden Vergleichung des Aristoteles mit seiner Auslegung durch die Franzosen und der Verteidigung des Originals gegen seine höfisch-modische Verfälschung – auf das altgriechische Theater Bezug nimmt, tut er das denn auch vorzüglich hinsichtlich seiner politischen Bedeutung und weist dabei auf das vollständige Fehlen der entsprechenden Voraussetzungen in seiner eigenen Gegenwart hin. So heißt es – mit erkennbarem Bezug auf Diderot – im 81. *Literaturbrief*, es gebe »ganz und gar keine öffentlichen Schauspiele mehr. Was sind unsere Versammlungen in dem Schauplatze, auch an den allerzahlreichsten Tagen, gegen die Versammlungen des Volks zu Athen und Rom?« Wodurch das antike Vorbild bei Lessing nicht länger als disponible Norm für die eigene Gegenwart behandelt werden kann, sondern bereits in den Rang eines Beispiels für die Zukunft einrückt. Bei der Vergleichung der französischen Zustände mit den deutschen stellt er jedenfalls ein aktuelles Manko auf beiden Seiten fest: »Der Franzose hat doch wenigstens noch eine Bühne; da der Deutsche kaum Buden hat. Die Bühne des Franzosen ist doch wenigstens das Vergnügen einer ganzen großen Hauptstadt; da in den Hauptstädten des Deutschen die Bude der Spott des Pöbels ist. Der Franzose kann sich doch wenigstens rühmen, oft seinen Monarchen, einen ganzen prächtigen Hof, die größten und würdigsten Männer des Reichs, die feinste Welt zu unterhalten; da der Deutsche sehr zufrieden sein muß, wenn ihm ein paar Dutzend ehrliche Privatleute, die sich schüchtern nach der Bude geschlichen, zuhören wollen.« Demgegenüber bieten Griechenland und Rom die Alternative. Statt Exklusivität in Frankreich und der Kluft zwischen deutscher Pöbelhaftigkeit und Privatheit müssen Öffentlichkeit und Publikum geschaffen werden, wie es sie in der Antike einmal gegeben hat. Die Alten, heißt das, haben ein Versprechen gegeben, das *in der Zukunft* zu verwirklichen die Aufgabe sein wird. Wobei es freilich nicht mit der Anwendung von Regeln getan ist, die *Bedingungen* müssen sich zunächst ändern, bevor ihrem Beispiel nachgeeifert werden kann. Das meint die berühmte Stelle aus dem 59. Stück der *Hamburgischen Dramaturgie*: »Desto schlimmer für die Königinnen, wenn sie wirklich nicht so sprechen, nicht so sprechen dürfen. Ich habe es lange schon geglaubt, daß der Hof der Ort eben nicht ist, wo ein Dichter die Natur studieren kann. Aber wenn Pomp und Etikette aus Menschen Maschinen macht, so ist es das Werk des Dichters, aus diesen Maschinen wieder Menschen zu machen. Die wahren Königinnen mögen so gesucht und affektiert sprechen, als sie wollen: seine Königinnen müssen natürlich sprechen. Er höre der Hekuba des Euripides nur fleißig zu; und tröste sich immer, wenn er schon sonst keine Königinnen

gesprochen hat.« Die Natur, die der Dichter sucht, gibt es eben weder im dominierenden Hof noch aber im dominierten Pöbel und in bloßer bürgerlicher Privatheit, ebenso wie Öffentlichkeit und Publikum ist sie erst von zukünftiger Entwicklung zu erhoffen, von der das Beispiel der Alten den Vorschein bietet. (Ein vorzügliches Beispiel des Natürlichen bei den Griechen findet Lessing im übrigen immer wieder im *Philoktet* des Sophokles.) Damit bereitet Lessing die *Utopie* des Griechischen im Denken des Idealismus vor. In Lessings Trauerspielen, den ersten deutschen von Rang, sowie in den nachfolgenden Stücken des »Sturm und Drang« spielen freilich die antiken Stoffe und Formen kaum eine Rolle. Man orientiert sich viel mehr am englischen Vorbild, der »Sturm und Drang« an Shakespeare und an der elisabethanischen Dramatik; Lessing vorher am »bürgerlichen Trauerspiel« eines Autoren wie George Lillo, der im *Merchant of London* bürgerliche Sittlichkeitsvorstellungen thematisiert hatte. Wobei Lessing in seinen eigenen Trauerspielen die ständische Begrenztheit des englischen Vorbilds zu sprengen bemüht ist und Allgemeingültigkeit anstrebt. Sehr zögerlich (auch inkonsequent) bedient er sich dabei des antiken Vorbilds: in der Analogisierung von Marwood und Medea in *Miss Sara Sampson* ebenso wie in der von Emilia und Virginia in *Emilia Galotti*.

60 Winckelmann nimmt die Antiquare allesamt für »Ignoranten«, deren sterile Gelehrsamkeit einer wirklichen Kunstgeschichte ebenso schädlich sei wie die pure, anschauungslose Schönschreiberei: »Derjenige, welcher in das Wesen des Wissens zu dringen suchet, hat sich nicht weniger vor der Begierde ein Litterator zu werden, als vor das was man insgemein unter das Wort Antiquarius verstehet, zu hüten.« (W. Rehm (Hrsg.): J. J. Winckelmann, *Kleine Schriften – Vorreden, Entwürfe*. Berlin 1968, S. 251) Die neuere Geschichtswissenschaft hat sich demgegenüber ein differenzierteres Verständnis der antiquarischen Wissenschaft erarbeitet, die sie in einer langen Tradition verortet. (Arnaldo Momigliano: *Ancient History and the Antiquarian*. In: Ders., *Studies in Historiography*. London 1966, läßt sie bei Herodot beginnen und beschreibt ihren Höhepunkt für die Renaissance.) Auch die deutsche Historiographiegeschichtsschreibung hebt nicht nur die Leistungen für die Quellensicherung und die kritische Methode sowie eine beispielhafte Unvoreingenommenheit bei der Quellenauswertung hervor, mit der die Antiquare der modernen Geschichtswissenschaft wichtige Vorarbeit geleistet haben, sondern nimmt sie, gerade was die Renaissance betrifft, auch vor dem Vorwurf des Absehens von der eigenen Gegenwart in Schutz. Vgl. dazu Wolfgang Küttler, Jörn Rüsen, Ernst Schulin (Hrsg.): *Geschichtsdiskurs*. Band 2: *Anfänge modernen historischen Denkens*. Frankfurt am Main 1994, darin besonders die Beiträge von Henning Wrede, S. 95ff., W. Weber, S. 120ff. und W. Ernst, S. 136ff.

61 Dieses Grundpostulat der eigenen Anschauung und des reflektierten Erlebens als Basis des kunsthistorischen Urteils unterstreicht Winckelmann immer wieder. So heißt es in der *Geschichte der Kunst des Alterthums*: »Ich habe alles, was ich zum Beweis angeführt habe, selbst und vielmal gesehen und betrachten können.«

62 Die *Geschichte der Kunst des Alterthums* betont das ausdrücklich. Sie will sich selbst als historisches Werk verstehen, in dem »die Erzählung der Zeitfolge und der Veränderung in derselben« aufgezeigt werden soll, zugleich aber auch als »Lehrbuch, welches bestimmt und gesetzmäßig lehre«, um auf diese Weise zu einem »System der alten Kunst« zu gelangen.

63 Auch Friedrich Schlegel wird im Blick auf die Kunst der Griechen von einer »Naturgeschichte der Kunst« sprechen. Deren Konzeption aber unterscheidet sich

von Winckelmanns Vorstellung just gemäß der Tendenz, entlang derer in der Entwicklung des deutschen Idealismus die *Futurisierung* des Ideals verläuft. Für Schlegel – im Aufsatz *Über das Studium der griechischen Poesie* – bietet die antike Kunstgeschichte noch immer ein mustergültiges Entwicklungsgesetz aller Kunst – vom Unvollkommenen zum Vollkommenen und von dort zur Verfallsform. Das »Nacheifern« des »Klassischen« bietet aber keine Möglichkeit mehr, das Ideal zu erreichen, indem man es aus der Vergangenheit zurückholt. Schlegel geht nämlich von einem Unterschied im *Prinzip* der alten und der neuen Kunst aus. Wenn jene durch das Schöne, diese aber durch das Interessante charakterisiert ist, dann sind beiden diverse historische Basisprinzipien zuzuordnen, und dem zyklischen Geschichtsverlauf der alten Welt, auf dem die Vollkommenheit des Antiken beruht, muß das moderne Geschichtsprinzip der unendlichen Progression konfrontiert werden, indem beiden eigene, unvergleichbare Rechte zugestanden werden. Wenn Schlegel also dennoch die Orientierung am griechischen Ideal postuliert, so kann sie – *utopisch* – »nur in einem *zukünftigen* Konvergenzpunkt natürlicher und künstlicher Bildung« erwartet werden, so Hans Robert Jauß: *Schlegels und Schillers Replik auf die ›Querelle des Anciens et des Modernes‹*. In: Ders.: *Literaturgeschichte als Provokation*. Frankfurt am Main 1970, S. 94.

64 Gegenüber der Fehleinschätzung derer, die Winckelmann als Begründer einer Kunstgeschichte im Sinne des 19. Jahrhunderts darstellten, wendet schon sein Biograph Carl Justi die normative Grundeinstellung Winckelmanns ein: »Winckelmann, der neuerdings wohl als der geniale Schöpfer der kulturgeschichtlichen oder evolutionistischen Auffassung der Geschichte gefeiert worden ist, hatte in der Tat eine etwas geringe Ansicht vom Wert der Geschichte. Die Gesinnung, die sein großes Werk beherrscht, ist eher eine ahistorische.« (Carl Justi: *Winckelmann und seine Zeitgenossen*. Dritter Band, Leipzig [3]1923, S. 127)

65 Mit solcher Zielsetzung war er 1755 in den *Gedancken über die Nachahmung der griechischen Werke in der Malerei und Bildhauerkunst* angetreten: »Der einzige Weg für uns, groß, ja, wenn es möglich ist, unnachahmlich zu werden, ist die Nachahmung der Alten.« Wobei er das Bild der »Alten« gegenüber allen vorherigen in historischer und stilistischer Hinsicht grundlegend erneuern sollte.

66 In den *Gedancken über die Nachahmung der griechischen Werke in der Malerei und Bildhauerkunst* findet sich der diesbezügliche Satz: »Das allgemeine vorzügliche Kennzeichen der griechischen Meisterstücke ist endlich eine edle Einfalt und stille Größe, sowohl in der Stellung als im Ausdruck.«

67 Das Wort »klassisches Alterthum« gebraucht zuerst Friedrich Schlegel im *Studiumsaufsatz* von 1797 (= Anm. 63); seitdem setzt es sich in Deutschland als geläufiger Terminus für die Vorbildlichkeit der Antike durch.

68 Vorbildlich wird ihm die »tragische Analysis«, weil sie die vollendete Möglichkeit einer gutgebauten Handlung bietet. Im *Ödipus* wird ja nur der Vorgang der Aufdeckung eines Geschehens gegeben, das als ganzes bereits vergangen ist – der Mord am Vater, die Heirat mit der Mutter, das ganze schuldhafte Geschehen liegt zurück und wird jetzt, in der Gegenwart der theatralischen Handlung, Schritt für Schritt ans Licht gezogen, aufgedeckt. Das Tragische tritt so, entschlackt von jeder äußerlichen Handlung, als *Folge* der vergangenen Ereignisse ein – es präsentiert sich als reine Gegenwart. Das heißt: Der *Ödipus* ist der Musterfall der »tragischen Analysis«, weil in ihm alles, was nur und nichts als Geschehnis ist, bereits vergangen und abgeschlossen ist und nichts mehr zu tun bleibt als die

Aufklärung des Gewesenen. Und dies erweist den zur Verhandlung anstehenden Fall eben, wie es sich für eine Tragödie gehört – und zwar: post festum – als notwendigen Zusammenhang. Der Idealfall auch für das Ideendrama.

69 Solche doppelte Namensgebung ist sprechend. Sie zeigt an, daß auch Moritz noch nicht recht scheiden kann zwischen griechischer und römischer Antike. Winckelmanns Einengung der »klassischen Zeit« auf das fünfte Jahrhundert in Griechenland, die Historisierung des Vorbilds also, war noch eine überwiegend theoretische Inspiration, die für die Auseinandersetzung mit der antiken Kultur keine konsequenten Folgen zeitigte. Auch bei Winckelmann im übrigen nicht: Seine »klassisch«-griechischen Kunstwerke waren ja in der Überzahl der Beispiele *römische* Kopien *griechischer* Originale. Die damals noch seltenen Funde aus dem fünften und vierten Jahrhundert selbst galten ihm im übrigen als Werke etruskischen Ursprungs.

70 Karl Philipp Moritz: *Götterlehre oder Mythologische Dichtungen der Alten. Mit Abbildungen nach antiken geschnittenen Steinen und anderen Denkmälern des Alterthums*. Frankfurt am Main 1979, S. 129.

71 ebenda, S. 134.

72 ebenda.

73 ebenda, S. 135.

74 Schiller versucht hier, den Widerspruch von Existenz und Nichtexistenz des Ideals auf dem Wege philosophischer Reflexion zu lösen, indem er in den Göttern, den »lebenden Gestalten«, eben nicht die empirische Einzelexistenz des Menschen, sondern die Idee der Menschheit selbst ausgedrückt sieht und indem er von dieser nachzuweisen versucht, daß sie – die nach Vernunftnotwendigkeit mit der Idee der Schönheit verbunden ist – nur im »aufrichtigen Schein«, und das heißt: nur im Ästhetischen und damit: *gerade nicht in der Realität*, in der empirischen Geschichte, sich zu formulieren vermag. Er sagt: Die antike Totalität war deshalb in den alten Kunstwerken so ausgebildet, weil diese sich radikal losgelöst hatten von aller Realität des Lebens. Der Vergleich mit dem Ideal, seiner Schönheit, Ganzheit und Harmonie, in den Götterbildern und der ihm so sehr entgegengesetzten historischen Lebensrealität des Altertums widerlegt das Ideal also keineswegs, sondern bestätigt es besonders eindrücklich.

Das Ideal, das in der Renaissance und im französischen Klassizismus in der Realität neu aufleben sollte, wird von Schiller also ganz und gar in den Bereich des Ästhetischen versetzt. Es wird als Ausfluß der kollektiven, der menschheitlichen Phantasie gedacht, die sich in den Bildgestalten kristallisiert, wie sie allüberall im griechischen Leben präsent waren. Im Medium dieses Scheins hat das Ideal in der Vergangenheit geherrscht – und zwar im extremen Gegensatz zum Leben –, und so soll es in der Zukunft wieder sein. Mittlerweile aber, in der eigenen Gegenwart, herrscht für Schiller die Negativität absoluter Entfremdung, in welcher das Bild des Ideals, der Ausgeglichenheit, Vollkommenheit, Ganzheit und Harmonie keinen Platz mehr hat. In ihr führen das Bedürfnis und der Gedanke an den schieren Nutzen das Regiment und belegen alle Kräfte, auch die der Vorstellung und Spekulation, mit Beschlag. Das freie Spiel der Einbildungskraft, die Autonomie des Ästhetischen, in dem die Wahrheit der Menschennatur allein aufscheinen kann, werden zum Erdrücken an die Wand gedrängt. Die Fortschritte der Wissenschaft machen der Poesie, dem schönen Schein, mehr und mehr jeden Anspruch auf die Wahrheit streitig. Der Mensch ist für Schiller zum Funktionär seiner spezialisierten Tätigkeit geworden, deren Zusammenhänge er längst nicht mehr durchschauen kann. Das eben ist auch jenseits des Rheins, im revolutionären Frankreich, trotz aller verheißungsvollen Anfänge, nicht besser, sondern, im Gegenteil, sehr viel schlechter geworden. Hier haben sich die »Schwärmer« der politischen Freiheit angenommen und im Irrglauben, sie auch realisieren zu können, das »Abstrakt des Ganzen« so weit universalisiert, daß es »allmählich das einzelne konkrete Leben vertilgt.« Verlorengegangen ist hier wie dort gerade das, was in der griechischen Götterwelt im Bild, in der Imagination, im ästhetischen Schein noch präsent war und dort seine Wahrheit behaupten konnte – Totalität, Ganzheit und Einheit des Lebens.

In dem Gedicht *Das Ideal und das Leben* wird dann das Ideal noch einmal dem, wie es hier heißt, »engen, dumpfen Leben«, der »Angst des Irdischen« gegenübergestellt, als utopisches Bild des Besseren, nach dem sich zumindest der Genius, der Künstler in seiner (jetzt, nach dem Verlust der kollektiven Bilderkraft, sehr einsam gewordenen) Tätigkeit zu richten hat.

75 Karl Marx: *Texte zu Methode und Praxis II: Pariser Manuskripte 1844*. Reinbek bei Hamburg 1968, S. 57.

76 Walter Jens: *Antiquierte Antike?* In: Edgar Joseph Feuchtwanger (Hrsg.): *Deutschland – Wandel und Bestand. Eine Bilanz nach hundert Jahren*. Frankfurt am Main 1976, 30ff.

77 In dieser Konstellation findet im übrigen die erste Aufführung einer unbearbeiteten antiken Tragödie auf einer deutschen Bühne statt. Auf Anregung August Boeckhs inszeniert Ludwig Tieck die *Antigone* des Sophokles in der Übersetzung Johann Jakob Donners und mit der Musik von Felix Mendelssohn-Bartholdy im antikisierenden Stil im Neuen Palais zu Potsdam (28. 10. 1841). Tieck richtet sich dabei nach den damaligen Erkenntnissen zu den altgriechischen Bühnenverhältnissen.

78 Die Methodenlehre der klassizistischen Altertumswissenschaft findet sich zuerst prinzipiell dargestellt in Friedrich August Wolfs Hallenser Vorlesungen über die Systematik der Altertumswissenschaft. Nach der Schließung der Universität durch Napoleon 1806 hatte Wolf sie, auf Anregung Goethes, schriftlich niedergelegt in der *Darstellung der Altertumswissenschaft nach Begriff, Umfang, Zweck und Wert* (1807).

79 Leopold von Ranke: *Das Briefwerk*. Hamburg 1949, S. 246.

80 Johann Gustav Droysen: *Briefwechsel*. Zwei Bände, hrsg. von Rudolf Hübner. Stuttgart 1929, Band I, S. 33.

81 F. W. J. von Schelling: *Philosophie der Mythologie* (1857). *Werke XI*, S. 198.

82 J.-P. Vernant: *Der Mythos*, in: Ders.: *Mythos und Gesellschaft im alten Griechenland*, Frankfurt am Main. 1987, S. 210.

83 Vgl. Teil III: *Die Theorien der Kulturwissenschaft – Gegenstand und Methoden.*

84 Brief Goethes an Boisseré, Januar 1818.

85 Damit nimmt Burckhardt jenen berühmten und früher peinlich ignorierten griechischen Ausspruch wichtig, das Beste für den Menschen wäre es, nicht geboren zu sein, das nächstbeste, früh zu sterben.

86 Bachofen hatte schon vor dem *Mutterrecht* ein Buch zur *Gräbersymbolik der Alten* veröffentlicht.

87 Wenn Bachofen Mommsen zum Gegner erwählt, dann ist damit der *doppelte* Gegner aller drei Basler anvisiert: das Bildungsbürgertum wie die Geschichtswissenschaft. Mommsen war bekannt für seine »Vergegenwärtigung« der antiken Geschichte, für ihre Darstellung in den Kategorien und Wertungen der eigenen Gegenwart nämlich.

88 Was im übrigen auch bei Burckhardt angelegt ist. Bei aller Aversion gegen die Geschichtsphilosophie hat er auch Einwände geltend zu machen gegen das Konzept der historischen Individualität, das die deutschen Geschichtsforscher vertreten. Das drückt sich in den *Weltgeschichtlichen Betrachtungen* in den Bemerkungen über die typologischen Elemente, die »Potenzen«, in der Geschichte aus, an denen man Anhalt für Strukturvergleiche zwischen den Epochen und Kulturen finden könne.

89 Vgl. Teil III: *Die Theorien der Kulturwissenschaft – Gegenstand und Methoden.*

90 Bei Nietzsche ist das ein sehr bewußtes Unterfangen. Es gilt, die Unvergleichlichkeit der Antike inmitten der allumfassenden Historisierung des Bewußtseins zu retten. So heißt es im Plan zur (nicht ausgeführten) fünften *Unzeitgemäßen Betrachtung*: »1. Alle höhere Erziehung muß eine historische sein. 2. Mit der griechischen und römischen Historie steht es anders als mit allen anderen, nämlich klassisch.«

91 Zwar geht es auf der Seite mancher Wissenschaftler der historischen Schule, wie bei August Boeckh, auch gegen die bildungsbürgerliche Trivialisierung des Altertums, meist aber ist die Professorenschaft selbst Teil des konservativen Lagers. Darin sucht die Disziplin einerseits die Abstützung ihrer akademische Stellung und Geltung, andererseits drückt sich dies auch in der politischen Orientierung der Universitätslehrer aus. Insbesondere gegen die gegenwartsbezogene Idealisierung der griechischen Demokratie im zwölfbändigen Werk des britischen Historikers George Grote (*History of Greece*, 1846-1855) versuchten deutsche Historiker der monarchistisch liberalen Richtung nach der Reichsgründung von 1871, durch »nüchterne«, sozio-ökonomische Untersuchungen die Demokratie für die Katastrophe Athens verantwortlich zu machen und die Wendung zur Monarchie als Befriedung nach den Kriegswirren darzustellen. Hier wird eben das klassische Ideal in seinem politischen Aufforderungscharakter endgültig verabschiedet zugunsten der retrospektiven Affirmation des status quo durch die »Alte Geschichte«.

92 Die zitierten Anwürfe finden sich in Wilamowitz' Entgegnung auf Erwin Rohdes Verteidigung Nietzsches nach Wilamowitz' erster Polemik: U. von Wilamowitz-Moellendorf: *Zukunftsphilologie. Zweites Stück. Eine Erwiderung auf die Rettungsversuche für Friedrich Nietzsches ›Geburt der Tragödie‹*, in: K. Gründer (Hrsg.): *Der Streit um Nietzsches ›Geburt der Tragödie‹. Die Schriften von E. Rohde, R. Wagner, U. v. Wilamowitz-Möllendorf.* Hildesheim 1969, S. 55.

93 Ganz deutlich wird dies, im skeptischem Bedenken des Antikenbilds der »Klassik«, in den *Athenäum-Fragmenten* Schlegels ausgesprochen. Da heißt es etwa: »Jeder hat noch in den Alten gefunden, was er brauchte oder wünschte, vorzüglich sich selbst.« (Friedrich Schlegel: *Kleine Schriften.* München 1965, S. 44)

94 Roland Barthes: *Mythen des Alltags.* Frankfurt a.M. [2]1970, S. 23.

Probleme der Überlieferung

Quellen und Fakten

Während Schillers Gedicht *Das Ideal und das Leben*, 1795 geschrieben, das Verschwinden des Ideals konstatiert und seine Bewahrung der heroischen Anstrengung des einsam gewordenen Künstlers anempfohlen hatte, wurden die das griechische Ideal verklärenden *Götter Griechenlands* 1800 in überarbeiteter Fassung publiziert – man kann sagen, als Ergebnis solcher Anstrengung. Es liest sich als lyrische Evokation von antiker Totalität und Harmonie trotz alledem, in der das Vorbild, im Medium des schönen Scheins, noch immer seine Wirkung tun sollte – nunmehr freilich ganz im Blick darauf, was von ihm in der Zukunft zu verwirklichen sein könnte. Dagegen hatten die im Zeichen der Wissenschaft angetretenen Gelehrten keine Zukunft im Sinn. Sie waren gewillt, strikt historisch zu denken, und sie trennten die Antike deshalb von jedem Gegenwartsbezug, faßten sie nur noch als Faktizität und als Vergangenheit ins Auge. Das Feindbild der Philosophen fest im Auge, verbaten sie sich jede spekulative Aussage über diese Vergangenheit, wiesen jedes Urteil zurück, das sich, wie etwa Nietzsches philosophisch-ästhetische Interpretation der Tragödie, nicht auf authentische Belege berufen konnte. Sie waren der Auffassung: Aussagen über diese Vergangenheit sind nur möglich in der Auswertung dessen, was an Zeugnissen der Zeit selbst geblieben war. Ihre erste Aufgabe bestand demzufolge – ganz prosaisch – darin, die aus der Antike stammenden Quellen zu sammeln und der Forschung zugänglich zu machen.

Nur fünfzehn Jahre nach Erscheinen der revidierten Fassung des Gedichts über die *Götter Griechenlands* kam so eine großangelegte Offensive der Wissenschaft auf die historische Wirklichkeit der Antike zustande, die ein grundlegend neues Verhältnis zu ihr begründete und eine Veränderung einleitete, welche der Gräzist Karl Reinhardt als »ungeheuren Einbruch in die geistige Struktur der Tradition« beschreibt. Er sagt: »Es gibt hier im Verhältnis zu den Alten ein Vorher und Nachher, zum mindesten in Deutschland, von solcher Verschiedenheit, fast wie die des politischen Europas vor und nach der großen Revolution.«[1]

Diese Wende besteht in nichts anderem als im Versuch, die Antike als historische Realität zu erobern. Der antiken Wirklichkeit, nicht dem Ideal, sondern eben der Faktizität wandten sich jetzt nicht länger Künstler, sondern Gelehrte zu, und zwar Gelehrte von anderem Schlage, als sie uns in J. J. Winckelmann begegnet sind; Philologen und Historiker, die die gesamte Breite des Überlieferten, des positiv zu Wissenden, ins Auge nahmen. Solches konnte nun aber nicht mehr die Aufgabe einzelner sein, dazu war die Fülle dessen, was mittlerweile über die Antike erkannt und zu wissen war, zu groß geworden. In diesem Zusammenhang erst kann man wirklich verstehen, warum Wilamowitz in der Polemik gegen Nietzsches »dithyrambischen« Gesang von der Notwendigkeit »selbstverläugnender arbeit« sprechen konnte. Ein einzelner konnte die der Bearbeitung harrenden Materialmengen nicht länger überschauen; es bedurfte der gemeinsamen, kooperativen Anstrengung vieler, um das isolierte Einzelne systematisch zu ergänzen und aufeinander zu beziehen.

Die entsprechenden Organisationsformen standen bereit: 1810 hatte der preußische Unterrichtsminister Wilhelm von Humboldt die Berliner Universität gegründet, und zwei Jahre später war die ehemalige *Brandenburgische Societät der Wissenschaften* reformiert, in die *Preußische Akademie der Wissenschaften* umgewandelt und mit zwei Forschungszweigen ausgestattet worden. Seitdem stand der mathematisch-naturwissenschaftlichen Klasse eine philosophisch-historische Klasse zur Seite. Wiederum drei Jahre später, 1815, wurde, entsprechend dem »Hauptzweck« der Akademie, »Unternehmungen zu machen und Arbeiten zu liefern, welche kein einzelner leisten kann«, ein erster Schritt zur breit angelegten Erforschung der antiken Überreste ins Auge gefaßt. Es ging um die systematische Erfassung und Veröffentlichung aller übriggebliebenen zeitgenössischen Inschriften Altgriechenlands, die – in großen, bruchstückhaften Mengen – von den Archäologen auf antikem Boden gefunden worden waren. Dergestalt sollte endlich eine zuverlässige Grundlage für die Erforschung aller Zweige des antiken Lebens, von Staat, Politik und Wirtschaft genauso wie der ihnen zugehörigen Wissenschaft, Philosophie und Kunst, geschaffen werden.

Die Absicht, die der Initiator dieses Projekts, der Philologe August Boeckh, mit der Unternehmung verband, war allumfassend. Ziel war die Erarbeitung eines erschöpfenden Quellenbuchs für alle, die – unter anderem eben auch auf dem Gebiet des Theaters – Spezialstudien auf Spezialgebieten anstellen wollten. Zusammen mit den griechischen und römischen Inschriften sollten auch die zeitgenössischen etruskischen, iberischen und punischen Inschriften in einem *Thesaurum Inscriptionum* erfaßt werden. Nur Vollständigkeit alles Erreichbaren, das war also erkennbar die Prämisse des Unternehmens, konnte wirklich historischer Forschung das adäquate Terrain bereiten.

Solche Hoffnungen zerstreuten sich jedoch bald. Da alles und jedes und noch das kleinste Detail erfaßt werden sollte, wuchs das als relevant erachtete Material gleichsam explosionsartig an. Bei der Gründung der griechischen Inschriftensammlung – des *Corpus Inscriptionum Graecarum*, mit dem der Anfang gemacht werden sollte – rechnete man mit einer Arbeitsdauer von vier Jahren und einem Quellenbuch von bescheidenem Umfang: Ein »starker Foliant oder zwei kleinere« waren vorgesehen. Dieser Plan zerschlug sich allerdings restlos. Ein erster Abschluß wurde nicht vier Jahre, sondern vierundvierzig Jahre später erreicht. Es war noch nicht einmal ein Abschluß, sondern ein resignierter Abbruch – man war gerade bis zum vierten Band der Sammlung gekommen, ein minimales Ergebnis angesichts der noch zu sondierenden Zeugnisse, und man hatte noch nicht einmal einen systematischen Überblick über das bisher Gesammelte, Gesichtete und Publizierte erreichen können. Die Indices, die erst eine sinnvolle Benutzung des hier Ausgebreiteten erlaubten, konnten erst 1877 erscheinen.

Im Blick auf die sich abzeichnende Uferlosigkeit des Gesamtunternehmens hatte man seit 1867 die Arbeit eingeschränkt. Jetzt sollte es nicht mehr um alle Inschriften der griechischen Antike gehen, sondern ausschließlich um die aus Attika, also aus Athen und seinem Umland stammenden. Dieses *Corpus Atticum* entsteht in drei Bänden bis 1888, aber als es vorliegt, macht es noch einmal ganz besonders eindrücklich das Unübersehbare des eigentlich beabsichtigten Großprojekts deutlich. Das attische Inschriftenmaterial, von dem überdies völlig klar war, daß es längst nicht vollständig ist, sondern weiter zu ergänzen bleibt, ist umfangreicher geworden als das ganze bis dahin schon vorliegende *Corpus Inscriptionum Graecarum*.

Jetzt erfahren die Gelehrten, was der Verlust des Ideals in der wissenschaftlichen Praxis bedeutete. Nämlich den Verlust von Maßstäben, nach denen man auswählen, Wichtiges vom Unwichtigen trennen, und von Zielen, anhand derer man sich des Erfolgs der Forschungsunternehmung hätte vergewissern können. Es ging nur noch um Quantitäten; und das Material, das man in aller Vollständigkeit zusammentragen wollte, war für die gesamte Wissenschaft immer noch unabsehbar und, vor allem, das bereits Vorhandene für den einzelnen bereits jetzt schon völlig unübersehbar geworden.

Man sieht daran, wie, warum und mit welchen Folgen sich die Gewichte, die noch Ranke zwischen Quellenkritik und Quellenausdeutung ganz genau austariert wissen wollte, hin zur ganz und gar »positivistisch« betriebenen Arbeit der Materialsammlung verschoben haben und notwendig verschieben mußten. Ranke selbst hatte die Geschichtswissenschaften noch ganz entschieden als eine »Geisteswissenschaft« verstehen wollen. Demzufolge hatte er versucht, sie von naturwissenschaftlichen Erkenntnisformen und deshalb auch von allem Positivismus abzugrenzen. Wenn er etwa schreibt, für den Historiker sei »die strenge Darstellung der Tatsache ... das oberste Gesetz«, so bringt er sogleich einen Zusatz an. Ihm zufolge richte sich die Aufgabe des Historikers nicht etwa nur »auf die *Sammlung* der Tatsachen und ihre Aneinanderfügung«, sondern mit noch höherer Dringlichkeit »auf das *Verständnis* derselben«.[2] Die Grundlage solcher Überzeugung, daß »die« Geschichte verstehbar sei, kennen wir; sie beruht auf Rankes unverbrüchlichem Gottvertrauen. Er war der unerschütterlichen Überzeugung, nach der die »Staaten«, das bevorzugte Studienobjekt der Geschichtsforschung, individualisierte »Gedanken Gottes« seien.[3] Das Vermögen des Verstehensvollzugs durch den Historiker aber verdankt sich einer anderen Fertigkeit als der von Quellensammlung und -kritik, es beruht letzten Endes auf der *Kunst*, auf seiner Befähigung nämlich, Geschichte zu *schreiben*, sie als *Literatur* hervorzubringen.

Dieser Auffassung, nach der Geschichtsschreibung Literatur ist und insofern verschieden von Wissenschaft sensu strictu[4], lag die tiefe Bewunderung zugrunde, die Ranke für Goethe (und Walter Scott) empfand und seinem Schreiben bis zuletzt Antrieb gab. Insofern ist in seinen Überzeugungen noch ein Restbestand von Anschauungen des Idealismus enthalten, an denen er trotz aller Philosophiekritik auch in anderen Hinsichten festhielt.[5] Den Späteren aber mußte, was Ranke noch für vereinbar hielt, als Ambivalenz erscheinen. Je rigider die Geisteswissenschaften auf ihrer Wissenschaftlichkeit bestanden und je mehr sie diese gerade aus dem Gegensatz zur Kunst definierten, desto mehr setzten sich auch hier die Naturwissenschaften mit ihrem Erkenntnisideal durch. Als dieser Prozeß gegen Ende des 19. Jahrhunderts abgeschlossen war, konnte keinerlei historischer Zusammenhang mehr außerhalb der Tatsachen gefunden werden, ein göttlicher sowenig wie ein von der Inspiration des Künstlers gestifteter. Nicht in ihrem Gegenstands-, wohl aber in ihrem Methodenverständnis war die deutsche Geschichtsforschung im naturwissenschaftlichen Sinne »positivistisch« geworden.[6] Seitdem konnten nur und allein die Fakten selbst zur Rekonstruktion des Ganzen verhelfen. Dazu aber mußten sie *vollständig* vorliegen, sonst läßt sich aus ihnen eben kein Zusammenhang erkennen, in welchem wiederum erst die Identität einer Epoche oder eines Staates greifbar wird. Gerade solche Aufgabenstellung zeigte die nun unübersehbar gewordene Aporie des Geschäfts der Historiker. Wann und ob je sich der Zusammenhang der antiken Geschichte und Kultur – und der war ja das eigentliche Erkenntnisobjekt – aus den Fakten kombinieren ließe, stand endgültig in den Sternen.

Das deprimierende Fazit dieser Entwicklung lautete: Die ideale Totalität ist verloren, eine neue, auf empirischer Basis errichtete Totalität gesicherter Überlieferung über die antike Wirklichkeit ist auf absehbare Zeit nicht (und vielleicht nie) zu erreichen. Das ist das erste Problem für die wissenschaftliche Erforschung der antiken Realität. Es kann in unendlichem Progreß nur weiter gesammelt, bearbeitet und ediert werden. Schlußfolgerungen, Aussagen sind dagegen derzeit nicht möglich, und man weiß auch nicht, wann (und ob überhaupt) sie je möglich sein werden.

Erinnert man sich der Kritik von Wilamowitz an Nietzsche, dann besteht der Witz nun darin, daß dieser das Ergebnis der wissenschaftlich betriebenen, positivistischen Erforschung der Antike nicht nur geahnt, sondern klar erkannt hatte. In der Vorrede von 1886 schreibt er im Rückblick auf die Erstfassung der *Geburt der Tragödie*: »Was ich damals zu fassen bekam, etwas Furchtbares und Gefährliches, ein Problem mit Hörnern, nicht notwendig gerade ein Stier, jedenfalls ein neues Problem: heute würde ich sagen, daß es das Problem der Wissenschaft selbst war – Wissenschaft zum erstenmal als problematisch, als fragwürdig gefaßt.«[7] Und in einem bereits in der Erstfassung formulierten, für die Veröffentlichung dann unterdrückten Passus hatte er diesem – also doch schon ursprünglich gehegten – Gedanken noch hinzugesetzt: »Die Philologen gehen an den Griechen zugrunde: das wäre etwa zu verschmerzen. Aber das Altertum bricht unter den Händen der Philologen in Stücke.«[8] Das soll heißen: Die Fixierung aufs Detail verhindert es gerade, jemals ein Gesamtbild der Antike entwerfen, eine synthetisierende Aussage darüber treffen zu können. Dann aber ist sie für uns vollends zum Gegenstand toten Wissens, zum Objekt schierer methodologischer Operation geworden, dann ist sie zum bloßen Fundus für vereinzelt bleibende quellenkritische Übungen herabgekommen. Nimmt man Karl Reinhardts Bemerkung, die Wissenschaften hätten eine in der neuzeitlichen Geistesgeschichte einzigartige, grundlegende Wende in der Beschäftigung mit dem Altertum eingeleitet, mit Nietzsches Beobachtungen zusammen, dann wird die ganze, mit dieser Wende verbundene Problematik klar. Indem sie sich an ihrer Faktizität, an der Empirie orientieren und diese im Überlieferungsdetail aufzufinden hoffen, treiben die Wissenschaften der Antike gerade das aus, was bislang das wichtigste an ihr gewesen war. Mit der herausragenden Bedeutung, die sie für jede Gegenwart besitzen sollte, berauben sie sie geradezu aller Bedeutungsmöglichkeit. Mit der im positivistischen Verstand wissenschaftlichen Aufarbeitung der Antike geht nicht nur die mit dieser bislang unlösbar verknüpfte herausgehobene Sinnkategorie, sondern zugleich jede Sinnkategorie überhaupt verloren.

Das erste Forschungsproblem für die positivistisch ausgerichtete Geschichtswissenschaft ist jetzt also das Problem der Quantitäten, die im Ganzen nicht mehr zu überblicken sind, weshalb man die Hoffnung aufgeben mußte, (jedenfalls in absehbarer Zeit) zu einem Gesamtbild der antiken Kultur gelangen zu können. Dieses Problem betrifft die Antike als Ganzes, als historisch abgeschlossene Totalität. Andererseits war mit der rasch fortschreitenden Spezialisierung der althistorischen Forschung das Expertenbewußtsein dieser Wissenschaftler gewachsen, und dies eröffnete denn doch gewisse Spielräume für deutendes Begreifen. Zwar bleibt die Erkenntnis des Gesamtzusammenhangs der Epoche geistiger Visierpunkt (und die eigentliche Komplikation), Genüge konnte man jedoch auch daran finden, einzelne Seiten des antiken Lebens zu isolieren und gesondert zu betrachten.[9] Auf einzelnen Spezialgebieten aber sah die Quellenlage denn auch ein wenig besser aus. Hier ist eine (wenn auch relative, nie ganz sichere) Übersicht zu erreichen. So eben auch auf dem Gebiet des altgriechischen, des Athener Theaters. Um die Jahrhundertwende sind sämtliche auf dieses Theater bezogenen Inschriften der Stadt, die bis dahin gefunden und entziffert worden waren, gesammelt und in den *Inscriptiones Graecae* gedruckt, und Adolf Wilhelm kann sie, mit einigen Ergänzungen, im Jahre 1906 in einer gesonderten Ausgabe der Wissenschaft zugänglich machen. Mit den von ihm herausgegebenen *Urkunden dramatischer Aufführungen in Athen* erscheint eine zwar nicht erschöpfende, aber das bis heute Wesentliche festhaltende Sammlung der Athener Didaskalien, also der offiziellen Inschriften, die sich auf die Institution Theater beziehen.

Entstehung der Didaskalien

Das Wort *didaskalia* ist ein antiker Terminus von zunächst einmal recht umfänglicher Bedeutung. Wörtlich bedeutet er »Lehre«, »Unterricht« und wird so auf allen Gebieten der Unterrichtung, in praktischen, wissenschaftlichen und künstlerischen Belangen gebraucht. Auf das Theater bezogen, besitzt der Ausdruck *didaskalia* des weiteren mehrere und unterschiedliche Bedeutungen. Als ausgesprochener terminus technicus bezeichnet er das Einstudieren einer Aufführung, im besonderen die Einübung der Chorpartien durch den *didaskalos*, den – nennen wir das vorläufig einmal so – »Regisseur«. Häufig wird er auch im allgemeineren Sinn für das aufgeführte Stück oder aber für seine Aufführung allein gebraucht. Da das Wort in all seinen Bedeutungsvarianten von Anfang an weniger mit dem literarischen Text als mit den Umständen und den Praktiken seiner Inszenierung verbunden wurde – in ihm also, auch wenn vornehmlich auf das Drama Bezug genommen wird, die Theaterinstitution, für die es geschrieben war, immer mitgedacht werden mußte –, konnte sich der Plural als theaterhistorischer Begriff im engeren (nämlich auf die Theaterinstitution bezogenen) Sinne etablieren, der bis heute gebräuchlich geblieben ist. Didaskalien (*didaskaliai*) heißen die von den Zeitgenossen selbst angelegten Urkunden zur antiken Theatergeschichte. Hierauf konzentrierte sich also das Interesse der positivistischen Gelehrten. In diesen Urkunden ist für sie aufgrund ihres »harten«, auf Fakten zielenden Gegenstands- und Methodenverständnisses in erster Linie überliefert, was von den wenigen Zeugnissen zum »klassischen Theater« des fünften und vierten Jahrhunderts den Rang historischer Quellen beanspruchen kann.[10]

Zu untersuchen ist also, welchen Charakter diese antiken Zeugnisse haben, wozu sie gedacht waren, als sie angelegt wurden, und, anschließend, welche Funktion sie für die zeitgenössische Geschichtsschreibung, für die antike Historiographie selbst hatten. Man wird dabei erkennen müssen, daß diese Zeugnisse, eben auf dem Hintergrund ihrer zeitgenössischen Funktion betrachtet, ganz eigentümliche Aufgaben erfüllen sollten, die überhaupt nicht mit den Erwartungen übereinstimmten, welche die moderne Geschichtsschreibung, die positivistisch gewordene Wissenschaft um die Wende des 19. zum 20. Jahrhundert, an sie knüpfte. Mit Blick auf Form und Funktion der antiken Urkunden wird man sehen, daß die wirklich ernsthaften Schwierigkeiten, die sie dem modernen Historiker bereiteten, nicht (nur) quantitative, sondern (viel mehr) qualitative sind – daß diese Dokumente nämlich ganz anderes *sagen* wollten, als das, was dieser von ihnen *hören* will.

Die erste Schwierigkeit, die sich mit solchen Urkunden verbindet, besteht darin, daß sie nicht oder nur in den seltensten Fällen aus dem fünften Jahrhundert und damit aus der Hochzeit des Athener Theaters stammen, daß sie also keine ganz unmittelbaren Zeugnisse darstellen. Vieles, was an Urkundenverzeichnissen und damit an Namen und Daten zur Institutionengeschichte des Theaters in Athen erhalten ist, verdankt sich vielmehr einer bereits in Altgriechenland selbst unternommenen historischen Forschung. Ganz speziell schreibt es sich von den Bemühungen des Aristoteles und seiner Schule, dem *peripatos* her. Dabei muß man sich vergegenwärtigen, daß Aristoteles, von dem mit der *Poetik* immerhin die antike Grundschrift zum Theater der Tragödie stammt, durchaus kein Zeitgenosse der großen Tragiker gewesen ist. Euripides, der jüngste der drei, war 406, im selben Jahr wie der zwölf Jahre ältere Sophokles gestorben, und Aischylos, der erste der Klassiker, war damals bereits schon 50 Jahre tot. Aristoteles wird 384 geboren, also 22 Jahre nach dem Tod der Jüngeren, 72 Jahre nach dem Tod des Ältesten. 335, wiederum 49 Jahre später, gründet Aristoteles seine Schule, und schließlich zählt die *Poetik* höchst wahrscheinlich zu seinen Spätschriften, die nach Platons Tod entstanden sind. Datiert man sie auf die Jahre unmittelbar vor dem Tod des Aristoteles 322, also wiederum vierzehn Jahre später, dann trennen sie also 135 Jahre vom Tod des ersten großen Tragöden. Das sind Zeitstrecken, bei denen man gewiß schon von historischen Distanzen reden muß.

Die aber mußten überbrückt werden, wollte ein Athener des späten vierten Jahrhunderts etwas über das Theater sagen, das um die Mitte des fünften in seiner Stadt veranstaltet worden war. Und das wollte Aristoteles tun. In gewissem Sinn, der später ausführlich zu erläutern sein wird, hat er sich nicht nur als Philosoph, sondern – modern gesagt, im antiken Verständnis würde eine solche Scheidung gar keinen Sinn machen – als Kulturhistoriker und – in der *Poetik* im besonderen – als Theaterhistoriker verstanden. Von ihrer Intention her handelt es sich hier tatsächlich um eine historische Schrift und nicht um ein normatives Regelwerk. Als solches ist sie erst beginnend mit der Renaissance begriffen worden.

Aus Interesse an der Geschichte ihrer Stadt also hatten Aristoteles und seine Schüler systematisch die in den Staatsarchiven auffindbaren Angaben über die Athener Theateraufführungen gesammelt und in eine sachliche und chronologische Ordnung gebracht. Das so gesicherte Material war in zwei nur zum internen Studiengebrauch konzipierten Urkundenbüchern zusammengefaßt worden. Das umfangreichste, ausdrücklich *didaskaliai* geheißene Buch listete alle an den beiden wichtigsten Athener Theaterfesten – die *Großen* oder *Städtischen Dionysien*, bei denen vornehmlich Tragödien gezeigt wurden, und die *Lenäen*, die insbesondere den Komödienaufführungen vorbehalten waren – veranstalteten Aufführungen und ihre Teilnehmer in chronologischer Reihenfolge auf. Die *didaskaliai* boten also eine vollständige Datenliste über die Aufführungsgeschichte. Die zweite, *nikai* (Siege) genannte Schrift gab einen Auszug aus diesem vollständigen Register, sie beschränkte sich auf ein Verzeichnis der aus den einzelnen Wettbewerben hervorgegangenen Sieger.

Von solchem Bemühen und seinen Ergebnissen können wir freilich nicht oder doch nur sehr vermittelt profitieren. Beide Schriften sind nämlich bereits in antiker Zeit verlorengegangen, von ihrer Existenz wissen wir nur aus Hinweisen in antiken Geschichtswerken.[11] Unmittelbar erhalten von dem in diesen Quellenbüchern ausgebreiteten Material ist nur, was Aristoteles selbst davon in seiner *Poetik* für die Darstellung der Entwicklungsgeschichte von Tragödie und Komödie verwendet hat. Vor allem aber liegen die kulturgeschichtlichen Forschungen des *peripatos* – und jetzt schließt sich der Bogen von den kulturhistorischen Forschungen dieser Philosophenschule zu den, freilich ganz anders gearteten, Quellensammlungen der Berliner Akademie der Wissenschaften – auch einigen der athenischen Steininschriften zur Theatergeschichte zugrunde, die in Resten erhalten und in den *Inscriptiones Graecae* und Wilhelms Urkundenbuch veröffentlicht sind.

Die Monumente – didaskaliai / fasti

Welche Informationen bieten nun die zum Teil auf den *peripatos* zurückgehenden, von den modernen Forschern aus Resten und Trümmern rekonstruierten und systematisch zusammengestellten Inschriften im einzelnen? Zunächst: Es handelt sich im wesentlichen um drei in Athen aufgestellte, in Stein geschriebene Listen mit Daten und Namen. Die erste Inschriftengruppe basiert wohl auf dem umfassendsten Buch des *peripatos* und wird, so wie dies, *didaskaliai* genannt.[12] Aufgestellt wurde dieses Inschriftenmonument im dritten Jahrhundert vor Christus, reicht in seinen Angaben aber bis ins frühe fünfte Jahrhundert zurück. Verzeichnet finden sich hier die an den beiden wichtigsten Athener Theaterfesten gezeigten Tragödien- und Komödienaufführungen. Für den Wettbewerb eines jeden Jahres ist dabei im einzelnen der Name des leitenden Staatsbeamten (*archon*) angegeben, unter dem die Wettkämpfe stattfanden, weiter sind Dichter und Stücke in der Reihenfolge der (drei) Siegesplätze und schließlich die an den einzelnen Aufführungen beteiligten Protagonisten genannt. Hier haben wir also das offizielle Pendant zur umfassenden Datensammlung des *peripatos*.

Daneben existiert, vermutlich basierend auf den aristotelischen *nikai*, eine offizielle Siegerliste, die (mit einem lateinischen Terminus bezeichneten) *fasti*.[13] Diese urkundliche Inschrift wurde wahrscheinlich im Jahr 346 angelegt und führt alle seit 472 an den Dionysien vergebenen ersten Preise auf. Neben dem Archon sind hier die siegreichen Athener Gemeinden (*phylen*) und ihr Chorege für die Aufführungen der Dithyrambenchöre, weiter die siegreichen Dichter und Choregen der Tragödienagone und schließlich – für die Zeit nach 449, nachdem ein erster Wettbewerb der Schauspieler eingerichtet worden war – die siegreichen Protagonisten, also die »ersten Schauspieler« genannt.

Eine dritte, allerdings ganz unabhängig vom *peripatos* entstandene Inschrift[14] enthält außerdem noch Listen der siegreichen tragischen und komischen Dichter und Schauspieler mit Angaben darüber, wie viele Siege jeder an den Dionysien bzw. den Lenäen erringen konnte. Hier liegt also ein Verzeichnis mit einer anderen Systematik vor. Während *didaskaliai* und *fasti* chronologisch, nach Aufführungsdaten vorgehen, wird in dieser dritten Inschrift nach Personen gegliedert.

Mit den Angaben der Athener Inschriften liegt der Kern des Datenmaterials vor, welches die modernen Urkundenbücher erfaßten. Ergänzt werden die unmittelbar aus Athen stammenden Zeugnisse durch zwei große Bruchstücke des *Marmor Parium*, einer hellenistischen Chronik aus Paros, die wichtige Ereignisse aus der Geschichte Athens bis zum Jahr 264/63 verzeichnet. Vereinzelte weitere – aus den heute verlorenen Teilen der Athener Monumente oder ihren aristotelischen Urschriften übernommene – didaskalische Angaben finden sich darüber hinaus noch in antiken Erläuterungen zu einzelnen Stücken (*hypotheseis*) oder in hellenistischen und im mittelalterlichen Byzanz geschriebenen Kommentaren zu schwierigen Partien von Dramentexten (*scholien*). In Bruchstücken sind die antiken Erläuterungen in historische Schriften eingegangen, so, wie erwähnt, in Aristoteles' *Poetik*, in die *Ars poetica* des Horaz aus dem ersten vorchristlichen Jahrhundert und in Vitruvs Lehrbuch der Architektur *De architectura*, wo die Theaterbauten im fünften Buch behandelt werden. Vor allem finden sie sich aber in lexikalischen Werken zitiert: etwa im Lexikon des Pollux aus römischer Zeit, dem *onomastikon*, so genannt nach einer im Hellenismus verbreiteten Art enzyklopädischer Werke, die dazu dienten, den richtigen Gebrauch von Begriffen zu lehren. Diese Werke sind meist ganz eklektizistisch, das heißt, sie tragen ohne rechte, schon gar nicht systematische Ordnung, häufig nur in alphabetischer Reihenfolge, Begriffe aus bestimmten Gebieten zusammen. Sie sind niemals originell, sondern subsummieren unter den jeweils zu erläuternden Begriffen alles, was die Kompilatoren aus den ihnen erreichbaren einschlägigen Schriften über ihre Bedeutungsvarianten in Erfahrung bringen konnten. Solche Abhängigkeit von verschollenen früheren Texten, die sich in ausführlichen Quellen-Zitaten leicht zu erkennen gibt, ist für unseren Zusammenhang natürlich sehr wertvoll. Vor allem in den Erläuterungen zu Maske und Kostüm der hellenistischen Zeit, die Pollux gibt, sind zahlreiche Einzelheiten auch des älteren, sonst verlorenen Wissens bewahrt. Allerdings – und das ist die Schwierigkeit – bringt die Methode des Zusammenschreibens aus unterschiedlichen Quellen auch zahlreiche Widersprüche mit sich, die zu lösen ein solcher Lexikonautor sich nicht berufen glaubte; er verstand sich meist als bloßer Referent der verschiedenen Verwendungsweisen eines Begriffs. Nach dieser Vorgehensart verfährt auch die *Suda*, eine byzantinische Enzyklopädie aus dem nachchristlichen zehnten Jahrhundert. Auch sie ist von ganz heterogenen Quellen abhängig und hat mit ihren ausführlichen Informationen zur Entstehungs- und Institutionengeschichte des Theaters auf der Peloponnes und in Athen deshalb zu ein und denselben Fragen ebenfalls manches einander Widersprechende zu vermelden.

Diese letztgenannten Werke ergänzen die auf Inschriften aufgefundenen, also in Stein geschriebenen Didaskalien, insofern sie (unter anderem) zitieren, was von solchen Inschriften im Überlieferungsprozeß verlorengegangen ist. Auf diese historischen und lexikalischen Werke bleibt näher einzugehen, wenn von den antiken Ursprungstheorien des Theaters die Rede sein wird. In der Folge geht es zunächst einmal nur um die didaskalischen Listen und um die Auskünfte, die von ihnen für den modernen Historiker zu erwarten und infolgedessen: um die Interpretationsschwierigkeiten, die mit ihnen verbunden sind.

Geschichte der didaskaliai

Zunächst ist – erstens – festzuhalten: Die unmittelbare Absicht, mit der die Urkundenbücher des Aristoteles zusammengestellt worden waren, war eine ganz und gar pragmatische. Sie waren ausschließlich für Studium und Unterricht gedacht. Hier sollte ein Reservoir für Forschungen zur Verfügung stehen, aus dem je nach Darstellungsgegenstand und -thema Belege auszuwählen sind. Wenn sich Aristoteles in der *Poetik* die Frage nach Ursprung und Entwicklungsweg der Tragödie vorlegt, dann übernimmt er aus seiner Datensammlung deshalb nur das, was für diese Fragestellung wichtig ist – alles andere bleibt unberücksichtigt; es könnte als Material tauglich sein, wenn andere Probleme des Theaters zu behandeln sind. Über die Methode solcher Auswahl, und die Methode ist das entscheidende, wird mit Blick darauf zu reden sein, welche didaskalisch belegten Daten und Namen Aristoteles denn erwähnt, wenn er in der *Poetik* bestimmte, mit der Entstehung und Entwicklung der Tragödie zusammenhängende Fragen zu klären versucht. Wichtig ist jetzt nur festzuhalten: Gesammelt wurden die Urkunden im *peripatos* zu einem Studienzweck, sie selbst stellen keine Forschungsergebnisse dar, sondern sind nur reines Material für Forschungen.

Zweitens: Die später, im Rückgriff auf Aristoteles' Urkundenbücher erfolgte »Veröffentlichung« der Didaskalien in Form steinerner Monumente hatte dagegen keinen wissenschaftlichen, sondern einen unmittelbar ins Auge springenden politischen Zweck. Sie wurden von vermögenden Festleitern und von Beamten der *polis* zur Erinnerung an die kulturellen Leistungen der Stadt in der Nähe des Dionysos-Theaters aufgestellt – die Erinnerung diente also zur Verherrlichung der kulturellen Leistungen einzelner oder der *polis* insgesamt.

Das hat im übrigen einen sehr genau rekonstruierbaren Hintergrund. Die ganz großen Zeiten Athens – kulturell und politisch gesehen – waren zu Zeiten der massierten Aufstellung solcher Inschriftentafeln vorbei, sie waren für die Zeitgenossen Alexander des Großen selbst schon in gewisser Weise »klassisch« geworden. Die Katastrophe des peloponnesischen Krieges am Ende des fünften Jahrhunderts (im Jahr 404) hatte Athen zwar durch die Gründung des zweiten Seebunds und die Fortentwicklung der Demokratie überwinden können. Nach der Niederlage gegen Phillip von Makedonien bei Chaironeia (im Jahr 338) aber verliert die Stadt alle außenpolitische Bedeutung. Von der inneren Entwicklung her – was die politischen Strukturen betrifft, die militärischen, juridischen und kulturellen Traditionen – versucht die *polis* hingegen, an die Größe des fünften Jahrhunderts anzuknüpfen und hier feste Kontinuität zu bewahren.

Dabei sind gerade die fünfzehn Jahre zwischen der Niederlage gegen Philipp und Alexanders Tod (323), in denen der Krieg aus Griechenland heraus und bis nach Indien getragen wird, besonders wichtig. Es sind ausgesprochene Friedensjahre für Athen, die ganz bewußt und planmäßig genutzt werden zu materiellem Wiederaufbau und kultureller Regenerierung. Verantwortlich dafür ist insbesondere der Politiker Lykurg, der bald nach Chaironeia die Oberleitung der Staatsfinanzen übernimmt und dieses Amt zwölf Jahre lang, zwischen

336 und 324, innehat.[15] Unter seiner Leitung steigt der materielle Wohlstand der Stadt, festigt sich ihre politische Stabilität. Das findet nun auch seinen äußeren Ausdruck: In der Zeit des Lykurg erlebt Athen nach der Perikles-Zeit die zweite (und letzte) Baublüte aus eigener Kraft. Was im übrigen dem Theater sehr zugute kommt; unter Lykurg erhält das Dionysos-Theater zum ersten Mal ein in Stein ausgeführtes Auditorium. Seitdem erinnerten die dort aufgestellten Statuen der drei Tragiker an die klassischen Zeiten, und diesen Statuen gesellen sich weitere von Menander, Philippides, Phanes von Chios, Diodoros von Sinope – zum Zeichen für die gewahrte Kontinuität der Kultur in dieser Stadt. Wenn die Niederlage Athens gegen Philipps Makedonenheer das Ehrgefühl der Athener tief getroffen hatte, dann war es nicht zuletzt das Verdienst solcher Politik des Lykurg, es wieder neu und mächtig aufleben zu lassen. Dazu also bedarf es der Erinnerung an die größten Zeiten der Stadt, und deshalb – so ist vermutet worden[16] – ist auch Aristoteles nach über zwölfjähriger Abwesenheit aus Athen wieder in die Stadt zurückgekehrt, gebeten von Lykurg nämlich, um die offizielle Staats- und Kulturgeschichte zu schreiben. So entsteht in diesen Jahren Aristoteles' große Geschichte der athenischen Staatsverfassung (die erst 1891 wiederaufgefunden wurde), und in diesem Rahmen sind auch die kulturhistorischen Datenerhebungen, darunter die zum Theater, zu sehen, die der *peripatos* unternimmt.

Damit führt Lykurgs Kulturpolitik übrigens eine Arbeit fort, intensiviert sie und überführt sie ins öffentliche Bewußtsein, die bereits im fünften Jahrhundert begonnen hatte. Überall war bereits zu »klassischer« Zeit eine Lokalgeschichtsschreibung entstanden, in Athen die der später so genannten Atthidographen, die sämtliche mündlich tradierten Legenden, die sich um die Traditionen und Institutionen ihrer Städte rankten, gesammelt, systematisiert und in Form von Chronologien schriftlich fixiert hatten. Darin bekundete sich ein sehr eigenartiger Impuls zur *historia*, zur Erkundung der eigenen Geschichte, die noch nichts zu tun hatte mit den uns überlieferten großen Geschichtsdarstellungen eines Herodot oder gar Thukydides, sondern eng zusammenhing mit den bereits im Jahrhundert zuvor liegenden Anfängen einer Art von Mythenforschung.[17] Bereits im sechsten Jahrhundert hatten Theagenes aus Rhegion und Hekataios aus Milet eine theoretische Untersuchung der *mythoi*, der überall kursierenden Erzählungen über urälteste Zeiten, inauguriert, indem sie die Legenden einer allegorischen Interpretation unterzogen und sie als phantastische Einkleidungen (vor)historischer Ereignisse und

Personen gedeutet hatten, denen als solchen aber tatsächliche Existenz zugesprochen werden könne. Solche Annahmen aufgreifend, setzten die Lokalhistoriker das Geschäft der Historisierung des Mythos fort, indem sie mit dem neu gedeuteten Material der *mythoi* eine chronologische Geschichte ihrer Städte bis in ihre fernsten Ursprünge und ersten Anfänge verfertigten. Auf diese Weise rückten die Lokalgeschichtsschreiber die mythischen Helden und Taten in den integralen Zusammenhang einer bruchlos verlaufenden Geschichte, insofern sie ihnen jetzt Zeugniswert für die ältesten Zeiten beimaßen, die eben nur in verzerrter Erinnerung überliefert werden konnten. Das führt zu einer sehr eigenartigen Geschichtsschreibung, über deren Ziele und Methoden (im nächsten Kapitel) zu sprechen bleibt. An sie wiederum knüpft die Kulturgeschichtsschreibung des Aristoteles an, indem er ihr – in seinem andersartigen, sehr spezifischen Umgang mit dem Datenmaterial – zugleich eine ganz neue Qualität verleiht, die (ebenfalls im nächsten Kapitel) näher zu erörtern ist.

Wenn also bereits im fünften Jahrhundert die »Forschungsergebnisse« der Atthidographen in monumentalen Inschriften »publiziert« und zu hellenistischer Zeit schließlich auch die aristotelischen Aufzeichnungen über das Theater für die steinernen Monumente übernommen werden, dann ist das keineswegs ein Zufall; von der Intention der Lokalgeschichtsschreiber und von dem Aristoteles erteilten Auftrag her gesehen, waren sie durchaus – als Erinnerung an die Geschichte Athens – auch schon im Blick auf deren Glorifizierung zustandegekommen. In dieser Absicht kommen mithin zwei Motive für die Versammlung und »Veröffentlichung« der Angaben zur Athener Theatergeschichte zusammen. Ein auf die Kulturgeschichtsschreibung bezogenes, eher »wissenschaftliches« Motiv, das zur Datenerhebung beiträgt, und ein »politisches« Motiv, das zur Aufstellung der Monumente in Athen führt. Beide pragmatischen Zwecksetzungen deuten denn auch schon auf den eingeschränkten Nutzen hin, den der moderne Historiker aus ihnen zu ziehen vermag. Diese Monumente versammeln gleichsam einen reinen Datenpool, mit dem keinerlei Ambitionen der Ausdeutung und Interpretation verbunden waren. Ohne daß man es näherer Erläuterung für wert gehalten hätte, findet sich nicht mehr verzeichnet als alle noch auffindbaren Namen und Daten, die in bezug auf das Theater im Gedächtnis waren, und in Form von steinernen Monumenten »veröffentlicht« wurden sie, wie gesagt, zu keinem anderen Zweck als zur glorifizierenden Erinnerung an die kulturelle Größe Athens.

Das Quellenproblem – Verhältnis von Monumenten und Dokumenten

Um die Schwierigkeiten zu verdeutlichen, die für den modernen Historiker aus solcher Überlieferung »gesicherter Daten« erwachsen, kann man pointierend sagen: Es ist, als ob ihm ein, durch die festgehaltene Fülle an Namen und Daten, imposantes Inventar der Staatsarchive überliefert ist, das reiche Ausbeute verspricht. So verlockend es immer wieder war, daraus weitreichende Schlußfolgerungen zu ziehen, stets mußte man am Ende einsehen, daß die Fülle der Daten allein keine besonders weitreichenden Einsichten eröffnen konnte.[18] Denn das Archiv selbst, auf das sie verweisen, existiert nicht mehr. Nichts weiter ist bekannt über die meisten Dichter, deren Namen in den Listen auftauchen, nichts über die Mehrzahl der Stücke, mit denen sie nach den didaskalischen Zeugnissen an den Wettbewerben teilgenommen haben oder sogar siegreich waren. Aufgelistet sind also im Grunde lediglich die verlorenen Bestände. Die Namen und Daten belegen nur, was seinerzeit gewußt wurde und was an Wissen endgültig nicht mehr existiert. In der Form, in der sich die Didaskalien präsentieren, als pure, stumme Datensammlung, verweisen sie – und das ist das mit ihnen verbundene Paradox – auf nicht mehr als auf eine *Leerstelle* der Überlieferung.

Das wird auf Anhieb klar, wenn man darauf schaut, was denn von der Sache selbst überliefert ist, für die die didaskalischen Namen und Daten ausschließlich leere, bedeutungslose Zeichen sind: Auf mehr, als daß es diese Sache gegeben hat und daß sie sehr umfangreich war, weisen sie nicht hin. Setzt man die überlieferten Monumente und die gebliebenen echten Dokumente, also die aufgeführten Texte – die Tragödien und Komödien – in ein Verhältnis, gibt sich zunächst einmal ein krasses Mißverhältnis zu erkennen.

Dokumente – Textüberlieferung

Dieses Mißverhältnis zeigt sich in zweierlei Hinsichten. Erstens: In den Didaskalien werden die Namen zahlreicher Dichter genannt; so sollen sich im fünften Jahrhundert, den Angaben und ergänzenden Überlieferungen zufolge, 46 Tragödiendichter mit ca. 600 Dramen an den Wettbewerben beteiligt haben. Es muß also über die Jahrhunderte hin allein in Athen Hunderte von Dichtern und einige Tausende von Texten gegeben haben. Von all dem sind aber, beschränkt man sich zunächst einmal auf die Tragöden, allein Werke von den dreien überliefert, die bereits genannt wurden: Aischylos, Sophokles und Euripides. Und zweitens: Nach den Angaben der didaskalischen Überlieferung – und zwar den bescheidensten Angaben – war das Schaffen dieser drei immens, mit dem Lebenswerk selbst der produktivsten unserer Dramatiker nicht zu vergleichen. Aischylos soll ungefähr 87 Stücke, also Tragödien und Satyrstücke, Sophokles 120 und Euripides 88 Stücke geschrieben haben. Wiederum: Gemessen an solchen reinen Zahlen und der Vielzahl der Titel, welche die Didaskalien den drei Klassikern zuschreiben, ist die Zahl ihrer Texte, die auf uns gekommen sind, geradezu lächerlich gering. Wir kennen von Aischylos sieben Tragödien, nämlich vier einzelne Texte und eine Trilogie, also die drei Stücke der *Orestie* (*Agammemnon*, *Grabspenderinnen* und *Orest*), von Sophokles wiederum sieben Dramen, worunter keine vollständig erhaltene Trilogie ist, von Euripides am meisten, wenngleich wiederum keine zusammenhängende Trilogie, nämlich 19 Einzeltexte.[19]

Das gleiche Bild bietet sich für die Komödie. Es ist bekannt, daß sie sich – mehr noch als die Tragödie – bis ins frühe dritte Jahrhundert steigender internationaler Beliebtheit erfreute. Man weiß, daß sie bereits in antiker Zeit in drei Entwicklungsformen eingeteilt wurde: in die alte, mittlere und neue Komödie. Für die im fünften Jahrhundert vertretene alte Form (*archaia*) sollen, wiederum den didaskalischen Berichten zufolge, mindestens 530 Stücke von mehr als 50 Dichtern geschrieben worden sein. Allein von dem – auch bei den Zeitgenossen bekanntesten und beliebtesten – Komöden, dem Aristophanes, sind 44 Stücke dem Titel nach bekannt; erhalten aber sind davon nur elf. Der zwischen 400 und 320 entstandenen mittleren Form (*mese*) werden ca. 1.000 Stücke zugeschrieben, davon sollen allein 500 von den beiden dem Namen nach bekannten Komöden Antiphanes und Alexis stammen. Von all dem ist nichts erhalten, jedenfalls kein einziger vollständiger Text. Und von der letzten, nach 320 im ganzen hellenistischen Raum besonders erfolgreichen neuen Komödienform, der *nea*, wird berichtet, daß ihr erfolgreichster Dichter, Menander, mehr als 100 Komödien geschrieben hat. In größeren Partien erhalten und noch nicht einmal mit Sicherheit dem Menander zuzuschreiben sind davon nur sechs Texte.

Erneut sorgen also Quantitäten für Probleme. Sie resultieren in diesem Fall aus dem Mißverhältnis zwischen der reinen Datenüberlieferung, der didaskalischen Information, und der echten, der Textüberlieferung, aus der krassen Disproportion zwischen den Angaben über das Verlorene, von dem man nicht mehr weiß, als daß es einst vorhanden war, und dem tatsächlich Überlieferten.

Daß von einer solchen Menge an unmittelbaren Dokumenten so verschwindend wenig erhalten ist, kann man kaum mit einem Zufall erklären. Es ist davon auszugehen, daß bereits in der Antike, sei es planmäßig, sei es zufällig, selektiert, gefiltert, ausgewählt wurde zwischen dem, was der Überlieferung für wert befunden wurde, und dem, was ohne Interesse war. Darauf deutet, zunächst einmal, hin, daß es sich bei den Texten, die überliefert sind, um die Werke von Autoren handelt, die in ihrer Zeit selbst die geachtetsten waren und als »Klassiker« galten, wenn nicht schon zu Lebzeiten, dann unmittelbar nach ihrem Tod. Das trifft auf Aischylos, Sophokles und Euripides wie auf Aristophanes und Menander gleicherweise zu. Ganz offensichtlich steht also von Anfang an ein bestimmter Wille zum Konservieren des Wertvollsten hinter solch bestimmter Überlieferung einer Auswahl von Autoren: Daß die Werke von Aischylos, Sophokles und Euripides, von Aristophanes und Menander überliefert sind und nicht die anderer Tragöden und Komöden, ist das Ergebnis einer bewußten Kanonisierung, die bereits von ihren Zeitgenossen vorgenommen worden war. Sie galten ihnen eben als die vollkommensten Autoren.

Warum aber, das ist die nächste Frage, sind von den Texten dieser »Klassiker« nicht alle, sondern wiederum nur eine Auswahl auf uns gekommen? Dies nun verdankt sich dem weiteren Überlieferungsprozeß, den bewußten und den zufälligen Entscheidungen in der gelehrten Auseinandersetzung mit den altgriechischen Texten, die sich über Jahrhunderte hin erstreckt.

Fest steht, zu den Hochzeiten des Athener Theaters gab es die Einschränkung auf einen Text-Kanon noch nicht. Man weiß, daß die Texte der Tragiker im fünften Jahrhundert durchaus ausgiebig zu lesen und weit verbreitet waren. Aristophanes spielt in den satirischen Passagen gegen die Tragödie – und da vor allem in den gegen Werk und Person des Euripides gerichteten – häufig so subtil auf einzelne Stellen aus den Originalen an, daß man ihre genaue Kenntnis beim Publikum voraussetzen muß. Sie waren also in Form der damals bekannten »Bücher«, in Gestalt der Papyrosrollen, Gegenstand der Lektüre.

Und die »klassischen« Texte wurden keineswegs der Lektüre und dem privaten Konsum allein überlassen: Sie wurden auch immer wieder aufgeführt. Das war ganz am Anfang verboten gewesen – jeder Text, mit dem sich die Dichter an Wettbewerben beteiligten, hatte neu zu sein und als Original zu gelten. Erst seit dem Tod des Aischylos –

und im Zuge von Änderungen in der Wettbewerbsorganisation zugunsten der Schauspieler – waren Wiederaufführungen seiner, später auch generell der Texte anderer erlaubt. Und das wirkte für die Theaterkünstler als Anreiz, die Originale in ihren Aufführungen zu ändern. Man kann sich vorstellen, daß sich der Reiz solcher Wiederaufführungen auch für das Publikum gerade aus den Varianten ergeben konnte, mit denen Aufführungen und Figurenzeichnung vom Original abwichen und dadurch neu, anders, überraschend interpretiert wurden. Das forderte den Ehrgeiz vor allem der Schauspieler heraus. Sie begannen, die Texte für ihre je besondere Rollengestaltung zu adaptieren und schrieben sie dazu ganz willkürlich um und neu; ein Urheberschutz, der solches verboten hätte, existierte nicht.

Offiziell waren solche Veränderungen jedoch nicht erlaubt. Bis in späte Zeiten existierte das staatliche Gebot, die klassischen Werke unverändert aufzuführen. Die Eingriffe der Schauspieler wurden also von den für die Aufführungen Zuständigen als Willkürakt angesehen, als Verstoß gegen die Tradition. Der Staat sah sich als Wächter dieser Tradition, und er nahm gegen Ende des vierten Jahrhunderts diese Wächterrolle wieder sehr ernst. Unter Lykurg kam es, um 330, zur Auflage, daß von den klassischen Tragödientexten, und wahrscheinlich auch von den neu geschriebenen, ein Staatsexemplar angelegt werden mußte, damit ein offizielles Original existierte, an welchem unerlaubte Abweichungen zu messen waren. Wir wissen, aufgrund welcher Politik solches erfolgte: Es ging Lykurg um das »klassische Erbe« und seine Bewahrung, was den Theaterbau, was die Theatergeschichte und, zuvor und vor allem, was die Texte betrifft. In den Athener Staatsarchiven wurden dergestalt die authentischen Originale, die wirklichen Dokumente gesammelt, und damit wurden die Grundlagen geschaffen, auf welchen die gesamte weitere Textüberlieferung beruht. Hier waren noch sämtliche Tragödien- und Komödientexte in originaler Gestalt, also in der Form ihrer Uraufführung vorhanden.

Diese Texte sind im Altertum weiter tradiert worden, wenn nicht im Mutterland selbst, so doch von den griechisch sprechenden und denkenden, den hellenistischen Gelehrten in Alexandria. Hier hatte Ptolemaios I. das Museion mit großzügig angelegter Bibliothek gegründet, und sein Nachfolger, Ptolemaios II. Philadelphos, hatte den Plan gefaßt, in dieser Bibliothek das gesamte griechische Schrifttum zu versammeln. Alles, was aufzutreiben war, wurde sichergestellt, ausführlich kommentiert und in kritischen Werkausgaben zusammengefaßt. Man kann sich vorstellen, wieviele der Theatertexte, die doch zur großen Literatur zählten, vorhanden gewesen sein müssen, wenn man liest, daß die Bibliothek im Jahr 47 v. Chr. über 700.000 Bände umfaßt haben soll. Freilich: Dieses Datum hatte eine ganz besondere Bedeutung für die Bibliothek und damit für die Text-Überlieferung. In diesem Jahr brannte sie völlig aus, und ihre Bestände wurden vollständig zerstört. Damit war allerdings noch nicht alles verloren, denn es gab zumindest zwei Bibliotheken, die einen zwar bescheidenen, aber, gemessen an dem letztlich bis auf uns Gekommenen, doch beträchtlichen Ersatz bieten konnten: das Serapeion, die kleinere, öffentliche Bibliothek Alexandrias, der nach dem Brand die Bibliothek von Pergamon integriert wurde, und die Bibliothek am Gymnasion Ptolemaion in Athen, deren Bestände in die Bibliothek Hadrians übergingen, die 131/32 n. Chr. in Athen gebaut wurde. Alles deutet also daraufhin: Es gab auch nach dem Verlust der Bestände aus der größten Bibliothek Alexandrias noch Jahrhunderte nach Christus beträchtliche Bestände, die weiter zu pflegen und zu tradieren waren.

In der römischen Kaiserzeit hatte jedoch das Interesse an der Lektüre und damit am Bewahren von möglichst vielen Büchern allmählich abgenommen. Aufgeführt wurden die alten Texte schon gar nicht mehr, das Literaturtheater war zu dieser Zeit zur Bedeutungslosigkeit herabgesunken. Die Pflege des Erhaltenswerten hatte sich jetzt auf eher nützliche Zwecke konzentriert, nämlich auf den öffentlichen Unterricht, auf die Schule. Vornehmlich für Unterrichtszwecke wurden jetzt Exzerpte und Blütenlesen angefertigt, und die wichtigsten Texte erschienen in Auswahlbänden, mit denen Schülern exemplarisch das Werk eines Autors vorgestellt werden sollte. Solches Interesse am leicht faßlichen Digest ist für die vielen Lexika verantwortlich, die man zu dieser Zeit zusammenstellte, und der Wille zur Übersicht für die Auswahl der klassischen Stücke: Es ist kein Zufall, daß von den Texten des Sophokles und des Aischylos sieben Stücke überliefert wurden – das galt als exemplarische Anzahl für einen Kanon, der einen soliden Überblick über das Schaffen eines Dichters erlaubt. Nach Kriterien der damaligen Wissenschaft, jedenfalls nach genauem Plan, wurden etwa um das Jahr 100 n. Chr. die Auswahl-Ausgaben zusammengestellt und mit ausführlichen Kommentaren versehen. Unsere Kenntnis der klassischen Dramen kommt also nicht etwa durch Zufall zustande – die Texte sind uns in der Auswahl erhalten, in der sie zu römischer Zeit für den Schulunterricht zusammengestellt wurden.[20]

Zufall ist nur, daß es eine größere Stücke-Zahl von Euripides und Aristophanes gibt. Bei Euripides sind neun von den Stücken, die über die kanonische Siebenzahl hinaus überliefert sind, ganz offensichtlich aus einem Teil einer älteren Ausgabe seiner Werke erhalten. Diese Stücke, die nicht mit Scholien versehen, also nicht von den alexandrinischen Gelehrten kommentiert wurden, stammen aus einer anderen, zufällig erhaltenen Quelle. Ursprünglich waren sie wohl in zwei aufeinander folgenden Bänden einer Euripides-Gesamtausgabe enthalten (oder besser: in zwei aufeinander folgenden Tontöpfen, in welchen die Textrollen gesammelt waren); die Reihe dieser Titel ist nämlich in alphabetischer Ordnung erhalten. Ähnliches gilt für Aristophanes, und vollends spielt der Zufall bei Menander die maßgebliche Rolle. Für ihn ist keine Schulausgabe, kein Kanon überliefert; daß von sechs Texten größere Partien und darunter vom *Griesgram* fast der ganze Text erhalten ist, verdankt sich allein Zufallsfunden zu Anfang des Jahrhunderts und weiteren in den späten fünfziger und den sechziger Jahren. Damals sind Manuskript-Bruchstücke gefunden worden, die bei der Kaschierung ägyptischer Mumien Verwendung gefunden hatten, die also – als Altpapier sozusagen – ganz anderen Zwecken als der Lektüre zugeführt worden waren. So zufällig zweckentfremdet, konnten sie also auch nur durch Zufall gefunden werden.

Ansonsten aber regiert in der Überlieferung eine systematische Ordnung, die einen exemplarischen Einblick in das Werk der *poietes* geben und das für sie jeweils Charakteristische erkennen lassen soll. So spricht es zum Beispiel für sich, daß sich nur vom ältesten Klassiker, Aischylos, eine zusammenhängende Trilogie erhalten findet. Die Zusammenfassung der Tragödien zu Trilogien war nämlich ein alter, später – zugunsten der Schauspieler – abgeschaffter Brauch, und deshalb begnügte man sich damit, mit der *Orestie* ein Beispiel für die Praxis der ältesten Zeit zu geben. Ansonsten waren Vergleichshinsichten wichtig. Überliefert ist die *Elektra* des Sophokles wohl als Kontrast zum mittleren Stück der *Orestie*, den *Grabspenderinnen*, in dem die gleiche Geschichte von der Rache des Orestes und seiner Schwester an der Königsmörderin Klytaimnestra erzählt wird. (Dem Zufall hingegen ist anzurechnen, daß sich dem modernen Leser mit Euripides' *Elektra* eine dritte Vergleichsmöglichkeit bietet; dieses Stück war nicht in den Schulkanon aufgenommen worden, sondern ist durch den erhaltenen Teil der Gesamtausgabe seiner Texte tradiert.) Der Leser, oder besser der Schüler, sollte also anhand der unterschiedlichen Art und Weise, in der zweimal das gleiche Thema behandelt wurde, mit den typischen Eigenarten der beiden Tragöden vertraut gemacht werden. Nur das, was so für den Unterricht aufbereitet wurde, wird jetzt tradiert und überlebt die Antike. Für die wenigen, die sich weiterhin noch für die Lektüre der Originale interessieren, war dagegen nicht mehr viel übriggeblieben, wofür in erster Linie eine technische Innovation, ein neues Medium verantwortlich zu machen ist. Im ersten Jahrhundert nach Christus war an die Stelle der Schriftrolle der Codex getreten, eine Art Heft aus Pergamentbogen. Alles, was nicht in diese neue Buchform übertragen wird, geht verloren, und das ist, weil man kein Interesse mehr an der Privatlektüre hatte, eben das meiste.

Auch das in Alexandria zu kanonischen Schriften Zusammengestellte wäre fast verlorengegangen. In den sogenannten »dunklen Jahrhunderten« zwischen 650 und 850 nach Christus dominierten ausschließlich kirchliche Literatur und christliche Bildung, und das Interesse an den Editionen der Alexandriner, die in den Bibliotheken des oströmischen Reiches, vor allem in der ihrer Hauptstadt Byzanz gelagert waren, erlosch fast ganz. Erst um die Mitte des neunten Jahrhunderts wurde die Universität von Byzanz wiedereröffnet, und auf Initiative eines Kirchenfürsten und Gelehrten namens Photios begann man sich dann auch wieder mit den Bibliotheksbeständen zu beschäftigen. Das Interesse des Gelehrten – ein ausgesprochen archivalisches Interesse: zu erhalten, was zu erhalten ist, und vor allem: es genau so zu erhalten, wie es überliefert ist – dominierte über seine Pflichten als Mann der Kirche. Jetzt übertrug man die gebliebenen alexandrinischen Ausgaben sorgfältig und originalgetreu in große Pergamentfolianten, von denen alle weitere Überlieferung bis heute abhängt. (Wobei zwischenzeitlich freilich einiges ganz verlorengegangen war – den Jahrzehnten des Bildersturms (726-842) waren vor allem Massen von Komödien zum Opfer gefallen. So erklärt sich die geringe Zahl der von Menander überlieferten Texte.)

In der Überlieferung der Dokumente herrscht also genaue Auswahl, man weiß, weshalb man erhält, und deswegen auch, was erhaltenswert ist, wenn diese Kriterien auch lange nach der klassischen Zeit festgelegt wurden. Daher erhebt sich sofort die Frage: Warum waren denn die riesigen Listen der Didaskalien angefertigt worden, die keinerlei Auswahlkritierien folgen, sondern alles Erreichbare aufführen? Warum gibt es also, wenn doch in der Textüberlieferung strenge Auswahl herrschte, hier, in der Datenüberlieferung, keine Maßstäbe der Selektion?[21] Um diese Frage zu klären, ist ein etwas längerer Exkurs zum antiken Verständnis von Geschichte und Geschichtsschreibung vonnöten – und zwar zu einer ganz bestimmten Sorte der antiken Geschichtsschreibung, zu der die didaskalischen Listen selbst nämlich schon gehören.

Antike Geschichtsschreibung und »mythisches Denken«

Bevor ich etwas Allgemeineres zur antiken Geschichtsschreibung und zu ihrem Umgang mit Daten und Ereignissen sage, ein Beispiel für die Diskrepanz zwischen didaskalischer Datenüberlieferung und Geschichtsschreibung. Es betrifft die antiken Angaben über die Lebensgeschichte des Euripides und ihr Verhältnis zur Biographik der beiden anderen Tragiker. Zur Datierung der Geburt des Euripides gibt es ein scheinbar eindeutiges, ein didaskalisches Zeugnis. Der *Marmor Parium*, die Steinchronik aus Paros, verzeichnet das Jahr 484 als Geburtsjahr des jüngsten Tragöden. Mit dieser Angabe ist uns, ganz und gar unerläutert, nur in Listenform festgehalten, das älteste Zeugnis zum Leben des Euripides überliefert. Das Wunderliche ist nun, daß in den antiken Darstellungen seiner Lebensgeschichte eine ganz andere Angabe begegnet. In einer attischen Chronik des Philochoros aus dem frühen dritten Jahrhundert und in der Vita des Satyros, eines Peripatetikers aus dem dritten Jahrhundert, die den meisten später geschriebenen Lexika zugrunde liegt, liest man, Euripides sei im Jahr 480, also vier Jahre später geboren. Ganz offensichtlich ignorieren diese Biographen einen urkundlichen Vermerk und geben stattdessen ein anderes Geburtsdatum an, das aber für die Geschichte Athens höchst bedeutungsvoll ist: 480 – das ist nämlich das Jahr der Schlacht bei Salamis, welche die endgültige Niederlage der persischen Aggression einleitete.

Und mehr noch – nicht nur Euripides' Geburt wird mit diesem Datum verknüpft. An dieses Jahr werden auch bestimmte lebensgeschichtliche Stationen der beiden anderen Tragöden gebunden. Im Geburtsjahr des Euripides soll Aischylos bei den Schwerbewaffneten mitgekämpft haben, heißt es, und Sophokles soll bei der Siegesfeier im Knabenchor aufgetreten sein. Diese auffällige Kombination der Lebensdaten der drei Tragiker um ein historisches Datum liefert den Schlüssel für die Abweichung von der disdaskalischen Angabe des Geburtsjahrs des Euripides. Das Jahr der Salamis-Schlacht wird ganz offensichtlich ausgewählt, weil es ein Schlüsseljahr der Geschichte Athens war. Deshalb gruppiert man die Lebensdaten gleich aller Klassiker – des ältesten, des mittleren und des jüngsten – um diesen bedeutungsvollen Vorgang. Eine die *polis* als ganze betreffende, signifikante Begebenheit trägt den Sieg davon über eine bloße, leere

Datenangabe. Erst das Ereignis verspricht dem antiken Historiker eine wirkliche Auskunft, es ist bezeichnender, sprechender als jeder urkundliche Vermerk. Auch im weiteren spielt übrigens in der Biographie des Satyros keinerlei didaskalische Angabe über das Jahr der Aufführung eines Euripides-Stücks, über einen von ihm errungenen Sieg oder eine erlittene Niederlage irgendeine Rolle mehr. Was Satyros interessiert und zu berichten weiß, ist nichts als das, was man sich so erzählt hat über Euripides, sein Leben und sein Werk. Er breitet ausführlich Anekdoten aus, die im übrigen in böswilliger Absicht erfunden waren. Die Vita des Satyros ist im wesentlichen die Wiederholung der polemischen Angriffe, die Aristophanes in seinen Komödien, vor allem den *Fröschen*, gegen den von ihn verabscheuten Euripides gerichtet hat.[22]

Das also ist das Frappierende. Da stand das Material doch zur Verfügung, aus dem man die »wirkliche« Lebensgeschichte des Euripides hätte rekonstruieren können. Es gibt doch harte, faktische Daten in den Urkundenlisten. Aber den Geschichtsschreiber interessiert das gar nicht. Er ignoriert, wenn er die Lebensgeschichte des Euripides darstellt, die Listen und berichtet, was man von Euripides so sagen hört – was doch mehr als erstaunlich ist angesichts des offensichtlich waltenden Eifers, die Namen und Daten in möglichst bruchloser Folge zusammenzustellen. Das läßt uns die Frage nach der zeitgenössischen Funktion der Didaskalien zuspitzen: Warum macht man sich eigentlich die Mühe, solche Listen zu erarbeiteten, wenn sie dann in den Geschichtswerken, denen sie doch eine Materialbasis abgeben können und sollen, wiederum mit Fleiß schlichtweg ignoriert werden? Welche Funktion hatten die Inschriftenmonumente mit ihrer Fülle an Namen und Daten denn eigentlich im Denken ihrer Zeit?

Wenn man so fragt, muß man sich die im Vergleich zu heute ganz andere Ansicht vor Augen halten, die in der Antike über die Aufgabe der Geschichtswissenschaft herrschte. Wobei meine Bemerkungen über das antike Verständnis von Geschichtsschreibung sich nur und ausschließlich auf eine ganz bestimmte Gattung antiker Historiographie beziehen, nämlich auf die lokale Geschichtsschreibung, für die mit den Atthidographen, also den Historiographen Attikas, bereits ein Beispiel genannt wurde.[23]

Diese Art von lokaler *historia* beginnt im fünften Jahrhundert, und sie beruht auf der Entdeckung der Archive bestimmter Einrichtungen oder ganzer Städte durch die Schriftsteller oder auch – wie im Fall des *peripatos* – durch die Philosophen. Zu diesem Zeitpunkt, im ausgehenden fünften Jahrhundert, verfaßte etwa der Sophist Hippias von

Elis die Liste der Sieger von Olympia bis zurück zum Jahr 776 v. Chr., und Hellanikos von Lesbos stellt ganze Serien von Listen über unterschiedlichste Gegenstände zusammen, von denen uns zwei bekannt sind: die Geschichte der Priesterinnen des Heratempels (wozu die Aufzeichnungen der Tempelverwaltung über die Namen und die Amtszeiten der Priesterinnen und die mit ihnen in Verbindung stehenden Ereignisse benutzt wurden) und seine *Atthis*, eine Lokalgeschichte von Attika, welche die Dokumente des Magistrats systematisierte. An diesem letzten Beispiel zeigt sich besonders gut, daß die Didaskalien, also die auf das Theater bezogenen Datenlisten, zu dieser Sorte der lokalgeschichtlichen Aufzeichnungen unmittelbar dazugehören. Wie später die Didaskalien sind auch die Listen der *Atthis* als steinerne Monumente in Athen auf der *agora*, dem »Markt«, aufgestellt worden. Man datiert die erste Errichtung des in Bruchstücken aufgefundenen Monuments der *Atthis* auf das Jahr 425, also noch zur »großen Zeit« der *polis*-Demokratie und während der noch andauernden Vorherrschaft Athens im attischen Seebund. Schon damals gab es also das Bedürfnis, sich der eigenen Größe, und das heißt im tiefsten Grunde – das wird man sehen – der eigenen Herkunft zu versichern und sie sich ständig vor Augen zu halten.

Für diese Art von Listen gelten also meine Bemerkungen über die antike *historia*, nur für die Werke von Schriftstellern wie Kleidemos, Androtion oder Philochoros. Denn das sind die Geschichtsschreiber einer bestimmten Stadt oder Region, einer Institution oder eines Festes, in deren Geschichtsbüchern Namen und Daten gesammelt wurden, die sich mit bestimmten lokalgeschichtlichen Ereignissen verbinden. In den allermeisten Fällen bestehen solche Lokalgeschichten ausschließlich aus solchen Listen, in denen sich – ebenfalls ohne jeden Kommentar oder Erläuterung – nur Daten und Namen aufgeführt finden, genau so also, wie sich uns die didaskalischen Monumente präsentieren. Man kann diese Monumente ohne Bedenken gleichsetzen mit der Art von Geschichtsschreibung, wie sie die Lokalhistoriker Attikas betrieben. Über dieses Verständnis von Geschichtsschreibung gilt es Genaueres ausfindig zu machen.

Ich stütze mich in meiner Interpretation der Vorgehensweise dieser Regionalgeschichten vornehmlich auf ein Bändchen des in einem anderen Zusammenhang bereits genannten Historikers Paul Veyne mit dem Titel: *Glaubten die Griechen an ihre Mythen?*[24] Er behandelt da die Geschichtsschreibung im allgemeinen unter dem Aspekt der Wahrheits-Erwartungen, denen die Historiker bemüht sind gerecht zu werden, bzw. die ein Leser an eine Geschichtsdarstellung heranträgt. Es geht ihm darum, diesen einen, trügerischen Begiff »der« (historischen) Wahrheit zu pluralisieren, indem er zu zeigen versucht, daß es im Lauf der Geschichte ganz unterschiedliche »Wahrheitsprogramme« gab, von denen abhängt, *welche* Wahrheit der Geschichte dargestellt werden soll oder zu lesen erwartet wird. (Es können solche verschiedenen Wahrheitsprogramme zu ein- und derselben Zeit nebeneinander bestehen, nämlich in verschiedenen Gattungen der Aussage. Wir etwa erwarten eine andere Wahrheit von den professionellen Historikern als von den Journalisten und wieder eine andere Wahrheit von einem Roman oder einer Theateraufführung – eine bestimmte Wahrheit erwarten wir aber allemal.) Wobei Paul Veyne die These vertritt, daß das Wahrheitsprogramm, das der antiken Geschichtsschreibung zugrunde liegt und es von anderen Wahrheitsprogrammen, darunter dem der wissenschaftlichen Geschichtsschreibung im modernen Verstande, fundamental unterscheidet, eng zusammenhängt mit mythischem Denken. Wenn ich also in meinen Bemerkungen zu Teilbereichen der antiken Historiographie Paul Veyne folge, so frage ich, wie er, unter einem eingeschränkten Blickwinkel. Die Form der antiken Geschichtsschreibung interessiert hier nur, soweit es um ihr Verhältnis zum Mythos geht.

Der Vergleich aber setzt zunächst einmal eine dreifache Differenzierung voraus. Erstens muß man sich das »moderne«, mit der historischen Schule auftretende Verständnis von Geschichtsschreibung in ihrem besonderen Verhältnis zu den »Quellen« vor Augen führen.[25] Im modernen Verstande unbedingt zu unterscheiden ist die – eben mit diesen Quellen gegebene – Materialbasis, auf deren Grundlage ein Historiker seine Geschichte schreibt, von dieser Geschichte selbst. Eine solche Geschichte bietet sich also als ein Zusammenhang dar, der sich unterscheidet von dem nur durch das äußerliche Band der Chronologie (oder andere formale Ordnungskriterien) zusammengehaltenen Quellenmaterial, das an sich in gewisser Weise zusammenhangslos ist. Ausgehend von diesem Material, erzählt der Historiker seine Geschichte, »wie sie eigentlich gewesen ist«, und diese Erzählung kommt als Schlußfolgerung unter anderem aus diesem Quellenmaterial zustande (neben anderen Voraussetzungen, von denen die erzählte Geschichte abhängig ist und die in den Begriffen liegen, die der Historiker vom Menschen, vom Staat, vom Krieg, von Kultur und Gesellschaft etc. hat). Jedenfalls: Zu trennen bleibt die Sammlung der Quellen mit dem ihr eigenen Ordnungsprinzip – der Addition, die an sich nicht aussagekräftig ist – und der (unter anderem daraus erarbeitete) Zusammenhang, als den der Historiker seine Geschichte (versteht und) erzählt und dem allein Aussagekraft zukommt.

Ein weiteres kommt im modernen Verständnis hinzu. Die Quellen dienen hier nicht nur als Material, sondern auch als Beleg. Quellen und Quellenkritik gehören ebensogut zusammen wie beide mit der vor den Augen der Leser geführten Quellendiskussion, mittels derer der Historiker dem Leser Argumente für die Beweiskraft, für die Wahrheit oder Wahrscheinlichkeit des von ihm erarbeiteten Zusammenhangs der Begebnisse und ihrer Beweggründe an die Hand gibt. So sind wir das, seit Ranke, gewohnt – als unabdingbare Notwendigkeit jeder wissenschaftlichen Verfahrensweise der Geschichtsschreibung. Im Fußnoten-»Apparat« werden – dazu ist er da – Quellen geprüft, primäre von sekundären, echte von unechten, zuverlässige von weniger zuverlässigen geschieden, Zusammenhänge oder Widersprüche verschiedener Quellen behandelt, Lösungen für etwaige Ungereimtheiten oder Widersprüche vorgeschlagen usw. usf.

Ein solch methodisch bestimmtes Vorgehen, in dem Geschichtserzählung und ihr Material in einen permanenten (Rück-)Bezug von Indiz, Behauptung und Beleg gebracht werden, bedingt eine erste Differenzierungsnotwendigkeit. Die Unterscheidung von Material und Erzählung ist nämlich durchaus auch für die Art von »Geschichte« zu treffen, wie sie Aristoteles etwa in der *Poetik* darbietet, wo er die geschichtliche Entwicklung der Tragödie darstellt. Denn die Urkundensammlungen, die er zusammenträgt, dienten – im Rahmen des *peripatos* und der dort betriebenen philosophischen und kulturgeschichtlichen Studien – durchaus als Quellenbücher, aus denen historische Beispiele herbeizitiert werden für einen ganz bestimmten Ablauf oder einen Zusammenhang, den Aristoteles etwa in dieser Schrift über die Dichtkunst für die Rekonstruktion des Werdegangs der Tragödie für wesentlich erachtet. Das ist auch der Fall in seiner erwähnten Schrift über den *Staat der Athener*, auch hier wurden auf die Verfassungsgeschichte Athens bezügliche Archivdaten vorab gesammelt und aufgelistet, aus denen sich die Darstellung, die Aristoteles von dieser Verfassungsgeschichte gibt, wann immer es nötig war, bediente.

Freilich, eine solche Unterscheidung von Quellensammlung als »Materialbasis« einer »Geschichte« (im ersten Fall: der Tragödie, im zweiten Fall: der *polis* und ihrer Verfassungsgeschichte) und der erzählten Geschichte selbst, die man auch – wie zu sehen war – für die moderne Geschichtswissenschaft treffen muß, bedeutet noch lange nicht, daß Aristoteles etwa ein Historiker im modernen Sinne gewesen wäre (wie Wilamowitz dies nach anfänglichen Zweifeln an der Zuverlässigkeit der aristotelischen Schriften später fest glaubte). In der *Poetik* und anderen seiner Geschichtsbücher kennt Aristoteles gerade den für den modernen Historiker so ausschlaggebend wichtigen *kritischen* Gesichtspunkt der Quellenauswertung und -prüfung nicht.[26] Daß auch bei ihm ein Unterschied zu machen ist zwischen einer »Quellensammlung« einerseits – mit der ihr eigenen, nur additiven Ordnung der Elemente, eben der Aufzählung von Namen und Daten – und der erzählten Geschichte andererseits, in der die Quellen erst in einen aussagekräftigen Zusammenhang gestellt werden, dieser Umstand allein sagt deshalb noch gar nichts, wenn man das Verhältnis seiner Darstellungsweise zur modernen Geschichtswissenschaft bestimmen will. Das *Prinzip* der Quellenauswahl und Quellenbehandlung, die *Methode*, urkundliche Angaben und erzählte Geschichte aufeinander zu beziehen, ist in beiden Fällen ganz und gar unterschiedlich; wir werden uns – im Blick auf die historischen Aussagen, die die *Poetik* über die Enstehung und Entwicklung der Tragödie trifft – mit diesem eigenartigen Prinzip noch ausführlich auseinanderzusetzen haben. Festzuhalten bleibt an dieser Stelle: Es ist ein Unterschied zu machen zwischen der modernen Geschichtsschreibung und ihrem Quellenverständnis auf der einen und der aristotelischen Geschichtsschreibung und ihrem Quellenverständnis auf der anderen Seite, und dieser Unterschied liegt eben in dem jeweils sehr andersartigen *methodischen Umgang* mit den »Quellen« begründet.

Beides, was bislang unterschieden wurde – modernes und aristotelisches Verständnis von Geschichtsschreibung – ist nun aber zu sondern von einem dritten. Von einem Verständnis von »Geschichtsschreibung« nämlich, wie es den Daten- und Namenslisten der Atthidographen und damit auch den didaskalischen Listen zum Theater zugrundeliegt. Hier ist also die letzte, für unseren Zusammenhang entscheidende Differenzierung nötig. Solche Listen sind nämlich in ihrem Selbstverständnis durchaus schon Geschichtsschreibung, und darin unterscheiden sie sich nun von dem modernen und dem aristotelischen Verständnis gleicherweise. Solche Listen treffen die Scheidung von Quelle und Auswertung, die konstitutive Trennung der Ordungskriterien von Addition hier und Zusammenhang dort, die Hierarchie zwischen Material als Basis für eine Aussage und dieser Aussage selbst eben nicht. In dieser Sorte Geschichtsschreibung fällt zusammen, was in den beiden anderen (wenn auch aus unterschiedlichen Gründen) zu differenzieren war. Was dort als »Quelle« der »Erzählung« entgegenzuhalten ist,

ist hier gleichbedeutend, so daß die Ordnung der Addition, die pure chronologische Zusammenstellung, schon der *Zusammenhang selbst* ist, um den es geht: in der Reihung liegt bereits die eigentliche Aussage.

Die Didaskalien, das »Material«, in dem sich das attische Theater für die moderne Historiographie unmittelbar historisch bezeugt, hatte im Verständnis derer, die solche Listen anlegt haben, mit Quellensammlung im Sinne des Positivismus also rein gar nichts zu tun. Sie waren, von ihrer eigenen Logik her genommen, eben schon durchgeführte Geschichtsschreibung und nicht etwa deren »empirische« Basis. Und daß sie das nicht waren und nicht sein konnten, eint sie wiederum mit anderen Formen antiker Historiographie. Nach der in der ganzen Antike herrschenden Vorstellung von der Arbeit des Historiographen konnten die in den Listen erfaßten Daten deshalb nicht zur empirischen Grundlage von Geschichtswerken wie denen des Aristoteles (aber auch des Herodot oder des Thukydides) taugen, weil ein Begriff historischer Empirie im modernen Sinne in den Denkweisen der antiken Historiographen vollständig fehlt. Der Geschichtsschreiber interessierte sich nicht für Fakten, oder besser: Er wußte überhaupt nicht, was Fakten sind. Grob, aber deutlich gesprochen: Die historische Wahrheit, auf die er abzielte, kannte keine Scheidung von bloßen Vorstellungen über historische Abläufe, von Erzählungen, die darüber kursierten, mochten sie wahr oder falsch, besser: mochten sie richtig oder irrig sein – und daß sie möglicherweise falsch waren, konnte zugestanden werden –, und etwaigen Tatsachen. Mit Selbstverständlichkeit umfaßte diese eigenartige Wahrheitsvorstellung beides zugleich und zusammen.

Das wird plausibel mit Blick auf das besondere Verhältnis, in das sich die antiken Geschichtswerke zu den seit alters her erzählten Geschichten über die Zeit der Götter und der Heroen zu setzen begannen, von denen alles Spätere abstammte. Solche Art der ältesten Überlieferung wollte schon den Frühesten, die sich der *historia*, also der *Erkundung* der Geschichte zuwandten, plötzlich irgendwie »mythisch« vorkommen. Denn das mythische »Wort« war in der Zeit, um die es hier geht, also spätestens seit dem fünften, vollends im vierten Jahrhundert, nicht mehr absolut und uneingeschränkt gültig. Zu dieser Zeit war das »Wort« des *mythos* schon aus der Mitte des Denkens (und des Lebens) der Griechen herausgerückt, so daß es seine ehemals zentrale Stellung längst verloren hatte, und zwar zugunsten einer Polarität des mythischen zu einem neuen »Wort«, einer neuen Erzählung, zum *logos* nämlich. Diese neu aufgekommene Sprechweise aber hatte den *mythos* eigentlich erst zum *mythos* gemacht, indem sie ihn zum anderen ihrer selbst hat werden lassen. Das ist das Merkwürdige an diesem Vorgang: Als er *historisch* auftritt, kommen »mythische« Denk- und Sprechweisen bereits als Gegensatz zum »logischen« Denken und Sprechen vor. Dieser Gegensatz also ist schon eine Erfindung der Griechen, und sie datiert schon lange vor dem fünften Jahrhundert. Das aber ruft für uns, für unser Verständnis dessen, was Mythos ist oder sein kann, und für unser Verständnis dessen, was die Griechen unter »mythisch« verstanden, einige charakteristische Probleme hervor, weil sie eben für das eigenartige Verhältnis dessen, was für uns der »Mythos« ist und was für die Griechen ihre *historia* in Relation zu den *mythoi* war, ausschlaggebend wichtig sind.

Jedenfalls: Der *mythos* für sich selbst genommen weiß nicht, daß er *mythos* ist – er besitzt kein Selbstverständnis. Anders gesagt: Bevor es den *logos* gibt, gibt es keinen *mythos*. Noch anders gesagt: Es gibt – auf die Verwendungsweisen dieses Ausdrucks im griechischen Altertum gesehen – keinen positiven Begriff des *mythos*. Daß er *mythos* ist, das wird dem *mythos* eben erst vom *logos* gesagt, zugeschrieben. Sobald ihm das durch den *logos* zugeschrieben wird, begegnet er aber als etwas Negatives – als das *andere* nämlich der »Vernunft«, als das andere des *logos*.[27] Das aber begründet eine Schwierigkeit, überhaupt über »den« Mythos im alten Griechenland zu sprechen. Denn die Griechen haben ihn nicht etwa definiert, sie hatten keine Vorstellung vom Mythos, so wie wir ihn – durchaus sehr unterschiedlich – verstehen – als Denkform etwa oder als bestimmte Form der Erzählung. Dieser Ausdruck *mythos* wird von griechischen Autoren für alles mögliche verwendet: für Theogonien, Kosmogonien, Genealogien – also für die Ursprungserzählungen der Götter, der Welt, der Heroen –, genauso aber auch für Fabeln, Ammenmärchen, moralische Sprüche oder Sprichwörter. All das wird in griechischen Schriften als *mythos* bezeichnet, und das bedeutet immer etwas Abwertendes. Damit wird gesagt, daß solches unstimmig, absurd, eben »unvernünftig«, nicht-»logisch« ist, weil es eben nicht mit dem *logos* in Übereinstimmung steht und seinen Anforderungen an Wahrheit oder Wahrscheinlichkeit nicht entspricht. (Wenn wir uns – beginnend mit dem nächsten Kapitel und auf dem Hintergrund der Geschichte der Mythographie – einen Begriff des Mythos erarbeiten werden, dann müssen wir uns deshalb immer darüber bewußt sein, daß es sich um ein Konstrukt handelt, das nur bestimmte Muster in bestimmten Denk-, Vorstellungs-, Sprachstrukturen beschreiben kann, die wiederum selektiert werden müssen aus all dem vielen anderen, das die Griechen selbst auch noch als *mythos* oder besser: als mythisch bezeichnet haben. Es kann sich da nur um ein aus diesem verzweigten Material herauspräpariertes Denk-, Sprach-, Vorstellungsmuster handeln, das als Hypothese nur hypothetische Aussagen erlauben wird, was aber dennoch aufschlüsselnde Kraft zum Verständnis bestimmter Seiten dieser Kultur und dieses Theaters haben kann, die ohne solche Hypothese unverständlich bleiben müßten.)

Die Anhänger des *logos* – und das waren, wenn auch in durchaus unterschiedlichem Grade, alle Geschichtsschreiber, auch die Lokalhistoriker – standen jedenfalls dem *mythos*, dem alten Wort, mit einiger Skepsis gegenüber. Für sie schon hatte dieses Wort von den *mythoi* einen Beiklang, der verdächtig war. Und solche Skepsis betraf nun auch – neben vielem anderen – die seit Generationen tradierten Erzählungen über die ältesten Zeiten, über die Herkunft der Griechen und ihrer Sitten also. Diese Erzählungen rankten sich um alle Naturerscheinungen – Berge, Flüsse, Quellen, Bäume – ebenso wie um sämtliche Bräuche oder Einrichtungen aller Orte in Griechenland. Sie waren allesamt in ein- und dieselbe Form gekleidet (die ich später als eigentlich mythisch ansehen werde, die Griechen eben noch nicht). Sie erzählten nämlich von der *Gründung* dieser Bräuche und Einrichtungen durch Götter, Heroen oder Könige (wie Theseus, dem »ersten Athener«, der Attika geeint und Athen zur Vormacht darin erhoben hatte). Der Mythos gibt sich stets als Bericht vom Ursprung, von dem er ganz exakte Beschreibungen liefert. Alles, was für die Gründungsakte wichtig war, die Namen der Gründerväter und ihre Familienverhältnisse, die Ereignisse, an denen sie beteiligt waren, und die Orte, an denen diese Ereignisse stattgefunden hatten, war mit Präzision angegeben.

Bis dahin hatte eine solche Form der Überlieferung in Erzählungen unbedingtes Vertrauen genossen, fraglose Autorität und Überzeugungskraft besessen. Nun aber – auf dem Hintergrund der Schrift und des *logos* – kam ein Verdacht auf, der eben mit dem Aufkommen dieser neuen »Kulturtechniken« zusammenhängt. Mit der Schrift kam auch das Mißtrauen gegen alles Nicht-Schriftliche auf, also auch gegen alles nicht-schriftlich Tradierte (und solche Ursprungserzählungen entstammten ja der mündlichen Weitergabe von alters her, sie gehörten einer Kultur der Oralität an, einer konstitutiv anderen also). Mit dem *logos* wurde die Vermutung in die Welt gesetzt, allüberall könnte »Unlogisches« am Werk sein. Da dieser Verdacht so umfassend war, mußte er sich zwangsläufig auch gegen die Erzählungen von der Herkunft einzelner Städte, Institutionen, Bräuche usw. richten. Dieser Verdacht, das muß man sich immer vor Augen halten, ging nicht etwa dahin, diese Erzählungen könnten als ganze »Mythen« sein; einen solchen Begriff des Mythos gibt es eben im griechischen Denken nicht. Wohl aber erweckte er den Gedanken, diese Erzählungen könnten sehr wohl Mythisches, *mythoi*, enthalten.

Wobei es auch einen ganz besonderen Verdachtsgrund gab, der Anstoß erregte. Etwas fehlte nämlich regelmäßig in den Angaben dieser Erzählungen, die sonst so detailliert waren. Namen, Ereignisse, Orte waren akribisch angegeben, auffälligerweise nur eines nicht – die Zeit, in der sich das Berichtete zugetragen hat. Sie gehörte offensichtlich einer anderen Temporalordnung an, die mit den Maßstäben gewöhnlicher Erfahrung nicht zu messen war. Die Ursprünge lagen – diesen alten Erzählungen zufolge – stets im Unvordenklichen, von dem man seit jeher nur sagen hörte. Sehr deutlich fallen sie im mythischen Bericht mit einer puren rhetorischen Konvention zusammen, mit der stereotypen Eröffnung jeder mythischen Rede, dem »Einstmals«, mit dem alle Erzählungen beginnen, weil in ihm alles begonnen hatte. Das war eine Zeit vor der Zeit, eine Zeit anderer Qualität, als es die Zeit der menschlichen Erfahrung ist. Eine Zeit im Irrealis sozusagen, in der Götter, Heroen und Fabelwesen, halb Mensch, halb Tier – solche Wesen also, von denen die Menschen zu ihrer Zeit nicht mehr viele zu Gesicht bekamen –, auf der Erde wandelten, eine Zeit, in der das Wünschen noch geholfen hat, in der Menschen, wie Herakles, mit übermenschlichen Kräften begabt waren und anderer Unmöglichkeiten mehr. Es ist die Zeit einer Ewigkeit, was in sich selbst schon paradox ist, noch unmöglicher aber, weil diese Ewigkeit als eine vergangene gedacht werden mußte.[28]

Diese Irrealität der mythischen Zeitbestimmung wurde, als sich ein erstes »historisches« Bewußtsein zu regen begann, als Problem und als Störung empfunden. Den mythischen Legenden, die keinen anderen Wahrheitsanspruch erhoben als den, der im schieren Glauben an die Ursprungserzählungen bestand, setzten die ersten Geschichtsschreiber den neuen Anspruch des *logos* entgegen, die einfache, aber nicht selbstverständliche Forderung, daß jeder Aussage eine Realität entsprechen muß. Weiter, und das ist das Entscheidende: Diese Wirklichkeit muß dem Kriterium der Homogenität der Zeit genüge tun, sie hat voll und ganz der menschlichen Zeiterfahrung zu korrespondieren. Damit stellten die Historiker die allein auf das Hörensagen begründete Autorität des Mythos in Frage, die der »Urzeit« gegenüber auf naives Vertrauen und blinden Glauben verpflichtete, und machten dergestalt aus einer Glaubensfrage eine Frage nach der *Wahr-*

heit der Überlieferung. Nicht mehr als dies – folgt man Veyne – beinhaltet die Wende von dem, was wir als Mythos begreifen, zur *historia.* Freilich taten die Historiker in ihren Werken – nach unseren Begriffen – nichts anderes, als, recht umstandslos, aus dem alten Glauben eine neue Wahrheit zu verfertigen. Der Mythos wurde nämlich keineswegs in Bausch und Bogen verworfen (was man auch nicht konnte, weil man ihn nicht kannte). Man betrachtete diese Erzählungen vielmehr – das ist also schon ein sehr früher, im 19. Jahrhundert dann wieder auf breiter Front reaktualisierter Gedanke – als durch ausschweifende Phantasien verformte lokale Überlieferung, deren Kern freilich nicht anzuzweifeln war. Dieser phantastische *Zusatz* galt als das Mythische an und in der alten Überlieferung. Man ging nun davon aus, die Erzählungen seien vom Mythischen zu reinigen. Wobei man der festen Überzeugung war: In der phantastischen Verpuppung der Fabel verbarg sich eine historische Wahrheit – und sich ihrer zu versichern, wurde nunmehr zum, allerdings höchst eigenartig betriebenen, Geschäft der Historiker vom Schlage der Atthidographen.

Die Auffassung vom historischen Kern der Legenden erlaubte es den Regionalhistorikern, die Kritik der Mythen in praxi als Historisierung der in den alten Geschichten tradierten Erzählungen zu betreiben. Es ging darum, den sagenhaften Personen und den in den Legenden berichteten Ereignissen einen Platz in der Zeit anzuweisen. *Dazu* also wurden die vielfältigen Listen mit Namen und Daten (von Königen und Archonten) angefertigt, eine lückenlose Folge, an der nichts anderes interessant war als die Lückenlosigkeit selbst. Die notwendige bruchlose Verkettung herzustellen fiel für die historische Zeit, das heißt für die Zeit, nach der sich – seit dem achten Jahrhundert – die Schrift verbreitet hatte, leicht. Seitdem gab es die Aufzeichnungen der Tempel, der Feste, der Orakel, der Städte. Darüber hinaus waren für die Zeit unmittelbar vor dem Aufkommen der Schrift noch Erinnerungen mündlich tradiert und dann nachträglich – in Gestalt der Genealogien von Familien, Priestern, Amtsinhabern usw. – aufgezeichnet worden. Insofern verfügte man über Angaben bis zurück etwa zum Jahr 900 vor Christus, die man nur zusammenzustellen hatte. Alles, was davor war, aber lag im Dunkeln. Mit dem Untergang der mykenischen Kultur um 1200 v. Chr. hatte das – heute so bezeichnete – »dunkle Zeitalter« begonnen, von dem den Griechen des fünften und vierten Jahrhunderts nichts mehr bekannt und überliefert war. Hier begann also die Schwierigkeit.

Daß man sie bewältigen wollte und wie man sie bewältigte, ist nun aber ein eindrucksvoller Beweis für die eigentliche Aufgabenstellung, an der die Lokalhistoriker arbeiteten. Um so weit wie möglich zurückzukommen in der Reihe der Namen und Daten, *mußte* die durch die dunkle Zeit klaffende Lücke geschlossen werden, und dazu bediente man sich nun allzu offensichtlicher Tricks und Schliche. Man begann, Namen zu erfinden – durch Allegorisierung geographischer Gegebenheiten etwa, indem man Bezeichnungen von Bergen oder Flüssen personalisierte –, und man dehnte ganz einfach die Recheneinheiten aus, damit ein Name mehr Zeit für sich in Anspruch nehmen und umspannen konnte: Eine Generation wurde nun nicht mehr mit dreißig, sondern mit vierzig Jahren berechnet.[29] Man ersieht daraus das methodische Prinzip, das Darstellungsmuster dieser Arbeiten zur Geschichte, welches das ihnen zugrundeliegende »Wahrheitsprogramm« verrät. Den Listen ging es einzig und allein um die bruchlose Kontinuität in den Angaben der Namen und Daten selbst und darum, diese Kontinuität so weit wie möglich in die Zeit zurück zu verlegen.

Die dem Vertrauen auf die pure Kontinuität innewohnende Intuition ist einfach. Wenn die historische Wirklichkeit nämlich durch eine bruchlos zu belegende Reihe von Personen und Ereignissen zu dokumentieren war, dann mußte auch ein Vorher existiert haben, von dem lediglich keine dokumentarischen Nachrichten mehr erhalten sind. Da Geschichte sich nicht aus sich selbst zeugen kann, steht fest, daß dieses Vorher auch wirklich war. Anzunehmen ist also erstens, daß die Mythen die spezifische Form der Nachrichten über dieses Vorher darstellen. Da weiterhin feststeht, daß diese Vor-Zeit so wirklich war wie die historische Reihe, die bis zurück an ihre Schwelle führte, mußten folglich auch die Berichte von den Ursprüngen selbst wahr sein.

So stellte man im Wortsinn eine Verbindung her zum Mythos, indem man die Zeit der Sage der historischen Zeit homolog werden ließ. Das »Einstmals«, die rhetorische Figur der Erzähler, wurde dadurch zur Vorvergangenheit, die selbst zwar nicht mehr in Daten zu erfassen, aber deshalb wahr, das heißt wahrscheinlich war, weil das *Fortwirken* der Ursprünge, Gründungsakte und Familiengeschichten der sagenhaften Heroen in der zur historischen Zeit dokumentierten, ununterbrochenen Reihe von Personen und Ereignissen bezeugt ist. Historisierung, so verstanden, hieß also nichts anderes als Rationalisierung und damit Rechtfertigung dessen, was wir als Mythos verstehen.

Das aufgehäufte Datenmaterial diente dem Historiker demzufolge ausschließlich dazu, im nachhinein und genauer noch *durch* das

Nachhinein die Wahrheit der mythischen Erzählungen zu beglaubigen. Wohingegen (und weshalb) man ihr »Erzählmuster« selbst unangetastet lassen konnte – durch die ganze Antike hindurch blieb Geschichtsschreibung im wesentlichen identisch mit der Erzählung vom Ursprung. Der so in den Listen »historisch« abgesicherte Mythos – und diese Absicherung durch Datenreihung war eben ihre Aufgabe – galt auch in der »erzählten« Geschichte als im tiefsten Grunde historische Größe.[30]

Um wahrscheinlich zu machen, daß der Mythos nicht die Legende über eine irreale Vor*zeit* ist, sondern die eigentümliche Form des Berichts über eine Vor*geschichte* – über die es nur keine Daten in den Archiven mehr gibt, weil es damals eben keine Archive gab –, dazu also dienten die lückenlosen Listen mit Namen und Daten, gleich ob sie in Archiven festgehalten oder, was häufiger vorkam, in alten Erzählungen gefunden und kurzerhand historisiert worden waren. Diese Namen und Daten spielten für den Geschichtsschreiber mithin ausschließlich dann und nur so insoweit eine Rolle, als sie in das für die Form aller »historischen« Berichterstattung geltende, immergleiche Erzählmuster zu integrieren waren. Geschichte fiel auf diese Weise in eins mit einer Reihe von Genealogien. Eine Institution oder ein Brauch wurden so weit wie möglich in Richtung auf die ihnen zugrundeliegenden Ursprünge zurück verfolgt – damit war die Arbeit getan. Alles weitere, wirklich Wichtige, hatte der Mythos – der Bericht aus der vorgeschichtlichen Zeit – schon gesagt: Das konnte, so wie es gesagt war, übernommen werden.

Im tiefsten Grunde ging es freilich darum, sich der eigenen Herkunft, des eigenen Ursprungs zu versichern. Dies stand den Athenern recht eigentlich vor Augen, wenn sie die Listen der Lokalgeschichte – und zu denen gehören die Didaskalien – in ihrer Heimatstadt als steinerne Monumente betrachten konnten. Statt daß sie wissenschaftliches Material im modernen Sinne bieten, sind sie also, recht betrachtet, eher eine Funktion des Gegenteils dieses Wissenschaftsverständnisses, des mythischen Denkens nämlich – in unserem, nicht dem griechischen Verstande. Diese Listen sind, des näheren betrachtet, Ausfluß einer »ursprungsmythologischen Bewußtseinhaltung«, von der später noch Genaueres zu sagen bleibt.

Das heißt, auch dann, wenn es sich – wie im Fall des Theaters – nicht darum handelte, die Wahrheit eines Schöpfungsmythos zu begründen, sondern darum, eine wesentlich jüngere, in der Zeit der Geschichte gelegene Entwicklung darzustellen, wurden Namen und

Daten nur aufgrund ihres funktionellen Werts zu Größen, mit denen der Historiker operieren konnte: Wenn sie sich nämlich als Konstruktionselemente für eine Genealogie gebrauchen ließen. Von wirklichem Belang war dagegen auch hier nur der Anfang einer Entwicklung, in dem ihre *arché*, das ihr zugrundeliegende und sich in ihr durchhaltende Prinzip, gefunden wurde. Nicht für mehr, als um dies in seiner Existenz zu beglaubigen, konnten die Daten- und Namenslisten gute Dienste tun: Sofern sie die Kette zurück bildeten, in diesem Fall nicht zum mythischen Vorher, sondern lediglich zum ältesten Namen, der mit der Institution, um deren Geschichte es ging, oder einer ihr später zugefügten, auffälligen Neuerung verbunden werden konnte.

Hier liegt die Erklärung dafür, warum etwa die Angaben von Daten in den didaskalischen Listen und in den Geschichtsdarstellungen, wie in der Euripides-Biographie des Satyros, divergieren können. Die Zusammenstellung des Namen- und Datenmaterials galt eben als eigenes Geschäft des Historikers, welches mit dem anderen – die Geschichte selbst in ihrem Verlauf und in ihren Umständen zu erzählen – nicht viel zu tun hatte. Hier wurde sozusagen nur die sichere Grundlage geschaffen, die dazu nötig war, unbeschwert erzählen zu können. Hier wurde nämlich der Wahrscheinlichkeitsbeweis dafür angetreten, daß der Mythos keine reine Erdichtung war, sondern als Bericht von einer vorgeschichtlichen Wirklichkeit genommen werden konnte, der deshalb, so wie man ihn sich seit alters her erzählte, auch in »wissenschaftlich« historischen Werken wiederholt werden konnte.[31]

So kommt es, daß dem modernen Historiker die Darstellungen, in welchen die Angaben der Didaskalien erläutert und zu aussagekräftigen Indizien für historische Vorgänge verarbeitet wurden und dergestalt der nackten, unerläuterten Faktizität von Namen und Daten allererst einen Sinn verleihen, stets in Form des – als historischer Bericht getarnten – Mythos entgegentreten. Das zeigt sich auch und vor allem auf dem Gebiet des Theaters. Davon zeugt bereits die Erzählform der Berichte darüber. Wie gesagt: Der Mythos, so wie ich ihn verstehen werde, ist zuerst und vor allem Ätiologie, Bericht von der Gründung einer Institution, Bericht vom Ursprung. Auffällig ist nun aber eben dies: Keine antike Geschichte des Theaters präsentiert sich anders als eine von vielen, und zwar (das kompliziert die Sache, man wird es sehen) ganz unterschiedlichen Erzählungen über seine Ursprünge.

Die *Poetik* des Aristoteles

Um Ursprünge geht es denn auch in der klassischen Darstellung, die Aristoteles in der *Poetik* von der Geschichte der Komödie und insbesondere der Tragödie gibt. Dieser Schrift liegt ein auf bestimmte, für die aristotelische Schule charakteristische Weise modifiziertes mythisches Denken zugrunde, das ihre für den modernen Leser auffällige und verwirrende Darstellungsform begründet, nämlich: das Ineinander der streng systematischen Teile, in denen aus Gattungsbegriffen bestimmte normative Aussagen über die einzelnen poetischen Gattungen abgeleitet werden, und den einzelnen, präzisen, erkennbar auf die didaskalischen Urkunden zurückgehenden Angaben zur geschichtlichen Entwicklung der Gattungen. Es stellt sich also die Frage: Wie geht man in solchen geschichtlichen Darstellungen wie der *Poetik* des Aristoteles, die sich mit der Entwicklung des Theaters beschäftigen, eigentlich genau mit den didaskalischen Daten um, wozu werden sie hier herangezogen? Wo liegt die Eigenart der aristotelischen Geschichtsschreibung des Theaters? Inwiefern und inwieweit kann sie eine »Quelle« für uns sein?

Zunächst einmal ist die *Poetik*, unangesehen der eigenartigen Methode, die ihr zugrunde liegt, tatsächlich verwirrend uneinheitlich. So stehen etwa für die Beweisführung eng zusammengehörige Gedanken an weit auseinanderliegenden Stellen, andererseits sind Argumente, die wenig miteinander zu tun haben, in engste Nähe zueinander gerückt, eher am Rande Liegendes wird ausführlich, zum Teil überpenibel genau erläutert, Zentrales dagegen in lapidaren Notizen, ganz fragmentarisch abgehandelt. Verantwortlich dafür ist freilich nicht Nachlässigkeit oder unsauberes Denken. Die in vielen Einzelheiten uneinheitliche Gliederung und der oft durch willkürliche Einschübe unterbrochene Argumentationsgang erklären sich, modern gesprochen, aus der Textsorte, welcher die *Poetik* zuzurechnen ist. Sie gehört nicht zu den für die Lektüre bestimmten, sogenannten exoterischen Schriften des Aristoteles, die als »Bücher« ediert wurden. Sie zählt vielmehr zu den esoterischen (*akroamatischen*), nur zum internen Gebrauch der Schule gedachten Schriften. Das heißt, sie liegt uns in Gestalt eines Vorlesungsmanuskripts vor, aus dem Aristoteles seinen Schülern direkt vorgetragen hat. Es handelt sich bei diesem Text also eher um eine Argumentationsskizze und Gedankenstütze für die im mündlichen Vortrag zu ergänzenden Ausführungen.

Allerdings wohnt, bei aller Uneinheitlichkeit im einzelnen, der Gliederung im Ganzen eine erkennbare Systematik inne. Deutlich läßt sich ein allgemeiner Teil, der die Kapitel 1 bis 5 umfaßt, von einem spezifischen Teil unterscheiden, der vom Kapitel 6 bis zum letzten, dem 26. Kapitel reicht. Der allgemeine Teil ist wiederum zweifach untergliedert. In den Kapiteln 1 bis 3 werden eine Definition dessen gegeben, was als Poesie zu bezeichnen ist, und die Unterscheidungsmerkmale der poetischen Gattungen genannt. In den Kapiteln 4 und 5 geht es zunächst einmal um die anthropologische Grundlegung der Poesie, das heißt um ihre Herleitung aus einer natürlichen Anlage des Menschen, und um die Rekonstruktion der Entwicklungsgeschichte der einzelnen poetologischen Gattungen, insbesondere von Tragödie und Komödie. Wenn diese historischen Angaben, die Aristoteles über die Theatergeschichte gibt, im einzelnen sehr beliebig gewählt erscheinen, an sich kaum einen Entwicklungszusammenhang erkennen lassen, so haben sie im methodischen Aufbau seiner Schrift doch einen genauen, systematisch bestimmten Ort. Offensichtlich sollen sie, betont an ihr Ende gerückt, die begrifflichen Angaben über das, was die Poesie und ihre Gattungen definiert, in bestimmter Weise ergänzen, komplettieren und auf ein historisches Fundament stellen.

Werkpoetik: Der allgemeine Teil

Gleich der erste Satz der Schrift nimmt, ohne Präliminarien und einleitende Umstände, den Untersuchungsgegenstand, den sich Aristoteles vorgenommen hat, in den begrifflichen Zirkel und liefert eine Definition der *poesia* [32]:

> »Von der Dichtkunst selbst und von ihren Gattungen, welche Wirkung eine jede hat und wie man Handlungen zusammenfügen muß, wenn die Dichtung gut sein soll, ferner aus wie vielen und was für Teilen eine Dichtung besteht, und ebenso auch von den anderen Dingen, die zu demselben Thema gehören, wollen wir hier handeln, indem wir der Sache gemäß zuerst das untersuchen, was das erste ist.« [33]

Das erste aber ist – die Dichtkunst selbst, das Primäre ist, modern gesagt, ihr Wesen. Und mit der Bestimmung, die Aristoteles von ihr gibt, weicht er ganz entschieden von Definitionen ab, die man davor gewöhnlich gegeben hatte. Es hatte die Konvention geherrscht, die *poesia* ganz an die Sprache zu binden, zuvor und vor allem natürlich an versifizierte Sprache. Dichtkunst, das war die verbreitete Ansicht, ist jede sprachliche Äußerung, die in Versform vorliegt. Diese Definition schloß einerseits ein, daß etwa auch naturwissenschaftliche Abhandlungen, die in Form von Lehrgedichten abgefaßt sind, wie etwa die Schriften des Empedokles, zur Dichtkunst gehören. Andererseits schloß sie aus, daß Werke mit nicht-versifizierten Partien – und dazu gehören etwa bestimmte Schauspieler-Partien von Tragödie und Komödie – zur Dichtkunst hinzuzuzählen sind. Aristoteles läßt nun in seiner Definition der Dichtkunst das bislang ausschlaggebende formale Charakteristikum – die Versform der Sprache – und überhaupt alle formalen Bestimmungen beiseite und bestimmt das Wesen der Poesie nach einer ganz anderen Hinsicht. Er versucht es nämlich im Blick auf das Verhältnis eines Dichtwerks zu seinem Gegenstand herzuleiten:

»Die Epik und die tragische Dichtung, ferner die Komödie und die Dithyrambendichtung sowie – größtenteils – das Flöten– und Zitherspiel: sie alle sind, als Ganzes betrachtet, Nachahmungen.«[34]

Die Beschränkung auf Sprache und Vers als definitorische Elemente der Poesie ist hier konsequent aufgegeben. Poesie wird vielmehr einzig und allein als Nachahmung – als *mimesis* – bestimmt. Alles, was Nachahmung ist (und dann weitere, bestimmte Bedingungen erfüllt), ist Dichtkunst zu nennen. Das ergibt gegenüber der früheren Einteilung neue Einschränkungen und Erweiterungen, die Aristoteles in der Aufzählung der zur Poesie gehörigen Gattungen dieser Definition vorausgeschickt hat. Lehrschriften in Versform etwa fallen hier heraus, die Epen, die Tragödien und Komödien gehören nun aber als ganze, also auch in den Prosapartien zur Dichtkunst. Außerdem schließt diese Definition den Dithyrambos, den Chorgesang des Dionysos, ausdrücklich ein, und darüber hinaus werden auch Flöten- und Zitherspiel, größtenteils, wie es heißt, und damit zumindest ein Teil der Musik der Poesie zugerechnet.[35]

Dichtung ist also grundsätzlich *mimesis*, Nachahmung. Im folgenden muß daher angegeben werden, durch welche Gesichtspunkte sich die einzelnen Gattungen voneinander unterscheiden. Das heißt, es muß angegeben werden, worin die in den Einzelgattungen ausgeprägten unterschiedlichen Charakteristika der *mimesis*, als die sie ja insgesamt bestimmt sind, bestehen. Deshalb fährt Aristoteles fort:

»Sie (die aufgeführten Gattungen der Poesie – T.G.) unterscheiden sich jedoch in dreifacher Hinsicht: entweder dadurch, daß sie durch je verschiedene Mittel, oder dadurch, daß sie je verschiedene Gegenstände, oder dadurch, daß sie auf je verschiedene und nicht auf dieselbe Weise nachahmen.«[36]

Genannt sind jetzt also die drei Hinsichten, in denen sich Nachahmungen voneinander unterscheiden. Es handelt sich erstens um das Material oder die Mittel der Nachahmung, zweitens um die Gegenstände der Nachahmung und drittens um die Art und Weise der Nachahmung. Der systematische Aufbau der ersten, allgemeinen Partie der *Poetik* wird so absehbar. Kapitel 1 führt im weiteren etwas über die verschiedenen Mittel, Kapitel 2 das Nötige über die diversen Gegenstände und Kapitel 3 etwas über die Art und Weise der Nachahmungen aus.

Das erste Kapitel bemüht sich um die Bestimmung der Mittel von Nachahmungen, und zwar zu einem doppelten Zweck. Zunächst geht es darum, die spezifische Nachahmung der Dichtkunst von anderen Künsten, die auch als Nachahmungen zu bestimmen sind, abzuheben. Alsdann soll der Gesichtspunkt der mimetischen Mittel erste Merkmale zutage bringen, anhand derer die unterschiedlichen Gattungen innerhalb der Poesie selbst zu unterscheiden sind. Der Argumentationsgang folgt also einem genauen Plan. Nach dem hier (wie auch sonst) verfolgten systematisch-definitorischen Verfahren des Aristoteles gelangt man durch Differenzierung allgemeiner Bestimmungen (*genus proximum*; hier: die Dichtkunst im ersten Schritt, das Drama im zweiten Schritt) zu spezifischen Bestimmungen (*differentia spezifica*; hier: zunächst das Drama, Tragödie und Komödie im weiteren). Alles spielt sich zunächst also im Bereich begrifflicher Operationen ab, wobei die Geschichte überhaupt nicht ins Spiel kommt. Diese definitorische Aufgabenstellung liegt dem folgenden Passus zugrunde:

> »Denn wie manche mit Farben und mit Formen, indem sie Ähnlichkeiten herstellen, vielerlei nachahmen ..., ebenso verhält es sich auch bei den genannten Künsten: sie alle bewerkstelligen die Nachahmung mit Hilfe bestimmter Mittel, nämlich mit Hilfe des Rhythmus und der Sprache und der Melodie, und zwar verwenden sie diese Mittel teils einzeln, teils zugleich.«[37]

Jetzt ist der erste Schritt getan: Die Poesie ist von der *mimesis* der Malerei abgegrenzt. Diese arbeitet mit spezifischen Mitteln, nämlich mit Formen und Farben. Davon hebt sich die Poesie im Unterschied der ihr zur Verfügung stehenden Mittel der Nachahmung ab. Es handelt sich um Sprache (*logos*), Rhythmus als die zeitliche Gliederung der Sprache und um das, was in Manfred Fuhrmanns Übersetzung Melodie heißt. Hier, im Blick auf die Mittel, taucht das Merkmal auf, das vor Aristoteles als Bestimmungsgrund der Poesie im ganzen galt: der Vers. Denn nichts anderes als das Verhältnis von Sprache und

Rhythmus bezeichnet im antiken Verständnis das *metron*, den Vers oder das Versmaß; Verse sind auf bestimmte Weise rhythmisierte sprachliche Äußerungen. Versifikation spielt für Aristoteles ausschließlich für die Unterscheidung der einzelnen Gattungen eine Rolle. Das Zitierte impliziert nämlich, daß sich die Gattungsunterschiede zunächst einmal darin zu erkennen geben, welche bestimmten Mittel in welcher bestimmten Kombination in den einzelnen Nachahmungen jeweils benutzt werden.

Aristoteles fährt fort: Der Tanz benutzt von den aufgezählten Mitteln ausschließlich den Rhythmus, die Prosa ausschließlich den *logos*, also die Sprache, die Musik benutzt den Rhythmus zusammen mit der Melodie. Alle übrigen, das heißt Dithyrambos, Tragödie und Komödie, benutzen alle drei Mittel der Poesie gleicherweise, wobei sich ein charakteristischer Unterschied hinsichtlich des dionysischen Chorgesangs und der Gattungen des Theaters ergibt. Während der Dithyrambos die drei Mittel durchgängig gebraucht, werden sie von Tragödie und Komödie nur abschnittsweise benutzt; nämlich getrennt voneinander in den einzelnen »Nummern«, aus denen das Drama aufgebaut ist, das heißt anders in den Chorpartien als in den Schauspielerreden etwa. Sprache gebrauchen sie durchgängig, aber der Vers, also die Verbindung von *logos* und Rhythmus, kennzeichnet nur die Chorpartien und einzelne Partien der Schauspieler, während die Melodie nur in den Liedern, vor allem denen des Chors, begegnet.

Es kann nun in bezug auf die dem Theater zugehörigen Gattungen der Poesie ein erstes Fazit gezogen werden. Die dramatischen Gattungen sind solche, die alle drei Mittel der poetischen Nachahmung benutzen, und zwar dergestalt, daß sie nicht durchgängig gemeinsam, sondern in verschiedenen Abschnitten in je unterschiedlicher Kombination eingesetzt werden. Damit zeichnet sich bereits ab, daß die Aufmerksamkeit des Aristoteles vor allem den dramatischen Gattungen gilt, die er offensichtlich als besonders wichtige poetische Kunstformen betrachtet. Denn das Ergebnis – die nähere Bestimmung des *Dramas* im Blick auf die von ihm verwendeten Mittel – fokussiert die weitere Darstellung. In den Kapiteln 2 und 3 geht es jetzt einerseits um Angaben, die für die Gemeinsamkeit des Dramas als einheitliche Gattung der Poesie sprechen, andererseits um die Angabe von Merkmalen, die Tragödie und Komödie als zwei besondere Formen der dramatischen Gattung unterscheiden. Was also zunächst für die Poesie und ihre Gattungen insgesamt getan werden sollte, wird des weiteren im Blick auf das Drama und seine spezifischen Formen verfolgt.

Dem Kriterium, an dem sich die Einheit des Dramas bemißt, folgen weitere Kriterien, an welchen sich die Unterschiede von Tragödie und Komödie bemessen lassen.

Kapitel 2, das sich mit den Gegenständen der poetischen Nachahmung befaßt, beginnt deshalb so:

> »Die Nachahmenden ahmen handelnde Menschen nach. Diese sind notwendigerweise entweder gut oder schlecht. Denn die Charaktere fallen fast stets unter eine dieser beiden Kategorien; alle Menschen unterscheiden sich nämlich, was ihren Charakter betrifft, durch Schlechtigkeit und Güte. Demzufolge werden Handelnde nachgeahmt, die entweder besser oder schlechter sind, als wir zu sein pflegen, oder auch ebenso wie wir. (...)
>
> Es ist nun offenkundig, daß von den genannten Arten der Nachahmung jede diese Unterschiede hat und daß sie dadurch je verschieden ist, daß sie auf die beschriebene Weise je verschiedene Gegenstände nachahmt. (...) Aufgrund desselben Unterschiedes weicht auch die Tragödie von der Komödie ab: die Komödie sucht schlechtere, die Tragödie bessere Menschen nachzuahmen, als sie in der Wirklichkeit vorkommen.«[38]

Das gleiche ausgrenzende Verfahren, das zur Definition des Dramas führte, wird hier in einem zweiten Schritt angewendet. Es geht um die Angabe der Gemeinsamkeiten von Tragödie und Komödie einerseits, die ja beide zur Gattung Drama gehören, andererseits aber um die Abgrenzung der Besonderheiten, die sie als spezifische Arten des Dramas voneinander unterscheiden. Betrachtet man sie daraufhin, sagt Aristoteles, was sie nachahmen, auf den Gegenstand der *mimesis*, so kann gesagt werden: Beide ahmen Handelnde nach, insofern gehören sie zusammen. Aber: die Tragödie ahmt die Handlungen besserer, die Komödie die Handlungen schlechterer Menschen nach. Dadurch unterscheiden sie sich wiederum voneinander. Wobei ausdrücklich gesagt wird: Der Gegenstand der Nachahmung kann von der Wirklichkeitserfahrung, vom Durchschnitt, abweichen. Die Poesie – genauso wie es für die Malerei mit Beispielen belegt wird – kann Menschen nachahmen, die ebenso handeln wie wir. Oder: die besser handeln als der Durchschnitt. Oder: die schlechter handeln als der Durchschnitt. Der Gegenstand der dramatischen Poesie betrifft also den ganzen Radius der menschlichen *Möglichkeiten*.

Festzuhalten bleibt bis hierhin: 1.) im Blick auf die verwendeten Mittel gehören Tragödie und Komödie gemeinsam zu einer Gattung der Poesie, zum Drama; 2.) im Blick auf die Gegenstände lassen sich Tragödie und Komödie innerhalb dieser Gattung aber als unterschiedliche dramatische Formen scharf voneinander sondern. Wenn beide die gleichen Mittel auf die gleiche Weise einsetzen, so haben sie aber Menschen unterschiedlicher Handelnsart zum Gegenstand. Die bis hierhin gegebenen Bestimmungen werden schließlich in einem letzten Schritt ergänzt durch die Erläuterungen des dritten Kapitels. Sie betreffen den dritten Gesichtspunkt, unter dem die Dichtkunst als besondere Form der *mimesis* zu definieren ist: die spezifische Art und Weise nämlich, auf die nachgeahmt werden kann. Anhand dieser verschiedenen Arten und Weisen der *mimesis* sollen sich dann wiederum die Gattungsunterschiede innerhalb der Poesie näher bestimmen lassen. Zu dieser Frage heißt es:

> »... es ist möglich, mit Hilfe derselben Mittel dieselben Gegenstände nachzuahmen, hierbei jedoch entweder zu berichten – in der Rolle eines anderen, wie Homer dichtet, oder so, daß man unwandelbar als derselbe spricht – oder alle Figuren als handelnde und in Tätigkeit befindliche auftreten zu lassen. (...) Daher ist Sophokles in der einen Hinsicht ein Nachahmer von derselben Art wie Homer (denn beide ahmen gute Menschen nach), in der anderen Hinsicht wie Aristophanes (denn beide ahmen Handelnde und sich Betätigende nach).«[39]

Wiederum steht für Aristoteles das Drama im Mittelpunkt. Das wird hier abermals als eine Gattung, die Tragödie und Komödie umfaßt, gegenüber dem Epos abgegrenzt. Dieses berichtet entweder aus einem unverrückbaren auktorialen Blickpunkt, dem des Erzählers nämlich, oder aber so, daß die im Bericht vorkommenden Personen selbst zu Wort kommen, wobei es der Erzähler ist, der ihnen sozusagen seine Stimme leiht. Dagegen ahmen Tragödie und Komödie nach, indem sie Menschen und Handlungen unmittelbar als Handelnde und während sie handeln darstellen. Man kann ergänzen, was Aristoteles hier nicht ausdrücklich sagt, aber mit Blick auf ein und denselben Erzähler des Epos (und auch des Mythos) stillschweigend impliziert. Dargestellt wird in der verkörpernden dramatischen Nachahmung aus verschiedenen Blickpunkten, nämlich aus so vielen, wie es Handelnde gibt. Und zwar ohne daß es – wie im Epos – eine ausgleichende, kommentierende, sinnstiftende Instanz in Gestalt des Erzählers gibt, der gegebenenfalls Stellung nehmen kann zu den Handlungen der Personen, von denen er erzählt. Zum Drama gehört also die Verschiedenartigkeit der Erzählstandpunkte und deshalb auch ihre Widersprüchlichkeit, ohne daß eine vermittelnde Instanz eingreifen könnte.

Im folgenden zeigt sich wiederum das Privileg, welches das Drama vor den anderen Formen der Poesie besitzt. Hier geht es nämlich nicht mehr um das Epos, sondern nur noch um die Gemeinsamkeit der dramatischen Formen. Wobei Aristoteles an dieser Stelle einen Moment lang von der Begriffs-Deduktion, die er bis dahin verfolgt hat, hinüberwechselt zur Etymologie: Er fragt, streiflichtartig sozusagen, nach den historischen Grundlagen des Dramas und führt dafür Gewährsleute ins Feld. Er sagt: Einige meinen, daß das Drama eben deshalb, weil es Handelnde darstellt, Drama heißt, da es sich nämlich von der Wurzel *dran* = handeln herleite. Und auf diese Ansicht einiger nicht näher genannter Leute gründet er dann eine Bemerkung zum geschichtlichen Ursprung der Tragödie, die später zu erläutern ist. Während es ihm in der Begriffsentfaltung um strenge Deduktion und Ableitung des einen aus dem anderen geht, verläßt er sich, wenn es sich um Angaben über die Geschichte des Dramas geht, ganz offensichtlich auf das pure Hörensagen (*akoe*) – einige sagen, daß das Wort Drama von dorisch »handeln« kommt, und man kann ihnen glauben oder nicht. Es gibt freilich gute Gründe, ihnen zu glauben, denn es hat sich in der begrifflichen Bestimmung des Dramas gezeigt, daß die Darstellung von Handelnden in ihren Handlungen zum Wesen des Dramas gehört. So weit gekommen, sieht man bereits: Die Geschichte dient Aristoteles anscheinend als Bestätigung seiner systematischen Herleitung dessen, als was das Drama seinem eigenen Wesen nach zu gelten hat. Damit ist die Definition der Poesie, des Dramas und von Tragödie und Komödie komplett, das dritte Kapitel endet folgerichtig mit dem Satz: »So viel über die Zahl und Beschaffenheit der Unterschiede in der Nachahmung überhaupt.«[40]

Wirkungspoetik: Die Theateranthropologie

Mit der aus strenger begrifflicher Deduktion erfolgten Wesensbestimmung der Poesie und ihrer Gattungen sowie des Dramas und seiner Formen ist die Aufgabe des allgemeinen Teils der *Poetik* freilich noch nicht abgeschlossen. Bis hierher ist sie nur in einem ersten Durchgang in Angriff genommen worden, der zweite steht noch aus. Denn Aristoteles hatte im Eingangssatz ja ausdrücklich gesagt, es gehe um die Gattungen der Poesie und darum, »welche Wirkung eine jede hat«. Das heißt: Außer dem Gesichtspunkt der unterschiedlichen Mittel, Gegenstände und Modi der *mimesis*, liefert der Gesichtspunkt der Wirkung der Dichtkunst und ihrer unterschiedlichen Weisen ein Kriterium, anhand dessen die diversen Gattungen der Poesie zusätzlich gegeneinander abzugrenzen sind. Mit dem vierten Kapitel beginnen die zu diesem Kriterium gehörigen Überlegungen. Wenn Aristoteles die

Poesie also bislang unter produktionsästhetischen Gesichtspunkten behandelt hat – im Blick auf das, was zu den Werken zu sagen ist –, wechselt er jetzt auf das Feld der Wirkungsästhetik.

Hier beginnt er mit einer anthropologischen Grundlegung der Poesie und erläutert ihre Wirkungen ganz allgemein hinsichtlich ihrer unverbrüchlichen Bindung an die menschliche Natur. Gesagt wird:

> »Allgemein scheinen zwei Ursachen die Dichtkunst hervorgebracht zu haben, und zwar naturgegebene Ursachen. Denn sowohl das Nachahmen selbst ist den Menschen angeboren – es zeigt sich von Kindheit an, und der Mensch unterscheidet sich dadurch von den übrigen Lebewesen, daß er in besonderem Maße zur Nachahmung befähigt ist und seine ersten Kenntnisse durch Nachahmung erwirbt – als auch die Freude, die jedermann an Nachahmungen hat. Als Beweis hierfür kann eine Erfahrungstatsache dienen. Denn von Dingen, die wir in der Wirklichkeit nur ungern erblicken, sehen wir mit Freude möglichst getreue Abbildungen, z.B. Darstellungen von äußerst unansehnlichen Tieren und von Leichen.
>
> Ursache hiervon ist folgendes: Das Lernen bereitet nicht nur den Philosophen größtes Vergnügen, sondern in ähnlicher Weise auch den übrigen Menschen (diese haben freilich nur wenig Anteil daran). Sie freuen sich also deshalb über den Anblick von Bildern, weil sie beim Betrachten etwas lernen und zu erschließen suchen, was ein jedes sei, z.B. daß diese Gestalt den und den darstelle.«[41]

Die Anthropologie, die hier im Blick auf die Poesie entwickelt wird, geht mithin von zwei verschiedenen Seiten an den Gegenstand heran. Erstens sieht Aristoteles die Poesie wiederum von der Produktion her und sagt: Das Nachahmen ist den Menschen angeboren. Wobei es freilich Unterschiede in den Graden solcher angeborenen Nachahmungsfähigkeit gibt, stärker oder schwächer ausgebildete Talente. Die einen können es besser als die anderen, und die, die es besser können, betätigen sich als *poietes* und werden so genannt. Zweitens gibt es aber auch, was die Rezeption der Poesie und also ihre Wirkungen betrifft, eine Verankerung der Dichtkunst in der menschlichen Natur. So, wie es dem Menschen angeboren ist, nachahmen zu können, ist es dem Menschen gleicherweise von seiner Natur her eigen, Vergnügen an Nachahmungen zu empfinden.

Wichtig ist zu unterstreichen: Dieses Vergnügen gilt nicht in erster Linie den Gegenständen der *mimesis*, sondern der Nachahmung selbst. Dafür werden, unabhängig voneinander, zwei verschiedene Belege geboten. Erstens: Nachahmungen können auch dann gefallen, wenn das, was nachgeahmt wird, in Wirklichkeit Widerwillen und Abscheu erregt – wie im erwähnten Fall von gräßlichen Tieren oder Leichen, vor denen man im Leben erschrecken würde. Der zweite, ergänzende

Grund wird in dem Satz angeführt, der unmittelbar auf das Zitierte folgt. Da heißt es nämlich:

»Wenn man ... den dargestellten Gegenstand noch nie erblickt hat, dann bereitet das Werk nicht als Nachahmung Vergnügen, sondern wegen der Ausführung oder der Farbe oder einer anderen derartigen Eigenschaft.«[42]

Was zumindest mißverständlich formuliert ist. Natürlich bereitet das Werk auch in diesem Falle als Nachahmung Vergnügen, denn jedes poetische Werk ist ja seinem Begriff nach *mimesis*. Aber hier steht die besondere Kunstfertigkeit der *mimesis* im Vordergrund. An ihr kann man, so verstehe ich den Satz, gewissermaßen auch ein *autonomes* Vergnügen finden. Also auch dann interessiert die *mimesis*, wenn der eigentliche Beweggrund des Vergnügens – nämlich das besondere Spannungsverhältnis zwischen Nachahmung und Nachgeahmtem – mangels Kenntnis des besonderen Gegenstands der *mimesis* fortfällt.

Klar wird jedenfalls, und das ist das für uns Entscheidende, daß dieses Verhältnis – von *mimesis* und ihrem Gegenstand – das ästhetische Vergnügen recht eigentlich motiviert. Aristoteles hat ja im zitierten Passus gesagt: Der ganz allgemeine Grund, weswegen jeder Mensch Vergnügen an Nachahmungen empfindet, ist der der menschlichen Natur eingeborene Erkenntnistrieb, die Neugier. Die aber erstreckt sich hinsichtlich poetischer Werke – so können wir jetzt schlußfolgern – auf zwei Bereiche. Entweder richtet sich die Neugier darauf, was in der Nachahmung dargestellt oder ausgedrückt ist und wie das geschieht – also eben auf das Verhältnis von *mimesis* und ihrem Gegenstand. Oder aber sie interessiert sich primär für das Wie der Nachahmung, für Form und Technik und die darin gelegenen Reize der *mimesis*. Wie genau es sich mit diesen beiden Möglichkeiten verhält, sagt Aristoteles nicht. Ich bin aber geneigt, hier nicht Ausschließlichkeiten zu sehen, sondern einen doppelten Grund für das Vergnügen an der *mimesis*, ihre zwei Seiten, die immer gemeinsam im Spiel sind, in den einen oder anderen Fällen aber in dieser oder jener Richtung besonders ausgeprägt sein können.

Wichtig und festzuhalten ist aber die Aussage des Aristoteles, daß es die grundsätzliche Wirkung aller Poesie ist, ein Vergnügen zu erregen, das durch den Erkenntnistrieb motiviert ist und in dem, zugleich, der Erkenntnistrieb aktiviert wird. Wenn bislang gesagt worden ist: allen Gattungen der *poesia* ist gemeinsam, daß sie die Neugier und deshalb das Vergnügen der Zuschauer ansprechen, dann schließt sich das folgende zur Differenzierung der Gattungen Gesagte aufgrund der gleichen, bereits im produktionsästhetischen Teil angewendeten Deduktionsmethode an. Es gibt durchaus verschiedene Affekte, die Vergnügen empfinden lassen. Anders gesagt: »Vergnügen« drückt sich in durchaus unterschiedlichen, ja gegensätzlichen Affekten aus. Solche Unterschiedlichkeit der jeweils angesprochenen Affekte gibt nun ein neues, zusätzliches Unterscheidungskriterium für die Bestimmung der einzelnen poetischen Gattungen an die Hand. Die Gattungen der Poesie können nunmehr – in einer zweiten, wirkungsästhetischen Hinsicht – daraufhin überprüft werden, erstens: *welche* Affekte, Gefühle, Emotionen sie hervorrufen und, zweitens: *auf welche Weise* sie das tun. Die poetischen Gattungen können also daraufhin sortiert werden, in welchen besonderen Affekten sich das allgemeine Vergnügen an poetischen Gegenständen in den einzelnen poetischen Gattungen im Spezifischen ausdrückt und auf welche spezifische Art dieses Vergnügen jeweils evoziert wird.

An dieser Stelle ist es möglich, den ersten Teil und die hier gegebenen allgemeinen Erörterungen der Wirkungsweisen der Poesie zu verlassen und auf die spezifischen Passagen über die Tragödie als von Aristoteles offensichtlich bevorzugte Form des Dramas einzugehen. Denn die Angabe der von der Tragödie im besonderen angesprochenen Affekte ist es nun, die neu zu allen bisher bekannten Unterscheidungsmerkmalen der poetischen Gattungen hinzutritt und auf diese Weise die endgültige Definition dieser Gattung ermöglicht, die im sechsten Kapitel gegeben wird. Hier heißt es:

> »Die Tragödie ist Nachahmung einer guten und in sich geschlossenen Handlung von bestimmter Größe, in anziehend geformter Sprache, wobei diese formenden Mittel in den einzelnen Abschnitten je verschieden angewandt werden – Nachahmung von Handelnden und nicht durch Bericht, die Jammer und Schaudern hervorruft und hierdurch eine Reinigung von derartigen Erregungszuständen bewirkt.«[43]

In diesem zentralen Passus, dem »Tragödiensatz«, wird deutlich, wie klar, eindeutig und stringent all das, was im allgemeinen Teil gesagt worden ist, der Vorbereitung der entscheidenden Operation dient, indem es überhaupt erst die Definition einer einzelnen poetischen Gattung ermöglicht. Hier, in der Definition dessen, was das Wesen oder den Begriff einer Tragödie ausmacht, die diesen Namen verdient, fließt alles bis zum fünften Kapitel Gesagte zusammen. Sie wird ja definiert, indem Aristoteles die Grenzen dieser Gattung erstens hinsichtlich ihrer spezifischen Form und zweitens hinsichtlich ihrer besonderen Wirkungsweise angibt. Das meiste davon ist bekannt und kann deshalb hier in Kurzform, freilich in anderer Reihenfolge, als es von Aristoteles genannt wird, wiederholt werden: 1.) die Tragödie ist *mimesis*, Nachahmung, und gehört so zur Dichtkunst; 2.) sie bedient sich aller drei der Poesie zur Verfügung stehenden Mittel der Nachahmung, und zwar 3.) so, daß diese Mittel nicht, wie etwa im Dithyrambos, durchgängig, von Anfang bis Ende alle zusammen benutzt werden, sondern nacheinander und in unterschiedlicher Kombination in getrennten Abschnitten vorkommen – also, wie gesagt, etwa in den Chorliedern anders als in den davon betont abgesetzten Schauspielerpartien; und 4.) ahmt die Tragödie in unmittelbarer Darstellung von Handlungen Handelnde nach und nicht im epischen Bericht oder im erzählenden Gesang. Diese drei Punkte, 2, 3 und 4, stehen dafür ein, daß die Tragödie zu einer bestimmten, einheitlichen Gattung der Poesie gehört, nämlich – gemeinsam mit der Komödie – zum Drama. Auch das erste Kriterium, das der Unterscheidung von Tragödie und Komödie diente, ist genannt. Der Gegenstand der tragischen Nachahmungen sind bessere Handlungen oder bessere Menschen, als sie in unserer Wirklichkeitserfahrung vorkommen. Ganz neu aber ist das entscheidende Definitionsmerkmal der Tragödie, die sie als ganz besondere Gattung der Poesie und zugleich als ganz besondere Form des Dramas ausweist. Unter Rückgriff auf seine Anthropologie der Dichtkunst und die an sie geknüpfte Wirkungsästhetik sagt Aristoteles: 5.) Das Vergnügen an der Tragödie drückt sich in den Empfindungen von Jammer (*eleos*) und Schaudern (*phobos*) aus, und zwar so, daß 6.) eine *katharsis* eintritt, das heißt eine Reinigung bezüglich dieser Affekte (*katharsis pathematon*).

Das also ist einer der zentralen, wenn nicht der zentrale Satz der *Poetik*, in dem Begriffe vorkommmen, die in der neuzeitlichen Poetologie zu zahllosen, einander konkurrierenden Interpretationen geführt haben. Ich will mich auf zwei kurze Bemerkungen dazu beschränken, die für meine spätere Argumentation wichtig werden. In Manfred Fuhrmanns Übersetzung von *eleos* und *phobos* artikuliert sich eine communis opinio über die Affektlehre, in deren Tradition Aristoteles hier schreibt. Ihr fehlt jeder moralisierende Anstrich, der durch die neuzeitlichen Übersetzungen der Begriffe eingeführt wurde. Lessings Übersetzung hat in Deutschland die breiteste Nachwirkung gehabt. Er gab diese Begriffe, *eleos* und *phobos*, bekanntlich mit den Worten »Mitleid« und »Furcht« wieder und hat, um zu einer Interpretation des Tragödiensatzes zu kommen, in der *Hamburgischen Dramaturgie* beider Verhältnis überdacht. Diese Übersetzung resultiert, im Rückblick gesehen, jedoch sehr deutlich aus dem Anliegen der Selbstverständigung eines Intellektuellen des 18. Jahrhunderts über die bürgerliche Innerlichkeit und was zu ihr gehört. Lessing setzt einen ganz bestimmten, nämlich den bürgerlichen Subjektbegriff voraus, wenn er über die Affekte Furcht und Mitleid reflektiert. Aristoteles ist das fremd. Ganz objektiv, spricht er vielmehr nur von Phänomenen, von möglichen Affekt-Zuständen aller Menschen, die sich in krassen Formen äußern müssen. Eben im elementaren Jammern und Schaudern, als psychosomatischer Vorgang genommen.

Und zweitens: Was *katharsis* meint, darüber herrscht heute auch weitgehende Einigkeit, die ebenfalls von der moralischen Komponente der früheren Interpretationen abbiegt und in diesem Begriff ebenso etwas Objektiv-Phänomenales sieht. Gemeint ist hier die Reinigung in einem physiologischen Sinn, so wie dieser Begriff *katharsis* vor allem in der antiken Medizin gebraucht wird. Bleibt schließlich die Hauptfrage, die zahllose Interpreten umgetrieben hat – wie ist dieser Satz zu verstehen im Hinblick darauf, was oder wovon gereinigt wird. Werden die Affekte selbst gereinigt, spalten sie gleichsam im Scheidebad der *katharsis* alles nicht zu ihnen Gehörige, ihnen nur Beigemischte ab und erscheinen so in ganzer Reinheit? Oder werden die Menschen im Vorgang der durch die Tragödie in Gang gesetzten *katharsis* von diesen Affekten, *eleos* und *phobos*, gereinigt, das heißt befreit? Oder schließlich die Variante der letzten Interpretation, für die die Herkunft des Begriffs aus der Medizin vielleicht ein Beleg sein mag: Werden die Zuschauer der Tragödie durch die *katharsis* vielleicht nur von der Dominanz oder dem Übermaß solcher Affekte gereinigt, damit sie dahin verwiesen werden, wohin sie gehören: nämlich in einen ausgeglichenen Affekthaushalt der Menschen, in dem sie nicht die Oberhand gewinnen, aber auch auf gar keinen Fall fehlen dürfen? So lauten die Fragen, die man eigentlich ausführlich zu besprechen hätte. Die Antworten gehören freilich nicht in die Kompetenz der Theaterwissenschaft, sondern in die der Philologie, und deshalb verzichte ich an dieser Stelle auf eine weitere Beschäftigung mit diesen Begriffen. Später, wenn es um bestimmte historische Phänomene, nämlich um Formen und Funktionen der Theaterinstitution und insbesondere der Tragödie im Gefüge der *polis* geht, wird unter bestimmten Fragestellungen noch einmal auf sie zurückzukommen sein.

Der dramatische Möglichkeitssinn: poesia – historia (– mythos)

Im Rahmen unserer weiteren Absichten ist ein näheres Eingehen auf die Tragödientheorie, die in den folgenden Kapiteln gegeben wird, nicht nötig. Es sei so viel dazu gesagt, daß Aristoteles, gemäß seiner im Eingangssatz kundgegebenen Absicht, darzutun, »aus wie vielen und was für Teilen eine Dichtung besteht«, nunmehr Näheres zu den Elementen sagt, die konstitutiv zur Tragödie gehören und deshalb als »qualitative Teile« der Tragödie bezeichnet werden. Um die Tragödie in ihren wesentlichen Komponenten beschreiben zu können, muß man reden erstens von der *opsis*, dem Sichtbaren, das heißt von dem Ganzen, was man in der Aufführung vom Handlungsort und den Handelnden zu sehen bekommt (*kosmos opseos*), zweitens von den Darstellungsmitteln, nämlich von der Musik der Aufführungen und der Rede, worunter der Text des Dramas und wohl auch die Sprech- oder Vortragsweise der Schauspieler zu verstehen ist, drittens von den Handelnden, das heißt von den Figuren, und schließlich viertens von dem, was Aristoteles den *mythos* nennt, das heißt von der Fabel im Brechtschen Sinn oder von dem, was im Englischen *plot* heißt: also dem Handlungshergang und -zusammenhang.

Interessant ist nun für uns, daß Aristoteles die Punkte 3 und 4 als die wesentlichen Teile der Tragödie bezeichnet, da hier in bezug auf die Handelnden und ihre Handlungen zu entfalten ist, was nachgeahmt wird. Punkt 1 und 2 hält er dagegen für bloß äußerliche Elemente der Tragödie, von denen nicht weiter geredet werden muß und auch nicht weiter geredet wird. Das heißt, mit der *opsis*, mit dem, was der Zuschauer von der *skene*, von den Handlungsorten und den mit den Arrangements gebotenen szenischen Bildern zu sehen bekommt, verfällt die »Inszenierung« und damit die Aufführung selbst der Mißachtung des Tragödientheoretikers. Darauf wird an anderer Stelle[44] noch einzugehen sein: Daß Aristoteles die Inszenierung als bloße Äußerlichkeit abtut, hat seinen Grund wohl nicht darin, daß er nur »textfixiert« war,[45] auch nicht darin, daß die Aufführung im Theater der *polis* gegenüber dem Drama tatsächlich gar keine Rolle gespielt hätte. Die Ursache dafür bieten vielmehr die zur Zeit des Aristoteles, also mehr als hundert Jahre nach den klassischen Aufführungen, geänderten Aufführungsgewohnheiten. Man wird sehen, daß im fünften Jahrhundert die *opsis*, die *skenographia* und die Arrangements von Chor und Schauspielern, ein ganz wesentliches, vom Text getrenntes, ihn auf bestimmte Weise fest- und auslegendes

Ausdrucksmittel war, während es zu aristotelischer Zeit tatsächlich eher zum Äußerlichen, für die Bedeutungssprache des Theaters im Grunde Beiläufigen herabgesunken war.

Da später noch darauf zurückzukommen ist, muß zum Schluß der Auseinandersetzung mit dem systematischen Teil der *Poetik* noch etwas Näheres zur Fabel gesagt werden, die Aristoteles im sechsten Kapitel als »Fundament und gewissermaßen ... Seele der Tragödie« bestimmt, wobei hinzugefügt wird: »An zweiter Stelle stehen die Charaktere.«[46] Das neunte Kapitel gibt zunächst Auskunft über die Eigenarten des poetischen Stoffs, indem er gegenüber dem Stoff des Historikers abgegrenzt wird. Das greift ein Problem auf, mit dem wir angesichts der allgemeinen Definition der dramatischen Gattungen bereits schon einmal konfrontiert waren. Die Abgrenzung von poetischem und historischem Stoff setzt nämlich an beim unterschiedlichen Verhältnis beider zur Wirklichkeit. Dazu heißt es jetzt:

> »... daß es nicht Aufgabe des Dichters ist mitzuteilen, was wirklich geschehen ist, sondern vielmehr, was geschehen könnte, d.h. das nach den Regeln der Wahrscheinlichkeit oder Notwendigkeit Mögliche. Denn der Geschichtsschreiber und der Dichter unterscheiden sich nicht dadurch voneinander, daß sich der eine in Versen und der andere in Prosa mitteilt – man könnte ja auch das Werk Herodots in Verse kleiden, und es wäre in Versen um nichts weniger ein Geschichtswerk als ohne Verse –; sie unterscheiden sich vielmehr dadurch, daß der eine das wirkliche Geschehen mitteilt, der andere, was geschehen könnte. Daher ist Dichtung etwas Philosophischeres und Ernsthafteres als Geschichtsschreibung; denn die Dichtung teilt mehr das Allgemeine, die Geschichtsschreibung hingegen das Besondere mit. Das Allgemeine besteht darin, daß ein Mensch von bestimmter Beschaffenheit nach der Wahrscheinlichkeit oder Notwendigkeit bestimmte Dinge sagt oder tut – eben darauf zielt die Dichtung, obwohl sie den Personen Eigennamen gibt. Das Besondere besteht in Fragen wie: was hat Alkibiades getan oder was ist ihm zugestoßen.«[47]

Die Geschichtsschreibung stellt also einmalige, besondere Handlungen von besonderen Menschen dar, die wirklich gelebt und dies und jenes getan haben. Demgegenüber stellen die Dichtungen allgemeingültige oder, vorsichtiger, doch zu verallgemeinernde Handlungen dar. Bei den Handlungen der Poesie handelt es sich also nicht um wirkliche, sondern, modern gesagt, um modellhafte Handlungen.

Das ergibt sich im übrigen folgerichtig aus dem, was zur besonderen Art der *mimesis* von Tragödie und Komödie gesagt worden ist. Beide weichen ja auf je charakteristische Weise von der Erfahrungswirklichkeit ab. Die Tragödie, hatte es geheißen, ahmt bessere oder schlechtere Handlungen nach, als wir sie in unserer Wirklichkeit vorfinden.

Schon hier war der poetische Stoff nicht an die Kategorie der Wirklichkeit, sondern an die Kategorie der Möglichkeit geknüpft worden. Jetzt fügt Aristoteles hinzu: Die möglichen Handlungen, wie sie die Poesie insgesamt, das Drama im besonderen darstellt, brauchen freilich Glaubwürdigkeit (*pithanon*), um – wie es vorausgesetzt ist – allgemeingültig zu sein.

Dabei ist es wenig bedeutungsvoll, ob die Handlungen, um die es im Drama geht, auch wirklich stattgefunden haben; wichtig und ausschlaggebend ist eben nur, daß sie möglich und – in ihrer Möglichkeit – auch glaubwürdig oder wahrscheinlich sind. Das spielt der folgende Passus aus dem neunten Kapitel durch:

> »Bei der Tragödie halten sich die Dichter an die Namen von Personen, die wirklich gelebt haben. Der Grund ist, daß das Mögliche auch glaubwürdig ist; nun glauben wir von dem, was nicht wirklich geschehen ist, nicht ohne weiteres, daß es möglich sei, während im Fall des wirklich Geschehenen offenkundig ist, daß es möglich ist – es wäre ja nicht geschehen, wenn es unmöglich wäre. Immerhin verhält es sich auch bei den Tragödien so, daß in einigen nur ein oder zwei Namen erfunden sind, in anderen sogar kein einziger Name bekannt ist, wie etwa im Antheus des Agathon. In diesem Stück sind nämlich die Namen in derselben Weise frei erfunden wie die Geschehnisse, und es bereitet gleichwohl Vergnügen. Demzufolge muß man nicht unbedingt bestrebt sein, sich an die überlieferten Stoffe, auf denen die Tragödien beruhen, zu halten. Ein solches Bestreben wäre ja auch lächerlich, da das Bekannte nur wenigen bekannt ist und gleichwohl allen Vergnügen bereitet.«[48]

Hält man diese Stelle zusammen mit der über den *mythos* als wichtigstem »Teil« des Dramas, dann wird offenkundig, daß der Begriff des *mythos* bei Aristoteles eine ganz neue Bedeutung gewinnt, die aber durchaus auch im Blick auf die von uns bereits erwähnten Verwendungsweisen einen bestimmten Stellenwert hat. Aristoteles setzt sich hier ab von den Konnotationen, die dieses »Wort« des *mythos* bei den früheren Historikern hatte, die ihm den negativen Anstrich des Unlogischen verliehen. An späterer Stelle[49] wird auf die Implikation zurückzukommen sein, die die aristotelische Rede vom *mythos* im Zusammenhang mit dem Drama für die Interpretation der Bedeutungssprache des Theaters der Tragödie hat. Hier ist einstweilen nur festzuhalten: Der *mythos* gilt ihm gleicherweise als Anfangsgrund (*arche*) wie als Seele (*psyche*) des Dramas – mithin als dessen ordnungsstiftendes Prinzip. Von dem Zusammenhang, den der *mythos* stiftet, von den Bezügen, die er etabliert, erhält alles – mithin auch alles die Aufführung des Dramas Betreffende – allererst seine Bedeutsamkeit. Zweitens aber setzt Aristoteles in der zuletzt zitierten Stelle diesen dramatischen *mythos* durchaus in Bezug zu Sachverhalten, die im Hinblick auf das Vertrauen bereits angesprochen wurden, das die ihm vorangegangenen Historiker in die Wirklichkeit der »überlieferten Stoffe« setzten (auch wenn sie sich, für unser Bewußtsein, als Sagen oder Legenden darstellen). Wenn Aristoteles nämlich sagt, die Tatsache, daß sich die Tragödienhandlungen meist auf wirklich Geschehenes beziehen, um dadurch vollständige Glaubwürdigkeit zu erlangen, dann zeigt sich, daß auch er die alten Erzählungen über die Heroen und Gründerhelden für »wirklich« geschehen erachtet. Denn die »überlieferten Stoffe«, auf denen die meisten Tragödien beruhen, sind eben solche Erzählungen und nicht, wie nur in Ausnahmefällen, *historisch* wirkliche Ereignisse. Wenn Aristoteles also sagt, die dramatische Handlung zeige eine bloße Möglichkeit des menschlichen Handelns auf, dann bezieht sich diese Möglichkeit immer auf eine vorausgesetzte Wirklichkeit (die ihr die nötige Glaubwürdigkeit einer *tatsächlichen* Möglichkeit nämlich verleiht). Da nun diese Wirklichkeit etwas umspannt und in eins setzt, was das moderne Bewußtsein konstitutiv voneinander unterscheidet und einander kontrastiert – die Geschichte einerseits, den Mythos andererseits –, wird man sich über den Charakter solcher Wirklichkeit Gedanken machen müssen.

Teleologie – die theatergeschichtliche Methode der Poetik

Nachdem nun die Lektüre des wichtigsten Zeugnisses zum antiken Theater in einem ersten Durchgang beendet ist, verfügen wir über einen Begriff vom Wesen der Tragödie und über die Kenntnis der – aus diesem Begriff abgeleiteten – notwendig zu ihr gehörigen »Teile«. Man kann ruhig sagen, im ersten Teil dieser Schrift wurden Gesetze angegeben oder Regeln aufgestellt, wie insbesondere der *plot*, die Handlung und die Figuren zu gestalten seien, damit sie dem Wesensbegriff der Tragödie am besten entsprechen, ihm adäquat sind.

Wenn Aristoteles aber den beschriebenen Weg einschlägt, zu einer Wesensbestimmung der Tragödie gelangt und daraus dann in den weiteren Teilen der *Poetik* die Struktur- und Aufbaugesetzlichkeiten der Tragödie ableitet, so kann man mit Fug und Recht von einem normativen Charakter dieser Schrift sprechen. Dann aber hätten doch die Renaissance-Theoretiker recht gehabt, als sie die aristotelische Schrift zur Grundlage einer ganz und gar strengen Normativität wählten und aus ihr völlig rigide Gesetzlichkeiten für die Verfertigung von regelgerechten Tragödien herleiteten.

Ich hatte aber versichert, daß Aristoteles nicht die Absicht hatte, den Tragödienschreibern Rezepte an die Hand zu geben und sie auf Vorschriften zu verpflichten, wie eine richtige Tragödie auszusehen habe. Sondern ganz im Gegenteil, daß es sich bei der *Poetik* in allererster Linie um eine theaterhistorische Schrift handle, nämlich um eine Darstellung, in der die von Aristoteles und seinen Schülern gesammelten didaskalischen Angaben zur Entwicklung der Tragödie in Athen ausgewertet werden sollten. Vorherrschende Intention der *Poetik* war es, hatte ich behauptet, mehr als hundert Jahre nach der Blüte des Theaters der *polis* diesen kulturellen Höhepunkt ihrer Geschichte bei den Nachgeborenen nicht in Vergessenheit geraten zu lassen und den Zeitgenossen die eigene Tradition noch einmal nachdrücklich zu vergegenwärtigen.

Das ist ein offensichtlicher, manifester Widerspruch, und man wird ihn nur lösen können, indem man mit dem bereits begonnenen Versuch fortfährt, Näheres über das antike Verständnis von Geschichte und Geschichtsschreibung auszumachen. Ansätze zur Lösung dieses Widerspruchs ergeben sich nämlich im Blick auf das zum Verhältnis von Mythos und antiker Historiographie bereits Gesagte. Da war nämlich schon eine für das neuzeitliche Verständnis schwer nachvollziehbare Verschränkung von normativem und historischem Gesichtspunkt aufgefallen. Indem sie den Mythos zu rationalisieren versuchten, war es den antiken Geschichtsschreibern nicht um eine Widerlegung, sondern ganz im Gegenteil: um die besonders eindrückliche Bestätigung des Mythos gegangen. Ihnen war daran gelegen, eine in der mythischen Erzählung implizierte Wertaussage zu bestätigen. Die eigentliche Macht des Mythos besteht nämlich in der autoritativen Kraft seiner Wertaussagen. Was am Anfang war, so sagt der Mythos, gilt ewig, und jeder hat es, gleich ob er es einsieht oder nicht, streng zu befolgen. Diese *Normaussage* bekräftigt die antike Geschichtsschreibung, jedenfalls die erwähnte Lokalgeschichtsschreibung, indem sie nachzuweisen versucht, daß es sich bei den (von uns so apostrophierten) »Mythen« keineswegs um phantastische Geschichten aus purer Einbildungskraft handelt, sondern daß den von alters her tradierten Ursprungserzählungen – im Kern, bei allen Ausschweifungen, durch welche sich ihnen »Mythisches« beigemengt hat – tatsächlich eine Wirklichkeit entsprochen hat. Geschichtsschreibung, so verstanden, fällt zusammen mit der Begründung und Bekräftigung einer normativen Aussage. Ähnliches zeigt sich nun auch hinsichtlich der theatergeschichtlichen Darstellung des Aristoteles. Hier ist zwar nicht naives mythisches Denken am Werke, aber eine bestimmte, mit der mythischen Darstellungsstruktur übereinstimmende Form seiner Darlegungen ist dennoch zu konstatieren. Es ist die gleiche, für unser modernes Bewußtsein irritierende Einheit von historisch-deskriptivem und normativem Blickwinkel, welche auch die methodische Anlage der *Poetik* bestimmt. Das gibt sich deutlich zu erkennen, wenn man die spezifische Geschichtskonzeption, die Entwicklungstheorie, untersucht, die in der Darstellung des Aristoteles impliziert ist und ihr, im übrigen ganz bewußt, zugrunde liegt.

Auffällig wird die Zusammengehörigkeit von Aussagen über historische Verläufe und über – in ihnen und durch sie begründete – Normen bereits am Beginn der Erläuterungen, die Aristoteles im vierten Kapitel im Blick auf die Geschichte der dramatischen Gattungen gibt. Er leitet von der bisher verfolgten Systematik zur historischen Beschreibung über, indem er zwei bereits bekannte Zusammenhänge miteinander verbindet. Es handelt sich um die definitorische Grenzziehung zwischen Tragödie und Komödie und die unmittelbar vor Beginn dieses Passus gelieferte anthropologische Grundlegung der Dichtkunst. Diese beiden Gesichtspunkte verknüpft Aristoteles nun in einer Bemerkung zur historischen Herausbildung von Tragödie und Komödie:

> »Da nun das Nachahmen unserer Natur gemäß ist ..., haben die hierfür besonders Begabten von den Anfängen an allmählich Fortschritte gemacht und so aus den Improvisationen die Dichtung hervorgebracht.
>
> Die Dichtung hat sich hierbei nach den Charakteren aufgeteilt, die den Autoren eigentümlich waren. Denn die Edleren ahmten gute Handlungen und die von Guten nach, die Gewöhnlicheren jedoch die von Schlechten, wobei sie zuerst Rügelieder dichteten, die anderen hingegen Hymnen und Preislieder.
>
> Aus vorhomerischer Zeit können wir von niemandem ein solches Gedicht nennen, doch hat es sicherlich viele Dichter gegeben. Von Homer an hingegen ist uns das möglich, wie es z.B. von ihm selbst den Margites und Ähnliches gibt. In jenen Rügen kam in angemessener Weise der jambische Vers auf; er wird jetzt noch ›Spottvers‹ genannt, weil sich die Leute in diesem Versmaß zu verspotten pflegten. So dichteten die Alten teils in heroischen, teils in jambischen Versen.
>
> Wie nun Homer für das Edle der vorzüglichste Dichter war – denn er hat als einziger nicht nur gut gedichtet, sondern auch dramatische Nachahmungen hervorgebracht –, so hat er auch als erster die Form der Komödie angedeutet, indem er nicht Rügen, sondern das Lächerliche dramatisierte. Denn wie sich die Ilias und die Odysee zu den Tragödien verhalten, so verhält sich der Margites zu den Komödien.
>
> Nachdem die Tragödie und die Komödie aufgekommen waren, bemächtigten sich die Dichter je nach ihrer Eigenart einer der beiden Gattungen, und die einen wurden statt Jambikern Komödiendichter, die anderen statt Epikern Tragiker, weil diese Formen großartiger und angesehener waren als jene.«[50]

In diesen Passagen ist zweierlei enthalten. Erstens kann man hier Bekanntes wiederfinden, nämlich den Rückschluß von historischer auf die vorgeschichtliche Zeit: Zwar ist nichts bekannt von Dichtungen und Dichtern vor Homer, doch kann man mit Sicherheit annehmen, daß es Vor-Formen seiner Dichtungen gegeben haben muß, denn: das Nachahmen ist ja allen Menschen angeboren. Es muß es also immer schon gegeben haben. Homer kann nicht der Erfinder von etwas sein, was von Natur aus zum Menschen gehört. Da es gemäß der unterschiedlichen menschlichen Veranlagung in beiden Varianten vorhanden sein muß: im Nachahmen von Schlechterem und Besserem, ist auch mit Gewißheit anzunehmen, daß es Vorformen sowohl der *mimesis* von Schlechterem wie auch der *mimesis* von Besserem gegeben haben muß. Da herrscht strenge Logik nicht nur im Bereich der Begriffe, sondern auch im Bereich des historischen Entwicklungsprozesses.

Dann aber folgt ein zweites und neues Argument. Sicher ist auch, daß Homer das vor ihm Vorhandene verbessert, das heißt, auf eine neue Stufe gehoben hat. In beiden Varianten – Nachahmung schlechterer Menschen und Nachahmung besserer Menschen – hat er den alten, ursprünglichen Formen entscheidend Neues hinzugefügt. Der *Margites*, der verloren ist, hatte nämlich, wie aus den Berichten darüber geläufig ist, einen schlechteren Menschen zum Gegenstand, einen Tölpel, der dem Spott der Zuhörer ausgeliefert wird. Insofern steht er in der Tradition der alten Spottgedichte. Aber neu ist, daß hier nicht nur bestimmte Charakterzüge bestimmter nicht ernstzunehmender Menschen verspottet werden, sondern daß dieser schlechtere Mensch *in seinen Handlungen* nachgeahmt wird, daß der Spott der Zuhörer sich auf das Lächerliche seiner Handlungen richtet.

Ebenso mit Blick auf *Ilias* und *Odyssee*. Sie behandeln hohe Gegenstände, heroenhafte Menschen, aber das wiederum nicht länger im Sinne des schieren Preisgesangs auf ihr *ethos*, ihren Charakter. Stehen sie also vom Objekt her gesehen in der Linie der Hymnen und Preislieder, den alten Formen der Nachahmung besserer Menschen, so unterscheiden sie sich doch von ihnen, insofern sie die Helden wiederum in ihren Taten und Handlungen schildern.

Wenn Aristoteles so argumentiert, so zeigt sich, daß er in Homers Werk sozusagen eine Verschaltung zweier unterschiedlicher Gattungen der Dichtkunst erkennt. Denn wir wissen: Die Nachahmung schlechterer Handlungen, wie im Fall des *Margites*, das ist das Kennzeichen der Komödie, die Nachahmung besserer Handlungen, wie im Fall von *Ilias* und *Odyssee*, ist das Kennzeichen der Tragödie. Also war

Homer in gewisser Weise der erste Komöde *und* der erste Tragöde. Freilich, im Sinne der vollen Definition der dramatischen Gattungen, eben nur in gewisser Weise. Denn Homer stellt in Form des Berichts dar, wohingegen die dramatischen Gattungen in unmittelbarer Vergegenwärtigung Handlungen darstellen.

Daß Homer in gewisser Weise der erste Komödien- und Tragödienautor war, das kann man nun, anknüpfend an die zitierte Passage, auch anders formulieren. In rudimentärer Weise liegen in den unterschiedlichen Werken Homers die Kennzeichen der dramatischen Gattungen vor, oder: in diesen Werken liegen die Keime von Tragödie und Komödie. Denn das ist der Prozeß, den Aristoteles hier schildert. In Homers Werk bilden sich die beiden Varianten der allgemein menschlichen Befähigung zur Nachahmung von Besserem und Schlechterem aus und weiter, indem sie alte Konventionen abstreifen. Homer ahmt jetzt bessere und schlechtere *Handlungen* nach. Die Späteren aber, die ersten wirklichen Komödien- und Tragödienschreiber, knüpfen an diese spezifischen Objekte der Nachahmung Homers an und befreien sie wiederum von einengender Konvention. Sie ahmen nun nämlich nicht länger episch-berichtend, sondern in leibhafter Vergegenwärtigung von Handelnden in ihren Handlungen nach.

In der Schilderung dieses allgemeinen Prozesses der Herausbildung der dramatischen Formen gibt sich mit Deutlichkeit das »Geschichtskonzept« des Aristoteles zu erkennen, das in einer ganz bestimmten, Natur und Geschichte verklammernden »Fortschritts«-Vorstellung fundiert ist. Danach entwickelt sich alles Natürliche, jeder Mensch so gut wie jede Institution und jegliche zu dieser Institution gehörige Form, aus ganz bestimmten, nur jeweils ihnen mitgegebenen Möglichkeiten oder Anlagen (*dynamis*). Diese Entwicklung vollzieht sich aber stets auf dem Wege einer schrittweisen, über ganz bestimmte Stufen erfolgenden Perfektionierung oder Verwirklichung (*energeia*) dieser Möglichkeiten. Sie resultiert schließlich in einem ganz bestimmten, alle Möglichkeiten vollständig in die Wirklichkeit umsetzenden Ziel (*telos*).

Die konsequente Anwendung dieses Entwicklungsschemas läßt sich nun der von Aristoteles gelieferten Schilderung der Entwicklung der Dramenformen ganz eindeutig entnehmen: Das Telos des *Margites* ist die Komödie, das Telos der Epen ist die Tragödie. Hier wird jeweils eine Naturanlage des Menschen, entweder auf lachhafte oder ernsthafte Weise nachzuahmen, auf eine neue Stufe gehoben. Sie besteht, wie gesagt, darin, daß Homer zum ersten Mal lächerliche bzw. ernsthafte *Handlungen* nachahmt. Insofern bezeichnen der *Margites* bzw. die Epen jeweils entscheidende Schritte auf dem Wege zur Form der dramatischen Nachahmung. So daß man, im Rückblick, sagen kann: Die Tragödie hat sich aus dem homerischen Epos entwickelt, in dem etwas der Möglichkeit nach angelegt war – nämlich bessere Handlungen nachzuahmen –, was in der dramatischen Form seine weitere Vervollkommnung gefunden hat. Die dem Homer nachfolgenden Tragöden haben einen nächsten Schritt auf dem Wege zur Verwirklichung des *telos* dramatischer Nachahmungen getan. Jetzt werden nicht länger nur Handlungen nachgeahmt, sondern sie werden auch handelnd und nicht nur – wie das bei Homer noch der Fall war – lediglich erzählend, berichtend nachgeahmt.

An dieser Stelle kann man schon das ganze Vorgehen der aristotelischen Geschichtsschreibung in all seiner Konsequenz erkennen. Die Teloskonzeption beinhaltet nämlich auch den Gedanken an das Ende einer Entwicklung. Ist das *telos* erreicht, hat eine Entwicklung zu ihrem spezifischen Ziel gefunden, so denken Aristoteles und die Peripatetiker, dann ist die ganze Entwicklung abgeschlossen. Das impliziert natürlich klare methodische Schlußfolgerungen für denjenigen, der diese Entwicklung beschreiben will, für den Historiker. Ist sein Gegenstand zu seinem *telos* gelangt, dann vermag er ihn in aller wirklichen Komplexheit zu definieren – er hat ja den Gegenstand in seiner vollgültigen Form vorliegen. Insofern kann er diese Form auf systematisch-begrifflichem Wege definieren. Die historische Arbeit setzt anschließend ein, und sie besteht nurmehr darin, die Stufenfolge seiner Entwicklung von der schieren Möglichkeit über die einzelnen Schritte ihrer Verwirklichung bis hin zur vollen Perfektion nachzuvollziehen. Der Entwicklungsprozeß selbst ist ja abgeschlossen, der Begriff einer in Perfektion vorliegenden Form gibt ihre volle Wirklichkeit adäquat wieder. Und das heißt auch: Hinsichtlich dessen, was dieser Begriff im einzelnen an wichtigsten Bestimmungsmerkmalen enthält, kann der Historiker aus der Masse der Einzelheiten, die von seinem Objekt überliefert sind, dasjenige selektieren, was für seine Entwicklung, nämlich für seinen ganz spezifischen, nur ihm eigenen historischen Werdegang wichtig geworden ist. Er wählt nämlich stets und ausschließlich die entscheidenden Stufen seiner Vervollkommnung, seiner Perfektionierung aus.

Wie genau und akribisch das geschieht, kann man den weiteren Angaben des Aristoteles zur Entwicklung des Dramas entnehmen, die sich jetzt nicht mehr nur zurück zu bestimmten Vorformen wagen, wie sie in Homers Werken zu finden waren, sondern die bis auf die alleranfänglichsten Ursprünge zurückgehen sollen. Aristoteles setzt nämlich neu und dabei zweifach an, indem er fragt: Wie stellt sich die Entwicklung des Dramas bis zurück zu ihren Anfängen dar, betrachtet man sie unter dem Aspekt des Dialogs, und wie, betrachtet man sie unter dem Aspekt der Handlung und ihres Umfangs? Wobei diese Gedankengänge jetzt ausdrücklich der Teleologie unterstellt werden, wenn es im weiteren Bericht über die Geschichte der Tragödie im vierten Kapitel der *Poetik* heißt:

> »Sie hatte ursprünglich aus Improvisationen bestanden (sie selbst und die Komödie: sie selbst von seiten derer, die den Dithyrambos, die Komödie von seiten derer, die die Phallos-Umzüge, wie sie noch jetzt in vielen Städten im Schwange sind, anführten); sie dehnte sich dann allmählich aus, wobei man verbesserte, was bei ihr zum Vorschein kam, und machte viele Veränderungen durch. Ihre Entwicklung hörte auf, sobald sie ihre eigentliche Natur verwirklicht hatte.«

Direkt im Anschluß wird gesagt:

> »Aischylos hat als erster die Zahl der Schauspieler von einem auf zwei gebracht, den Anteil des Chors verringert und den Dialog zur Hauptsache gemacht. Sophokles hat den dritten Schauspieler hinzugefügt. Was ferner die Größe betrifft, so gelangte die Tragödie aus kleinen Geschichten und einer auf Lachen zielenden Redeweise – sie war ja aus dem Satyrischen hervorgegangen – erst spät zu Feierlichkeit und hinsichtlich des Versmaßes ersetzte der jambische Trimeter den trochäischen Tetrameter. Denn zunächst hatte man den Tetrameter verwendet, weil die Dichtung satyrspielartig war und dem Tanz näher stand; als aber der gesprochene Dialog aufkam, wies die Natur selbst auf das geeignete Versmaß.«[51]

In allen Anmerkungen zu diesem Entwicklungsweg, in dem die Tragödie in den verschiedenen Schritten ihrer schließlichen Vervollkommnung zustrebte, zeigt sich mit Deutlichkeit das aus dem Gedanken der teleologischen Entwicklung herkommende, die Form der Darstellung diktierende Analogieverfahren. Jedem Gattungsbegriff und allen aus diesem deduzierten Wesensbestimmungen werden jeweils exakte historische Entsprechungen zugeordnet. Aristoteles kann das Pferd ohne weiteres von hinten aufzäumen. Er geht von der verwirklichten Natur der Tragödie aus, bestimmt – in der bekannten Wesensdefinition – ihre notwendigen Elemente und Teile und verfolgt dann die Entwicklung der Gattung im Hinblick darauf, *wann* das jeweilige wesentliche Element als Neuerung, und das heißt als Verbesserung eingeführt und vor allem: *von wem* es eingeführt wurde. Nur insoweit er sich bei der Nennung von Namen urkundlicher Belege bedient, läßt sich die Vorgehensweise des Aristoteles mit der modernen Geschichtsschreibung vergleichen. Der entscheidende Unterschied liegt aber in der Methode. Der aus dem teleologischen Konzept herrührende Analogiegedanke bestimmt, was die *Poetik* aus dem didaskalischen Material der Erwähnung und der Erläuterung für wert befindet und was sie einfach, als pures Datum, auf sich beruhen lassen und getrost übergehen kann.

Auf diese Weise kommt auch die bereits zitierte – folgenschwere, für alle spätere antike wie moderne Geschichtsschreibung entscheidende – Aussage des Aristoteles über den Ursprung des Theaters zustande. Auch da waltet strenge Logik in bezug auf begriffliche und historische Bestimmungen. Zwischen den beiden Gattungen des Dramas, der Tragödie und der Komödie, ist auf systematischem Wege bekanntlich eine strenge Symmetrie aufgebaut. Deshalb muß auch eine genaue Symmetrie hinsichtlich ihrer Ursprünge postuliert werden. Es muß gezeigt werden, was sie an ihren Anfängen gemeinsam hatten und worin sie sich von Beginn an unterschieden haben. Gemeinsam entstammen sie, sagt Aristoteles deshalb, Improvisationen. Und man kann aus dem uns Bekannten weiter ergänzen: Das waren Improvisationen von Kultliedern, die Handlungen beinhalteten und im Wechselgesang zwischen Chor und einem einzelnen Sänger vorgetragen wurden. In diesem Wechselgesang muß man die Keimzelle des Dialogs sehen, und in dem Vorsänger (*exarchon*) liegt des weiteren die Keimzelle des Schauspielers. Das haben Tragödie und Komödie an Gemeinsamkeiten, die in ihrem gemeinsamen Ursprung liegen. Schließlich gehören sie ja auch ihrem Wesen nach, als Formen des Dramas, zusammen.

Jetzt erfolgt der zweite Schritt. Da sie sich hinsichtlich ihrer verschiedenen Gegenstände systematisch unterscheiden lassen, muß eine entsprechende Unterscheidung auch für ihre Ursprünge zu treffen sein. Deshalb sagt Aristoteles: Beide gehen auf ganz verschiedenartige Improvisationen zurück. Die Komödie leitet sich nämlich von den (komischen) Phallosliedern und ihren Vorsängern her, die Tragödie aber von den (feierlichen) Dithyramben und deren Chorführern.[52]

Es wird also im Verhältnis von systematisch-begrifflicher Bestimmung und historischen Angaben von Beginn an ein striktes Analogieverhältnis aufgebaut. Alles weitere in diesem Analogiesystem von Begriffen und Ereignissen regelt die Teleologie. Die solchen Chordarbietungen innewohnenden Wesenselemente werden hinsichtlich ihrer Weiterentwicklung, ihrer Perfektionierung in den aus ihnen allmählich hervorgehenden Kunstformen betrachtet, bis hin zu dem Punkt, an dem das in ihrem Anfang angelegte und ihnen wesentlich zukommende *telos* ganz und gar verwirklicht ist.

Deshalb erfordert der Aufbauplan der *Poetik* lediglich die retrospektive Beschreibung, über welche Stufen der Transformation sich dieser vollkommene Typus der Tragödie im einzelnen herausgebildet hat. Weiter verlangt die aus dem Mythos übernommene Konvention, daß die hervorstechendsten Errungenschaften, die ihn konstituieren, ausdrücklich mit Namen verbunden werden: insofern sie nämlich genaue Angaben über ihre Begründer, ihre »Erfinder« erforderlich machen. Beide methodischen Postulate fließen in der Darstellung zusammen, die Aristoteles in der Folge von der sukzessiven Verwirklichung des *telos* der Entwicklung gibt. Die Beobachtung der für die reife Tragödie charakteristischen Formeigenschaften lenkt den Blick zurück auf die darstellenswerten historischen Etappen der Entwicklung, mit dem vorherrschenden Interesse, namhaft zu machen, von wem sie im einzelnen abstammen.

In diesem Zusammenhang findet sich die prominenteste Stelle von den wenigen, an denen Aristoteles auf eine für uns überprüfbare Weise von den didaskalischen Listen Gebrauch macht. Anders als die Erfindung der Tragödienform selbst vollzog sich ihre schrittweise Vollendung nämlich zur historischen Zeit und ist deshalb archivalisch dokumentiert. Die in den Didaskalien aufgeführten Dichter können also – hinsichtlich ihrer Beiträge zur Verwirklichung der im Begriff der Tragödie enthaltenen Gattungsmerkmale, nämlich dem Ausbau von Dialog und Handlung – mit (urkundlich belegten) Namen genannt werden. Was Aristoteles hier vermerkt, ist freilich schnell aufgezählt. So wird Aischylos die Erhöhung der Zahl der Schauspieler von einem auf zwei, die Erweiterung der Dialogteile und eine entsprechende Reduzierung der Rolle des Chors zugeschrieben. Sophokles schließlich soll den dritten Akteur und die Bühnenmalerei eingeführt haben.

Gerade an dieser letzten Bemerkung zeigt sich noch einmal besonders gut, daß Aristoteles eine historische Angabe – die Einführung der Bühnenmalerei – nur gebrauchen kann, wenn sie mit einer Neuerung verbunden werden kann, die in Richtung auf die Verwirklichung von Wesen oder Natur der Tragödie als Schritt zu ihrer Vervollkommnung zu verbuchen ist. Vitruv wird diese Neuerung nämlich später im Prooemium des VII. Buchs von *De architectura* dem Aischylos zuschreiben, für den, wie es heißt, Agatharch eine »scena gemacht und eine Abhandlung darüber hinterlassen« habe. Um diese Widersprüchlichkeit zwischen zwei antiken Autoritäten auszuräumen, wird oft argumentiert, daß es Sophokles gewesen sei, der die Neuerung des Aischylos in der Folge als erster eben planmäßig genutzt habe. Tatsächlich kommt es Aristoteles hier aber weniger auf die näheren Umstände der ersten Einführung der *skenographia* an als auf die Bedeutung, die sie für die Perfektionierung des Wesens der Tragödie besitzt. Da er an anderer Stelle die *opsis*, also das Bühnenbild, als unwesentlichen, nicht weiter erwähnenswerten Teil des tragischen Theaters bezeichnet, muß man die Leistung des Sophokles in diesem Zusammenhang auf die *Handlung* als Wesenselement der Tragödie beziehen. »Erfindung« der *skenographia* bedeutet also: Unangesehen der möglichen Rolle, die Aischylos für das erste Bühnenbild der Tragödienaufführungen gespielt haben mag – es war Sophokles, der der tragischen Handlung zu einem eindeutig fixierten Ort verholfen und sie dadurch zu erhöhter Vollkommenheit geführt hat.

Soweit kann sich Aristoteles also auf die Angaben in den vom *peripatos* zusammengestellten Urkundenbüchern verlassen. Werden weiter zurückreichende, im Archiv nicht mehr belegte Auskünfte verlangt, tritt dagegen wiederum das Analogieverfahren ein, das aus dem Gattungswesen auf die ihm wahrscheinlich zugrundeliegenden vorgeschichtlichen Umstände oder Ereignisse schließt. Das zeigt sich besonders gut an dem, was Aristoteles anschließend in bezug auf die Sujets sagt. Der Umfang der Tragödienhandlung wuchs aus zunächst kleinen Sujets heran, bis sie ihr *telos*, die Ausmaße der klassischen Tragödien, erreicht hatte. Parallel dazu kam sie zu der ihrem Wesen entsprechenden Diktion. Im Hinblick auf Handlungsumfang und -stil fällt schließlich ein weiteres, das bereits Gesagte ergänzende Wort zu den Ursprüngen der Tragödie. Sie wird jetzt mit archaischen Satyrtänzen in Verbindung gebracht. Erst spät nämlich soll die Tragödie zu der ihrem Wesen angemessenen, feierlichen Würde gelangt sein. Dies hatte Auswirkungen im Sprachstil (*lexis*): Das Versmaß (*metron*) entwickelte sich aus dem tetrametrischen – dem satyrhaften und tänzerischen – zum jambischen, der gesprochenen Rede angemessenen. Lapidar und mit Eindeutigkeit wird, beide Angaben verknüpfend, gesagt: Schließlich sei die Tragödie ja aus dem *satyrikon*, aus Satyrtänzen also, hervorgegangen.

Solche, in der bloßen, lakonischen Behauptung beschlossene Apodiktik zeigt eindeutig: Alles, was zu dem für Aristoteles interessantesten Punkt, zur Entstehung der Formen des Theaters gesagt wird, entstammt ganz offensichtlich dem Bereich des Hörensagens (*akoe*). Didaskalische Belege, wie sie allein für die Perfektionierung der frühen Formen existieren, gibt es für die Anfänge der Tragödie nicht, und deshalb setzt Aristoteles einfach, was er sagen hörte, an den Anfang der von ihm konstruierten Entwicklung. Nach dem Vorbild von Wilamowitz sehen viele gerade in diesem Vorgehen den Grund dafür, daß die *Poetik* in historischer Hinsicht als einzige Autorität von dokumentarischem Rang gelten kann. Während nämlich andere und spätere Geschichtsschreiber bemüht sind, die vagen Angaben des Aristoteles gemäß der Konvention mit bestimmten Namen zu verbinden und dabei auf die pure Spekulation durch die nachträgliche Historisierung von Legenden angewiesen bleiben, geht Aristoteles ganz offensichtlich von der zu seiner Zeit bestehenden Quellenlage aus. Da die Perser bei der Eroberung Athens mit hoher Wahrscheinlichkeit auch die Staatsarchive zerstört hatten, konnte Aristoteles keine Urkunden mehr kennen, die auf die Zeit vor 480/479 zurückgehen. Wenn die Steininschriften auch weiter zurückreichen, die *Nikai* bis 508/9 oder noch früher, waren so alte Urkunden sicher nicht erhalten. Aristoteles belegt also, was er wissen kann, mit Dokumenten, was er keinesfalls mehr wissen konnte, wird dagegen durch das Referat dessen ersetzt, was man seit alters her sagte und für das Gründe der Wahrscheinlichkeit sprechen; nicht aber, wie von der späteren hellenistischen Historiographie, mit Pseudodokumenten »belegt«. Darin besteht für Wilamowitz und andere die Modernität und Verläßlichkeit des Theaterhistorikers Aristoteles. Um zu erklären, warum Aristoteles vieles von dem, was er gewußt haben muß, nicht erwähnt, wurde überdies immer wieder darauf verwiesen, daß es sich bei der *Poetik* eben um eine akroamatische Schrift handelt, also um ein Vorlesungsmanuskript, das bloß als Gedankenstütze für einen ausführlicheren Vortrag diente. Daß Aristoteles mehr über die Geschichte der Tragödie wußte, geht hervor aus folgendem Passus: »Die Veränderungen der Tragödie, und durch wen sie bewirkt wurden, sind wohlbekannt.«[53]

Jetzt liegen die Ursprungsangaben des Aristoteles, was die Tragödie betrifft, vollständig vor. Zieht man all das übrige, durchaus widersprüchliche ab, von dem er dem weiteren Hörensagen nach und eher beiläufig berichtet, bleibt als von den Zeitgenossen wie den Späteren allgemein anerkannter Kern seiner Ursprungshypothese: Die dramatischen Handlungen gehen auf die Vorsänger von Kultliedern zurück. Im spezifischen war die Tragödie zu Beginn mit den Dithyramben, den Kultliedern des Dionysos, und darüber hinaus auch noch mit Tänzen der Satyrn verbunden.

Fazit der Überlegungen zum Verhältnis der modernen Geschichtswissenschaft zur antiken *historia*: So wenig auskunftsträchtig die Fülle der didaskalischen Daten ist, so wenig verläßlich ist auch die von Aristoteles gebotene Entwicklungsgeschichte des Theaters der Tragödie. Die entscheidenden Angaben werden nicht durch Forschung und Nachprüfung, sondern, ganz und gar durchschaubar, auf schematischem Weg gefunden: letzten Endes immer durch den Rückschluß von Begriffen auf Ereignisse. Wobei diese, wie im Fall der »Entstehungsursachen« Dithyrambos und *satyrikon* klar zu erkennen, dem puren Hörensagen entstammen. Immer schon hat man die Tragödie mit Dionysos, seinem Kultgesang und überdies mit den Satyrn in Verbindung gebracht. Da dafür, anders als für die allmähliche Ausbildung der frühen Formen zur Perfektion, keine historischen Daten und Namen einstehen können, kann das, was man seit jeher über die Ursprünge gesagt hat, ohne weitere Umstände übernommen und wiederholt werden – jedenfalls dann, wenn es mit dem allgemeingültigen Entwicklungsschema in Übereinstimmung zu bringen ist.

Anmerkungen

1 Karl Reinhardt: *Die klassische Philologie und das Klassische*, in: Ders.: *Die Krise des Helden. Beiträge zur Literatur und Geistesgeschichte.* München 1962, S. 118.

2 L. von Ranke: Vorrede zu den *Geschichten der romanischen und germanischen Völker*, in: Wolfgang Hardtwig (Hrsg.): *Über das Studium der Geschichte.* München 1990, S. 46f. An einer anderen Stelle, in der Schrift *Über die Verwandtschaft und den Unterschied der Historie und der Politik*, heißt es ganz ähnlich, daß »das Amt« der Geschichtsschreibung »nicht sowohl auf die Sammlung der Tatsachen und ihre Aneinanderfügung, als auf das Verständnis derselben gerichtet sei«. (Zitiert nach: W. Hardtwig (Hrsg.): *Über das Studium der Geschichte,* a.a.O., S. 50.) Auch Droysen unterstreicht den Charakter der Geschichts- als einer Geisteswissenschaft. Bei ihm wird insbesondere auffällig, daß sich die Alternative des geisteswissenschaftlichen »Verstehens« zum naturwissenschaftlichen »Erklären« ganz unmittelbar aus dem Konzept historischer Individualitäten herleitet. Dies verteidigt Droysen – in der 1863 geführten Auseinandersetzung mit der Soziologie Auguste Comtes und der darauf fußenden englischen Kulturgeschichte des »Amateurs« Henry Thomas Buckle – gegen jeden Versuch, Geschichtsverläufe im Blick auf konstante Strukturtypen oder gar Gesetzmäßigkeiten *erklären* zu wollen. Hier liegt ein Unterschied auch im späteren, auf das Methodische beschränkten »Positivismus« der Deutschen gegenüber den britischen und französischen Geschichtswissenschaften (= Anm. 6).

3 L. von Ranke: *Die großen Mächte. Politisches Gespräch.* Göttingen 1955, S. 61. Dem zugrunde liegt die Herkunft Rankes und seine Ausbildung zu einer Zeit, als es eine wissenschaftliche Geschichtsforschung noch nicht gab. Kind einer Pfarrersfamilie, hatte er an der Leipziger Universität Theologie und klassische Sprachen studiert.

4 Die Auffassung von Geschichtsschreibung als Gattung der Literatur äußert Ranke früh in einer Vorlesung: »Die Historie unterscheidet sich dadurch von anderen Wissenschaften, daß sie zugleich Kunst ist.« (Leopold von Ranke: *Aus Werk und Nachlaß.* Band IV. München 1975, S. 72) An dieser Überzeugung hält er bis zuletzt fest.

5 Zu diesem Zusammenhang vgl. die auf Ranke bezogenen Aufsätze in Felix Gilberts Buch über Ranke und Burckhardt: *Geschichte – Politik oder Kultur? Rückblick auf einen klassischen Konflikt.* Frankfurt am Main, New York 1992.

6 Der Erkenntnisgegenstand wurde nach wie vor als Individualität konzipiert, und damit sperrte man sich – nach dem Vorbild Droysens – inhaltlich dem Positivismus. Anders in England und Frankreich. Dort suchte man, analog zum Objekt des Naturwissenschaftlers, die »positiv« zu demonstrierenden *Gesetze* der Geschichte. (Vgl. dazu Teil III: *Die Theorien der Kulturwissenschaft. Gegenstand und Methode.*) Der Widerspruch von (geisteswissenschaftlich bestimmtem) Gegenstand und positivistischer Methodenstrenge begründet recht eigentlich die Schwierigkeiten der historischen Schule, die »Fakten« zum Sprechen zu bringen.

7 Zitiert nach Edgar Salin: *Vom deutschen Verhängnis. Gespräch an der Zeitenwende: Burckhardt – Nietzsche.* Hamburg 1959, S. 64.

8 ebenda.

9 Die Aufgabe der Ordnung und Fixierung des Quellenmaterials um seiner selbst willen setzte sich vor allem durch Theodor Mommsen in der Geschichtswissenschaft durch. Auswege aus dem Gefühl des Epigonentums und der dauernden Vor-

läufigkeit ihrer Bemühungen suchten dagegen insbesondere die Philologen, indem sie ihr Arbeitsinteresse auf Teilbereiche der allgemeinen Geschichtsschreibung Griechenlands richteten. In ganz und gar gegensätzlicher Weise geschieht das bei den in dieser Absicht zunächst noch rivalisierenden Forschungsansätzen von Usener und Wilamowitz. Eine geraume Zeit ist Hermann Useners Versuch einer vergleichenden Kulturwissenschaft sehr einflußreich. Wilamowitz greift dann entschieden auf Boeckhs *Enzyklopädie und Methodologie der philologischen Wissenschaften* zurück. Er restituiert entschieden den hier erhobenen Anspruch einer »Reconstrution der Gesammtheit des Erkennens« der antiken Texte nach dem Leitfaden einer »Idee des Antiken an sich« und greift Boeckhs hermeneutische Theorie des wechselseitigen Erhellens von Allgemeinem und Besonderem wieder auf. Dabei weitet er ihn aber aus von der Rekonstruktion des in Texten enthaltenen »Denkens« (Boeckhs Formel von der Philologie als »Erkenntnis des Erkannten«) auf die Rekonstruktion des sie prägenden »Erlebens«, verbindet sie also mit dem geschichtlichen Leben der griechischen Menschen. Durch diese Verbindung der Philologie mit der historistischen Geschichtsauffassung setzt sich Wilamowitz gegenüber der zeitweiligen Dominanz Useners durch, dessen vergleichende Methode in der deutschen Altertumswissenschaft im Ganzen eine Ausnahme darstellt (vgl. dazu M. Landfester: *Ulrich von Wilamowitz-Moellendorff und die hermeneutische Tradition des 19. Jahrhunderts.* In: H. Flashar, K. Gründer, A. Horstmann (Hrsg.): *Philologie und Hermeneutik im 19. Jahrhundert. Beiträge zur Geschichte und Methodologie der Geisteswissenschaften.* Göttingen 1979. Band 1, S. 156ff.).

10 Diese Ansicht geht auf Rankes eigentliche Reform der Geschichtsschreibung zurück. Ihm und den Nachfolgenden galt das von den Beteiligten selbst angelegte Urkundenmaterial als die authentischste Quelle des Historikers. Auf seiner Basis konnte die methodische Kritik der sekundären Quellen, von Memoiren etwa und Augenzeugenberichten, aber auch der früheren Geschichtsschreibung erfolgen. Diese Methode der Quellenkritik findet sich zum ersten Mal konsequent durchgeführt im zweiten Band der *Geschichten der romanischen und germanischen Völker* von 1824, in dem sich Ranke insbesondere mit den Quellen und Geschichtswerken auseinandersetzt, die er für die Darstellungen im ersten Band benutzt hatte. Waren die Anregungen zur historischen Methode von der Philologie gekommen, so folgten die Philologen so gut wie alle Geisteswissenschaftler seitdem dem Rankeschen Verfahren.

11 Vor allem aus der Liste der im 3. Jahrhundert nach Christus noch bekannten Werke des Aristoteles, die Diogenes Laertios im Band 5 seiner *Geschichte des Lebens der Philosophen* gibt.

12 J. Kirchner (Hrsg.): *Inscriptiones Atticae* (= Inscriptiones Graecae II^2 2319-2323), Neudruck: Berlin 1967. Leichter zugänglich bei: A.W. Pickard-Cambridge: *The Dramatic Festivals of Athens.* Zweite verbesserte u. vermehrte Auflage Oxford 1988, S. 101ff. und mit teilweiser (französischer) Übersetzung bei: P. Ghiron-Bistagne: *Les Acteurs Dans la Grèce Antique*, Paris 1976, S. 45ff.

13 IG II^2 2318. Weitere Fundorte = Anm. 9.

14 IG II^2 2325. Weitere Fundorte = Anm. 9.

15 Unter Umgehung übrigens der strengen Vorschriften, denen zufolge er nach einer Amtsperiode nicht wieder wählbar war; deshalb hat er dieses Amt nur vier Jahre nominell inne, verwaltet wird es für die zwei weiteren Amtszeiten durch Strohmänner.

16 So Christian Habicht: *Athen. Die Geschichte der Stadt in hellenistischer Zeit.* München 1995, S. 19ff.

17 Zu dieser Mythenforschung des sechsten und ihrem Zusammenhang mit der Lokalgeschichtsschreibung des folgenden Jahrhunderts vgl. Jean-Pierre Vernant: *Mythos und Religion im alten Griechenland.* Frankfurt am Main, New York 1995, S. 23ff.

18 Das wurde bereits erkannt, als die Corpora zusammengestellt wurden. Die unendliche Aufgabe, die allein in der Zusammenstellung und Ergänzung der zum Teil nur bruchstückhaft erhaltenen Inschriftenreste liegt, beschreibt Ulrich von Wilamowitz-Moellendorff in seinen Besprechungen der 1906 von Adolf Wilhelm herausgegebenen *Urkunden dramatischer Aufführungen in Athen* (W.-M.: *Kleine Schriften* VI, Berlin Neudruck 1971, S. 376ff.) und der bis 1913 erschienenen Bände und Supplemente der Inschriften (ebd., S. 402ff.). In der ersten Rezension heißt es: »Wenn unterweilen der Scharfsinn an der Ergänzung eines Brockens nur zu spielen scheint, weil selbst die gelungenste Ergänzung unbeweisbar bleiben muß und niemals etwas wirklich Neues lehren kann; wenn etwa eine Datierung auf die größere Wahrscheinlichkeit gegründet wird, daß eine Buchstabenspur eher von einem – als von einem R herrühre, und dann auf solche Möglichkeiten weitere Möglichkeiten aufgebaut werden, so ist der Leser freilich zu besonnener Skepsis aufgefordert, und die Zukunft wird ohne Zweifel zeigen, daß zuweilen Mühe und Scharfsinn vergeblich aufgewandt war.« (ebd., S. 377)

19 Von ihnen, darunter der einzig vollständig erhaltene Text eines Satyrspiels, der *Kyklops*, ist ein Text, der *Rhesos*, umstritten, er wird wohl zu Unrecht dem Euripides zugeschrieben und scheint erst später, wahrscheinlich im vierten Jahrhundert entstanden zu sein.

20 So argumentiert jedenfalls die ältere Theorie. In neuerer Zeit ist dagegen die Vermutung geäußert worden, daß die Auswahl der Stücke nicht für den Unterricht vorgenommen worden sei, sondern den Schulausgaben durch den Spielbetrieb des frühhellenistischen Theaters bereits vorgegeben war: »... sie entsprach also den Bedürfnissen des gebildeten Publikums, nicht etwa pädagogischen Gesichtspunkten.« (Hartmut Erbse: *Überlieferungsgeschichte der griechischen klassischen und hellenistischen Literatur*, in: Herbert Hunger u.a. (Hrsg.): *Die Textüberlieferung der antiken Literatur und der Bibel.* München [2]1988, S.238)

21 Für den modernen Historiker bietet das natürlich Vorteile. Im Blick auf die Texte, die ohne entsprechende (oder mit widersprüchlichen) Angaben in den Scholien überliefert sind, hat er hier das Material vorliegen, um Datierungen vorzunehmen. Die Chronologie der Tragöden und Komöden, die Chronologie aller Aufführungen, wie sie von der historischen Forschung erarbeitet wurde, basiert zum guten Teil auf den – auf den neuzeitlichen Kalender umgerechneten – Angaben der Inschriften. Wobei man häufig über eine relative Chronologie nicht hinauskam, in vielen Fällen ist kein sicheres Datum überliefert, weshalb man gezwungen war, ungefähre Daten zu erschließen. Das geschah durch Kombination der didaskalischen Angaben mit Befunden der Philologie, also etwa stilistischer Einordnungen bestimmter Texte in bestimmte Schaffensphasen einzelner Dichter, und mit weiteren Angaben in antiken Geschichtswerken.

22 Vgl. dazu Gilbert Murray: *Euripides und seine Zeit.* Darmstadt 1957, S. 9ff.

23 Diese Bemerkungen betreffen also weder die »große« Geschichtsschreibung eines Herodot, der anläßlich der Darstellung der Perserkriege eine Kulturgeschichte des

Westens und des Ostens verfertigt hat, oder die wiederum sehr anders (und reflektierter) vorgehende Darstellung eines Thukydides, der eine Geschichte des peloponnesischen Krieges geschrieben hat. Hier gibt es zwar vielfältige Berührungspunkte zu einer Art von »Geschichtsschreibung«, wie sie uns etwa in den didaskalischen Monumenten entgegentritt. Um sie angemessen diskutieren zu können, wären aber mannigfache Differenzierungen nötig, welche uns zu weit von unserem Thema abbringen würden, weshalb ich diese Form der Geschichtsschreibung einfach ausspare. An dieser Stelle ist auch noch nicht die Rede von einer weiteren Form der Geschichtsschreibung, die auf bestimmten Prämissen philosophischen Denkens beruht – darüber wird und muß die Rede sein, wenn die *Poetik* des Aristoteles behandelt wird, vgl. diesen Teil der Arbeit: *Die Poetik des Aristoteles: Teleologie – die theatergeschichtliche Methode der Poetik.*

24 Paul Veyne: *Glaubten die Griechen an ihre Mythen? Ein Versuch über die konstitutive Einbildungskraft.* Frankfurt am Main 1987.

25 Vgl. dazu Anm. 10.

26 Paul Veyne zeigt, daß dieses Prinzip – der Differenzierung der Quellen nach Art und Rang ihrer »Authentizität«, des Abwägens von Gründen und Gegengründen für die Wahrheit oder Wahrscheinlichkeit der in einer Quelle zu findenden Angaben – erst mit der Bibelkritik im 17. Jahrhundert aufkommt (von dort her stammt dieses Wort »Kritik« ja) und daß es letzten Endes zusammenhängt mit dem (von Paul Hazard beschriebenen) tiefen Mißtrauen gegen die Autorität der alten Geschichtsschreiber, das in der *querelle des anciens et des modernes* aufbricht und den Gesichtspunkt der Nachprüfbarkeit an die Stelle des bis dahin selbstverständlichen Vertrauens in die Tradition rückt. Vgl. dazu Teil I: *Wirkungsgeschichtliche Einsatzstellen – Klassizismus.*

27 Über den »mythos« als solchen Differenzbegriff: Claude Lévi-Strauss, Jean Pierre Vernant u.a.: *Mythos ohne Illusion* (1980). Frankfurt am Main 1984. Vgl. auch Emil Angehrn: *Die Überwindung des Chaos. Zur Philosophie des Mythos.* Frankfurt am Main 1996.

28 Man kann sagen: Nach strikt »religiöser« Erfahrung ist das die »heilige« Zeit des Ritus, die sich gegenüber der profanen durch eine völlig andere Qualität auszeichnet und sich damit konstitutiv von ihr unterscheidet und die, man wird das sehen, in bestimmten rituellen Praktiken in Griechenland auch zu historischer Zeit noch eine wichtige Rolle spielt. Man kann in unserem Zusammenhang aber schon erkennen, daß diese Rolle durchaus nicht für die historische Zeit zu verallgemeinern ist. Durch das Auftreten des *logos* war das unmittelbare Empfinden für das Heilige bereits in sich gebrochen; die »heilige Zeit« war eben zur Vor-Zeit geworden.

29 Vgl. dazu Oswyn Murray: *Das frühe Griechenland.* München 1982, S. 17.

30 Schlagend zeigt das ein Beispiel, das Paul Veyne über eine Angabe bei Herodot gibt. Man erzählt sich, sagt Herodot an einer Stelle, daß Herakles einst nach Ägypten gekommen ist und dort von den Ägyptern dem Zeus als Opfer dargebracht werden sollte. Woraufhin der erzürnte Herakles alle anwesenden Ägypter getötet hätte. Diese Geschichte kann sich aber so keineswegs zugetragen haben, sagt Herodot, sie ist unmöglich. Und dafür führt er »Beweise« an, wie er Beweise eben versteht. Erstens, argumentiert er: Jeder, der die Gesetze der Ägypter kennt, weiß, daß sie keine Menschenopfer darbringen. Das Indiz, das Herodot hier anführt, stammt also aus der Kenntnis Ägyptens, ägyptischer Bräuche und Satzungen, wie sie zu seiner Zeit selbst bestanden haben und die ihm von jenen berichtet worden waren, die

Ägypten selbst bereist hatten und es gut kannten. Dann führt Herodot aber noch einen zweiten Beweis dafür an, daß die Geschichte vom ägyptischen Herakles falsch sein müsse. So wie es von den Ägyptern bekannt ist, daß sie keine Menschenopfer darbringen, so ist es von Herakles bekannt, daß er erst nach seinem Tod ein Gott wurde. Als solcher Gott hätte er so ungeheuer viele Ägypter töten können, zugegeben, aber die Geschichte spielt ja zu Lebzeiten des Herakles. Und wenn dieser Herakles auch ein überaus starker Mensch war, kein Mensch – auch Herakles nicht – könnte je so stark sein, daß er so viele Ägypter töten könne. Man sieht also, wie, mittels welcher »Logik«, Herodot eine Legende als Legende überführt. Nicht etwa, indem er sie – in unserem Verstande – einem Mythos des Herakles zurechnet und diesen Mythos insgesamt verwirft. Diesen »Mythos« selbst erkennt er, im Gegenteil, im Kern als historisch richtig und im übrigen – durch die vielen anderen, in sich stimmigen Erzählungen darüber – als erwiesen an. Demzufolge entnimmt er aus den Angaben über Herakles ein Indizium für die Unrichtigkeit dieser einen, besonderen Geschichte über Herakles, genauso wie er dazu Angaben aus dem ihm bekannten Ägypten seiner Zeit verwendet. Der »Mythos« im Ganzen gilt ihm also als genauso geschichtlich wahr, wie es die bekannte Geschichte seiner Zeit ist.

31 Das wirkt nach nicht nur bis in die *logoi*, die Geschichten des Herodot, die Thukydides, als strenger Historiker seiner Zeitgeschichte, als »unwissenschaftlich« bezeichnet und verächtlich macht, sondern eben auch bis in die große, elaborierte Geschichtsschreibung eines Thukydides selbst. Wenn der etwa vom Ausbruch des peloponnesischen Krieges und der Evakuierung der Athener auf benachbarte Inseln spricht, von einem authentischen Vorgang also, den die Athener selbst noch erlebt hatten, kann er, anläßlich dieses verbürgten Ereignisses, ganz umstandslos die alte Legende wiederholen, Theseus habe einstmals die Einigung Attikas zustandegebracht und Athen zur Hauptstadt der Region erhoben. (Vgl. dazu H.D.F. Kitto: *Die Griechen. Von der Wirklichkeit eines geschichtlichen Vorbilds*. Frankfurt am Main 1960, S. 68f.) Auch da zeigt sich die Gleichrangigkeit von historischen und mythischen »Quellen«, von denen dieser Historiker ausgeht. Während er von überprüfbaren zeitgenössischen Vorgängen spricht, wiederholt er eben den seit alters her kursierenden Gründungsmythos der Stadt Athen, für uns ein Widerspruch, der ihn nicht stört, ihm nicht einmal auffällt. Das, was man sagt, was man sich erzählt, ist eben die Form der Tradierung des Uralten und gilt als ebenso zuverläßlich als Nachricht darüber wie ein Augenzeugenbericht über ein Ereignis, das sich in der jüngsten Geschichte zugetragen hat. Dessen hatte man sich ja durch die Listenwerke versichert, die verbürgten, daß die alten Überlieferungen »historisch« waren. Ebenso konnten denn auch Satyros und andere Euripides-Biographen die Anekdoten, die über Euripides kursierten, für bare Münze nehmen. Was für uns als »Fakten« und als »Erzählungen« zu unterscheiden ist, rangierte für diese Historiker auf gleicher Ebene, war für sie eben nicht zu unterscheiden.

32 Bei der Darstellung der Argumentation der *Poetik* stütze ich mich auf M. Fuhrmanns vorzügliche *Einführung in die antike Dichtungstheorie*, Darmstadt 1973, wo ausführliche Erläuterungen zu den von mir nicht behandelten Teilen zu finden sind.

33 Zur leichteren Überprüfbarkeit wird zitiert nach Aristoteles' *Poetik*, übersetzt und herausgegeben von Manfred Fuhrmann, Stuttgart 1982, hier: S. 5.

34 ebenda.

35 Weshalb sich Aristoteles hier auf diese Musikformen beschränkt, und da auch nur auf deren größte Teile, wird nicht ganz klar; offensichtlich unterscheidet er sie als mimetische Formen von anderen nicht-mimetischen Formen.
36 *Poetik*, a.a.O., S. 5.
37 ebenda.
38 ebenda, S. 7ff.
39 ebenda, S. 9.
40 ebenda, S. 11.
41 ebenda, S. 11ff.
42 ebenda, S. 13.
43 ebenda, S. 19.
44 Vgl. die Bemerkungen zu Veränderungen im Festablauf zugunsten der Schauspieler im Teil IV dieser Arbeit.
45 Wenngleich nach Aristoteles der Wirkungszweck der Tragödie auch durch die bloße Lektüre erreicht wird, vgl. *Poetik*, a.a.O., Kapitel 6, S. 25: »... die Wirkung der Tragödie kommt auch ohne Aufführung und Schauspieler zustande.«
46 *Poetik*, a.a.O., S. 23.
47 ebenda, S. 29ff.
48 ebenda, S. 31.
49 Die Diskussion über das kategoriale Verständnis von Möglichkeit und Wirklichkeit im Umkreis des aristotelischen Denkens und die Konsequenzen, die solches im Blick auf die Wirkungsqualitäten der Tragödie hat, wird in Teil IV dieser Arbeit geführt.
50 *Poetik*, a.a.O., S. 13ff.
51 ebenda, S. 15.
52 Jürgen Leonhardt: *Phalloslied und Dithyrambos. Aristoteles über den Ursprung des griechischen Dramas.* Heidelberg 1991, hat den Konsens über diese Abstimmungslinien von Tragödie bzw. Komödie aufgekündigt und eine Übersetzung vorgeschlagen, nach der die Tragödie von den Phallophorien, die Komödie von den Dithyramben herkomme. So weit ich sehe, ist ihm die Philologie darin nicht gefolgt.
53 *Poetik*, a.a.O., S. 17.

Die Ursprungsfragen

Das Problem des Ursprungs

Wir haben zwei methodische Vorentscheidungen in der antiken Geschichtsauffassung herausgearbeitet, welche die Funktion der didaskalischen Sammlungen und den Umgang, den die *Poetik* mit ihnen pflegt, verstehen halfen. An der aristotelischen Tragödientheorie interessierte im besonderen das teleologische Konzept, das unverkennbar auch ihren theatergeschichtlichen Teilen zugrunde liegt. Letzten Endes schreibt es den Gebrauch vor, den die *Poetik* von den urkundlich gesicherten Daten macht. Sie betreffen ausschließlich die innovativen Beiträge, die insbesondere Aischylos und Sophokles zur schrittweisen Herausbildung der perfekten *Handlung* der Tragödie geliefert haben. Die Teleologie wirkt so gleichsam als Nadelöhr für die entwicklungsgeschichtliche Darstellung, die Aristoteles hier gibt. Durch alle Stadien zurück, die der Fortschritt der Tragödienform(en) genommen hat, strebt diese Darstellung aber ihrer eigenen Logik nach zurück auf ein Letztes, Begründendes: auf die Anfänge dieses Prozesses, auf seine Ursprünge.

In diesem Zurückgehen zum Ältesten und Ersten erkennt man, obenhin betrachtet, eine auffällige Übereinstimmung mit der verbreiteten (Regional-)Geschichtsschreibung Griechenlands. Gemeinsam ist ihnen eine gewisse Affinität zu Darstellungsmustern des Mythos. So wie der Mythos im wesentlichen stets der Bericht vom Anfang einer Entwicklung ist, zeigt sich die antike Historiographie ebenfalls besonders interessiert an den Anfängen ihrer Untersuchungsobjekte. Im Grunde verhält es sich in den meisten Lokalgeschichten nicht anders als im Mythos. Ist gesagt, wo ein bestimmtes Geschehen begonnen und insbesondere wer es initiiert, wer es »begründet« hat, ist die Arbeit getan. In der Angabe des Anfangsgrundes (*aition*) einer Entwicklung besteht das Erklärungsprinzip der Historiker – der Anfang begründet nämlich ihr Wesen und Prinzip (*arche*). Auch hier tendiert die ganze Geschichtsschreibung auf die Anfänge, die Ursprünge.

Sieht man näher hin, gibt sich dann aber doch der gravierende Unterschied zwischen den Lokalhistorikern und Aristoteles zu erkennen. Der hält sich – man könnte sagen: aus sehr modern anmutender Skepsis gegenüber den bloßen, urkundlich ungesicherten Erzählungen – gerade nicht an das bei den anderen beherrschende Diktat, die genauen Umstände der Entstehung und vor allem den Namen des

Begründers einer kulturellen Errungenschaft zu nennen. Solch bestimmte Angaben über die »Erfindung« der Tragödie sucht man in der *Poetik* vergebens. Dennoch basiert auch die hier skizzierte Tragödiengeschichte, dem allgemeinen Denkmuster folgend, auf der Angabe ihres Ursprungs. Nur tritt an dieser Stelle, wo achivalisch nichts mehr auszurichten ist, ausdrücklich das Hörensagen (*akoe*) ein, das, was seit jeher und aus anonymer Quelle über die Urzeit der Tragödie tradiert ist. Streng interpretiert, gibt Aristoteles, indem er ausdrücklich referiert, was man von den ältesten Zeiten an über die Urgeschichte der Tragödie verlauten hört, vier Anfangsgründe an. Sie soll aus dem Dithyrambos (genauer: seinen Vorsängern, den *exarchontes*) und aus dem *satyrikon*, aus dem Satyrischen oder Satyrhaften, also aus Satyraufführungen hervorgegangen sein. Darüber hinaus, heißt es weiter, liege ihr Ursprung in improvisierten Tänzen und in lächerlichen, komischen Redeweisen.

Auf diese Angaben stützen sich nun zahlreiche Versuche, zu einer plausiblen Theorie vom Ursprung und von der Entstehungsgeschichte der Tragödie zu gelangen. Das fängt bereits in der Antike, bei den unmittelbar auf Aristoteles folgenden »Kulturhistorikern« an, kulminiert zu Zeiten der Hochblüte alexandrinischer Gelehrsamkeit und geht weiter bis zu den Vertretern der historischen Schule, den Begründern unserer wissenschaftlichen Auseinandersetzung mit dem Altertum. Wie man die Angaben des Aristoteles interpretierte, mit weiteren Nachrichten kombinierte und ihnen auf diese Weise Homogenität, Eindeutigkeit und Stringenz zu verleihen versuchte, bleibt deshalb, zumindest in den Grundlinien, nachzuzeichnen. Dies soll, pointierend und zugegebenermaßen tendenziös[1], geschehen, nur um deutlich zu machen, daß solche weit über 2.000 Jahre währende, an Aristoteles anknüpfende Ursprungsdiskussion von methodischen Vorentscheidungen abhängig ist (und von welchen sie mir abhängig scheint). Das kritische Bedenken solcher Vorentscheidungen soll (durchaus nicht die unumgehbare Notwendigkeit, sondern, bescheidener, nur) das mögliche Recht plausibel machen, alternative Fragestellungen zur Analyse der Formensprache des Theaters der Tragödie und seiner eigentlichen Bedeutung für die altgriechische *polis* zu entwickeln. (Dies um so mehr, als die der Philologie konkurrierenden kulturwissenschaftlichen Ansätze, die Gegenstand des folgenden Abschnitts sind, ebenfalls auf ihre methodischen Vorentscheidungen hin überprüft und gleichfalls dem kritischen Bedenken hinsichtlich der ihnen eigenen Problematik ausgesetzt werden.)

Antike Ursprungshypothesen: Dithyrambos und satyrikon

Wie ging man nun in der Antike mit den Informationen des Aristoteles um? Wie gesagt: Aristoteles referiert diese Angaben, sagt bloß, was aus dem verbreiteten Hörensagen hervorgeht. Wahrscheinlich aus Einsicht in den Mangel an zureichendem Wissen versucht er auch gar nicht erst, sie in in einen Zusammenhang miteinander zu bringen, sie also in einer vollgültigen *Theorie* des Tragödienursprungs miteinander zu verbinden. Darin mußte nun allerdings für die dem Mythos näherstehenden »Kulturhistoriker«, die dem Aristoteles folgten, ein Skandalon liegen. Nach dem unverbrüchlichen Gesetz ihrer Geschichtsvorstellung war der über alles entscheidende Ursprung mit Eindeutigkeit anzugeben. Der Konvention nach war es undenkbar, daß eine Institution wie das Theater der Tragödie mehrere Ursprünge haben soll; nein, um der Darstellung Glaubwürdigkeit zu verleihen, muß ein einziger gefunden werden. Solches Denken diktiert nun der weiteren Geschichtsschreibung des Peripatos und der hellenistischen Gelehrten des Ostens das verbindliche Vorgehen. Vorausgesetzt, man vertraut der Autorität des Aristoteles und seinen Ursprungsangaben – und das taten die meisten –, hatte man seine unterschiedlichen Angaben in einer einzigen zur Synthese zu bringen und den Namen des Begründers der Tragödie zu finden.

Dabei fiel die Reduzierung von vier auf zwei Anfangsgründe der Tragödie leicht. Sowohl zu den dithyrambischen Chordarbietungen als auch zu den Aufführungen der Satyrn genannten Dämonen gehörten nämlich Tänze. Das ist zunächst einmal sehr gut vom Dithyrambos bezeugt. Von ihm wird bereits im siebten Jahrhundert berichtet, und seine wildenthusiastischen Ausdrucksformen wurden von antiken Musiktheoretikern auch noch nach seiner Säkularisierung im fünften Jahrhundert – im Gegensatz zum klaren, ruhigen Lied des Apoll, dem Paian – übereinstimmend mit Dionysos in Verbindung gebracht. Angesichts solch hartnäckiger Überlieferung kann man also annehmen, daß es sich bereits sehr früh um ein Kultlied des Dionysos gehandelt hatte. Es wird überdies von Tänzen berichtet, die die Chorlieder schon in archaischer Zeit begleiteten und die auf die rituellen Schrittfolgen eines Prozessionszuges zurückzuführen sind.[2] Wenn Aristoteles also den Tragödienursprung in Bezug setzt zu improvisierten Tänzen und zum Dithyrambos, so kann man annehmen, daß es sich bei diesen Tänzen eben um die das dionysische Kultlied begleitenden Tanzfiguren gehandelt haben muß. Als Schlußfolgerung liegt nahe: Wenn Aristoteles von Tänzen spricht, meint er die Dithyrambentänze.

So weit zum Dithyrambos. Aber weiter, zum *satyrikon*: Spätestens vom achten vorchristlichen Jahrhundert an sind überdies Zeugnisse von weiteren rituellen Choraufführungen auf der Peleponnes überliefert, welche die zweite aristotelische Angabe bestätigen und einen Zusammenhang mit den anderen nahelegen. Berichtet wird nämlich von Maskentänzern, welche die urtümlichen Satyrn dargestellt haben sollen. Die erhaltenen schriftlichen Quellen sind in bezug auf deren Aussehen ziemlich ungenau.[3] Es geht aus ihnen nur hervor, daß es sich um eine Art Walddämonen handelte. Deren Gesänge waren, so wird weiter berichtet, zunächst Bestandteil mehrerer Vegetations- und Fruchtbarkeitskulte; vornehmlich galten sie wohl der Artemis und dem Dionysos. Des weiteren waren sie, wie auch der Dithyrambos, mit Tänzen verbunden.[4] Platon erwähnt in den *Gesetzen* den traditionellen Tanz dieser Satyrn, die *kordax*.[5] Wobei er – wenn er die ungebärdigen, derb-obszönen und grotesk-komischen Tanzfiguren der Satyrn beschreibt – auch die Verbindung mit dem Lächerlichen und Komischen (wie er sagt: dem Häßlichen und Gemeinen) unterstreicht, das Aristoteles an den Anfängen der Tragödie lokalisiert hat. Dementsprechend wird ja auch von Aristoteles berichtet: Die Tänzer verkörperten kurze, profane und höchst unfeierliche, Lachen erregende Handlungen und begleiteten sie mit Gesängen in trochäischen Tetrametern, dem Tanz-Versmaß. Wenn nun der Tanz des *satyrikon* vor allem mit Komischem und Lächerlichem zu tun hatte, kann man annehmen, daß Aristoteles, wenn er ohne weiteren Kommentar vom Lächerlichen als Wurzel der Tragödie spricht, eben das *satyrikon* meint. So lassen sich die vier Ursprungsangaben der *Poetik* für die nacharistotelischen Geschichtsschreiber also mit gutem Gewissen auf zwei reduzieren: Nämlich eben auf den Dithyrambos und die Satyrtänze. In diesen beiden Angaben war schließlich auch die Verbindung des Theaters mit dem Gott Dionysos bekräftigt, die den Zeitgenossen so sicher feststand, daß Aristoteles sie gar nicht erst mit größerem Argumentationsaufwand hatte begründen müssen. Der Dithyrambos war schließlich das Kultlied dieses Gottes, und auch die Satyrtänze wurden (unter anderem) anläßlich dionysischer Kultfeste geboten.

Ein Widerspruch allerdings ist, auch nachdem sich die vier Angaben des Aristoteles mit Fug auf zwei haben reduzieren lassen, immer noch nicht aufgelöst. Unvermittelt steht die Bemerkung, nach der die Tragödie sich von den Vorsängern des dionysischen Dithyrambos herleite, der anderen gegenüber, nach dem sie vom *satyrikon*, den Tänzen der Satyrn, herkomme. Also fordert die aus den bekannten Gründen unzulängliche Hypothese des Aristoteles über den Ursprung des Theaters zu weiteren systematischen Ergänzungen heraus. Undenkbar, daß das Theater der Tragödie auf mehreren Anfangsgründen beruhen konnte, und seien es nur zwei; es mußte auf einen einzigen, unteilbaren Ursprung zurückgehen.

Zu klären war also: Was genau hat der Dithyrambos mit Dionysos zu tun? Und weiter: Was eigentlich haben beide zusammen mit den Satyrn zu schaffen? Da der Ursprung einer Institution im Denken der Zeit stets mit einem einmaligen Gründungsakt zusammenfiel, dessen nähere Umstände genauer Schilderung und die an ihm beteiligten Personen der exakten Identifikation bedurften, kam diese Frage darüber hinaus ganz selbstverständlich überein mit der weiteren Frage: *Wer* war es, der den Dithyrambos mit Dionysos und beide mit den Satyrn in Verbindung gebracht hat, und *wo und wie* genau hat sich dieses Geschehnis, aus dem die Tragödie hervorgegangen ist, abgespielt?

Arion und der Satyr-Dithyrambos von Korinth

Da also die Angabe des Gründungsakts das wesentliche war, erschöpft sich die Erklärung dieses ganzen Zusammenhangs in der Nennung eines einzigen Namens. In mehreren Quellen wird übereinstimmend der Kitharoide Arion aus Lesbos in enge Verbindung gleicherweise zum Dithyrambos wie zu den Satyrchören gebracht.[6] Ein sehr altes Zeugnis dafür bildet das lange vor der *Poetik*, zur klassischen Zeit Athens entstandene Geschichtswerk Herodots. Es scheint die späteren Angaben des Aristoteles, was den Dithyrambos betrifft, eindrücklich zu bestätigen und zu präzisieren. Im ersten Buch berichtet Herodot von Arions Wirken am Hof des Tyrannen Periander von Korinth, wo er den Dithyrambos geschaffen habe. Im Wortlaut wird hier gesagt (*Historien I*, 23): »Es ward beim Vorgebirge Tainaron auf dem Rücken eines Delphins an Land getragen Arion von Methymna, ein Kitharoide, der nicht seinesgleichen hatte zu der Zeit und der als erster auf der Welt, so weit wir Kunde haben, einen Dithyrambos kunstreich gedichtet und benannt und einstudiert hat, in Korinth.« Hier wird also eine sagenhafte Angabe mit einer historischen, kunsthistorischen Tat verbunden – der Erfindung des Dithyrambos. Soweit ist also die Verbindung Arions mit der ersten Ursprungsangabe des Aristoteles zu belegen.

Aber damit nicht genug: Die bei der Besprechung der Quellenlage bereits erwähnte *Suda*, das ca. 1000 nach Christus in Byzanz entstandene Lexikon des noch verfügbaren antiken Wissens, zeugt davon, daß man diese Nachrichten Herodots später ergänzt und systematisiert hat. Im Artikel *Arion* wird nämlich, ohne Angabe der Quelle, hinzugesetzt: Arion hätte als erster Aufführungen von »Satyrn, die einen metrischen Text sprachen«, veranstaltet.[7] So wird die entscheidende Verbindung gezogen. Nachdem Herodot den Arion als Erfinder des Dithyrambos bezeichnet hat, identifiziert die *Suda* wenn nicht das Aussehen – das wird hier nicht erwähnt –, so doch den Charakter der Sänger und Tänzer des Dithyrambos. Es soll sich um von Platon und anderen her bekannte Satyrn gehandelt haben. Nicht länger kann also die Rede sein von Dithyrambos und *satyrikon* als zwei unverbundenen Quellen der Tragödie. Den nacharistotelischen Geschichtsschreibern, welche die Angaben der *Poetik* und des Herodot miteinander kombinierten und deren Theorien dann eben in die *Suda* eingegangen sind, stand jetzt fest: Arion hat beide zusammengebracht in seiner alles entscheidenden Erfindung – dem Satyr-Dithyrambos. Nun hat man also, statt der bei Aristoteles erwähnten vier, einen einzigen Anfangsgrund der Tragödie gefunden und mit einer konkreten Namensnennung verbunden.

Schließlich findet sich der Zusammenhang von Arions Satyr-Dithyrambos mit der Tragödie auch noch testiert. Nach einer apokryph überlieferten Stelle aus den Elegien Solons nämlich soll Arion in Korinth das erste ausgesprochene Tragödiendrama verfertigt haben.[8] Alles bei Aristoteles Erwähnte kommt hier also in der puren Namensangabe überein. Arion war der Erfinder des Satyr-Dithyrambos und damit, auch das konnte jetzt als bezeugt gelten, der Begründer der Tragödie.

Obwohl Aristoteles an den genannten Stellen nicht ausdrücklich erwähnt wird, knüpfen solche Nachrichten ganz unverkennbar an die Bemerkungen der *Poetik* an, in der Bemühung, sie zur kohärenten Theorie auszubilden. Einer Theorie, die ganz offensichtlich einer mythischen Geschichte Wahrscheinlichkeit verleihen soll dadurch, daß die Sage mit historischen Umständen in Verbindung gebracht wird. Denn von Arion wird zunächst einmal nur in der eben zitierten – von Herodot und anderen überlieferten – Legende berichtet, nach der er, nach Korinth unterwegs, auf der Flucht vor Piraten von einem Delphin gerettet worden sein soll. Vor allem die spätantiken Kompilationen lassen nun unverkennbar die Absicht erkennen, diesen Sänger als wirkliche, als historische Person zu beglaubigen. Daß dies geschah, um die innere Übereinstimmung der aristotelischen Angaben über die Ursprünge der Tragödie auf konventionellem Weg zu beweisen – indem man nämlich ihren Schöpfer namhaft machte –, davon zeugt schließlich, unter anderem, eine Notiz bei dem neuplatonischen Akademielehrer Proklos.[9] Nach ihr soll Aristoteles selbst – in dessen Schrift, wie zu sehen war, kein Wort über den »Erfinder« der Tragödie fällt – Arion bei irgendeiner Gelegenheit einmal als Begründer der zyklischen Chöre bezeichnet haben. Aber, einer solchen, genau kalkulierten Pointe hätte es eigentlich gar nicht mehr bedurft. Ganz unabhängig von Aristoteles' eigener Meinung in dieser Frage – die Hinweise Solons und Herodots zusammengenommen, waren ja auch sonst alle Elemente beisammen, um das Entscheidende »beweisen« zu können. Sämtliche verstreuten Auskünfte des Aristoteles ließen sich in einer These in Übereinstimmung bringen: Arion war der Erfinder des Satyr-Dithyrambos, und aus diesem ist die Urtragödie hervorgegangen.

Ganz offensichtlich ist also ein von der alten Historiographie automatisch in Gang gesetzter Fragemechanismus nach dem Urheber, dem Erfinder der Tragödie für die Ergänzung und Systematisierung der aristotelischen Angaben verantwortlich. Jedenfalls fällt auf, daß in allen weiteren, an die Bemerkungen der *Poetik* anknüpfenden Nachrichten über die »Urtragödie« der Peloponnes, denen sich die modernen Hypothesen zur Entstehung der Tragödie konfrontiert sehen, ein- und derselbe Name, eben der Arions, vorkommt. Solche Übereinstimmung hat auf die moderne Forschung natürlich große Anziehungskraft ausgeübt. Die spätantike Hypothese vom Satyr-Dithyrambos bildet deshalb auch den Kern der bis heute verbreitetsten Ursprungstheorie der Tragödie.

Die Theorien der historischen Schule

An dieser Stelle – im Rückgriff der modernen Historiographie auf die antike Geschichtsschreibung – schließt sich ein weiteres Mal der Kreis zu den Gräzisten der historischen Schule. Es ist bereits gesagt worden, daß diese Wissenschaftler, ganz untypisch für die bis dahin ausschließlich an normativen Gehalten interessierte neuzeitliche Rezeption der *Poetik*, erstmals wieder ein Interesse für ihre geschichtlichen Teile aufzubringen vermochten. Auf den Wortlaut der antiken Quellen vertrauend, folgte man dabei recht zwangsläufig dem Leitfaden der aristotelischen Darstellung – der Suche nach den Entwicklungsstufen hin zur reifen Tragödie und durch diese hindurch zurück zu ihren letzten Ursprüngen. Darin drückt sich eine tiefe, strukturelle Affinität in den Denkweisen des Aristoteles und dieser Gelehrten des 19. Jahrhunderts aus. Es war ja von einem eigentümlichen, biologisch begründeten Fortschrittsdenken des Aristoteles die Rede, das sich mit der für ihn charakteristischen teleologischen Methodik verbindet. Der Gedanke an Fortschritt – wenn nicht im weltgeschichtlichen Prozeß, so doch als stete Höherentwicklung der einzelnen kulturellen Individualitäten, als deren Aufeinanderfolge sich die Weltgeschichte vollzieht – gehört nun aber auch zu den Grundüberzeugungen der historistischen Schule. Wenn der Fortschritt in beiden Fällen inhaltlich auch ganz anders konzipiert ist, im Darstellungs*schema* jedenfalls herrschte Übereinstimmung. Weshalb die Gelehrten ziemlich automatisch auf des Aristoteles Fragen nach dem Ursprung und der Entwicklung der Tragödie eingingen und sie ebenfalls in den Mittelpunkt ihrer Forschungen stellten.

Seit Ulrich von Wilamowitz-Moellendorffs Euripides-Buch von 1889, dem durch F. G. Welckers bereits 1826 erschienenem »Nachtrag zu der Schrift über die Aeschyleische Tragödie, nebst Abhandlung über das Satyrspiel« wichtige Vorarbeit geleistet worden war,[10] hat man immer wieder versucht, nicht nur die innere Stimmigkeit, sondern darüber hinaus auch die Richtigkeit der antiken Kombinationen über Arion zu beweisen. Wobei stets derselbe Weg eingeschlagen wurde: Man bemühte sich, die durch Herodot, die *Suda* und die erst spät aufgefundene Solon-Stelle ergänzten Angaben des Aristoteles mit *historischen* Daten in Übereinklang zu bringen, um auf diese Weise der im Sinne moderner Geschichtsschreibung mit Fakten unterfütterten Hypothese Beweiskraft zu verleihen.

Die von den meisten akzeptierte moderne Theorie schließt also an die These von Arions Satyr-Dithyrambos an. Um sie im modernen Sinne faktisch belegen zu können, werden dafür historische Indizien gesucht. Wobei solche Beweisführung über mehrere Argumentationsstufen erfolgt. Die erste betrifft den Zusammenhang von Arions Schöpfung mit dem Hof von Korinth und dem Gott Dionysos. Was spricht – so wird gefragt – für die historische Wahrheit einer solchen Verbindung, welche Belege lassen sich aus der allgemeinen Geschichte Griechenlands in der vorklassischen Zeit dafür anführen?

Arion und die Reform des Dionysos-Kults

So umstritten die Herkunft des Dionysos und der Zweck des zu seinen Ehren begangenen Kults auch sind, historisch steht eines fest. Im siebten und sechsten Jahrhundert erlebte die Verbreitung seines – mit Sicherheit – älteren Kults einen neuen und den entscheidenden Schub. Und zwar nicht zufällig, sondern infolge einer politischen Entscheidung der in diesen Jahrhunderten in zahlreichen Städten zur Herrschaft gelangten Tyrannen.[11] Das waren durchaus keine Diktatoren, keine Gewaltherrscher, die eine Machtposition zugunsten etwa ihrer Person oder einer kleinen Aristokratie gegen die breite Masse der Bevölkerung aufgebaut hätten. Ganz im Gegenteil: sie versuchten gerade, gegen eine bis dahin mächtig gewesene Aristokratie und Nobilität zu regieren und ihre Stadt dementsprechend neu zu organisieren. Die Tyrannen bereiten die *polis*-Ordnung der Demokratie, wie sie vor allem in Athen ihre spezifische Ausprägung erhalten hat, geradezu vor, indem sie die Ritterschicht entmachteten, die im wesentlichen aus einer Landaristokratie, einer Elite von Großgrundbesitzern bestand. In diesem Unternehmen versuchten sie sich auf die Masse der Bevölkerung zu stützen, auf die breiten, in der großen politischen und wirtschaftlichen Krise des siebten Jahrhunderts verarmten und gänzlich abhängig gewordenen Bauernschichten. Ein solcher Tyrann war der von Herodot genannte Periandros von Korinth.

Damit kommt automatisch Dionysos ins Spiel. Eines war dieser Gott nämlich immer, gleich in welcher Gestalt und »Spielart« er auftaucht (und es gibt zahlreiche und vielgestaltige Spielarten dieses Gottes): Dionysos war immer der Gott, der alle Grenzen negiert und alle Schranken einreißt. Ob mehr oder weniger rauschhaft und ekstatisch – er war stets der Erlöser von allen Zwängen. Deshalb begegnet er auch immer auf der Seite der Unterdrückten – er war der Gott der aus dem öffentlichen Leben der Städte herausgehaltenen Frauen, der Sklaven und eben auch der bäuerlichen Tagelöhner. Sie hatten bereits vor dem sechsten Jahrhundert in Dionysos einen Gott gefunden, welcher der Götterschar der Aristokratie – und das waren die Olympier, so wie sie in Homers Epen begegnen – opponierte.

Die Tyrannen machten sich diesen Umstand in ihrer antiaristokratischen Politik zunutze; ein gut Teil dieser Politik war deshalb (wie alle Politik in dieser Zeit) Religionspolitik. Um die Bauern für ihre Sache zu gewinnen, führten sie entweder den bis dahin im Untergrund wirkenden Dionysos-Kult als offizielle Staatsfeierlichkeit ein oder unterzogen zumindest die in den Städten bereits etablierten, bis dahin der Aristokratie nahestehenden Formen der Dionysosverehrung grundlegenden Reformen im Sinne der neuen Herrschaftsform. Die zahlreichen Nachrichten darüber zogen nun die Philologen und Historiker des 19. und 20. Jahrhunderts heran, um die historische Wahrheit der seit alters her kolportierten Verbindung von Dionysos, dem Satyr-Dithyrambos und Arion am Hof von Korinth nachzuweisen. Denn auch der Tyrann Periander hatte, wie viele andere Tyrannen in ihren Städten auch, die Dionysos-Religion zum Staatskult in Korinth erhoben. Herodot selbst belegt diesen allgemeinen Zusammenhang von Religions- und Staatsreform, die Verbindung von Dionysoskult und Tyrannis auf der Peloponnes. Er berichtet nämlich von einem ähnlichen Vorgang aus der Nachbarstadt Korinths, aus Sikyon. Der dort herrschende Tyrann, Kleisthenes, soll ebenfalls religionspolitische Maßnahmen gegen den entmachteten Adel getroffen haben, die, wie in Korinth, im Zusammenhang mit einer Kultreform standen.

Die Bockschöre aus Sikyon und Arions Reformtat

Herodot berichtet: Seit alters her wurden in Sikyon »Bockschöre« aufgeführt. Das waren Lieder und Tänze von Sängern, die in Bocksgestalt auftraten, und zwar zu Ehren des hier traditionell verehrten Heroen Adrastos. Man kann also annehmen, daß es sich hier um den althergebrachten Kult eines Ahnherrn der Adelsgeschlechter von Sikyon handelte. Das liegt um so mehr nahe, als Herodot weiter sagt: Der nun zur Herrschaft gelangte antiaristokratische Tyrann Kleisthenes löste diese Bockschöre aus dem ursprünglichen Heldenkult heraus. Und: er übernahm die bocksgestaltigen Sänger samt den alten Tänzen und Liedern als Bestandteile in die auch in Sikyon als neuer (oder erneuerter) Staatskult eingeführte Dionysosverehrung. Bei Herodot heißt es dazu im Wortlaut (V, 67/68): »Kleisthenes aber gab die Chöre dem Dionysos, dem sie gehören, zurück ... Das hat er gegen Adrastos getan.« Dessen Opferriten wurden denn auch demonstrativ einem anderen Heroen, Melanippos, dem mythischen Feind des Adrastos übertragen, der deshalb aus Theben nach Sikyon eingemeindet wurde. Hier liegt also, wie in Korinth, eine Kultreform vor, die im Innersten politisch motiviert ist. Kleisthenes zerstört einen alten aristokratischen Kult und bindet zumindest einen Teil des überkommenen Brauchtums, die Aufführung von »Bockschören«, an den Gott der Bauern, auf die er seine Herrschaft stützt: an Dionysos nämlich.

Bei solch eindeutiger historischer Beweislage, was die Politik der Tyrannen betrifft, und überdies bei der Parallelität der Ereignisse in Korinth und Sikyon, von der Herodot berichtet, lag es für die modernen Historiker nahe, zu schlußfolgern, daß mit dem Kult des Dionysos unter Periander tatsächlich auch sein Gesang in Korinth eingeführt oder doch grundlegend verändert worden ist. Die antiken Berichte über Arion entsprechen also der historischen Wahrheit und sind folgendermaßen zu präzisieren: Um 600, zur Regierungszeit des historischen Periandros, hat Arion tatsächlich, wie Herodot und die *Suda* sagen, den dionysischen Dithyrambos »erfunden«. Er kann ihn freilich nicht ab ovo geschaffen haben, denn der Kultgesang und -tanz war ja bereits im Jahrhundert vorher bekannt und mit Dionysos verbunden. Aber man kann sagen: Arion hat dem Dithyrambos einen anderen, ganz neuen Charakter verliehen.

Eine penible Interpretation der maßgeblichen Quelle[12] läßt mit Eindeutigkeit erkennen, wie das genau geschah. Bei Herodot steht erstens, wie bereits zitiert, daß Arion erstmals einen Dithyrambos kunstreich gedichtet oder, so kann man auch übersetzen, ihm »feste Formen verliehen« habe. Das wurde von der modernen Philologie nun so gedeutet: Arion hat den alten Kultgesang in den Rang einer Kunstform erhoben. Wenn Herodot nun zweitens sagt, er habe ihn »benannt« oder »mit Titeln versehen«, heißt das: Arion hat den archaischen rituellen Formeln und Wendungen einen *mythos*, und das heißt, er hat ihm eine Handlung zugrundegelegt. Aus der rituellen Form wurde so ein elaboriertes Kunstlied, das einen epischen Stoff behandelte (wobei man weiterhin annahm, daß es sich bei solchen Handlungen zunächst um die in vielen Varianten überlieferten Erzählungen um den Gott Dionysos gehandelt haben mußte, zu dessen Ehren der Dithyrambos ja gesungen wurde). Auf ganz überraschende Weise war dadurch auch der Hauptpunkt der aristotelischen Tragödientheorie bestätigt worden.

Der *mythos*, sagt Aristoteles, ist Prinzip und Seele der Tragödie. Wenn sich nun herausstellt, daß dem Dithyrambos durch Arions Tat ein *mythos*, eine Handlung, unterlegt wurde, dann ist – in der Gefolgschaft des Aristoteles – alles Recht gegeben, in seinem Kunst-Dithyrambos tatsächlich die Urzelle der Tragödie zu sehen.

Bleibt schließlich noch die dritte Angabe Herodots zu verifizieren. Außer daß Arion den Dithyrambos kunstreich gedichtet und benannt habe, sagt Herodot, habe er ihn auch »einstudiert«. Um zu erklären, was das bedeutet, zogen die Historiker nunmehr die Parallele von Sikyon und Korinth heran. Die Lieder des Adrastos waren, laut Herodot, von Chören vorgetragen worden. Ähnlich mußte es also auch unter Periander zugegangen sein. Hauptzeugnis hierfür sind die Angaben über die Vita des Arion in der *Suda*, nach denen er auch die lange beherrschenden Vortragsweisen des Dithyrambos einführt haben soll: den Wechselgesang zwischen mehreren Teilen des Chors und das Responsorium von Vorsänger (*exarchon*) und Chor. Die Forschungen zur Wortbedeutung zeigen, daß eine solche Reform des alten Brauchs sehr nahe liegt. Da das Wort ursprünglich mit hoher Wahrscheinlichkeit eine rituelle Bewegungsfigur bezeichnete, ist anzunehmen, daß der archaische Dithyrambos ein Gemeindegesang gewesen war. Ihn neu zu »erfinden«, also, wie diese Formel jetzt interpretiert werden kann: ihn zum Kunstlied zu erheben, mußte deshalb auch bedeutet haben, dem alten Prozessionslied neue Vortragsformen zu unterlegen und ihn zu einer Sache von Künstlern neuer Art zu machen. Das heißt: die Reform des Arion ist dafür verantwortlich, daß der Dithyrambos in Korinth nicht länger von allen Beteiligten der Prozessionen gesungen wurde. Stattdessen boten ihn jetzt Sänger und Tänzer, die (laut Zeugnis der *Suda*) Satyrn genannt wurden, auf einem Tanzplatz, der Orchestra, vor Zuschauern dar. Das bedeutet also das Wort vom »Einstudieren« des Dithyrambos: Arion hat ihn zu einer chorischen Aufführung vor Publikum entwickelt. Durch eine solche Kette von Schlußfolgerungen konnte die Kunstform des Arion, der von Chören vorgetragene und von Tänzen begleitete Satyr-Dithyrambos, von dem die antiken Nachrichten sprachen, als historisch gesichert gelten und so die aristotelischen Angaben untermauern.

Schließlich und zu guter Letzt bot der Vergleich zwischen der Entwicklung in Korinth und Sikyon noch die entscheidende, alle übrigbleibenden Zweifel ausräumende Pointe. Die Chöre von Sikyon bestanden nach Herodots Worten nämlich aus Böcken. Das im Original zu findende griechische Wort für Böcke lautet aber: *tragoi*. Damit erhielt die Theorie, daß der Satyr-Dithyrambos des Arion die Urform der Tragödie darstelle, auch eine durch die Etymologie fundierte Wahrscheinlichkeit. Schon bei Aristoteles sehen manche eine Ableitung des Worts *tragodia* von der Urbedeutung: »Gesang der Böcke« (nämlich von: *tragoi* = Böcke und *ode* = Gesang) impliziert. Nunmehr konnte der reale Hintergrund für diese ursprüngliche Wortbedeutung angegeben werden. Bei den Satyrn der von Arion in Korinth aufgeführten, von Dionysos erzählenden Dithyrambengesänge mußte es sich, wie in Sikyon, um Wesen in Bocksgestalt gehandelt haben.

Festzuhalten bleibt, daß es sich hier um eine moderne Konjektur handelt. Die antiken Quellen sagen nichts über das Aussehen der Satyrn, sondern nur etwas über ihren grotesk-komischen Charakter. Erst die moderne Wissenschaft zieht die Nachrichten über die Satyr-Chöre des Arion mit denen über die Bockschöre aus Sikyon sowie die Wortbedeutung von Tragödie zusammen und identifiziert dergestalt auch die korinthischen Satyrn als bocksgestaltige Wesen. Auf diesem Weg aufeinander aufbauender Schlußfolgerungen war – mit allen Mitteln der historischen Forschung, der Quellenkritik und der Etymologie – die spätantike Hypothese bestätigt und überhaupt erst zur ernstzunehmenden, nämlich historisch untermauerten Theorie erhoben worden. Im Satyr-Dithyrambos des Arion war der erste »Bocksgesang« zu finden und damit, wie es bei Aristoteles stand, die Urform der Tragödie.

Schwierigkeit der Theorie: Das Drama als attische Form der »Kunst«

Akzeptiert man die Verläßlichkeit der Angaben, die hier in Verbindung gebracht werden, und die Stimmigkeit ihrer Verbindung einmal nur hypothetisch, dann tauchen freilich schnell einige Fragwürdigkeiten auf. Sie ergeben sich aus dem weiteren Verlauf der Tragödiengeschichte selbst – diesmal also aus der historisch bekannten und mit historischen Daten bezeugten Entwicklung. Die Schwierigkeiten, die sich – so bündig der Argumentationsgang der Arion-Hypothese nämlich aufgebaut ist und so geschlossen die in ihm Schritt für Schritt abgeleitete Theorie auch erscheinen mag[13] – in bezug auf die historische Entwicklung ergeben, hängen allesamt mit der weder von Aristoteles noch bei seinen Nachfolgern behandelten Frage zusammen, wie denn diese dorische Urtragödie des Arion nach Athen gekommen sein kann. Dieser Frage muß aber Gewicht beigemessen werden. Schließlich verbindet sich die ganze bekannte Geschichte der klassischen Tragödie mit dieser Stadt.

Von der Peloponnes ausgehende, unmittelbare Einflüsse auf die Entwicklung des Theaters lassen sich nicht aufweisen: Von einer der klassischen Tragödie Athens ebenbürtigen dorischen Tragödie (oder Komödie) wird nirgendwo berichtet.[14] Die ansonsten durchaus vorhandenen und auf anderen Gebieten auch präzise nachweisbaren kulturellen Verbindungen zwischen Korinth und Attika helfen ausgerechnet im Falle des Dramas nicht weiter.[15] Schließlich: Die Ähnlichkeiten der dionysischen Kultgebräuche auf der Peloponnes und in Athen sind viel zu allgemein (und zudem auch andernorts in Griechenland anzutreffen), als daß man sich davon nur leiseste Indizien für eine mögliche Übertragung von Dithyrambos oder »Bockschören« nach Athen erhoffen könnte.[16] Im Gegenteil: Alles, was es an entsprechenden Befunden zur literarischen Entwicklung in Griechenland gibt, spricht dafür, daß das Drama eine genuin attische Kunstform ist.

Wobei in diesem Zusammenhang zum ersten Mal eine Bemerkung zum »Kunstcharakter« der griechischen Dichtung angebracht und dieser eigenartige »Kunst«-Charakter von unserem Allgemeinbegriff der Kunst zu sondern ist. Wenn wir mit »Kunst« im gewöhnlichen Alltagsverstand einen – wie auch immer näher bestimmten – Autonomieanspruch verknüpfen, so ist damit ein wesentlicher Unterschied zur altgriechischen Kunst berührt. Autonomie kennt die griechische Dichtung eben nicht, und das gilt von den Anfängen an, und es gilt noch im strikten Sinne zur »klassischen Zeit« und weiter bis spätestens zu Aristoteles, der – im Unterschied zu Platon etwa – der Kunst zwar eine gewisse Selbständigkeit zugesteht (wenn er ihr nämlich das Vergnügen als eigenständige Wirkung einräumt), diese aber dann doch wiederum – auf dem Wege der *katharsis* – zur Ausbildung staatsbürgerlicher Qualitäten in Anspruch nimmt. Für die Anfänge der Dichtung aber gilt solche, auch nur in Graden einzuräumende Autonomie eben nicht. Im Gegenteil: Dichtung ist hier geradezu gleichbedeutend mit Denken. Dichtung ist also nicht nur eine Sprachform, sondern eine Bewußtseinsform, eine bestimmte Art und Weise, die Welt zu sehen und zu begreifen. Darin gerade sondern sich auch die verschiedenen »genera« der Dichtung, die verschiedenen Dichtungsformen voneinander: Jede impliziert eine besondere Art und Weise, die Welt anzusehen. Dies aber hängt eng mit verschiedenen Regionen Griechenlands zusammen, in denen die verschiedenen Arten und Weisen sozusagen »erobert« wurden, die Welt zu sehen und zu begreifen – zu begreifen, indem man sie »sieht«, wahrnimmt eben.

Man kann das besonders gut am Zusammenhang mit der spezifischen »Kunstwerdung« von Sprache nachvollziehen. Überall in Griechenland entsteht Dichtung in ihren je charakteristischen Formen, indem aus den verschiedenen Dialekten eine außergewöhnliche Sprache geformt wird, die nichts mit alltäglicher Welt zu tun hat und in der jetzt zu sagen ist, was alltäglich nicht sagbar war. Das also heißt »Kunstwerdung« der Sprache in Griechenland; durch Besonderung – in diesem Sinne »Künstlichkeit«, das heißt: Nicht-Alltäglichkeit – sich im gewöhnlichen Denken/Sprechen und aus ihm heraus einen neuen, je besonderen Sicht-, Sprach- und das heißt eben: Bewußtseins- und Denkraum zu schaffen.[17]

Diese Anfänge in regionalen Dialekten aber haben diese Gattungen der Poesie bis in späteste Zeiten sprachlich bewahrt. Hier ist eine der Kontinuitäten der Tradition auszumachen, welche die griechische Kunst insgesamt charakterisiert und über die später in bezug auf das Theater der Tragödie Näheres zu sagen bleibt. So etwa benutzt das homerisches Epos eine archaisierende, wortkompositorisch-neologistische, das Aiolische künstlich aufgreifende Sprache, verfertigt damit eine eigene heroische Welt und entrückt sie der Gegenwart in eine unwiederbringliche (aber Vorbilder enthaltende) Vergangenheit. Gerade durch diese Errungenschaft Homers wird die für die Entwicklung der griechischen Dichtkunst bleibende Norm aufgestellt, daß jede literarische Aussage mit einer adäquaten sprachlichen Form korrespondieren müsse. Insofern regt Homers Epos die »Schaffung weiterer Kunstsprachen« an.[18] Während das Epos unverbrüchlich an Homers Sprache geknüpft bleibt, benutzt – von Anfang bis Ende – die auf Lesbos entstandene Lyrik das Aiolische; der Chorgesang bleibt – wiederum von Anfang bis Ende – eben an die dorische Kunstsprache gebunden (wobei sie zu ganz bestimmten Ausdruckszwecken auch aiolische und attische Formen einbezieht[19]). Das Drama aber ist und bleibt von Anfang bis zum Ende an den attischen Dialekt gebunden. Es gehört zur Kontinuität der fest bewahrten Traditionen dieser »Kunstform«, daß in der Athener Tragödie die Schauspielerpartien in den heimischen Dialekt gesetzt sind. Der tragische Dialog wird durchweg in gehobenem Attisch geboten, das sich Solons Einführung der iambischen und trochäischen Dichtung in Attika zunutze macht. Der Chor aber knüpft an Traditionen der Chorlyrik an und nimmt deshalb die mit ihnen verbundenen Dorismen auf – und zwar bewußt und künstlich, als ein für die tragische Gattung kennzeichnendes künstlerisches Ausdrucksmittel eben.

Hier liegt also durchaus kein Indiz für einen etwaigen dorischen *Ursprung* des tragischen Chors vor, sondern nur ein Indiz für das Konventionsbewußtsein, das die griechische »Kunst«-Entwicklung kennzeichnet. In ihm sind eben bestimmte Denkformen an bestimmte Sprachformen gebunden, und das führt dazu, daß in neu entstehenden – regional neu entstehenden – Kunstformen, wie etwa in der Tragödie, bewußt an bereits bestehende Sprachkonventionen angeknüpft werden konnte, um ein bestimmtes Denken, eine Sicht der Welt zum Ausdruck zu bringen. Wenn der Chor dorischen Dialekt benutzt, dann sagt das eben nichts über den Ursprung der Tragödie, sondern nur etwas über die Position des Chors, die er im Gefüge der Tragödie einnimmt, etwas über sein Bewußtsein, sein Denken, seine Weltsicht, die in Konflikt geraten können mit dem Sprach-Denken-Weltsehen des Protagonisten, jedenfalls immer deutlich getrennt und abgehoben sind von diesem. Das Dorische kennzeichnet also die Funktion des Chors als eine bestimmte »Nummer« im festliegenden »Nummerngefüge«, als das sich die Textur einer Tragödie darbietet. Besonders deutlich zeigt sich dieser bewußte Umgang mit Sprach-, das heißt Dichtungskonventionen als spezifischen Ausdrucksmitteln für spezifische Weltsichten an der Athener Komödie, deren Schauspieler ganz gewöhnliche Dialekte sprechen, deren Chorpartien aber das Dorische aufgreifen und – es parodieren: und zwar durch eine betonte Diskrepanz zwischen hoher, dorisch-feierlicher Form und banalem, den Athener Alltag etwa betreffenden Inhalt.

Die für die Dichtung geltenden Sprachbefunde zeigen also, daß das Drama – Tragödie wie Komödie – eng mit Attika verbunden ist, daß die attische Sprache zu ihren grundlegenden Konventionen gehört, welche nun gerade für den eigentümlichen Kunstcharakter der griechischen »Kunst« so wichtig sind. Wenn dem aber so ist: warum muß man dann einen außerhalb Athens liegenden Ursprungsort annehmen? In diesem Zusammenhang sah sich die moderne Theorie bereits von Anfang an gravierenden Einwänden konfrontiert, die einigen Veranlassung gegeben haben, sie ganz zu verwerfen oder mindestens doch zu modifizieren.

Thespis in Athen

Der entscheidende Zweifel ergibt sich in Anbetracht einer anderen antiken Entstehungsgeschichte der Tragödie, die von einigen Gelehrten der hellenistischen Zeit favorisiert und weiter ausgearbeitet worden ist.

Auch sie knüpfen zwar an Aristoteles an, der nicht nur, aber eben auch in Dingen des Theaters das unbedingte Vertrauen besaß – kaum ein Wort von dem, was er über Dithyrambos und *satyrikon* sagt, was Spätere über den dorischen Satyr-Dithyrambos sagen, wird bezweifelt –, gelangen aber zu ganz anderen Schlußfolgerungen. Sie behaupten, daß die Entwicklung auf der Peloponnes und in Athen getrennte Wege genommen habe.

Die Theorie geht aus von dem in der *Poetik* enthaltenen Bericht von den rivalisierenden Ansprüchen verschiedener Regionen, als erste Tragödien (und Komödien) aufgeführt zu haben. Im dritten Kapitel der *Poetik* ist dazu Näheres zu lesen. Da heißt es, erstens, die Erfindung der Komödie werde von zweierlei Megarern beansprucht. Von denen aus dem attischen Megara nämlich ebenso wie von denen aus der gleichnamigen Stadt auf Sizilien. Zweitens, und das ist das für uns Interessante: Die Dorer beanspruchen sämtliche – allesamt *dramata* vom dorischen *dran* (= handeln) genannten – Formen des Theaters, also sowohl Tragödie als auch Komödie, allein für sich, was für die Theorie von Arions Satyr-Dithyrambos als Urtragödie sprechen würde. Drittens aber sagt Aristoteles – und das ist die von ihm selbst erwähnte Einschränkung der dorischen Ansprüche – gebe es eine ganz allgemeine, auf etymologische Fragen bezogene Kontroverse dorischer und attischer Städte darum, zuerst Tragödien bzw. Komödien aufgeführt zu haben. Solcher eher nebenbei gebotene Bericht mußte ganz offensichtlich bereits in der Antike dazu herhalten, die Theorie von Arions Satyr-Dithyrambos in Frage zu stellen. Wenn es auch für Aristoteles fraglich war, ob das Drama nicht doch in Attika entstanden sei, der Ursprungsort also zweifelhaft ist, so kann man sich noch für eine ganz andere Ursprungstheorie entscheiden. Weshalb die Parteinahme manch hellenistischer Gelehrter in diesem, nach Aristoteles offensichtlich überhaupt erst recht entbrannten Streit denn auch eindeutig zugunsten Attikas ausfällt. Zum Vorteil Athens wird eine ganz andere Gründungsgeschichte erzählt, die wiederum bei einer Leerstelle der *Poetik* ansetzt.

Aristoteles berichtet hier zwar von der Einführung des zweiten und dritten Schauspielers durch Aischylos und Sophokles und tut damit – soweit ihm dazu urkundliche Belege zur Verfügung standen – der Pflicht genüge, alle Neuerungen einer Entwicklung beim Namen zu nennen. Aber er sagt nichts über die Anfänge, das heißt über den Begründer der Schauspielkunst selbst. Den Namen des ersten Schauspielers verschweigt er, wie er auch den Erfinder des Satyr-Dithyrambos unerwähnt ließ, was nach ihm die »Forschungen« über Arion in Gang setzte. In der *Poetik* wird nur vom anonymen Ursprung des Schauspielers berichtet, der – nach alter Behauptung – vom *exarchon*, dem Chorführer der Dithyramben, abstammen soll.

Darin mußte ein neuerliches Skandalon liegen. Mit Selbstverständlichkeit war wiederum die Frage zu erwarten: *Wer* war es, der den Schritt vollzogen hat vom alten Vorsänger der Chöre zum Akteur des Theaters, und *wo* ist diese Entwicklung vonstatten gegangen? In der Absicht, Aristoteles zu ergänzen, gibt die der Theorie vom Satyr-Dithyrambos konkurrierende These zunächst darauf die Antwort: Der erste Schauspieler war Thespis aus dem attischen Ikaria, der im späten sechsten Jahrhundert die ersten Tragödien in Athen aufgeführt hat.[20]

Im ältesten Zeugnis für das Wirken des Thespis, im *Marmor Parium*, steht berichtet: »Seitdem als erster der Dichter Thespis, der ein Drama in der Stadt aufführte, als Schauspieler auftrat und als Kampfpreis der Bock ausgesetzt wurde, sind es 271 Jahre. Archon in Athen war ... naios der Ältere.«[21] Hier ist also eine Zahlenangabe zu lesen nach der eigentümlichen Datierungsweise des *Marmor Parium*, das historische Ereignisse nach altattischer Konvention durch ihre Distanz zum Jahre 264/263 angibt. Rechnet man das auf unsere Datierungsweise um, so ergibt sich als Auskunft, Thespis sei zuerst im Jahr 534 oder 533 in Athen gewesen, wo er eben einen Chor einstudiert habe. Spätere Quellen fügen dem weitere Einzelheiten hinzu: Bei Diogenes Laertios[22] heißt es, Thespis habe zum Chor der ältesten Tragödie den Schauspieler hinzuerfunden. Im Artikel *Thespis* der *Suda* steht zu lesen, Thespis sei in der 61. Olympiade, also zwischen 536 und 533, bei den Dionysien in Athen aufgetreten. Das Lexikon des Pollux[23] berichtet, ihm habe zuerst eine Fleischbank (*eleos*) als Bühne gedient, und bei Horaz[24] – und nur bei ihm! – wird gesagt, Thespis sei auf einem Bauernwagen von Dorf zu Dorf gefahren und auf ihm auch in »tragischen Gedichten« aufgetreten. Die Vita des Thespis in der *Suda* schreibt ihm schließlich, als berühmteste Erfindung, die Maske des tragischen Theaters zu. Wobei hier besonders gut zutage tritt, wie dieses Lexikon bloß referiert, was seit alters her gesagt wird und sich dabei nicht berufen fühlt, offensichtliche Widersprüche der Überlieferung auszugleichen. Genannt wird, was – egal von wem, wo und wie – einmal zum Thema gesagt worden ist. Im Wortlaut steht in diesem Artikel zu lesen: »Thespis: Tragischer Dichter aus der attischen Stadt Ikarion; gilt als der 16. nach dem ersten Tragödiendichter Epigenes von Sikyon, nach manchen aber als zweiter nach Epigenes; andere aber sagen, er sei der erste Tragiker gewesen. Und zuerst spielte er, das Gesicht mit Bleiweiß bestrichen, dann bedeckte er es bei der Aufführung mit Portulack [= ein als Heilpflanze verwendetes Gemüse, deren Blätter hier dem Thespis also zur Maskierung gedient haben sollen – T.G.], und danach führte er auch den Gebrauch von Masken ein, die er nur aus Leinen gefertigt hatte. Er führte zum ersten Mal in der 61. Olympiade [535-532 v.Chr. – T.G.] auf. Erwähnt werden von seinen Dramen *Die Leichenspiele für Pelias* oder *Phorbas*, *Die Priester*, *Die Jünglinge*, *Pentheus* (von dem einige Fragmente erhalten sein sollen).«[25]

Mit solchen Nachrichten konnte also die Leerstelle der *Poetik* gefüllt und die Frage beantwortet werden, wie sich der Übergang vom Chorführer zum Akteur genau vollzogen hat. Mit Thespis war der erste Schauspieler gefunden. Diese noch auf Sekundäres, die Erfindung der Maske und des Sprechverses[26], eingeschränkte Geltung des Thespis konnte aber nicht genügen. Es ging darum, ihm und damit Attika und Athen schließlich nicht weniger als die ganze Erfindung des tragischen Theaters selbst zuzuschreiben. Solche Bemühung, Thespis als Erfinder der Schauspiel- und der Tragödienkunst zugleich darzustellen, ist ebenfalls durch eine ganze Reihe von Testimonia bezeugt. Schon in einer Schrift des frühen Peripatos, dem pseudoplatonischen *Minos*[27], ist zu lesen: Es gebe die Ansicht, Thespis (oder Phrynichos) sei der erste Tragöde gewesen.[28] In der *Suda* aber wird eben, neben anderem, auch rundweg behauptet, Thespis gelte als der erste, der Tragödien verfaßt und aufgeführt habe.

Thespis und das Bauerntheater Ikarias

Solche Angaben wurden von einigen Vertretern der modernen Literatur- und Geschichtswissenschaft, im ganz analogen Vorgang zur Herleitung der Theorie vom Satyr-Dithyrambos, mit weiteren historischen Berichten kombiniert und auf diese Weise zur ernsthaften, der älteren Hypothese konkurrierenden Theorie ausgebaut. Am Leitfaden der genannten antiken Zeugnisse versuchten sie, die Entstehung der Tragödie ausschließlich auf archaische Volksbräuche Attikas zurückzuführen.

Die Kette der Belege geht aus von den vielfältigen Nachrichten über die bäuerlichen Vergnügungen, die zur Erntezeit in Ikaria, dem angeblichen Heimatort des Thespis, und auch anderswo in Attika gefeiert worden sein sollen. Sie sind sehr früh bereits in die Athener Dionysosfeste eingegangen und deshalb von dort her gut bezeugt. Oft beschrieben[29] ist etwa das anläßlich der alten Anthesterien stattfindende allgemeine Wett-Trinken. Oder die ebenfalls an diesem Fest dargestellte Ankunft des auf dem Schiffswagen (*carrus navalis*) hereinfahrenden Dionysos. Oder das bei dem wichtigsten Erntefest Athens – den sogenannten Ländlichen Dionysien – veranstaltete Wetthüpfen auf einem aufgeblasenen und eingeölten Schlauch (*askoliasmos*). Oder die miteinander wetteifernden dionysischen Schwarmzüge und die spöttischen Gesänge von Vermummten bei den dionysischen Umzügen, die ebenfalls von Festwagen her vorgetragen wurden. Im Blick auf solche Erntebräuche bei den Dionysosfesten kann, zunächst und ganz allgemein, die von Aristoteles unterstellte Verbindung der Ur- und Frühformen des Theaters mit der Dionysosreligion als gesichert angenommen werden.[30]

In diesem Zusammenhang wird das Zeugnis der *Suda*, nach dem Thespis der Erfinder der Theatermaske gewesen sein soll, sprechend. Auch wenn die Berichte über das attische Brauchtum ganz ohne Erwähnung des Thespis auskommen, ist der Schritt von den Vermummungen, die in ihnen eine herausragende Rolle gespielt haben sollen, zur Erfindung der Maske nicht weit. Da liegt die Annahme nahe, daß es wirklich ein Mann namens Thespis gewesen ist, der anläßlich der Kultreform in Athen die Bräuche seines Heimatorts in Athen eingeführt und sie dort in neue Aufführungsweisen eingebracht hat, die dem Theater der Tragödie zugrunde liegen.

Aber auch die weiterführende Behauptung, nach der Thespis die Tragödie selbst erfunden hat, soll mit den Mitteln moderner Wissenschaft auf sichere Grundlagen gestellt werden. Die entscheidende Beweisführung fällt, wie im Fall der anderen, konkurrierenden etymologischen Ableitung, wiederum der Philologie zu. Die ältesten, komischen Spiele Ikarias sollen, wie man (übrigens in einer Komödie des Aristophanes) berichtet findet, schließlich *trygodia* genannt worden sein, was mit »Weinlesegesang« zu übersetzen ist. Damit liegt vom Wort her die Herkunft der Tragödie aus den Erntebräuchen nahe. Überdies sah man in dieser Wortbedeutung die Verbindung mit Dionysos impliziert: Schließlich gilt er ja als Gott des Weines. Was für um so überzeugender befunden wurde, als diese Etymologie die weitere Verknüpfung des von *trygodia* abgeleiteten Worts Tragödie mit den *tragoi*, den Böcken, die von den anderen ausschließlich mit den *satyroi* von Sikyon und Korinth verbunden worden waren, überhaupt nicht ausschloß.

Am Bock, dieser Urzelle der Wortbedeutung, hat man vielmehr festgehalten und gleich dreierlei aufeinander aufbauende Belege für den rein attischen Ursprung des tragischen Theaters aus ihr bezogen. Sie steht zunächst ein für die ganz alte, am Beginn der Entwicklung vorliegende Verquickung der ikarischen Bräuche mit Dionysos. Hier soll seit alters her ein Bocksopfer gefeiert worden sein, das nach der lokalen Überlieferung vom Heros Ikarios ins Leben gerufen wurde, von dem der Ort den Namen hat. Dieses Bocksopfer galt bereits vom Ursprung her der Erinnerung an Dionysos.[31] Der Gott, der hier – wie oft – als Weinbringer auftritt, soll nämlich dem Ikarios die ersten Reben geschenkt haben. Ikarios hat diese kostbaren Reben, das Gottesgeschenk, anschließend vor einem Bock geschützt, der in die frische Pflanzung eingedrungen war und die Reben zu zerstören drohte. Zweitens: der ländliche Mummenschanz sei, auf diesen Gründungsmythos zurückgehend, als Wettkampf ausgetragen worden, bei dem nach alter Gewohnheit ein Bock als Preis ausgesetzt wurde. Die Verbindung mit Ikaria kann nunmehr also – neben der Lesart als »Weinlesegesang« – durch eine weitere Etymologie gestützt werden. Mit den *tragoi* verbunden, liest sich die Urbedeutung des Wortes jetzt nicht mehr als »Bocksgesang«, sondern: als Wettgesang um den als Siegespreis ausgelobten Bock, also: als »Gesang um den Bockspreis«. Wenn dem so ist, kann, drittens, auch die Verbindung zurück zu Thespis geschlagen werden. Im *Marmor Parium* ist nämlich überraschenderweise festgehalten, daß der Urschauspieler Thespis für seinen ersten Auftritt in Athen ebenfalls einen Bock als Preis erhalten habe.

Soviele Gründe auch für die Wahrscheinlichkeit dieser Beweisführung, vor allem für die Richtigkeit der doppelt und dreifach abgesicherten Etymologie sprechen mögen, letzten Endes hat sie wesentlich weniger Anhänger gefunden als die Theorie vom Satyr-Dithyrambos der Peloponnes. Vieles mehr als in jener bleibt in dieser Ursprungstheorie ungeklärt; zumal von Aristoteles kann, bis auf das, was er ganz allgemein von der Beziehung von Dionysoskult und Tragödie voraussetzt, kaum etwas aufrecht erhalten werden. Vollkommen unberücksichtigt bleiben müssen auch die näheren Beziehungen zwischen Satyr-Dithyrambos und der tragischen Form, die Thespis in Athen eingeführt haben soll.

Die grundsätzliche Schwäche dieser Theorie gibt sich aber erst im Licht der methodisch betriebenen Quellenkritik zu erkennen. Allein schon beim oberflächlichen Blick auf den Charakter der hier eingegangenen antiken Zeugnisse zeigt sich, wie stark sie vom lokalpatriotischen Interesse geleitet sind, Athen, die Hauptstadt des klassischen Theaters, auch als Entstehungsort der Tragödie auszuweisen.

Blickt man tiefer, kann sich dieser erste Eindruck nur bestätigen. Bei dieser Gelegenheit bietet sich sogar – an einem ganz exemplarischen Fall – die Einsicht in die Funktion, welche die mythischen Erzählungen über die Gründung lokaler Bräuche und Einrichtungen wirklich hatten und weshalb man sich, auch wenn man kaum an sie glauben mochte, so oft auf sie berief.[32] Sie garantierten schließlich nichts weniger als die politische Identität der einzelnen Orte, indem sie sie auf das feste Fundament einer unverbrüchlichen Tradition stellten. Auf den von den Mythen verbürgten Gründer durfte man, ohne lange Argumentation, alle Gebräuche, Gewohnheiten und Einrichtungen zurückführen, sein Name stand für ihren Sinn ein und konnte ihnen jederzeit zur unhintergehbaren Rechtfertigung dienen. An die Seite eines Adrastos in Sikyon oder Ikarios in Ikaria oder Theseus in Athen tritt damit in Attika, in bezug auf die klassische Tradition des Theaters, der erste Schauspieler Thespis. Die Nachbarschaft mit solchen Namen zeigt freilich mit ziemlicher Eindeutigkeit – dieser Thespis ist nicht weniger eine Figur der die *polis*-Identität stützenden Legende als die anderen Gründerhelden. Hierher stammt der entscheidende Einwand gegen die attische Variante vom Ursprung der Tragödie: Daß sie sich allzu fest auf Zeugnisse solcher Art verläßt, daran krankt sie schließlich am meisten.[33]

Deshalb ist jedoch noch keineswegs die Richtigkeit der Theorie vom Satyr-Dithyrambos erwiesen. Die These vom attischen Ursprung der Tragödie stützte und stützt sich ja auf die Grundschwäche dieser Hypothese – in ihr ist nichts, aber auch gar nichts über die Verbindungswege gesagt von der Peloponnes, wo sie entstanden sein soll, nach Athen. Dort aber sind die ersten regelrechten Tragödien aufgeführt worden, und dort haben sie schließlich ihre klassische Form gefunden. Wenn die attische Ursprungsvariante von ihren Quellen her auch ganz und gar fragwürdig ist, das Problem dieses missing link zwischen Entstehungs- und Vollendungsort bleibt.[34]

Die Theorien der Kulturwissenschaft

Im Durchgang durch die philologischen Theorien über die Tragödienursprünge kam es, wie gesagt, nicht oder nur insoweit auf Einzelheiten an, als sie für diese Forschungsrichtung das Wichtigste sind; die Schlußfolgerung im Detail erbringt schließlich das für solche Hypothesen Wesentliche. Berücksichtigt wurden einzelne Argumente aber nur insofern, als sich in ihnen etwas *Grundsätzliches* über diese Forschungsart zu erkennen gibt: das grundsätzlich *Problematische* der hier angewandten Methode nämlich. Man sah: Die Philologen folgten entweder der einen oder der anderen aus der Antike stammenden und schriftlich bezeugten These über den Ursprung, den »Erfinder« der Tragödie und spalteten sich insofern in zwei Lager auf. Ihr Vorgehen blieb in beiden Fällen aber das nämliche. Eigentlich versuchten sie nicht mehr, als die jeweils favorisierte Hypothese zu verifizieren – kombiniert wurde alles, was in bezug auf die frühesten Tragödienformen berichtet wird, mit historisch gesicherten Erkenntnissen über die Frühzeit Griechenlands, um auf diese Weise die Richtigkeit entweder der einen oder der anderen Ansicht zu belegen. Wobei sie diese Thesen selbst jeweils als historisch zutreffende Angaben, als im modernen Geschichtsverständnis authentische Quellen behandelten – und hier fängt die Problematik an. Denn: es hat sich gezeigt, daß – um mit Paul Veyne zu sprechen – das hinter diesen Thesen stehende »Wahrheitsprogramm« durchaus nicht der – in unserem Verständnis – geschichtlichen, sondern eben einer – in unserem Verständnis – mythischen Wahrheit entspricht. In *beiden* Varianten war es den antiken Zeugnissen letzten Endes darum zu tun, eine Ätiologie des Theaters im vorwiegend lokalpatriotischen Interesse zu liefern. Sage und Geschichte eng verschaltend, ging es jeweils um den Begründer der Tragödie, durch den sie auf bestimmte Städte (wie Korinth) oder Regionen (wie Attika – und damit auf dessen Hauptstadt Athen) zurückzuführen war. Wenn die Historiker nun antraten, die Richtigkeit der einen oder der anderen These zu beweisen, dann lief sie zumindest Gefahr, das antike Geschäft der Historisierung des Mythos einfach fortzusetzen.

Dieses Manko rief in den zehner Jahren unseres Jahrhunderts religionshistorische, ethnologische und anthropologische Untersuchungen auf den Plan, die in *systematischer* Absicht Näheres über die vorgeschichtlichen Grundlagen des Theaters in Erfahrung bringen wollten. Jetzt sollte es nicht länger um die historisch belegbaren

Zusammenhänge zwischen Dionysoskult und der Tragödie gehen, sondern um das (Begründungs-)Verhältnis zwischen Formen und Strukturen des Kults und solchen der späteren Kunst selbst. Angesichts der unzureichenden Quellenlage, die bei noch so subtiler Methodik von Kombination und Konjektur keine gesicherten Aussagen erlaubte, maß man nunmehr allein den auf systematischem Wege zu erschließenden Entsprechungen von Kult und Theater wissenschaftliche Signifikanz bei. Kurz: Gefragt werden sollte nicht länger nach genetischen, sondern nach bestimmten strukturell-formalen Zusammenhängen zwischen archaischen Gebräuchen und der entwickelten Tragödie des fünften Jahrhunderts. Leitender Gesichtspunkt – das ergibt sich aus den allgemeinen Prämissen dieses Ansatzes – bleibt aber auch hier die Frage nach den Entwicklungsprozessen, innerhalb derer solche Zusammenhänge begegnen und die Ordnung ihrer Aufeinanderfolge begründen.

Gegenstand und Methoden der Kulturgeschichtsschreibung

Die diesem Ansatz zugrundeliegenden Impulse kamen aus den im Jahrhundert zuvor hauptsächlich im angelsächsischen Bereich entstandenen und rasch weiterentwickelten vergleichenden Kulturwissenschaften; sie verbinden sich mit den Anfängen der Anthropologie, Ethnologie, Soziologie und Religionswissenschaft. Von ihrer unmittelbaren Vorgeschichte war im Zusammenhang mit den Wandlungen des Antikenbildes bereits die Rede. In gewisser Hinsicht beginnt sie in Deutschland mit der romantischen Schule und ihrer »Morgenländerei«, das heißt mit ihrer Faszination durch das Dunkle, Wilde, Fremde der ehemals »klassisch« gewesenen Antike, und führt im deutschsprachigen Raum zunächst zu den Baslern, vor allem zu Bachofen und Nietzsche.

Fernab von romantischer Verklärung und vordergründigem kulturkritischen Räsonnement wird diese Urgeschichte der Antike für die Wissenschaftler außerhalb Deutschlands interessant. Direkte Anstöße aus dem deutschsprachigen Bereich gab es allerdings.[35] Wo solche Anregungen aber insbesondere in England Resonanz fanden, interessiert die Kulturwissenschaftler daran vorderhand nichts weiter als das Postulat einer im Gesellschaftlichen, Religiösen, Geistigen und Sittlichen ganz und gar kohärenten, einheitlichen und eigenständigen Kulturform. Sie finden sich hier einer Kultur der geschichtlichen

Anfänge Europas gegenüber, die des Näheren unter dem Vorzeichen des »Primitiven« zu betrachten und zu begreifen sei. Solche in Großbritannien vorgenommene Akzentsetzung stimmt zusammen mit einem – im Kontext der englischen Kolonialgeschichte[36] – geschärften Interesse und einem gewachsenen Kenntnisreichtum hinsichtlich »primitiver« Gesellschaften außerhalb Europas. Forschungsgeschichtliche Wirksamkeit erlangte diese Auffassung im angelsächsischen Bereich, ausgehend von der eigenen wissenschaftstheoretischen Tradition, denn auch unter entschieden anderen erkenntniskritischen Voraussetzungen, als sie in Deutschland mit Romantik und Symbolismus gegeben waren. Wie im parallelen Vorgang das »klassische« Antikenbild durch die historische Schule in Deutschland, wird hier das archaisierende Antikenbild auf feste wissenschaftliche Grundlagen gestellt.

Auffällig ist zunächst einmal der *Monismus* dieser Kulturwissenschaft, der die Annahme einer universalen Menschheitsgeschichte von gleichförmigem Verlauf impliziert. Solche Anschauungen sind zwar um die Mitte des 19. Jahrhunderts auch anderweitig bereits weit verbreitet, bündeln und schärfen sich aber vor allem in Darwins Lehre von der Entwicklung der Arten. In dieser Fassung gewinnen sie prägenden Einfluß auf (nicht nur) das wissenschaftliche Denken. Darwin und die Darwinisten betrachten die Geschichte des Menschen als Teil der allgemeinen Naturgeschichte. Diese wiederum denken sie als Evolutionsprozeß, den jede Spezies auf immergleiche Weise – von niederen zu höheren Formen fortstrebend – durchläuft. Weshalb sie die Geschichte eben als die – von einfachen zu komplexeren Organisationsstrukturen des Lebens aufsteigenden – Evolution der Menschheit auffassen: als Gattungsgeschichte *des* Menschen.

Diese durch Darwin zahlreichen Forschern unterschiedlicher Disziplinen vermittelte Denkweise hatte aber bereits im ersten Viertel des 19. Jahrhunderts eine erste paradigmatische Ausprägung erhalten, die für die Wissenschaftstheorie im engeren Sinne folgenreich war. Der Inaugurator der Soziologie (und des sogenannten Positivismus), Auguste Comte, hatte die Ansicht von der gleichförmig verlaufenden Menschheitsgeschichte in diversen Zusammenhängen unterstrichen. Grundsätzlich begreift er seine Wissenschaft als, wie er sagt, »Geschichte eines einzigen Volkes«[37], das heißt ebenfalls als eine die Menschheit schlechthin betreffende Disziplin. Zweitens basiert auch sie auf der Lehre vom natürlichen Entwicklungsprozeß als Aufstreben niederer, »primitiver«, zu höheren, komplexeren, reicheren Formen. Weiter nimmt Comte einen der Evolution zugrundeliegenden, ziemlich rigorosen *Determinismus* an, indem er die menschheitsgeschichtliche Entwicklung als einen Prozeß begreift, der sich nach im wesentlichen unverrückbar feststehenden Gesetzen vollzieht und zu jeder Zeit und an jedem Ort die identischen Entwicklungsphasen durchläuft.[38] Auf diese Weise fundiert der Positivismus die in der Entwicklung des menschlichen Geistes und der menschlichen Gesellschaft herrschende Zwangsläufigkeit in einer rigiden Fortschrittskonzeption.[39] Zu guter Letzt ist die in Comtes »Dreistadiengesetz« enthaltene Verknüpfung des »theologischen« Anfangs aller Menschheitsgeschichte mit der Religion, mit einem religiös strukturierten Bewußtsein, ausgesprochen folgenreich. Daraus ergibt sich nämlich für die verschiedenen Kulturwissenschaften die unauflösliche Verquickung des Interesses an den Anfängen der Menschheitsgeschichte mit dem gleichursprünglich gewordenen Interesse wenn nicht an der Religion, so doch an »primitiven« Vorstufen des Religiösen. Das Religiöse wird sozusagen zum Signum der Primitivität, so daß man diesen Ausdruck »primitive« Gesellschaft geradezu identifizieren konnte mit dem anderen einer »religiösen« Gesellschaft.

Kulturwissenschaft als Anthropologie – Aufgaben und Instrumentarien

Für die sich herausbildende Kulturwissenschaft wurde diese Verbindung ganz entschieden hergestellt in dem epochemachenden zweibändigen Werk von Edward Burnett Tylor *Primitive Culture* von 1871. Hier wird die angelsächsische Form der Anthropologie begründet, insofern der Gegenstand dieses Buches eben *der* Mensch ist. Des näheren will Tylor keine historisch bestimmte Kultur beschreiben, sondern die Kultur selbst, prinzipiell, als – bestimmten Gesetzen und Regelmäßigkeiten unterliegenden – formativen Faktor behandeln, durch den die Geschichte der menschlichen Vergesellschaftung in ihren einzelnen Entwicklungsstufen strukturiert wird. »Kultur«, die er (zumindest tendenziell[40]) gleichsetzt mit Zivilisation, definiert er als »jenes komplexe Ganze, das Kenntnisse, Glaubensvorstellungen, Künste, Sitte, Recht, Gewohnheiten und jede andere Art von Fähigkeiten und Dauerbetätigungen umfaßt, die der Mensch als Mitglied einer Gesellschaft erwirbt«.[41] Kultur oder Zivilisation sind hier also gefaßt als ein System von Kenntnissen, Überzeugungen, Künsten, moralischen und juridischen Normen und Bräuchen, die menschliches Zusammenleben in einer Gemeinschaft begründen und erhalten. Jede der aufeinander aufbauenden Stufen der menschlichen Entwicklungsgeschichte ist durch eine je verschiedene, in ihren Grundzügen festliegende Ausformung dieses Systems charakterisiert. Dabei gilt die vorwiegende Aufmerksamkeit des Forschers den Übergängen von der einen zur nächstfolgenden Stufe, die stets durch den Zuwachs an struktureller Komplexität gekennzeichnet seien.

Einerseits unterscheidet das unverkennbare Interesse am Prinzipiellen und Systematischen Tylor also strikt vom Historismus und dessen Interesse am historisch Besonderen und Relativen. Andererseits aber wird das Studium der inneren Einheit der kulturellen Systeme selbst vom evolutionistischen Ansatz her weniger wichtig genommen als die Transitorik, die sie im geschichtlichen Entwicklungsprozeß besitzen. In den Blick kommen sie deshalb nur insoweit, als sie sich jeweils als Produkt eines vorangegangenen Stadiums oder als die Vorbereitung eines nachfolgenden erweisen lassen.

Auf dem Hintergrund seiner Konzeption der Menschheitsgeschichte[42] identifiziert Tylor die »primitive« Kultur nun immer mit dem Ausgangsstadium aller möglichen Entwicklung. Er meint damit das universale Fundament der menschlichen Zivilisation als deren aus der menschlichen Natur erwachsenes und von daher unverrückbar feststehendes Primärstadium, das außerhalb Europas so gut wie in Europa selbst begegnet. Solche Vorstellung von den ubiquitären Anfängen *der* Kultur kann – ausgehend von der Prämisse ihres gleichförmigen Fortschreitens im Weltmaßstab – natürlich nur entstehen, wenn zugleich eine Vorstellung von ihrem Endziel vorhanden ist. Sie besteht in der Überzeugung, die auch Auguste Comtes Fortschrittslehre zugrunde liegt und die Raymond Aron mit folgenden Worten bündig beschreibt: »Die Gesellschaft, die sich im Westen entwickelt, ist vorbildlich; die gesamte Menschheit folgt dem Weg, den der Westen als Vorhut beschritten.«[43] In Europa vollendet sich also die Entwicklung des menschheitlichen Geistes in eins mit der menschheitlichen Natur. Grundlage dieses Evolutionismus ist, modern gesprochen, ein unbedingter (und von Tylor ausdrücklich betonter[44]) Eurozentrismus.

Mit diesen Grundvoraussetzungen ist bereits die Möglichkeit, ja die Notwendigkeit der kulturvergleichenden Betrachtung gesetzt. Ein Verständnis der noch existierenden nicht oder wenig zivilisierten Kulturen außerhalb Europas ist in der Lage, dem zivilisierten Europäer auch ein Verständnis seiner eigenen nicht oder wenig zivilisierten Ursprünge zu vermitteln.[45] Diese Auffassung findet ihre theoretische Differenzierung und Absicherung in Tylors Lehre von den *survivals*.

Sie geht davon aus, daß sich die menschheitsgeschichtliche Entwicklung in verschiedenen Teilen der Welt in unterschiedlichem Tempo und Rhythmus vollzieht. Nur in Europa hat sich, im ganzen genommen, der Fortschrittsprozeß nach den ihm innewohnenden Prinzipien bereits sehr weit entwickelt; anderswo ist die Entwicklung (noch) nicht so weit vorangekommen. Gemessen an der europäischen Gesellschaft, sind also die in der Gegenwart noch lebenden primitiven Gesellschaften insgesamt als *survivals* zu betrachten, als Reste, Überlebendes der universalen Anfänge.

Solche *survivals* älterer und ältester Gebräuche und Denkformen finden sich – darin besteht das Kernstück von Tylors Theorie – aber noch in den fortgeschrittenen Kulturen. Auch in Teilen der entwickelten europäischen Gesellschaft bestehen sie fort. In gegeneinander isolierten »primitiven« Denkweisen und Verhaltensformen sind die fragmentarisierten Reste der menschheitsgeschichtlichen Anfänge vorhanden und zu studieren, die, als ganze genommen, in Europa mit der archaischen Antike verbunden waren und, wiederum als ganze genommen, mit ihr in der modernen Zivilisation als dem *telos* des Fortschrittsprozesses überwunden sind. Vor allem in bestimmten bäuerlichen Verhaltensweisen und Anschauungen kann man vereinzelte Bruchstücke einer »primitiven« Naturreligion ausfindig machen. Wenn deren einstiger Kontext auch untergegangen ist, vermag man sie doch durch die Kenntnis ihrer außerhalb Europas noch existierenden kulturellen Zusammenhänge zu einem mehr als hypothetischen Ganzen gleichsam aufzurunden. Die evolutionistische These in einer ersten, allgemeinen Fassung lautet also: Geographische Ferne und zeitliche Ferne fallen für die Rekonstruktion der Zivilisationsgeschichte zusammen. Das – außereuropäisch – Fremde ist zugleich das – europäische – Vergangene.[46] Im Licht der exotischen Kulturen ist die Synthetisierung der von ihr gebliebenen Reste zu einem Gesamtbild der primitiven Kultur in Europa deshalb nicht nur statthaft, sondern sogar zwingend notwendig.

Solche theoretischen Grundannahmen führen in den angelsächsischen Menschenwissenschaften zu ganz selbständigen methodologischen Schlußfolgerungen.[47] In Deutschland, wo die entstehende »Volkskunde« – mit eher verschwindend geringen Ausnahmen[48] – in die Altertumswissenschaften einbezogen wird, bleibt die Philologie die Leitwissenschaft.[49] Im angelsächsischen Raum ist das entschieden anders. Gerade die Reste der materiellen Kultur können hier ein fruchtbares Studienobjekt der Altertumswissenschaftler werden; in ihnen haben sie – sei's in Gebräuchen primitiver Stämme der anderen Erdteile, sei's in bäuerlichen *survivals* in »zurückgebliebenen« Regionen Europas selbst – tatsächlich noch vor Augen, was als Ganzes mit der Antike überwunden wurde und untergegangen ist – und was sich eben nicht in literarischer Form, in antiken Quellen, tradiert hat. Das ermöglicht es, archäologische oder bildkünstlerische Funde aus dem archaischen Europa wichtig zu nehmen.[50]

Das in breiter Fülle erschlossene und für alle denkbaren Vergleiche taugliche Material wurde insbesondere in dem Riesenwerk des schottischen Altphilologen James Frazer zusammengetragen. Seine Material-Kompilationen bieten eine alle Völker und Zeiten – die antiken wie die noch immer im sogenannten »primitiven« Zustand lebenden zeitgenössischen – umfassende Materialsammlung von rituellen Gebräuchen und Verhaltensweisen. Der Ausgangspunkt seines umfangreichsten Werkes[51] liegt in der Antike, in Berichten über einen bizarren Brauch im Heiligtum der Waldgöttin Diana in Aricia nahe Rom. Nach Frazers Deutung gab es hier einen Priesterkönig, dessen Lebenskraft mit der Kraft der Vegetation gleichgesetzt wurde und der, sobald seine schwindende Kraft die Ordnung der Naturabläufe gefährdete, von seinem Nachfolger erschlagen werden mußte. Überzeugt, hier handle es sich um das Zeugnis eines »barbarischen Zeitalters« – und zwar, systematisch bestimmt, eines »Zeitalters« als Entsprechung einer in jeder Zivilisationsgeschichte vorkommenden Entwicklungsstufe der »Barbarei« –, macht sich Frazer auf die Suche nach Ähnlichkeiten, um die antike Religionsgeschichte im Lichte von Ethnologie und europäischer Volkskunde deuten zu können. In Griechenland und Rom genauso wie in Australien und in Afrika, bei den Eskimos oder den Polynesiern und in vielen anderen Kulturen findet er dabei die entscheidenden Übereinstimmungen in Totenfesten und Tötungsriten, in Opfervollzügen, Vegetations- und Fruchtbarkeitszeremonien sowie den vielfältigen Formen des *scapegoat*-, des überall verbreiteten Sündenbockrituals. Da sie im ganzen und in vielen Details einander so ähnlich sind, begreift er sie als Elemente einer ursprünglichen und umfassenden Einheit, nämlich als Praktiken, die gleichsam naturwüchsig aus einem frühen, ganz homogenen menschheitsgeschichtlichen Bewußtseins- und Verhaltenshorizont resultieren. Hinter dem Königsmord-Mechanismus entdeckt er den Zusammenhang einer ursprünglichen Naturreligion, einen »primitiven« Vegetationskult, in dem den Menschen die Verantwortung für die Aufrechterhaltung des Naturkreislaufs oblag.

Der Priesterkönig von Aricia zeigt sich auf diese Weise als Doppelgänger der überall in der Antike – in Gestalt des Attis, Adonis, Osiris, Dionysos – verehrten *sterbenden Götter*. In der durch den blutigen Königswechsel auf sich genommenen priesterlichen Stellvertreterschaft für das Schicksal dieser Götter – Tod und Auferstehung – inkorporiere sich letzten Endes das Schicksal der im Jahreszyklus sterbenden und wiedererstehenden Natur.

Animismus, Totemismus und Magie: Grundlagen der mimesis

Diese unverbrüchliche Verbindung von »Primitivität« und Naturreligion war in E.B. Tylors Werk vorbereitet worden. Deren Grundtypus hatte er mit dem Terminus *Animismus* belegt: »Seelenglauben«. Bei ihm war damit die eigentliche Entscheidung für die Kulturwissenschaften und für deren Beitrag zur Erforschung der griechischen Kulturgeschichte gefallen. Primitive Religiosität oder aber die Primitivität des menschlichen Geistes selbst heißt seitdem *Animismus*. Das ist der Typus eines religiösen Bewußtseins, in dem der Mensch noch keine Unterschiede denken kann zwischen sich und der Natur, zwischen Subjekt und Objekt: Er, der sich selbst als Naturwesen erfährt, erlebt die Natur als sein vollendetes Analogon.[52] Mangelnde Differenzierungsfähigkeit belebt, beseelt die Welt. Der Mensch träumt, und in seinen Träumen begegnet er nicht etwa sich selbst, sondern einer anderen, spirituellen Wesenheit, die seinem Körper innewohnt. Diese Erfahrung wird auf die ganze Natur übertragen, die dadurch bevölkert wird mit Seelen der Tiere, Pflanzen, Steine, zu denen sich schließlich auch die Seelen der Verstorbenen gesellen. Die Konfrontation mit der eigenen Seele und die Verkennung dieser Selbstbegegnung führen auf diese Weise dazu, die gesamte Natur zu spiritualisieren. Animismus ist insofern der Glaube an die Allbeseeltheit der Welt, durch den Mensch und Natur, schließlich auch Diesseits und Jenseits miteinander in unauflöslicher Verbindung stehen. So begründet Tylor, begründen andere mit ihm den »Animismus«, den Glauben an die Seelen aller Lebewesen und aller Dinge der Welt, in dem diese Wissenschaftler die Ur-Religion erblicken.[53] Sie gehe als das primäre menschliche Geistesstadium jedem Götterglauben voraus. Erst auf einer elaborierten Stufe gewinne das Religiöse theologische Züge.

Unter ausdrücklicher Berufung auf E. B. Tylor versucht James Frazer die innere Systematik dieser »Urreligion« des näheren im Zusammenhang einer Theorie des »Totemismus« zu rekonstruieren. Ausgehend von Studien John F. McLennans[54] und von William Robertson Smith[55], will er ihm als ein die menschliche Primitivität oder Wildheit kennzeichnendes, gleicherweise religiöses wie soziales System erscheinen. Es findet Ausdruck im Glauben der menschlichen Verwandtschaft in der Regel mit einer bestimmten Tier- oder auch Pflanzenart, seltener einer Klasse unbelebter Dinge oder – noch seltener – einer Kategorie von Artefakten.[56] Durch solch unauflösliche Verquickung von Glaubensformen und sozialen Organisationsweisen ist der Totemismus viel mehr als nur eine religiöse Anschauungsform; er impliziert vielmehr eine alle Lebensbezüge umfassende religiöse Existenzweise. Zu ihr gehört nun aber auch die von Frazer als besonders wichtig erachtete »animistische« Praxis der »magisch«-sympathetischen Riten. Sie gilt ihm gewissermaßen als vorwissenschaftliche Form der Naturbeherrschung. Ihr zufolge vermag der Mensch die Natur nach seinem Willen zu beeinflussen, ja geradezu zu zwingen, seinen Bedürfnissen zu entsprechen. Der Totemismus ist mithin charakterisiert durch ein magisches Bewußtsein, in dem sich der Mensch noch ganz als der ihn umgebenden Welt zugehörig fühlt. Einerseits erlebt er die Welt als von unpersönlichen Mächten durchdrungen, die – feindlich oder freundlich – auf ihn einwirken können. Andererseits kann und muß er mit diesen Mächten aber jederzeit Kontakt aufnehmen, um sein Auskommen mit ihnen zu finden bzw. ihre Unterstützung zu erzwingen.[57]

Mit Totemismus, Animismus und Magie war die eine, immergleiche »primitive« Urreligion gefunden, die den eigentlichen, sehr verschiedenen Religionen mit ihren ganz unterschiedlichen Götterfiguren vorausgeht. Als gemeinschaftliches Stadium aller menschheitsgeschichtlichen Entwicklung – gleich ob im archaischen Griechenland oder aber, in der eigenen Gegenwart, bei den australischen Aborigines – erlaubt sie dem Anthropologen sicheren Einblick in die vorhistorische Zeit Europas. Die nunmehr komplett ausformulierte, alles entscheidende These lautet also: Vorausgesetzt, daß das aus Griechenland bekannte Material mit dem ansonsten über die Zusammenhänge von Religion, Kult, Mythos und Ritus der Naturvölker Erforschten und Gesicherten in Übereinstimmung steht und das Fehlende durch die für magisch-animistische Praktiken typischen Merkmale systematisch ergänzt werden kann, sind Aussagen über die Zeiten vor aller Überlieferung statthaft.

Mit dieser magisch-animistischen Urreligion waren nun aber – besonders wichtig für unser Thema – auch die anthropologischen

Grundlagen der *mimesis* gefunden. Man konnte jetzt in anderer Weise, als es die Philologen getan hatten – dem Wortsinn der Schriftquellen nachspürend, Etymologien konstruierend, Texte und Texte, Texte und Daten kombinierend, systematisierend –, den anderen Teil der aristotelischen Ursprungskonzeption des Theaters wichtig nehmen als die von den Philologen allein bearbeiteten historischen Passagen. Hier war nämlich an Aristoteles' Theorie des mimetischen Verhaltens der Menschen als Ursprung der theatralischen Darstellung anzuknüpfen im Versuch, sie mittels moderner Anthropologie zu untermauern und systematisch auszubauen. Die kulturgeschichtlichen Fundamente der *mimesis* waren mit dem »primitiven« System von Totemismus, Animismus und Magie gefunden, insofern sie es dem Menschen ermöglichen und nahelegen, alle Gestalten der Welt anzunehmen und sie durch seinen Geist und Körper auszudrücken.

Ursprung der Tragödie I: Toten- und Heroenkult

Wie kommt nun, von solchen Grundannahmen her, die Verbindung mit dem Theater der Tragödie genau zustande? Es ist der theoretische Ansatz bei der gleichförmigen »Primitivität« als menschheitsgeschichtlichem Anfangsstadium des Sozialen und Religiösen, der den Kulturanthropologen die Methode vorschreibt. Auch hier geht es um Ursprünge, die freilich nicht länger in historischer Zeit und nicht in historischen Personen und Ereignissen, sondern in archaischer Zeit gesucht und in der inneren Systematik zusammengehöriger Praktiken und Denkweisen, die aus den ihnen zugrundeliegenden naturgeschichtlichen Gesetzmäßigkeiten resultieren, gefunden werden. Deshalb spielen das aristotelische Zeugnis und die nacharistotelischen Ursprungstheorien des Theaters kaum mehr eine Rolle für die Vertreter dieser Richtung. Das folgt als Konsequenz aus der evolutionistischen Kulturtheorie. Gemäß der in ihr implizierten Forschungsprämisse beziehen sich literarische als späte Zeugnisse ja keineswegs unmittelbar auf die kulturellen Strukturen, aus denen die Tragödie erwachsen ist. Man braucht von diesen Zeugnissen deshalb nur noch, was als *survival* in Gestalt einer nicht mehr bewußten Erinnerung an vorgeschichtliche Traditionen, vielleicht in verzerrter Form in ihnen bewahrt ist und demzufolge als (nachträglicher) Beleg für eine im Kern aus Kulturvergleich und Gesetzesanwendung erschlossene Hypothese gebraucht werden kann. Im kursorischen Überblick über die wichtigsten dieser Ursprungshypothesen läßt sich deshalb deutlich die – aus dem immanenten Begründungsverhältnis von Ansatz und Methode resultierende – Tendenz in der Entwicklung dieser Schule aufweisen, das Authentische jeweils mit dem Früheren und Frühesten als dem Einfacheren und Einfachsten zu verknüpfen. Deshalb fallen die in der Forschungsgeschichte dieser Schule erzielten Fortschritte mit dem Schema der methodischen Radikalisierung des Theorieansatzes zusammen. Die in der Forschungsdiskussion geübte Kritik an jeder einmal erreichten Ursprungshypothese und die folgende Neuausrichtung und Verbesserung zielen in jedem Fall darauf ab, das kulturelle Ursprungs-Stadium jeweils noch weiter in die Vorgeschichte zurückzuverlegen auf ein ihm Vorausliegendes, Einfacheres und Grundsätzlicheres. Diese Tendenz diktiert auch den Umgang mit den schriftlichen Quellen: Je früher der Ursprung der Tragödie angesetzt wird, desto weniger spielen sie für die Beweisführung noch eine Rolle – ethnologische, anthropologische Parallelen finden vielmehr ihre Abstützung immer stärker in nicht-schriftlichen, folkloristischen Quellen.

So nimmt es nicht wunder, daß einer der ersten Ansätze, die sich entschieden von der philologischen Tradition absetzen, doch noch eine gewisse Nähe zur schriftlichen Überlieferung aufweist. Dies zeigt sich in William Ridgeways Versuch, den Ursprung der Tragödie in griechischen Heroenkulten zu finden.[58] Den diesbezüglichen Anknüpfungspunkt für den Rückgang auf die vorgeschichtliche Zeit des griechischen Ritus findet er, einmal mehr, bei Herodot. Der berichtet – was bereits ausführlich zitiert worden ist[59] – von dem in Sikyon verbreiteten Kult des sagenhaften Helden Adrastos, auf den diese Stadt Größe und Ruhm zurückführte. Zu seinem Gedenken seien alljährlich die *tragikoi choroi* aufgeführt worden, »Bockschöre«: Tänze und Lieder von Sängern in Tiergestalt. Ganz unabhängig aber vom aristotelischen *satyrikon*, mit welchem die Altphilologie diese Herodotstelle bislang in Beziehung setzte, wird sie nun für den vergleichenden Religionshistoriker wichtig.

Ausgehend von den Prämissen einer »primitiven Religiosität«, ist für ihn nämlich gerade interessant, daß diese Chöre des Herodot – ganz anders als die von Aristoteles genannten dionysischen Wurzeln der Tragödie – zunächst noch nicht in Beziehung mit einem Gott begegnen, sondern ganz offensichtlich zuerst mit einem Heroenkult verbunden waren. Das deutet darauf hin, daß der Bericht des Herodot auf eine ältere, primäre, eben auf eine der Naturreligion nahestehende und nicht etwa auf eine theologische Stufe des Rituals Bezug nimmt. Unter Beiziehung ethnologischer Parallelen führt Ridgeway die Tragödie deshalb auf die, auch in anderen »primitiven« Kulturen verbreiteten Klageriten um berühmte Tote zurück, auf die Gründerhelden, denen die Gemeinschaft ihre Identität verdankt. Sie gelten ihm für das Ursprünglichere als die dionysische Zutat, von der Herodot ja ausdrücklich spricht: Es war der Tyrann Kleisthenes, der diese Chortänze und -gesänge aus ihrem ursprünglichen Kultzusammenhang herausgelöst und sie mit Dionysos verbunden habe. So von den ethnologischen Vergleichen dazu angeregt, einen vortheologischen Heroenkult für Griechenland zu postulieren, findet Ridgeway in der entwickelten Tragödienform dessen *survival* vor allem im *threnos*, dem Klagegesang, der zu den stereotypen Bauformen noch der spätesten Tragödien gehöre.

Unangesehen der schwachen Beweiskraft dieses sehr vereinzelten »Belegs«, verstrickt sich Ridgeway aber ausgerechnet durch die Berufung auf das Zeugnis Herodots am Ende in einen Widerspruch. Es bestätigt die Postulate der Religionstheorie nicht ganz, jedenfalls nicht ganz eindeutig. Herodot berichtet ja gerade, daß nur die tragischen Chöre dem Dionysos unterstellt wurden, während der eigentliche Adrastos-Kult auf einen anderen Heroen, nämlich auf den Melanippos übertragen worden sei. Der Heroenkult ist also nicht einfach im Kult des Dionysos aufgegangen. Während die Heldenverehrung weiterhin Bestand hatte, sind die tragischen Chöre doch gerade durch die Reformtat des Kleisthenes aus dieser ältesten Feier herausgelöst worden – wenn sie denn möglicherweise nicht schon im Adrastos-Kult von der Heroenverehrung getrennt bestanden.[60] Das mindert die Aufschlußkraft von Ridgeways Theorie gerade hinsichtlich des zentralen Problems, für das sie eine Erklärung bieten will: Warum nämlich die »dionysische« Tragödie zu historischer Zeit nicht ausschließlich oder doch wenigstens vorzugsweise dionysische Stoffe, sondern sämtliche Heroengeschichten zu ihrem Gegenstand nimmt. Bei dem von Herodot beschriebenen Vorgang wäre gerade das Umgekehrte zu erwarten: Die *tragikoi choroi* können jedenfalls nicht umstandslos als Transformation der Heroenriten angesehen werden – denn diese bestehen ja fort. Die erneuerten Chöre kommen vielmehr als bewußt vorgenommene Abspaltung, als Filiation vom Heroenritus zustande. Demzufolge hätten den alten Formen denn auch folgerichtig neue und zwar eben dionysische Inhalte zugeordnet werden müssen.

Ursprung der Tragödie II: Naturritus

Aus diesem – und weiteren[61] – Gründen gelten anderen solche für viele andere Orte Griechenlands bezeugte Gesänge zum Gedenken an einen lokalen Gründerhelden, auf den sich eine Gemeinschaftsidentität zurückführen läßt, noch nicht als primäre Anstöße für die Herausbildung der Tragödie. Für die Religionswissenschaftler stellen sie vielmehr nur Mittelglieder dar zwischen den eigentlich fundamentalen, vorgeschichtlichen Riten und ihrer späteren Übertragung auf Dionysos. Zahlreiche ethnologische Parallelen werden, erstens, für die These geltend gemacht, daß die Heroenriten ältere Wurzeln haben, nämlich aus »animistischen« Seelenfesten hervorgegangen sind. Von hier aus wird, zweitens, die Verbindung zum Theater gesucht: Insofern den in verschiedenen Kulturen begegnenden Riten allesamt ein mimetischer Charakter zugeschrieben werden kann – die Beschwörung der Naturgeister soll ja alle Anzeichen der magischen Übertragung aufweisen, also der Übernahme und Verkörperung der aus den Tiefen der Natur heraufgerufenen Seelenkräfte –, erblickt man in ihnen den überall und allgemein verbindlichen »Unterbau des Dramas«.[62]

Bei Unterschieden im einzelnen wird, um das zu belegen, in der Regel folgendermaßen argumentiert. Wenn Götter, wie etwa Dionysos, in Verbindung mit Kultvorstellungen auftauchen, muß es sich, jedenfalls nach Tylors und Frazers Voraussetzungen, bereits um eine relativ entwickelte Stufe des religiösen Bewußtseins handeln. Zu den wirklichen Anfängen, dem magischen Denken auf animistischer Bewußtseinsgrundlage und der entsprechenden rituellen Praxis, gelangt man erst, wenn sich in ihnen erkennbar naturreligiöse Vorstellungen ausdrücken, das heißt, wenn sie nicht Götter, sondern Naturkräfte, -seelen und -geister betreffen. Nach der allgemeingültigen Logik aller religiösen Entwicklung muß der eigentliche Ursprung der Tragödie also vor der Dionysosreligion und noch vor der Heroenverehrung liegen, in Vorstellungsbereichen, die mit Göttergestalten, überhaupt mit Gestalthaftem noch nicht in Verbindung zu bringen sind.[63] Aus Vergleichen mit ähnlichen Ritualen an anderen Orten wird deshalb geschlossen: Lange vor Dionysos und allen Gottesdiensten gab es in Griechenland, so wie in jeder »primitiven« Gesellschaft, die Verehrung unpersönlicher Naturkräfte, von Seelen und Geistern, von denen man glaubte, daß sie die gesamte Natur durchdringen. In magischen Vollzügen, in rituellen Handlungen suchte man sie zu beeinflussen: die im Winter gestorbene Natur zum Beispiel dazu zu bewegen, wieder aufzuerstehen, fruchtbar und blühend zu werden.[64] Da es für den »primitiven« Geist keinen Unterschied zwischen Subjekt und Objekt gibt, werden die Menschen in diesen rituellen Vorgängen selbst zur Natur, zu Stellvertretern der Mächte, die sie heraufrufen. Indem sie die Natur darstellen, werden die Darsteller mit dem Dargestellten identisch, sie selbst sterben und erstehen wieder auf.

In James Frazers Theorie der Magie – besonders wichtig für die anthropologische Explikation der Ursprünge des Dramas – war die Erklärung für solche Identifikationsprozesse bereits gegeben. Frazer hatte die Bedingung der Möglichkeit nachahmenden Verhaltens eng an die magische Mentalität, nämlich an die ihr zugrundeliegenden Assoziationsgesetzlichkeiten geknüpft. Nach seiner Überzeugung folgten sie den Prinzipien der Ähnlichkeit einerseits, des Kontakts andererseits.[65] Demzufolge werden alle Phänomene, die in analoger Beziehung zueinander oder aber in Berührung miteinander stehen oder standen, der Substanz nach als einander identisch empfunden. Imitations- oder aber Übertragungsdenken verursacht mithin den *Irrtum*, der nach Frazers Ansicht aller Magie zugrunde liegt, und läßt einsichtig werden, warum die ihrer Logik folgenden Menschen »ideale Zusammenhänge für reale halten« können.[66] Damit war geklärt: Magie heißt *mimesis*, in der magischen Praxis ahmen die Menschen die Natur nach, inkorporieren die in ihr wirksamen Kräfte und erleben in seiner Verkörperung das Schicksal der Natur am eigenen Leibe und im eigenen Geist selbst.

In solchen, die Vegetation anregenden und die Fruchtbarkeit der Felder antizipierenden, rituell-mimetischen Vorgängen sieht man nun die Vorformen etwa der Satyrtänze begründet. Sie dienen zunächst eben keiner spezifischen Gottheit, sondern sind Teile einer umfassenden Naturreligion. Über sie kommt nun auch die Verbindung zu den Heroengesängen zustande. Zu den Geistern der Natur gehören nämlich – wenn auch sekundär[67] – ebenfalls die Seelen der Verstorbenen: Nach ihrem Tod leben die Ahnen als Kräfte und Mächte der Natur fort. Also muß man auch mit ihnen Umgang pflegen. Um sich mit ihnen in Beziehung zu setzen, werden Lieder, Ruf- und Klagegesänge, erfunden. Zu diesen in allen frühen Kulturkreisen begegnenden Naturritualen gehören – so wird geschlossen – an ihrem Ursprung deshalb auch die aus Griechenland bekannten *threnoi*, in denen zunächst alle Geister der Unterwelt und erst in einem weiteren Schritt die großen Verstorbenen, die Gründerhelden, angesprochen und herbeigerufen wurden. So schließt sich der Zirkel. Die Heroen-*threnoi* sind Ausdruck archaischer Grab- und Totenkulte, die ihrerseits einen Aspekt der Beschwörung der natürlichen und chthonischen Wesen, der Geister der Welt und der Unterwelt, darstellen.

Diese magischen Rituale begreift die Religionshistorie nun als älteste Vorformen des Dithyrambos. Was heißt: In seinen alleranfänglichsten Formen und Funktionen galt er nicht dem Dionysos, sondern geht zurück auf Geister-, dann auf Toten-, schließlich auf Heroentänze und -gesänge. In dieser Entwicklung wird ein allmählicher Wandlungsprozeß greifbar – nämlich eine Konvergenzbewegung von mimetischen Formen und heroischen Stoffen –, der sich schließlich in bewußten Schöpfungsprozessen vollendet. Wenn die Klage- und Heroenlieder seit dem siebten Jahrhundert von den Tyrannen dem Dionysos zugeordnet wurden, dann handelt es sich um eine »staats«- und religionspolitische Maßnahme, mit der die schrittweise Übertragung von ursprünglichen Naturgeistern über die Toten und Heroen auf die einzelnen Göttergestalten endgültig – und bewußt – vollzogen ist. Hier liegt die letzte Voraussetzung für das Entstehen der Tragödie, hier wird der Übergang vom Kult zur Kunst ins Werk gesetzt. Dabei teilt man sich in die gemeinsame Annahme, daß die ineinandergreifenden Prozesse von unwillkürlicher Transformation und willkürlicher Übertragung den ursprünglichen mimetisch-magischen Formen dieser Rituale und den ihnen allmählich zugewachsenen heroischen Stoffen im Endeffekt ganz äußerlich bleiben. Dionysos ist erst eine späte, fremde Zufügung; in seinem Namen leben die Ursprünge in Gestalt der formalen und stofflichen *survivals* in der Tragödie unverändert fort. Womit die Theorie im wesentlichen komplett ist: Totenbeschwörung und Ahnengedenken sind Transformationsphasen des ursprünglicheren Seelen- und Geisterglaubens, über welche die Heroengeschichten Eingang in Dithyrambos und Tragödie fanden. Letzten Endes aber haben beide ihr Fundament in magisch-animistischen Naturritualen. Hier ist das Urwesen der Tragödie zu suchen.

Die Cambridge Ritualists

Die entschiedene Rückwendung zum Urritus findet sich im Werk der Cambridger Gräzistin Jane Harrison, das – einem gemeinsamen, »ritualistischen« Ansatz folgend – im engen Zusammenhang mit ihren Universitäts-Kollegen Francis M. Cornford und Gilbert Murray entstanden ist. In ihm wird die bedeutendste, noch heute diskutierte evolutionistische Ursprungstheorie der Tragödie vorbereitet.[68] In konziser Übereinstimmung mit der anthropologischen Kulturtheorie rückt auch Harrison an die Stelle der überkommenen Privilegien des klassizistischen Hellas-Bildes ein ihm gegenüber ursprünglicheres, archaisches Griechenland – und versieht es mit einem neuen Privilegium. Dies Ur-Griechenland ist ihr deshalb von herausragender Bedeutung, weil sich in ihm die menschheitsgeschichtliche »Primitivität« in einem homogenen kulturellen Zusammenhang rekonstruieren lasse. Wie ihre Vorläufer und Mitstreiter[69] sucht sie dessen Kohärenz in einem gegenüber dem olympischen Mythos – wie sie sagt – »lower stratum of thought«.[70] Dabei verleiht sie der Forschung danach insofern neue Akzente, als ihr dies Denk- und Vorstellungsmuster weniger wichtig ist als eine durch es hindurch zu erfassende *Lebensform*, die eher in Verhaltensweisen als in Anschauungsformen greifbar sei. Konsequenter noch als W.R. Smith und Frazer verbindet Harrison deshalb auch das primitiv Religiöse mit bestimmten Kultformen, wie sie im Bereich der Riten und eben nicht der Mythen zu fassen seien.

Daher die Bezeichnung einer »ritualistischen« Schule: Ihr ist der Ritus das Primäre, die Mythen sind das Sekundäre, das Abgleitete, und zwar auch und gerade das von den Riten Abgeleitete. So heißt es in Harrisons Buch *Mythology and Monuments of Ancient Athens* von 1890 ganz entschieden, daß die Entwicklung der Mythen in der Regel erfolge aus einer »ritual practice misunderstood«.[71] Der eigentliche Entstehungsgrund der Mythen liege in der Notwendigkeit, Erklärungen zu bieten für ein bestimmtes, traditionell befolgtes rituelles Verhalten, dessen ursprünglicher Sinn im Gang des kulturellen Fortschritts verlorengegangen sei und deshalb nicht mehr verstanden werde. Der Mythos entwickle sich allmählich als Kompensation von Verlusten an Tradition, als deren Rationalisierungsform. Insofern kann die literarische Überlieferung des Mythos nur dann von Wert sein, wenn man in ihr die *survivals* einer vollständig vom Ritus geprägten Daseinsform herauszupräparieren vermag, die ihm letzten Endes als sein Ursprung zugrunde liegt. Diesen ursprünglichen Zusammenhang gilt es zu rekonstruieren als den festen Konnex einer »local and national tradition«, einer »confederacy of local cults«, an der die Mythen wie die Künste einst ihre »common source« gefunden[72] und die sie im Laufe der Zeit zum Teil bis zur Unkenntlichkeit überformt und entstellt haben.[73]

Themis *und die sozialen Ursprünge der griechischen Religion*

Eine kohärente Theorie der primitiven Religiosität im archaischen Griechenland legt Jane Harrison in ihrem Hauptwerk vor, *Themis* von 1912. Im Vorwort räumt sie ein, daß sie dazu allererst durch die Anstöße zweier französischer Denker in die Lage versetzt worden sei, eines Philosophen und eines Soziologen. Von Henri Bergson übernimmt sie das Konzept der *durée* als, wie sie es begreift, der Dauer und Alleinheit des sich doch ständig verändernden Lebens. Dieser Aspekt, schreibt sie, habe ihr den bleibenden Einblick in das Wesen der Dionysosreligion vermittelt. Dionysos – der Mysteriengott, den sie als historischen Reflex der ältesten griechischen Religion erachtet[74] – ist ihr seitdem paradigmatischer Ausdruck des einen, unteilbaren und doch unablässig sich wandelnden Lebens.[75] Von Emile Durkheims soziologischen Ansatz übernimmt Jane Harrison die Konzeption des Religiösen als sozialen Tatbestand (*fait social*). In der dionysischen Fassung findet sie das in der unauflöslichen Verquickung dieses Gottes mit seinem *thiasos*, dem Schwarm seiner Begleiterinnen, ausgedrückt. Im mysterienkultischen *survival* des ursprünglich Religiösen verbindet sich mithin das lebensphilosophische und das soziologische Argument.[76]

Mit einem Wort: das Religiöse oder aber: die Primitivität des griechischen Menschseins läßt sich auch nach Jane Harrison in einer in sich kohärenten – animistischen – Naturreligion greifen. Sie basiert auf dem überwältigenden Gefühl der Alleinheit der Welt, das alle Rituale unwillkürlich zum Ausdruck bringen und zu erhalten suchen. In den Interdependenzen der Mysterienkulte zu historischer Zeit noch erkennt sie einen Reflex dieses Gefühls wieder, nämlich: »a web of practices emphasizing particular parts of life.«[77] Zu später Zeit legen die einzelnen Kultpraktiken die verschiedenen Aspekte dieser Lebenseinheit also gleichsam auseinander und führen sie in verschiedenen Ritualformen mit unterschiedlicher Funktion vor Augen. Die Initiationsriten, die Harrison unter Berufung auf die Forschungen van Genneps[78] als die basalen Riten begreift, drücken die Einheit des menschlichen Lebens als des Lebens der Gruppe aus; die davon abgeleiteten Naturzeremonien, die Jahres- oder Vegetationsriten,[79] sind Ausdruck der Zusammengehörigkeit des menschlichen Lebens mit der Natur. Grundlegend aber bleibt der sie alle miteinander verbindende Verweis aufeinander als die zu historischer Zeit begegnende *survival*-Form der Veranschaulichung des ewigen Zyklus von Tod und Wiedergeburt, als im und durch das Ritual*system* vermittelte Expression der *durée*, der Naturwahrheit des Lebens.

Durch das Studium solcher Überbleibsel ursprünglicher Religion fühlt sich Jane Harrison schließlich in die Lage versetzt, einen weiteren Schritt hinter Dionysos und die historisch bezeugten Mysterienkulte zurückzugehen. Hinter der Gestalt dieses Gottes und ähnlicher Gottheiten schimmert für sie der große Umriß des – all diese Göttergestalten umfassenden, primitiveren – Idealtypus eines ursprünglichen Naturgeistes hindurch, der im Mittelpunkt der ältesten Vegetationskulte gestanden habe. Seine Verkörperung tritt ihr – hier handelt es sich um einen von ihr geschaffenen Kunstterminus, nicht um eine aus den Quellen geschöpfte Bezeichnung – im *eniautos-daimon* entgegen. Dieser die spezifisch griechischen Vorstellungen vom zyklischen Lebensprozeß artikulierende Ausdruck soll dazu dienen, die Besonderheiten des archaischen Jahresdämons (*year-spirit*) zu fassen, die sie bei aller sonstigen Gemeinsamkeit mit den Vegetationsgeistern anderer Kulturkreise für hervorhebenswert hält.[80]

Wie bei Frazer ist es der Totemismus, in dem alle Momente der primitiven Religiosität zusammenkommen – das Kollektive, das Magische, der Gedanke an die Beseeltheit der Natur.[81] In ihm vereint sich die doppelte Vorstellung der Alleinheit des Lebens, als sozialer Einheit der Menschen untereinander und als Einheit der Menschgruppe mit der Natur.[82] Damit bildet er die Grundlage für das *springdromenon,* für die rituelle Wiederholung des Naturkreislaufes, welche die Beständigkeit des »stream of totemic life«[83] aufrechtzuerhalten hat. Dieses Frühlingsritual ist der Idealtypus des Religiösen. Körper und Geist, Bewußtsein und Gefühl sind hier ungeschieden im Erlebnis der *methexis*, der Teilhabe des einzelnen mit der Gruppe und deren Einheit mit dem Schicksal der Natur, welches aller *mimesis* vorausliege.

Da aber die ursprüngliche Gestalt solcher Riten für Griechenland, den Untersuchungsprämissen entsprechend, wiederum nur in gewissen *survivals* zu fassen ist – in unpersönlichen, den Götterglauben überlebenden Vorstellungen von *kratos* und *bia*, *styx*, *horkos*, *menos*, *thymos* etc. –, bedarf es, um den Nachweis ihrer Existenz führen zu können, extensiver Extrapolation. Dabei bedient sich Harrison, auf der Basis der evolutionistischen Nomologie und ohne irgend Umstände zu machen, der kulturvergleichenden Methode: Der archaische Erfahrungsgehalt, der in solchen Termini fortlebe, wird unmittelbar (scheinbar) gesicherten Daten abgelesen, die von den damaligen Ethnologen noch lebenden primitiven Gesellschaften entnommen worden waren. Der ursprüngliche Vorstellungskreis, der in den griechischen Termini letzten Endes ausgedrückt sei, wird im Lichte der seinerzeit viel beschriebenen Konzepte des (polynesischen) *mana*, des *orenda* (der Irokesen) und des *wa-kon'-da* (der Omaha-Indianer) interpretiert.[84] Hier komme das Erleben, als eine und als solche unteilbare Gruppe zugleich eins zu sein mit den Kräften der Natur, noch unverfälscht zum Ausdruck – und dies im Urwesen des Menschlichen begründete Motiv sei es, das auch dem (matriarchalen) Gruppen- und Naturritus der primitiven, religiösen Griechen zugrunde gelegen haben müsse.

Dies nun mit griechischen Daten zu belegen erweist sich im weiteren aber als unhintergehbare Schwierigkeit. Wenn Harrison die Urform des Religiösen, das Ritual, in seinem Zustandekommen und seinen Funktionen näher zu fassen sucht, dann zeigt sich gerade ein ihm innewohnender Ur-*Sprung* zwischen Bewußtsein und Gefühl, Mensch und Natur. Er aber ist es, dessentwegen das Ritual überhaupt erst zum *Ursprung* der griechischen Kultur, darunter des Theaters, zu werden vermochte. Denn Harrison ist sofort gezwungen zuzugestehen, daß der Übergang von *methexis* – der Teilhabe an den Naturabläufen – zur *mimesis* – ihrer Nachahmung – an irgendeinem Zeitpunkt des Zivilisationsprozesses mit Notwendigkeit erfolgen muß. Tatsächlich reicht das (evolutionistisch interpretierte) ethnologische Material nur aus, um diesen Punkt des *Übergangs* zu beschreiben: Sobald das von Frazer beschriebene totemistische Stadium begegnet – die Identifikation einer Gruppe mit ihrem Totemtier –, impliziere das ja bereits eine Unterscheidung – die nämlich der einen Gruppe von einer anderen. Der Einheitsbezug des Totemismus selbst kommt also bereits durch Außenabgrenzung einer von allen anderen Gruppen zustande.[85]

Ja, es stellt sich heraus: im Grunde kann ein wirklicher Begriff des Rituals überhaupt erst unter der Voraussetzung der Unterschiedenheit von Mensch und Gruppe, Gruppe und Natur erarbeitet werden. Mit Deutlichkeit ist das Harrisons eigener Definition rituellen Handelns zu entnehmen: Das Ritual als eine spezifische, eben religiöse Form des Handelns ist für sie nicht etwa einfach ein »thing done«, eine zweckgerichtete, lebensweltliche Handlung. In seiner es auszeichnenden

Besonderheit präsentiert es sich vielmehr als »thing *re*-done« oder »thing *pre*-done«. Definitionskriterium ist mithin ein mimetisches Moment des *dromenon*, das seine Distanz vom lebendigen Ereignis markiert. Entweder funktioniert es, im Falle des »thing *re*-done«, kommemorativ oder aber, im Falle des »thing *pre*-done«, antizipativ – es wiederholt oder aber es nimmt vorweg. Als weiteres Bestimmungsmerkmal treten die zugrundeliegende starke Emotion, die in solchen Handlungen ihren Ausdruck findet, sowie der kollektive Charakter dieser Emotion hinzu. Wobei nunmehr klargestellt wird, daß es allererst das mimetische Moment ist, welches aus einer einem Erregungszustand entstammenden kollektiven Handlung eine im strikten Sinne religiöse Handlung werden läßt.

Um diese näher zu bestimmen, bedient sich Jane Harrison Frazers Magie-Konzept. Von ihm aus betrachtet, erklärt sich rituelles Tun gewissermaßen als Abreaktion von körperlich-seelischen Impulsen, die eine Gruppe von Menschen miteinander verbinden und die sich in der Wirklichkeit, in zielgerichteten Handlungen, nicht erfüllen können und befriedigen lassen. Diese Spannungen resultieren aus der (für das »magische« Bewußtsein unaufhebbaren) Kluft zwischen Wunsch und Wirklichkeit, zwischen »Impuls und Reaktion«. Dabei leistet *mimesis* das Eigentliche: Sie hat die Gefühlsspannungen, die innerhalb der Gruppe durch das faktische Auseinandertreten von Absicht und Ziel, von Mensch und Natur erregt werden, zu besänftigen. Die Rituale sind mithin dazu da, den real unbefriedigten Wunsch kompensativ stillzustellen – und zwar, darin liegt der eigentliche Grund der *mimesis*, im Sinne eines gewissen Selbstbetruges.[86]

Das dem Ritus zugrundeliegende Motiv ist also nicht etwa die Einheit des Lebens selbst, sondern das starke Bedürfnis nach dieser – realiter fehlenden – Einheit. Es ist ja der Wunsch nach Entladung/Besänftigung kollektiver Zustände der Gefühlsspannung, aus dem er resultiert. Harrison begreift die rituelle *mimesis* mithin als eine defiziente Form des Handelns. Sie ist eine Reaktionsform auf einen (latent verspürten) Mangel, der mit ihrer Hilfe überwunden werden soll – und zwar im Imaginären. Dem korrespondiert denn auch die strikt festliegende Form der Wiederholung des Rituals, die Harrison besonders wichtig nimmt und bei jeder Gelegenheit hervorhebt. Bei allem Widerwillen, den sie gerade gegen diesen Zug des *dromenon* empfindet, erscheint er ihr geradezu als als *das* Definitionsmerkmal seines Funktionierens. Die unbedingt eingehaltene Stereotypie ritueller Abläufe, ihre Zwanghaftigkeit, ist Bedingung der Möglichkeit der totalen Identifikation der Menschen untereinander und die der Menschen mit der Natur.

Die totale Ungeschiedenheit von Mensch und Natur, menschlicher Absicht und naturgegebenem Ziel, ist mithin in der Prähistorie, so weit man sie auf dem Wege schrittweiser Rekonstruktion zurückverlegen mag, nicht erreichbar.[87] Denn das »imitative« Moment des Ritus, das ja allererst die (nachträgliche und zwanghaft erfolgende) Identifikation von Mensch und Natur, Absicht und Ziel ermöglicht, soll doch gerade über den zwischen diesen Polen liegenden und sich im Prozeß der Zivilisation ständig vergrößernden Sprung hinwegtäuschen. Wo die Einheit von Mensch und Natur, und sei es unbewußt, nur im Handeln greifbar, *thematisch* wird, kommt bereits der zwischen ihnen gelegene Riß zum Vorschein, der sich in der weiteren Geschichte mehr und mehr vergrößern wird. Alle weitere Argumentation läuft darauf hinaus zu zeigen, daß es eben jener ursprüngliche Riß ist, der zur Kunstwerdung des Religiösen und damit zur Kunstwerdung des Rituals führt.

Ursprung der Tragödie III: sacer ludus

Theoretisch betrachtet ist der Ritus des *eniautos-daimon* als Ur-*Sprung*, nämlich als erste Repräsentation der Differenz zwischen Individuum und Gruppe, Gruppe und Natur, mithin das Skandalon. Methodisch gesehen erweist er sich freilich als das wichtigste, universalisierende Moment für die Rekonstruktion des Werdegangs der griechischen Kulturgeschichte, als sein alles totalisierender *Ur*sprung. Das Auseinandertreten von Geist und Gefühl, Mensch und Natur, das der Darstellung der Schicksale des *year-spirit* zugrunde liege und für den Historiker in den Riten um Dionysos historisch noch greifbar werde, ist von besonderer Signifikanz für alle folgende Entwicklung. Der Ritus des *eniautos-daimon* ist nämlich in mehrfachem Sinne und in mehrfacher Richtung die Schaltstelle für die allmähliche Herausbildung der vollen Komplexität der hellenischen Kultur: Nach Harrison bestehen direkte Verbindungen zwischen diesem Frühlingsritual und den olympischen Spielen einerseits, andererseits dem Dithyrambos und, über ihn, der Tragödie. Sterben und Neuerstehen der Natur werden hier als Kampf feindlicher Mächte gegen den Jahresgeist dargestellt, der seinen Tod und seine Wiedergeburt umfaßt. Es ist dieser Kampf, der *agon*, über den sich der athletische Wettkampf einerseits, der dramatische Konflikt andererseits entwickeln.

Der Versuch, ausgehend von Harrisons Theorie des Zivilisationsprozesses den Nachweis der exakten, inneren Verbindungen zwischen der Dionysos-Religion und den Bauformen der Tragödie zu erbringen, ist von Harrisons Kollege Gilbert Murray unternommen worden. Sein *Exkurs über die in den griechischen Tragödien bewahrten rituellen Formen* bildet einen zentralen Beitrag zu ihren in *Themis* angestellten Überlegungen.[88] Wobei Murray erwartungsgemäß nicht von den Geschichten um Dionysos ausgeht, sondern von dem Bereich der Dionysos-Religion, welchen die Anthropologen vom Mythos, dem viel später entstandenen, rationalisierenden heiligen Text, deutlich getrennt haben – nämlich vom Ritus dieses Gottes.

Im Bemühen, diese älteste Form der Dionysos-Feier zu rekonstruieren, erweist er der ersten »ritualistischen« Auslegung der Tragödienursprünge, William Ridgeways Grabtheorie, durchaus seine Referenz. Freilich mit dem entscheidenden Abstrich: Deren Ableitung tragischer Formen aus Toten- und Ahnenkulten sei nur eine auf einen untergeordneten Aspekt eingeschränkte Aufschlußkraft einzuräumen. Es ist bekannt, warum. Toten- und Heroenkulte können nicht als authentische Zeugnisse griechischer Primitivität gelten, da sie keineswegs die früheste Stufe des animistischen Rituals bilden, sondern als deren Sekundärbildungen selbst schon *survivals* älterer Praktiken darstellen. Wenn ein Heroenschicksal, etwa das des Hippolytos, unzweifelhaft als *aition*, als Ursprungslegende, die kultische Praxis der historischen Zeit präfiguriert und legitimiert, dann bleibt gemäß den Prämissen der Animismus-Theorie doch hinter sie zurückzugehen auf die gestaltlosen Naturwesen, von denen die toten Helden ihrerseits abstammen.

Sprechend für den bei Murray (nach dem oben erwähnten Muster) erreichten Forschungsfortschritt gegenüber Ridgeway ist deshalb, daß er bereit ist, entschiedenere *methodische* Konsequenzen aus den Annahmen der Evolutionstheorie zu ziehen. Das zeigt sich deutlich an seinem Umgang mit den Schriftquellen: Während Ridgeway Herodots Adrastos-Melanippos-Dionysos-Zeugnis für seine Heroen-Grab-Theorie weidlich ausgenutzt hatte (was dann ihre Widersprüchlichkeit mit sich bringt), zieht Murray Herodots Texte kennzeichnenderweise nur aufgrund einer in ihm enthaltenen *Leerstelle* heran.

Zunächst interessiert ihn vor allem die unmittelbare Parallele, die Herodot an mehreren Stellen seiner *historia* zwischen dem Osiris- und dem Dionysos-Kult zieht. Solche Austauschbarkeit der erst im späteren *mythos* der Ägypter und der Griechen klar gegeneinander abgegrenzten Götter-Gestalten im Bereich der von Herodot behandelten *Riten* weist darauf hin, daß es sich hier noch um unwesentlich verschiedene Ausprägungen ein- und desselben, ursprünglicheren *daimon* handelt, um eine vorgöttliche, animistische Wesenheit. Für sie ist

Dionysos eben nur ein Name unter anderen, austauschbar also mit vielen weiteren, von Frazer so genannten *sterbenden Göttern*, mit Osiris, Adonis, Attis etc. Um deren Gemeinsamkeit zu bestimmen, ist Murray, im zweiten Schritt, nun eine von Herodot an all diesen, die Osiris/Dionysos-Verehrung betreffenden Stellen stereotyp gebrauchte Wendung wichtig: Er, Herodot, heißt es hier immer wieder, scheue sich und es gehöre sich nicht, über das Zentrum des kultischen Vorgangs zu sprechen. Bei dem, was der Berichterstatter so bewußt und sorgsam ausspart, handle es sich, interpretiert Murray, ganz offensichtlich um ein »Unsagbares« im Sinne der auch sonst begegnenden Mysteriengeheimnisse (*arrheton*). Worüber der antike Historiker also schweigt – Index dafür, daß es sich hier um ein Ältestes, Ursprüngliches handelt, das dies Schweigen verdecken soll – und also: gerade die Tatsache, *daß* er darüber Schweigen bewahrt, gewinnt im Sinne der ritualistischen Theorie seine besondere Evidenz. Auf dieser Grundlage vermag man mit Eindeutigkeit die Erklärung zu liefern für das, was sich hier als *Erlebnis* der Kultteilnehmer vollzogen haben muß: Die Teilhabe nämlich am Mysterium eines *sterbenden Gottes*, und das heißt für Murray nunmehr: des *eniautos-daimon*. Das unsagbare Zentrum der von Herodot beschriebenen Vorgänge muß also in der Vergegenwärtigung von Tod und Wiederauferstehung des Jahres-Geistes gelegen sein.

Hinter den Osiris/Dionysos-Riten wird für den Anthropologen damit ein ursprünglicher *sacer ludus*, ein animistisches Ritual der Natur, der Lebens-, der Welterneuerung greifbar. In ihm identifizieren sich die Kultteilnehmer mit dem Naturprozeß und setzen den Tod des alten und die (Wieder-)Geburt des neuen Jahres in Szene, um eben auf diese »magische« Weise den »stream of totemic life« in Gang zu halten. Dieses *dromenon*, das ist der Kern von Murrays These, weist nun aber rituelle Muster auf, in denen die Kunstformen des späteren Theaters der Tragödie ganz unmittelbar vorgeprägt sind. Nur für dieses Grundmuster interessiert sich Gilbert Murray denn auch in seinem »Exkurs« zu Jane Harrisons Gedankengang. Hier versucht er, die archetypische Prägung aller Tragödien und noch der spätesten Stücke des Euripides durch das im Dionysoskult fortlebende Frühlingsmysterium nachzuweisen.[89] In ihm, so Murray, seien Tod und Wiedergeburt des Jahresdämons Dionysos gefeiert worden, indem sie in einem festgefügten, rituellen Ablauf verkörpert wurden. Das Kernstück des Ritus liege in der Verfolgung, Tötung und Zerstückelung des *daimon*.

Als die charakteristischen Stationen der rituellen Aktualisierung von Tod und Wiedergeburt des »Helden« betrachtet er des näheren fünf aufeinander folgende Phasen: Zunächst wird der Kampf des Verfolgten gegen seine Widersacher dargestellt – Murray nennt diese erste rituelle Handlung *agon* –, es folgt der Tod des Geistes in einer *pathos* genannten rituellen Sequenz. Dieses Schicksal spielt sich nicht vor den Augen der Kultgemeinde ab, sondern wird – da dieses Ritual zunächst ja nur einen Akteur kannte – von einem Boten berichtet. Daran schließen sich die Klagen der Gemeinde über den Getöteten an, die Murray *threnoi* nennt. Den Abschluß bildet dann endlich das Wunder der Epiphanie: die überwältigende Erscheinung des wiedererstandenen *daimon* und damit der eruptive Umschwung der Emotionen der Gläubigen von Trauer zur jubelnden Freude. Diese rituelle Schlußsequenz nennt Murray schließlich *peripetie*, wie sie untrennbar zusammenhänge mit der *anagnorisis*, der freudige Emotionen weckenden Wiederentdeckung des Auferstandenen. Dies also sind – nach Murray – die typischen Stationen des anfänglichsten dionysischen Ritus, wobei dieser als magische Wiederholung des Naturzyklus und deshalb als unauflösliches Ineinander der Ereignisse und ihrem intensiven Erlebnis durch die am Kult beteiligte Gemeinde verstanden wird.

Liest man nun die im obigen quellenkritischen Abschnitt über die *Poetik* des Aristoteles nicht behandelten Passagen nach, in denen über die richtige Tragödienhandlung, deren Teile und ihre Abfolge die Rede geht, dann fallen allein bei der Betrachtung der Termini, mit denen Murray die rituellen Sequenzen des Dionysos-Ritus bezeichnet, erstaunliche Analogien auf. In den Kapiteln 10 und 11 der *Poetik* sagt Aristoteles nämlich: die Hauptwirkungen der Tragödienhandlung kommen durch ganz besondere Handlungsumschwünge zustande. Dabei unterscheidet er insbesondere zwei mögliche Arten eines Eindruck machenden und Jammer und Schaudern hervorrufenden Umschwungs, den er *metabole* nennt: In keiner guten Tragödie, sagt er, darf der Moment fehlen, in welcher die Handlung ganz gegen ihren bisherigen Verlauf und am besten ganz und gar gegen die bewußt verfolgten Absichten des Helden plötzlich in ihr – meist schreckliches – Gegenteil umschlägt. Diese besonders wichtige Art der *metabole* nennt Aristoteles nun *peripetie*. Zum anderen sei ein Umschwung wichtig, der nicht die Handlung, sondern die Erkenntnis der Handelnden, des tragischen Helden insbesondere betrifft. Gemeint ist damit die einer Verblendung oder einem schieren Irrtum folgende, plötzliche Wendung zur Einsicht in die wahren Sachverhalte. Das schockartige Erwachen aus einem Irrglauben, an dem man bislang hartnäckig festhielt und das im *Ödipus* des Sophokles seine vollkommene, paradigmatische Gestaltung erfahren hat, wird in der *Poetik* als *anagnorisis* bezeichnet. Schließlich ist nach Aristoteles mit solchen Handlungsumschwüngen die Katastrophe verbunden: Entweder aus der *peripetie* oder der *anagnorisis* oder – das folgt aus der ganzen Argumentation des 11. Kapitels –, am besten und tragischsten, aus dem Zusammenfall beider resultiert ja das tödliche Ereignis, welches das Ende der meisten Tragödien bildet. Und Katastrophe heißt in der Terminologie der *Poetik*: *pathos*.

Allein bei der Betrachtung der von Murray zur Beschreibung der einzelnen Stationen gewählten griechischen Ausdrücke (die ja nicht etwa schriftlichen Quellen zur Bezeichnung eines rituellen Ablaufes entnommen sind, sondern sich – entsprechend der Wortbildung *eniautos-daimon* bei Jane Harrison – als Kunsttermini zur Bezeichnung des rituellen Idealtypus der archaischen Zeit präsentieren) wird klar: In den poetologischen Bestimmungen des Aristoteles erkennt Murray den schwachen, aber immer noch deutlich wahrnehmbaren Widerschein von Stationen eines ursprünglich bestehenden festen Zusammenhangs, nämlich der Sequenzen des archaischen Ritus um Tod und Epiphanie des Jahres-Dämons Dionysos. In der, wie gesagt, über hundert Jahre nach der klassischen Zeit des Theaters der Tragödie formulierten Tragödiendefinition des Aristoteles will Murray damit noch immer die Reflexe der Riten wiederfinden, die zu dessen Zeit vielleicht vergessen waren oder belächelt wurden und deren Bestandteile Aristoteles deshalb in der Tragödie nicht wiedererkennen konnte, weil sie ihm dort gleichsam in »literarisierten« Formen entgegentraten.

Die von Aristoteles beschriebenen Formen der Tragödienkunst entpuppen sich der kundigen Lektüre des Anthropologen aber als unmißverständliche Hinweise auf die *survivals* des animistischen Urrituals. Was für Murray insbesondere evident ist durch die auffällige Verbindung von *peripetie* und *anagnorisis*, die Aristoteles ja als die der Tragödie angemessenste Form der *metabole*, des Handlungsumschwungs, betrachtet. Dieser Zusammenfall einer die Handlung betreffenden »dramatischen« Kategorie, der *peripetie*, mit einer Kategorie des Erkennens, die durchaus nicht für genuin dramatisch gehalten werden kann, erklärt sich eben mit ihrer gemeinsamen Abkunft aus dem Urritual. Hier soll ja der entscheidende Handlungsumschwung – die auf seinen Tod folgende Wiedererscheinung des »Helden« – untrennbar mit seinem (jubelnde Freude bringenden) Wiederkennen durch die Kultteilnehmer zusammengefallen sein. In dieser seit Urzeiten bewahrten Zusammengehörigkeit von *peripetie* und *anagnorisis* erblickt Murray also die deutlichste Reminiszenz der aristotelischen Dichtungslehre an eine uralte Ritualform.

Aber dies müsse letzten Endes auch für alle anderen der von Aristoteles zur Beschreibung der tragischen Handlungskonstruktion benutzten Begriffe gelten. Alle miteinander sollen eben auf den urtümlichen rituellen Zyklus des *eniautos-daimon* zurückweisen, der dem Philosophen einer Spätzeit selbst nicht mehr präsent gewesen sei. Während die rituelle Sequenz, von literarischen Gesichtspunkten überformt, in die Darstellung der *Poetik* eingegangen sei, will Murray deshalb den Nachweis führen, daß sich die ganze Folge der rituellen Handlungen in der dramaturgischen Tiefenstruktur aller Tragödien des fünften Jahrhunderts vollständig erhalten habe.[90] In den Texten sucht er ihre genauen Entsprechungen in bestimmten Handlungsmotiven hervorzuarbeiten. Wenn er dabei auch zugeben muß, daß sie zwar nicht immer in derselben Reihenfolge wie im Ritus vorkommen und sogar sehr unterschiedliche Kombinationen eingehen, findet er sie jeweils komplett wieder: Überall der Kampf, der Tod, die Entdeckung des Entsetzlichen, der Botenbericht darüber, die Trauer der Gemeinde, schließlich Wiedererscheinen und Jubel – das sind für Murray die Grundsituationen des Tragischen, und eben sie sollen aus den Stationen des archaischen Ritus hervorgegangen sein. Auch die eigentliche *peripetie* des Ritus, die Schlußwendung, in der die Gemeinde – Folge der *anagnorisis* – vom Entsetzen und der Trauer in den jähen Jubel über die Epiphanie, die Wieder-Erscheinung des Gottes ausbricht, sei noch in der späten Aufführungspraxis als traditioneller Höhe- und Abschlußpunkt bewahrt. Aus dem ursprünglichen Enthusiasmus der Gemeinde bei der Wiederkunft des Gottes, sagt Murray, entstamme nämlich die Verbindung der Tragödien mit den Scherzen der Satyrspiele.

Ursprungssuche als Ursprungskonstruktion

Der im typologischen Interesse erfolgte Bericht über die Tragödienforschung des beginnenden Jahrhunderts hat gezeigt: Trotz entschiedener Gegensätzlichkeit der erkenntnistheoretischen Voraussetzungen und methodischen Schlußfolgerungen haben deren erste Ansätze in Philologie und Kulturwissenschaft ihre Gemeinsamkeit in einem übereinstimmenden Erkenntnisinteresse. Beide sind sie mit nämlicher Unbedingtheit den Ursprüngen dieses Theaters auf der Spur.

In der Ursprungskategorie läßt sich nun aber auch die systematische Grenze beider Theoriebildungsprozesse aufweisen. Im Falle der historischen Schule belastete diese Kategorie die Schriftquellen mit einer tiefen Zweideutigkeit – und damit ausgerechnet die als einzig gültig erachteten Testimonia selbst. Erdrückende Wahrscheinlichkeit spricht dafür, daß in diesen Zeugnissen einander konkurrierende, aber ein- und derselben *mythologischen* Denkweise entstammende Ursprungs*konstruktionen* vorliegen. Strikt betrachtet, verlieren sie angesichts eines solchen, begründeten Verdachts allen von ihnen erhofften historischen Zeugniswert. Anders die Crux im Falle des kulturwissenschaftlichen Ansatzes, wiewohl auch sie mit einer Ursprungskonstruktion zu tun hat. Mit Harrisons Theorie des Zivilisationsprozesses teilt Murrays These die Tendenz zum Zirkulären.[91] Hier besteht jedenfalls der begründete Verdacht: Murray modelt sich das Bild seines archaischen *sacer ludus*, soweit er jedenfalls bereits eine Geschichte soll beinhaltet haben, nach dem Bild der Dionysos-Geschichten. Während er den Mythos als das Sekundäre und Abgeleitete auf die Ableitungsbasis, das authentische Ritual hin zu übersteigen sucht, benutzt er jedenfalls, um zu den urtümlichen Strukturen des hypothetischen Frühlingsrituals zurückzugelangen, ausgiebig die späteren Motive der Mythologie – Kampf, Zerstückelung von Dionysos und seinen Doppelgänger-Gegnern, Wiederauferstehung des Gottes. Und diese in die Sequenz eines archaischen Ritus umgedeuteten Stationen des göttlichen Schicksals erkennt er dann wiederum in den Tragödien als ihre formale Substruktion wieder – in Tragödien, die schließlich selbst nicht unbeteiligt daran sind, daß sich das alte *mytheisthai*, das ursprüngliche »Mythensagen«, zum *mythologein*, zum Mythenerzählen aus- und durchbildete. Wenn ersteres – jedenfalls nach der eigenen religionswissenschaftlichen Theorie der Cambridge Ritualists – im Kultzusammenhang und in enger Bindung an den konkreten Ritualvollzug einzelne Taten und Schicksale der *daimones* an- und ausrief, so ist es schließlich doch die »Kunst«, das Epos und mehr noch die Tragödie, die solche mythologischen Teilstücke aus den rituellen Gebrauchsweisen herausgelöst und damit zum *mythos*, zum Götter-Schicksal, und deshalb eben: zur in sich schlüssigen, integralen Geschichte überhaupt erst zusammengeschlossen hat. Mag also sein, daß gerade das, was Murray als ihre primäre Schicht freilegen will – die Fügung einzelner Handlungen zur Handlungs*sequenz* –, die ureigene Schöpfung der Tragödienform selbst ist. Jedenfalls: Die in der methodischen Operation angelegte Zirkelbewegung begründet die Zweideutigkeit der Ursprungskategorie in dieser Variante der Theoriebildung.

Nun kann es in der Rekapitulation der in beiden Fällen erzielten Ergebnisse aber nicht allein um den Nachweis ihrer beider Grenzen gehen. Es muß uns, im Gegenteil, um den Aufweis der – innerhalb solcher Grenzen erzielten – gültigen Befunde zu tun sein. Weniger darum also, woran schon die nachfolgende Forschung Anstoß genommen hat, als darum, wo und wie ihr diese Ergebnisse ihrerseits Anstöße gegeben haben und noch geben können. Umreißen wir also im kurzen Fazit der beiden Theorien unter dieser Hinsicht das weiterhin Bedenkenswerte.

Das Dilemma der nie erreichbaren Verifizierbarkeit betrifft im Falle der historischen Schule ausschließlich die hier im Vordergrund stehende Entscheidung zwischen zwei möglichen Gründerheroen der Tragödie – Arion im einen Fall, Thespis im anderen. Ungeachtet dessen hat ihre historische Verfahrensweise, die Methode des systematischen Bezugs der antiken Ursprungshypothesen auf historische Daten – und zwar im einen wie im anderen Fall –, ein übereinstimmendes und dadurch zweifelsfrei stichhaltiges Ergebnis erzielt. Bei aller sonstigen Zwiespältigkeit und Ungereimtheit der Überlieferung stimmen sämtliche Quellen in einer Angabe überein, die eben mit den Befunden zur politischen Geschichte Altgriechenlands in Einklang zu bringen ist: Die Theateraufführungen begegnen von Anfang an in fester Verbindung mit dem Gott Dionysos und seiner Verehrung. Das aber betrifft einen bestimmten historischen Augenblick, in dem diese Dionysosreligion – falls sie sie nicht vorher schon besaß – dann doch eine neue, eine erneuerte politische Bedeutung in der griechischen Staatenwelt erhielt. Sie steht – mögen einzelne »Künstler« wie Arion oder Thespis daran beteiligt gewesen sein oder nicht – im Zusammenhang mit einer im Lauf des sechsten Jahrhunderts unternommenen Reform, in deren Zuge die Dionysosverehrung in vielen Städten wenn nicht zum Staatskult erhoben, dann doch zweifellos mit neuen Formen versehen worden war. In Korinth unter Periander, in Sikyon unter Kleisthenes – gleich wie es im einzelnen dabei zugegangen sein mag – werden die *polis*-Reformen eben im Namen des Dionysos unternommen und in seinem Namen mit reformuliertem kultischen Beiwerk versehen. Sehr viel weiter als über die antike communis opinio hinaus – von der auch Aristoteles in der *Poetik* ausgegangen war: daß die Tragödie bereits von ihren Anfängen her mit der Dionysosverehrung verbunden ist – führt das zwar nicht. Aber doch immerhin so weit darüber hinaus, daß die Philologen entscheidend Neues beisteuern können: Diese Verbindung ist datierbar und hängt in der datierbaren Zeit mit Prozessen der politischen Neustrukturierung zusammen.

Damit gewinnt nun das oben angeführte Argument gegen einen dorischen Ursprung des Dramas entscheidendes Gewicht. Alle Indizien, wurde gezeigt, sprechen dafür, daß die Tragödie, so wie sie uns in den wenigen Exemplaren und Bruchstücken überliefert ist, eine attische »Kunstform« ist. In dem jetzt angesprochenen allgemeinen staats- und religionspolitischen Zusammenhang wächst damit der Tatsache eminente Bedeutung zu, daß auch in Athen eine grundlegende Staatsreform mit dem Dionysos zusammenhängt und gleicherweise von einem Tyrannen durchgesetzt wird. Zwar stellt Athen in gewisser Weise eine Ausnahme dar: Verglichen mit der Peloponnes sehr spät, im Jahre 630 erst, scheitert hier der Versuch Kylons, auch in dieser *polis* zur Alleinherrschaft zu gelangen. Dennoch konnte der energische Widerstand der Athener die Installation dieser Herrschaftsform auch in ihrer Stadt nicht verhindern: 70 Jahre später, im Jahre 560, gelang ein zweiter Versuch. Seitdem herrschten Peisistratos und, nach ihm, seine Söhne – mit zwei Unterbrechungen – immerhin bis 510 in dieser Stadt.

Durch die von Peisistratos vorgenommenen Neuerungen wird der für Korinth und Sikyon aufzuweisende Maßnahmen-Katalog in aller Vollständigkeit bestätigt. Auch die Athener Tyrannis verbindet sich in doppelter Weise mit dem Dionysoskult und mit »künstlerischen« Entwicklungen. Im Zuge der Neuorganisation der *polis* rief Peisistratos in Athen eine ausgesprochene Kult(ur)politik ins Leben, welche zur Verherrlichung der Größe der Stadt und letzten Endes eben auch seines Regimes dienen sollte. So erlebte Athen zu seiner Zeit – neben einer ersten, ausgesprochenen Baublüte, in deren Zug der erste große Tempel der (ehemals der Aristokratie verbundenen) Athena Polias auf der Akropolis und mehrere öffentliche Bauten auf der *agora*, dem Markt, errichtet wurden – eine tiefgreifende Reform der Staatskulte. Verschiedene neue *polis*-Feiern wurden – man sollte doch annehmen: als Gegengewichte gegen die Lokalkulte der Aristokratie – eingerichtet, und auch sie wurden mit »Kunstformen« ausgestattet. So verquickte Peisistratos das 566/5 – angeblich von ihm selbst, vor seiner Zeit als Tyrann – gestiftete große Fest der Stadtgöttin Athena, die *Panathenäen*, mit dem Epos. Zu dieser Gelegenheit wurde der regelmäßige Vortrag homerischer Gedichte eingeführt, die von Rhapsoden, reisenden Sängern rezitiert wurden. Seit seiner Zeit werden auch die ersten Dramenwettbewerbe mit einer weiteren Kultreform in Verbindung gebracht: Als sie zum ersten Mal erwähnt werden, begegnen die Tragödien und Komödien in Athen im Rahmen der differenziert ausgebauten und fest im städtischen Leben verankerten Athener Dionysos-Feiern.

Bei den Dramenaufführungen handelt es sich also erkennbar um die mit dem Dionysoskult verknüpften »Kunstformen«, so wie eben das Epos mit den Panathenäen verbunden ist (und bleibt). Woran sich die Beobachtung zum eigenartigen Charakter der griechischen »Kunst« bestätigt: Im Zusammenhang dieses umfassenden kulturellen Umbruchs kann sie keinerlei Autonomieanspruch erheben. »Politik«, »Religion« und »Kunst« gehören im Vorgang der Errichtung einer neuen Herrschaftsform untrennbar zusammen; sie lassen sich nicht auseinanderdividieren.[92] Was immer genau die Motive dieser Erneuerung des Dionysoskults gewesen sein mögen – ob Peisistratos, wie die ältere Forschung annahm, mit Erfolg versucht hat, archaische, der Aristokratie als »barbarisch«-fremd geltende Kultformen um den Gott der Bauern in eine neugeordnete *polis* zu integrieren und sie dadurch überhaupt erst »politisiert« hat, oder ob er nur einer schon älteren politischen Verehrung dieses Gottes eine neue Bedeutsamkeit verliehen hat (möglicherweise durch familienpolitische Legitimierung seines Herrschaftsanspruchs[93]) –; wie immer die ersten Dichter und Spieler der Tragödie geheißen haben mögen – ob Thespis darunter gewesen sein mag oder nicht –, dieser Zusammenhang von erneuerter Staatlichkeit mit dem Dionysoskult und – in eins damit – der Tragödie steht fest.

Dieses solide Ergebnis einer historischen Methode liefert nun ein starkes Argument gegen das reduktionistische Verfahren der Kulturwissenschaftler. Wenn die Tragödie so deutlich in einem inneren Bedingungsverhältnis steht mit einer Staatsreform und einer Kultreform, die ihrerseits einander wechselseitig bedingen, wird man das Entstehen der Tragödie nur mit und in diesem Zusammenhang wichtig nehmen können. Dann verbietet es sich, einzelne Bestandteile aus allen historischen Kontexten zu lösen und als isolierte *survival*-Formen auf die älteren Wurzeln eines bloß hypothetisch angenommenen archaischen Kultzusammenhangs zurückzuführen. Wenn der hier vorgenommenen Analogiebildung zwischen Ritus und Tragödienform, die aus formalen Entsprechungen bestimmter Handlungsmuster abgeleitet wird, Plausibilität durchaus nicht abzusprechen ist, so besteht die systematisch aufzuweisende Grenze der evolutionistischen Verfahren darin, daß sie schlußendlich doch bei Ursprungs- und Entwicklungsfragen halt machen. Wobei sie zudem die Genealogie der Tragödie durch kulturvergleichende Kombination und Systematik auf einen derart umfassenden Bewußtseins- und Verhaltenskreis zurückverlegen, daß sich in ihm gerade die spezifischen Spuren der Tragödienursprünge verlieren.[94] Die Theorie ist so weit und umfassend, daß sie eben viel mehr erklärt als »bloß« die Ursprünge der Tragödienform. Um sie freilich war es doch zu tun; gerade auf sie käme es an.

Mit diesem Einwand ist freilich der Ansatz der Evolutionisten nicht im ganzen ad acta zu legen, so wenig wie die Diffizilitäten der historischen Schule im einzelnen die Fruchtbarkeit der historischen Methode für die Tragödienforschung im ganzen widerlegt. Es läßt sich dem evolutionistischen Ansatz auch ein Korrektiv gegenüber den Schwächen der Historiker abgewinnen. Die historische Schule hält sich in ihren Beiträgen zu Ursprungsfragen der Tragödie auch und gerade in ihren stichhaltigen Teilen schließlich nur an das, was ihrem Faktenbegriff nach als veritable historische Nachricht gelten kann. Sie operiert nur mit Quellen und mit Daten und stellt sich keine weiterführenden Fragen. Wenn durch sie der Umstand gesichert ist, daß in dem Moment, in dem historische Nachrichten darüber vorliegen, das Theater der Tragödie bereits als Institution begegnet, die durch ein Ineinander von »staatlich«-politischen und Kult- und »Kunst«-aspekten charakterisiert ist, dann verbietet ihr Faktenbegriff die weiterreichende Frage: Sagt solche Verbindung denn irgend etwas über die Bedeutung aus, die dieses Theater in diesem Zusammenhang besitzt? Worin können die genauen Beziehungen zwischen Drama und Theater und den Inhalten und Formen dieses *polis*-Kults bestanden haben? Wo die Historiker aufhören nachzudenken, tut sich aber genau die von der Kulturwissenschaft (wenn auch falsch) gestellte und (deshalb) unzulänglich beantwortete Frage auf.

Dabei enthält Murrays eigene Argumentation, eher nebenbei und von ihm kaum bemerkt, einen Anhaltspunkt für ihre Richtigstellung. Interessant – und weiterführend – ist nämlich, daß er zugeben muß:

Wenn man auch zeigen kann, daß alle Stationen des Ritus in der Tragödie und in jeder einzelnen Tragödie vorkommen, einzuräumen bleibt doch, daß sie nicht immer – jedenfalls nicht regelmäßig – in der Abfolge des Ritus vorkommen und, selbst wenn sie es tun, miteinander Kombinationen eingehen, die im Ritus so nicht vorkommen. Das heißt, die Reihenfolge und die Kombinatorik der rituellen Handlungen spielt für die Tragödie offensichtlich keine Rolle mehr. Gerade Murrays akribische Analyse der erhaltenen Tragödien bringt vielmehr zutage: Jeder Text präsentiert sie in einer je besonderen, für ihre Darstellungszwecke aussagekräftigen Zusammenstellung.

Diese Beobachtung gerät aber sofort in immanenten Widerstreit mit einer der kräftigsten Prämissen der »Ritualisten«. Unter der von Jane Harrison wieder und wieder betonten Voraussetzung, nach welcher der Ritus durch die Starrheit seiner Formen, durch strikte Regelmäßigkeit charakterisiert ist, gewinnt sie eminente Bedeutsamkeit. Wenn dem Ritus an der immergleichen Wiederholung seiner Vollzüge gelegen ist, dann kommt eben seine Bedeutung, seine Aussage gerade durch diese spezifische Verknüpfung der Handlungsteile zum Vorschein. Ist diese Konfiguration in der Tragödie jedoch nicht eingehalten, sondern kommen die gleichen Teile in anderer Reihenfolge oder anderer Verknüpfung vor, dann sind wir gezwungen zu schlußfolgern: Sie besitzen eben in der Tragödie eine neue und andere Bedeutung als im Ritus.[95] Dieser Bedeutungswandel aber wird zusammenhängen mit dem kulturellen Umbruchprozeß, für den die Reformen der Tyrannen erste Indizien geliefert haben. Die Tragödie kann uns so nicht länger als Fortsetzung des älteren Kults und des älteren Ritus mit anderen Mitteln erscheinen, sondern ganz und gar im Gegenteil: Sie zeigt sich uns als Produkt einer Transformation und damit auch: der Neustrukturierung von Kult und Ritus.[96] So bleibt die Suche nach inneren Beziehungen zwischen den Komplexen von Kult und Theater, die von der historischen Schule nur in ihrem äußeren Zusammenhang – als datierbares Zusammentreffen – plausibel gemacht werden können, weiterhin die Aufgabe. Wenngleich diese Suche nunmehr jenseits der Grenze zu beginnen hat, die sich ihrerseits als die Schranke der Evolutionisten erwiesen hat: Sind, so lautet die Frage jetzt, präzisiert, die möglichen inneren Beziehungen zwischen Kult und Theater anders aufzuweisen denn als kausal-genetische?

Nach dem Evolutionismus – von der *Diachronie* zur *Synchronie*

Bei allem Wechsel der Themen und Gesichtspunkte, in den zurückliegenden Kapiteln ist von der Übermittlungsgeschichte des antiken Theaters immerfort die Rede gewesen – von der grundsätzlichen Problematik, die ihre Berücksichtigung zwingend notwendig macht, im ersten; von der Geschichte der auf uns gekommenen Überlieferungsträger im zweiten; von den Anfängen ihrer wissenschaftlichen Interpretation samt deren Vorannahmen und Voreingenommenheiten in diesem. Und so läßt sich ein Bogen zurückschlagen zu unserer Ausgangsthese. Sie lautet: Die verschiedenen neuzeitlichen Renaissancen der antiken Kultur hatten stets ein zeitspezifisches Motiv. An dieses wiederum knüpft sich ein je bestimmtes Erkenntnisinteresse, als Vorbedingung dessen, was man von dieser Kultur zu wissen verlangt und demzufolge von ihr noch wissen kann.

Eine ganz besondere, so geartete Motivation lag nun aber auch dem Erkenntnisinteresse der Philologen und der Anthropologen zugrunde: die wissenschaftsinterne (und ausgesprochene) Hoffnung nämlich, am paradigmatischen Fall der Antike Erklärungen zu bieten für das Entstehen der Kultur, sowie die (stillschweigend gehegte) wissenschaftsexterne – dadurch Voraussagen zu treffen über ihre Zukunft.[97] Diese Hoffnungen treten nun aber gerade in dem Moment besonders deutlich zutage, in dem sie sich endgültig zerschlagen. Ohne große Übertreibung lassen sich die methodischen Defizite dieser Ansätze denn auch als Ausdruck des Scheiterns ihrer grundlegenden Erkenntnisintention interpretieren. Aus der Fixierung an die Ursprünge der Tragödie erwächst sowohl der historisch ausgerichteten Philologie als auch der Anthropologie die Grenze. Sie lenkte jeden ihrer Forschungsbeiträge unweigerlich von dem, was uns überliefert ist, auf Vorausliegendes, Älteres und Ältestes, in welchem geradezu die Wirkursachen für das Entstehen des tragischen Theaters gesucht wurden. Auf diese Weise kamen die Kernaussagen der besprochenen Theorien zustande. Arion in Korinth, Thespis aus Ikaria, Natur-, Seelen-, Toten- und Heroenfeiern, Vegetationsritus – mit all diesen Formeln sollte die Frage nach der Urform der Tragödie beantwortet werden. Dem liegen, wie betont, positivistische Anschauungen zugrunde, ganz im Sinne des 19. Jahrhunderts. Die Vorstellung einer gesetzesmäßig sich vollziehenden Entwicklung, die in jedem ihrer Stadien, Phasen und Momente eng miteinander vermittelt ist, diktiert in sämtlichen Fällen die argumentative Vorgehensweise. Sie gibt sich auf diese Weise immer die Form einer stringenten, in sich geschlossenen Beweisführung.

Von dieser Argumentationsfigur und ihren erkenntnistheoretischen Grundlagen[98] aus betrachtet, fällt die gemeinsame methodische Grenze aller durchmusterten Hypothesen erst richtig auf. In der Durchführung solcher Untersuchungsprogramme hat sich nämlich mit Regelmäßigkeit gezeigt, daß sie eben nicht in die Lage versetzen, bruchlose Kontinuitäten zwischen vermeintlichen Ur-, Vor- und den aus ihnen resultierenden »reifen« Formen des Theaters aufzuweisen. Zu verfolgen war, wie jeder Versuch, solches Elaborat aus vorausliegenden Entwicklungsstadien herauszuarbeiten, immer nur bis zu einem bestimmten Punkt reichte: In allen Herleitungsversuchen fehlte stets das Verbindungsglied, das entscheidende Relais zwischen den angeblichen Ursprungs- und den uns überlieferten Formen des Theaters. Denkt man den verschiedenen Theorien konsequent nach, so reichen sie stets nur an die Stelle, wo sich der Spalt auftut, die Bruchstelle, der Riß, der zwischen den Formen des Theaters und der ihnen vorausliegenden »Vorformen« verläuft.[99] *Erklärungen* des Zustandekommens von Kultur konnten insofern gerade nicht gegeben werden. Deshalb also ist die methodische Grenze dieses Ansatzes als Index des Scheiterns der ersten mit ihm verbundenen Hoffnung, der wissenschaftsinternen, zu werten.

Nun ist dieses Manko spätestens seit Jahrhundertbeginn klar erkannt worden, und wiederum kann, ohne groß zu übertreiben, behauptet werden: Alle seitherigen Bemühungen um einen Neuansatz auch in der Antikenforschung kommen der Tendenz nach in der Lösung vom Entwicklungsdenken überein. Einhellig zielt man seitdem auf ein angemessenes Verständnis der antiken Kultur als einer inneren Einheit. In Betracht kommt sie jetzt als in sich geschlossenes System, das nur als solches, aus sich heraus zu verstehen ist. Statt um einen Entwicklungsprozeß, dessen Resultat gegenüber dem Vorgang seines Gewordenseins letzten Endes weniger interessiert, geht es hier einzig um dieses Resultat selbst – als ein in sich kohärenter Zustand betrachtet. Seine einzelnen Elemente interessieren dabei nicht länger als *survival* eines Älteren, sondern einzig im Blick auf ihre Gleichzeitigkeit mit allen übrigen. Sie gelten als Bestandteile sozusagen eines bestimmten Aggregatverhältnisses, dessen Gesetzlichkeit – wenn es denn um solche zu tun sein soll – als seine Bindungsgesetzlichkeit bestimmt werden soll. Solche Ablösung eines *diachronen*, Prozesse hervorhebenden, durch ein *synchrones*, Zustände thematisierendes Erkenntnisinteresse kennzeichnet natürlich einen ganz allgemeinen Paradigmenwechsel der Wissenschaften dieses Jahrhunderts. Für die Geschichte der Antikenforschung ist er freilich besonders erwähnens- und bedenkenswert. Hier fällt er nämlich zusammen mit einem Wechsel in der Konzeption der herausgehobenen Stellung und Bedeutsamkeit der antiken Kultur für die Geschichte der Neuzeit. Und dieser wiederum resultiert aus dem Scheitern der anderen mit ihr verknüpften Hoffnung, der wissenschaftsexternen.

Dies läßt sich unschwer für die evolutionistische Kulturwissenschaft demonstrieren. Ihr war die Auffassung von der besonderen Relevanz der Antike durch ihre – entschieden gegen den historistischen Relativismus gerichtete – »morgenländische« Vorgeschichte mitgegeben. Die von daher stammende Inspiration hatte sie, bei allem Skeptizismus gegenüber romantischer Verklärung der Vorgeschichte und allem Bemühen um wissenschaftliche Wertfreiheit, denn auch nie loswerden können. Als ihre sozusagen geschichtsphilosophische Grundlage ist dies vor allem bei Jane Harrison unübersehbar. Die »primitive« Antike ist ihr höchst aktuell, und zwar: als ein hohes Zukunftsversprechen.

Erforschung der Primitivität hieß für sie: Suche nach der Identität des Menschenwesens. Deshalb verwendet sie auffallend großen Aufwand darauf, ihren Zeitgenossen die – im Prozeß der Zivilisation unverständlich gewordenen – Eigentümlichkeiten der primitivsten Geisteslage eindringlich vor Augen zu führen. Um sich darein hineinversetzen zu können, sei, betont sie immer wieder, abzusehen von jeder zivilisierten Selbstverständlichkeit, von allen Kategorien der Individuation und Klassifikation, von aller Differenzierung und Distinktion. Für den urtümlich Primitiven sei überhaupt keinerlei Trennung denkbar zwischen dem Selbst des einzelnen und der Gruppe sowie zwischen der Menschengemeinschaft und der Natur.[100] Immer wieder braucht Harrison die zivilisatorischen Errungenschaften – die Besonderung der Sphären von individuell und sozial, kulturell und natürlich, religiös und profan etc. –, um auf dieser Folie das Primitive als deren absoluten Gegensatz überhaupt vorstellbar werden zu lassen. Nur so werde im Ursprünglichen *der* Mensch greifbar – als soziales und naturales Wesen zugleich. Dabei hatte sie freilich, einerseits, einsehen müssen, daß dieses Menschenwesen bei den archaischen Griechen sozusagen nur als frommer Wunsch existiert hat – der »Primitive« kann es eben bloß magisch-mimetisch, in ritueller Zwangshandlung erschleichen. Andererseits ließ ihr dieses Ergebnis Bergsons und Durkheims Gedanken nun gerade erst wichtig werden – und da zeigt sich, warum

Harrison der Kontrast zur eigenen Gegenwart so angelegen ist. Gemeint ist mit ihm nicht die Vergangenheit (und kann es nicht sein), sondern: die erwartbare Zukunft. Vom unaufhaltsamen Progreß der Zivilisationsgeschichte erhofft sie die Überführung des Menschenwesens in die Wirklichkeit des individuellen und gesellschaftlichen Lebens. Der Fortschritt erhielte erst vollen Sinn, wenn er seine – von ihr bei jeder Gelegenheit angeprangerten – Schranken zu sprengen vermöchte: den zeitgenössischen Egoismus und Rationalismus. Für Jane Harrison gilt latent, aber im tiefsten Grunde ganz genauso, was ihrem Kollegen George Thomson durch die marxistisch konzipierte Geschichtsgesetzlichkeit explizit garantiert scheint.[101] Der »natürliche« Urkommunismus der primitiven Stammesanfänge wird – nach gehabtem Entfremdungsprozeß – schließlich auf erhöhter Stufe wiederkehren. Diese Denkfigur unterliegt, liberalistisch gewendet, unverkennbar auch Jane Harrisons Zivilisations-Konzeption. Auch für sie gilt: *Der Ursprung ist das Ziel.*[102]

Entwicklung als Kontinuität des Fortschritts – die *damit* verbundenen Hoffnungen stellten sich dann freilich ebenfalls als unangemessen heraus. Und das nicht nur aus Einsicht in die methodischen Grenzen evolutionistischer Erkenntnistheorie. Sondern viel mehr und nachhaltiger noch durch die zeitgeschichtliche Widerlegung der mit ihr verbundenen geschichtsphilosophischen Intuition. Wiederum wird das besonders deutlich bei Jane Harrison. Nach Ausbruch des Ersten Weltkrieges, den sie als Rückfall in die primitivste Barbarei erlebt, gibt sie jede Hoffnung auf die Zukunft des Zivilisationsprozesses auf – und, folgerichtig, mit ihnen die Forschungsarbeit an »primitiver« Ur- und Vorgeschichte.[103]

Weshalb, nach abermals gescheiterten Hoffnungen, die Gründe für die fortwährende Aktualität der Antike neu bestimmt werden mußten. Und die seitdem auftauchenden Motive hängen nun erkennbar mit dem allgemeinen Paradigmenwechsel von der Diachronie zur Synchronie zusammen. Die Antike als Zustand, als kulturelles System genommen, bietet in gewisser Weise eine Antwort auf die Katastrophe, die sich nach allgemeiner Überzeugung schon lange angebahnt hatte und mit und nach dem Ersten Weltkrieg endgültig über Europa hereingebrochen schien. Als solche erscheint sie nun als ein Heilmittel wider die Krise – als »organische« Einheit der Völkerkundler und Religionswissenschaftler in Deutschland, als »funktionale« Einheit der Soziologen in Frankreich.[104]

Anmerkungen

1 Zur Überprüfung für den Leser und zur Korrektur der dabei bewußt in Kauf genommenen Einseitigkeiten – wie gesagt: es geht lediglich um das, was mir als das Grundsätzliche und das *grundsätzlich* Problematische der Methode des quelleninterpretierenden Vorgehens erscheint – sei hier pauschal auf die umfassenden und leicht zugänglichen Darstellungen zur Forschungsgeschichte verwiesen. Ältere Literatur findet man bei F. G. Welcker: *Nachtrag zu der Schrift über die Aeschyleische Trilogie, nebst einer Abhandlung über das Satyrspiel.* Frankfurt am Main 1826 (S. 227ff.) und G. Bernhardy: *Grundriss der Griechischen Litteratur.* Dritte Bearbeitung. Zweiter Theil, zweite Abtheilung. Halle 1880 (S. 4ff.). Neuere deutschsprachige Übersichtsdarstellungen geben H. Patzer: *Die Anfänge der griechischen Tragödie.* Wiesbaden 1962 (S. 39ff.) und A. Lesky: *Die tragische Dichtung der Hellenen.* Göttingen [3]1972 (S. 17ff.). Darüber hinaus ist für ergänzendes Material heranzuziehen: C. del Grande: *TRAGWIDIA. Essenza e genesi della Tragedia.* Neapel [2]1962 (S. 293ff.), R. P. Winnington-Ingram: *The Origins of Tragedy*, in: *Cambridge History of Classical Literature.* Vol. I. Cambridge 1985 (S. 258ff.).

2 Dies konnte durch die moderne Forschung bestätigt und sogar präzisiert werden. Der englische Altertumsforscher Pickard-Cambridge hat dem Wort die Wurzel »Schritt« oder »Bewegung« unterlegt und seine früheste Bedeutung in dem Ausdruck für »Ein-Schritt, Zwei-Schritt, Drei-Schritt« gesehen. Folgt man ihm, kann man annehmen, daß sich die Tanzfiguren des Dithyrambos aus ursprünglichen Prozessionstänzen entwickelt haben. (A.W. Pickard-Cambridge: *Dithyramb, Tragedy and Comedy.* Oxford. 2. von T. B. L. Webster durchgesehene Auflage 1962, S. 7)

3 Vgl. die Besprechung der entsprechenden Passagen eines »hesiodschen« Fragments und eines »homerischen« Aphroditehymnus bei F. Stössl: *Die Vorgeschichte des griechischen Theaters.* Darmstadt 1987, S. 53ff.

4 Bei Sosibios, einem spartanischen Grammatiker aus dem dritten oder zweiten Jahrhundert vor Christus, steht etwas über die Inhalte der Satyr-Aufführungen. Vorgeführt wurde etwa das aufdringliche Werben der lüsternen Satyrn um die Nymphen, die weiblichen Wald- und Quellengeister, oder der Diebstahl von Opfergaben durch die trinkfreudigen und gefräßigen Dämone. Solche Angaben belegen überdies, daß auch das *satyrikon* – wie der Dithyrambos – mit Tanz verbunden war. Zum Zeugnis des Sosibios vgl. F. Stössl: *Die Vorgeschichte des griechischen Theaters*, a.a.O., S. 62f.

5 Platon: *Gesetze* VII 814e-815c.

6 Die wichtigsten diesbezüglichen Zeugnisse im Wortlaut (leider ohne deutsche Übersetzung) sind versammelt bei J. Leonhardt: *Phalloslied und Dithyrambos. Aristoteles über den Ursprung des griechischen Dramas.* Heidelberg 1991, S. 64f. Dort auch Hinweise auf weitere Testimonia.

7 ebenda, S. 64.

8 Eine Diskussion dieser Stelle findet sich bei F. Stössl: *Die Vorgeschichte des griechischen Theaters*, a.a.O., S. 98.

9 Dieses und weitere Zeugnisse diskutiert Walter Burkert: *Homo necans. Interpretationen altgriechischer Opferriten und Mythen.* Berlin, New York 1972, S. 221f., insbes. S. 221, Anm. 18.

10 U. v. Wilamowitz-Moellendorff: *Euripides: Herakles I.* Berlin 1889, später als: *Einleitung in die griechische Tragödie.* Berlin 1910; zu Welcker vgl. Anm. 1.

11 Umfassend dazu: H. Berve: *Die Tyrannis bei den Griechen.* Zwei Bände. München 1967. Die Arbeit vertritt noch die ältere Ansicht, nach der Dionysos erst von den Tyrannen zum »politischen« Gott erhoben worden sei. Diese früher allgemein vertretene Meinung liegt der hier dargestellten Verbindung von Tyrannis, Arion und Satyr-Dithyrambos zugrunde. Zu Differenzierungen hinsichtlich der Kultreform des 6. Jahrhunderts vgl. Anm. 60 und die Bemerkungen zu Peisistratos in Athen, Teil III: *Ursprungssuche als Ursprungskonstruktion.*

12 Sie findet sich bei H. Patzer: *Die Anfänge der griechischen Tragödie.* a.a.O., S. 66ff.

13 Weswegen sie, wie gesagt, von den meisten Gräzisten im Kern jedenfalls akzeptiert wurde. Übersicht über die diesbezügliche Literatur mit Hinweisen auf Varianten der Argumentation bei H. Patzer: *Die Anfänge der griechischen Tragödie.* a.a.O., S. 49ff.

14 Von der Peloponnes geht vielmehr, und dies ist gut belegt, eine ganz andere theaterhistorische Entwicklung aus. Aus dem sechsten Jahrhundert wird in mehreren Quellen von den sogenannten Deikelisten (oder *autokabdaloi*) berichtet (vgl. dazu F. Stössl: *Die Vorgeschichte des griechischen Theaters*, a.a.O., S. 62ff.). Das waren – ursprünglich wohl aus Sparta stammende – Stegreifspieler, die anläßlich von verschiedenen Kultfesten auf der Peloponnes auftraten. Die Themen ihrer Aufführungen – das beliebteste war der Diebstahl von einem Gott geweihten Opfergaben, die Verfolgung der Diebe und schlußendlich ihre drakonische Bestrafung – ähneln denen der Satyrn, wenn von ihnen ganz unabhängig von Arion die Rede ist. Aber es gibt einen wesentlichen Unterschied zu den Satyrn des Arion. Während dessen Satyrn als Kultsänger und -tänzer einer neuen »Kunst«form aufgetreten sind, waren die Vorführungen der Deikelisten Einlagen, Zwischenspiele, die in die feierlichen Kultbegängnisse eingestreut waren und durch die der rituelle Ernst der heiligen Handlungen gebrochen wurde. Solche blasphemischen Handlungen begegnen dann, schon im fünften Jahrhundert, wieder in der Magna Graecia, also in dem von Dorern besiedelten süditalienischen Raum und vor allem auf Sizilien. Die hier offensichtlich mit solchen Kulttraditionen zusammenhängenden süditalischen Spielformen der Komödie unterscheiden sich von der Athener Komödie vor allem insofern, als sie – neben Handlungen aus dem Alltag – mit Vorliebe Travestien auf Mythen und, später, auf die berühmten Athener Tragödien boten. Darin kommen der auf Sizilien entwickelte Mimus und das ebenfalls aus Sizilien stammende Phlyakenspiel überein.

Von der Form her gesehen, gibt es aber einen noch gravierenderen Unterschied. Diese komischen Spielarten Süditaliens – eben der Mimus, das Phlyakenspiel sowie das (freilich nicht-griechische, sondern aus italisch-oskischen Quellen herstammende) Atellanenspiel – sind *improvisierte* Formen des Spiels, ganz anders als das Athener Theater der Tragödie und Komödie, welche Gattungen des Literaturtheaters waren (und daß sie das waren, schriftlich fixiert also, ist ein wichtiges, ein konstitutives Moment ihrer Bedeutungssprache). Jedenfalls: Bei solchen Zusammenhängen zwischen dorischen Bräuchen im Mutterland, auf der Peloponnes, und im italischen Siedlungsraum der Dorer kann man annehmen – Hartmut Wiemken, der das sorgfältigste Buch über den Mimus vorgelegt hat *(Der griechische Mimus. Dokumente zur Geschichte des antiken Volkstheaters.* Bremen 1972), liefert gute Gründe für eine solche Annahme –, daß die Improvisationen der Deikelisten von den aus der Peloponnes stammenden Siedlern mit nach Süditalien gebracht worden sind und dort die besonderen sizilischen Spielarten der komischen Stegreifspiele inspiriert haben. Hier also spielt die Peloponnes als Herkunftsort einer Theaterform eine deutliche Rolle, zu welcher die Verbindungen mit einiger Wahrscheinlichkeit zurückzuverfolgen sind. Tragödien und Komödien, wie Athen sie kannte, gab es dagegen weder auf der Peloponnes noch (als irgendwie eigenständige Form) in Sizilien. Wenn dort auch einige Literaten versuchten, die heimischen Improvisationen zu einem Drama zu erheben, das dem Athener Konkurrenz machen sollte, so blieben Epicharms und Sophrons in Syrakus unternommene Literarisierungsversuche mit dem Mimus und Rhintons entsprechende Bemühungen um das Phlyakenspiel in Tarent allesamt wenig erfolgreich. Epicharms *magodien*, Sophrons *hilarodien* und Rhintons *rhintonica* konnten sich gegen die athenische neue Komödie, die damals ihren internationalen Siegeszug in der griechischsprechenden Welt antrat, nicht behaupten. Das süditalische Theater war und blieb Stegreiftheater.

15 Aus der allgemeinen Geschichte weiß man, daß durch die in vielen Gebieten gleiche, also auch mit identischen Interessen verbundene Herrschaftsform der Tyrannis enge – politische, wirtschaftliche und kulturelle – Beziehungen zwischen den griechischen Städten geknüpft wurden. Korinth unter der Herrschaft des Kypselos und seines Sohnes Periandros, Megara unter Theagenes, Sikyon unter Orthagaros und seinem Nachfolger Kleisthenes, Polykrates auf Samos und andere unterhielten enge Verbindungen untereinander. O. Murray (*Das frühe Griechenland.* München ^{4}1991, S. 185ff.) zeigt, daß auch zwischen Korinth und attischen Städten solche Kontakte bestanden. Politische, von denen die Anekdote zeugt, Periandros, also der Tyrann von Korinth, habe einmal in einem Streit zwischen Athen und Mytilene als Schiedsrichter fungiert. Wirtschaftliche, wenn berichtet wird, daß Athen nach 600 den korinthischen Münzfuß übernommen habe. Kulturellen Austausch kann man darüber hinaus am deutlich festzustellenden korinthischen Einfluß in der attischen Keramik dieser Zeit nachweisen, und dieser Einfluß läßt sich auch in der Monumentalarchitektur Athens erkennen; in Korinth nämlich war der dorische Tempelbau entstanden, er wird in Athen wie in anderen Städten von dort übernommen. Was aber gerade die Tragödie betrifft, gibt es weder solche Nachrichten über korinthische Einflüsse auf attische Literatur- und Aufführungsformen, noch aber lassen sie sich, wie im Fall von Vasen und Tempeln, aus Befunden nachweisen. Das Wissen um die ganz allgemeine Beziehung, welche die griechischen Städte im siebten Jahrhundert unterhielten und insbesondere eben auch Korinth und Athen miteinander verband, hilft also ausgerechnet im Fall der Tragödie nicht weiter.

16 Die Frage nach möglichen Ähnlichkeiten des Dionysos-Kults und seinen Formen in Korinth und Athen ist durchaus von Belang, denn wie der angebliche Satyr-Dithyrambos des Arion in Korinth ist ja auch die Tragödie in Athen eben mit dem Dionysos-Kult seit alters her, seit man von ihr reden hört, verbunden. Es wäre also zunächst einmal gewiß von Aussagekraft, wenn in diesen beiden Städten – und zwar nur in ihnen oder jedenfalls doch vorwiegend in ihnen – Übereinstimmungen zwischen den dionysischen Kultformen, gar zwischen korinthischem »Satyr-Dithyrambos« und früher Athener Tragödie aufzuweisen wären. Diese Frage nach etwaigen Ähnlichkeiten ist dann aber strikt zu sondern von der weiterführenden Frage: Taugen solche Ähnlichkeiten in irgendeiner Weise als Indizien für eine mögliche, gar wahrscheinliche Übernahme der korinthischen Kultformen nach Athen? Übereinstimmungen gibt es nun tatsächlich in Vasenmalereien und sonstigen Abbildungen, die aus Korinth und Athen stammen und sich auf Kultgebräuche des Dionysos beziehen. In Korinth sind Vasen aus der Zeit des Periandros gefunden

worden, deren Abbildungen kultische Tänze von sogenannten Dicksteißtänzern zeigen. Das sind Wesen mit übermäßig dicken Bäuchen und – vor allem – Hintern. Just solche Wesen aber zeigen auch schwarzfigurige Vasen aus Athen aus dem sechsten Jahrhundert (vgl. F. Stössl: *Die Vorgeschichte des griechischen Theaters*, a.a.O., S. 56ff., und A. Greifenhagen: *Eine attische schwarzfigurige Vasengattung und die Darstellung des Komos im sechsten Jahrhundert*. Diss. Königsberg 1929). Sollte hier also ein Indiz für Kult-Verbindungen zwischen Korinth und Athen bestehen? Entscheidendes spricht dagegen. Darstellungen von solchen Dicksteiß-Tänzern gibt es nämlich schon viel früher, und zwar in Gestalt von kleinen Plastiken des achten Jahrhunderts, wie sie vielerorts – und ganz unabhängig voneinander – in ganz Griechenland (vor allem in Sparta) gefunden wurden. Es handelt sich hier wohl um Wiedergaben von Kultgebräuchen, in denen als dis-, eben überproportionierte »Wesen« verkleidete Menschen »aufgetreten« sind, um Kult-»Darsteller« also. An dieser weiten Verbreitung zeigt sich nun aber, daß diese Wesen eben gerade nicht exklusiv für Korinth und Athen und zudem viel, viel älter als die angeblichen Satyrn des Arion sind.
Es gibt nun aber noch eine weitere Gemeinsamkeit in Abbildungen aus Athen und Korinth, auf die Walter Burkert hinweist (Walter Burkert: *homo necans*, a.a.O., S. 222). Auf einer dieser Vasen, die ungefähr aus der Zeit des Periander stammt, also fast »in Arions Zeit« zu datieren ist, ist eine Verbindung des Korinther Dionysos-Kults und der dortigen dionysischen Tänze mit einem Delphin bezeugt. Hier beschäftigen sich diese Tänzer mit dem Meereswesen – man kann die Abbildung so deuten –, indem sie möglicherweise Wein ins Wasser schütten. Aus Abbildungen aus Athen aber ergibt sich, daß in den Frühformen der Athener Komödie Delphinreiter vorkommen und Delphinmasken offenbar populär gewesen sind (wie auch die spätere, reife alte Komödie des Aristophanes – in den *Fröschen* oder den *Vögeln* etwa – an Tiermasken festgehalten hat). Liegt hier also ein Hinweis auf Verbindungen zwischen den Entwicklungen des Dramas in Korinth und Athen vor, wenn sie auch nicht die Tragödie, sondern die Komödie betreffen (von deren Verbindungen zu Arion freilich in keiner antiken Quelle etwas verlautet)? Wiederum wohl kaum. Ein ähnlicher Sachverhalt wie bei den Dicksteißtänzern gibt Anlaß zum Widerspruch. Wie diese Dämonenwesen ist auch der Delphin nichts, was nur in Korinth oder Athen oder auch nur überwiegend dort vorkäme. Ganz im Gegenteil. Die Verbindung von Mythen und Riten aller Art und Provenienz mit Delphinen ist ubiquitär im ganzen alten Griechenland.
Zwar gibt es eine ganz besondere Verbindung von Arion und dem Delphin, die weiter oben bereits erwähnt wurde. Es existiert eine Legende des sechsten Jahrhunderts, die sich die Leute von Lesbos und Korinth von Arion erzählten und die auch Herodot in seinem Satz über die Erfindung des Dithyrambos am Hof des Periander wiederholt hat. Als Arion einst von Tarent nach Korinth übers Meer fuhr, so geht diese weit verbreitete Geschichte, wollten ihm die Seeleute an Geld und Leben, Arion spielte auf der Kithara ein letztes Lied und sprang ins Meer. Da tauchte ein Delphin auf, nahm den Sänger auf den Rücken und verschwand mit ihm. Schließlich landete Arion, vom Delphin gerettet, im Heiligtum des Poseidon (wo diese Legende im Kult noch lange fortlebte: im Poseidon-Heiligtum sah Herodot selbst noch ein Standbild des Delphinreiters). Am Hof des Periander in Korinth überführte Arion schließlich die Verbrecher und wurde zum geehrten Sänger (Herodot I, 24; vgl. C.M. Bowra: *Arion and the dolphin*, in: Museum Helveticum 20/1963,

S. 121-134). Wenn nun tatsächlich diese Verbindung des Arion mit dem Delphin eher einzigartig oder auch nur etwas Seltenes wäre, könnte man die Assoziationen zwischen den Vasen-*satyroi* von Korinth, unter denen ein Delphin auftaucht, und den Delphin-Masken der frühen Komödie in Athen als Indices für etwaige kulturelle Einflüsse vom Korinther Dionysos-Kult auf den Athener Dionysos-Kult und der in seinem Rahmen begegnenden Komödie zumindest diskutieren. Aber die Delphingeschichte ist eben durchaus *nicht* einzigartig. Da gibt es eine viel ältere und weit verbreitete Geschichte, in der Delphine eine wichtige Rolle spielen. Ein »homerischer« Hymnos auf Dionysos erzählt sie eben von diesem Gott selbst. Dionysos gerät auf einer Schiffahrt unter die Piraten, die auch ihn töten und berauben wollen, und da geschieht ein Wunder, das die Rettung bringt. Überall auf dem Schiff wächst Efeu, Reben sprießen, so daß die Piraten voller Angst ins Meer springen. Wo sie sich dann allesamt – eben in Delphine verwandeln. Wenn nun auch in Arions Geschichte ein Delphin auftaucht, dann findet hier offensichtlich eine – gar nicht so ungewöhnliche, eher sehr geläufige – Übertragung statt. Arion, dem man eine besondere Verbindung zu Dionysos beimaß – als Reformer seines Kults nämlich –, wird in die nämliche Situation versetzt, in der sich der Gott »einstmals« befunden hat, und ausgehend von dieser Situation, wird ein Kultattribut dieses Gottes auf ihn übertragen. Wenn man einem solchem Umstand schon ein Indiz für einen historischen Vorgang entnehmen will, dann kann das mithin nur für Arions Rolle als Kultreformer unter den Tyrannen gelten. Man kann hieraus ersehen, daß der Kult des Dionysos nach dem Sturz des alten Königsgeschlechts von Korinth, der Bakchiaden, die sich selbst unmittelbare Nachkommen des Dionysos genannt hatten, tatsächlich neue Formen annahm, nämlich auch hier – ganz ähnlich wie in Sikyon – der Aristokratie genommen und dann von den Tyrannen sozusagen dem Volk geweiht wurde.

Die Verbindung von Dionysos und dem Delphin aber ist das Primäre, und sie erst führt zur Übertragung auf Arion; und weiter: sie kommt, eben als solch primäre Verbindung, ganz unverbunden mit Korinth und Arion, ebenfalls in anderen, vom Theater völlig unabhängigen Athener Kultbräuchen vor. Hier hält nämlich der vom Meer kommende Dionysos während der Panathenäen, und bei zwei Dionysosfesten, den Anthesterien (wo der Brauch freilich erst seit der Kaiserzeit erwähnt ist), vor allem aber, viel früher schon, bei den Großen Dionysien auf dem *carrus navalis*, einem in der Prozession mitgeführten Schiffswagen, seinen Einzug in die Stadt. Darstellungen davon gibt es bereits für das sechste und fünfte Jahrhundert, und das verwundert zunächst ein wenig, weil der »einstige« Weg des Dionysos aus Eleutherai im Kithairon-Gebirge nach Athen geführt hat (woher bei jedem Fest der Großen Dionysien auch seine Statue geholt wurde). Aber in Athen kommt er eben *auch* vom Meer, da – wie Walter Burkert überzeugend darlegt (Walter Burkert: *homo necans*, a.a.O., S. 218ff.) – die Ankunft des neuen Lebens vom Meer her ein so sinnenfälliges Bild ist, daß die Erneuerung, die sich mit dem Dionysos-Fest für die *polis* Athen verbindet, mit Selbstverständlichkeit auch dieses Bild aufgreift und so wichtig nimmt, daß der *carrus navalis* zeitweilig zum Mittelpunkt der Prozession an den Großen Dionysien aufrückt.

Damit aber ist das Entscheidende angesprochen. Zahlreiche Mythen und Riten, die von der Auflösung und der Neugründung einer Ordnung erzählen und (im Kultvorgang) handeln, beziehen das Meer als Ort der Erneuerung in ihre Geschichten und Zeremonien mit ein. Auf Lemnos soll König Thoas (in einer Variante der

Erzählung: in der Maske des Dionysos) vor den wildgewordenen, männermordenden Frauen ins Meer geflohen sein, von woher auch schließlich die Erneuerung der Ordnung »zurückkam« – in Gestalt des Schiffes mit den Argonauten nämlich, die die Rückkehr zu den alten Verhältnissen ermöglichten. Auf Lesbos gibt es eine alte Tradition, nach der das Haupt des Orpheus nach seiner Zerreißung durch die thrakischen Frauen von Wellen ans Ufer der Insel gespült, dort von Fischern an Land gezogen und in einer Höhle beigesetzt worden ist, die von da an als Dionysos-Heiligtum verehrt wurde. Ähnlich wird im lesbischen Methymna der *Dionysos Phallen* aus dem Meer gefischt, ein Götterbild aus Olivenholz in Gestalt eines Phallos und eines Kopfes zugleich, das an den Dionysien in Methymna in der Prozession herumgetragen wurde. Schließlich gibt es eine Sage vom Tod des (historischen) »ersten Schriftstellers« Hesiod, der den Griechen mit seiner Theogonie ihr Göttersystem geschaffen hat. Der Sänger – heißt es hier – habe einst eine Jungfrau geschändet; er sei deshalb von den Brüdern des Mädchens erschlagen und anschließend ins Meer geworfen worden. Daraufhin habe eine Schar von Delphinen den Leichnam an Land zurückgetragen, wo er in einem nur den Eingeweihten bekannten Heiligtum beigesetzt worden sei. Hieran sieht man, daß das Meer und der Delphin als Erneuerer zusammengehören, so daß Walter Burkert sagen kann: »Die Wiederkehr vom Meer erscheint fast stereotyp begleitet vom Bild des schönsten, gewandtesten, menschenähnlichsten Meeresbewohners: des Delphins.« (Walter Burkert: *homo necans*, a.a.O., S. 219) Nichts Spezifisches also ist mit der Verbindung des Arion, der Korinthischen Satyrn mit dem Delphin gewonnen, so daß eine Verbindung zu den komischen Delphin-Masken der frühen Athener Komödie damit jedenfalls schwerlich wahrscheinlich zu machen ist, auch dadurch nur möglich erscheinen kann.

17 So sagt etwa Alfred Heubeck: »Die verschiedenen Genera des poetischen und prosaischen Schrifttums haben sich ihre eigenen Sprachformen geschaffen und sie klar gegeneinander abgegrenzt, unverwechselbar und unvertauschbar, und so entsprechen den Dialekten des Alltagslebens auf der gehobenen Ebene der Literatur die Kunstsprachen.« (A. Heubeck: Griechische Sprache und Literatur, in: *Propyläen Geschichte der Literatur*. Erster Band: *Die Welt der Antike*. Berlin 1988, S. 93)

18 Heubeck, a.a.O., S. 95.

19 ebenda.

20 Die wichtigsten auf Thespis bezüglichen Stellen sind (mit deutscher Übersetzung) versammelt bei Richard Kannicht u.a. (Hrsg.): *Musa Tragica. Die griechische Tragödie von Thespis bis Ezechiel. Ausgewählte Zeugnisse und Fragmente*, Göttingen 1991, S. 33f. Zur Deutung dieser Zeugnisse durch die moderne Forschung im Sinne des attisch-ikarischen Tragödienursprungs vgl. insbesondere W. Schmid: *Geschichte der griechischen Literatur*. Band 2. München 1934, A. W. Pickard-Cambridge: *Dithyramb, Tragedy and Comedy*. Oxford ²1961.

21 Richard Kannicht u.a. (Hrsg.): *Musa Tragica*. a.a.O., S.33.

22 Diogenes Laertios: *Geschichte des Lebens der Philosophen* (3, 56).

23 Pollux: *Onomastikon IV*, 132.

24 Horaz: *Ars poetica*, 220ff.

25 Vgl. Richard Kannicht u.a. (Hrsg.): *Musa Tragica*. a.a.O., S. 33. Die wenigen dem Thespis zugeschriebenen, wahrscheinlich aber vom Tragiker Herakleides »gefälschten« Fragmente ebendort, S. 35f.

26 So in den Aristoteles-Paraphrasen des Themistios aus dem vierten Jh. nach Christus (or. 26p. 316), Richard Kannicht u.a. (Hrsg.): *Musa Tragica.* a.a.O., S. 33.

27 Minos (321a), vgl. Richard Kannicht u.a. (Hrsg.): *Musa Tragica.* a.a.O., S. 35.

28 Wobei diese Ansicht hier durch Sokrates freilich zurückgewiesen wird, indem hinzugesetzt ist: »wenn du genau darüber nachdenkst, wirst du finden, daß sie eine sehr alte Erfindung dieser Stadt ist.« (Richard Kannicht u.a. (Hrsg.): *Musa Tragica.* a.a.O., S. 35)

29 So von L.R. Farnell: *The Cults of the Greek States.* 5 Bände. Oxford 1896-1909, L. Deubner: *Attische Feste.* Berlin 1932, H.W. Parke: *Festivals of the Athenians.* London 1977 (deutsch: *Athenische Feste.* Mainz 1987).

30 Zum (durchaus düsteren) rituellen Hintergrund dieser Gebräuche am Beispiel des Wett-Trinkens der Anthesterien vgl. W. Burkert: *homo necans*, a.a.O., S. 237ff.

31 So wird es berichtet bei Porphyrios: *De abstinentia* im Abschnitt über die Ursprünge des Tieropfers (2, 9-10).

32 Paul Veyne: *Glaubten die Griechen an ihre Mythen? Ein Versuch über die konstitutive Einbildungskraft.* Frankfurt am Main 1987. Vgl. dazu Teil II: *Antike Geschichtsschreibung und »mythisches Denken«.*

33 Der offensichtlich apologetische Charakter dieser Zeugnisse rief deshalb auch energischen Widerspruch hervor. So kritisiert Wilamowitz die Angabe vom ikarischen Ursprung der Tragödie als Ergebnis »spielend ersonnener *aitia*«, das heißt Anfangsgründe, mythischer Ursprungslegenden, und als »Konstruktion, keine Überlieferung« (Wilamowitz: *Einleitung in die griechische Tragödie*, a.a.O., S. 63). Seine eigene Hypothese von der dorischen Herkunft der Tragödie wird ähnlichen Bedenken freilich nicht ausgesetzt, reflektiert wird weder auf den Umstand, daß auch Arion eine Gestalt der Sage ist, noch auf die Tatsache, daß die Übertragung der Böcke von Sikyon auf Korinth eine pure, durch nichts belegbare Schlußfolgerung, und das heißt eben auch eine »Konstruktion« darstellt.

34 Wenn auch einige dachten, es noch ausräumen zu können und dabei mit einem auf den ersten Blick bestechenden Indiz aufzuwarten hatten. Sie verwiesen nämlich auf die sogenannten Satyrspiele, die in Athen beheimatet waren und dort zur Theater-Institution unabdingbar dazugehörten. Zur klassischen Zeit sind diese Satyrspiele eng an die Tragödienaufführungen gekoppelt – sie schließen jeden der drei Tage ab, an denen jeweils drei Stücke eines Tragikers gezeigt wurden; als komödiantische Erlösung nach dem vorhergehenden »Jammer und Schauder« ermöglichten sie dem Zuschauer die *katharsis* als – wie Hans Blumenberg das genannt hat – das befreiende »Aufatmen des Überstandenhabens« (Hans Blumenberg: *Wirklichkeitsbegriff und Wirkungspotential des Mythos.* In: M. Fuhrmann (Hrsg.): *Terror und Spiel. Probleme der Mythenrezeption.* München 1971, S. 17). Wobei die ersten Satyrspiele Athens sogar ganz ohne jede Verbindung mit Tragödienaufführungen gegeben worden waren. Seit etwa 515 – so wird berichtet – sollen sie als ganz und gar selbständige Veranstaltungen gezeigt worden sein, und seit dieser Zeit gibt es auch Vasenabbildungen, die deutlich auf Themen, Motive und Gestalten eines eigenständigen Satyr-Theaters Bezug nehmen. Da scheint die Verbindung von der Peloponnes mit Athen nun auf der Hand zu liegen. Hier begegnet doch das Aristotelische *satyrikon* in der Hauptstadt des griechischen Theaters. Kann man also das Satyrspiel dieser Stadt nicht als direkten Ableger des aus Korinth nach Athen gelangten Satyr-Dithyrambos ansehen? Und kann man dieses Athener Ursatyrspiel, das – wie gesagt – zunächst ohne Verbindung mit den Tragödien begegnet, nicht

doch – so wie Aristoteles und andere es behauptet hatten – als Keimzelle der Tragödie nehmen? Dann wäre der Widerspruch zwischen Entstehungs- und Vollendungsort der Tragödie beiseitegeräumt. Nachdem das *satyrikon* von der Peloponnes nach Athen gelangt ist, so wäre die Theorie vom Satyr-Dithyrambos jetzt nämlich zu ergänzen, hat es sich in dieser Stadt endgültig zur reifen Kunstform entwickelt, wie sie uns in den Texten der Klassiker überliefert ist. Freilich: Gerade die verläßliche Datierung der ersten Satyrspiele widerlegt die These, daß das Satyrspiel Athens eine Übernahme des Satyr-Dithyrambos des Arion darstelle und daß aus ihm die Athener Tragödie hervorgegangen sei. Denn die ersten Tragödienaufführungen Athens sind bereits 20 bis 25 Jahre vor den ersten Satyrspielen bezeugt. Das angeblich Entsprungene begegnet also früher, während der angebliche Ursprung erst später testiert ist. (Überdies: Bereits die frühesten bildlichen Darstellungen zeigen, daß die Darsteller des Athener Satyrspiels eben nicht die für Korinth postulierten Böcke waren, sondern in Pferdegestalt, also als Silene auftraten, und das bleibt so bis in das Satyrspiel der klassischen Zeit hinein, für das uns mit dem *Cyclops* des Euripides ein vollständiges Exemplar erhalten ist.)
Nun gibt es aber einige Indizien dafür, daß das Athener Satyrspiel tatsächlich später als die Tragödie entstanden ist, und mehr noch: im bewußten Kontrast, ja im Gegensatz zur Tragödie. Dafür zeugt zunächst als einzig erhaltenes Textzeugnis des frühen Satyrspiels ein Fragment des Pratinas aus Phleius (deutsche Übersetzung bei Richard Kannicht u.a. (Hrsg.): *Musa Tragica*. a.a.O., S. 51ff.). Im Text des Pratinas treten zwei Chöre auf, die sich vehement über die richtige Art und Weise streiten, wie *Bromios*, das ist ein Name des Dionysos, zu ehren sei. Und einer der Chöre wirft dem anderen vor, daß sich seine Lieder und Tänze ganz vom Angedenken an den Gott gelöst, das heißt säkularisiert haben. Daraus haben schon antike Kommentatoren den Schluß gezogen, daß es Pratinas gewesen ist, der das Satyrspiel gegen die Tragödie ins Leben gerufen hat. (Bei Richard Kannicht u.a. (Hrsg.): *Musa Tragica*. a.a.O., S. 49, findet sich das Zeugnis der *Suda*, in dem Pratinas ausdrücklich als Erfinder des Satyrspiels bezeichnet wird.) M. Pohlenz: *Das Satyrspiel und Pratinas von Phleius* [1927]. In: Ders.: *Kleine Schriften*. Hrsg. von H. Dörrie. Band 2. Hildesheim 1965, S. 473ff., verweist auf alexandrinische Philologen des 3. Jahrhunderts, welche die These vom attischen Ursprung der Tragödie und die Meinung vertreten haben, Pratinas habe das Satyrspiel erst nach den Anfängen der Tragödie nach Athen eingeführt). Von der Athener Tragödie ist jedenfalls bekannt, daß sie bereits in sehr früher Zeit die Bindung an die Geschichten um die Schicksale des Dionysos aufgegeben hatte. Dafür zeugt u.a. ein berühmter Ausspruch der religiösen und konservativen Kritiker des Theaters der Tragödie. Er lautet: »Das hat mit Dionysos nichts zu tun«, was einen häufig geäußerten Vorwurf gegen die Gottvergessenheit bereits der frühesten Tragödien auf eine kurze Formel bringt. (Als Gemeinplatz ist der Ausspruch in der aus römischer Kaiserzeit stammenden, aber auf ältere Quellen zurückgehenden Sprichwortsammlung des Zenobios [V, 40] überliefert; auch die *Suda* kennt ihn.)
Dagegen belegen die Vasenabbildungen, daß die frühen Satyrspiele von ihren Stoffen her ganz und gar an die Dionysos-Verehrung gebunden waren. Man findet hier einfache Dramatisierungen von Gebräuchen der festlichen Umzüge Athens, den *komoi*, in denen die Silene den auf dem Schiffswagen (*carrus navalis*) durch die Stadt ziehenden Dionysos begleiteten; Stücke, in denen die Satyr-Silene als Athleten Wettkämpfe austragen, komische Begegnungen der Dämonen mit Dionysos, Herakles

und Hermes oder dramatisierte Kämpfe mit den Giganten, an denen die Silene an der Seite von Zeus, Herakles und Dionysos teilnehmen, geschildert werden. Das heißt also, es spricht weniger für die These vom Satyrspiel als dem Ursprung der Tragödie als vielmehr für den entgegengesetzten Vorgang. Das Satyrspiel Athens ist tatsächlich als spätes Kunstprodukt anzusehen, das erst nach der Herausbildung der Tragödie entstanden ist. Darin ist sich die heutige Forschung jedenfalls weitgehend einig: Pratinas hat es, unter Rückgriff auf das Fortleben der alten Traditionen in den Athener Dionysosfesten, den Tragödien, welche die ausschließliche Bindung an den Mythenkreis des Dionysos bereits verloren hatten, polemisch entgegengesetzt, um den dionysischen Charakter der Aufführungen wieder neu zu unterstreichen. Das heißt: Das Satyrspiel des Pratinas ist keineswegs eine rituelle Urform der Kunstform Tragödie, sondern ganz im Gegenteil: Es stellt eine bewußte künstlerische Revokation alter dionysischer Rituale dar. Und weiter steht fest: Von Anfang an bis in die klassische Zeit besteht der in komische Begegnungen mit den Heroen und Göttern verwickelte Chor der Satyrspiele eben nicht aus Satyrn, wer oder was immer sie gewesen sein und wie sie ausgesehen haben mochten, sondern: aus den glatzköpfigen, langschwänzigen Pferdewesen, den Silenen.

35 So etwa durch Friedrich Creuzer, der – gegen den ästhetisierenden Mythosbegriff der Klassizisten – von der orientalischen Archaik als von einer eigenen, durch die »*Erfahrung* der Mythen« konstituierten vorgeschichtlichen Welt gesprochen hatte (F. Creuzer: Brief an G. Herman, in: *Briefe über Homer und Hesiodus.* Heidelberg 1818, S. 90), durch Karl Otfried Müller, der diese Ansicht von einer ganz und gar mythischen Welterfahrung der Vorzeit mit der Erforschung einer ihr korrespondierenden »Gesamtheit von Wissen und Denken« auf wissenschaftliche Grundlagen stellen wollte (Karl Otfried Müller: *Prolegomena zu einer wissenschaftlichen Mythologie.* Göttingen 1825, S. 77), schließlich auch durch Bachofen, der dem Patriarchat der geschichtlichen Zeit die matriarchale Ordnung als soziale Grundlage der mythologisch-chthonischen Vorstellungs- und Verhaltenswelt vorangestellt hatte. Mit Creuzer, K.O. Müller und Bachofen sind hier Autoren genannt, deren konkreten Einfluß auf J.E. Harrison R. Schlesier nachgewiesen hat: Während sich diese mehrfach selbst auf Müller beruft, von Bachofen erklärtermaßen den Unterschied chthonischer und olympischer Rituale übernimmt, übt Creuzer vermittelt über ihren Gewährsmann Theodor S. Panofka, einem treuen Anhänger Creuzerscher Ideen in der Archäologie, Einfluß auf Harrisons Werk aus (vgl. R. Schlesier: *Kulte, Mythen und Gelehrte. Anthropologie der Antike seit 1800.* Frankfurt am Main 1994, v.a. S. 149ff.).

36 Der eindeutig gegebene Zusammenhang von Kolonialgeschichte und dem Interesse an exotisch-primitiven Gesellschaften ist durchaus nicht eindeutig zu interpretieren: Wo die Kenntnis der Kolonialisierten für die einen der Effektivierung der Verwaltung dienlich sein sollte, ging es anderen – und darunter den meisten Anthropologen – gerade darum, das bornierte Überlegenheitsgefühl der Europäer zu relativieren – eben durch den Hinweis darauf, daß »Primitivität« am Anfang auch der euopäischen Kultur- und Zivilisationsgeschichte gestanden habe. Vgl. dazu Hans G. Kippenberg: *Die Entdeckung der Religionsgeschichte. Religionswissenschaft und Moderne.* München 1997, S. 89ff.

37 Zu dieser Konzeption vgl. Raymond Aron: *Hauptströmungen des soziologischen Denkens. Erster Band: Montesquieu, Auguste Comte, Karl Marx, Alexis de Tocqueville.* amerikanische Originalausgabe, französische Fassung: 1965, deutsch: Köln 1971, S. 86ff.

38 Raymond Aron schreibt zur »Hauptkonzeption« Auguste Comtes: »Die sozialen Phänomene unterliegen einem starren Determinismus, der sich in Form einer unvermeidlichen, vom Fortschritt des menschlichen Geistes beherrschten Entwicklung der menschlichen Gemeinschaften darbietet.« (R. Aron: *Hauptströmungen des soziologischen Denkens,* a.a.O., S. 87)

39 Der biologische und der kulturelle Entwicklungsaspekt werden dann insbesondere in der Soziologie Herbert Spencers zusammengebracht, in der die Doktrin von einem ausgesprochenen Fortschrittsgesetz strikt dogmatische Form annimmt.

40 Zu gewissen Differenzierungen zwischen Kultur und Zivilisation bei Tylor vgl. Hans G. Kippenberg: *Die Entdeckung der Religionsgeschichte*, a.a.O., S. 87ff.

41 Im Original: »capabilities and habits acquired by man as a member of society«, Tylor: *Primitive Culture. Researches into the Development of Mythologie, Philosophy, Religion, Art and Custom.* Band. 1, London 1871, S. 1.

42 Bei seinen Studien der Ablösungsprozesse verschiedener Kulturformen schließt Tylor nicht etwa auf ein Fortschrittsgesetz; er konstatiert lediglich eine statistisch verifizierbare Fortschrittswahrscheinlichkeit. Der Tendenz nach zeigen sich ihm gewisse Regelmäßigkeiten, nach welchen die einzelnen Stadien menschlicher Kulturbildung aufeinander folgen. Einerseits räumt er ein, daß sich nicht jede Kultur auf dem Wege ganz und gar selbständiger Entfaltung menschlicher Natur- und Geistesanlagen entwickelt, sondern daß auch die Einwirkungen fremder Kulturen eine wichtige Rolle spielen können. Hier liegt ein Zugeständnis an eine Auffassungsweise, wie sie später der Diffusionismus gegen die Evolutionstheorie in Geltung bringen wird. Andererseits gibt Tylor auch in Fällen selbständiger, der immanenten Logik der menschlichen Naturanlagen folgenden Kulturentwicklung die Möglichkeit der Deformation oder partieller, gar totaler Rückbildung zu. Vgl. dazu im einzelnen: Hans G. Kippenberg: *Die Entdeckung der Religionsgeschichte*, a.a.O., S. 80ff.

43 R. Aron: *Hauptströmungen des soziologischen Denkens*, a.a.O., S. 78.

44 So heißt es in *Primitive Culture* (dt. Übersetzung: *Die Entwicklung der Cultur. Untersuchungen über die Entwicklung der Mythologie, Philosophie, Religion, Kunst und Sitte.* Leipzig 1873), S. 29: »Die gebildete Welt Europas und Amerikas stellt praktisch einen Maßstab auf, wenn sie die eigenen Nationen an das eine Ende der sozialen Reihe und die wilden Stämme an das andere Ende derselben stellt, während die übrige Menschheit innerhalb dieser Grenzen vertheilt wird, je nachdem sie mehr dem wilden oder mehr dem civilisierten Leben entspricht.«

45 Wovon der früher erwähnte Jesuitenpater Lafitau schon im 18. Jahrhundert wie selbstverständlich ausgegangen war. Ein Studium der fernsten Völker, wie der amerikanischen Indianer, war ihm schon gleichbedeutend mit dem Studium der Vergangenheit Europas. Die Ähnlichkeit der Mythen der »Wilden« und die der alten Griechen erklärt er sich also damit, daß diese Mythen eben Zeugisse einer anfänglichen Geisteslage der Menschheit und die Wilden mithin gegenüber den Europäern »zurückgeblieben« sind. (Vgl. dazu: M. Detienne: *L'invention de la mythologie.* Paris 1981, S. 20f.)

46 Programmatisch findet sich die Austauschbarkeit von Ort und Zeit als Prämisse des Kulturvergleichs bei Tylor etwa an folgender Stelle formuliert: »Bei derartigen Vergleichen spielen historische Daten oder geographische Orte kaum eine Rolle; den Anwohner der Schweizer Seen im Altertum kann man neben den Azteken des Mittelalters stellen, den Objibwa Nordamerikas neben den südafrikanischen Zulu.« (Tylor: *Primitive Culture.*, a.a.O., Bd. 1, S. 6)

47 Diese wichtigsten Gemeinsamkeiten in der Theoriebildung der Kulturwissenschaften lassen unschwer den charakteristischen Unterschied zur deutschen historischen Schule erkennen. Die hatte Geschichte konstitutiv getrennt von Natur – als unverwechselbare Tat verschiedener Völker, als vom »Volksgeist« hervorgebrachte, gemachte Geschichte. Für die jetzt in Rede stehenden Kulturwissenschaftler ist die Geschichte, nämlich: die Geschichte der biologischen Spezies »Mensch« – wie bei Darwin –, die Geschichte des Geistes und der Gesellschaft – wie bei Comte – und die Geschichte der Kultur – wie bei Tylor –, aber: Naturgeschichte. Sie ist determiniertes, weil von natürlichen Gesetzen (wie den Fortschritt verbürgenden Mechanismen der Selektion bei Darwin, den progredienten Geistesfunktionen bei Comte oder den Formationskräften des Kulturaufstiegs bei Tylor) gelenktes, sozusagen programmiertes Fortschrittsgeschehen im Rahmen und im Zuge der Perfektibilität des menschlichen Geistes und der menschlichen Gesellschaft.

48 Diese Bemerkungen beziehen sich auf die Zeit nach der Durchsetzung der Theorie und Methode von Wilamowitz in der klassischen Altertumswissenschaft in Deutschland (um die Jahrhundertwende). Damit wird der – zunächst sehr erfolgreiche – Ansatz bei der vergleichenden Volkskunde von Hermann Usener durch die strikt textbezogene Philologie auf breiter Front zurückgedrängt. Vgl. zu dieser Rivalität: Teil II: *Quellen und Fakten*, Anm. 9. Zu Usener im einzelnen: A. Momigliano: *Neue Wege der Altertumsforschung im 19. Jahrhundert*, in: Ders.: *Wege in die Alte Welt.* Frankfurt am Main 1995, S. 161ff. (über Usener, S. 201ff.). Zur Wirkungsgeschichte Useners vgl.: R. Schlesier: *Kulte, Mythen und Gelehrte. Anthropologie der Antike seit 1800*, a.a.O., S. 195ff.

49 In Deutschland hat sich die in England und Frankreich herausbildende Schule nie wirklich durchsetzen können. Wenngleich, um einigermaßen vollständig zu sein, auch in Deutschland zumindest ähnliche Tendenzen aufkommen. Eigentlich ist die für diese Schule charakteristische Komparatistik bereits mit der Formulierung des modernen Mythos-Begriffs bei Christian Gottlob Heyne (1729-1812) verbunden (vgl.: Fritz Graf: *Die Entstehung des Mythosbegriffs bei Christian Gottlob Heyne.* In: Ders. (Hrsg.): *Mythos in mythenloser Gesellschaft. Das Paradigma Roms.* Stuttgart, Leipzig 1993, S. 284ff.). Die entschiedene Öffnung für den anthropologischen Zugang zur Antike vollzieht sich dann bei Karl Otfried Müller in seinen *Prolegomena zu einer wissenschaftlichen Mythologie* von 1825, in welchen er ausdrücklich – und da wendet er sich gegen die deutsche Grundüberzeugung von den Hellenen als den Repräsentanten des eigenen Selbst – von den Griechen als Vertretern einer »fremden Menschheit« spricht. Das steht ganz im Zug der Zeit, das Fremde und »Orientalische« der antiken Kultur zu entdecken und es vor allem – jenseits der literarischen Zeugnisse, jenseits der »Hochkultur« – in den originären, das heißt nicht-literarischen, beim Volk verbreiteten Mythen und Kulten zu finden, deren Erforschung in Deutschland mit Müller beginnt, wenngleich er, da ist sicherlich die deutsche Tradition des Geschichtsdenkens nicht ohne Einfluß, noch auf die historische Besonderheit der Griechen und nicht nur auf die anthropologische Uniformität insistiert. Müller, formuliert R. Schlesier, faßt deshalb die Griechen als »fremde Menschheit« in den Blick, um sie »sowohl auf geschichtliche Eigenheiten wie auf anthropologische Gemeinsamkeiten zurückzuführen«. Für Müller soll der Kulturvergleich zwischen den griechischen und anderen »primitiven« Denk- und Verhaltensweisen zeigen – wiederum laut R. Schlesier –, »worin die Abhängigkeit und worin die Unabhängigkeit der antiken Tradition von Orts- und Zeitverhält-

nissen besteht«, weshalb nach »übergeordneten Entwicklungslinien, Gesellschaftsinformationen und logischen Denkstrukturen, nach Konstanten und Invarianten« zugleich gesucht wird (R. Schlesier: *Kulte, Mythen und Gelehrte. Anthropologie der Antike seit 1800*, a.a.O., S. 11f.).
Dabei richtet sich der Blickpunkt eben wiederum von der alleinigen Orientierung auf das »Klassische« hinweg auf das »Primitive« und »Wilde« als auf das Ursprüngliche, das man in Deutschland geneigt ist als das Komplement, zugleich aber auch als das Andere des Klassischen aufzufassen. Dies findet sich ausdrücklich und mit weit anhaltenden Folgen in Erwin Rohdes Buch *Psyche* von 1890 formuliert. Hier wird der Gegensatz von der sogenannten »olympischen« und der »chthonischen« Religion begründet. Dieser Gegensatz stammt letztendlich aus der romantischen Mythenforschung bei Friedrich Creuzer, der die antiken Religionsvorstellungen aus indischer Priesterweisheit und »orientalischer« Lehre von den »zwei Prinzipien« abgeleitet hatte. Bei Rohde diente er aber vor allem dazu, die unablässigem Spott der Gelehrten ausgesetzte Lehre des Verhältnisses von Apollinischem und Dionysischem seines Freundes Friedrich Nietzsche religionsgeschichtlich zu untermauern. Es wird hier gefaßt als Kontrast einer »himmlischen« Religion, wie sie sich literarisch und bildkünstlerisch tradiert, und einer »irdisch«-unterirdischen Religion, wie sie dem Volksglauben und -verhalten unterlag und nur noch in Spuren – in archaischen Mythen und Mythologemen, in Überbleibseln von Kult- und Ritualformen – zu rekonstruieren ist. Heute ist man sich darüber einig, daß der Gegensatz von olympisch und chthonisch kein historischer ist, keiner, in der sich eine Reihenfolge verschiedener Glaubensformen und -praktiken ausdrücken würde. Er wird vielmehr als eine – wie Walter Burkert es sagt – »dem Ritual immanente Antithese« verstanden (Walter Burkert: *homo necans*, a.a.O., S. 16f., Anm. 41), und nicht etwa als ein Nach- oder Nebeneinander von wesensmäßig Verschiedenem. So formuliert schon Creuzer: »Alle Götter waren umschlagend (*palintropoi*)«, das heißt milde und schrecklich, angenehm und unangenehm zugleich (zit. nach R. Schlesier: *Kulte, Mythen und Gelehrte. Anthropologie der Antike seit 1800*, a.a.O., S. 31.). Jedenfalls: In diesem Zusammenhang ist auch in Deutschland nicht länger von Literatur – die den Mythos tradiert – die Rede, sondern auch von religiösen Verhaltensweisen – vom Ritual. Letzten Endes geht auf diese Opposition von olympisch und chthonisch die in England wichtig werdende Theorie der Entstehung der Mythen aus den Riten zurück; diese sollen ja – als chthonische Praktiken – ursprünglicher sein als jene, die als olympische Erzählungen nur noch einen schwachen Reflex sozusagen vergessener Riten darstellen. In diesem Umkreis vollzieht sich auch in Deutschland eine Ausweitung der Forschungsgebiete auf Felder jenseits des literarisch Tradierten. Als Beispiel sei hier auf Otto Jahn (1813-1869) verwiesen, der – mit einem Ausdruck von Wilamowitz gesagt – eine »*monumentale* Philologie« betrieben hatte. Er nimmt also nicht nur die Literatur in den Blick, sondern etwa auch antike Bildwerke, Kultpraktiken usw., mythische Figuren, Erzählungen, Kultgegenstände und rituelle Handlungen, Monumente also, wobei aber – deshalb »monumentale *Philologie*« – die Erforschung der literarischen Tradition führend bleibt und jeweils die letzte Erklärung bietet. Zu Otto Jahn vgl. R. Schlesier: *Kulte, Mythen und Gelehrte. Anthropologie der Antike seit 1800*, S.33ff.

50 Solche bis dahin »stummen« Zeugnisse konnten nunmehr durch die gründliche ethnologische Erforschung noch existierender primitiver Gesellschaften zum Sprechen gebracht, weil in den dort beobachteten Zusammenhang eingerückt

werden, durch den sie auf systematischem Wege Erklärungen finden. Auf diese Weise erschließen sich diese Kulturwissenschaftler einen erweiterten Bereich der Information über das europäische Altertum und sehen darin ihren beträchtlichen Vorteil vor den Philologen, denen die literarische Überlieferung nur spärliche und vor allem auch noch verfälschende Informationen gibt.

51 Unter dem Titel *The Golden Bough*, *Der goldene Zweig*, im Deutschen mit dem Untertitel: *Das Geheimnis von Glauben und Sitten der Völker*, waren die ersten beiden Bände 1890 erschienen, bis 1936 folgten elf weitere Bände, 1922 war darüber hinaus eine zweibändige Kurzfassung der bis dahin edierten Teile zusammengestellt worden (gekürzte deutsche Übersetzung 1928). Parallel zur Erweiterung dieses Werks ergänzte Frazer sein bereits 1887 erschienenes Buch *Totemism* auf fünf Bände, die zwischen 1910 und 1937 herauskamen und auf deutsch unter dem Titel *Totemismus und Exogamie* übersetzt wurden. Diese Editionsgeschichte zeugt von der großen Attraktivität, die Frazers Forschungen durchaus nicht nur auf die Wissenschaften ausübten; angesichts der vielen Ausgaben, in denen seine Bücher erschienen, kann man geradezu von einer Popularität seines Werks sprechen.

52 Ganz ähnlich beschreibt Comtes Dreistadiengesetz die erste Stufe des theologischen Stadiums, den von ihm so genannten »Fetischismus«: Hier versucht der menschliche Geist die Erscheinungen zu erklären, indem er sie »Wesen oder Kräften zuschreibt, die dem Menschen selbst vergleichbar sind«, indem er die außermenschliche Natur also analog zum Menschen versteht (R. Aron: *Hauptströmungen des soziologischen Denkens*, a.a.O., S. 73). Im übrigen behauptet Comte nicht etwa, daß Religion im historischen Prozeß obsolet würde. Ganz im Gegenteil: Religion ist für Comte ein soziologischer Tatbestand sui generis, der für menschliche Gesellschaftsbildung unabdingbar ist, es ändern sich nur deren Formen, und die Form der positiv gewordenen Religion ist ihm geradezu seine soziologische Wissenschaft. Dieser Gedanke wird dann von Durkheim aufgegriffen und in seiner Religionssoziologie systematisch ausgeführt.

53 Eine Überzeugung, die nach heutiger einhelliger Auffassung nicht haltbar ist, aber darauf kommt es – im Blick auf die Tragödienforschungen dieser Kulturwissenschaften, die, von diesen Auffassungen ausgehend, erarbeitet werden – nicht an.

54 Der Terminus »Totemismus« wird in McLennans zweibändigem Werk *The Worship of Plants and Animals* von 1869/1870 geprägt. Bahnbrechend für die Anthropologen (und die französischen Soziologen) ist die hier postulierte Verbindung von Naturreligion und Sozialordnung: Das Totem begründe und erhalte die Identität einer matrilinear verfaßten Stammesorganisation.

55 Robertson Smith denkt McLennans Ansatz weiter und begründet (u.a. in *Lectures on the Religion of the Semites. First series: The Fundamental Institutions*. London 1889) die These vom Vorrang des Rituals über den Mythos. Frazers Beschäftigung mit dem Totemismus verdankt sich unmittelbar dem Anstoß durch Smith: In seinem Auftrag schrieb er u.a. den Artikel *Totemism* in der neunten Auflage der Encyclopedia Britannica.

56 Frazer: *Totemism and Exogamy*. Band I. London 1910, S. 4.

57 Dabei geht Frazer von einem Unterschied zwischen vorreligiöser Magie und Religion sensu strictu aus. Wenn er geneigt ist, in primitiven Manipulationsversuchen der Natur eine in die Irre geleitete, »primitive« Vorform der Wissenschaft zu sehen, dann begreift er das irgendwann unweigerlich eintretende Erlebnis der Wirkungslosigkeit solcher Magie als das Übergangsstadium hin zur Religion. Erst

in ihr – und hier liegt ein gewisser Unterschied zu Tylors Animismus – gewinnen die anfangs noch ganz diffus erlebten Naturkräfte zunächst in Naturgeistern und Dämonen, zu denen sich in einem zweiten Schritt die toten Ahnen gesellen, und schließlich in den Göttern menschenähnliche Gestalt. Die Unterscheidung von Magie und Religion, die für Jane Harrison folgenreich sein wird, erfolgt zwischen der ersten Fassung von *The Golden Bough* mit dem Untertitel *A Study in Comparative Religion* von 1890 und der zweiten Fassung von 1900 mit der entsprechend geänderten Unterzeile *A Study in Magic and Religion.*

58 William Ridgeway: *The Origin of Tragedy with Special Reference to Greek Tragedians.* Cambridge 1910.

59 Vgl. Teil III: *Die Theorien der historischen Schule – Die Bockschöre aus Sikyon und Arions Reformtat.*

60 Der Widerspruch verschärft sich noch, wenn man den genauen Wortlaut der Herodot-Stelle bedenkt: Ihr zufolge soll Kleisthenes die tragischen Chöre dem Dionysos zurückgegeben haben, dem sie ursprünglich gehörten. Wenn dem so war und Herodot hier nicht etwa eine von Kleisthenes in die Welt gesetzte, willkürliche Legitimation für seine Reformmaßnahme wiedergeben sollte, dann heißt das eben, daß der Dionysoskult dem Heroenkult vorgängig gewesen ist und nicht – wie Ridgeway behauptet – dieser jenem. Daß Herodots Hinweis auf eine gegenüber der durch den Tyrannen eingeführte ältere Dionysos-Verehrung stichhaltig ist, legen im übrigen die Ergebnisse der neueren Forschung nahe. Sie geht nicht mehr – wie die Philologen und noch Ridgeway – davon aus, daß die Tyrannis die Dionysos-Verehrung ganz neu installiert, sondern ihre bereits bestehenden Formen nur in ihrem Sinn reformiert hat. Vgl. dazu die Bemerkungen zu Peisistratos in Athen, Teil III: *Ursprungssuche als Ursprungskonstruktion.*

61 Eine detaillierte Kritik an Ridgeway findet sich u.a. bei M.P. Nilsson: *Der Ursprung der Tragödie*, in: *Neues Jahrbuch für klassisches Altertum*, 1911, S. 614ff.

62 Die Formulierung stammt von Konrad Theodor Preuß: *Der Unterbau des Dramas*, Vorträge der Bibliothek Warburg 7, 1930. Zu den einzelnen, für solch rituellen »Unterbau« votierenden Forschungsbeiträgen vgl. H. Patzer: *Die Anfänge der griechischen Tragödie.* a.a.o, S. 39ff. Die These von einem mimetischen Ritus um den Vegetationsgeist Dionysos als Urzelle des Dramas geht im übrigen zurück auf K.O. Müller: *Geschichte der griechischen Literatur bis auf das Zeitalter Alexanders. Nach der Handschrift des Verfassers herausgegeben von E. Müller.* 2 Bände. Stuttgart 1841 (dort: Band 2, S. 481ff.).

63 So ist es bezeichnend, daß A. Dieterich (*Die Entstehung der Tragödie*, in: Ders.: *Kleine Schriften.* Leipzig 1911), der an den dionysischen Ursprüngen der Tragödie festhält, den »Tragödien-Dionysos« aber für einen sehr spezifischen, von anderen Dionysos-Gestalten unterschiedenen Gott hält: nämlich für den »Herrn der Seelen«, wie er am Toten- und Allerseelenfest der Anthesterien, genauer: den Chytren von Athen verehrt wurde. Die an diesem Tage angestimmte Totenklage habe sich – daran soll Aischylos wesentlich beteiligt gewesen sein – mit dem mimetischen Moment der Riten von Eleusis verbunden, woher sie dramatischen Charakter gewonnen habe, ausgedrückt vor allem ein der *peripetie*, dem mit dem Umschwung von Trauer zur Freude verbundenen Handlungsumschwung.

64 Nach dem Vorgang von Usener (*Kleine Schriften.* Leipzig 1912) weist M.P. Nilsson (*Der Ursprung der Tragödie*, a.a.O.) auf einen Naturritus aus Eleutherai hin, der seiner – und anderer – Ansicht nach den Jahreszyklus »dramatisiert«. Er widerspiegle

sich im Mythos um den ersten König Attikas, Melanthos, der in seinem Kampf mit dem böotischen König Xanthos von einem *daimon* im schwarzen Ziegenfell unterstützt worden sei. Das Vegetationsritual verbindet sich damit auch mit Dionysos, nämlich mit dem Gott von Eleutherai, dem Dionysos Melanaigis (= Schwarzziege). Das *survival* dieses Ritus begegne später im spätrömischen Rosalienfest und noch zu Nilssons Gegenwart in bestimmten Bräuchen Nordgriechenlands.

65 Diese Überzeugung wird bis heute von einem großen Teil der Religionswissenschaft geteilt, vgl. Hans G. Kippenberg, Brigitte Luchesi (Hrsg.): *Magie. Die sozialwissenschaftliche Kontroverse über das Verstehen fremden Denkens.* Frankfurt am Main 1978.

66 So Edward E. Evans-Pritchard: *Theorien über primitive Religionen* (1965). Frankfurt am Main 1981, S. 63.

67 Im ersten Band von *The Worship of Nature* rückt Frazer die Verehrung von »Naturphänomenen, die als belebt, bewußt und mit der Macht und dem Willen ausgestattet vorgestellt werden, der Menschheit zu schaden oder zu nutzen«, in engen Zusammenhang mit dem Totenkult, der damit einen Spezialfall des Animismus darstellt. Auf der Basis einer noch nicht erfolgten Trennnung von Subjektivem und Objektivem, von Mensch und Natur, erhalten die Toten wie die Naturphänomene für den Primitiven »den Charakter von schrecklichen und gefährlichen Geistern, deren Zorn er zu vermeiden wünscht und deren Gunst zu gewinnen sein Interesse ist.« (J.G. Frazer: *The Worship of Natur.* Erster Band. London 1927, S. 17)

68 Harrisons Beitrag dazu ist deshalb so aufschlußreich für die von der angelsächsischen Kulturwissenschaft vorgelegte Ursprungslehre des antiken Theaters, weil in ihm der ganze Kreis möglicher theoretischer Bezugnahmen dieser Disziplinen aufgegriffen ist und die unterschiedlichen Ansätze mit stupender Konsequenz zusammengedacht werden. Der Evolutionismus ist die übergeordnete Richtung, der Harrisons gesamtes Werk folgt. Aus der Lektüre Darwins, deren überwältigendem Einfluß sie eine eigene Abhandlung gewidmet hat (*The Influence of Darwinism on the Study of Religion* (1909) in: J. Harrison.: *Alpha and Omega.* London 1915), resultiert die Grundintuition ihres Denkens. Die Entwicklungskonzeption, die sie bei ihm kennenlernt, überführt ihr jede absolute Wahrheit der Relativität, der Relationalität eben, die sie als Etappe des Wegs besitzt, entlang dessen die Kulturgeschichte voranschreitet. Der in diesem Zusammenhang bewußt vollzogene Bruch mit dem mainstream der britischen Altertumswissenschaft manifestiert sich im energischen Abschied von dem ästhetisierenden, ewig-wahren, klassizistischen Griechenland-Bild. Unter dem Einfluß Darwins leuchtet ihr dabei auch die falsche Verabsolutierung einer religiösen Anschauungsweise, einer Anschauungsweise des Religiösen ein, welche Religion mit der christlichen Glaubenswelt umstandslos in eins setzt. Die unter diesem Eindruck vorgenommene Identifizierung von Religion mit dem Gottesglauben macht Harrison verantwortlich für die systematische Verfehlung des ursprünglich Religiösen, das in allen primitiven Gesellschaften wie also auch im alten Griechenland an den Anfängen der menschlichen Kultur stehe. Zu weiteren Einflüssen auf Jane Harrisons Kulturtheorie vgl. Kapitel IV und V bei R. Schlesier: *Kulte, Mythen und Gelehrte. Anthropologie der Antike seit 1800.* a.a.O., S. 123ff.

69 Ganz ähnlich hatte K.O. Müller von einer »Gesamtheit von Wissen und Denken« des Mythologischen gesprochen (vgl. Anm. 35), Tylor vom Ganzen einer »primitive philosophy« (E.B. Tylor: *Religion in Primitive Culture* (1873). repr.: New York 1958, S. 444.), Frazer von »early modes of thought« (*The Golden Bough*, 2. Aufl., 1922,

S. 14) und J. F. Mc. Lennan von »rude modes of life« (J. F. McLennan: *Primitive Marriage. An Inquiry into the Origins of the Form of Capture in Marriage Ceremonies* (1865) Chicago 1970, S. 7).

70 J. Harrison: *Themis. A Study of the Social Origins of Greek Religion.* London 1912/1927 (Reprint London 1963, 1977, 1987), S. XI. Die entsprechende Forschung nimmt sie spätestens nach ihrer Konversion vom klassizistischen Antikenbild entschieden auf. Ihre seitdem entstandenen Werke versammeln die Materialien, um zu den vorolympischen Grundlagen der Religion in Griechenland vorzustoßen. Dabei diskutiert sie die Befunde im Aufgreifen aller möglichen theoretischen und methodischen Annahmen der internationalen Kulturwissenschaft. Im deutschsprachigen Bereich stößt sie vor allem auf die mythographischen Materialsammlungen Christian August Lobecks (Christian August Lobeck: *Aglaophamus sive de theologiae mysticae Graecorum causis libri tres.* Zwei Bände. Königsberg 1829), deren gegen Creuzers Symbolismus gerichteten Impuls sie nicht zur Kenntnis nimmt, sondern sie im Creuzerschen Sinne und damit gegen deren ausdrückliche Intention verwendet. Anziehend waren hier vor allem die Untersuchungen zu den wichtigsten griechischen Mysterienkulten, mit denen Lobeck die Grundlagen der Kenntnis orphischer Theo- und Kosmogonien schuf; zum weiteren Verhältnis von Harrison zu Lobeck vgl. R. Schlesier: *Kulte, Mythen und Gelehrte. Anthropologie der Antike seit 1800.* a.a.O., S. 151f. In den Werken des deutschen Volkskundlers Wilhelm Mannhardt (Wilhelm Mannhardt: *Wald und Feldkulte.* Erster Band: *Der Baumkultus der Germanen und ihrer Nachbarstämme. Mythologische Untersuchungen.* Zweiter Band: *Antike Wald- und Feldkulte aus nordeuropäischer Überlieferung erläutert.* Berlin 1875, 1877), die auch auf Frazer enormen Einfluß ausgeübt hatten, studiert sie die Praktiken der Vegetationskulte und ihrer *survivals* in bäuerlichen Umgangsformen mit der Natur, in denen der Zusammenhang von Mensch und natürlicher Umwelt noch am engsten ist. Ausgehend von der Theorie »primitiver« Religiosität, war diese Forschung von besonderer Relevanz. Hier tauchte Naturreligion sozusagen in Reinform auf, waren in Griechenland und noch weit bis in die europäische Neuzeit hinein die deutlichsten Überreste des Animismus zu finden. Überall Natur-, Tier-, vor allem aber Pflanzenseelen, die Mannhardt als Vegetationsgeister und -dämonen beschrieben hatte. In ländlichen Bräuchen der europäischen Gegenwart, die nach Mannhardts Ansicht deutliche Reminiszenzen an antike Kultformen aufwiesen, kam noch immer wesenhaft vorgestellte Natur zum Ausdruck, mit der die Menschen Umgang pflegen, die sie zu beeinflussen hatten, um mit ihnen ihr Auskommen finden zu können. Welche Irrtümer in der Auswertung der von Mannhardt auf den Weg gebrachten Fragebogenaktion zu noch lebenden Erntebräuchen unterlaufen sind, zeigt I. Weber-Kellermann: *Erntebrauch in der ländlichen Arbeitswelt des 19. Jahrhunderts.* Marburg 1965.

Die geistige Unabhängigkeit und den Mut zur Selbständigkeit, die Harrisons Theoriebildung kennzeichnen, dokumentiert insbesondere ihre unbefangene Rezeption der Basler, die in England wie auf dem Kontinent als peinlich beschwiegene Literaten und Dilettanten galten. Die Lektüre Bachofens führt sie auf das Matriarchat als die auch in Griechenland begegnende, Lebens- und Vorstellungswelt verbindende Form der Urgesellschaft und auf eine mit den chthonischen Dämonengestalten verbundene Praxis des vorolympischen Rituals. Es kommt noch ganz ohne den Opfergedanken und die zugrundeliegende Vorstellung eines Austauschs zwischen Menschen und Göttern nach der Maßgabe des *do ut des* aus; es zeigt sich vielmehr als unmittelbarer Handlungsreflex auf die bedrohlichen Naturmächte, sein Imperativ ist das *do ut abeas* (J. Harrison: *Themis*, a.a.O., S. 134ff.). Von Nietzsche, dessen Vorstellung einer Liaison des Dionysischen mit dem Apollinischen sie zustimmt und als Ausdruck eines in der griechischen Kulturgeschichte vollzogenen Fortschritts wertet, rührt das besondere Interesse an Dionysos. Viel mehr als der zivilisierte interessiert sie allerdings der vorapollinische Gott und seine hinter diesem sich abzeichnenden älteren Schatten, wie sie nach ihrer Ansicht noch zu historischer Zeit in den – zur olympischen Religion querstehenden – Mysterienkulten um Dionysos und Orpheus greifbar seien. Diesbezügliche Anregungen erhielt sie insbesondere von Nietzsches Freund Erwin Rohde, dessen Hauptwerke – das zweiteilige *Psyche* von 1890/1894 – sie sofort nach ihrem Erscheinen ausführlich rezensiert hatte. In den von Rohde beschriebenen Mysterienritualen nimmt sie zur historischen Zeit noch die gegen die ansonsten siegreiche jüngere olympische Theologie gerichteten Überreste von authentisch Religiösem wahr, ein unverkennbares *survival* dessen, was sie bis an die vorhistorischen Ursprungszusammenhänge zurückzuverfolgen sucht.

71 J. Harrison: *Mythology and Monuments of Ancient Athens.* London 1890, S. III.

72 Zitiert nach R. Schlesier: *Kulte, Mythen und Gelehrte. Anthropologie der Antike seit 1800*, a.a.O., S. 153. Nach Schlesier folgt Harrison hier der grundlegenden Einsicht Karl Otfried Müllers.

73 Um die *survivals* der ursprünglichen Kulttraditionen in den späten, literarischen Kulturzeugnissen mit Sicherheit erkennen und in ihre ursprüngliche Kontexte einordnen zu können, sind nun andere Quellen wichtiger als die schriftlich tradierten. Aufschlußkraft besitzt hier vor allem die bildkünstlerische Überlieferung, die Harrison zum Teil in direkten Bezug zu spezifischen Kultformen setzt und als Abbildung gewisser ritueller Konfigurationen betrachtet. Handfeste Indizien bieten weiterhin die archäologischen Forschungen: Die Monumente, die von deutschen Archäologen auf dem Festland entdeckt wurden, vor allem aber, und besonders wichtig für das Interesse an den archaischen Zeiten, die materiellen Überreste einer vorhellenischen Kultur, wie sie Arthur Evans auf Kreta zutage förderte.

74 Dies steht in gewissem Gegensatz zu Rohdes Anschauungen, über die sie den Mysterien-Dionysos kennengelernt hat (vgl. Anm. 70). Schließlich geht die Theorie, nach der es sich bei Dionysos um einen fremden, erst spät von Norden her nach Griechenland eingewanderten Gott handelt, auf Rohde zurück. Sie konnte erst nach Entzifferung der kretischen Linear-B-Schrift widerlegt werden, die Dionysos tatsächlich als sehr alte Gottheit erwies.

75 Harrison: *Themis*, a.a.O., S. XII: »I saw in a word that Dionysos, whith every other mystery-god, was an instinctive attempt to express what Professor Bergson calls *durée*, that life which is one, indivisible and yet ceaselessly changing.«

76 Wenn gilt: »the mystery-god ... is the expression and representation of *durée*« und weiter gilt: »The mystery-god arises out of those instincts, emotions, desires which attend and express life«, dann ist dem hinzuzufügen: »these emotions, desires, instincts, in so far as they are religious, are at the outset rather of a group than of individual consciousness.« (Harrison: *Themis*, a.a.O., S. XIII.) Durch Durkheims Gedanken vom sozialen Ursprung der religiösen Formen und Ideen verbindet sich Dionysos schließlich auch mit dem Matriarchat des (namentlich nicht genannten) Bachofen. In seiner ausdrücklichen Bindung nicht nur an eine Gruppe, sondern eben an eine Gruppe von Gottesdienerinnen entziffert Harrison seinen Ursprung

in der vorgeschichtlich matriarchalen Sozialordnung der Stammesorganisation. (Harrison: *Themis*,a.a.O., S. XIII: »It is a necessary and most important corollary to this doctrine, that the form taken by the divinity reflects the social structure of the group to which the divinity belongs. Dionysos is the son of his mother because he issues from a matrilinear group.«)

77 Harrison: *Themis*, a.a.O., S. XII.

78 Bahnbrechend waren Arnold van Genneps Untersuchungen zu den Initiationsriten: *Les rites de passage*. Paris. 1909. Zu van Genneps Einfluß vgl. Harrison: *Themis*, a.a.O., v.a. S. 19f., S. 61f.

79 Harrison spricht ausdrücklich davon, daß die »primitive rites of tribal initiations« gegenüber dem Frühlingsritus des »Corn- or rather Year baby« das Primäre seien. Harrison: *Themis*, a.a.O., S. 16.

80 Einen in Kreta gefundenen, historisch zwar sehr spät greifbaren (er stammt aus dem zweiten oder dritten nachchristlichen Jahrhundert), aber ihrer Ansicht nach die älteste kretische Tradition bewahrenden Hymnos auf Zeus deutet sie systematisch im Lichte der Theorie primitiver Religiosität (Harrison: *Themis*, a.a.O., S. 182ff.). Die in diesem Text als Zeus *kouros* – als göttliches Kind – angerufene Gestalt will ihr als gegenüber dem olympischen Zeus und noch gegenüber dem vergöttlichten Dionysos weitaus älteres und kohärenteres *survival* des ursprünglichen Ritus um einen archaischen Stammes- und Jahresdämon erscheinen. (Zu diesem kretischen Zeus vgl. J.-P. Vernant: *Die Gesellschaft der Götter*. In: Ders.: *Mythos und Gesellschaft im alten Griechenland*. Frankfurt am Main 1987, S. 95) Des näheren versteht sie diesen Zeus-Hymnos als Ausfluß einer ursprünglichen Initiationszeremonie, in der eine Gruppe junger Männer (*kuroi*, die sich hier in *kouretes*, das heißt in Initianden verwandeln) in einen matriarchal bzw. matrilinear organisierten Stamm aufgenommen wird. Den im Mittelpunkt des Hymnos stehenden *daimon*, den »greatest Kouros«, deutet sie als Verkörperung des *thiasos* der Gottesdiener selbst (Harrison: *Themis*, a.a.O., S. XIV). Dieser Gestalt unterliegt also ein starkes Gemeinschaftserlebnis als Projektionsgrundlage. Dieses Gemeinschaftserlebnis wird ausgedrückt und intensiviert im gemeinschaftlichen Tun im rituellen Sinne. Wenn der Ritus Tod und Auferstehung des göttlichen Kindes verkörpert, dann verschmelzen die »Darsteller« mit dem dargestellten Götterschicksal. Es handelt sich um eine kollektive Aktion, in der für die Beteiligten auf magischem Wege tatsächlich Tod (des Individuums) und Wiedergeburt (als Gruppenmitglied) herbeigeführt werden. Dieser kollektive Hintergrund ist, auf dem soziologischen Argument wird insistiert, der Wurzelboden religiöser Repräsentationen (Harrison: *Themis*, a.a.O., S. XV). Insofern erklärt sich für sie die Rolle der Magie im Ritus; sie mag zum Teil, hier kommt ein Zugeständnis an Frazer hinein, »mistaken science« sein, tatsächlich verbindet sie sich ursprünglich mit einem *dromenon*, welches den kollektiven Willen verstärkt »for union with or dominion over outside powers« (Harrison: *Themis*, a.a.O., S. XV). Denn dies ist der zweite, unlösbar mit der Gruppenidentität verbundene – und im kretischen Ritual des *eniautos-daimon* noch nicht, wie im späteren Mysterienkult, nur im Verweis diverser Ritualformen aufeinander enthaltene – Aspekt dieses Rituals: Der Wunsch, als eine, selbst unteilbare Gruppe zugleich eins zu sein mit den Kräften der Natur und den stärksten dieser Kräfte.

81 Der Totemismus stellt auch nach Harrisons Ansicht ein Stadium der menschlichen Geistesentfaltung dar, das die Gattung nach ihrem unverrückbar feststehenden Entwicklungsgesetz mit Notwendigkeit zu durchlaufen hat. Harrison: *Themis*, a.a.O.,

S. 122: Totemismus als »a phase or stage of collective thinking through which the human mind is bound to pass«.

82 Die im totemistischen Denken vorgenommene unmittelbare Identifikation einer Spezies von Tieren oder Pflanzen mit einer menschlichen Gemeinschaft begründet die Notwendigkeit des »magical inducement of fresh life, for man, for other animals and for plants« im *spring-dromenon (*Harrison: *Themis*, a.a.O., S. XVI).

83 Harrison: *Themis*, a.a.O., S. 19.

84 Zu diesem Zusammenhang vgl. Harrison: *Themis*, a.a.O., S. 75ff.

85 Deshalb muß – darin folgt Harrison R.R. Maretts einflußreicher Korrektur der Tylorschen Animismuskonzeption – eine *prä*-animistische Stufe des menschlichen Empfindens postuliert werden, in welcher die Alleinheit des Lebens im überwältigenden Gefühl der Übermacht der sozialen und der naturalen Kräfte für alle Menschen tatsächlich realisiert war. Zum Präanimismus vgl. Robert Ranulph Marett: *The Threshold of Religion*. London 1909 und Ders.: *Anthropology*. London 1912.

86 Harrison: *Themis*, a.a.O., S. 43: »The element of action *re*-done, imitated, the element of mimhsiV, is, I think, essential. In all religion, as in all art, there is this element of make-believe. Not the attempt to deceive, but a desire to *re*-live, to *re*-present.« Das mimetische Moment ist also weniger imitativ gedacht, vielmehr als psychosomatische Reaktion, als Reflexverhalten. Auch hierin kann sich Jane Harrison auf Frazer stützen, nach dem die Magie »eine Ersatzhandlung für Situationen (ist), in denen es keine praktischen Mittel zum Erreichen eines Ziels gibt. Ihre Funktion ist kathartisch oder stimulierend, sie verleiht den Menschen Mut, Erleichterung, Hoffnung und Spannkraft«, so Edward E. Evans-Pritchard: *Theorien über primitive Religionen*, a.a.O., S. 70.

87 Jane Harrison muß selbst einräumen, daß bei allem Rückgang auf die primitiven Grundlagen des Religiösen immer nur zu dem Punkt zurückzugelangen ist, in welchem sich diese Grundlagen als Ausgangspunkt für Neues, Anderes zu erkennen geben. Das gibt sich etwa aus der von ihr vorgenommenen Präzisierung in folgender Bemerkung zu erkennen: »Totemism and totemistic ceremonies and ways of thinking are based, we have seen, on group-emotion, on a sense of solidarity, of oneness. No distinction is felt between the human and non-human members of the totem-group, *or rather, to be more exact, the beginning of distinction is just dawning.*« (Harrison: *Themis*, a.a.O., S. 125, Hervorhebung von mir, T. G.) Das Ursprüngliche kommt eben immer nur insoweit in Sicht, als es bereits das Andere seiner selbst enthält. Mit Eindeutigkeit läßt sich das der Rekonstruktion der Entwicklung des rituellen Handelns entnehmen, das Jane Harrison, in Übereinstimmung mit der kulturwissenschaftlichen Theorie primitiver Religiosität, insbesondere mit Frazers Anschauungen, mit der mimetischen Magie gleichzusetzen geneigt ist. Wenn die Nachahmung nämlich zunächst nur einem bestimmten, zurückliegenden Ereignis gilt, das in kollektiver Weise kompensativ verarbeitet werden soll, dann neigt die Wiederholung dieser nachahmenden Handlung dazu, dieses Ereignis zu generalisieren. Auf diese Weise ist sie nicht einfach abbildend-nachahmend, sondern darin tendiert die Nachahmung zugleich auf Formgebung. Durch die ständige Wiederholung abstrahiert die rituelle Handlung von dem einen Ereignis, von dem sie ihren Ausgang genommen hat, und erzeugt gleichsam den exemplarischen Fall dieses Ereignisses selbst. Dadurch wird dieser eine Fall in eine zeitlose Zeit, eine ewige Gegenwart versetzt, und diese Generalisierung des Ereignisses bietet das Material für die nächsthöhere Stufe rituellen Handelns, für das *dromenon* »*pre*-done«. Der

religiöse Charakter der *mimesis* tritt bei diesen, den antizipativen Riten, deutlicher zutage, insofern sie eben in enger Nachbarschaft zur Magie stehen. Hier erst ist das *dromenon* ganz das, als was es gelten muß: »a sort of precipitated desire, a discharge of pent-up emotion.« (Harrison: *Themis*, a.a.O., S. 45) Wenn Harrison an dieser Stelle noch terminologisch differenziert zwischen »mimetic rites, whether commemorative or anticipatory or magical«, so verschwimmen in der näheren Beschreibung der Funktionen von antizipatorischen und magischen Riten beider Grenzen ineinander. An späterer Stelle (Harrison: *Themis*, a.a.O., S. 330) gibt Harrison dann den angedeuteten, zumindest graduellen Unterschied zwischen antizipatorisch und magisch, der in der ersten Formulierung noch enthalten war, endgültig auf und schreibt in der Zusammenfassung ihrer diesbezüglichen Überlegungen: »we have seen that in its (= *dromenon*) religious sense it was not simply a thing done but a thing *re* done or *pre*-done; it was commemorative or magical or both. We have also noted that it was a thing done under strong emotional excitement and done collectively.« An dieser Stelle wird der antizipatorische mit dem magischen Ritus also kurzerhand in eins gesetzt.

88 G. Murray: *Excursus on the ritual Forms preserved in Greek Tragedy*, in: J. E. Harrison: *Themis*, a.a.O., S. 341ff., F.M. Cornford behandelt die olympischen Spiele.

89 Dieser Versuch liegt in geraffter Form auch dem dritten Kapitel von Murrays (auch in deutscher Übersetzung erschienenen) Euripides-Buch zugrunde (*Euripides und seine Zeit*, Darmstadt 1957, S. 32ff.).

90 Um den allgemeinen Gedankengang von Murray kurz mit Beispielen zu belegen, sei nur auf das von Murray ausführlicher behandelte Exempel für das Fortwirken des rituellen Archetypus in der entwickelten Tragödienform eingegangen. In den *Bakchen* des Euripides, einer spät entstandenen Tragödie, die den Dionysos-Mythos zum Thema hat, sieht Murray die Stationen des archaischen Ritus in folgenden Handlungselementen bewahrt: Den *agon*, also: den Kampf des Gottes mit seinen Widersachern, entdeckt er in der großen Auseinandersetzung zwischen Dionysos und Pentheus (v. 787-976), in welcher Dionysos, scheinbar unterlegen, in maskierter Gestalt mit seinen verführerischen Reden das tödliche Schicksal des Pentheus anbahnt. *pathos*, also der Tod des Gottes, und *sparagmos*, die Todesart – die Zerreißung – fallen für Murray im Botenbericht vom Tod des Pentheus zusammen, der vom Chor mit widerstrebenden Emotionen aufgenommen wird (v. 1024-1152). *anagnorisis*, also: die Wiedererkennung, die Einsicht in den grauenhaften Irrtum, der zur Katastrophe geführt hat, und *threnos*, also die Klage über die eingetretene Katastrophe, finden sich nach Murray ebenfalls kontaminiert in den Versen 1153-1329, wo Agaue, die Mutter des Pentheus – und die Anführerin des dionysischen *thiasos*, des Frauen-Schwarms, der den Pentheus gejagt und zerrissen hat –, im Dialog mit dem alten Kadmos die Überreste des Pentheus erkennt und sich selbst als Mörderin ihres Kindes beklagt. In Vers 1330, der wörtlich nicht überliefert ist, aber den ersten Satz im abschließenden Monolog des Dionysos enthalten haben muß, erfolgt schließlich die Theophanie, die Erscheinung des Dionysos, wie sie auch am Ende des uralten Dionysos-*year-spirit*-Rituals stand, von dem Murray bei seinen Betrachtungen ausgegangen war.

91 Schon an Jane Harrisons Argumentation läßt sich exemplarisch die Gefahr des Zirkelschlusses demonstrieren, die solcher Art Hypothesenbildung droht. Nämlich: daß die auf diesem Wege erzielten Ergebnisse letzten Endes nur als die Reformulierung der Theorie präsentiert werden können, von der er seinen Ausgang

genommen hat. Jedenfalls droht die Erforschung bestimmter Sachverhalte auf der Grundlage der reinen Theorie und mittels des methodischen Rückgangs vom Frühen über das Frühere zum Frühsten erst dann ans Ende und zum Ziel zu kommen, wenn im vorgenommenen einzelnen Gegenstand möglichst unverfälscht der allgemeine Zusammenhang wiederentdeckt wird, den die Theorie der primitiven Religiosität bereits als Voraussetzung der Forschungsarbeit vorgesehen hat. Bei Murray mag man dies daran erkennen, daß er ja das »dramatische« Moment des Urritus – woher es sonst kommen könnte, wird ja nicht einmal im Ansatz zu erklären versucht – erkennbar nach dem Muster des späteren Dionysos-Mythos beschreibt. Wenn dessen *mythoi* immer wieder vom Kampf des Gottes mit seinen Widersachern berichten, dann ist dem für ihn also nicht etwa, wie es die Philologen wollten, ein Hinweis auf den historischen Widerstand der Aristokratie gegen den oppositionellen Dionysos-Kult der Bauern zu entnehmen. Sondern: es handelt sich hier um ein unverkennbares *survival* des im Jahreszyklus gelegenen Antagonismus (altes gegen neues Jahr, sterbende gegen erblühende Natur). Wenn die Zerreißung, der *sparagmos*, in vielen Mythen des Dionysos, entweder in den Schicksalen des Gottes selbst oder aber der seiner Gegner, ein wiederkehrendes Motiv bildet, so ist dies vorgeprägt durch den Naturvorgang. Letzten Endes handelt es sich hier um die verstreute Saat als der zerrissenen, getöteten Natur, die zur Wiedergeburt der Blüte führen wird. Deren Wiedererstehen vollzieht sich mit derselben Zwangsläufigkeit, mit der auch Dionysos selbst nach seinen vielen Toden immer wiederkehrt. Und wenn es schließlich auffällige Parallelen gibt zwischen Dionysos und den Gegnern der *daimones*, nämlich zuvor und vor allem im Schicksal des Zerrissenwerdens selbst – wie Dionysos von den Titanen zerstückelt wird, so Lykurg von den Pferden, Aktaion von den Hunden, Pentheus von den Mänaden –, so liefert das dem Mythologem zugrundeliegende Ursprungsritual die plausible Erklärung für solche Doppelgängerschaft: Im Ritus des *eniautos-daimon* geht es ja insofern tatsächlich um Tod und Wiedergeburt des einen, in sich gedoppelten »Protagonisten«, als hier letzten Endes ein- und dasselbe miteinander kämpft, unterliegt *und* siegt, stirbt *und* wiederaufersteht. Zentrum des kultischen Vorgangs ist ja der im Naturzyklus enthaltene Jahreswechsel, der von dem Kultdarsteller in mimetischer Feier auf »magische« Weise inkorporiert und von der Gemeinde in höchster Erregung miterlebt wird.

92 Wie sehr Politik selbst schon Religionspolitik ist (und diese etwa nicht nur Teil jener), zeigt die (für den Berichterstatter selbst unglaubwürdige) Anekdote, die Herodot (I, 60, 3-5) über den Machtantritt des Peisistratos in Athen berichtet: Wegen seiner schon früher bekannten Gelüste auf die Alleinherrschaft ins Exil verbannt, hatte er sich seine Rückkehr nach Athen zu guter Letzt durch einen Trick erschlichen: Er zog mit einem schönen, großen Mädchen, die als Athena verkleidet war, in Athen ein – zum Zeichen, daß seine Rückkehr »gottgewollt«, von der Stadtgöttin sozusagen persönlich legitimiert sei. Die Athener jedenfalls scheinen geglaubt zu haben, daß es die Göttin selbst gewesen war, die zusammen mit ihrem Schützling Peisistratos in die Stadt zurückgekommen sei.

93 F. Kolb: *Die Bau-, Religions- und Kulturpolitik der Peistratiden.* (In: *Jahrbuch des deutschen Archäologischen Instituts*, Berlin 92/1977, S. 99ff.) zeigt, daß die Religionspolitik des Peisistratos nicht nur Dionysos betrifft, sondern auch andere Götter, um auf diese Weise eine Identifikationsmöglichkeit aller Einwohner Attikas mit Athen zu schaffen. Dabei wird hervorgehoben, daß die Aufnahme des Dionysos

Eleuthereus in den Staatskult unter anderem auch genealogische Gründe für die Familie des Peistratos gehabt haben mag. Sie führte sich auf den »ersten König« Attikas, auf Melanthos, zurück.

94 In diesem Zusammenhang wird das grundsätzliche Mißverhältnis greifbar, in dem die Axiomatik der strikten Evolutionisten zu den Ergebnissen ihrer Untersuchungen steht. Der generelle Einwand, der gegen diese Art der Kulturwissenschaft zu erheben ist, betrifft nämlich letzten Endes ihr Gesetzesdenken und greift deshalb eben besonders deutlich da, wo dieses Gesetzesdenken – anders als bei Tylor – streng dogmatische Form annimmt. Ein exponiertes Beispiel dafür bildet eine Variante der evolutionistischen Tragödientheorie, wie sie von dem britischen Altertumswissenschaftler George Thomson vertreten wurde (G. Thomson: *Aeschylus and Athens. A study in the social origins of Drama.* London [1]1941, [2]1946. Deutsch: *Aischylos und Athen. Eine Untersuchung der gesellschaftlichen Ursprünge des Dramas.* Berlin 1956). Auch er bezieht sich in seiner Auseinandersetzung mit den in historizistischen Vorurteilen befangenen, von ihm als »bürgerlich« apostrophierten Philologen auf die bereits als die beherrschenden Autoritäten genannten Schriften. Insbesondere beruft er sich aber auf eine weitere Grundlagenschrift der Ethnologie, nämlich auf das Werk des Amerikaners L. H. Morgan: *Ancient Society* (New York 1877, Deutsch: *Die Urgesellschaft.* Stuttgart 1891). In ihm wird – auf der Grundlage der Erforschung noch lebender Irokesenvölker – auch das europäische Altertum im Sinne einer »primitiven« Stammesgesellschaft gedeutet. Bei Morgan ist nun der Gedanke von einer gesetzesmäßig sich vollziehenden Menschheitsgeschichte weitaus enger und rigider gefaßt als bei Tylor. In dieser Form hatte er insbesondere auf Friedrich Engels seine Wirkung getan, über den wiederum George Thomson – das bezeichnet den entscheidenden Unterschied seiner Position zu den Kollegen aus Cambridge – zum Marxismus gefunden hatte. Mit der marxistischen Vorstellung einer teleologisch verlaufenden Geschichte im Hintergrund, ihre Gesetzesförmigkeit also stark, stärker als Tylor, Harrison oder Murray betonend, kritisiert Thomson die Beschränktheiten des Quellenmaterials der Philologen und formuliert die uns bereits hinlänglich bekannte Alternative: »Das griechische Beweismaterial muß ... im Lichte dessen untersucht werden, was von Stammeseinrichtungen überhaupt bekannt ist.« (*Aischylos und Athen*, a.a.O., S. 3). Auch Thomson bedient sich ausgiebig der *survival*-Hypothese und führt dabei – unter Bezug auf Morgans Theorie der in Stammesgesellschaften geltenden klassifikatorischen Verwandtschaftssysteme (die einen starken und bleibenden Einfluß auf Anthropologie und Ethnologie bis heutzutage ausgeübt hat) – die Substruktion der Tragödienkunst zurück auf rituelle Strukturen. Durch die von ihm stärker gewichtete Gesetzeshypothese im historischen Verlauf tut sich bei Thomson nun aber just in der Tragödienfrage die eigentliche Problematik des Evolutionismus auf, die sich auch als die Unmöglichkeit der evolutionistischen Axiomatik im Ganzen erweisen sollte. Thomson setzt ja voraus, in der griechischen Kulturentwicklung läge das Beispiel einer gesetzesmäßigen Entwicklung vor. Nur weil dem so ist, dürfen wir überhaupt das, was in der Überlieferung aus Griechenland fehlt, durch Beobachtungen an anderen »primitiven« Gesellschaften ergänzen. Aber im Blick auf die Beispiele noch heute zu beobachtender primitiver Kulturen muß er stets einräumen: Bei den Eskimos, bei den Irokesen, bei den Aborigines ist der gesetzmäßige Schritt des Übergangs vom sogenannten »rituellen Drama« zur Kunstform der Tragödie nicht getan. Ein jedes Mal, wenn er gezwungen ist, sich diesem Problem zu stellen, wird

das regelmäßig damit erklärt, daß die Entwicklung hier steckengeblieben, abgeirrt, abgebrochen sei usw. Was nichts anderes heißt, daß es sich hier überall um Ausnahmen von der Regel handle. Damit hat sich aber das übliche Verhältnis in der Größenordnung von Regel- und Ausnahmefällen in der Auswahl der Beispiele für ein Entwicklungsgesetz auf paradoxe Art verkehrt: Die Ausnahmefälle sind in der erdrückenden Überzahl, der Regelfall aber beschränkt sich auf ein einziges Beispiel, nämlich auf dasjenige Griechenlands. Daran läßt sich unschwer erkennen, daß Griechenland die tatsächliche Ausnahme ist. Und eben dies: Warum es sich hier um eine Ausnahme, oder besser, vom Gesetzesdenken ganz abstrahiert, um einen ganz eigentümlichen Fall von Kulturentwicklung handelt, der eben zu einem scharf konturierten Typus von Theater führt, wie er sonst nirgendwo anzutreffen ist, das bleibt bei Thomson genauso unerklärt wie bei all seinen Kollegen der ethnologischen Schule. An dieser Stelle tritt die allgemeine Schwäche dieses Erklärungsansatzes ganz präzise zutage. Offen bleibt die Frage – Warum die Tragödie ausgerechnet in der griechischen Kultur entstanden ist. Wenn dem so ist, dann zeigt sich, daß diese Theorie das eigentlich Erklärungsbedürftige eben nicht zu erklären vermag.

95 Das zeigt sich, wiederum deutlicher noch, in George Thomsons Rückführung der Tragödie auf eine archaische Kultform. Stärker soziologisch orientiert als Murray, findet Thomson diese freilich nicht in Naturzeremonien, sondern in einem Initiationsritual, das – seiner Theorie zufolge – noch zu klassischer Zeit in bestimmten Geheimbünden fortgelebt habe, die ihrerseits auf totemistische Clans einer vorgeschichtlich-matriarchalen Gesellschaftsorganisation zurückzuführen seien. Bei allen Unterschieden im Detail, die Ähnlichkeit mit Murrays methodischer Operation liegt auf der Hand. Genau wie Murray findet Thomson für jede Station des tragischen Handlungsmusters eine Entsprechung in diesen rituellen Vorgängen – und zwar in einem doppelt gestuften Vorgang. Zunächst wird ein Zusammenhang der zu historischer Zeit bezeugten Kulthandlungen mit archaischen Einweihungszeremonien behauptet: Die feierliche Prozession der Gottesdienste, die *pompe*, weise zurück auf die Initiationszeremonie des Abschiednehmens der Kinder, die vom Stamm getrennt werden, um später als Erwachsene zurückkehren zu können; der *agon*, also der Wettstreit, und der *sparagmos*, die Zerreißung von Pflanzen oder gar Tieren, wie sie in vielen Ritualen bezeugt sind, hätten zum archaischen Kern die mimetische Darstellung von Tod und Auferstehung der Kinder in den alten Initiations-Vorgängen; die *anakalypsis*, das Hantieren mit geweihten Gaben, und die *ainigmata*, das Rätselraten, wie es in vielen griechischen Kulten üblich war, deute zurück auf die Enthüllung heiliger Gegenstände, etwa des Totemtieres selbst, als Siegel der vollzogenen Katechisation, und schließlich enthalte der festliche Umzug am Schluß der *polis*-Kultfeiern noch eine Erinnerung an den Abschluß der Initiation, die Aufnahme des Katecheten als Erwachsener in den Stamm. Wie Thomson auf diese Weise die Kultrituale der historischen Zeit auf die Stammesrituale der vorgeschichtlichen Zeit zurückführt, so führt er nun in einem weiteren Schritt die Formen der Tragödie auf Formen der ursprünglichen Kultbegängnisse zurück, aus denen sie entstanden sein soll. Die *pompe* oder *parodos*, der Einzug des Chores beim Tragödienbeginn, sei demnach aus der rituellen *pompe* des Kults entstanden, die ihrerseits bekanntlich auf den Abschied des Kindes am Beginn der Initiation zurückverweist. Schließlich sei die Rückkehr des Katecheten als Erwachsener der Ursprung des *exodos*, des feierlichen Auszugs des Chors am Tragödienende,

der über den *komos*, den Abschluß-Umzug der Kulte in die Kunstform Tagödie eingedrungen sein soll. Dabei ergeben sich die gleichen Einwände, die gegenüber Murrays Absehen vom Textgewebe der Tragödie und dem je spezifischen Ort erhoben wurden, an dem sich in ihm – von Tragödie zu Tragödie unterschiedlich – die einzelnen Momente des Ritus plaziert finden. Bei Thomson wird zudem ignoriert, daß die von ihm analysierten *survivals* des Ritus in der Tragödienform auf ganz verschiedenen Ebenen lokalisiert werden müssen. Im Falle des Rituals liegt alles auf der einen Ebene der in steter Regelmäßigkeit vollzogenen heiligen Handlung. In der Tragödie aber finden sich die verschiedenen, von Thomson angesprochenen Elemente auf ganz unterschiedlichen Niveaus eines in sich komplex gestuften und gegliederten Vorgangs abgebildet. So betreffen *parodos*, *exodos* und *komos* die Aktionsebene des Chors, *agon* und *anagnorisis* die eigentliche, von der Chorhandlung klar abgehobene, von den Schauspielern verkörperte Handlung, die *stichomythie* wiederum ein textuelles Moment, eine Bauform nicht der Handlung, sondern der literarischen Struktur. Auch hier wird also das eigentlich zu Erklärende nicht einmal ins Auge gefaßt: Wie kommt die Unterschiedlichkeit dieser Ebenen gegenüber der Eindimensionalität des rituellen Vorgangs zustande; wie und weshalb fügen sich die einzelnen Elemente zu einem komplexen und zwischen den verschiedenen Ebenen fest gefügten Ganzen zusammen, wo hier doch die entscheidende Differenz gegenüber dem Ritus erblickt werden muß? Der methodisch betriebene Reduktionismus verstellt sich bei Murray wie bei Thomson die Frage nach der Funktion der Tragödie, der religiösen, lebensweltlichen, sozialen, indem er ihre Form vorab in einzelne Teile zerschlägt und sich nur für die Abkunft dieser Teile interessiert. Statt sie eben als ein Ganzes zu nehmen, das sich nur im Kontext mit den sich ihrerseits wandelnden Phänomenen des Religiösen, Politischen, Intellektuellen und Sozialen in der griechischen Lebenswelt, in einem übergreifenden Ganzen mithin, in ihrer spezifischen Bedeutsamkeit entschlüsseln ließe.

96 Das ist im übrigen sofort einsichtig, blickt man auf den Stoff des Theaters der Tragödie. Der ist auch außerhalb des Theaters allgemein bekannt, er besteht aus den Mythen, wie sie auch andernorts erzählt, gehört und geglaubt wurden. Nur: Jede Tragödie erzählt, wenn sie eine dieser Mythen zum Sujet erhebt, damit eine ganz *eigene* Geschichte, das heißt: sie verändert das mythische Material in je charakteristischer Weise und mit einer ganz bestimmten Absicht. So ist jede Tragödie nicht etwa nur als Wiederholung des Mythos, sondern eben auch: als Transformation des Mythos zu begreifen. Sie bringt mittels des Mythos eine ganz spezifische Aussage, eine neue Bedeutung zum Vorschein. Und das dürfte nun auch für die rituellen Muster gelten, welche die Kunstform Tragödie aufgreift und die in ihr bewahrt sein mögen: Indem sie sie in eine neue Ordnung, eine neue Form bringt, gibt sie ihnen einen anderen Sinn, eine andere Bedeutung.

97 Es muß kaum eigens betont werden, daß es mir keineswegs um die Behauptung einer monokausalen Beeinflussung eines wissenschaftlichen Ansatzes durch ein außerwissenschaftliches Interesse geht, das im Sinne der älteren Ideologiekritik als sein eigentliches Motiv »entlarvt« werden könnte. Das Zustandekommen eines wissenschaftlichen »Diskurses« ist vielmehr abhängig von sehr verschiedenen Faktoren, die – um einen Freudschen Terminus zu gebrauchen – für ihre Überdetermination sorgen. Am Material ist ein solcher Vorgang an den im ersten Kapitel gebotenen Beispielen für die vorwissenschaftliche Rezeption der Antike vom 16. bis zum 18. Jahrhundert aufgewiesen worden. Für die Diskurse der Wissenschaft wird

Entsprechendes an einem für unsere jetzigen Überlegungen einschlägigen Beispiel demonstriert von W. P. Vogt: *Über den Nutzen des Studiums primitiver Gesellschaften: Eine Anmerkung zur Durkheim-Schule 1890-1940*. In: W. Lepenies: *Geschichte der Soziologie. Studien zur kognitiven, sozialen und historischen Identität einer Disziplin*. Band 3. Frankfurt am Main 1981, S. 276ff. Vogt unterscheidet dabei drei determinierende Ebenen – die »wissenschaftsinterne«, die »professionelle« und die »wissenschaftsexterne« –, deren Zusammenspiel für solche Überdetermination sorgt. In seinem Sinn verwende ich hier – unter Ausklammerung der »professionellen« Kategorie, die für unseren Zusammenhang eine weniger wichtige Rolle spielt – die Termini »wissenschaftsintern« bzw. »-extern«.

98 Solche auf die Geschichte der Kulturformen angewandte Methode steht, deutlich erkennbar, in Analogie zum Denken der Naturwissenschaften. Das dort in Geltung gebrachte Axiom – Die Natur macht keine Sprünge – meint: Die in der Natur wirksame Kohärenz ist eine Funktion der gesetzmäßigen Zusammengehörigkeit von Ursache und Wirkung. Für ein jedes Phänomen muß demgemäß die Ursache aufgespürt werden – darin besteht das *Prinzip* seiner wissenschaftlichen Erklärung. Auch in der von solchen naturwissenschaftlichen Paradigmen beeinflußten Kulturgeschichte ist die Fahnung nach Ursprüngen bestimmter Phänomene gleichbedeutend mit der Suche nach ihren Ursachen. Die Formen des Theaters sollen in der Kette der alle Kulturphänomene verbindenden Kausalitäten verortet werden. Vom Erkenntnisprinzip diktiertes Ziel ist, sie dergestalt – in ihrer Genese, ihrem Gewordensein – zu *erklären*. Bei den Philologen liefern solche Ansprüche der schon älteren, »klassischen« Idee einer bruchlosen Wirkungsgeschichte der Antike nur eine zusätzliche Rechtfertigung. Für die Anthropologen, die – romantisch inspiriert – vom Kehrbild des klassischen Antikenbildes und damit: von seiner radikalen Fremdheit in der Gegenwart ausgegangen waren, bieten sie aber die alleinige Legitimation ihres Vorgehens. Aufgrund der Analogiebildung zu naturwissenschaftlicher Erkenntnistheorie ist *ihre* Ursprungsforschung mit striktem Kontinuitätsdenken verbunden. Wenn gilt: Die Natur macht keine Sprünge, dann hat eben auch und im gleichen Verstande zu gelten: Die Geschichte kennt keine Sprünge. Die Ursprungsfrage verknüpft sich also auch hier mit rigidem Entwicklungsdenken, das keine Lücken duldet – es muß bruchlose Kontinuität herrschen zwischen den Formen des Ursprungs, denen der Zwischenphasen und den endgültigen, »reifen« Formen des Theaters. Darin besteht die erkenntnistheoretische Grundlage der hier unterbreiteten Erklärungsangebote.

99 Der Aufweis eines nachweisbaren Verbindungsglieds, das als direkte Ursache für die Entstehung der theatralischen Formen dingfest zu machen ist, wäre – gerade unter den szientifischen Voraussetzungen dieser Forschungsrichtung betrachtet – aber überhaupt erst als Beleg und Beweis für echte Zusammenhänge zu werten. Deshalb sind, um *diesen* Spalt zu füllen, in jedem Fall größte Anstrengung der Spekulation aufgeboten worden. Erkenntnisleitende Fragen waren: Wie sah die attische Frühform der Tragödie aus, die noch manifeste Verbindungen zu den *satyroi* des Aristoteles aufweist? Oder die als direktes Verbindungsglied zu attischen Festbräuchen anzusehen wäre? Oder die eine noch deutlichere Vermittlung zu magisch-animistischem Naturzauber aufweist als die uns überlieferten Tragödientexte und die ihrerseits diese entwickelte Kunstform vorbereitet haben könnte? Oder die als eine entsprechende Vermittlungsform zum ältesten Vegetationsritus in Betracht zu ziehen wäre? Eine eindeutige Entscheidung war in keinem Fall möglich. Die Ant-

worten, die auf solch zentrale Fragen gegeben wurden, blieben allesamt spekulativer Art – immer handelte es sich um höchst problematische, methodisch kritisierenswerte Konjekturen. In sämtlichen Varianten der Beantwortung der Ursprungsfrage bleibt dergestalt fraglich, worin die unmittelbaren Übergangsformen zwischen Brauch, Ritus und Theater bestehen, die mit Verbindlichkeit als solche zu identifizieren sind. Jede unterbreitete Hypothese blieb transparent auf die Brüche und Risse, die sie zu überbrücken gedacht waren. Damit bleibt gerade immer die zentrale Frage offen, auf die eine Antwort gegeben werden sollte.

100 J. Harrison: *Themis. A Study of the Social Origins of Greek Religion.* a.a.O., Ch. IV., S. 75ff.

101 Zu G. Thomsons marxistischem Ansatz vgl. Anm. 94. Das Vorbild für diese Denkfigur findet sich in Thomsons wichtigster Referenz, bei L.H. Morgan explizit formuliert: Er erwarte, heißt es bei ihm, die »Wiederbelebung – aber in höherer Form – der Freiheit, Gleichheit und Brüderlichkeit der alten Gentes.« (L.H. Morgan: *Die Urgesellschaft.* Stuttgart 1908, S. 475)

102 So Renate Schlesier – mit einer von Karl Kraus übernommenen Wendung – zum grundlegenden Paradox von Harrisons Theorie des Zivilisationsprozesses (R. Schlesier: *Kulte, Mythen und Gelehrte. Anthropologie der Antike seit 1800.* Frankfurt am Main 1994, S. 160).

103 Zu den Auswirkungen der Erfahrungen des Ersten Weltkriegs auf Harrisons Arbeit vgl. R. Schlesier: *Kulte, Mythen und Gelehrte. Anthropologie der Antike seit 1800*, a.a.O., S. 136ff.

104 Im übrigen vollzieht auch, auf eigene Weise, die »klassische Philologie« in Deutschland – unter dem Einfluß der »Geistesgeschichte« – den Paradigmenwechsel weg von der Geschichte hin zur Darstellung des »klassischen« Griechenland als einer inneren Kultureinheit. Das manifestiert sich insbesondere im »Dritten Humanismus« Werner Jaegers, der sich bereits in seinen Studien zur Entstehungsgeschichte der Metaphysik des Aristoteles von 1912 auf die »innere Form«, den »Geist« der Metaphysik und seine »wirkende« und »bildende« Kraft bezogen hatte und in seinen Büchern über *Paideia* (1934ff.) die kulturelle Idee des Griechentums als ihr Erziehungsideal beschrieb. Auch dieses Ideal impliziert einen Anspruch an die Gegenwart und soll, zugleich, ein Mittel bereitstellen, die Krise der Gegenwart zu meistern. Insofern dies aber in erster Linie als Erziehungsideal konzipiert ist, riegelt sich der Dritte Humanismus im akademischen Zirkel ab. Zudem hat diese Kulturforschung kaum Beiträge zu einzelnen Phänomenen der griechischen Kultur erbracht. Zu diesem Zusammenhang vgl. Teil I: *Zur Wirkungsgeschichte des antiken Theaters. Resümee.*

Die Institutionen

Der Kult

Wenn wir weiterhin dem Leitfaden der Überlieferungsgeschichte der Antike, und das heißt seit zwei Kapiteln: der Geschichte ihrer wissenschaftlichen Erforschung folgen, macht es durchaus Sinn, dieses letzte Kapitel mit dem Hinweis auf die Basis-Intuitionen der neu angesprochenen Disziplinen zu beginnen. Das folgt aus dem Zusammenhang, in dem wir stehen. Die Erklärungsschwäche des Evolutionismus hat uns auf die Spur nicht länger der genetischen, sondern der strukturell-formalen Beziehungen von altgriechischem Kult und Theater gesetzt. Deshalb können wir uns nunmehr in systematischem Interesse mit den entsprechenden, in Religionswissenschaft und Soziologie erzielten Ergebnissen hierüber befassen. Deren Denkansätze scheinen zwar auf den ersten Blick nichts miteinander zu tun zu haben. Ja, sie scheinen sich sogar gegenseitig auszuschließen, sofern sie von konträr entgegengesetzten erkenntnistheoretischen Voraussetzungen ausgehen. Gelegentlich der Gegenüberstellung von religionswissenschaftlichem Symbolismus und soziologischem Funktionalismus in der Mythographie hat Jean-Pierre Vernant aber auf den hier herrschenden intentionalen Verweisungszusammenhang hingewiesen.[1] In ihrer jeweiligen Einseitigkeit, die ihre manifeste Widersprüchlichkeit hervorruft, fordern sie zur wechselseitigen Ergänzung heraus. Solch epistemologische Zusammengehörigkeit beider Schulen zeigt sich nun aber auch und gerade unter dem Gesichtspunkt, in dem wir die Sprache auf sie gebracht haben. Vom neu interpretierten Interesse an religiöser und primitiver Kultur her genommen, sind beide im Grunde durch ein- und dasselbe Motiv geeint. Gemeinsam sucht man hier wie dort nach Modellen kultureller Verbindlichkeit in einer als bindungslos erachteten Zeit.

Beiden ist es darum zu tun, »synchronisch« ausgerichtet, am griechischen Beispiel sozusagen den Idealtypus einer im Ritualismus fundierten Kulturordnung kategorial zu beschreiben. Diese Kategorien werden uns in unserer systematischen Vergleichsabsicht hilfreich sein können. Dabei ist deren wissenschaftsexternes Motiv aber immer im Auge zu behalten. Keinen Augenblick darf vergessen werden, daß der hier erarbeitete *Ideal*typus im Interesse (re)konstruiert worden ist, in ihm den *Proto*typ einer auf den Ritus gestützten und von daher funktionierenden Kultur zu fassen zu bekommen. Das historische Interesse am inneren, den Kult begründenden Zusammenhang von Mythos und Ritus hängt eben in beiden Fassungen zusammen mit einem (mehr oder minder deutlich) ausgesprochenen Interesse an *Re*-Mythisierung und *Re*-Ritualisierung der eigenen Kultur. Dennoch werden sich dabei neue Aspekte ergeben, auf deren Hintergrund die Fragen nach dem Verhältnis des Theaters der Tragödie zum Kult einerseits, zur *polis* andererseits systematisch neu gestellt werden können.

Es ist nun gerade dieser Hintergrund, vor dem sich – gegenüber den bislang betrachteten Forschungsdisziplinen – eine entschiedene Ausweitung des Blickpunkts auf die antike Kultur ergibt. Nicht länger soll es um einzelne ihrer Aspekte, sondern eben gerade um eine diese allesamt übergreifende Einheit (und Ordnung) zu tun sein. Solcher Absicht folgend, werden wir uns vorläufig von der unmittelbaren Befassung mit Fragen des Theaters entfernen und auf Probleme der Systematik seiner (sozio-)religiösen Zusammenhänge einzugehen haben. Genauer gesagt, wir werden die Frage nach dem Theater eben in diesen weiteren Kontexten, durch sie hindurch, im Auge haben, in ihnen justieren müssen. Für die Soziologie, welche solche Kontexte in Gestalt des gesellschaftlichen Ganzen ins Visier nimmt, dürfte dies unschwer einleuchten. Die Neuorientierung der deutschen Religionswissenschaft zielt demgegenüber nicht auf die weitgespannten Dimensionen äußerer Totalität. Aber ihr Unterschied zur evolutionistischen Schule besteht ebenfalls darin, daß sie sich die Frage nach der griechischen Religion, synchronisch, als die Frage nach ihrer *inneren* Einheit stellt. In ihr soll sozusagen die Prägeform der griechischen Kultur aufgespürt werden. Es geht hier darum, die Kultreligion als ein symbolisches Ausdrucksganzes zu beleuchten. Wenn Jean-Pierre Vernant den Symbolismus in der Mythenforschung des 20. Jahrhunderts erwähnt, ist deshalb ein größerer religionswissenschaftlicher Zusammenhang angesprochen.

Es hat sich eingebürgert, ihn mit der in der ersten Jahrhunderthälfte aufgekommenen Schule der Religionsphänomenologie zu identifizieren. Mit ihr verbindet sich die schneidende Absage an das historische Denken zugunsten des Religiösen selbst, des Wesens der Religion.[2] Diese Wendung zu einem – gegenüber den bislang betrachteten – ganz neuen Religionsbegriff wird zu nachhaltigem Erfolg gebracht durch ein Buch des Theologen und Religionshistorikers Rudolf Otto: *Das Heilige* von 1917.[3] An ihm läßt sich in der für unsere Absicht erlaubten Kürze der Grundgedanke des »phänomenologischen« Ansatzes entwickeln. Otto betrachtet die Religion nicht länger, wie die Anhänger von Animismus und Magie, als Mittel der »primitiven« Naturbeherrschung. Er kritisiert das vielmehr als unzulässige Projektion einer modernen, ganz und gar profan gewordenen Welterfahrung auf qualitativ völlig andersartig bestimmte Mentalstrukturen.[4] Entsprechend dem Denken im Entwicklungsschema fungieren Animismus und Magie bei Tylor, Frazer und den anderen ja sozusagen als vorrationale Stellvertreter der Ratio. Sie werden von ihnen als Praktiken beschrieben, die übermächtige Natur und die bedrohliche Allgegenwart der Toten zu manipulieren und damit menschlichen Zwecken und den Interessen der Lebenden dienstbar zu machen. Worüber Otto sagt: Hier liegt ein fundamentales Verkennen der religiösen Gefühlslage vor. Man kann die Religion keineswegs als Mittel für anderes, als Vorwegnahme oder als irrationales Vexierbild der noch nicht zugänglichen rationalen Weltbeherrschung verstehen. So denkt nur, wer selbst vom Entwicklungs-, vom Fortschrittsdenken beherrscht wird. Tatsächlich verhält es sich ganz anders. Die Religion ist ein Phänomen *sui generis*, eine Konstante der menschlichen Erlebensweise der Welt und von daher vollkommen autonom, nicht etwa abgeleitet von anderem, ihr Vorausliegendem. Unableitbar ist Religion gerade als ursprünglicher, primärer und unmittelbarer Ausdruck dessen, was dem Rationalen als das Irrationale gilt, nämlich: als Ausdruck der Erfahrung des Göttlichen schlechthin. In ihr begegne der Mensch dem Numinosen, das – in befremdlicher »Kontrast-Harmonie« – stets ein Doppelantlitz zeige: Als *mysterium fascinans* beglückend und erschütternd, zeigt es sich als *tremendum* erschreckend und bedrückend zugleich. Auf diese Weise offenbart sich in jeder Religion ein je spezifischer Aspekt der göttlichen Macht – und zwar jederzeit als Manifestation des »ganz anderen«, allem Menschlichen völlig Inkommensurablen. Deshalb läßt sich die Erfahrung des Numinosen nie benennen, sondern nur, indirekt und immer unzulänglich bleibend, in »analogisierender Ausdrucksweise«[5] zum Ausdruck bringen.

Das heißt: Religion beinhaltet die besondere Form einer Erfahrung, die sprachlich nicht zu artikulieren ist. Die Kulte, die Mythen und Riten einer Religion stellen diese Erfahrung dar, ihre Erzählungen und Praktiken sind gleichsam die andere Sprache, in der sie zum Ausdruck gelangt. Es sind die ganz und gar spezifischen Formen, in welcher sich ein religiöser Zustand ausdrückt und die in keine anderen Formen übersetzbar sind. Das heißt auch: Es gibt eben nicht die eine, allumfassende »Urreligion«, es gibt kein einheitliches religiöses Bewußtsein als Entfaltungsstufe des menschlichen Geistes, bevor dieser die Form des Rationalen annimmt. Religion hat keinen Ursprung als transitorischen Ausgangspunkt einer Entwicklung, sie gehört wesentlich zum Menschen, sie selbst ist ursprünglich und von daher, wie das Menschenwesen auch, aller Geschichte enthoben. In menschheitsgeschichtlicher »Frühe« zeige sich denn das Religiöse keineswegs als »primitive« Form, sondern – umgekehrt – in »reiner«, authentischer Gestalt. Die *Kult*-religion offenbart das Wesen der Religion.

Wenn Religion nun insgesamt primärer, nicht weiter ableitbarer, nirgends sonst zum Vorschein kommender Ausdruck der Erfahrung des Göttlichen ist, dann ist auch jede *besondere* Religion primärer und ganz und gar *besonderer* Ausdruck einer ganz bestimmten Art und Weise dieser Erfahrung.[6] Deshalb sind – besonders wichtig für unser Thema – die ganz und gar unterschiedlichen Religionen, wie sie in den verschiedenen Kulturen vorkommen, in ihrer jeweiligen Besonderheit sehr ernst zu nehmen. Verschiedene Götterfiguren sind nämlich einerseits nicht reduzibel etwa auf soziale Bedingungen – Zeus ist nicht Gott der Aristokraten, Dionysos nicht der der Unterdrückten. Andererseits sind sie aber auch keineswegs gegeneinander austauschbare Bilder, die letzten Endes doch nur für die immer und überall gleiche religiöse Affektivität zeugen. Gerade unter systematischem Betracht ist Gott nicht gleich Gott. Jeder Gott ist vielmehr das ganz spezifische Symbol einer ganz besonderen religiösen Inspiration. Er ist die ganz und gar einzigartige Form, in der sich ein ganz bestimmter Aspekt des Überwältigtseins vom Göttlichen artikuliert.

Dionysos

Auf diese Weise ist eine neue Antwort auf die für uns entscheidende, vom Evolutionismus gerade nicht beantwortete Frage vorbereitet. Dieses neue Verständnis der Religion und der Religionen bietet nunmehr alle Handhaben für Versuche, die einzigartige Kunstform der Tragödie in den Zusammenhang mit einer bestimmten, so nur im archaischen Griechenland begegnenden Religion zu rücken. Nun durfte man hoffen, im Dionysos-Komplex den ganz und gar eigenen Hintergrund der ganz besonderen, so nur in Griechenland begegnenden tragischen Form zu fassen zu bekommen. Wobei, im Anschluß an Otto, die Voraussetzungen, Mittel und Methoden anzugeben waren, unter denen sich die Spezifik einer ursprünglichen Kult-Religion zu erkennen gibt. Allen »Phänomenologen« war klar, daß man keine zeitliche Abfolge und keine ihr entsprechende Hierarchie zwischen Ritus und Mythos konstruieren kann, wie es die Anthropologen getan hatten. Sondern daß die Dionysosreligion, besser gesagt: der Dionysos-Kult, wie jede

Religion, wie jeder Kult, Zweierlei und durchaus Unterschiedenes in eins und zugleich umfaßt, dessen Beziehungen systematisch erfaßt werden müssen. Nämlich den *Mythos* des Dionysos, die heilige Geschichte, die man sich von diesem Gott erzählt, einerseits, und den *Ritus* des Dionysos, also die zu seinen Ehren gefeierte Liturgie, seinen Gottesdienst, andererseits. Beides sind die miteinander unauflöslich verflochtenen Symbolisierungsweisen des Kults[7] und als solche autonome Ausdrucksformen der irrationalen Erfahrung des Göttlichen, die eben strikt *tautegorisch* sind. Sie sprechen auf diese Weise jenseits der Sprache, in Symbolen.[8]

Entscheidend für solches Symbolverständnis ist deshalb die Annahme: Um einen Mythos, einen Götter-Mythos etwa verstehen zu können, darf man nicht auf den wortwörtlichen Sinn der Erzählungen um den Gott hören und versuchen, die Vorgänge in der Abfolge der Erzählungen zu interpretieren. Man muß den eigentlichen Text des Mythos vielmehr sozusagen unterhalb der wörtlichen Rede und der von ihr berichteten Handlungen suchen.[9] Dazu sind die zahlreichen Varianten zu berücksichtigen, in denen ein Mythos normalerweise überliefert ist. Man muß die verschiedenen Motive, welche in ihnen vorkommen – die einander entsprechenden und die widersprüchlichen –, betrachten und die besonderen Beziehungen untersuchen, in welchen die in vielen Handlungsdetails aufeinander verweisenden Erzählungen zueinander stehen. Nur so läßt sich herausfinden, um was es im mythischen Komplex eigentlich geht. In den zahlreichen Abweichungen und Widersprüchen einerseits, andererseits im Gleichbleibenden und einander Entsprechenden der wesentlichen Motive eines Mythos liegen seine ihm eigenen Darstellungsmittel, die eben nicht mit den Worten, den Darstellungsmitteln der Sprache in eins fallen.

Wie die Mythen durch die verschiedenen Varianten der Erzählung hindurch ein symbolisches Bezugssystem bilden, so gibt es auch eine ganz bestimmte Textur des Ritus. Wenn es etwa im *dromenon* des Dionysos, wir kennen es, um die Verfolgung des Gottes, den Kampf gegen seine Gegner, um seinen Tod und seine Wiederauferstehung geht, dann ist in dieser Geschichte nicht – wie Murray das sah – ein eigentlich Gemeintes, das im Jahreskreislauf sich vollziehende Schicksal der Natur verhüllt. Sondern damit sind nur und nichts als eben die besonderen Erfahrungsweisen selbst gemeint, die auch im Mythos, seinen Motiven und in deren symbolischem Zusammenhang, ausgedrückt (und nicht anders auszudrücken) sind. Wodurch Mythos und Ritus in einen systematischen Bezug gestellt werden. Sie präsentieren sich als die zwei Seiten ein- und derselben Medaille, als ein Worte und Handlungen verwebendes *System* des wechselseitigen aufeinander Verweisens. Beider Symbolik muß in ihren je spezifischen Motiven also zunächst getrennt für sich, dann müssen die Beziehungen, die zwischen dem heiligen Text und den rituellen Praktiken bestehen, eruiert werden: in den Entsprechungen wie den Unterschieden. So bildet der *Kult* sein Symbolsystem. Aufschlüsselung des Mythos ist also gleichbedeutend mit dem Verständnis des Ritus und umgekehrt: Das Begreifen des Ritus führt zum Verständnis des Mythos. Beide – die heiligen Worte, die *legomena*, und die heiligen Handlungen, die *dromena* – sind gleichursprünglich, gleichrangig. Sie stehen in einem ganz bestimmten Bezugs- und Entsprechungsverhältnis, das – wie die Beziehungen zwischen den mythischen Varianten – allererst die wirklichen Kultbedeutungen hervorbringt.

Von solchen Prämissen ausgehend, hat der Frankfurter Religionswissenschaftler Walter F. Otto die exorbitante Bedeutung des Dionysos für die religiöse Erfahrung der Griechen herausgestrichen. Nachdem er diesen Gott in seinen *Göttern Griechenlands* von 1929 ausgespart hatte, widmet er ihm vier Jahre später, 1933, eine eigene Monographie.[10] Sie hebt an nicht nur, wie bei Rudolf Otto, mit scharfer Polemik gegen die angelsächsische Anthropologie, sondern mit Einwänden auch gegen die historische Schule. Beide, von Entwicklungsvorstellungen ausgehend, die letzten Endes aus dem biologischen Denken resultierten, müßten notwendig das Wesen des Religiösen verfehlen.[11]

Aber auch Rudolf Ottos Konzeption des Heiligen unterzieht W. F. Otto entschiedener Kritik. Der diesbezügliche Vorwurf betrifft vornehmlich ihren »Mystizismus«, nämlich: die rein psychologisch ausgerichtete Vorstellung vom Heiligen.[12] In solcher Metakritik gibt sich die Nähe W. F. Ottos zur deutschen Schule der Anthropologie, der Völkerkunde, zu erkennen, wie sie an der Frankfurter Universität im »Institut für Kulturmorphologie« des Leo Frobenius vertreten wurde.[13] Im Einklang mit dessen Kulturlehre betont das *Dionysos*-Buch von 1933 jedenfalls wieder und wieder die reine Objektivität der Begegnung mit dem Göttlichen. In ihr antworte der Mensch auf eine Anmutung der Welt selbst. Die Erfahrung des Heiligen bestehe – hier liegt die deutlichste Bezugnahme auf Leo Frobenius[14] – im *Ergriffensein* von einer Gestalt der den Menschen umgebenden Wirklichkeit. Diese Erfahrung sei – als objektive – zugleich ganz und gar transhistorisch; sie sei – und darin besteht wiederum ein Übereinklang sowohl mit Rudolf Otto[15] als auch mit Leo Frobenius' Konzept »völkerkundlichen« Verstehens im sympathetischen Akt der »Schau«[16] – nicht erklärbar, ja nicht eigentlich verstehbar, sondern nur intuitiv nachvollziehbar. Sie erschließe sich allein dem religiösen Sinn; und wo sie derart nachempfunden werden könne, sei sie in jedem Augenblick der Geschichte ursprünglich und authentisch. Im Modus des Nachvollzugs, im Ergriffensein des *homo religiosus*, ist Dionysos als eine Gestalt der Welt, als Weltwahrheit zu jeder Zeit anwesend. In ihm gewinnt ein Zug der Wirklichkeit selbst, die Wirklichkeit schlechthin Gestalt.[17]

Um deren reine und immer geltende Objektivität zu erweisen, müht sich W. F. Otto um eindringliche Vergegenwärtigung der Dionysos-Religion. Zupackende, aufrüttelnde Sprache soll sie als Erfahrungsphänomen beglaubigen, zu dem jeder Mensch, auch der heutige noch, einen unmittelbaren Zugang finden könne. Einzige Bedingung ist die Bereitschaft, auf den Gott dieser Erfahrung zu hören. Selbst Phänomen der Ergriffenheit, ist der alleinige Modus seines Verstehens das eigene Ergriffenwerden.[18] Auf diese Weise manifestiere sich Dionysos in aller Vitalität und Ursprünglichkeit zu allen Zeiten als der »kommende Gott«. Als solcher besitzt er unbändige Faszinationskraft, die sich mit dem ihm ureigenen Wesen verbindet. All seine Symbole, die Otto in der seinen Geschichten zugrundeliegenden mythischen Textur erkennen will, zeugen für ihn davon, daß Dionysos den Gläubigen als der »Wahnsinnige« begegnet. So wird er, der ansonsten gegenüber den olympischen Göttern in der *Ilias* keine besondere Rolle spielt, auch einmal in dem »Homerischen« Hymnus tituliert: als *mainomenos* – als der »tolle«, »wahnsinnige« Gott. Diesen in den mythischen Motiven immer wiederkehrenden Wahnsinn sieht Otto nun als Symbol des grundsätzlich Zwiespältigen, Zweideutigen, Zweigesichtigen aller Verkörperungen der Welt. Insofern ist Dionysos der Gott, der die Welterfahrung durch tausendfältige Paradoxa bedeutet, und damit der Gott, der die Welt als Paradox erfahren läßt. Seine Gestalt und Geschichte vereinen Gegensätzliches und lassen dergestalt die Wirklichkeit – in erschreckender, irritierender, an die Grundfesten aller Überzeugungen von einem irgend logischen Weltzusammenhang rührender Weise – eben als Einheit von Gegensätzen, als Zusammenklang des Unvereinbaren, als konstitutiven Widerspruch selbst erscheinen.

Das Irritierende, Überwältigende, Erschreckende des Dionysischen – als die in seinem Gottesdienst waltende Form des »Ergriffenseins« – zeige sich deutlicher noch im Dionysos-Ritual. Fasziniert von der hier im Exzeß begegnenden Gewalt, widmet W. F. Otto diesem Bereich des Kults gegenüber den mythischen Erzählungen besondere Aufmerksamkeit. Solch »elementare« Grausamkeit gilt ihm als Ausdruck des Fremden und Eigenen der dionysischen Erfahrung, die sich hier *im Leben* der Griechen zeige – und damit ist es eben nicht länger das »Primitive«, Vor-Zivilisatorische im evolutionistischen Sinn. Im Gegenteil: Gewalt und Grausamkeit sind die Zeugnisse der eigentlichen Gültigkeit der Dionysos-Religion, die Formen der wirklichen Anwesenheit des Dionysos, der Manifestation seines Wesens, der durch ihn eröffneten Evidenz einer erschreckenden Weltwahrheit. Im Bereich des rituellen Exzesses, des gewaltsamen Opfers (ganz besonders des Menschenopfers), zeigt sich die Ursprünglichkeit der Erfahrung dieser Wahrheit; die mörderische Grausamkeit beglaubigt ihre Vitalität.[19]

Unter dem uns interessierenden Gesichtspunkt läuft diese Interpretation nun darauf hinaus, Dionysos als den paradigmatischen Gott der Tragödie zu legitimieren. W. F. Otto sieht das Theater letzten Endes als eine Reaktion, eine »Antwort« auf die von diesem Gott zum Ausdruck gebrachte paradoxale Welterfahrung. In der Quintessenz seiner Überlegungen läßt er die mit ihm zusammenhängenden Symbole jedenfalls auf ein- und dieselbe Botschaft hinauslaufen. Wenn gerade unter dem so wichtig genommenen Opfergesichtspunkt gilt: »Auf dem Höhepunkt der Erregung entschleiern alle Gegensätze plötzlich ihr Gesicht und zeigen, daß sie Leben und Tod heißen«[20], so »künden« sie ihm damit allesamt »den zweigesichtigen Gott, den Geist der Gegenwart und der Abwesenheit, des Jetzt und Ehedem, der in der Maske sein ergreifendstes Symbol hat.«[21] Das heißt: Dionysos ist zuerst und vor allem der Gott des Theaters, sofern er der Masken-Gott ist. Dieses Attribut kommt in ganz besonders herausgehobener Weise ihm zu, weil die Maske ein ganz unmittelbares Symbol der dionysischen Erfahrung ist.[22]

Bei seinen Betrachtungen gelangt W.F. Otto zu folgendem Ergebnis. Die Maske mit den starr fixierten Augen ist wieder einmal Ausdruck des für Dionysos kennzeichnenden Paradoxes. Sie ist nichts als – völlig unbeweglicher, fixierter und fixierender – Blick, sozusagen der Inbegriff des Blicks. Aber: Dieser Blick sieht nicht; der Blick der Maske ist ein vollständig leerer, ein blinder Blick. Für den Betrachter ist die Maske ein Angeschautwerden, vor dem es kein Ausweichen gibt. Andererseits wiederum: Die Maske ist nur Vordergrund, ausschließlich Oberfläche, die sich eben nicht zur vollen Gestalt des Gottes rundet. Der Gott, der im Blick der Maske für den Betrachter zwingend nah, ganz präsent ist, ist der Gegenwart doch vollständig entzogen. So nah er einerseits ist, so fern, so unendlich distanziert und entrückt ist er zugleich. Hier also, in der Maske, ist – diesmal nicht im Bereich des Mythos, der *legomena*, sondern in dem ihm komplementären Bereich der rituellen *dromena*, des eigentlichen Kultbegängnisses, des praktizierten Gottesdiensts, der Liturgie – wieder ein Symbol der Paradoxe des Dionysos zu sehen.

In dieser paradoxalen Welterfahrung gründet für Otto schließlich das *Theater* der Tragödie, als szenische Form genommen. Der maskentragende Schauspieler veranschaulicht für ihn das in der Gottheit des Dionysos beschlossene Mysterium der anwesenden Abwesenheit oder, man kann es auch andersherum formulieren, der abwesenden Anwesenheit, wie sie in dem zu seinen Ehren begangenen Ritus erfahren wird. So wie der Gott im Maskenidol Präsenz gewinnt und zugleich abwesend bleibt, so sei ja der Schauspieler auf der Bühne zweifach präsent: als er selbst und als die Rolle, die er verkörpert, der er Körper und Stimme leiht und die das andere seiner selbst ist.

Wie gelangt W. F. Otto nun aber von der dionysischen Erfahrung, die ihre ganze Vitalität im rituellen Gewaltexzeß zeigt, zum Theater der *Tragödie*? Selbstverständlich, daß er sich diese Frage nur in der Form des energischen Abweises aller Ursprungs- und Entwicklungsforschung vorlegt.[23] Nicht nach den Gründen, sondern nach der *Bedeutung* des »Heranwachsens« der Tragödie im Rahmen des Dionysos-Kults fragt er. Wobei er die Kunstform von Anfang an konsequent als dessen Derivat bestimmt. Das wahrhaft Tragische liege vor der Tragödie. Es verbinde sich mit deren Stoff, mit den alten Heroengeschichten, wie sie zuvor im Epos schon künstlerische Gestalt gewonnen hatten. Die Tragödie ist demgegenüber eine spätere, wenngleich besonders intensive Form der Vergegenwärtigung dieser Geschichten, die durch den dionysischen Geist revitalisiert worden seien. Damit reaktiviert die Tragödie zugleich den alten Toten- und Heroenkult, auf den bereits die epische Kunst reagiert hatte, reanimiert nun also auch jenen, indem sie ihn in das verwirrende Spiel der dionysischen Paradoxien verwickelt.

Die Tragödie zeigt sich dergestalt als Synthese der Erschütterung durch Dionysos mit dem Ergriffensein durch die erhabene Welt der Toten. In szenischer Verlebendigung tritt die Totenwelt auf der tragischen Bühne – neuerlich ein Aspekt des dionysischen Weltparadoxes – in all ihrer endgültigen »Versunkenheit« in »bezwingende Nähe«: »Der Maskenträger wird ergriffen von der Hoheit und Würde derer, die nicht mehr sind. Er ist er selbst und doch ein anderer.«[24] Wiederum begegnet also das dionysische Paradox – diesmal unter dem Aspekt der Verschränkung von Leben und Tod genommen – als Paradox der Szene: als unmittelbare Präsenz des Verschwundenen, als Gegenwart der Toten nämlich in ihrer Vergegenwärtigung durch den Schauspieler. In ihr manifestiert sich das Mysterium des Dionysos *noch einmal* als Mysterium des Theaters. Sein Ausdruck ist die Geschiedenheit des Schauspielers in Person und Rolle, die im Akt der Darstellung zur – in sich gespaltenen – Einheit finden.

Das Heroenopfer

Auch der ebenfalls zur »Frankfurter Schule« gehörige und W. F. Otto zunächst eng verbundene Karl Kerényi hebt die Paradoxie, die Widersprüchlichkeit als Grundmuster der dionysischen Erfahrung hervor. Auch er begreift den Wahnsinn als Symbol, in dem sich diese Erfahrung manifestiert. In seinem (spät geschriebenen) Dionysos-Buch versteht er den Wahnsinn des Gottes freilich ungleich konkreter; als den Rausch nämlich, den der Weingott bringt. Kerényi sucht denn auch, anders als Otto, der sich um die Religionshistorie nicht schert und ausschließlich um eine Phänomenologie der dionysischen Erfahrung bemüht ist, den Anschluß an die Forschungen zur Geschichte der Dionysos-Religion.[25]

Während Kerényi genauso wie Walter F. Otto das Muster der Paradoxie und des kontradiktorischen Widerspruchs an vielen Einzelheiten der Dionysos-Symbolik beschreibt, entfernt er sich auf diese Weise zugleich ganz entschieden von dessen Sinn-Deutung. Otto – ganz von Nietzsche beeinflußt – sieht in der paradoxalen Welterfahrung des dionysischen Gläubigen den schmerzenden Urgrund des Lebens aufgerissen, den Riß thematisiert, der alles Leben durchzieht, den Todesgrund des Seins angerührt. Der ganzen Logik seiner Argumentation nach richtet sich Kerényis Bild vom Rauschgott Dionysos nun gerade gegen *solche* Verbindung des Dionysos mit dem Tod. Wenn in ihm auch ganz gewiß Motive des Lebens und des Todes koinzidieren, dann geht es dabei für ihn ausschließlich um das Leben, um das nicht tilgbare, um das, wie es im Untertitel seines Buches heißt, »unzerstörbare Leben«.

Damit bringt der Dionysos-Kult in Kerényis Sicht eine entscheidende Zweiheit und Widersetzlichkeit in der Erfahrung des Lebens zum bildhaften Ausdruck, welche die Griechen terminologisch im Widerspruch der Wörter *bios* und *zoë* fixierten. *bios* ist das Leben des einzelnen, das vorübergehende, vom Tod begrenzte Leben.[26] *zoë* aber übersteigt dieses Leben, es ist das Leben der menschlichen Gattung, allgemeiner das Leben jeder Spezies überhaupt, das mit der Existenz des Individuums nicht aufhört; *zoë* ist das allen Tod übersteigende Leben. Solch gleichsam in sich doppelt gefältelter Gegensatz ist für Kerényi der »dramatische« nucleus des dionysischen Archetypus. Unter diesen Voraussetzungen versucht er, anders als Otto, in der dionysischen Erfahrung denn auch das symbolische Gepräge des Tragischen aufzuspüren.

Was kann Tragik nun aber bedeuten, wenn sie aus einer Welterfahrung erwachsen soll, die um das Erlebnis der *zoë*, des unzerstörbaren Lebens, zentriert ist? Wenn also im Dionysoskomplex sozusagen der Triumph des Lebens, und zwar des Lebens der Gattung über den Tod des einzelnen, zutage treten soll? Unter dieser Prämisse muß das in solcher Erfahrung aufruhende Theater geradezu als Feier des Lebens zu interpretieren sein. Ganz klar hat sich Kerényi zu dem unter solchen Fragen aufzuschlüsselnden Verhältnis von Kult und Tragödientheater nie geäußert. Aber es gibt viele Hinweise in seinen Büchern[27], daß er in der Tragödie die politische Zeremonie eines Opferrituals sieht. Im Mittelpunkt der Tragödie steht für ihn der tragische Held, dessen Tod in Stellvertretung für die Gemeinschaft zu geschehen scheint – *er* stirbt als Individuum, damit *sie* als Kollektiv leben kann.

Unzweifelhaft ist die Tragödie für Kerényi jedenfalls eine neue Weise, die alten Heroenlegenden darzubieten. Sie vergegenwärtigt sie als die Geschichten vom Gott-Menschen, der im Leiden und Sterben sein *Menschentum* vergöttlicht. Und dies aus Anlaß des Festes des paradigmatischen Gottes der Heroen, des Dionysos, der unter den Göttern ihr Schicksal geteilt hat.[28] Solche Heroenfeier stamme womöglich aus dem königlichen Totenkult Mykenäs, in welchem sich ein Theomorphismus der Könige mit einem Anthropomorphismus der Göttergestalten die Waage gehalten habe. Als Abkömmlinge solcher Gottkönige erscheinen die Heroen, die nunmehr Mensch und Gott zugleich sind. In ihren Gestalten geht das Göttliche in das Menschliche ein, und das Menschliche wird zu den Göttern erhoben. Paradoxerweise ist die den Heroen von den Göttern mitgegebene Erfahrung nun aber umgeschmolzen in ein neues Selbstgefühl, das letzten Endes die Einzigartigkeit des *Menschlichen* betrifft. Von den Göttern hat der heroische Mensch das aufdämmernde Bewußtsein mitbekommen, daß er *als Mensch* ein einzelner ist, der sich in »einzigartigem Lebenslauf« mit sich identisch fühlt – im Gegensatz zu der für die Gewöhnlichen unbedingt geltenden Macht ihres Herkommens.

Insofern geht der griechische Heros gerade nicht wie in »primitiven« Gesellschaften in der Rolle eines bloßen Kulturbringers auf. Seine Gestalt hat ihre wahre Bedeutung jenseits der Leistung, die er in den Taten erbringt, durch welche »dereinst« die Zivilisation von der Wildnis geschieden wurde. Im Gottmenschentum der griechischen Heroen liegt die Betonung gerade auf der »Seite des Menschlichen«[29], keineswegs auf der einer Gründertat. In den Heroenmythen ist das Tragische deshalb nicht nur dem Stoff, sondern vor allem der paradoxalen Struktur nach enthalten. Insofern nämlich der Heros die höchste Steigerung des Menschlichen gerade in seinem Schicksal – in Leiden und Tod – erfährt, gibt es eine Kontinuität zwischen dem Totenkult der Helden und der Tragödie. Sie ist der Ort immer neuer Erschütterungen durch die alten Erzählungen vom Gottmenschen.

Die Verbindung mit dem Opfergedanken liegt nun im Rückblick auf eine frühe der Dionysos-Arbeiten Kerényis nahe.[30] Dort hatte er das mit dem Theater verbundene Paradox – in erklärter Anknüpfung an Ottos Buch – ebenfalls als Paradox der Szene, als Paradox der Maske erläutert. Aus dem Totenkult stammend, als ausgezeichnetes Symbol des Todes, hatte er dort argumentiert, werde sie durch den Schauspieler in Bewegung gebracht und damit ins Leben versetzt. Das Inbild der Starre schlage auf der Bühne in sein Gegenteil um. Auch hier wird im Maskensymbol die Verschränkung von Leben und Tod konstatiert und diese als Voraussetzung der szenischen Wirkungsweise verstanden. Aus der je unterschiedlichen Wichtung der kontradiktorischen Pole dieser gegenstrebigen Verbindung begründe sich nämlich der poetologische Unterschied der Gattungen des griechischen Dramas. Die Komödie habe ihr Prinzip in der Steigerung des Toten bis zu seiner Aufhebung und Vernichtung in dem das Leben verherrlichenden Gelächter. Das Prinzip der Tragödie aber bestehe in der Steigerung des Vitalen bis zu seiner höchsten Intensität im Moment seiner Aufhebung und Vernichtung im Schicksal des Heroen. Die Tragödie zeige mithin das dionysische Innewerden des Lebendigseins am Punkt seiner größten Anspannung – im Augenblick des Untergangs des sich dem Tod entgegenstellenden Helden.[31] Diese frühe Argumentation Kerényis, zusammengenommen mit dem späteren Gedanken der *zoë*, könnte jedenfalls für unsere Frage bedeuten: Im schicksalhaft sich vollziehenden Tod des Heros versichert sich die Gemeinschaft derer, die diesen Tod mit Jammern und Schaudern betrachten, ihrer Stärke und Lebendigkeit. Die *katharsis*, das »befreiende Aufatmen« nach den überstandenen Schrecken, bereitet sozusagen das Fest vor, das sich die Gemeinschaft gibt, die Gemeinschaft, die der Inbegriff des Lebens selbst ist, nämlich des durch den Tod des einzelnen unzerstörbaren Lebens.

Resümieren wir: Beide, Walter F. Otto wie Kerényi, waren davon ausgegangen, daß es eine ganz spezifische Erfahrung des Göttlichen sein muß, der sich die Manifestation einer weltgeschichtlich einmaligen Form des Theaters verdankt. Und beide haben versucht, diese Erfahrung in der Dionysos-Religion des archaischen Griechenland aufzufinden. Aber gerade dann, wenn man *solche* Voraussetzung akzeptiert, muß man Einwände gegen das Ergebnis ihrer darauf aufgebauten Argumentationen im Blick auf das Theater der Tragödie erheben. Sie betreffen ein Uneingestandenes in ihrer Argumentation, das sich – ausgesprochen – geradezu als die Umkehrung des Problems der Anthropologen, aber wiederum als ein ungelöstes Problem zu erkennen gibt. Wenn diese den beabsichtigten Aufweis der *Kontinuität* zwischen Kult und Theater nicht hatten erbringen können, so versuchen die beiden Religionsphänomenologen nämlich erst gar nicht, die zwischen beiden waltenden *Differenzen* zu erfassen. Das wäre, gemessen an ihren eigenen Prämissen, aber unabdingbar notwendig. Denn diese betreffen ja gerade das geschärfte Interesse für die *differentia spezifica* nicht nur der griechischen Kultur und nicht nur des griechischen Kultus im allgemeinen. Sondern: gerade das an den Unterschieden der einzelnen griechischen Kultformen. Sie sind – mit einem von Kerényi gern gebrauchten Terminus gesagt[32] – am jeweiligen »Stil« der diversen Mythen und Riten interessiert, gleichsam an den feinsten Nuancen, in welchen sich die hier ausgedrückte religiöse Erfahrung als Wesenszug eines je besonderen »Aspekts der göttlichen Macht« offenbart. Wenn beide nun ganz offensichtlich das Theater der Tragödie in der Entwicklung der griechischen Kultur nach ihnen vorangegangenen Kult- und Kunstformen als deren Erneuerung, Revitalisierung betrachten – Otto setzt es nach dem ursprünglichen Totenkult, nach Lyrik und Epik an, Kerényi unmittelbar nach dem Heroenkult –, dann müßten sie gerade in ihrer systematischen Absicht daran interessiert sein, zu eruieren – eben nicht, was diese Formen im Sinne der zurückgewiesenen evolutionistischen Entwicklungsvorstellungen miteinander verbindet, sondern: was sie, *von ihrer Bedeutung her betrachtet*, voneinander unterscheidet. Wenn das Theater eine kulturgeschichtlich spätere Antwort auf ein- und dieselbe Erfahrung darstellen soll, muß zwar nicht gefragt werden, *warum* diese neue Antwort nötig wird. Wohl aber danach, inwieweit dies *Neue* sich, systematisch betrachtet, eben von seiner Bedeutung her genommen, als das *Andere* der ursprünglichen, und zwar in ihrem Verstande:

der authentischen, der vitalen, der menschlich-»ursprünglichen«, eben der religiös-»numinosen« Erfahrung des Dionysischen erweisen läßt.[33]

Die Schwierigkeiten, in die Kerényi, vor allem aber W. F. Otto geraten müssen, wenn sie auf die – jenseits genealogischer Verhältnisse liegenden – Beziehungen zwischen Dionysos-Kult und Tragödie befragt werden, resultieren geradewegs aus ihrem Ansatz; sie charakterisieren seine Grenzen. Da beide, was die religiöse Erfahrung betrifft, auf Spezifisches, Besonderes, Einzigartiges aus sind, auf einander Inkommensurables, letzthin auf das Inkommensurable schlechthin, verbietet sich ihnen geradezu jeder Versuch einer Verhältnisbestimmung zwischen einzelnen Religionen oder zwischen Religion und Kultur.[34] Allesamt als Ausdrucksformen des menschlichen Ergriffenseins durch die »Wirklichkeit« bestimmt, nur daraufhin betrachtet und thematisiert, können sie – wie hier eben Kult und Tragödie – allein in analogisierender Redeweise in Bezug zueinander gesetzt werden. Damit aber ist ausgerechnet die an ihnen so hervorgehobene Besonderung rücklings wieder durchgestrichen – als *Tautologien* des Ergriffenseins sind sie zu guter Letzt eben irgendwie allesamt ein- und dasselbe. Will man bestimmten Prämissen dieser Religionswissenschaft also weiterhin folgen – und die Religion als irreduzible Wirklichkeit *sui generis*, jede spezifische (also auch die Dionysos-)Religion als symbolisches Verweissystem je besonderer Mythen und Riten betrachten –, muß zwangsläufig ein Schritt weiter gegangen werden. Gesucht werden müssen *Maßstäbe*, welche die Möglichkeit der systematischen Vergleichbarkeit zwischen religiös und kulturell Besondertem eröffnen und derart den Zugang zu den hier herrschenden *Unterschieden* erlauben. Hilfreich dafür ist Vernants Hinweis auf den latenten Verweisungsbezug im manifesten Gegeneinander von Symbolismus und Funktionalismus. Gemeint ist mit letzterem die französische Soziologie in der Fassung, welche sie durch Emile Durkheim erhalten hat.

Worin besteht nun genau der Gegensatz, in den sich diese Soziologie zur Religionswissenschaft stellt? Ganz pointiert zeigt er sich zunächst einmal als ein methodischer. Wenn für die Religionsphänomenologie zu gelten hat: Religiöses sei nur in religiösem Nachvollzug zu *erleben*, so gilt für den französischen Funktionalismus Durkheims programmatischer Leitsatz: »Soziales ist nur durch Soziales zu *erklären*.« Am Anfang von Durkheims Soziologie steht der Abweis jeder phänomenologischen Spekulation. Damit zielt sie von vornherein auf ein vergleichendes Verfahren, dem allein die Aufschlußkraft einer Erklärung zukomme.[35] – Worin aber besteht die Gemeinsamkeit, welche, durch den methodischen Gegensatz hindurch, die sachliche Korrespondenz begründet? Allgemein darin, daß auch die Soziologie bemüht ist, ihren Gegenstand – synchronisch – als Wirklichkeit *sui generis* zu erfassen. Sie soll sich ebenfalls als Einheit eines in sämtlichen seiner Teile interdependenten Zusammenhangs erschließen lassen und als solcher systematischer Beobachtung zugänglich sein. Wobei der hier anvisierte Zusammenhang die Einheit einer je gegebenen Gesellschaft als ganze betrifft. Sie bildet den Horizont der Inbezugsetzung all der von ihm überwölbten Elemente. Die dafür vorgesehene Vorgehensweise begründet nun eine inhaltliche Entsprechung zur phänomenologischen Religionsauffassung. Denn Religion wird als soziologische Vergleichsgröße in Rechnung gezogen, ohne daß sie, als gesellschaftliche Erscheinung *betrachtet*, darum aufhören müßte, als eine ganz und gar autonome Form der Begegnung mit dem Heiligen *erlebt* zu werden. Indem sie solches freilich in einen größeren Rahmen, in den Rahmen der Gesellschaft stellt und diese Erlebnisweise des Heiligen in Hinsicht auf das Gesamt der Gesellschaft thematisiert, schafft die (Religions-)Soziologie, was der Religionsphänomenologie ihren eigenen Voraussetzungen nach fehlen muß: die Möglichkeit, Relationen anzugeben zwischen Religion und Kultur sowie zwischen ihren verschiedenen Geltungsbereichen in einer bestimmten Sozietät.

Nun fällt auch Durkheims Interesse an Religion, nicht anders als das der Anthropologen, zusammen mit dem Interesse an einfach organisierten, an »primitiven« Gesellschaften.[36] Auch sie sind ihm religiöse Gesellschaften per se, und die antike *polis*, wie sie ihm im Epoche machenden Buch *La cité antique*[37] seines Lehrers, des Historikers Numa Denis Fustel de Coulanges, zuerst begegnete, rechnet er unter ihre vornehmsten Formen. Seitdem nimmt die *polis* und die ihr zugehörige Form der Kultreligion in seinem soziologischen Denken einen besonders hohen Stellenwert ein. Die Frage nach der Bedeutung der Religion für den »primitiven« Menschen wird nunmehr aber entschieden in synchronischem Betracht gestellt. Weshalb Durkheims Kritik an den ihm vorliegenden Theorien über primitive Gesellschaften ebenfalls zwangsläufig auf die Kurzschlüsse der Evolutionslehre zielt.

Insbesondere wirft er der Anthropologie das reduktionistische Vorgehen vor, das aus der *survival*-Theorie folgt. Dabei, sagt Durkheim, werden die aufeinander (rück-)bezogenen Phänomene in unzulässiger Weise isoliert. Alle Erscheinungen einer Kultur können seiner Ansicht nach *für die Wissenschaft* nur bedeutsam werden im Beziehungsgeflecht, das sie in einem systematisch bestimmbaren Zusammenhang miteinander verbindet. Diesen findet der Soziologe im je in Betracht gezogenen Gesellschaftsgefüge vor. Im soziologisch-historischen Vorgehen muß man die einzelnen Erscheinungen einer Kultur deshalb als *faits sociaux*, als »soziale Tatsachen« (oder »Tatbestände«) thematisieren.[38] Als solche kommen sie immer nur vor als Teile eines Systems, das ihnen einen je bestimmten Platz im Gesellschaftsganzen zuweist. Jede Vereinzelung eines seiner Elemente verbietet sich, da dadurch von vornherein eine wissenschaftliche Aussagemöglichkeit darüber verwehrt ist.[39] Auch wenn sie historische Gegenstände betrifft, muß sich soziologische Erkenntnis also nicht auf die Abfolge disparater, vielmehr auf die Gleichzeitigzeit koexistierender Elemente richten. Sie hat zuvor und vor allem ihren je besonderen Stellenwert in dem ihnen eigenen sozialen Kontext zu eruieren. Dieser aber wird greifbar in der *Funktion*, welche sie in der Gesellschaft besitzen, deren Teil sie sind.

Als soziale Tatbestände sind alle politischen, juridischen, ökonomischen, religiösen, ästhetischen etc. Phänomene einer gegebenen Sozietät mithin einander prinzipiell vergleichbar. Voraussetzung dafür ist, daß sie als funktionstragende *Institutionen* dieser Sozietät betrachtet werden.[40] Daran schließt sich ein zweiter Einwand gegen die Anthropologie an. Er betrifft deren Religionstheorie im besonderen. Ihr zufolge soll die älteste Magie bekanntlich eine gleichsam vorwissenschaftliche Form instrumentellen Weltverhaltens darstellen, die Vorstufe von Religion und Ratio. Gegen solche Entwicklungstheorie vermag die Soziologie eine auf Anhieb einleuchtende Beobachtung ins Feld zu führen: In allen »primitiven« Gesellschaften kann festgestellt werden, daß es, neben und getrennt von den »magischen« Praktiken, auch ganz und gar rationale gibt. Auch in einfachsten Stammesgesellschaften existiert die praktische Naturbeherrschung in Form bestimmter genau gewußter und gut beherrschter Fertigkeiten – etwa des Jagens und Sammelns, des Fischens, des Bootebauens – oder in Form ausgereifter Techniken – etwa des Ackerbaus, der Viehzucht etc. Wiederum wird auf diese Weise gegen den Evolutionismus auf Synchronie gepocht, diesmal in der wesentlichen Übereinstimmung mit der Religionswissenschaft. Auch für den Soziologen ist nämlich die Religion als solche, insofern sie systematisch als Teil der Gesellschaft, und zwar als notwendiger Teil jeder Gesellschaft betrachtet wird, ein Phänomen *sui generis*. Sie ist mit *dem* Menschen gesetzt als ein spontanes Vermögen, das nicht etwa reduzibel ist auf irgendwelche Stadien im Emanationsprozeß des menschlichen Geistes. Das magisch-animistische, kultisch-rituelle etc. Verhalten existiert ja immer zugleich mit rationalem, instrumentellem Verhalten. Religion gehört also, in welcher Form auch immer, zum notwendigen Inventar der Gesellschaft. Just diese Gleichzeitigkeit im unerläßlichen Nebeneinander von profanen und sakralen Institutionen einer jeden Sozietät eröffnet nun erst die Möglichkeit, beide miteinander in Bezug zu setzen, erlaubt den Vergleich.

Denn auf diese Weise gewinnt Durkheim eine doppelte Perspektive auf seine Gegenstände.[41] Einerseits unterstreicht er die Autonomie und den eigenen Status des Religiösen. Anderseits verlangt er, Religion – und zwar als eigenständige Bewußtseinsform und als eigenständige Praxis – wie eine soziale »Tatsache« zu betrachten. Indem er, immanent gesehen, das eigene Recht und die eigene Rechtfertigung des Glaubens und Handelns in einer sozialen Institution von ihrer objektiven Bedeutung trennt, die sie in der Beobachtung als *fait social* besitzt, trennt er grundsätzlich das subjektive Motiv menschlicher Handlungen von ihrer »tatsächlich« gegebenen Funktionsweise. Solche Spaltung im Erkenntnissubstrat führt zu unterschiedlicher Aufgabenstellung für die Betrachtungsweisen der Kulturgeschichte. Die *Intentionen* eines kulturellen Phänomens können durchaus religionswissenschaftlich, kulturhistorisch, psychologisch etc. untersucht werden. So eben auch die Religion und die Religionen. Das Religiöse, wie alle Kulturerscheinungen, als *fait social* betrachtet, muß aber auch – objektiv – auf die *Funktion* bezogen werden, die es – jenseits des Bewußtseins des einzelnen *homo religiosus* – in der und für die Totalität der Gesellschaft erfüllt.[42] In solchem Bezug erweist sich Religion nun geradezu als das wichtigste Moment des sozialen Zusammenhangs.

Religion als gemeinschaftsbildende Kraft

Damit ist nun ein Grundpunkt von Durkheims soziologischer Wissenschaft angesprochen. Bei aller Modifikation im einzelnen läßt er in seinem gesamten Werk keinen Zweifel daran, daß der gesellschaftliche Zusammenhang weit mehr umfaßt als die Summe der in ihm lebenden Individuen. Jederzeit insistiert er darauf, daß für die Wissenschaft auch die Gesellschaft eine Wirklichkeit *sui generis* ist. Als solche muß sie aber all ihren Mitgliedern gegenüber als vorrangig und vorgeordnet verstanden werden. Der gesellschaftliche Zusammenhalt, heißt das nun wieder, begründet sich letzten Endes in einem allen einzelnen und ihrer Gemeinschaft vorausliegenden äußeren Zwang. Soweit geht

Durkheim einen entscheidenden Schritt über die vorsoziologischen Theoretiker des Gesellschaftsvertrags hinaus. Im Zentrum seiner Überlegungen steht ein »nicht-kontraktuelles« Moment im Kontrakt.[43] Es muß jenseits des freien Willens und des Bewußtseins der Gesellschaftsmitglieder Bestand haben, da es als solches in den Vertrag nicht eingeht, sondern ihm vorauszuliegen hat – als die Bedingung seiner Möglichkeit. So eröffnet sich die alles andere einschließende Grundfrage der Soziologie: Was motiviert jeden einzelnen und alle gemeinsam – jenseits ihres freien Willens und Bewußtseins –, sich dem vorgegebenen Ganzen unterzuordnen, dem Zwang sich zu fügen. Denn an dieser Überzeugung hält Durkheim fest: Eine Gesellschaft und ihre Institutionen funktionieren nur dann und können nur dann und nur insoweit funktionieren, als sie sich auf eine primordiale Autorität gegenüber ihren Mitgliedern stützen können. Worin begründet sich nun solche Autorität selbst?

In diesem Fragerahmen entwickelt Durkheim seine – immer wieder variierte, in unterschiedlichen Zusammenhängen differenzierte, im Ganzen widersprüchliche, jedenfalls uneinheitliche – Theorie des *conscience collective ou commune*.[44] Dieser in der späteren Soziologie umstrittene Terminus ist bereits für Durkheims Gebrauchsweise besser übersetzt mit kollektivem »Gewissen« als mit kollektivem »Bewußtsein«. Mit ihm ist nämlich der Bereich der »moralischen Obligation« aller Mitglieder einer Gesellschaft angesprochen, die ihre Solidarität begründet. Letzten Endes ist solche Obligation in deren Unbewußten situiert und besitzt eben darum kollektive Verbindlichkeit, gemeinschaftsbildende Kraft. Für die bestimmende dieser Kräfte erachtet Durkheim aber – je intensiver er sich mit den Problemen gesellschaftlicher Solidarbildung auseinandersetzt – die Religion.[45] Sie ist ihm Grundlage des moralischen Lebens (*vie morale*) einer Gesellschaft. In ihr liegt die unwillkürliche Übereinstimmung der Gesellschaftsmitglieder vor, bevor diese sich die Form ausdrücklicher Normativität gibt. In der Religion besteht also das allem Bewußtsein und allem Willen vorausliegende System von Ideen und Überzeugungen, welches die Individuen allererst solidar- und damit vertragsfähig macht. Die Religion konstituiert die Wirklichkeit der Moral. Sie ist, so betrachtet, die unerläßliche Basis der Geltung von sozialer Moral – jederzeit und überall.

In religiöser Einstellung verfügen die Menschen mithin immer schon – vor aller Erfahrung – über die absolut gültigen Werte, welche ihrerseits das gesatzte Recht, den geltenden Normenkanon begründen.

In solcher Einstellung schaffen sie sich eine Sphäre absoluter Werteverpflichtung, derzufolge alle, der durch sie begründeten sozialen Normativität unbefragt, ohne Einschränkung folgen müssen. Sie tut dies aber auf ihre gegenüber Willen und Bewußtsein gänzlich autonome Art und Weise. Religion schafft Obligationen, indem sie die gemeinschaftlichen Werte eben in die *Sphäre des Heiligen* rückt und diese der *Sphäre des Profanen* unverrückbar entgegensetzt. Insofern ist die Trennung von sakralem und profanen Bereich zugleich und in eins mit der Existenz des religiösen Bewußtseins gesetzt; sie ist gleichursprünglich mit ihm.[46] Auf diese Weise aber werden Solidarwerte verabsolutiert. Mit dem Bezirk des Heiligen ist eine – sich selbst begründende, von daher absolute, von daher absolut geltende – *Wirklichkeit per se* gegeben; unbefragbar, für den einzelnen wie für das Kollektiv. Religion kommt Durkheim derart in Sicht als die unerläßliche Grundlage des Sozialen, ja: als *das* Soziale selbst. In ihr manifestiert sich die Wertsubstanz einer Gesellschaft, die sich in ihr sozusagen selbst vergottet. Indem sie dies tut, schafft sie den Rückhalt für die Geltung ihrer Autorität. Das Religiöse als Fundament der Gesellschaft ist, so betrachtet, ihr autoritäres und autoritatives Prinzip zugleich.

So weit gekommen, zeigt sich der innere Grund für das erwähnte Interesse Durkheims an »primitiven« oder eben religiösen, von ihm »einfach zusammengesetzt« (»monosegmentär«) genannten Sozietäten, darunter die *polis*. Er fällt zusammen mit einem die zeitgenössischen Gesellschaften betreffenden Motiv. Bei Durkheim ist dies im übrigen durchaus eingestanden. Soziologie, wie er sie betreibt, soll schließlich helfen, die Probleme der *gegenwärtig* existierenden Gesellschaften aufzuklären und ihnen Lösungsvorschläge zu unterbreiten. Dabei ergibt sich die enge Verbindung zwischen Religion, Solidaritäten begründender und ermöglichender Autorität und äußerem Zwang nun nicht etwa zwangsläufig aus seiner Theoriebildung über moderne Vergesellschaftungsprozesse.[47] Erst das mit seiner »positiven« Wissenschaft verbundene Anwendungstheorem verleitet ihn zu Vereinfachungen, welche sein – ansonsten mannigfach differenziertes und modifiziertes – Interesse an der Verbindung von Autorität und äußerem Zwang in den Vordergrund treten lassen. In praktischen Bezügen erhebt er die primitiven Gesellschaften denn auch in den Rang von Modellen, denen sich Remedien für gegenwärtige Krisenerscheinungen entnehmen lassen sollen.[48]

Dabei interessiert ihn durchaus nicht der Ursprung der Religion. Die gilt ja auch ihm als selbstursprünglich und ewig, mit dem Menschen gesetzt als sein genuin wertebildendes Vermögen. Vielmehr will er in Stammesgesellschaften recht eigentlich die Verflechtungsweisen in den »elementaren Strukturen« des religiösen und des sozialen Lebens entdecken. Vorausgesetzt, es handelt sich um Gesellschaften von denkbar einfachster Organisation und, zugleich, um solche, in welchen die frühesten religiösen Formen faßbar werden,[49] will er hier die *Kongruenz* von Religion, Moral, Recht, Bewußtsein und Gesellschaft studieren. Die »Natur des religiösen Lebens« zieht er also nur insofern in Betracht, als sich in ihm die Muster zu erkennen geben, welche allen Manifestationen einer Kultur ihr besonderes Gepräge geben, auch und gerade den kognitiven. In dieser Hinsicht eröffnet er den Weg, den sein wichtigster Schüler Marcel Mauss weitergehen und zur Konzeption der »absoluten sozialen Tatsache« führen wird, in der sämtliche Dimensionen des sozialen Lebens – religiöse, politische, imaginäre und logisch-klassifikatorische – einander überschneiden.[50]

Wichtiger für unseren Zusammenhang ist die andere Absicht von Durkheims Studium der Stammesgesellschaften. Im Blick auf die ihnen eigenen religiösen Institutionen fragt er nun eben nach den Mechanismen, mittels derer sich die absolute Wirklichkeitsbindung des Religiösen zugleich auch Wirksamkeit und damit gesellschaftliche Realität verschafft. Ihn interessieren die Instrumentarien, durch welche sich die *vie religieuse* mit der *vie morale* einer Sozietät in praxi in Deckung bringt. Denn soziale Wirklichkeit erlangt alle »Mentalität« einzig und allein durch Praxis, in gemeinsamen Handlungen. So gesehen, scheint ihm nun die – für komplexere Gesellschaften zu differenzierende – Grund-Definition des *fait social* in »elementaren« Sozialstrukturen schlechthin zutreffend. In Reinform sieht er einen solchen Tatbestand vorliegen »in jeder mehr oder minder festgelegten Art des Handelns«, »die im Bereich einer gegebenen Gesellschaft allgemein auftritt«, »ein von den individuellen Äußerungen unabhängiges Eigenleben« führt, und demzufolge auf die einzelnen und alle zusammen einen »äußeren Zwang« ausübt.[51]

Solches Handeln bestimmt sich also durch allgemeine Verbindlichkeit, strikte Kollektivität. Erreicht wird diese durch Festlegung, Gleichförmigkeit des Denkens und Tuns und den Zwangscharakter, durch welche dieses institutionalisierte Tun die Autorität von Werten durchsetzt. Ein unübertreffbares »mehr«, ein Höchstmaß an Festlegung zeigen nun aber die genuin religiösen Institutionen. Greifbar werden sie in Form der Kultreligionen, die sich auch dem Soziologen als unverbrüchlicher Zusammenhang von Mythos und Ritus darbieten. In den Formen des Kultes nimmt jedes Mitglied der Stammesgesellschaften unverrückbar den ihm durch Glauben und Tradition zugeschriebenen und geheiligten Ort ein. Im Mythos ist ihm gleichsam die Verfassung der gesellschaftlich gültigen Grundwerte vorgegeben; der Ritus ist das Instrument, diese Grundwerte im gemeinsamen Handeln wieder und wieder zu aktualisieren. Der Kult, derart als *fait social* gesehen, hat im tiefsten Grunde die Funktion, den Wirklichkeitsstatus der religiösen Wertewelt zu bestätigen und von ihr her die Realität des sozialen Lebens zu sanktionieren.

Allgemeinheit, Verbindlichkeit, Kollektivität und äußerer Zwang zeigen sich in nuce in der kultischen »Art des Handelns«, nämlich in der Formelhaftigkeit von Mythos und Ritus und ihrem unverbrüchlichen Verweisbezug, deren Stereotypie strikt eingehalten werden muß. In der rituellen Verkörperung des Mythos setzt sich das Kollektiv *zu festliegenden Zeiten und geschlossen* in Verbindung mit den unverlierbaren Grundlagenwerten der Gesellschaft. Seine gesellschaftliche Realität produziert der Kult also im gemeinschaftlichen Fest. In kultischer Feier begegnet eine Gesellschaft, dem Erleben der Gemeinde nach, dem Heiligen und damit, ihrer Funktion nach, sich selbst. In solch festlichen Begängnissen geht das Individuum so weit wie möglich im »Gattungstyp« auf. In gemeinsamem Tun schafft sich das Kollektiv als Zwangsgemeinschaft einen reflexionsfreien Raum kollektiver Werte-Geltung.[52] Dadurch wird stets neu der Übergang hergestellt von der *vie religieuse* zur *vie morale*. Solcherart verschafft sich das Heilige Geltung – als Wirklichkeit schlechthin, von der sich alle profane Wirklichkeit herleitet, in der sie sich zu guter Letzt begründet und auf die sie sich in periodischem Kultbegängnis stets neu zu beziehen hat, um sich in ihr stets neu begründen zu können.

Jetzt liegt das gegenwartsgebundene Motiv von Durkheims historischer Forschung offen zutage. Er erblickt in der Religiosität ein anthropologisches Vermögen als Vermögen der Soziabilität der Menschen selbst. In den frühesten und einfachsten religiösen Institutionen zeigt sich ihm eben darum in Reinkultur, modellhaft, wie sich Vergesellschaftungsprozesse überhaupt vollziehen können. Hier vermag er die elementare Wirkungsweise von Institutionen zu studieren. Deshalb ist er geneigt, in ihnen auch Vorbilder zu entdecken – als Hilfe, die gegenwärtig sich vollziehenden Transformationsprozesse der »moralischen Obligationen« der Zeitgenossen zu verstehen und, gegebenenfalls, fördernd darein einzugreifen.

Man sollte nun die restaurative Tendenz in den soziologischen Zeitdiagnosen Durkheims nicht überbewerten. Die hier unterbreiteten,

Re-mythisierung und Re-ritualisierung der Gegenwart betreffenden Vorschläge werden eher beiläufig geäußert.[53] Dennoch ist die – über die Kriterien von Autorität und Zwang erfolgende – grundsätzliche Verbindung von primitiver Gesellschaft mit gesellschaftlicher Ordnung per se für Durkheims Wirkung überaus aufschlußreich. Sie zeigt sich sogar als eines der wichtigsten Motive für ihre schulbildende Kraft. Seit den zehner Jahren wird die Erforschung primitiver Gesellschaften durch französische Soziologen geradezu synonym mit der Zugehörigkeit zur Durkheim-Schule. Daß dies zusammenhängt mit dem Interesse an enger Kopplung von Autorität und Ordnung – mit einem autoritativen Ordnungskonzept als Leitbild für Gesellschaft schlechthin –, ist schließlich – nach entsprechenden, gegen gerade ihn vorgebrachten Vorwürfen – von Durkheims Schwiegersohn Marcel Mauss – im Jahre 1939! – erkannt, ausgesprochen und ausdrücklich *bedauert* worden.[54]

Religion als Begegnung mit dem Ursprung

Der Kult, in welcher Spielart er uns auch entgegengetreten ist – als urtümlich religiöse oder als urtümlich soziale Erscheinung –, zeigt sich so – zumindest in Teilen – unzweifelhaft als ein Konstrukt aus der Perspektive des 20. Jahrhunderts. Rekultifizierung als Ordnungsfaktor ist ein mehr oder minder geheimes Leitmotiv der Beschäftigung mit Religion – nach einem Ersten und vor einem Zweiten Weltkrieg. Zu bedenken wird also sein, was davon – jenseits des Konstruiertseins – objektivierbar ist und Geltung beanspruchen kann als eine sachliche Einsicht in *historische* Strukturen. Nur so läßt sich eruieren, was stichhaltig ist für unser Problem: Kategorien zu finden, die es ermöglichen, Kult und Theater zu sondern und als Besonderte in ein Verhältnis zu setzen, aus dem sich ihre unterschiedliche Bedeutung in einer »gegebenen« Gesellschaft erhellt. Dieses Bedenken wird freilich erst möglich sein, wenn wir einen weiteren Schritt getan haben. Er ergibt sich aus der bleibenden Notwendigkeit näherer Verhältnisbestimmung der unterschiedlichen Religionsbegriffe.

Denn die bislang aufgewiesene Korrespondenz ist ja keineswegs eine vollgültige. Wenn die Soziologie von der Autonomie der Religion spricht (und in ihr die eigentlich gesellschaftsbildende Potenz entdeckt), dann bezieht sie sich ausschließlich auf die soziale Funktion des Religiösen als solches. Hier liegt das Studienobjekt der »strukturell-funktionalen« Soziologie.[55] Die einzelnen Religionen dagegen verweist sie in den Bereich religionswissenschaftlicher, vorzugsweise psychologischer Intentionsforschung. Für ihre Problemstellung ist die Erlebensweise des *homo religiosus* ganz unerheblich. Auf der besonderen, symbolischen Ausdrucksform der einzelnen Religionen aber hatten gerade die Phänomenologen insistiert, und hier lag ja auch ihr Ausgangspunkt, eine bestimmte Religion – die Dionysos-Religion – als irgend geartete Voraussetzung des Tragödientheaters anzuschauen. Aus solch gravierendem Unterschied folgt also notwendig die Frage, ob weitergehende Verbindungen zwischen den beiden Religionsbegriffen aufweisbar sind. Läßt sich, heißt das, an der *Erfahrung* des Religiösen selbst ein Moment beschreiben, das als *Inhalt der Religion* mit den soziologisch postulierten *Funktionen des Religiösen* in Übereinstimmung zu bringen ist? Es wird sich nur in der Form der »archaischen« Kultreligionen aufspüren lassen müssen. Denn mit dem Kult als Religionsform der menschheitlichen und gesellschaftlichen »Frühe« – des näheren: mit dem Kult als wechselseitigem Verweissystem von Mythos und Ritus – haben sich sowohl die Religionswissenschaftler als auch die Soziologen beschäftigt. Darüber hinaus bleibt zu fragen: Läßt sich an diesen ein solches Erfahrungsmoment als Charakteristikum nicht nur archaischer, sondern eben auch spezifisch griechischer Religiosität erweisen? Nur über die versuchsweise Beantwortung dieser beiden Fragen wird dann den besonderen Formen auch der Dionysos-Religion und den Funktionen, welche diese im *polis*-Gefüge wahrnimmt, näherzukommen sein.

Inwiefern ist die Religion also authentischer Ausdruck des Irrationalen und dennoch eine gesellschaftliche Institution? Inwiefern, heißt das, strukturell-funktional formuliert, erwächst sie aus gewissen Strukturen der Irrationalität, und inwiefern erfüllt sie zugleich die – soziologisch postulierte – Garantiefunktion für das Überdauern dieser Strukturen als den Grundlagen dieser Gesellschaft? Was den religiösen Aspekt dieses Zusammenhangs anbetrifft, kann hier die Position des Religionshistorikers Mircea Eliade weiterhelfen, wie er sie insbesondere im Buch über *Das Heilige und das Profane. Vom Wesen des Religiösen* konzis zusammengefaßt hat. Der Untertitel – Vom *Wesen* des Religiösen – deutet schon darauf, daß Eliade der Religionsphänomenologie, mithin auch Autoren wie Walter F. Otto nahesteht. Andererseits betont Eliade, daß er die Grenzen der strikt phänomenologischen Verfahrensweisen durchaus erkannt hat und um Methoden bemüht ist, sie zu überwinden. So bezeichnet er sich mit Bewußtsein als Religions*historiker*, der auf einer breiten Basis von wissenschaftlichen Ansätzen arbeiten und die Ergebnisse von historischer, psychologischer, ethnologischer und eben auch soziologischer Religionsforschung nutzen will. Das freilich mit einem spezifischen Interesse am *Wesen* der Religion. Er möchte nämlich an allen Resultaten dieser Forschungen Gültiges nur »über das religiöse Faktum (aufdecken), *sofern es religiöses Faktum ist* – und nicht soweit (es als) psychologisches, soziales, ethnisches, philosophisches oder selbst theologisches Faktum« betrachtet werden kann.[56] Genau hier liegt der Unterschied zur Vorgehensweise der strikten Religionsphänomenologie. Eliade formuliert ihn folgendermaßen: Der Phänomenologe »versagt sich, wenigstens grundsätzlich, die Arbeit des Vergleichens. Er beschränkt sich angesichts dieses oder jenes religiösen Phänomens darauf, sich ihm zu ›nähern‹ und seinen Sinn zu erahnen; der Religionshistoriker hingegen gelangt zum Begreifen eines Phänomens erst nach gehörigem Vergleich mit Tausenden von ähnlichen oder verschiedenen Phänomenen und entsprechender Einordnung, und diese Tausende von Phänomenen sind durch Raum und Zeit voneinander getrennt.«[57] Also: Der Religionshistoriker, im Unterschied zu Walter F. Otto, geht durchaus als Kulturhistoriker vor. Dennoch bleibt er nur und ausschließlich auf das religiöse Phänomen fixiert, denn – so fährt Eliade fort – »er weiß sehr wohl, daß die ›Geschichte‹ den Gehalt eines religösen Faktums nicht erschöpft ... (Er) benützt alle *historischen* Kundgebungen eines religiösen Phänomens (das unterscheidet ihn vom Phänomenologen – T.G.), um zu entdecken (und hier setzt wieder die Nähe zur Religionsphänomenologie ein – T.G.), was dieses Phänomen ›sagen will‹; er hält sich einerseits an das historisch Konkrete, aber er bemüht sich andererseits um die Entzifferung dessen, was ein religiöses Faktum durch die Geschichte hindurch an Übergeschichtlichem offenbart.«[58] Weil er beides verbindet – die Vorteile der Methode des kulturhistorischen Vergleichs wie die Schärfe der Problemstellung und die Radikalität des Frageimpetus der Phänomenologie –, kann man an Eliades Schriften exemplarisch vorführen, wie Religion als ein transhistorisches, *strukturelles* Bedürfnis von Menschen zu betrachten ist, das freilich dennoch insofern an Raum und Zeit gebunden ist, als es sich je eigene Ausdrucksformen in ganz spezifischen Institutionen verschiedener Kulturen verschafft.[59] Dies zerstreut die Befürchtung, im Blick auf das »religiöse Faktum« den Kontakt zur Geschichte und damit zu unserem besonderen historischen Zusammenhang – Griechenland im fünften vorchristlichen Jahrhundert – verlieren zu müssen.

Die erste strukturelle Voraussetzung, aus der Religion erwächst, ist für Eliade nun tatsächlich, nach Rudolf Ottos Konzeption des Heiligen, die Selbsterfahrung des Menschen vor dem Numinosen. Es ist das Ergriffensein von dem, was mächtiger ist als der Mensch und vor dem er sich eigentlich als ein Nichts empfindet. Der religiöse Mensch anerkennt die Existenz des Heiligen. Für dieses findet Eliade nunmehr aber auch eine inhaltsbezogene Kategorie. Das Heilige identifiziert der *homo religiosus* seiner Ansicht nach zuvor und ausschließlich mit dem Ursprung – mit dem Ursprung der Welt, in der er lebt, genauer: mit den Ursprüngen aller Dinge, die in dieser seiner Welt vorkommen, den natürlichen so gut wie den kulturell geschaffenen. Der Ursprung deckt sich damit, kategorial gesehen, mit *der* Wirklichkeit schlechthin. Die erste Realität, die alleranfänglichste Realität, das ist die heilige Realität und damit: die Realität überhaupt. In dieser absoluten Wirklichkeitshaltigkeit der Anfänge liegt denn schon die ganze *re-ligio* begründet, wenn man diesen Ausdruck im lateinischen Wortsinn nimmt: Bindung. Der religiöse Mensch ist *durch* die Ursprünge – und damit durch die Realität schlechthin – und *an* die Ursprünge, die Realität schlechthin gebunden. Er ist nämlich durch deren unantastbare Heiligkeit verpflichtet, sich von der mit ihnen gesetzten absoluten Realität nicht zu entfernen. Und dazu dient in allen Fällen und im tiefsten Grunde genommen der Kult mit den zu ihm gehörigen *legomena*, den gesagten, und den *dromena*, den getanen Dingen.

Das läßt sich, erstens, für den Mythos erläutern. Er ist seiner hauptsächlichen Intention nach: Bericht vom Ursprung. In der Vielzahl der Mythen diversifiziert sich *der* Ursprung in den konkreten Ursprüngen. Der Mythos sagt, wie alles, eine natürliche Tatsache, ein menschlicher Brauch, eine gesellschaftliche Institution, angefangen hat. Er teilt mit, wie es am Anfang, in der heiligen Zeit der Gründung solcher Sachverhalte, war und wie es deshalb unverbrüchlich für alle Zeiten zu sein hat. Freilich: Diese heilige Zeit kann nicht wirklich als Zeit des Anfangs, kann nicht etwa als historische und somit als vergangene begriffen werden. Dann wäre die Zeit selbst teilbar, einteilbar nämlich in Einst und Jetzt, in Damals und Heute, dann wäre der Raum der Welt geschieden in Da und Dort, in Nicht-Hier und Hier. Dann gehörten Raum und Zeit nicht mehr zur einen, unteilbaren Wirklichkeit des Heiligen, und diese wäre nicht mehr das, was sie ist: nämlich homogen und absolut. Um sich der Verbindung mit der Ursprungsrealität also zu versichern, muß sich die heilige Zeit deshalb immer wieder ereignen; sich, so wie *sie war* und *immer ist*, wiederholen; der heilige Raum muß sich, so wie *er war* und *immer ist*, stets von Neuem wieder auftun. Genau deshalb ist der Mythos unverbrüchlich auf den

Ritus angewiesen. Die Instrumente des Wiederauflebens dieser heiligen Zeit, der Eröffnung des heiligen Raums, die Mittel, mittels derer sich die wirkliche Wirklichkeit des Heiligen immer wieder offenbart, sind eben die rituellen Handlungen, die *dromena*. Hier tun die Gläubigen, was einst die Götter getan haben, noch einmal, sie werden zu ihren Stellvertretern und rufen durch die Wiederholung der göttlichen Taten die heilige Zeit wieder herauf – *so wie sie war und immer ist.*

Kulturell gesehen, wirkt sich dies aus im unverbrüchlich einzuhaltenen Festkalender, der in allen von Eliade betrachteten Sozietäten eine wichtige Rolle im Leben der Gemeinschaft spielt. Mit seinen Worten ist dieser Konnex von religiöser Überzeugung, heiligem Tun und gemeinschaftlichem Brauch knapp so wiederzugeben: »Die heilige und starke Zeit ist die *Zeit des Ursprungs*, der wunderbare Augenblick, in dem eine Realität geschaffen wurde und sich zum ersten Mal voll manifestiert; deshalb bemüht sich der Mensch, in diese uranfängliche Zeit immer wieder einzutreten. Diese rituelle Wiedervergegenwärtigung *jener Zeit*, in der eine Realität sich zum ersten Mal manifestierte, liegt allen heiligen Kalendern zugrunde. Das Fest ist nicht die Gedächtnisfeier eines mythischen (und damit religiösen) Ereignisses, sondern seine *Wiedervergegenwärtigung*.«[60] Im allgemeinsten genommen, kann also festgehalten werden: Der im Fest praktizierte Ritus ist die gemeinschaftliche Rückkehr der Gläubigen zur Wirklichkeit, zur Zeit des Ursprungs durch die *Wiederholung* dieses Ursprungsgeschehens.

Wir haben uns unserem Zusammenhang nunmehr von der Seite des Religionshistorikers, von dem durch alle kulturellen Ähnlichkeiten und Unterschiede gleichbleibenden »religiösen Faktum« her genähert und gefragt: Was, im tiefsten Grunde genommen, ist die Religion des von der Existenz des Numinosen tief durchdrungenen und erschütterten religiösen Menschen? Die Antwort, die Eliade auf diese Frage gegeben hat, zeigt, daß das Ergebnis des Religionshistorikers leicht mit dem soziologischen Interesse an der Aufdeckung der religiösen Funktion für die Gesellschaft in Übereinstimmung zu bringen ist. Denn die Argumentation Eliades lautet ja: Der Religion liegt ein strukturelles Bedürfnis zugrunde, eine bestimmte Herausforderung an das Bewußtsein eines Menschen, der überzeugt ist von der Existenz eines ihm gegenüber Übermächtigen, Numinosen. Das heißt zugleich aber: Der von Eliade beschriebene religiöse Mensch kommt niemals als einzelner vor. Mythos und Ritus sind ja notwendig *kollektive* Formen des Wissens um die Ursprünge und der Vergewisserung darum durch deren

Aktualisierung in identischer Wiederholung. Jeder einzelne ist durch die Gemeinde an die anfängliche, heilige Realität, die einzige, die wirklich wirklich, die absolut ist, gebunden. Das liegt in allererster Linie darin begründet, daß die heilige Wirklichkeit eine objektive Wirklichkeit ist, vor der der Mensch nicht passiv bleiben, sich kontemplativ verhalten kann. Denn, mit den Worten Eliades gesagt: »Das Heilige manifestiert sich.« Das heißt, das Heilige erscheint wirklich, und das heißt: Es erscheint für jeden in gleicher Weise, es erscheint für alle. Darin liegt ja seine Objektivität, Unteilbarkeit und Absolutheit. Andererseits: Das Heilige erscheint durchaus nicht von sich aus, automatisch. Vielmehr liegt der eigentliche Imperativ darin, daß das Heilige zum Erscheinen gebracht werden muß. Und genau das ist die soziale Verpflichtung, welche die Religion durch ihre eigene Form den Gemeindemitgliedern auferlegt. In gemeinsamem Tun (dem Ritual) muß das (im Mythos) gemeinsam Gewußte in regelmäßigen Abständen zur Erscheinung gebracht werden. Dann erst ist es wirklich da: Dann erst *verwandelt* es den profanen Raum und die profane Zeit, die Zeit des Alltags, in die Wirklichkeit des Uranfänglich-Heiligen, dann wird die Welt, werden Raum und Zeit neu geschaffen.

Das »religiöse Faktum«, für das sich Eliade interessiert, erweist auch von seinem eigenen Inhalt her genommen das Recht, es in eins und zugleich damit als ein soziales Faktum zu betrachten, für das sich der Soziologe interessieren kann. Religion und Kollektivität gehören, folgt man Eliades Argumentation und interpretiert sie im Sinne unserer Aufgabenstellung, im tiefsten Grunde genommen zusammen. Dies eben findet seinen Ausdruck in den Festveranstaltungen der Gemeinschaft. Das sind als religiöse zugleich strikt gesellschaftliche Ereignisse. Soziologisch ausgedrückt: Es sind die eigentlichen Institutionen einer Gesellschaft. Im Festbegängnis verständigt sich die Gemeinschaft über sich selbst, vergewissert sie sich ihrer eigenen Grundlagen. Von ihren religiösen Inhalten her hat es die Funktion, die Gemeinschaft als Ganze im gemeinsamen Tun in Übereinstimmung mit ihren Ursprüngen zu bringen. Im Blick auf diese Kategorie, die genuin religiöse Kategorie des Ursprungs, zeigt sich nun eine weitere, vollgültige Übereinstimmung zwischen Religionssoziologie und Religionswissenschaft. In der Begegnung mit dem Ursprung liegt – nach Eliades Argumentation – die Erfahrung der absoluten Wirklichkeit vor. Eine solche Erfahrung hatte aber auch Durkheim für die soziale Bindung des »Primitiven« für unerläßlich erachtet. Und auch er hatte – am Beispiel der »Traumzeit« der australischen »Primitiven« – die stärkste Wirklichkeit mit der

Ur-, der Ursprungszeit verknüft. Wenn sich die absolute Realität nun, vom religiösen Bewußtsein her gesehen, als identisch erweist mit der Ursprungsrealität, konvergieren phänomenologischer und soziologischer Blickpunkt. Denn in der Begegnung mit dem Ursprung erachtet auch die Mehrzahl der Religionswissenschaftler die *Eigentlichkeit* der religiösen Seinserfahrung und damit deren stärksten Wirklichkeitsbezug begründet.[61]

Dialektik des Ursprungs

Daß damit ein Kernpunkt des Verständnisses von Kultreligionen berührt ist, zeigt sich nun gerade von der mehrfach angesprochenen Perspektive des 20. Jahrhunderts her. Die Wichtigkeit der Ursprungskategorie für den Kult unterstreicht nämlich ausgerechnet der Widerspruch, der durch die Rekultifizierungsbemühungen seit Beginn der dreißiger Jahre hervorgerufen wurde. Dieser Widerspruch gibt sich zugleich zu erkennen als ein signifikanter Aspekt der unmittelbar politisch gewordenen Auseinandersetzung um die Religion im Angesicht des Faschismus im Europa und, besonders, des Nationalsozialismus in Deutschland. Auf dem Felde des Religiösen aber tut sich der Spalt zwischen den Lagern nunmehr insbesondere in der Bewertung der Ursprungskategorie auf. Es entspinnt sich geradezu ein *Kampf um den Ursprung*.

Anerkannt wird auch von den Gegnern autoritativer Ordnungskonzepte, was den Soziologen und Religionswissenschaftlern als Kern der religiösen Erfahrung, als Motiv der mit ihr gesetzten Bindung und damit als Grund der gesellschaftlichen Wirkungsweise des Religiösen erschien. Auch sie konstatieren: Von der Erfahrensweise her gesehen, ist Ziel kultischer Praxis das Erreichen der Ursprungsnähe, die Präsenz des Heiligen, der absoluten Wirklichkeit. Nur geben sie sich nicht damit zufrieden, solches festzustellen. Gesucht wird hier nach Erklärungen des religiösen Phänomens. Weshalb hinzugesetzt wird: Das Bedürfnis nach Ursprungsnähe resultiert letzten Endes aus einem – mit der condition humaine gegebenen – ontologischen Motiv. Ursprung bedeutet unüberbietbare Wirklichkeit, insofern er nämlich stärkstes Sein garantiert. *Ursprungsnähe* ist für die religiöse Erfahrung mithin gleichbedeutend mit *Seinsmacht*. Die aber läßt sich in den Kämpfen der Zeit geradewegs als Politikum erweisen. Das kollektive Ringen um Ursprungsnähe und Seinsmacht manifestiert sich auf dieser Seite der streitenden Parteien nämlich unübersehbar in der umfassenden

Rekultifizierungsbewegung, die in Europa dieser Jahre praktisch Terrain gewann. Wo die autoritativ ausgerichteten Zeitkritiker die Rückkehr zu »ursprünglicher« Autorität und damit zur Ordnung postuliert hatten, müssen ihre Gegner die archaischen Ordnungsmächte nunmehr in einem umfassenden Restaurationsprozeß auf allen Feldern des zeitgenössischen Lebens praktisch am Werke sehen – und just dies hatte auch das erwähnte Bedauern von Marcel Mauss hinsichtlich des soziologischen Autoritätskonzepts hervorgerufen. Rückgang zum Kult bedeutet nun aber, im Konnex religiöser, sozialer und *politischer* Gesichtspunkte genommen: Selbstvergewisserung einer Gemeinschaft durch den *Rückgang zum Ursprung* und eben darum den Versuch, im Kollektiv *Seinsmacht* zu erlangen.[62]

Die Kritiker des Autoritäts- und Integrationskonzepts anerkennen also wohl die wirklichkeitsstiftende, Sein verbürgende Macht des Ursprünglichen; anerkennen das Bedürfnis danach als ein religiöses, anthropologisch »gesetztes« Phänomen. Ihr Einwand liegt dagegen auf einer anderen Ebene und berührt den Charakter der mit der Ursprungsmacht verbundenen kollektiven Verpflichtung. Danach folgt das realpolitische Bemühen, nur und nichts als die unleugbar *bindend-ordnende* Macht des Ursprungs zu re-etablieren, aus einer ungenügenden Einsicht in die Ursprungskategorie. Der politisch aktualisierte Ursprungskult erscheint ihnen gleichbedeutend mit dem Versuch, die eigentümliche *Dialektik des Ursprungs* stillzustellen, sie gewaltsam zu brechen. Als Versuch nämlich, das Bewußtsein zurückzunehmen, das mit der wie immer deutlich gegebenen Einsicht in solche Dialektik verbunden ist. Hier wird gezeigt: Die Kategorie des Ursprungs ist von sich aus mit einer Doppeldeutigkeit, einer inneren Zweideutigkeit belastet. Kein Ursprung nämlich ohne Entsprungenes. Für den Menschen bedeutet der Ursprung deshalb immer ein Zweifaches: *Herkunft* im Entsprungensein, damit aber auch: *Entsprungensein* aus der Herkunft. Nimmt man diese Dialektik ernst, so beinhaltet das vom Ursprung ausgehende Postulat zweierlei Verpflichtung in eins und zugleich: *Rückkehr* zum tragenden Grund einerseits, andererseits *Fortstreben* hin zum Eigenen, das mit dem Entsprungensein gesetzt ist. Anerkannt wird auf beiden Seiten also die wirklichkeitsstiftende, Sein ermöglichende Potenz des Ursprungs in der genuin religiösen Erfahrung. Der darum – in Deutschland und in Frankreich gleicherweise, freilich mit charakteristischen Modifikationen[63] – geführte Kampf geht nun genau um die vom Ursprung herrührenden gegenteiligen Anmutungen. Der realpolitischen Betonung der bindenden, rückwärts gerichteten Kräfte der Ursprungsmacht – unterstrichen im Opferkonzept der Phänomenologen – konfrontieren ihre Gegner den entlassenden, abstoßenden, zukunftsgerichteten Appell des Entsprungenseins.

Auf diese Weise ergibt sich erst die volle Perspektive des 20. Jahrhunderts auf den religiösen Kult, soweit er nunmehr, von seinen Inhalten her genommen, als Ursprungskult verstanden werden muß. Das Bewußtsein solcher Dialektik des Ursprungs erkennt man nunmehr nämlich aller »ursprungsmythologischen Geisteslage« von Anfang an bereits eingeschrieben. Damit gelingt es, in der Ursprungskategorie, in ihrer Dialektik, aufzuweisen, daß die von Durkheim vorgenommene doppelte Perspektivierung von Religion und Gesellschaft, mithin von Subjektivität und objektiver, funktional gerichteter Betrachtungsperspektive, zu kurz greift und nicht genügen kann. Eine gleicherweise verdoppelte Perspektive ist vielmehr bis in das Innerste der kultisch-religiösen Erfahrung selbst hinein zu verfolgen. Die – laut Durkheim – mit der religiösen Einstellung gesetzte Polarität von Sakralität und Profanität zeigt sich nämlich, so betrachtet, schon als das eigene *Problem* des religiösen Menschen. Die Dopplung der religiösen Institutionen in der Auseinanderfaltung von Binnen- und Außenperspektive muß zufolge dessen komplettiert werden um die Einsicht in den Zwiespalt im Zentrum der Erlebensweise des »Heiligen« in den Kultreligionen.

Der Blick des Dialektikers stößt so auf das, was der Berliner Religionsphilosoph Klaus Heinrich den konstitutiven *Riß* in der »ursprungsmythologischen Geisteslage« genannt hat. Heinrich knüpft in den sechziger Jahren an die dreißig Jahre zurückliegenden Auseinandersetzungen und damit an die aktuellen geschichtlichen Erfahrungen mit den Mächten des Kults an.[64] Daraus ergibt sich für ihn die – stets bewußt verfolgte, erkenntnisfundierende – Konzeption seiner Religionsphilosophie. Sie ist nicht länger von einem antiquarischen, noch aber von einem latent wirksamen Interesse an Re-kultifizierung geleitet, sondern geht von der *kritischen* Absicht aus, die religiösen Seiten politisch-sozialer Bewegungen in der eigenen Gegenwart aufzudecken. Und zwar: ohne der Illusion zu verfallen, der Prozeß der Zivilisation habe ihre bindend-zwingenden Mächte aufgelöst. Seine Intention zielt, im Gegenteil, auf die Selbstaufklärung der Aufklärung. In der – gerade am griechischen Material aufzuweisenden – Dialektik der Ursprungskategorie will er die beständig drohende Gefahr (individueller wie kollektiver) Regression aufweisen; andererseits aber auch die darin gelegenen Chancen der – stets mit zerreißenden Konflikten verbundenen – Autonomiewerdung des Subjekts. In diesem Zusammenhang sieht auch Heinrich das »unbedingte, das heißt religiöse Interesse« des Mythos aus der »Qualität des Ursprungs« resultieren. Es besteht darin, daß dieser als »Träger einer unbedingten Mächtigkeit« erfahren wird. Der »Kultus«, in unserer Terminologie also der Ritus, gilt auch ihm als »dargestellter Mythos«. Der hat die Aufgabe, die profane Wirklichkeit zu heiligen und als dauerhaft zu beglaubigen, indem er sie auf eine Urwirklichkeit »gründet«. Als Impuls und Motor dafür erachtet auch Heinrich ein anthropologisches Bedürfnis. Ursprungsbindende Mythen und Riten geben eine Antwort auf »die Leben zerstörende Bedrohung, mit nichts identisch zu sein«. Dabei wird ebenfalls die Zweideutigkeit des Ursprungs zwischen »Herkommen vom Ursprung« und »dem Ursprung Entronnensein« hervorgehoben. Das unglückliche Bewußtsein, das aus dem Widerstreit der damit verbundenen Anforderungen und der mit ihrer Befolgung zwangsläufig und notwendig verbundenen hohen Kosten resultiert – Verlust der Selbständigkeit *oder* Preisgabe des tragenden Grundes –, drückt sich für Heinrich nun aber auch in einem tiefgreifenden Zwiespalt der rituellen Praxis selbst aus, in der das Kollektiv – wider besseres Wissen – Schutz sucht: »... dieser Schutz wird unter großen Mühen erworben, und er wird um einen hohen Preis erkauft. Ununterbrochen muß sich der Mensch in einer ursprungsmythologischen Geisteslage, mit kultischen Veranstaltungen und Opfern jeder Art, seiner Herkunft versichern. Denn der Bruch zwischen ihm und den heiligen Mächten des Ursprungs läßt sich nicht ungeschehen machen, und es gehört zur Dialektik des Ursprungsdenkens, daß die gleichen Veranstaltungen, die den Bruch überbrücken sollen, den Bruch sichtbar machen.«[65]

Die bislang erarbeiteten Kategorien – Kult als Zusammenhang von Mythos und Ritus, Heiligkeit und Profanität, starke Wirklichkeit des Heiligen, mindere Wirklichkeit des Profanen, das Fest als Wiedervergegenwärtigung des (ur)anfänglich-Wirklichen – sind, so betrachtet, allesamt mit tiefer Zweideutigkeit belastet. Sie rührt her von der Zweideutigkeit des Ursprungs selbst. Letztlich bekundet sich das als ein verstörendes Problem schon in der Periodizität der Feste. Daß sie in regelmäßigen Abständen wiederholt werden müssen – das allein muß für den religiösen Menschen ein Skandalon per se sein. Denn seine Grundüberzeugung von der Existenz des Heiligen ist ja die, daß es absolut ist, unteilbare, nicht aufspaltbare Wirklichkeit. Durch die Periodizität der Feste kommt aber in allererster Linie zum Ausdruck, daß die Aufteilung der Zeit, des Raums doch tatsächlich existiert –

da gibt es die Zeit des Festes, heilige Zeit und heiligen Raum; dann gibt es die festlose Zeit, profane Zeit und profanen Raum. So aber kommt das tiefe Problem des religiösen Bewußtseins zum Vorschein. Es war im übrigen bereits impliziert in den oben von mir gewählten Formulierungen über den von Eliade konzipierten zeitlichen Existenzmodus des Heiligen – *es war* einerseits und, andererseits, *es ist immer*. Da drängt sich sofort eine Reihe von beunruhigenden Fragen auf: Wenn das Heilige wirklich ist, wenn es das einzig Wirkliche ist, warum ist es dann nicht immer? Wenn es unteilbar ist, warum sind unser Raum, unsere Zeit nicht auch integral, sondern gehören zwei Ordnungen an, der des Heiligen einerseits und der des Profanen andererseits? Wenn es absolut ist, warum gibt es dann überhaupt den Ursprung? Der dürfte eigentlich nicht sein, denn: Er setzt ja voraus, daß es Entsprungenes gibt, und ohne dies, ein Entsprungenes, kann es jenes, den Ursprung, dem es entsprungen ist, gar nicht geben. Immer stößt man auf Zweierlei, wo eigentlich nur Eines sein soll und muß. So tun sich nun die eigentlichen Widersprüche auf, die im Fest der Gemeinde bearbeitet werden. Es sind im strengen Sinne logische Probleme, Probleme nämlich, die sich aus der eigenen Logik der *religio* selbst ergeben. Hier geht es um besagten Riß in der »ursprungsmythologischen Geisteslage«.

Zugleich hat Heinrichs letzte Bemerkung aber auch noch auf eine weitere kategoriale Ebene geführt. Sie macht auf den Darstellungscharakter des Ritus aufmerksam. Auch in ihm tut sich ein Moment des Zwangs, der Bindung kund. Wenn der Gegenstand des rituellen Tuns die Wiedervergegenwärtigung des Urgeschehens in seiner identischen Wiederholung ist und sich diese Bindung auswirkt als Verpflichtung zu gemeinsamem Tun im rituellen Kultvollzug, muß die Kultgemeinde eben *in immergleicher Weise* das tun, was einst die Götter getan haben, als sie die Welt und die Dinge schufen. Im Vollzug der vorgeschriebenen Handlungen – in der strikten Einhaltung der für jeden Ritus vorgeschriebenen Handlungssequenz, der genauen Beachtung von Ort und Zeit, an welche die Riten unverbrüchlich gebunden sind, im detailliert geregelten Hantieren mit den heiligen Gegenständen, in der wortwörtlichen Wiederholung der heiligen Formeln an genau plazierter Stelle – tritt sie aus aller profanen Ordnung heraus und wird selbst zu den Göttern, deren Tun sie wiederholt, oder aber sie bringt den Gott in Idolen zur Erscheinung. In jedem Falle ist das Heilige im rituellen Akt selbst da, es »manifestiert sich«, es erscheint wirklich. Durch den Zwang, durch die im Detail vorgeschriebene Zeremonie der Wiederholung ganz bestimmter Worte und Handlungen tritt eine *Verwandlung* derjenigen ein, die den Ritus ausüben.[66]

Von der Zweideutigkeit der Ursprungskategorie her genommen, gibt sich dabei nun auch im Darstellungscharakter des Ritus ein Moment der Irritation kund. Hier geht es um die beunruhigende Einsicht in die *Grenzen der Verwandlung*. Sie ist – darauf hat Theodor W. Adorno hingewiesen[67] – allem rituellen Tun unhintergehbar eingeschrieben. Ihm wohnt ein Moment des »Dissimulierens« inne – und ein Bewußtsein davon, in Ausdruck und Wahrnehmung gleichermaßen. Auch der Ritus als Darstellungsform gesehen ist von einem Riß durchquert, vom *Wissen* nämlich um die Nicht-Identität von ersehnter Substanz und dafür einstehendem Ausdruck. Unter dem Druck der Ursprungsbindung ist damit eigentlich der Darstellung selbst die Aufgabe der Beseitigung der fundamentalen Irritation zugewiesen, welche aus dem Widerspruch des profanen gegenüber dem religiösen Denken erwachsen muß. Wenn dieses jenem gegenüber den Nachweis führen kann, daß es eigentlich ein Ding der Unmöglichkeit ist, dann haben die religiösen Feste, die als periodische selbst ein Ding der Unmöglichkeit sind, vom Darstellungsproblem her gesehen die Funktion für die Gemeinde, sich über sich selbst *täuschen* zu können. Bindung und Zwang tauchen hier wieder auf, aber in anderer Bedeutung. Die festlichen *dromena* binden, das heißt fesseln den Widerspruch, der im Glauben selbst liegt, sie zwingen die Menschen, gemeinschaftlich so zu tun, als könnten sie glauben, was einfach nicht zu glauben ist. Als soziale Institutionen dienen sie dem religiösen Menschen im tiefsten Grunde dazu, sich im Kollektiv über die Unmöglichkeit seiner *religio* hinwegzutäuschen. Insgesamt genommen, sind die Kultbegängnisse solcher Festveranstaltungen nichts anderes als Betrugsoperationen zur Heilung des zerreißenden Widerspruchs eines Bewußtseins, der nicht von außen an dieses Bewußtsein herangetragen wird, sondern der in der eigenen Form dieses Bewußtseins selbst enthalten, der in eins mit ihm gesetzt ist.

Die Polis

Der Versuch einer irgend hinlänglichen Verhältnisbestimmung von Kultreligion und Tragödientheater, der von der historischen Schule erst gar nicht in Angriff genommen worden war, konnte weder von der Kulturanthropologie noch von den Phänomenologen zu einem schlüssigen Resultat geführt werden. Der Durchgang durch die (religions-) soziologische Argumentation hat nun aber einen erweiterten kategorialen Rahmen für ein neuerliches Ansetzen geschaffen. Auf den synchronischen Angang, soweit dieser sich jedenfalls gegen die Vereinfachungen der Evolutionstheorie richtet, bleibt unbedingt zu insistieren. Er ist dem unilinearen Entwicklungsdenken überlegen und verspricht, was unser Problem betrifft, besonders hilfreich zu sein. Er begründet nämlich, warum uns die Lückenhaftigkeit der Überlieferung aus der Vorzeit der Tragödie nicht weiter stören muß. Im Gegenteil: Was der im Zeichen der Kontinuität angetretenen Geschichtsschreibung ein ständiges Ärgernis bleiben mußte, immer neue Herausforderung für die Reformulierung kritisierter Überbrückungsversuche, für den neuerlichen und neuerlichen Versuch, den klaffenden Spalt zwischen Ur-, Vor- und Mittlerformen und den elaborierten Formen des Theaters zu schließen, ist unter den jetzt erarbeiteten Voraussetzungen der geeignete Ansatz, die Besonderheiten dessen zu beschreiben, was diesseits des Spalts *als Theater* begegnet. Der Riß, der sich der historischen Forschung auftut, kann als *Grenze* akzeptiert werden, die gerade das Spezifische der Formen des Theaters begründet und trägt.

Nun hat aber gerade das Hinsehen auf Gilbert Murrays Verhältnisbestimmung von mythisch-rituellen und tragischen Formen gezeigt, daß – soweit sie durch identische oder doch ähnliche Handlungsteile in erkennbarem Zusammenhang stehen – die Darstellungsweise des Theaters als Ergebnis der Umstrukturierung, der Transformation ritueller Formen zu verstehen sein muß. Synchronisch betrachtet, ist also davon auszugehen: In dem Moment, in dem uns das Theater als bestimmte, klar konturierte Form entgegentritt, haben wir es – gerade gegenüber den rituellen Darstellungsformen – mit etwas Neuem zu tun. Mit einer neuen Form, welche etwaige Vorformen nicht etwa kontinuierlich fortsetzt, sondern umgekehrt, die sich jenen entwunden, aus ihnen emanzipiert hat. Anders gesagt: In der scharfen Abgrenzung der rituellen und der theatralischen *Formen*, in denen ein Mythos agiert wird, gibt sich das Eigene des Theaters zu erkennen, lassen sich die neuen Bedeutungsmöglichkeiten vermuten, die es im Mythos aufreißt. Um nun aber die theatralischen Formungsweisen in Abhebung vom Ritus beschreiben und eine Aussage über die *Richtung* wie die mit dieser verbundenen *Tendenz* der Umstrukturierung, der Transformation treffen zu können, für unsere Vergleichsabsicht mithin, steht nunmehr eine soziologische Kategorie zu Verfügung. Wie der Kult, so muß auch das Theater als Institution im *Kontext seiner Gesellschaft* betrachtet werden. In diesem Status besteht die notwendige (wenngleich noch nicht hinreichende) Grundlage der Vergleichbarkeit beider.

Die nächste Frage, die sich jetzt stellt, ist die nach der »gegebenen Gesellschaft«. Es ist die Frage nach dem altgriechischen Stadtstaat des fünften Jahrhunderts, in dem das Tragödientheater als historische Größe begegnet. In ihm bleibt nun aber auch noch der Kult als Institution, nach Form und Funktion, des näheren zu verankern. Die diesbezüglichen Kategorien – Kult als religiöses Faktum und als Institution zugleich betrachtet – betreffen bislang ja nur einen – deutlich aus der Perspektive unseres Jahrhunderts angepeilten – Idealtypus. Von der Seite der Soziologen wie von derjenigen des Religionshistorikers im Sinne Eliades sind aber von der Kulturgeschichte deutlich schärfere Begriffe verlangt. Wie die Soziologie immer nach der Spezifik der *je* »gegebenen« Gesellschaft fragt, so interessiert sich diese Religionswissenschaft gerade auch für die besonderen Manifestationsformen, durch die hindurch sich das »religiöse Faktum« in den unterschiedlichen Kulturformen artikuliert. Wie verhält sich – muß also wiederum von beiden Seiten her gefragt werden – der Idealtypus des Kults zu der besonderen Kultform, ja: zu *den* besonderen kultreligiösen Formen, die mit der griechischen Gesellschaft des fünften Jahrhunderts »gegeben« sind? Erst wenn dies geklärt ist, kann – nunmehr unter verschiedenen Vergleichsmaßstäben – auf die strikte Frage der Phänomenologen zurückgekommen werden: Wie verhält es sich genau mit Dionysoskult und Tragödientheater in dieser Gesellschaft?

»Klassische« Polis – historische polis

Der Historiker Viktor Ehrenberg hat in einer Studie über den altgriechischen Stadtstaat von den Athener Tragödienaufführungen des fünften Jahrhunderts vor Christus gesagt: »Dieses Theater war die Polis.«[68] Der Satz faßt eine weit verbreitete Ansicht über die in der gesamten europäischen Geschichte einmalige Bedeutung des altgriechischen Theaters lapidar zusammen. Er meint: Damals hat es keine Fremdheit und keinen Widerspruch gegeben zwischen Kultur und Gesellschaft, zwischen Ästhetik und Politik. Das Theater der Griechen war eine ganz und gar öffentliche Angelegenheit, weil es den beherrschenden Mittelpunkt des öffentlichen Lebens in der Polis bildete. Es konnte auf eminente Weise politisch sein, weil in der kleinen Polis die allgemeine Gleichheit der Bürger und die Partizipation aller an den die Stadt betreffenden Vorgängen verwirklicht waren. So wie sich jeder an den politischen Entscheidungen beteiligen konnte, so stand auch allen das Theater offen. Jeder Zuschauer war ein potentieller Staatsmann. Und das Theater nutzte die Übereinstimmung von politischer und kultureller Öffentlichkeit; es mischte sich in die Anliegen der Politik handfest ein. Auch wenn es sich dabei gegen die Meinungen und Handlungen der politischen Führer und der Mehrheit der Bürger wandte, gehörte es dennoch zu ihnen und wurde akzeptiert. Der Widerspruch, die Warnungen, die Kritik des Theaters waren erwünscht und wurden gehört. Also: Das Theater war Medium der Demokratie und ihr vollendetster Ausdruck zugleich. Das alles drückt der Satz aus, nach dem das Theater die Polis war.[69]

Dieser Satz geht nun aber just von der anderen, der diametral entgegengesetzten Seite als der bislang verfolgten an unser Problem heran. Wenn bisher die religiösen Wurzeln oder aber die religiösen Dimensionen des Theaters interessierten, dann reklamiert er Gültigkeit gerade nur insoweit, als das Theater von solchen Wurzeln abgeschnitten, aus solchen Dimensionen herausgerückt worden ist. Erkennbar ist der Satz ein *Gegen*-satz, und deutlich wird in ihm ein schon sehr alter Prinzipienstreit über den Charakter des Tragödientheaters. Für die einen ist das Theater – *als* Kultpraktik entstanden – selbst und immer noch Kultform. Für die anderen aber ist das Theater – *aus* Kultformen entstanden, folglich: sie verlassen habend – das genaue Gegenteil kultisch-religiöser Praktiken, eine rein weltliche Form nämlich und – als solche allererst – politisches Theater. Also, man sieht im Theater entweder irgendeine erweiterte *Form des Religiösen* vorliegen, wie immer die näher zu bestimmen sein mag. Oder aber, man sieht hier *Säkularisierung* am Werke, *Verweltlichung*. Der prominenteste Vertreter dieser Ansicht ist Bertolt Brecht, von dem bekanntlich der entschiedene Satz stammt: »Wenn das Theater aus dem Kult entstanden ist, dann eben durch seinen Auszug aus dem Kult.« Durch Verweltlichung also, Säkularisierung. Wie steht es nun mit solchen Ansichten, läßt sich in ihrem Streit zu irgendeinem Entscheid kommen?

Nach dem Durchgang durch die soziologische Betrachtungsweise wohl kaum. Denn nunmehr stellt sich eben die Frage: Was, wenn dieses Theater die Polis war, war dann die *polis* selbst? Nicht länger aber genommen als klassische Gesellschaft der perfekten Demokratie, die Utopie der *citoyens* des 19. Jahrhunderts, nicht länger aber auch als – ebenfalls utopiegesättigter – »primitiv«-natürlicher Stamm der Anthropologen oder als »archaisch«-einfaches Ordnungsmodell der Soziologen, bevor sie als solches von Marcel Mauss zurückgenommen wurde. Was war die *polis*, lautet die Frage jetzt, soziologisch betrachtet: Was war sie als System genommen, als Gefüge von funktional zusammenspielenden Mentalitäten und Institutionen? Diese Frage ist nunmehr *an die Geschichte* zu richten. So gesehen, kann aber der Gegensatz zwischen denen, die das Theater als religiöses Phänomen, und denen, die es als Säkularisat nehmen wollen, nicht einmal mehr als Hypothese aufrecht erhalten werden. Die gegensätzlichen Meinungen geben sich von vornherein als Antworten auf eine falsch gestellt Frage zu erkennen.

Für die Richtigstellung solcher Fragen interessiert sich die Schule des bereits mehrfach angesprochenen französischen Gräzisten Jean-Pierre Vernant. Gegenüber den bislang betrachteten Forschungsrichtungen ist bei ihm, ganz im Kantschen Sinne, die kopernikanische Wende vollzogen. Vernant stellt sich nunmehr nämlich – hier liegt der prägende Ausgangspunkt seines Denkens – entschieden dem Problem der Möglichkeiten historisch-philologischen *Erkennens* des jahrtausendelang Vergangenen. Und er interessiert sich dafür nicht allein als für die Eigenart der griechischen Gesellschaft oder der griechischen Kultur, sondern des griechischen Menschen selbst. Wobei das Erkenntnisproblem einer so gearteten Fragerichtung immer mitreflektiert wird. Ausdrücklich gilt die Frage nicht etwa dem griechischen Menschen, wie er war, sondern, wie er *uns* heute lebenden Menschen *erscheint*.[70] Die Vergleichsabsicht der historischen Anthropologie, so wie Vernant sie versteht, bezieht sich also vorderhand auf die Diskontinuität im Zusammenhang zwischen dem alten und dem heutigen Menschsein. Sie gilt es theoretisch und methodisch der Erkennbarkeit zuzuführen. Damit liegt in Vernants Ansatz ein Pendant vor zur erkenntniskritischen Wendung in der Befassung mit dem griechischen Altertum, wie sie auch bei Klaus Heinrich in Deutschland vollzogen wird. Denn wenn es Vernant um eine historische und dabei auch und gerade um eine »religiöse Anthropologie *Griechenlands*«[71] zu tun ist, dann gilt auch seine Aufmerksamkeit – unter dem Aspekt des anthropologischen Zusammenhangs – insbesondere den (sozial-)politischen Wirkungsweisen des Religiösen schlechthin. Sein programmatisch gefordeter Rückgang auf die religionsgeschichtlichen Grundlagen der Soziologie bezieht insofern, bewußt und kritisch gewendet, die Gegenwart immer mit ein. Auch Vernant reflektiert auf die eigenen Erfahrungen, die mit den religiösen Lebens-Implikaten (gerade auch der Politik) zu machen waren und – angesichts des Wiederauflebens religiöser Bewegungen – in der Gegenwart noch immer zu machen sind.[72] Auf ihrer Folie hebt sich die griechische Gesellschaft als »Modell« einer (anderen) Ordnung ab, in welcher das Religiöse als Moment eines signifikanten Ganzen verortet werden muß.

Solche Problemstellung führt also – über die Soziologie hinaus – auf anthropologische Interessen, führt auch und gerade auf die Psychologie zurück. Damit steht Vernant der an der *mentalité* wie der *sensibilité* der Menschen der Vergangenheit gleichermaßen interessierten Historiker-Schule der *Annales* sehr nahe.[73] Wenn er mit dieser, trotz Trennendem, manches teilt, dann resultiert dies aber zu einem entscheidenden Teil aus den wesentlichen Anregungen, die man da wie dort von der Soziologie, von Durkheim und, mehr noch, von Marcel Mauss bezog.[74] Bei ihm liegt der Ansatzpunkt, einen noch undifferenzierten Institutionenbegriff zu präzisieren und damit – im Sinne der *Annales*-Historiker – zu einer »totalen« Sicht auf die Geschichte zu gelangen. Gemeinsam mit Mauss wird nämlich ein Schritt hinaus getan über den naiven Funktionalismus der frühen Soziologie. Grundlegend ist hier der Einwand gegen das Diffuse des Pan-Funktionalismus: »Zu sagen, eine Gesellschaft funktioniere, ist eine Banalität; aber zu sagen, alles in einer Gesellschaft funktioniere, ist eine Absurdität.«[75] Deshalb gilt das vornehmliche Interesse nunmehr in erster Linie den konkreten Vermittlungsweisen der institutionell gebundenen Funktionen, dem *Wie* ihres Funktionierens (und eben auch ihres möglichen Nicht-Funktionierens). Entschieden zielt Vernants Denken auf die Erfassung der inneren Einheit der griechischen Kultur unter dem Aspekt der *totalen sozialen Tatsache* und des in ihr vorliegenden Ineinanders der sozialen, politischen, wirtschaftlichen, vor allem aber psychologischer, das heißt kognitiver, sensitiver und imaginärer Seiten.

Die Wendung gegen die *evolutionistische* Anthropologie betrifft dabei die mit dem Fortschrittsdenken verbundenen Wertungen zwischen früheren und späteren als niedrigen und höheren Manifestationsformen der Kultur. An deren Stelle setzt Vernant, unter rein deskriptiven Kriterien, den Gesichtspunkt des *Anderen*.[76] Gerade die

Differenz soll in den Organisationsstrukturen der geistigen und der praktischen Formen dieser Kultur und in ihrem wechselseitigen Zusammenhang zu eruieren sein, durch welche sie allererst ihre ganz spezifischen Inhalte erhalten. Vernant thematisiert sie also ebenfalls als in sich geschlossenes System von Mentalitäten, Sensibilitäten und Institutionen. Aber es geht hier darum, dessen *historische* Spezifik zu fassen; darum, diese Spezifik in ihrem grundlegenden Anderssein aufzuweisen gegenüber gleichzeitig existierenden Kulturen anderswo in der Welt und aller späteren Kulturentwicklung in Europa.[77] Darum also, das Historische als ein kulturell Fremdes zu lesen, um auf diese Weise auch *sich selbst* besser verstehen zu lernen. In dem, was uns mit jenem gemeinsam ist, ebensogut wie in dem, was uns davon trennt.

In solcher Absicht zielt Vernant deutlich über die klassische Soziologie hinaus und verstärkt den synchronischen Aspekt beträchtlich. Zwar hütet er sich als *Historiker*, in den Extremfall synchronischen Denkens zu verfallen, zu dem Claude Lévi-Strauss seinerseits den soziologischen Ansatz zugespitzt hatte.[78] Dennoch verdankt er dem Strukturalismus von Lévi-Strauss einiges. Das zeigt sich insbesondere im Bemühen, die Einheit der *polis*-Kultur als vollständige *Homologie* politischer, sozialer, kognitiver und imaginärer Erscheinungen aufzuspüren und sie allesamt als Ergebnis ein- und derselben »strukturierten Aktivität« des griechischen Geistes, griechischer Vorstellungs- und Empfindensweise zu interpretieren.[79] Sie aus den gebliebenen Überresten – den schriftlichen und materiellen – zu (re)konstruieren, ist die Arbeit des *Philologen* herausgefordert. Er versucht, die sie kennzeichnenden Besonderheiten auf allen Ebenen des Lebens, des Denkens, des Vorstellens durch kleinteilige Arbeit am Text, an Dokument und Monument, zu erkunden und zu belegen. Und zwar – da greift dann die Arbeit des *Strukturalisten* in die des Historikers und des Philologen ein – indem gezeigt wird, daß alle die in den Texten und Monumenten zum Vorschein kommenden Lebens-, Denk- und Vorstellensweisen in einem eng geknüpften Netz der wechselseitigen Abhängigkeiten miteinander zusammenhängen. Im eng verquickten Konnex der geistigen und praktischen Hervorbringungen verhalten sie sich – Folge der gleichförmigen Aktivitität des Strukturiertseins, dem sie entstammen – als Analogien und Oppositionen, als Äquivalenzen und Kontraste zueinander.

Dies ist freilich – da hat die von Vernant gern gebrauchte Metapher der Netzstruktur ihre Grenzen – nicht etwa so zu denken, daß dieses Verhältnis aller Ebenen und Momente untereinander etwas ein für allemal Gegebenes, etwas statisch Festliegendes wäre. Vielmehr betont Vernant, daß diesem Verhältnis von (für unser Denken) sehr heterogenen Elementen ein vitaler Dynamismus innewohnt, der seine Bezugsgrößen in ein ständig ablaufendes Spiel einbezieht. In ihm – je nach der durch es erzeugten Konstellation zweier, mehrerer, aller Momente – gewinnen die Positionen erst durch ihre permanente Vertauschbarkeit die eigentliche Funktion. Durch Entsprechungen und Oppositionen von einzelnen Elementen wie von deren Beziehungsbündeln und durch die Umbesetzung von Oppositionen in Entsprechungen und Entsprechungen in Oppositionen erzeugt dieses Dynamo-System seine Bedeutungen. In ihm zeigt sich ein gerade in den scheinbaren Widersprüchen korrespondierender Gesamtzusammenhang, in dessen geistig-sensitiver Motorik die in ihm enthaltenen Elemente sich wechselseitig ihren Platz und damit ihren Sinn zuweisen. Dieses also permanent in Bewegung befindliche, gerade aber in seinen Bewegungsprinzipien – den aktiven Strukturierungsweisen – ungeheuer kohärente und stringente Bezugssystem begründet nun *das Andere* der griechischen Kultur in den weiten Dimensionen, in denen sie hier aufgesucht werden soll. Von den grundlegenden Orientierungen, die den Weltbezug der Menschen konstituieren (zeitlich und räumlich so gut wie sozial, politisch, ökonomisch, familiär, sexuell), von den Institutionen des öffentlichen Lebens, von Verwaltung oder Militär, von Ritus, Mythos oder den Künsten, von den Formen des vorphilosophischen und des philosophischen Denkens, von Bildern und Zeremonien ausgehend, bekommt Vernant – um die Netzmetapher noch einmal zu bemühen – lauter Fäden in die Hand, denen folgend das stets gleiche Knüpfmuster zu rekonstruieren ist. Es bietet sich dar als ein all diese Ideen, Vorstellungen, Handlungen und Dinge miteinander verbindendes Gewebe, als »Textur«. Diese *Textur* ist – soziologisch mit Mauss über Durkheim hinausgedacht – letzten Endes die *polis* selbst. Sie zu beschreiben, ist die Religion ein so guter Ausgangspunkt wie das Politische (und alle übrigen der miteinander verbundenen Momente); sogar noch ein besserer als alle übrigen, insofern sie nämlich – bereits das ist ein Spezifikum der altgriechischen Religion, die mit unserem Begriff der Religion als einer getrennten Lebenssphäre nicht erreichbar ist – unlösbar in sämtlichen Bereichen des altgriechischen Menschseins, des Lebens, Denkens und Vorstellens, beteiligt ist und in ihnen konstitutiv mitwirkt.

Vorgeschichte der polis

Die Geschichte kommt dabei zunächst ins Spiel, um den langen und komplizierten Prozeß der Herausbildung der eigenartigen *polis*-Kultur nachzuzeichnen, der schlußendlich als Folge eines revolutionären Umbruchs gegenüber den durch ihn und in ihm überwundenen archaischen Strukturen etwas qualitativ völlig Neues hervorbringt. Die »Stadt«, die *polis*, ist das Ergebnis dieser Entwicklungen und des radikalen Sprungs, zu dem sie führen. In der *polis* gibt sich das ganz Eigene, das ihre historische Existenz auszeichnende Besondere der Kultur der Griechen zu erkennen. Es wird faßbar schlußendlich in einem grundlegend Innovativen, im Ergebnis eines umgreifenden Transformationsprozesses vorliegender Formen, der alle im Entstehen der *polis* beteiligten Ebenen, Elemente, Faktoren homogenisiert und in dem Funktionsganzen, das sie nunmehr bilden, ganz und gar gleichzeitig werden läßt. In ihm läßt sich das symbolische Universum entziffern, in dem die Griechen gedacht, gefühlt, gelebt haben.

Die seit den fünfziger Jahren dieses Jahrhunderts erweiterten Ergebnisse der historischen Forschung erlauben es Vernant, die Eigentümlichkeit dieser *polis*-Kultur schärfer fassen, als das zuvor möglich gewesen war. Und zwar: Gerade durch die Kontrastierung mit ihrer Vorgeschichte. Seit dieser Zeit ist nämlich die Entzifferung der schon viel früher auf zahlreichen Tontäfelchen gefundenen kretisch-minoischen Schrift (des sogenannten Linear-B) möglich geworden, und – bei allen mit ihrer Interpretation verbundenen Schwierigkeiten – dies erlaubt einen Einblick in eine bis dahin als vorhistorisch, weil: als schriftlos geltende Zeit, die gegenüber dem fünften vorchristlichen Jahrhundert weit über tausend Jahre zurückliegt. Hier tritt nun eine gegenüber der *polis*-Kultur völlig andere soziale Welt vor Augen, welche auf erstaunliche Weise die – wie gesagt: aus Kulturvergleichen erschlossenen, für das vorgeschichtliche Griechenland nur postulierten – Theorien der Ethnologen der Antike zu bestätigen scheint.

Die waren davon ausgegangen, daß die Mythen Griechenlands, wie sie sich etwa um den Gott Dionysos rankten und wie sie noch zur klassischen Zeit und weit darüber hinaus lebendig waren – die Geschichte von seiner Verfolgung durch die Titanen etwa, seiner Zerstückelung durch diese Urwesen, seine körperliche Zerreißung und seine anschließende Wiederauferstehung –, daß die Mythen also ursprüngliche Riten widerspiegeln, in denen solches Geschehen tatsächlich verkörpert worden war. Die auf ethnologischer Basis arbeitende Religionswissenschaft, die Religionsgeschichte Mircea Eliades, hat auf den tiefen Sinn solcher Praktiken hingewiesen. Hier – auf der Grundlage einer ritualistischen Geisteslage – geschieht in jeder Gegenwart des rituellen Vollzugs tatsächlich noch einmal, und zwar in identischer Wiederholung, was in *illo tempore* – in jener heiligen, weil gründenden, die Welt begründenden Urzeit – paradigmatisch geschehen ist. In seiner Repräsentation durch die Teilnehmer des Ritus – in seiner und durch seine Darstellung, in der *Verkörperung* seines Schicksals – kommt der Gott zurück, er stirbt und ersteht wieder auf, ganz genau so, wie das einst geschehen ist und wie es immer wieder geschehen muß, damit die Welt Bestand haben und in der Ordnung gehalten werden kann. Wenn solches bislang von der frühen Ethnologie auf der Basis des Studiums im 19. und 20. Jahrhundert noch lebender »primitiver« Gesellschaften erarbeitet und auf das »primitive« Stadium der griechischen Gesellschaftsgeschichte übertragen, von ihr also nur postuliert worden war, so kann man seit den dazugewonnenen Kenntnissen über die kretisch-minoisch-mykenische Zeit zumindest die *historisch gegebenen Bedingungen der Möglichkeit* solcher (vor-)religiöser Vorstellungen und Praktiken im Mittelmeer-Raum nachweisen. Eines nämlich zeigen alle Lesarten von Linear-B bei allen Unterschieden im einzelnen: Sie zeugen von einer einheitlichen Palastkultur, die nach etwa 1450 v. Chr. auf Kreta und dem Festland bestand. »Das ganze soziale Leben«, sagt Vernant, »ist (hier) auf den Palast ausgerichtet, der sowohl eine religiöse als auch eine politische, militärische, administrative und ökonomische Rolle spielt«[80], in dem sich also sämtliche sozialen Funktionen verschränkten und bündelten. Der Palast grenzt sich aus aller übrigen sozialen Welt aus, die durch ein persönliches Gefolgschaftsverhältnis an den König, den *(w)anax*, gebunden ist. Er, der *(w)anax*, ist dabei, zuvor und vor allem, der Mittelpunkt des religiösen Lebens: Als *Gottkönig* ist er verantwortlich für die Ausführung der Rituale, welche die Existenz der Welt garantieren.

Darin aber kann die historische Grundlage, die historisch tatsächlich gegebene Realität der Vorstellungen über die Entstehung der Welt, über ihre Ordnung und über die Aufrechterhaltung der Weltordnung gefaßt werden, auf denen der Ritualismus dieser »primitiven« Religion beruhte. Das einstige »Drama« der Errichtung der Ordnung durch die Götter, das sich in der Urzeit der ersten Weltgründung ereignet, wiederholt sich nämlich je und je im und durch den Ritus des Gottkönigs. Mensch und Gott zugleich, muß er es ausüben, damit jedesmal, in genau abgezirkelten Perioden, die Ordnung de facto neu errichtet werden kann und die Welt dadurch Bestand erhält. Der Gottkönig schafft damit die Ordnung in jeder Hinsicht und in den grundlegendsten: »Die Einteilung des Raumes, die Begründung der Zeit und die Regelung der Abfolge der Jahreszeiten erscheinen als integrale Bestandteile des Aufgabenbereichs des Souveräns, sind Aspekte der Königsfunktion.« Denn im ritualistischen Bewußtsein existiert die Ordnung nicht für und durch sich. Sondern, sagt Vernant: »Um existieren zu können, muß sie aufgerichtet werden, um zu bestehen, muß sie erhalten werden, und stets setzt sie eine ordnende Hand oder eine schöpferische Kraft voraus, die sie hervorzubringen vermag.«[81] Hier also haben wir die historischen Grundlagen jener Rituale, von denen die Ethnologen gesprochen haben und deren Sinn Eliade erläutert hat. Auch Dionysos muß in regelmäßigen – vom Kultkalender vorgeschriebenen – Abständen immer wiederkommen, und zwar genau so wie einst, damit die Welt in der Ordnung gehalten werden kann. Daß das, wie es in anderen »primitiven« Gesellschaften in vivo studiert werden konnte, auch im archaischen Mittelmeerraum so war, das belegen die vorgeschichtlichen Königsrituale nachdrücklich.

Die Entstehung der polis

Nun zeigt aber eben der Blick auf die Zeit, in der das Theater als Institution im alten Griechenland begegnet, ein gegenüber dieser Zeit der Palastkultur und ihres Gottkönigtums in allem völlig gewandeltes Bild. Und damit offenbart sich gerade der alles verändernde Bruch in der Geschichte des griechischen Menschentums zwischen dem minoisch-mykenischen Königtum und der Demokratie des fünften Jahrhunderts. Es handelt sich hier um einen kulturellen Umschwung, der an der Wende vom siebten zum sechsten Jahrhundert »zwei miteinander verflochtene Neuerungen« hervorbringt: »die Geburt der Stadt und die eines rationalen Denkens.«[82]

Vernant zeichnet die Tendenzen, entlang derer sich eine neue gesellschaftliche Praxis und ein ihr entsprechendes Denken entwickeln, auf den verschiedenen Ebenen nach. Er zeigt, wie das integrale Wirklichkeitsbild, in dem die Urzeit und die eigene Zeit für den Ritus in eins fällt, sich vielfältig differenziert. Es entsteht ein ganz neues Empfinden für die Welt, das gekennzeichnet ist durch »strengere Abgrenzung der verschiedenen Ebenen des Wirklichen voneinander«.[83] Das Aufkommen der Verbrennungsbestattung zeugt davon, daß man nunmehr die Welt der Lebenden und der Toten voneinander zu scheiden lernt; man wird sich des Unterschieds der eigenen Zeit (der Eisenzeit) von der Vergangenheit (der Bronzezeit) bewußt; und durch den Sturz des Gottkönigs, in dem sich Göttliches und Menschliches ununterscheidbar mischte, wird zwischen Menschen und Göttern eine unüberwindliche Distanz geschaffen. Der König als Gott/Mensch und insofern als körperlicher Mittler zwischen den Sphären hat aufgehört zu existieren.

Vor allem die große soziale Krise des siebten Jahrhunderts gibt solchen Veränderungen neue Schubkraft. Allüberall in Griechenland, insbesondere – hier durch Solon – in Athen, werden im Bemühen, Lösungen für das Desaster zu finden, energisch völlig neue Verhältnisse geschaffen.[84] So etwa, indem die alten *nomoi*, die alten Gesetze der archaischen Zeit, durch neue Rechtsnormen abgelöst werden. In ähnlichem Sinne verlaufen die Kultreformen, welche die sieben Weisen, Solon ist einer davon, in vielen griechischen Städten auf den Weg bringen. Aus dem Arkanum, der Geheimsache der Eingeweihten, wird eine öffentliche Religion, die – die erst jetzt entstehenden großen Tempelbauten bezeugen es – allen zugänglich ist. Dieser öffentlich gewordenen Religion werden neue Riten verliehen, wobei sich religiöse Beweggründe allmählich auf den Bereich des Rechtswesens und der politischen Organisation verschieben. Aus den religiösen Mitteln archaischer Prozesse – Schwur, Vereidigung, Zeugenaussage – werden Argumente, anhand derer die Richter, als offiziell eingesetzte Repräsentanten aller Bürger, die objektive Wahrheit zu ermitteln suchen. Der Status des gesprochenen Worts ändert sich damit auf grundlegende Weise. Das Wort des Rituals, die richtige Formel, wird abgelöst durch die kontroverse Debatte, die Diskussion, die Argumentation, in der die Angelegenheit aller verhandelt und durch welche sie entschieden werden muß. Der *logos*, das stimmige, in seiner und durch seine Stimmigkeit und Stichhaltigkeit überprüfbare und überzeugende Wort, und die Politik gehören so von Beginn an zusammen. Dies Wort betrifft die Gemeinschaft, geht alle an, verhandelt aller Angelegenheit. Derart entsteht – das ist die Grundlinie sämtlicher hier zu konstatierenden Veränderungen – ein öffentlicher Raum als der Bereich gemeinschaftlicher Interessen und vor aller Augen offen ausgetragener Handlungen. Die *agora*, der Markt, der ständige Versammlungsort aller Bürger, ist eben der sichtbare, ganz reale Mittelpunkt dieser Gemeinschaft. Die Gemeinschaft aller war im Raum der *polis* mithin tatsächlich eine Erfahrungsrealität.

Auf der *agora* erhält ein durchgängiger Grundzug des griechischen Weltbezugs einen eigentümlich politischen Sinn. Es entsteht hier ein neuer Ort des Sehens, der mehrere Aspekte einer ausgesprochenen Kultur der Schau bündelt und neu organisiert. Das Sehen ist seit altersher ein Konstituens des Auf-der-Welt-Seins des griechischen Menschen, ein Lebensprinzip; in ihm begründet sich seine Zugehörigkeit zur Welt. Nach allgemeiner, noch bis in späteste Zeiten der Philosophie bewahrter Auffassung sind Sehen und Gesehenes nämlich untrennbar miteinander verbunden, zwei Seiten eines Ganzen. Jedem Sehen entspricht ein Gesehenwerden, und darum begründet es die Reziprozität von Mensch und Kosmos, Mensch und Gemeinschaft, Mensch und Mensch. Sehen genauso gut wie Hören, der in *beider* Konzeption implizierte Austausch knüpft und hält auch das soziale Band der Bürger: »Die Identität jedes einzelnen offenbart sich im Umgang mit dem Anderen, in der Begegnung der Blicke und im Austausch von Worten.«[85] Im Schau-Raum der *agora* – im Wechselspiel der Blicke, des Sehens und Gesehenwerdens – vollzieht sich – als unverlierbares Erbe der aristokratischen Kultur – nun aber auch der das Leben der Griechen prägende *agon*, das – zwischen Eigensein und Bürgersein ausgespannte, beide Sphären vermittelnde – Wetteifern der einzelnen um Ruhm und Ehre. In diesem Zusammenhang wird die Bedeutungsverlagerung dieses Ausdrucks sprechend: Bezeichnet *agon* bei den frühen griechischen Autoren die (spektakuläre, mit Spektakeln verbundene) »Zusammenkunft«, beginnt er erst mit zunehmender Differenzierung der *polis*-Sphären die Bedeutung »Wettkampf« anzunehmen.[86] Dabei ist beides noch im späten Gebrauch des Wortes mitenthalten. Im öffentlich ausgetragenen Wettkampf versuchen die einzelnen nämlich – jeder für sich –, das Beste aller zu erreichen. So wird der *agon* zur Ausdrucksform einer spezifischen Auffassung von Individualität, von der man also durchaus sprechen kann. Im und durch den Raum der eindeutigen Sichtbarkeit, in dem sich der *agon*, nunmehr eben zuvor und vor allem auf der *agora*, vollzieht, bleibt der einzelne aber immer gerade auf das soziale Ganze bezogen. Beim griechischen Individuum handelt es sich deshalb um »einen im wesentlichen sozialen Typ von Individuum«, dessen Verlangen nach persönlicher Ehre gleichbedeutend ist mit dem Gewinn von Ansehen bei den ihm Ebenbürtigen und auf diese Weise mit dem Maß seiner Verdienste, die es für die *polis* erwirbt.[87] Insofern sich der *agon* auf der *agora*, und das heißt: als *agon* der Bürger, der grundsätzlich Gleichen vollzieht, gewinnt er politischen Charakter, bekundet er sich als unverbrüchlicher Teil der *polis*.

In den Dienst der Sache aller tritt nun auch die (neue Laut-)Schrift, in der die Sprache ebenfalls zur vollendeten Sichtbarkeit gelangt.[88] War sie in Gestalt der Täfelchenschrift von Knossos, Pylos oder Mykene ein reines Verwaltungsinstrument und als solche ein Arkanum, ein Geheimnis und Herrschaftsinstrument der Könige, wird sie nunmehr zu einer der Öffentlichkeit zugänglichen, in der Öffentlichkeit verbreiteten Technik. In allererster Linie dient sie der Niederlegung der Gesetze und der Verbreitung des Wissens der Weisen. Auch die Schrift wird jetzt politisch, oder besser, sie ist es in eins mit ihrem Entstehen in Griechenland, weil eben: zuerst und vor allem auf die *polis* bezogen, öffentlich. Auf diese Weise verwandelt sich – in Rede und in Schrift – allüberall ein ursprüngliches Geheimwissen nach Art der Mysterien in »ein zusammenhängendes Ganzes öffentlich verbreiteter Wahrheiten«.[89]

Öffentlichkeit ist das Prinzip, und Öffentlichkeit betrifft alle, alle Bürger jedenfalls, die sich als frei und gleich verstehen und die ihre Sache gemeinsam in die Hand nehmen. Entscheidungen darüber werden nicht mehr als Diktat einzelner getroffen, sondern im Wettstreit unter Gleichen gefunden, der eben auf der *agora*, im Sektor der Öffentlichkeit ausgetragen wird. Der »Markt« wird zur Mitte der Stadt und konstituiert einen vollkommen neuartigen sozialen Raum, in dem alle Privatheit und Besonderheit beseitigt ist und als die Angelegenheit aller erscheint. Dieser städtebauliche Raum mit dem öffentlichen Platz für das Politische und den öffentlichen Tempeln für das Religiöse stellt dabei zugleich einen »geistigen Raum« dar, der einen »neuen Horizont des Denkens« eröffnet.[90] In ihn treten alte und älteste Traditionen ein, und in ihm finden sie sich schließlich grundlegend neu gefügt.

Das zeigt sich im übrigen bereits für das erste Auftreten der Literatur, mit der – von Homer und Hesiod, wie Herodot sagt[91] – den Griechen ihre Götter allererst geschaffen worden sind. In Hesiods Theogonie – den Erzählungen über die Geschlechterfolge der Götter und die Entstehung des Göttersystems – sowie der damit zusammenhängenden Kosmogenie – den Erzählungen über die Entstehung der von den Göttern eingerichteten Ordnung des Universums – finden sich die archaischen Riten noch immer reflektiert. Wenn Hesiod schildert, wie die Welt entstanden ist, wie die Götter aufeinander folgten und die einen die anderen bekämpften und besiegten, bis – mit dem Sieg des Zeus über seinen Vater Chronos (dem seinerseits Uranos unterlegen war) – die Ordnung der Welt errichtet ist, dann wird hier das Universum weiterhin als eine Beziehung handelnder Personen aufgefaßt, als eine Hierarchie von Mächten, in der die Ordnung durch den Sieg des

Stärksten sich herstellt. Die Theogenie, die Geschichte der Aufeinanderfolge und Kämpfe der Götter, wie Hesiod sie uns gibt, zeigt mithin das »Drama« der Errichtung der Weltordnung durch handelnde Mächte, und sie zeigt, daß diese Ordnung *immer wieder* hergestellt werden muß, damit sie Bestand haben kann (was sich, wie Vernant zeigt, in der literarischen Struktur von Hesiods Kosmogonie widerspiegelt: Jede Episode im Drama um die Entstehung der Welt wiederholt hier die ganze Architektur des Mythos und faßt sie neu zusammen. Das Drama fängt also auch in der Erzählstruktur immer wieder von Neuem an, spielt sich in jeder Episode der Welterrichtung auf die immergleiche Weise ab; es wiederholt sich ohne Unterlaß[92]). Wenn der Mythos des Hesiod also die Kämpfe der Götter bis zur endgültig errichteten Ordnung verfolgt und dabei – allein von seiner Baustruktur her genommen – nachdrücklich versichert, daß diese Ordnung durch ein Handeln, ein Tun errichtet wurde und *immer wieder* errichtet werden muß, dann hören wir daraus noch das Echo des ältesten Ritualismus. Freilich: die Vernetzung der einzelnen Akte, die durch ihren literarischen Bezug vorgenommen wird, faßt alle einzelnen Handlungen schließlich auch zu einer stabilen und intellektuell nachvollziehbaren Ordnung zusammen, schafft damit die Möglichkeit, diese Ordnung, unabhängig von jedem Handlungsvollzug, zu *denken*.

Eine ähnliche Transformation der Traditionen durch deren intellektuelle Neuorganisation konstatiert Vernant denn auch für das eigenartige Weltbild, das mit der ionischen Naturphilosophie entsteht. Dabei gibt sich ganz besonders deutlich zu erkennen, wie eng die neuartige soziale Erfahrung, die Erfahrung der neuen, um die *agora* herum aufgebauten Stadt, mit den neuen Denkweisen zusammenhängt. Unleugbar bewahren auch sie – und in diesem Punkt bestätigt sich für Vernant Francis Cornfords »Cambridger« *survival*-Theorie – noch Züge der strikt ritualistischen Weltauffassung, ja solche der archaischen Königsfunktion.[93] Der Kern des mythischen Denkens, permanenter Kampf und Vereinigung der Gegensätze, zyklische Veränderung und Rückkehr zum Ausgang, bildet auch die Grundlage der naturphilosophischen Kosmologie. Dennoch findet sich der Mythos im Zusammenhang eines wahrhaft »rational« zu nennenden Denkens wiederum einer grundlegenden Neudeutung unterzogen. In ihm verschwindet »das mythische Bild vom Stufenbau der Welt, in dem der absolute Gegensatz von Oben und Unten zur Einteilung des Kosmos in verschiedene, von göttlichen Mächten repräsentierte Ebenen führte und die Richtungen im Raum unterschiedliche religiöse Bedeutung hatten«.[94] Stattdessen geometrisiert, verräumlicht die Naturphilosophie den Kosmos, denkt ihn als physikalischen Raum, in dem sich die Teile im absoluten Gleichgewicht um einen Mittelpunkt angeordnet finden. Hier zeigen sich die engen Beziehungen der Naturphilosophie zur gesellschaftlichen Erfahrung: Der Begriff des Mittelpunktes hat nun gleicherweise politische (weil an die *agora* gebundene) wie geometrische und physikalische Bedeutung. Erst als solcher konstituiert er das ganze Universum des griechischen Denkens.

Seit ein öffentlicher Platz ihr Zentrum bildet, ist die Stadt also im vollen Wortsinn *polis* – transparenter Raum, in dem gehandelt werden kann. Wobei die Aufgabe des Handelns nun nicht mehr darin besteht, (nur) die göttliche Ordnung aufrechtzuerhalten, sondern – als Aufgabe der Praxis – die *eunomia* zu verwirklichen, die »gute Ordnung«, von der Solon spricht. Die aber ist eine menschliche Ordnung, von Menschen für Menschen geschaffen. Dabei zeigt insbesondere die Geschichte Athens, wie in der dynastischen Krise nach dem Sturz der Palastkultur die Souveränität des absoluten Herrschers durch die »Vorstellung spezialisierter und voneinander unterschiedener Funktionen ersetzt (wird), deren genauere Bestimmung schwierige Probleme des Kräfteausgleichs aufgibt«. Es erfolgt eine Diversifikation der einst im Gottkönig inkarnierten Souveränität auf eine »Anzahl von Funktionen, deren Gegensätzlichkeit ihre Aufteilung und gegenseitige Begrenzung notwendig macht«.[95]

Dies alles hat eine tiefgreifende Umbildung der bestehenden Institutionen zur Folge; besser gesagt: Es schafft überhaupt erst Institutionen und setzt sie, je nach der Funktion, die sie ausüben sollen, in ein bestimmtes Bezugsverhältnis zueinander. Wie der natürliche Kosmos, so wird auch der gesellschaftliche Kosmos nunmehr als Kreisbahn um einen Mittelpunkt geordnet. Was früher Zentralgewalt – die des Königs – war, wird nunmehr auf verschiedene Einrichtungen aufgeteilt, deren Zentrum die *agora* ist. Es entstehen diverse Gremien zur Beratung und Entscheidung in allen – politischen, sozialen, juristischen, religiösen – Belangen und diverse Ämter zur Ausführung der Entscheidungen. Da sie aber öffentlich sind, das heißt alle betreffen, muß jeder Bürger solche Positionen in zeitlicher Ordnung nacheinander durchlaufen. Im fünften Jahrhundert, als die *polis* voll ausgebildet ist, existiert ein genau durchkalkuliertes und in sich austariertes System von Regularien, die ganz spezifische Aufgaben für die verschiedenen Instanzen der politischen Entscheidungsfindung festlegen und die Vorgänge der Ämterbesetzung genauestens fixieren.

Religion in der Gesellschaft

Im Blick auf Vernants Beschreibung der *polis*-Entstehung wird der entscheidende Unterschied zur historischen Philologie wie zur frühen Anthropologie greifbar. Statt der Kontinuität interessiert die Diskontinuität in den geschichtlichen Verläufen. Diese wird in der inneren Systematik greifbar, welche im Ergebnis dieser Verläufe die auf (und zwischen) den einzelnen Ebenen des sozialen Lebens in Erscheinung tretenden Neuerungen miteinander verwebt. Dabei ergibt sich, daß sich die Kohärenz dieses Systems mit dem historischen Moment herausbildet, in dem die *polis* entstanden ist. Sie ist Produkt eines Einschnitts in der griechischen Geschichte, an dem sich gerade im gewordenen *Gefüge* aller Felder des Lebens, Denkens und Fühlens ein komplex organisiertes Ganzes zu erkennen gibt. Dies betrifft nun aber auch die zu dieser *polis*-Organisation gehörige Form der Kultreligion. Sie erschließt sich nicht umstandslos im Kulturvergleich, insofern sie sich eben im wesentlichen zu jenem Zeitpunkt herausbildet, »zu dem eine der für die griechische Welt typischen Formen politischer Organisation entsteht«.[96] Zu erfassen ist diese Religion deshalb nur als ein historisch »gegebenes«, von daher spezifisches System des symbolischen Ausdrucks, das in untrennbarem Zusammenhang steht mit den symbolischen Formen des Politischen, Wirtschaftlichen, Sozialen etc. So betrachtet, erweist sich durchaus die Stichhaltigkeit der religionssoziologischen Kategorisierungen, aber nicht länger in ihrer idealtypischen Allgemeinheit, sondern eben in ihrer für die *polis*-Religion kennzeichnenden Besonderheit.

Während sich Durkheims Grundunterscheidung des religiösen Denkens, in soziologischer Hinsicht und damit prinzipiell betrachtet, bestätigt, bringt die historische Untersuchung zugleich die für die *polis*-Kultur charakteristischen, besonderen Akzentsetzungen zutage. Die Unterscheidung von heilig und profan ist durchaus nicht für die Gesellschaft im ganzen zu postulieren, die sich dadurch als Reich der Profanität vom Bezirk des Religiösen abheben ließe. Ganz im Gegenteil: Das Religiöse spielt in allen Denk-, Vorstellungs- und Lebensbereichen mit, wobei diese Unterscheidung Gültigkeit besitzt nicht etwa als stabile, die Sphären des Lebens dauerhaft sondernde. Das manifestiert sich zunächst darin, daß – unverlierbares Erbe des Ritualismus – auch in der *polis* die religiöse Funktion durchaus an ein Handeln, ein *dromenon*, gebunden bleibt. Die Unterscheidung von heilig und profan hat insofern Gültigkeit allein als permanent vollzogene und in ihren Vollzügen transitorische. Gemeinsam mit Marcel Detienne hat Vernant diese Operation an der rituellen Grundkategorie, am Opfer, nachgezeichnet. Für eine ganz bestimmte Art unter den vielfältigen griechischen Opferpraktiken, für das mit dem gemeinsamen Mahl verbundene blutige Opfer (*thysia*) nämlich, haben sie gezeigt, daß es sich hier im Innersten gleicherweise um eine – älteste Züge fortführende – religiöse Zeremonie wie um einen im tiefen Sinne sozialen Akt handelt, der diese Züge in einen neuen Deutungszusammenhang einbringt.[97]

Das an den Festkalender der *polis* gebundene Opferbegängnis, jedes dieser Opferbegängnisse, ist nämlich durchaus noch Ritual im strikten Sinne; praktischer Nachvollzug, Wiederholung des Opfer-Ursprungs. Gerade an ihm zeigt sich, mitten im neu Gewordenen, ein ältestes Element des »magisch«-religiösen Verhaltens. Die *polis*, die auf ganz anderen Prinzipien aufbaut, verbietet das Fortexistieren des Uralten nicht. Im Gegenteil: Sie duldet es ganz selbstverständlich. Die alte, magische Wirklichkeitsbeziehung muß erhalten bleiben, weil auch sie einen Platz braucht in der Ordnung der Stadt. Das Numinose wird von ihr anerkannt und einbezogen, indem sie all dem, auf das nicht mit den Möglichkeiten des Menschen, sondern nur durch die Wirksamkeit des Rituals Einfluß zu nehmen ist, den ihm zustehenden Ort »in der Ökonomie der politischen Kräfte« einräumt.[98] Wobei die archaischste Schicht dieser Ordnung jetzt eben einen öffentlichen Ausdruck in bestimmten Zeremonien der *polis* erhält. Ihren offiziellen (und exklusiven) Platz besitzt sie vor allem in der Opferung eines Ochsen (*buphonia*) als Höhepunkt des Festes für den Stadtherrn Zeus (*dipolieia*). Die Bindung an den Ursprung ist diesem rituellen Vorgang inhärent. Die Tötung des Ochsen erfolgte nämlich mit dem (wahrscheinlich, so wie der Urpflug, in der Akropolis aufbewahrten) heiligen Beil, dem Urbeil, das schon beim ersten, beim gründenden Opfer gebraucht worden war.

Man sieht daran: Auch die ältesten Formen des Religiösen werden in die *polis*-Organisation einbezogen. Aber sie werden im neuen Kontext nun eben auch als politische neu gegründet, oder, anders herum betrachtet, das Politische begründet sich im Aufgreifen und Einbinden der ältesten Tradition als Religiöses. Dieses in einem tiefen Sinn unveränderte Tun erhält im Konnex mit einem den Mythos politisch deutenden Denken nunmehr nämlich eine sehr komplexe Bedeutung. Das Opfer, jedes Opfer, reaktualisiert das Uropfer, mit dem alle Opferpraxis einsetzte. Im Zusammenhang der neu gewordenen Ordnung der Stadt geschieht solches aber im unverbrüchlichen Bezug auf den Gründungsmythos vom Opfer, wie er bei Hesiod literarisch Gestalt gewonnen hat und damit in die Struktur einer systematisch zu denkenden Weltordnung eingerückt worden ist. Der Mythos handelt von Prometheus, dem Kulturbringer. Auf seine Initiative hin hatten die Menschen den Göttern eine erste Gabe dargebracht. Sie schlachteten einen Stier und boten den Göttern – wiederum auf den Rat des Prometheus – die Teile des Schlachtopfers in zwei Haufen zur Wahl an. Ins glänzende Fett verpackt wurden die Knochen und Eingeweide. Daneben lag, wesentlich kleiner als das große Bündel, das Fleisch. Die Götter, angezogen von der Größe des Fett-Bündels, entschieden sich für den Knochenhaufen, für das Ungenießbare also; die Menschen dagegen behielten das Fleisch, das Eßbare. Diesen Betrug hat Zeus, der erste der Götter, durchschaut. Die von ihm dafür verhängte Strafe etabliert eine Ordnung, die seitdem die unverrückbaren Statusunterschiede von Göttern und Menschen installiert. Von da an scheiden sich die Unsterblichen von den Sterblichen.

Zugleich aber ist im blutigen Opfer, dem Zentrum der Staatsreligion, neben der Unterscheidung der Menschen nach oben, zu den Göttern hin, auch die nach unten, zur Wildnis der Tiere enthalten. Sie ergibt sich als Folge des Fortgangs der mythischen Geschichte. Nachdem sie der Partizipation am göttlichen Feuer verlustig gegangen waren, stiehlt Prometheus einen Feuerfunken und vermacht ihn den Menschen zum Besitz. Diese Tat markiert die Grenzlinie der Zivilisation zur Wildnis. Seitdem sind die Menschen über die Tiere erhoben. Anders als bei den Tieren, die ihre Nahrung roh verzehren, setzt bei den Menschen das Essen von da an die Küche voraus. Das bestätigt die einmal gezogene Grenzlinie zwischen den Sterblichen und den Unsterblichen. Sie ist durch die verordnete Unterschiedlichkeit der Speise markiert und wird durch sie erhalten. Die unsterblichen Götter ernähren sich allein durch den Opferrauch, die Menschen aber durch das Fleisch, das sie – Preis des Betruges – zu Sterblichen gemacht hat. Der Mythos berichtet mithin von einer Gründung, welche eine zweifache Scheidung errichtet hat. Um sie allein geht es im Festbegängnis. Die *doppelte* Grenzziehung wird durch den Opferritus der *polis* immer aufs Neue (nach)vollzogen. Dem Schlachten und Verbrennen – dem Opfer, das mit dem Aufsteigen des Opferrauchs den Göttern gezollt wird – entspricht auch die – durch den Feuerdiebstahl ermöglichte – Prozedur des Kochens; dem Gewinn an Kultur steht die Anerkennung des dafür gezollten Preises stets zur Seite.

Im »gegebenen« Bezug von Mythos und Ritus ist also – systematisch betrachtet – ein Welt-*Denken* enthalten, eine Konzeption der

Weltordnung, in der die Menschen ihren definierten Ort besitzen. Der rituelle Nachvollzug des ersten Opfers impliziert im Ineinander von religiösen und sozialen Aspekten – und zwar als religiöse Zeremonie und als rituelles Schlachten, Kochen und Essen zugleich – letzten Endes ein klassifikatorisches Verfahren. Im Zusammenhang des Staatskults hat der Ritus solcherart intellektuelle Dimensionen hinzugewonnen. In ihm wird die Weltordnung nicht länger nur im Gründungsakt hergestellt, sondern vielmehr als ein bereits bestehendes, komplexes Gefüge, das stabile Gestalt gewonnen hat, als Weltbild mitgedacht. Zunächst bestätigt das Ritual die von den Göttern für die Menschen aufgestellten Nahrungsvorschriften und setzt die Menschen dabei und dadurch in ein klar unterschiedenes Verhältnis zu den Göttern ebenso wie zu den Tieren. Zwar bleibt – steter Grundzug des ritualistischen als eines ursprungsmythischen Bewußtseins – der Zwangs- als Wiederholungscharakter des Ritus bindend-verpflichtend. Die dem Ritual zugrundeliegende »Sorge um die präzise Abgrenzung und genaue Aufteilung« drängt darauf, daß die Ordnung im rituellen Festbegängnis stets neu lokalisiert werden muß, damit die sie konstituierenden Trennungen nicht einstürzen.[99] Damit wird aber auch das soziale Band der Menschen als von den Göttern wie von den Tieren gleichermaßen *Unterschiedenen* gestärkt, und das heißt nun eben – in der *polis* – als Bürger in einer Gemeinschaft von Gleichen. Die Trennungen sichern deshalb auch und gerade die Sphäre des Handelns der Menschen in der *eunomia* der *polis*-Ordnung. Das Ritual weist ihnen auch und gerade den politischen und alltäglichen Platz »innerhalb der Normen zu, die der sozialen und kosmischen Ordnung entsprechen«.[100] Im Ritus vollzieht sich insofern und *nur* insofern eine direkte Kommunikation mit den Göttern, als zugleich damit beider Bereiche voneinander gesondert werden. »Im Ritus selbst, der darauf abzielt, Götter und Menschen zu verbinden, bestätigt das Opfer die unüberwindliche Distanz, die sie fortan trennt.«[101]

Im Blick auf dieses in eins und zugleich mit dem Institutionen-Gefüge zustande kommende religiöse System, in dessen Zentrum die Opfer-Küche steht, ist die Rede von einer ausgesprochenen Staatsreligion zuläßig, ja notwendig, »weil hier das Religiöse in das Gesellschaftliche eingebettet bleibt und weil umgekehrt das Gesellschaftliche auf allen Ebenen und in seinen verschiedenen Aspekten ganz und gar vom Religiösen durchdrungen ist«.[102] Diese *polis*-Religion, welche im tiefsten die *polis* selbst ist, weil sie die *polis* – als stabilen Raum des selbständigen Handelns – begründet, stellt nun in religions-soziologischer

Hinsicht den Maßstab zur Verfügung, anhand dessen sich die Spezifik einzelner Religionen in dieser Kultur zu erkennen gibt und der mithin ihre vergleichende Betrachtung ermöglicht. Hinsichtlich der im Opferritus implizierten Klassifikation der kosmischen und zivilisatorischen Ebenen und deren Sonderung durch Praxis zeigt sich nämlich zugleich auch der innere Sinn der wichtigsten der »Randkulte« dieser Gesellschaft. Die Kultformen der Pythagoräer, der Orphiker wie der Dionysosanhänger bleiben auf das kultische Zentrum der Staatsreligion bezogen und werden dadurch in ein Verhältnis der symmetrischen Entsprechung versetzt. Darin finden sie sich geeint, abgehoben nämlich von der die *polis* begründenden Staatsreligion und dadurch von der Normalität der Welt. Gleicherweise richten sie sich gegen diese Ordnung, indem sie dazu tendieren, die durch das staatliche Opfer etablierten Trennungen zu durchbrechen. Dies geschieht nun aber in den einzelnen Kultformen im je gegensätzlichen Sinn, in entgegengesetzten Richtungen. Einerseits geht es um die Durchdringung der gesonderten Sphären der Götter und Menschen, andererseits um die unmittelbare Kommunion aller Geschöpfe. Während die Pythagoräer die Trennlinien des Menschlichen sozusagen nach oben, zur Ebene des Göttlichen zu übersteigen suchen, vollzieht sich diese Bewegung im Dionysoskult nach unten, als Rückbezug auf den Zustand vor Gründung der Ordnung, vor aller die *polis* konstituierenden Trennung. Der Sinn beider besteht in der Aufhebung der Differenzen zwischen Mensch und Göttern, Mensch und Tier.[103] Damit fallen sie freilich nicht etwa aus der Ordnung der Stadt heraus; auch sie finden ihren Platz in der »Ökonomie« der hier wirksamen religiös-politischen Kräfte. Als *Grenz*bereiche der griechischen Religion erhalten die den Rahmen der *polis*-Normalität überschreitenden Kultformen einen offiziell anerkannten Status in der Öffentlichkeit. Auch das kennzeichnet den Zug der Stadt zum System, weist ihre Integrationskraft aus. Wie die (privaten) Mysterien von Eleusis durch staatliche Leitung und öffentliche Einbettung in das Staatsleben nicht wirklich einbezogen werden, aber doch ständig auf es bezogen bleiben[104], so erfährt auch das durch Dionysos verkörperte »Andere« seine Eingemeindung in den Festen, welche die Demokratie von der Tyrannis übernimmt.[105]

Dieser ganze Zusammenhang des Bezugs von offiziellen und inoffiziellen Kultformen zeigt, warum für den Griechen die Aufteilung des Heiligen und Profanen nicht stabil, endgültig und absolut zu denken ist. Dieses Heilige ist nicht homogen, es kennt durchaus keine überall gültige und jederzeit anzutreffende Gleichmäßigkeit. Es ist vielmehr in sich gestuft und enthält Übergänge in den von der Religionswissenschaft als profan bezeichneten Bereich.[106] Wobei der Spielraum der Umbesetzungen von »heilig« und »profan« zwischen den in den Termini *hieros - hosios* enthaltenen Vorstellungen und damit den Trennungen liegt, die auf der »einstmals« zwischen Zeus und dem Titanen Prometheus vollzogenen Grenzziehung der Bereiche des Göttlichen und des Menschlichen beruhen. Nach der Vorstellung und der Praxis der Staatsreligion ist *hieros* der Bereich, der den Göttern, den Unsterblichen allein vorbehalten ist; *hosios* der andere, der den Menschen, den Sterblichen zusteht, der freilich nicht einfachhin profan ist. Das ist er nur insofern, als er von den Einschränkungen der *hiera*, der allein dem göttlichen Umgang vorbehaltenen Dinge, entlastet ist. Damit aber bezeichnet er den zum menschlichen Umgang befreiten Bereich, der *als solcher* sanktioniert ist, da er durch die Götter, die diese Trennung vorgenommen haben, zustandegekommen ist. Gerade durch die Trennung und durch die Wahrung dieser Trennung steht der Bereich des menschlichen Handelns also in Verbindung mit dem Heiligen. Das Religiöse trägt und begründet das Soziale, weil es dessen *Autonomie* trägt und begründet. Insofern und insoweit sind das Religiöse und das Soziale miteinander identisch.

Auf diese Weise wird in der Staatsreligion eine strikte Grenzziehung von heilig und profan also gleichsam überspielt. Während das Göttliche distanziert, vom menschlichen Umgang entfernt wird, ist der Alltag der Menschen so gut wie ihre gemeinschaftliche Praxis von ihrem Ursprung her geheiligt. Vom göttlich-Heiligen und menschlich-Heiligen läßt sich nun aber auch noch ein anderer, und zwar grundsätzlich anderer Bereich des Heiligen unterscheiden. Denn *hosion* hat in den Grenzbereichen der griechischen Religion, jenseits der Staatsreligion und doch auf sie bezogen, auch noch die Bedeutung des außergewöhnlichen Zustands der Heiligkeit, der die Menschen zu schlechthin Reinen (*hagnoi*) werden läßt. Auch in diesem Ziel verweisen die »sektiererischen« – vom Staatskult abweichenden – Praktiken aufeinander, während sie sich, wie in der Richtung der Abweichung, auch in deren Formen unterscheiden. Weltverzicht, Askese ist das Instrument auf der einen, auf der Seite des die Gottgleichheit anstrebenden Pythagoräertums. Auf der anderen, der dionysischen Seite ist kollektive Ekstase das Mittel, das die Menschen zeitweise in Verbindung mit *allen Wesen* versetzt. Das steht fernab von jeder Mystik. Dionysos will den Menschen keineswegs »einer Welt des Werdens, der Sinne und der Vielfalt (entreißen), um ihn jene Schwelle überschreiten zu lassen, über welche man in die Sphäre des Unbewegten, des Dauernden, des Einen und Immergleichen dringt«.[107] Der Dionysoskult zielt (man erinnere sich an W. F. Ottos Argumentation) vielmehr auf die *Einheit der Gegensätze*: »Er verwischt die Grenze zwischen dem Göttlichen und dem Menschlichen, dem Menschlichen und dem Tierischen, dem Diesseits und dem Jenseits«[108] – und zwar ganz und gar *in dieser Welt*. Durch diese Richtung auf das irdische Jenseits der Zivilisation ist das Dionysische freilich mit einer tiefen Zweideutigkeit belastet. Für die Menschen trägt es das Stigma einer doppelten Möglichkeit. Als Versprechen verheißt es die »Annehmlichkeit eines wiedergefundenen Goldenen Zeitalters«, als Drohung aber enthält es den »Sturz in die Wildnis und in den Wahnsinn einer chaotischen Verwirrung«.[109] Der Dionysoskult ist insofern, wie das ihm im Gegensinn entsprechende Pythagoräertum, eine Form der Anzweiflung, schließlich der Negation der die *polis* definierenden Grenzen. So lange er dauert, läßt er die staatsbürgerliche Religion und die in ihren Praktiken enthaltenen Garantien zur Aufrechterhaltung der Zivilisations-Grenzen als *Illusion* erscheinen.

Religionsgeschichte als Wahrnehmungsgeschichte

Mit dem Aufweis der inneren Verflochtenheit von Gesellschaft und Religion im Staatskult ebenso wie in der – von den politischen Zentripedalkräften ausgehenden – Bindung der Kultextreme an das Leben der *polis* ist die intendierte Rekonstruktion der *polis*-Textur bislang aber nur nach einer Seite hin erbracht. Anthropologisch gedacht und unter dem Aspekt der »absoluten sozialen Tatsache« genommen, geht es um Aufdeckung nicht nur der intellektuellen, sondern auch der sensitiven Seiten des Religiös-Gesellschaftlichen. Vernants Symbolbegriff schließt deshalb auch und gerade dessen »ästhetische« Seite ein, die Seite von Ausdruck und Wahrnehmung. Unter diesem Aspekt beschreibt er die Geschichte der komplexer gewordenen *polis*-Religion als die Geschichte einer komplexer gewordenen Wahrnehmung von Göttern, Welt und Menschen – einschließlich der aus dieser Komplexität erwachsenen Wahrnehmungs-Irritationen.

Man kann nun solche Komplexion bereits an der die »Welt«, die *polis* gründenden Opferzeremonie aufzeigen.[110] Soweit es nachvollziehbar ist, zeigt sich dieses Zeremoniell durchaus nicht als das stumpfe Wiederholungsgeschehen, dem Durkheim die Kraft »primitiver« Vergesellschaftung zugeschrieben hatte, noch aber als Feier exzessiver

Gewalt, die den Phänomenologen zur Faszination geworden war. Eingebettet ist es vielmehr in ein regelrechtes Ausdrucksverhalten von Zelebranten und Gemeinde, das in den Handlungsteilen, die den eigentlichen Opfer-Akt rahmen, Kontur gewinnt.[111] Die prächtig geschmückten Ochsen werden zum Schlachtaltar geführt, und einer von ihnen wird dort vom Beilschlag und vom Schnitt eines Messers durch die Kehle getötet. Darauf wird das Tier enthäutet, sein Fleisch zubereitet und das Ungenießbare verbrannt. Während es als schwarzer Opferdampf zum Himmel steigt, findet die Gemeinde im Opfermahl zusammen. Um diese von Vernant und Detienne beschriebene »Opferküche« rankt sich nunmehr aber noch ein ausgesprochenes *Spiel.* Ausgelöst wird es ganz offensichtlich vom Doppelstatus des Opfers und dem Bewußtsein der Opfernden darüber. Als vom Trennungsgeschehen wie von der politisch gewordenen Trennungsnotwendigkeit zwischen Göttern und Menschen absolut *Ge*botenes, enthält es im gleich absoluten Sinne auch ein *Ver*botenes.

Das heilige, urwirkliche Tun kann nämlich zustande kommen nur durch die Übertretung der Schranken um eine erschreckende Tat. Und dieser Doppelaspekt des heiligen Handelns, erhaben-notwendig zu sein und zugleich schuldhaft-schrecklich, wird in der weiteren Zeremonie sorgfältig auseinandergelegt. Sie hat den Opferakt im übrigen schon vorbereitet. Eines der Tiere war dazu gebracht worden, vom Opfer-Korn zu fressen, ein Tabu zu brechen. Es selbst hat sich damit zum Opfer erwählt. Schuldabwälzung, erster Teil. Der zweite hängt mit dem eigentlichen Tabubruch, dem Töten und Schlachten zusammen. Unmittelbar nach dem Beilschlag war der Beilschläger (*bouphonos, boutypos*) nämlich geflüchtet. Er hat sich abgesondert von der Gemeinschaft der Essenden, die durch seinen Akt gestiftet wurde, und nimmt – eben in diesem Vorgang der Flucht, der Entfernung von der Gemeinschaft – einstweilen alle in diesem Geschehen enthaltene Schuld auf sich. Am Ende steht dann die besondere Form der – von Karl Meuli so genannten – »Unschuldskomödie«[112], die mit diesem Ritual des Athener Ochsenmordes verbunden ist. Dem Essen folgt eine ausgesprochene Farce: Es entbindet nämlich, Ausdruck der Prinzipien der *polis*-Organisation, ein gerichtliches Nachspiel. Im Mittelpunkt des Verfahrens steht nun die Frage nach dem eigentlichen Täter, und als solcher wird nicht etwa der Ochsenschläger selbst angeklagt, sondern: das Tatwerkzeug. Vorgenommen wird die Schuldabwägung hinsichtlich der Beteiligung zwischen Beil und Messer, die beide an der Tötung beteiligt waren. Entschieden wird sie zugunsten des ersteren. So steht am Ausgang des Gerichtsverfahrens über das Kultgeschehen ein versöhnliches Ende. Das Beil wird freigesprochen, das Messer aber verurteilt und anschließend – als Akt der Sühne, als Entschuldung der Gemeinschaft, derzufolge der Ochsenschläger sich ihr wieder eingliedern kann – im Meer versenkt. Zum ganzen Schluß erfolgt dann die Restitution des Opfertieres – sein ausgestopftes Fell wird vor den Ur-Pflug gespannt.

Mit der Wiederholung des Ur-Opfers verbindet sich mithin ein sorgfältig ausgearbeitetes Szenario von Täuschungshandlungen. Die Ambivalenzen des Vorgangs – das Heilige als unbedingt Gebotenes und zugleich als unbedingt Verbotenes ins Werk zu setzen – werden sorgfältig getrennt und auf verschiedene Akte aufgeteilt. Es gibt vorbereitende Zeremonien – die Heiligung des Ortes, die Einstimmung des Opfertieres usw. –, es gibt die Zeremonien der Bewältigung der Tat, Akte der Entschuldung. Hier findet sich auf Handlungen aufgeteilt, was vom Vorgang her, im Erlebnis des Vorgangs, ambivalent ist. Deshalb umfaßt dieser Opferritus zugleich sein Gegenteil, sorgfältig ausgespannt auf verschiedene Aktionen. Darin, in dieser Aufteilung der psychischen Ambivalenz in ein Programm voneinander getrennter und zugleich aufeinander bezogener Akte, bekundet sich die Umsicht des Bemühens, die Grenzen des Staatskults zu umreißen und zu sichern – auch nach der Seite dessen hin, was in ihm getan wird. Das geschieht in der im Ritus vorgenommenen Abhebung des Schlachtens von »wilder« Gewalt. Durch die symbolische Operation wird sie in ein geheiligtes, der Zivilisation zugehöriges Tun umgedeutet. Greifbar wird darin nun aber auch das Imaginäre, und das heißt auch: das Ideologische des Staatskultes, insofern das Programm des Ritus die Lücken, die Widersprüche zwischen dem, was wirklich *getan*, was davon *gesehen* und was darüber *gesagt* wird, sorgsam überspielt.[113]

Wenn sich das Symbolische, von seiner Ausdrucks- und Wahrnehmungsqualität her genommen, im Opferrahmen die Gestalt des Imaginären, verschleiernder Akte gibt, so nimmt es auf anderer Ebene nun aber auch die des bildhaft-Repräsentativen an. Im Gegensatz zur periodisch neu auftretenden Gründungsnotwendigkeit unterstreicht das in unverrückbarer Weise eine Ordnung *repräsentierende* Bild die Stabilität der *polis*-Ordnung. Verwirklicht ist es in Perfektion in der Raumorganisation der *polis* selbst. Durch Tempel, Statuen, Bauten, heilige Orte erhält ihre Autonomie – jenseits der in der Opfernotwendigkeit liegenden Verpflichtung, sie durch rituelles Handeln immer wieder zu sondern und dadurch zu bewahren – solcherart auch einen permanent bleibenden Ausdruck. Dem politischen Raum, in dem die Bürger zum Handeln entlastet sind, werden durch entsprechende Bauten und Institutionen gleichsam religiöse Koordinaten einbezogen. Sie halten den Einwohner dieser *polis* eine unverlierbare Bindung an ihre gemeinsame Herkunft stets vor Augen. Darin besteht die eigentliche symbolische Leistung der Staatsreligion: »Die Errichtung eines Netzes städtischer, vor- und außerstädtischer Heiligtümer, die den Raum mit heiligen Stätten abstecken, vom Zentrum bis zur Peripherie die Strecke der rituellen Prozession festlegen und zu seinem bestimmten Zeitpunkt die ganze oder einen Teil der Bevölkerung mobilisieren, zielt darauf ab, die Fläche des Gebiets gemäß einer religiösen Ordnung zu gestalten. Durch die Vermittlung der in ihren Tempeln untergebrachten Stadtgötter stellt die Gemeinschaft eine Art Symbiose zwischen Menschen und Heimatboden her, als wären die Bürger die Kinder einer Erde, der sie ursprünglich als Urweinwohner entsprungen sind.«[114] Die Raumorganisation der *polis* selbst präsentiert sich auf diese Weise als *Bild der Autochthonie*. Die in ikonischen Symbolen bedeutete Kongruenz von politischem und religiösem Raum *veranschaulicht* auf dauerhafte Weise – jenseits der rituellen Vollzüge, als ihr bleibender Rahmen – die Verbindung der *polis* mit ihrem Ursprung.

Zwischen diesen beiden Arten und Weisen der Symbolisierung spielt sich nun der Differenzierungsprozeß von Ausdruck und Wahrnehmung ab, den Vernant im Blick auf dokumentarische wie monumentale Quellen zu rekonstruieren vermag. Ausgehend von der Beobachtung, daß zu jedem religiösen System zugleich auch eine je besondere Weise der Darstellung hinzugehört, kann er auch auf dieser Ebene tiefgreifende Veränderungsprozesse im Entstehungs- und Entfaltungsprozeß der *polis* aufweisen. Für den frühest erwähnten griechischen Kult zeigt sich nämlich, daß die mit ihm verbundene Darstellungart im Bezugssystem von Mythos und Ritus eine unmittelbare Verbindung zwischen den Menschen und der heiligen Macht herstellen soll. Es geht hier darum, diese Macht *hic et nunc* zu vergegenwärtigen, sie den Menschen im Ritual zur Verfügung zu stellen. Eine sorgfältige Interpretation der Quellen veranschaulicht die Eigenart des »archaischen« Denkens, diejenige (durchaus nicht »primitive« oder »naive«, vielmehr nur intellektuell anders organisierte) Operation, die solches gelingen läßt.

Es ergibt sich, daß zu früher Zeit etwa eine Kultstatue keineswegs als Bild wahrgenommen wird.[115] In ihr ist die Gottheit vielmehr – als abwesende – selbst anwesend. Nämliches belegt die Literatur. Das Beispiel Homers verdeutlicht: Der Bezug zwischen einem Heros oder Gott zu seiner Erscheinung, seinem Doppelgänger in der *Illias* etwa, genauso gut wie sein Traumbild oder die Phantom-Seele eines Verstorbenen, wird – für uns paradoxerweise – gerade in Begriffen der Identität gedacht. Die zwischen solchen Erscheinungen und dem »Original« herrschende Ähnlichkeit bietet sich dar als die Art von Ähnlichkeit, durch die ein jeder zu seinem Selbst gelangt. Hier waltet die Beziehung von *typos* und Exemplar, »die Übereinstimmung mit einer Norm, die Annäherung an ein Vorbild. Ähnlichkeit mit sich selbst also, die Identität konstituiert.« Insofern besteht hier »keine radikale Opposition, nicht einmal ein klarer Schnitt ... zwischen der Identität eines lebendigen Wesens und der Ähnlichkeit eines hergestellten Bildnisses«.[116] Zur Sich-Selbst-Gleichheit eines göttlichen Wesens in seiner irdischen Verkörperung gehört schließlich seine Transzendenz, so daß seine Erscheinung stets die Anwesenheit eines Abwesenden *ist*, welche die Natur des Göttlichen eben konstituiert. Der unmittelbaren Vergegenwärtigung der göttlichen Macht, des göttlichen Handelns im Ritual, steht solche Dopplung durchaus nicht im Wege; sie gewährleistet sie allererst. Betont ist in ihr nicht etwa die Zweiheit von Original und Abbild, sondern vielmehr die Distanz, die den Menschen von dieser Macht trennt und die zu *ihrer* Identität untrennbar mit hinzugehört. Auf diese Weise begründet sich im ältesten Ritus das Verhältnis von Gott und Mensch. Es ist ein durchaus unmittelbares Verhältnis. Die Symbolisierung der göttlichen Handlungen in ganz gegenwärtiger Anwesenheit des (qua definitionem) Abwesenden vollzieht sich im – durch den Ritus ermöglichten – unmittelbaren Wechselspiel von Aktion und Reaktion, von Anschauen und Angeschautwerden.

Im Blick auf solch frühen Zeugnisse ist nun – parallel zum Entstehen der Stadt und des ihrer Form entsprechenden rationalen Denkens – zwischen dem siebten und vierten Jahrhundert »eine einschneidende Umwälzung (zu) beobachten: Das göttliche Idol wird zum Bild. Man gelangt von der Vergegenwärtigung des Unsichtbaren zur Nachahmung der Erscheinung.«[117] Das Symbol ist mithin in die Bezirke des Fiktiven und des Scheins eingetreten und hat sich dadurch zum gemachten Bild gewandelt, das qua Technik und illusionistische Verfahren grundsätzlich neue Bedeutungsmöglichkeiten freisetzt. Solche *Bildhaftigkeit* begründet die Kraft der symbolischen *Repräsentation* und ermöglicht auf diese Weise die »Veröffentlichung« des Kults im Übergang zur *polis*. An ihren Formen und dem Neuen, das sie auf dem Hintergrund der alten Ausdrucks- und Wahrnehmungsweisen zu erkennen geben, läßt sich deshalb für die griechische Kultur überzeugend demonstrieren, daß die Bildwahrnehmung nicht etwa natürlich »gegeben«, sondern als historisches Produkt einer Wahrnehmungsgeschichte *geworden* ist.[118]

Nun gilt freilich für Bild und Abbild das gleiche, was für die intellektuellen Strukturen der *polis*-Innovationen zu erweisen war. Unter dem Aspekt der »absoluten sozialen Tatsache« gehören auch sie zum politisch-religiösen Universum des Symbolischen. Die Weltwahrnehmung und die ihr implizite Weltkonzeption gewinnt, wie eben auch das Denken, im Prozeß der Wahrnehmungs-Differenzierung neue Strukturen, vermehrt sich um zahlreiche Ebenen, Stufen, Grade, Nuancen. Zu historischer Zeit, zeigt Vernant, spielt sich die Erfahrung des Heiligen, des Göttlichen deshalb in den kompliziert gewordenen Bezügen zwischen Mythos, Ritual und den *diversen* Formen bildlicher Darstellung der Götter ab. Nicht-ikonische Formen überdauern in bestimmten kultischen Bezügen, in andere treten verschiedene ikonische Formen ein. Sie bezeichnen nunmehr die unterschiedlichen Aspekte, unter welchen sich die einzelnen göttlichen Mächte zu erkennen geben; in eins damit stellen sie die, solcher Verschiedenheit entsprechenden, unterschiedlichen Zugangsweisen zu ihnen dar. Das spielt sich nunmehr zu weiten Teilen ausschließlich auf der Ebene des Erscheinens und Wahrnehmens ab, insofern die alten Idole im öffentlichen Raum des Tempels vollends den »Charakter wirkkräftiger Symbole« verlieren und eben zu Bildern werden, »deren einzige rituelle Funktion es ist, gesehen zu werden, und deren einzige religiöse Realität ihre Erscheinung ist«.[119]

Hinsichtlich des Darstellungscharakters von Mythos und Ritus zeigt sich, daß Ausdruck und Wahrnehmung – als je spezifischer Modus des göttlichen Sich-Zeigens und einer diesem von Fall zu Fall präzis korrespondierenden Zugangsweise des Menschen zum Göttlichen – unabdingbar zur religiösen Erfahrung der Griechen hinzugehören. Es ist mithin die Erfahrensart selbst, welche durch den kulturellen Differenzierungsprozeß – im Komplexerwerden von politischen und intellektuellen Phänomenen, in eins damit und parallel dazu – auch auf der Wahrnehmungsebene neue Dimensionen hinzugewinnt. Wobei und wodurch sie selbst die Züge eines intellektuellen, politischen und religiösen *Problems* gewinnt. Das im Übergang von fünften zum vierten Jahrhundert – im Zusammenhang mit der Theorie der *mimesis* – zutage tretende ausgesprochene Bildbewußtsein ist nämlich durch eine auffallende Selbstbezüglichkeit charakterisiert. Auf seiner Metaebene steht eine neue Problematik der Weltorientierung zur Debatte, und zwar mitten im Herzen des religiös begründeten Universums der Griechen. Das solches Bildbewußtsein beschreibende Vokabular, in dem sich die Bedeutung von Nachahmen *und* Vortäuschen ineinander verschränkt, belegt, wie diese Problematik in den verschiedenen komplizierten Wahrnehmungs-Irritationen zutage tritt, welche sich sowohl auf den verschiedenen Ebenen der Weltordnung – auf denen von Göttern, Menschen und Tieren – als auch in den hier waltenden Bezügen – zwischen denen von Göttern, Menschen und Tieren – aufgetan haben.

Der gleicherweise religiöse wie politische Raum der gegenwärtigen und eindeutigen Sichtbarkeit zerbricht unter dem Druck der reicher gewordenen Wahrnehmungsbezüge nunmehr in viele Facetten – damit aber eben auch der Erfahrungsraum, der Wirklichkeit verbürgt, Austausch ermöglicht, den Status des Menschen im Kosmos und jedes einzelnen in der *polis* fixiert, der damit schließlich die Sicherheit des richtigen Handelns begründet. Die Sophistik und die um ihre rhetorischen Kategorien aufbrechende Diskussion verdeutlichen diesen politischen Aspekt der verwickelt gewordenen Angelegenheiten des Handelns. Das manifestiert sich im Charakter der Ratschläge, die dafür zu geben sind. In einer Rede, die nunmehr als Kunstfertigkeit des Überredens auftritt, verwirren sich die Bezüge von Sein und Schein – die darin möglichen *dissoi logoi*, die »Doppelreden«, kommen ohne den Anspruch der Wahrheit aus und begründen sich nunmehr allein auf den der Glaubwürdigkeit und damit der schieren »Wahrscheinlichkeit«; sie spielen – wie im Terminus der *apate*, der »gerecht (fertigt)en Lüge« – mit dem Verhältnis der doppeldeutig gewordenen Worte und den alten Moralvorstellungen. Im Rahmen des politischen Handelns verlieren die ethischen Überzeugungen jede Absolutheit, und die einst durch sie fundierte Praxis wird nunmehr abhängig von Kontexten, von Situationen. Letzten Endes bemißt sich das Handeln nunmehr an Zwecken und untersteht – als allein gültigem Maßstab seiner Richtigkeit – den gebieterischen Kriterien des Machbaren und des Erfolgs.

Der tiefste Grund der Irritation liegt aber in der grundlegenden Dimension der Weltwahrnehmung selbst. In ihr wird das Sehen prinzipiell problematisch, und zwar nicht vom Vorgang her betrachtet, physikalisch (»warum wir so sehen, wie wir sehen«), sondern eben auf der Ebene des Religiös-Politischen (»warum wir etwas anders sehen, als es tatsächlich ist, oder warum wir ein Objekt anderswo sehen können, als dort, wo es sich eigentlich befindet«).[120] Auf der Metaebene solcher Wahrnehmungsprobleme tut sich damit ein weitgespannter Reflexionsraum auf, in welchem sich beunruhigende Fragen um die Kategorie der Identität stellen. Im Blick auf den Schauraum der *agora* war ja schon zu konstatieren: Der Wahrnehmung, so wie die Griechen sie dachten, ist die Beziehung zur persönlichen wie politischen und religiösen Identität zutiefst inhärent. In einer Kultur des Sehens und Gesehenwerdens begründet sich Selbstsein keinesfalls von einem den Blicken entzogenen, »persönlichem« Inneren her. Sie stellt sich vielmehr her im Wechselspiel der Blicke, im Sehen und Gesehenwerden. Das Selbst braucht den anderen, um ein Selbst werden zu können. Die Person realisiert ihr Eigenes, politisch, nur durch das Anerkanntwerden durch die ihm Gleichen. Dieser Austausch begründet die Selbst-Erfahrung aber auch noch in einer tieferen Schicht. Nach griechischer Auffassung vollzieht sich das Sehen nicht nur in steter Wechselwirkung, es begründet in diesem Wechselspiel zugleich auch ein Verhältnis der Selbst-Rückbezüglichkeit. Jedes Sehen, als das Sehen des anderen und das von diesem Gesehen-Werden, impliziert auf beiden Seiten zugleich immer auch noch ein Sich-Selbst-Sehen – im Spiegel nämlich, der das Auge des Angeblickten dem Blickenden als *Bild seiner selbst* zurückwirft. Solches Sehen impliziert mithin einen Modus der Selbstvergewisserung in den Augen der anderen. Es ist dieser – sozusagen in sich verdoppelte – Zusammenhang von Sehen und Identität, der nun im literarischen und religiösen Universum der Griechen fragwürdig und damit zum Reflexionsstoff der Bilder wird. Deren neue Formen betreffen nun gerade die problematisch gewordenen Aspekte der Erfahrung des Anderen. In ihnen geht es um die unterschiedlichen Grade des *dem Selbst entfremdeten und entfremdenden Fremden*.

Künstlerisch reflektiert findet sich dies etwa in der literarischen Figur der *apostrophe*, der Anrede des Publikums durch den Dichter des Epos, die eine Beziehung quer zu der Beziehung der Handelnden etabliert, sowie in der Frontaldarstellung von Gesichtern in der bildenden Kunst, wo der Normalfall, die Beziehungen zwischen Figuren, »über den Austausch von Blicken und Gesten ausgedrückt« und also »durch das Aufeinandertreffen ihrer beiden Profile« bezeichnet wird.[121] Frontalität der Darstellung bedeutet demgegenüber das Heraustreten aus der Welt der Handlungsbezüge, begründet die Ausnahme. Im religiösen Kosmos drückt sich die Fraglichkeit im Verhältnis von Selbst und anderen insbesondere durch die Maskenwesen und -götter aus, die das symbolische Universum der Griechen bevölkern. Allesamt sind sie Zeichen des Fremden. Und sie beschreiben dieses Verhältnis zum Fremden – wiederum in unverbrüchlichem Bezug aufeinander, in symmetrischer Entsprechung – nach seinen je unterschiedlichen Seiten hin. Bei ihrer Untersuchung interessiert sich Vernant folglich nicht etwa für die Bedeutung *der* Maske im Kulturvergleich. Er zerlegt sein Problem vielmehr in die Facetten, die sich als die diversen Aspekte einer vielfältig diversifizierten Wahrnehmung von Selbst und anderem darbieten.[122] Auch hier ändert sich der Charakter des Figürlichen. Das wirkkräftige Symbol wird zum Bild, das als solches einen Reflexionsraum für ein intellektuelles Problem eröffnet. Das zeigt sich insbesondere hinsichtlich der Kultmaske, die den Träger im Ritual – durch den derart vollzogenen Statustausch von Mensch und Gott – von sich selbst entfremdet und sein Eingehen in die radikale Andersheit bewirkt. Sie tritt nunmehr von der Ebene des hantierbaren Gerätes in die des göttlichen Attributes – wie bei Artemis und Dionysos – oder gar des Bildes über, wie bei der Gorgo und ebenfalls bei Dionysos. Während sich Artemis als die Göttin der kontrollierten Andersheit zeigt – als die Beschützerin der Passagen zwischen zwei Ordnungen, von der Jugend zum Erwachsen-, vom Knaben- zum Mann-, vom Mädchen- zum Frausein –,[123] steht die von der Gorgo repräsentierte Andersheit außerhalb jeder Beherrschbarkeit. In der Verbindung des Gorgonengesichts mit dem Spiegel – in der in diesem Motiv gelegenen Versicherung, bei Strafe des Selbstverlusts die Gorgo nicht anders ansehen zu können als durch ein Drittes, eben den Spiegel – wird die eigentliche Macht der Medusa deutlich. Diese Verbindung enthält eine Warnung: Gibt man sich dem Blick der Gorgo ungeschützt Preis, droht der Sturz in das Nichts. Dieser Blick zerbricht nämlich die Normalität des Sehens, zerstört die Identitätswerdung im Wechselspiel des Sehens und Gesehenwerdens. Er verkehrt den autoreflexiven Bezug des Sehens in normaler Kommunikation – die Selbstvergewisserung durch den anderen – ins totale Gegenteil. Der Faszination des Blicks der Gorgo erliegend, nimmt der Mensch die monströsen Züge der Maske an. Indem das Dämonische sich derart ins Menschliche spiegelt, verwandelt sich das Maskengesicht zugleich in die Züge des Betrachters. Durch den Blick der Gorgo sieht sich der Mensch selbst – aber als das radikal Andere seiner selbst. Im Blick der Gorgo – »Tod in den Augen«! – zeigt sich das absolute Jenseits, das Nichts von Chaos und Tod.

In diesen Zusammenhang gehört auch die Maske des Dionysos. Ihr Unterschied zur Gorgo liegt eben darin, daß Dionysos nicht in die totale Andersheit, weder in das Gleichmaß des Göttlichen noch in das Jenseits des Todes entführen will. Sein Verlangen gegenüber den Menschen geht nicht etwa dahin, daß sie von der Welt Abschied nehmen und in die Sphären des Über- oder Unterweltlichen einzudringen hätten. Das Andere, in das er entführt, will sich vielmehr, durch den zeitweiligen Ausbruch aus der Normalität, in der Welt realisieren. Wenn er die Extreme ineinander umschlagen läßt, zwischen schrecklich und sanft, Wahnsinn, Verunreinigung, Verbrechen und Beglückung, nimmt er unter den Menschen wie im Pantheon den Platz des »befremdlichen Fremden« ein. Er drängt auf die Beseitigung des Abstands, der den Menschen von den Göttern wie von den Tieren trennt. Damit aber verbindet sich mit Dionysos in besonderer Weise das Problem von Schein und Sein, der mannigfachen Irritationen, die durch das Spiel der Illusionen ausgelöst werden: »Überall, wo er auftritt und seine unwiderstehliche Gegenwart aufzwingt, verwischt er durch seine Zaubereien die Grenzen zwischen dem Wirklichen und dem Trügerischen …«[124] Als Gott, der gebieterisch den Eintritt in die communio aller Geschöpfe verlangt und damit mitten in der Welt die ambivalente Möglichkeit der Annehmlichkeiten eines wiedererlangten goldenen Zeitalters und der Wirrnis des tödlichen Wahnsinns offeriert, bietet er sich mithin dar als Gott, der die Grenze zwischen Sein und Schein problematisch werden läßt – der an und mit dieser Grenze spielt.

Das Theater

Das Bild, das Jean-Pierre Vernant von der griechischen *polis* zeichnet, bietet – eingestandenermaßen und aus seiner Epistemologie zwangsläufig folgend – eine (historische) Konstruktion. Von seiner erkenntniskritischen Voraussetzung aus will er nicht umstandslos »zur Sache selbst«. Er hält sie vielmehr auf angemessener Distanz, um aus gehörigem Abstand die ihr eigene Kohärenz beschreiben zu können. Aufweisen läßt sie sich in den Strukturen, welche das *polis*-Leben, -Denken und -Empfinden alle miteinander durchziehen und im Sinne homologer Beziehungen untereinander zu einer signifikanten Welt für sich organisieren. Das Vergangene aufschließend, bleiben sie zugleich aber immer auch transparent als die Strukturen der möglichen Erkennbarkeit einer jahrtausende untergegangenen Kultur. Das verhindert sowohl umstandslose Identifikation als auch die Projektion des zeitgenössischen Selbst ins Spiegelbild eines historisch »Anderen«. Hält man sich wiederum *diese* Voraussetzung bewußt, folgen aus Vernants strukturalem Weiterdenken der Soziologie für unsere Fragestellungen, die aus der Diskussion von Prämissen und Ergebnissen der historischen, der ritualistischen wie der phänomenologischen Schule erwachsen sind, einige konkrete, weiterführende Anhaltspunkte.

Insbesondere hat Jean-Pierre Vernant durch seine – methodisch dem phänomenologischen Symbolverständnis tief verpflichteten[125] – Untersuchungen für die von der Religionswissenschaft aufgeworfene Frage nach den spezifischen Differenzen der griechischen Kultreligion überzeugende Antworten gefunden. Zugleich hat er Lösungen auch für das dort offen gebliebene Problem der kennzeichnenden Besonderheiten einzelner ihrer Formen angeboten. Als Soziologe hat er den Kult als Institution in einer bestimmten, ins historische Licht gerückten Gesellschaft thematisiert; als Strukturalist hat er dabei seine einzelnen Varianten in eine klar nachvollziehbares Entsprechungsverhältnis gebracht. Auf dieser Grundlage läßt sich der je besondere Stellenwert erschließen, der den jeweiligen Religionsformen im symbolischen Universum des *polis*-Lebens zugewiesen ist. Im symmetrischen Bezug, den sie durch ihre gemeinsame Abgrenzung vom Zentrum des Kults unterhalten, geben sich mit Schärfe die Unterschiede in ihrer jeweiligen Bedeutsamkeit zu erkennen. Zum System des *polis*-Ganzen gehören sie gerade insofern, als in ihnen die unterschiedlichen Aspekte der Abweichung von der Norm der Staatsreligion und zugleich damit von der politischen Normalität Ausdruck finden.

Besonders wichtig zu nehmen ist die Beobachtung, daß sich das spezifische Gewicht verschiedener Kultpraktiken nur in der Verschränkung von religiösem Inhalt und seinen je eigenen Ausdrucks- und Wahrnehmungsformen erkennen läßt. Beide zusammen erst konstituieren den ganzen Umfang ihres symbolischen Sinns. Über den Aufweis solchen Ineinanders lassen sich denn auch die konkreten Beziehungen fassen, die Dionysos in der historisch überschaubaren, der »klassischen« Zeit zum Theater unterhält. Jetzt werden Verbindungslinien zwischen göttlicher Erfahrung und der Problematik der Bilder greifbar. Wie Dionysos sich als paradigmatischer Gott der vielfältig-irritierenden Bezugsweisen von Schein und Sein präsentiert, so wird die Szene seit dem fünften Jahrhundert zum Prototyp der in den Bezirken des Politisch-Religiösen aufgebrochenen Wahrnehmungsirritation. Die sich seitdem um den Begriff der Nachahmung, der *mimesis*, gruppierenden Termini von Erscheinung, Ähnlichkeit, Bild und (falschem) Schein »in ihren gegenseitigen Beziehungen und ihrer gemeinsamen Gegenüberstellung zum Realen«[126] problematisieren zwar jede Art von Darstellung; besondere Bedeutsamkeit gewinnen sie freilich erst in ihrer (primären) Verknüpfung mit dem Schauspiel, »dessen Originalität darin besteht, ›fiktive‹ Personen und Ereignisse, die das Epos in Form der Erzählung, in indirekter Rede erzählte, auf die Bühne zu bringen, wo sie vom Publikum unmittelbar gesehen werden konnten«.[127]

Ausgehend von Vernants Prämissen, ausgehend von den auf ihrer Grundlage erzielten Ergebnissen, erwächst bei der Betrachtung des Theaters im Kontext der *polis*-Gesellschaft mithin eine doppelte Aufgabe. Es bleibt nunmehr – als »absolute soziale Tatsache« genommen – in zweifacher Weise im Zusammenhang des symbolischen Universums der griechischen Kultur zu verorten. Einerseits geht es darum, die Grenze nachzuzeichnen, die das Theater als Einrichtung in dieser besonderen Gesellschaft, als Institution, im Ensemble ihrer übrigen Institutionen plaziert. Auf dem Felde der Institutionen steht seine Beziehung zum religiösen Leben der Stadt zur Debatte. Andererseits ist, Vernant folgend, diese institutionelle Grenze in eins und zugleich damit aber auch als die ästhetische Grenze des Theaters zu entziffern. Über welche besonderen Formen und Modi des Ausdrucks verfügt es, bleibt zu fragen, welche besonderen Formen und Modi der Wahrnehmung macht es erforderlich? Auf diesem Felde lassen sich, im Konnex des Staatskults, im Verhältnis zu ihm, die exklusiven Beziehungen untersuchen, die es zum Dionysos-Kult unterhalten mag. Schließlich muß sich aber auch in diesem Zusammenhang der Bezug zur *polis* zu erkennen geben, muß deutlich werden, was die *aisthesis*, die Wahrnehmung, mit den Problemen des Religiösen und des Politischen zugleich verbindet.

polis *und Stadt*

Kein Zweifel, daß das Theater Teil der *polis* war und in ihr einen privilegierten Ort besaß. Abgesehen von allen schriftlichen Zeugnissen belegt allein schon die Archäologie seinen besonderen Stellenwert als Institution dieser Gesellschaft. Ganz im Gegensatz etwa zu antiken Städtefunden römischer Herkunft zeigen Grabungen in Griechenland keine großen Privatanwesen aus vorhellenistischer Zeit. Hier dominieren öffentliche Gebäude, *agorai*, Versammlungs- und Marktplätze, Verwaltungsgebäude, Rathäuser, Gerichtsstätten, Tempel und, unter ihnen, in fast jeder Stadt, ein Theater. Das Selbstverständnis des griechischen Bürgers drückt sich auf diese Weise unübersehbar nicht im privaten Bereich aus, sondern in der öffentlichen Sphäre. Zu ihr gehörte das Theater unabdingbar dazu.[128]

Nun wird in diesen Institutionen einer prononcierten Öffentlichkeit insonderheit greifbar, was man den urbanen Aspekt der griechischen *poleis* nennen muß und von diesen selbst zu unterscheiden hat. Die Stadt, in einem engeren Sinne genommen, kann zu der politischen Einheit, als welche die *polis* definiert ist, hinzugehören, muß es aber nicht unbedingt. Von der Gemeinschaft der Gleichen, der Bürger – charakterisiert durch Autonomie im Innern, wirtschaftliche Autarkie und Handlungsfähigkeit in der Außenpolitik –, bleibt das *asty* zu unterscheiden, der dichte Siedlungsraum, der den städtischen Mittelpunkt des Staatswesens bildet.[129] Er ist Ergebnis einer Entwicklung im historisch überschaubaren Zeitraum der Herausbildung der *polis*-Institutionen, die sich insbesondere durch die Theaterbauten belegen läßt. In der Masse genommen, prägen sie erst mit dem vierten Jahrhundert das Bild der Städte, weshalb gerade solche Bauwerke die Urbanität der *poleis* markieren, als eine gegenüber ihrer politischen Organisationsform zu unterscheidende, später als sie auftretende Erscheinung.[130]

Gelegentlich der Unterscheidung zwischen *polis* und *asty* läßt sich nun ein Ungleichgewicht aufweisen zwischen der konkreten Existenz einer griechischen Stadt, wie sie in Athen paradigmatische Ausprägung gewinnt, und ihrem in der *polis* gelegenen politisch-religiösen »Überbau«. Mit Deutlichkeit zeigt sich das, betont man den bei Vernant (gegenüber dem inneren Bezug von Kognitivem, Sensitivem und Imaginärem der kulturellen »Tatsachen«) in den Hintergrund gesetzten Gesichtspunkt der institutionellen Funktionen. Dann gerät nämlich in den Blick, daß die *polis*-Kultur selbst auf dem Wege eines Abstraktionsvorgangs zustandegekommen ist und gerade als solche Abstraktion ihre Aufgaben im Leben der Stadt Athen erfüllt. Gegenüber den Strukturierungsweisen dieser Kultur, für die sich Vernant vordringlich interessiert, tritt, so gesehen, sozusagen der Stoff ins Sichtfeld, dem sie ihre Strukturen beständig einzuschreiben bemüht ist. Im Versuch, politisch-existenzielle Konflikte und Widersprüche zu lösen, funktioniert die *polis*-Textur die ganze Zeit ihres Bestehens über nämlich geradezu als ein *System* des Ausgleichs von fortbestehenden Spannungen unterschiedlichster Art. Es hat mit seinem Entstehen die Aufgabe übernommen, Konflikte und Widersprüche in permanenten Vollzügen auszubalancieren, sie ins Gleichgewicht zu bringen und sie in dieser – durchaus prekären – Balance zu halten. Das erschließt sich insbesondere im Blick auf die von Vernant zugunsten der Geschichte der Strukturen immer ein wenig ausgesparte Ereignisgeschichte. Zu reden bleibt deshalb noch von den diesbezüglichen, vor allem von der deutschen Geschichtswissenschaft erarbeiteten Ergebnissen. Sie legen einen enger bestimmten Begriff des Politischen zugrunde und fassen das vom Gegeneinander der konkreten Positionen und Parteiungen gebildete Spannungsfeld des *polis*-bezogenen Handelns ins Auge, in dem Entscheidungen getroffen und durchgesetzt werden (müssen).[131] Im Verhältnis der Struktur- zu solcher Verlaufsgeschichte gibt sich allererst mit Schärfe der volle historische Augenblick dieser Kultur Athens zu erkennen. Gemessen am Leben der Stadt und den Begebenheiten ihrer Geschichte, zeigt sich eben, daß die *polis*-Funktion im Vorgang der Abstraktion von den realen Konflikten und Widersprüchen der Existenz und der Geschichte dieser Stadt erwachsen ist, die sie – als einen mächtigen Lösungsversuch – hervorgebracht haben.

Vernant hatte, bezogen auf das Beispiel Athens, gezeigt: Die *polis* entsteht im Zuge eines gewaltigen sozialen und kulturellen Umbruchs in Altgriechenland. Um verfolgen zu können, wie sie entstanden ist, hat er drei Phasen unterschieden, durch die hindurch wir dieses Entstehen nachzuvollziehen vermögen.[132] Erstens den Zusammenbruch der bronzezeitlichen Palastkultur, die auf einer einzigen »Institution«, der des Gottkönigtums mit seinen ordnungsstiftenden und -erhaltenden Riten, beruht hatte; zweitens die sich unter den Schleiern der Anonymität vollziehenden Versuche der sozialen Neuorganisation nach der Katastrophe dieses Zusammenbruchs, welche mit der Errichtung dezentraler, einander konkurrierender Herrscherhäuser und Adelsfamilien die neuen Entwicklungen vorbereiten; drittens schließlich deren Durchsetzung in bewußten Maßnahmen zur Lösung der im siebten Jahrhundert angebrochenen desaströsen sozialen Krise in ganz Griechenland. Der mit diesen drei Phasen jeweils verbundene Zeugniswert ist für den Historiker natürlich unterschiedlich zu gewichten. Bei den beiden ersten Abschnitten handelt es sich um geschichtliche Vorgänge vom Zeitmaß längerdauernder, struktureller Veränderungen – um kulturelle Verschiebungs- und Umbruchsprozesse, die Jahrhunderte Zeit der Vorbereitung und Durchsetzung in Anspruch genommen haben. Von ihnen ist kaum etwas wirklich bekannt, das meiste nur aus Indizien zu erschließen. Demgegenüber sind die Verläufe innerhalb der letzten Etappe, bei allen verbleibenden Unklarheiten im einzelnen, in den Grundlinien historisch sehr genau zu verfolgen.[133] Hier werden von Staatsmännern entschiedene Konsequenzen aus den Tendenzen gezogen, die allen bisherigen Prozessen gemeinsam waren. Welche das im einzelnen sind, kann man im Blick auf die nunmehr in verhältnismäßig raschen Schüben aufeinander folgenden Innovationen in Attika – die des Solon, der Tyrannis der Peisistratiden, schließlich des Kleisthenes – mit einiger Sicherheit rekonstruieren. Der nähere Hinblick auf deren Verhältnis zueinander gibt aber noch eine weitere, die entscheidende Verschiebung zu erkennen.

Sie spielt sich ab zwischen den bei Solon und der Tyrannis aus je unterschiedlichen Gründen zustande gekommenen, eher allmählich vonstatten gehenden und auf partielle Gebiete eingeschränkten Veränderungen zu einem mit planerischem Kalkül vorangetriebenen und dadurch erst das gesellschaftliche Ganze betreffenden Reformwerk. Bei allen gewichtigen Unterschieden in den Motiven, den Zielen wie der Praxis der einzelnen Erneuerungen – die durch sie hindurch wirkende, gemeinsame Tendenz ist in ihrer klar zutage tretenden Logik deutlich auszumachen. Sie besteht in der Folgerichtigkeit, mit der hier, Schritt für Schritt, in zunehmender Bewußtheit der Bruch mit den Mächten des Herkommens ins Werk gesetzt wird. Alle Maßnahmen der *Realabstraktion* von der Faktizität des Überkommenen konvergieren im letzten Sinn in der Beseitigung des alten Geschlechter- und Stammessystems und der auf solcher Grundlage errichteten Herrschaft der alten Adelsfamilien.

Ein erster Schritt des (erzwungenen) Abgehens vom Herkommen zeigt sich schon in der eigentümlichen Position Solons zwischen den alten Formen der kollektiven Konfliktbewältigung und den neuen Anforderungen, die es zu meistern galt. Dies verbindet ihn mit der Stellung der (legendären) »sieben Weisen«. Während der großen Krisenzeiten im siebten und sechsten Jahrhundert wirkten sie überall als Schiedsrichter in einer Situation der aporetisch gewordenen Widersprüche.[134] So fungiert auch Solon als ein in gewissem Sinne Außenstehender, jedenfalls über den Parteien Stehender, der in seiner eigenen Stadt als *katartister* oder *euthynter* eingesetzt worden war, als »Wieder-ins-Lot-bringer«.[135] Die Schieflage der Kräfte, derentwegen er das Schiedsgericht übernahm, hatte freilich keinerlei Präzedenzfall im überlieferten religiösen Schuldkatalog. Es galt nicht länger, zwischen Göttlichem und Menschlichen zu vermitteln, sondern allein zwischen den Menschen in der *dysnomia*, der Mißordnung der Zeit. In ihr hatte sich die lang dauernde wirtschaftliche Krise zum offenen sozialen Konflikt verschärft.

Auf der einen Seite stand der Adel mit seinen Gewohnheitsrechten in den unlöslich miteinander verbundenen Rechts- und Kultfragen, auf Grund derer mehr und mehr Bauern in unmittelbare Abhängigkeit von wenigen vornehmen Familien geraten waren. Auf der anderen Seite hatten die (später so genannten) *mesoi*, die Mittleren, also die wohlhabenderen Bauern, ein starkes Selbstbewußtsein entwickelt. Ihnen war vor allem durch das neu aufgekommene System der kollektiven Kriegsführung in der Schlachtordnung der Schwerbewaffneten (*hopliten*) die Verantwortlichkeit für ein gemeinsam zu verteidigendes Ganzes zugewachsen, für das sie nunmehr auch ein Mitspracherecht einforderten.[136] Unter dem Druck dieser Verhältnisse war für Solon das Vorhaben, eine *eunomia* als Ordnung unter den Menschen zu schaffen, gleichbedeutend mit der Verpflichtung, einen Ausgleich zu finden zwischen den einander widerstreitenden Ansprüchen der in Kollision geratenen Bevölkerungsschichten. Aus dieser Aufgabe erwächst die pragmatische Notwendigkeit, das Verhältnis von Göttern und Menschen neu zu definieren. Es ging darum, ein Bewußtsein zu wecken für die Einflußmöglichkeiten der menschlichen Praxis, für die gemeinschaftlichen Kräfte, ein Schicksal abzuwenden, das nur, wenn es sich selbst überlassen bliebe, als unabwendbare göttliche Fügung anzunehmen wäre.[137] Diesem Grundgedanken folgend, wurde die Lösung der Krise praktisch in der Ermächtigung eines bislang nicht dagewesenen Prinzips gefunden, als Ordnung nämlich eines Rechts im ganz neuen Verstande.

Ein *gerechter* Anteil wird nunmehr allen gemeinsam in bezug auf eine allen gemeinsam vorgeordnete, sämtliche Sonderrechte und Partialinteressen umfassende, höhere Ordnung zugemessen. Dabei ist es nicht etwa um *isomoiria* – um *gleichen* Anteil aller an ihr zu tun. Solches sucht Solon in der konkreten Organisation der Gemeinsamkeiten gerade zu vermeiden. In ihr werden die Unterschiede von Stand und Geltung auf neue Weise verteilt – je nach Verdienst, Leistung und dem Beitrag, der jeder Bevölkerungsklasse im Blick auf das Gemeinwesen zuzubilligen ist. Deshalb ist als entscheidende Leistung Solons die Durchsetzung eines *politisch* motivierten Rechtsgrundsatzes anzusehen. Er richtet sich gegen das bis dahin geltende (und letzten Endes zum unmittelbaren Auslöser der Konflikte gewordene) Gesetz der Schuldknechtschaft und hat seinen Kern in der Garantie der Unverletzlichkeit der Person sowie, darauf fußend, der Einführung eines allgemeinen Klage- und Berufungsrechts. Seitdem beruht die Realität des Gemeinwesens zuvor und vor allem in der juridischen Gleichstellung aller Freigeborenen.[138]

Auf der Grundlage der Rechtsgleichheit wird nun aber nicht einfachhin ein neues Maß der politischen Beteiligung eingeführt, durch welches das alte gänzlich abgeschafft würde. Vielmehr setzt Solon im Rahmen des Neugeschaffenen zweierlei, bislang unverträgliche Maßstäbe zueinander in Relation. Nach Herkommen und darauf beruhender Würde einerseits, nun aber auch nach dem Vermögen und der sich darin bekundenden Leistung für die Aufrechterhaltung der Rechts-Ordnung, schafft er drei bevorrechtete Klassen. In ihrem Bezug zueinander werden alt gegen neu, Abstammung gegen Besitz, traditionelles gegen jung erworbenes Vermögen, Adel gegen Kämpfer ins rechte Verhältnis gesetzt. Insofern begründet Solon die *eunomia* als eine Timokratie in Athen: Im Zensus-System sind nur die höheren Klassen zur Leitung der Staatsangelegenheiten bestimmt – ihnen allein ist das passive Wahlrecht zugebilligt. Die rechtliche Gleichstellung aller, auch die der weniger vermögenden *theten*, der Tagelöhner, schlägt sich dagegen im aktiven Wahlrecht nieder, das ihnen in Folge des Grundsatzes von Freiheit und Gleichheit vor dem Gericht zugestanden ist.[139]

Durch die von Solon vorgenommene erste »Mischung« der Bevölkerung nach Klassen waren die sozialen Konflikte zwar für eine Zeitspanne befriedet, jedoch lange noch nicht gelöst.[140] Das solonische Klassensystem hatte die Rivalität der Adelshäuser nicht etwa aufgehoben, sondern, zeitweilig, gleichsam neutralisiert. Ganz offensichtlich brach sie nicht lange nach Solons Wirken wieder auf und nahm im Streben einzelner Adelsfamilien nach Vormachtstellung neue Ausmaße an. In *dieser* Konsequenz entwickelt sich die Herrschaft der Tyrannen auch in Athen; wie erwähnt, und wohl als Folge der solonischen Reformen, später als im übrigen Griechenland. Hier sorgte Peisistratos in Fortsetzung von Solons Politik für die nicht-adligen Bevölkerungsschichten – für die fortgeltende Rechtssicherheit durch die Einrichtung reisender Demenrichter und durch die Schaffung einer ständigen Gerichtsstätte in Athen[141] sowie durch eine Wirtschaftspolitik, welche die Lage der ländlichen Bevölkerung deutlich verbesserte. Man kann das freilich kaum als Ausdruck einer reinen Bündnispolitik mit den Bauern werten, sondern hat es als eine Maßnahme unter anderen anzusehen, die allesamt das eigentlich angestrebte Ziel erreichen sollten: Ohne Zweifel war es der Tyrannis zuallererst um Erlangung und Festigung der Priorität des Herrschergeschlechts zu tun.[142] Den symbolischen Ausdruck erhielt sie in der Kult(ur)politik, mit der die Peisistratiden Athen, das *asty*, zum topographischen Mittelpunkt einer auf ein Machtzentrum ausgerichteten Staatsordnung jenseits der alten Schichtungen, Bindungen und Abhängigkeiten erhoben. Solche Staats- und in eins damit Kultpolitik zielte, in unmittelbarer Fortsetzung solonischer Politik, nun aber allein Peistratos Machtinteresse folgend, mit Ausschließlichkeit darauf ab, den Einfluß der übrigen Adelsgeschlechter gänzlich zu brechen. Den sichtbaren Ausdruck erhielt der Machtanspruch der Tyrannis – einher mit der erwähnten Baupolitik – durch die Einrichtung neuer Feste bzw. der Reorganisation der überkommenen Feierlichkeiten. Wiederum setzt sich damit eine höhere Ordnung, diesmal die Ordnung der alleinherrscherlichen Macht, dessen Traditionen aufgreifend und umbildend, an die Stelle des Gewesenen.[143]

Gegen den in all solchen Maßnahmen zum Ausdruck gebrachten Absolutheitsanspruch, zugleich gegen die offensichtlich zunehmend als Willkür empfundene Tyrannis, entwickelte sich, vor allem in der Herrschaftszeit der Söhne des Peisistratos, eine Oppositionsbewegung. Im erneut aufflammenden Streit der Richtungen konnten sich nun auch die Vorstellungen artikulieren, welche an der Idee gemeinsamer Verantwortung für eine gemeinschaftliche Ordnung festhielten und die alte Eunomie-Vorstellung radikalisierten. Nachdem Solons Reform eine schrittweise Bedeutungszunahme der *mesoi* erbracht hatte und dem Versuch der Tyrannis, dem Adel die Herrschaftsprivilegien streitig zu machen, Erfolg beschieden war, stand dafür das Terrain bereit. Obwohl jene Maßnahmen ganz anderes, ja jeweils Entgegengesetztes bezweckt hatten, in Folge aber des durch sie hindurch wirkenden

Eigensinns, hatten sie, jede auf ihre Weise, in eins mit der Schwächung der Aristokratie eine Stärkung des Bürgerbewußtseins erzielt. Erhoben wurde nunmehr von dieser Seite der Anspruch der *isonomia*, das heißt: nicht allein der rechtlichen, sondern nun auch, darauf beruhend, der politischen Gleichheit und Gleichberechtigung aller Freien.

Was immer seine Motive gewesen sein mögen, aus solchen Ideen zieht Kleisthenes endlich die entscheidende Folgerung.[144] Im Ergebnis läuft seine Reform auf die Schaffung eines gegenüber allem Überkommenen ganz und gar künstlichen Gemeinwesens hinaus, das als solches den Übergang bildet zur *demokratia*, zur Beteiligung aller Bürger an der Herrschaft. Quer zur traditionellen Schichtung der Gesellschaft – nach dem Rang von Geschlechtern, nach der Hierarchie der Kultverbände, nach den Unterschieden der Wirtschaftsräume zwischen Stadt und Land – verwirklicht Kleisthenes einen radikalen Neuaufbau des sozialen Gefüges. In ihm werden die alten, auf Blutsverwandtschaft beruhenden sozialen Einheiten, die Stämme, durch *phylai*, also auch Stämme genannte, tatsächlich aber bürgerliche *demoi* neuer Art, nämlich Gemeinden (oder Kreise) repräsentierende Gruppen ersetzt.[145] Als Resultat einer gegenüber Solon weitaus entschiedeneren »Mischung« entstehen Repräsentanzen der *Bevölkerung* von Athen und Attika – aus der Zusammenfügung nämlich von (einander in den Größenproportionen entsprechenden) Teilen der alten Territorien (Stadt, Binnenland, Küste) zu neuen politischen Körperschaften. Ein rein arithmetisches Prinzip waltet in deren Zusammensetzung.[146] An die Stelle der vier jeweils verwandtschaftlich und territorial verbundenen alten Phylen treten zehn neue Stämme (*phylai*). Jede von ihnen findet sich zusammengesetzt aus genau abgemessenen Bezirken der drei Landschaftsgruppen (*trittyes*), auf denen die einzelnen dörflichen bzw. städtischen Gemeinden (*demoi*) gelegen sind. Auf diese Weise repräsentiert die neue Phyle die Gesamtbevölkerung Attikas, unabhängig von aus Herkommen, Stand und wirtschaftlichem Wohlergehen resultierender Sonderart. Stadt, Land und Küste, die nach den Landschaftsbereichen »gemischten« Bevölkerungsgruppen mithin, sind nunmehr in den einzelnen »Stämmen« vertreten, in denen sich die alten Bluts- und Bodenbande in einem ihnen gegenüber höheren Interesse aufgehoben finden. Dies inkorporiert sich in den Institutionen der Stadt Athen, die *organisatorischer* Mittelpunkt des neuen Gemeinwesens bleibt. Insofern realisiert sich hier der in Solons und der Tyrannen Reformmaßnahmen gelegene latente Sinn ganz explizit und auf neue Art: Die Neuordnung der Gesellschaftseinteilung erfolgt im Vorgang des weitergetriebenen Bedeutungsverlusts der alten Familienbünde, der kleinen Stammesverbände und, in eins damit, der Lokalkulte.[147]

Diese Ordnung des Kleisthenes bleibt die Grundordnung, über die sich schließlich die Demokratie erhebt. Im Zuge der Beseitigung der Vorherrschaft des Adels und der schrittweisen Bedeutungszunahme der *mesoi*, des »Mittelstands«, über die Isonomie, der relativen Gleichstellung (gemäß dem Rang nämlich, der jedem zukommt), bis zur arithmetischen Gleichstellung, der Herrschaft aller, das heißt aller freigeborenen Athener, wird ein politisches System geschaffen, an dem schließlich jeder Bürger beteiligt ist. In ihm ist die Entscheidungsfindung und -durchsetzung die alleinige Sache der neuen, eigens dafür geschaffenen Institutionen, der Volks- und Ratsversammlungen, der Gerichte, der Ämter. In ihrem Zusammenspiel entwickelt sich mit dem schrittweisen Ausbau der demokratisch gewordenen *polis* allmählich ein kompliziert ausgeklügeltes Verwaltungssystem. Die Hauptaufgabe der auf diese Weise betriebenen und kontrollierten Politik besteht in der Aufrechterhaltung der Ordnung, und zwar der *eunomia*, der menschlichen Ordnung. Sie hat sich nunmehr den alten, den absolut religiös bestimmten Ordnungsvorstellungen, der ausschließlich durch die Götter eingerichteten und beherrschten Ordnung der Welt, erfolgreich entgegengesetzt. Aufrechterhaltung dieser von Menschen eingerichteten Ordnung bedeutet nun aber, daß die politische Sache untrennbar verbunden ist mit der Aufgabe, die verschiedensten Kräfte auszubalancieren, die – gemäß dem Eigensinn, den jede hat – gegeneinander gerichtet sind und dementsprechend, überließe man sie sich etwa selbst, unvermeidlich gegeneinander wirken würden.

Das hat, zunächst, einen sozialen Aspekt. Nur bei den Bürgern konnte es nämlich die vollständige Übereinstimmung von eigenem und allgemeinem Interesse geben. Der Kreis der zum Bürgerrecht Zugelassenen war aber, durch Solons Gesellschaftseinteilung und ihre, prinzipiell jedenfalls, weitergeltende Konsequenz, gezogen und eng gehalten.[148] Am Anfang waren breite Schichten von der wirklichen Teilnahme am *polis*-Leben von vornherein ausgeschlossen. Neben den städtischen Armen waren das die als Tagelöhner im agrarischen Hinterland der Städte (*chora*) arbeitenden Bauern, sodann die Frauen, die in Athen lebenden Fremden (Metöken) und die Sklaven. Der Logik des ganzen Reformprozesses entsprechend, ist die weitere Geschichte der Stadt hin zu der *demokratia*, zur Volksherrschaft, die das Ideal an der *polis*-Demokratie rühmt, mit der schrittweisen Aufhebung der rigiden *sozialen* Limitation des Bürgerstatus verbunden. Deshalb streicht das Ideal Athen in gewisser Weise zurecht hervor. Die politische Beteiligung der Freigeborenen dieser Stadt war tatsächlich größer als in den übrigen *poleis*. Über die Gründe dafür darf man sich freilich nicht täuschen lassen. Die *polis* Athen bildete nämlich nicht nur ein politisches und deshalb ein soziales und kulturelles Zentrum, sondern sie stellte zugleich ein Wirtschaftsunternehmen dar, von dessen Wohlfahrt das Wohlergehen der Einwohner unmittelbar abhängig war. Da alles, was das Gemeinwesen an Gütern erzeugte und aus Handel, Export und Pachteinnahmen erlöste, direkt und ausschließlich den Bürgern zugute kam, konnten sie sich allein mit der Politik befassen, die überall betrieben wurde – bei den Diskussionen auf der *agora*, wo sie den Tag verbrachten, in den zahlreichen Versammlungen und Gerichtssitzungen und schließlich bei den religiösen Festen, deren Bestandteil die Theateraufführungen waren.

Die zunehmende Prosperität der Stadt sorgte nun dafür, daß der Anteil der Nichtbürger unter den freigeborenen Athenern geringer, der der Bürger hingegen größer wurde als in anderen *poleis*. Nach den Perserkriegen war Athen im Jahr 477 zur Führungsmacht des antipersischen Delischen Bundes geworden, und nun diente auch die Außenpolitik gegenüber den Verbündeten der Prosperität des eigenen Gemeinwesens. Dies ermöglichte den weitgehenden Ausgleich sozialer Unterschiede; die Stadt konnte für alle gleichmäßig sorgen. Zahlreiche Leistungen, die vorher zu den Obliegenheiten der nach Status und Besitz Bevorrechteten gehörten, wurden von nun an aus öffentlichen Geldern bezahlt oder zumindest subventioniert.[149] Auch für die Ärmeren und Armen konnte in der Metropole des Seebundes gesorgt werden: Die ständig unterhaltene große Kriegsflotte sorgte für regelmäßige Beschäftigung und damit für ein zusätzliches Einkommen der bäuerlichen Saisonarbeiter. Nur auf Grundlage solcher Prosperität wurde in Athen die weitreichendste Form der Demokratie verwirklicht, in der – gegen diverse Widerstände, den Einspruch der Elite, die Trägheit der Massen – auch den Ärmeren und Armen die politische Beteiligung zugestanden werden konnte.[150]

Bei aller Bemühung um eine so weit wie möglich reichende Bürgerbeteiligung waren aber die sozialen Unterschiede in dieser Gesellschaft nur minimiert worden. Verschwunden waren sie durchaus nicht. Klarer Ausdruck der fortbestehenden sozialen Spannungen ist der während der Hochzeit der *polis* permanent erhobene Anspruch der – noch immer zu beträchtlichen Sonderleistungen herangezogenen – Vornehmen, neben der finanziellen Fürsorge für das Gemeinwesen auch dessen politische Führung zu übernehmen. Für sie war und blieb *demokratia* ein Schimpfwort für die Herrschaft der Masse, die ihr Recht auf die schiere Quantität gründet und damit nichts als die Dominanz der Unfähigen propagiert. Ort des Austrags dieser Konflikte zwischen den Parteigängern der *demokratia* und den auf Vorrecht und Sachverstand pochenden Adligen und Reichen, die von jenen wiederum als Oligarchen beschimpft wurden, waren, solange sie funktionierten, eben die Institutionen der Öffentlichkeit. Insofern war ihre Pflicht, die *polis*-Ordnung zu stabilisieren, untrennbar verbunden mit der Aufgabe, die fortbestehenden gesellschaftlichen Ungleichheiten auszutarieren.[151]

Dies betrifft nun aber nur einen Aspekt der in der *polis* bestehenden, realen Ungleichheit. Tiefer als er liegt ein anderer. Man kann sich das so veranschaulichen, wie es Christan Meier in seinem Athen-Buch tut.[152] Er beschreibt den komplexen Sachverhalt dort als den einer doppelten, quer zueinander stehenden Aufgliederung dieser Gesellschaft in einer horizontalen Schichtung, die den Adel den Bauern, den Kleingrundbesitzern, Händlern, Handwerkern, Tagelöhnern usw. konfrontiert, und einer vertikalen, in der Bürger und Nicht-Bürger nach einem anderen als einem sozialen Maßstab unterschieden wurden. Der mißt mit einem existenziellen Maß. Er setzt nämlich Freie gegen Unfreie, Griechen gegen Barbaren, Athener gegen ortsansässige Fremde, Männer gegen Frauen, Menschen gegen Sklaven. Wobei die vertikale Schichtung, die älteste, die archaischste, als die eigentlich starre Ordnung anzusehen ist. Sie blieb jedenfalls – anders als die horizontale, deren Grenzen seit Solon immer durchlässiger geworden waren – für die Angehörigen der jeweiligen Schicht unüberwindbar.

Damit ist der Bereich einer tiefgreifenden, nie überwundenen Ungleichheit im griechischen Leben angesprochen. Die Dichotomie der Geschlechter, die durch Bluts- und Bodenbande markierten Trennlinien bleiben – gemäß dem polaren Denken der Griechen, das auf diesem Felde durch die Tendenz zur Starrheit gekennzeichnet ist[153] – jenseits der Grenzen des neu entstandenen *polis*-Lebens ungebrochen in Kraft. Die alte Ordnung stellt sich damit, der ihr eigenen Tendenz nach, der neuen, die sich jener qua Abstraktion entwunden hat, entgegen. Abgegrenzt von der politischen Identität der Bürger, die ihre Grundlage in der Gleichstellung vor dem Recht hatte, herrschten dort andere als die politischen Gesetze der Identitätsfindung und -sicherung. In diesem Bereich gelten noch die alten Fragen nach Herkunft, Schicksal und Tod und – vor allem – die alten Verhaltensweisen, die darauf Antwort geben sollten – andere Antworten allerdings, als das in dieser Zeit neu aufkommende Mysterienwesen für solche Fragen bereithielt und die in erster Linie die individuelle Existenz betrafen.[154] Die ältesten solcher Fragen aber waren und blieben kollektiver Natur, und die Antworten darauf begründeten sich aus dem kollektiven Herkommen. Auf dem nun angesprochenen Felde können, was die religiösen Affektlagen und Praktiken betrifft, die Ergebnisse der Forschung der Ritualisten durchaus noch Gültigkeit beanspruchen. In den Kollektiva von Familie und Stamm bleiben nämlich die von den Cambridgern als »archaisch« und »primitiv« empfundenen Denk-, Empfindungs- und Verhaltensweisen weiterhin wirksam, überdauern sie alle Veränderungen, die sich – sozusagen über ihnen – zur Ordnung des *polis*-Ganzen zusammenschließen. Gewissermaßen kann dies deshalb nur oberhalb der Beharrungskraft älterer Strukturen seine politische Dynamik entfalten.

Nun haben wir aber, im Versuch, das Verhältnis der beiden Ordnungen zueinander zu beschreiben, aus dem vorangegangenen Methodenkapitel die gehörigen Lehren zu ziehen. Im Sinne der *survival*-Theorie ist dieses Verhältnis zweier einander prinzipiell und damit systematisch ausschließenden Lebens-Ordnungen natürlich nicht länger zu denken. Unter dem Eindruck des stichhaltigen Einspruchs der Synchronie kann es nicht darum zu tun sein, solche archaischen »Rückstände« zu isolieren, um aus ihnen einen älteren Kulturkreis zu extrapolieren, in dem der jüngere, politisch gewordene, seinen »Ursprung« hätte. Dennoch ist die jetzt angesprochene Mißproportion unter synchronischen Prämissen nicht einfach unbeachtet zu lassen. Wobei wir aber auch so betrachtet, nach dem Durchgang durch Religionswissenschaft und Soziologie, vor Vereinfachungen gewarnt sind. Weder kann das Verhältnis der ungleichzeitig zueinander stehenden Ordnungen in starrer Dichtotomie von Heiligem und Profanem gedeutet werden – daß beides, was Durkheim theoretisch strikt geschieden hatte, gerade in der *polis*-Öffentlichkeit auf komplizierte, man kann fast sagen: raffinierte Weise ineinanderspielt, hat Vernant gültig aufgewiesen –, noch kann man eine ähnliche Unterscheidung zwischen »Heiligem« und »Profanem« aufmachen in Gestalt eines prinzpiellen Unterschieds von Urformen des religiösen »Ergriffenseins« in der älteren und dessen Ableitungen in nicht länger »kultischen«, sondern bloß »kulturellen« Derivaten in der jüngeren Ordnung. Die Einsicht in die Dialektik der Ursprungskategorie hat ja gezeigt, daß der mit solcher Ansicht verbundene Verdacht auf Minderung von Seinsmacht durch (schuldhafte) Entfernung vom Ursprung selbst aus der einpoligen Auslegung des Ursprungsdenkens erwächst. Durch Betonung nämlich nur seines bindend rückwärts gerichteten Aspekts schlägt sich solche Deutung auf die Seite der Mächte der Regression. Gegenüber jeder Einseitigkeit bleibt hier das aus dem »Riß« im ursprungsmythischen Denken resultierende Problem zu bedenken, die mit der Ursprungskategorie gesetzte doppelte Verpflichtung auf Antagonistisches. Das Gegeneinander der beiden unverträglichen Ordnungen bedeutet für die in beiden Ordnungen Lebenden, permanent unter dem Druck zweier einander rivalisierenden Anmutungen zu existieren – zwischen Bindung und Aufbruch. Zu fragen ist, wo dieser identitätsbedrohende Zwist auftaucht im synchronischen Verhältnis der einander widersprechenden Lebensordnungen.

So gefragt, geht es eben nicht um ein *survival* im Sinne eines erratisch beharrenden Restbestands von Älterem. Das Ältere wirkt vielmehr weiter, es *arbeitet als Problem*, und dies läßt sich wiederum erkennen in der Aktivität, welche zu seiner Lösung herausgefordert wurde. Wie auf der Ebene des Sozialen ist auch auf diesem Gebiet eine Bemühung um beständigen Ausgleich der Widersprüche auszumachen. Auch auf diesem Felde stellt sich die Aufgabe der Moderation; auch hier wurde sie wahrgenommen im Versuch, Konkurrierendes in Balance zu bringen und zu halten. Freilich gestalteten sich die Notwendigkeiten zum Ausgleich zwischen den eigensinnigen Kräften, mit denen zu rechnen war, in Anbetracht *dieser* Ungleichheit ungleich schwieriger und differenzierter. Hier galt es ja eben, zwei prinzipiell und systematisch konträr zueinander stehende, ihrem je eigenen Richtungssinn nach einander ausschließende Ordnungen miteinander in Bezug zu bringen. Weshalb wir das Problem im konfligierenden Verhältnis von beharrender Struktur älterer Zivilisationsschichten und der Dynamik der *polis*-Entwicklung eben gerade an den dafür gesuchten Lösungsversuchen, unter dem Aspekt der Bewältigungsprogramme entdecken, die für solche Konflikte in Gang gesetzt wurden. Betrachtet man das Verhältnis dieser Ordnung als ein interagierendes, kommt die reale historische Konstellation der beiden widersprüchlichen Ordnungen in Sicht: als *Gleichzeitigkeit des Ungleichzeitigen* nämlich.

Am wenigsten wollte die Balance auf dem Gebiet der, sagen wir, politischen Rhetorik funktionieren. Auf diesem Felde kann man sehr deutlich den Versuch konstatieren, die alten Praktiken im Gebrauch des Herkommens dem Politischen zu adaptieren – indem etwa jeder von Kleisthenes neu geschaffenen Phyle ein *eponym*, ein Gründerheroe und ein ihm gewidmeter Kult zugeteilt worden war, der dem künstlich geschaffenen Gebilde in alter Weise zum Identitätsbewußtsein verhelfen sollte. Damit setzte man die Tradition – auf neuer, politisch-symbolischer Ebene – nahtlos fort. Sie ist und bleibt in Geltung als die unverbrüchliche Logik, der die Legitimationspraxis für alle Veränderungen seit Solon folgt. Wie er die *Wiederherstellung* der alten Ordnung zur Rechtfertigung für seine Reform herangezogen hatte, so versicherte sich, dem aristokratischen Herkommen entsprechend, ihm einen dynastischen Sinn verleihend, Peisistratos' Tyrannis ganz selbstverständlich »mythischer« Ursprünge. Und auch die *demokratia* selbst konnte auf den Beistand des Genealogisierens nicht verzichten. Unter dem zunehmenden Legitimationsdruck, in den sie im Gefolge des peloponnesischen Krieges gerät, führt sie sich über Kleisthenes und Solon zu guter Letzt bis auf Theseus, den Gründungshelden des landbeherrschenden Athen, zurück.[155] Schließlich bleibt in den zwischen den »Demokraten« und den »Oligarchen« aufbrechenden Kämpfen auf beiden Seiten die *patrios politeia*, die Ordnung der Väter, das letztinstanzliche Losungswort, das *beider* Ansprüche auf »Wiederherstellung« dieser oder jener Ordnung zu rechtfertigen hat. Der sehr reale politische Kampf, der hier geführt wird, rechtfertigt sich so in einem politisch nutzbar gemachten, insofern politisierten Ursprung, anders gesagt: in einem zum Symbol instrumentalisierten Ursprung. Dabei bricht gerade in dieser Anstrengung, Heterogenes politisch zu *vereinnahmen*, der klassische Ursprungskonflikt auf. Die Beobachter dieser Auseinandersetzung verwunderten sich jedenfalls darüber: Im wechselseitigen Einspruch gegeneinander verkennen die Parteien, daß sie »dasselbe Ziel haben und daß die These des Gegners in ihrer eigenen Rede enthalten ist«.[156] Und die radikalen Demokraten, die das Volk über das herkömmlich geltende Recht stellen, insofern sie für die Mehrheit die Macht reklamieren, den jeweiligen Interessen und Opportunitäten entsprechend die Gesetze zu ändern (*kinein tous nomous*), befanden sich mit solcher Selbstermächtigung im unlösbaren Widerspruch mit dem anderen Anspruch, durch den sie eben diese Macht auf das verpflichtende Recht der Überlieferung (*to patrion*) fundierten.[157]

Wesentlich erfolgreicher war der politisch-praktische Umgang mit dem alten »magisch«-religiösen Weltbezug. Seit Kleisthenes schon wurde er in die Ordnung der neugegliederten *polis* in gewisser Weise eingebaut. Die alten Stammesverbände wurden nicht etwa aufgelöst, sondern erhielten spezifische Aufgaben in der *polis*-Ordnung. Unterhalb der politischen, der öffentlichen Kompetenzen blieben sie gewissermaßen für die »Familienpolitik« zuständig, etwa für die Aufnahme der Neugeborenen in die *phratrie*, den alten, auf Verwandtschaften basierenden Stammesverband. Tatsächlich liegen hier die mythisch-rituellen Fundamente auch und gerade des Bürgerseins der Athener. Dies begründet sich letzten Endes in einer anderen Dimension der Geselligkeit als derjenigen der politischen Öffentlichkeit – folgt eigenen, älteren Prinzipien. Es sind urtümliche Zeremonien der Aufnahme in die Gemeinschaft, welche die Rechtmäßigkeit der Abstammung eines jeden Neugeborenen zu beglaubigen hatten und ihm damit erst die unanfechtbare Identität verliehen. In ausgesprochenen Riten der Autochthonie wurde für einen jeden der Ursprung aller Athener *wiederholt*. Der Höhepunkt des Aufnahmefestes, das Zu-Boden-Legen des Säuglings, läßt sich unschwer als *mimesis* ihres Gründungsmythos als Ur- und Eingeborene des attischen Landes verstehen.[158] In diesem Bereich, in dem die *phratrie* zwischen *oikos*, der Familie, und *polis*, dem Staat, vermittelte, galten – vor jeder Eintragung in die diversen Bevölkerungslisten – noch immer die alten Schwur- und Eidesformeln. Die in Streitfällen notwendige Bezeugung der Legitimität der Geburt, Vorbedingung des staatlichen und zivilrechtlichen Status eines Bürgers, blieb im Wesentlichen an die Aussage der Augenzeugen bei dieser Familienfeier geknüpft.[159] Das älteste Prinzip der mündlichen Bürgschaft durch die rituelle Formel steht hier insofern gegen das neue Prinzip von Schriftlichkeit und Rechtsargument. Aufeinander bezogen werden sie allerdings dadurch, daß jenem die Funktion zugestanden wird, dieses zu fundieren.

Auch auf anderer als der Ebene der politischen Kämpfe und der Staatsorganisation läßt sich solche Bezugahme des Neuen auf das Älteste erkennen. Dieses wurde durch jenes jedenfalls nicht angetastet: Die alten Mysterien, Rituale, geheimen Heiligtümer, Arkan-Reliquien existierten fort. Der Ritus begegnet weiterhin in zahlreichen nicht öffentlich anerkannten, nur geduldeten Feierlichkeiten. Das ist etwa an uralten, Vorgeschichte in geschichtliche Zeiten hinübertransportierenden und sie dort festhaltenden Frauenfesten gezeigt worden, den *thesmophoria* und den *adonia*.[160] Sie spielen sich ab im Übergang, an der Grenze von städtischer und ländlicher Lebensordnung – *zwischen* Tradition und Neuerung. Beide gehen deutlich erkennbar auf urtümliche Agrarfeste zurück, die sich im Übergang zur Stadt tansformieren, aber noch das älteste Merkmal des Ritus aufweisen. Hier ist das Handeln noch ein – räumlich und zeitlich begrenztes – Erschaffen, ein Erschöpfen von Welt, die solches braucht, um Bestand zu haben. Ihren Ausdruck findet diese Unterschiedlichkeit und vor allem: die pragmatische *Anerkennung* dieses Unterschieds im eigentümlichen »Chronotop« des städtischen Lebens, in dem nach Zeit und Ort nicht zur Deckung zu bringende Ordnungen nebeneinander stehen, sich in wechselseitiger Toleranz einander gesellen. Dabei ist die Divergenz zwischen solch uralten »Institutionen«, die im *polis*-Ganzen fortleben, und den neuen Institutionen nicht zu übersehen. Während diese – die Ratsversammlung, der Gerichtshof, der öffentliche Gottesdienst und eben auch das Theater – unverrückbare Gebäude erhalten, festliegende Örtlichkeiten in der Topographie der *polis*, sind es in jenen Frauenfesten Handlungen, Zeremonien, formelhafte Sprüche, die – vorübergehend – einen anderen Raum und eine andere Zeit hervorbringen. Diese Frauen schaffen sich für die Gelegenheit dieses Festes innerhalb des heterogenen Raums der Stadt, des *asty*, einen Ort für sich[161], sie definieren sich innerhalb der übergreifenden Ordnung eine eigene Ordnung, die für eine bestimmte Zeitspanne, für die Zeit des *exklusiven* Fests, die »normale« Ordnung auf den Kopf stellt, pervertiert. Das hat seine feste Grundlage im ritualistischen Bewußtsein. Ordnung, bedeutet das nämlich, muß in regelmäßigen Abständen aufgelöst werden, damit sie wieder entstehen, entspringen und im Entspringen aus einem reaktualisierten Ursprung neu aufgerichtet werden kann. Ein Prinzip von eigener, älterer, anderer Dynamik perpetuiert sich auf diese Weise – in zyklischer Bewegung – innerhalb der Stein gewordenen Symbolordnung, von der aus die Stadt ihren Machtanspruch – in geradlinigem Streben – am Zeitpfeil ausrichtet und in die Zukunft hinein entwirft.

Am deutlichsten ist der Versuch, zwischen verschiedenen Zeitaltern mit verschiedenen Prinzipien einen Ausgleich zu schaffen, im Bereich des Politisch-Religiösen. Im Rahmen der öffentlichen Religionspraxis zeigt sich das in der Hereinnahme der überlieferten »magischen« Praktiken in den Staatskult, die – aus unserem Blickpunkt – im Widerspruch stehen zu den das Menschenmaß idealisierenden Göttergestalten der städtischen Tempel. Das alte »magische« Hantieren setzt sich um diese Gestalten fort, in ihrer regelmäßigen Be- und Entkleidung etwa, in Masken- und anderen Riten sowie in den vielfältigen Opferbegängnissen, die der Tradition gemäß – zu vorgeschriebenen Gelegenheiten und in immergleicher Weise – ausgeführt werden mußten. Die nämliche »Zusammenlegung« von Ungleichzeitigem – *Symbolisierung*, die Ausgleich zwischen ihm schaffen und garantieren sollte[162] – zeigt sich schließlich auch in den

Gestalten der Götter selbst. Älteste, ältere und neue Formen ihrer Verkörperungen stehen in ihnen nebeneinander. Die teriomorphen Dämonenwesen etwa, welche die Ritualisten so wichtig genommen haben, gesellen sich den menschengestaltigen Göttern und bleiben bei ihnen als die ihnen unverbrüchlich verbundenen »Begleittiere«.[163] Deutlich zeigt sich, daß ein Bewußtsein über die Aufgabe bestand, Verschiedenes, grundsätzlich Verschiedenes zusammenzustellen: Auch die Götter, alle Götter mußten in die Ordnung der Stadt, in die Balance der Kräfte einbezogen werden: Die neue Religion entsteht gerade nicht durch das Abstreifen des »archaisch« Religiösen, durch die Ausgrenzung der alten Götter, sondern – umgekehrt – durch ihre Aufnahme, durch ihre Eingemeindung.

Das liegt alles ganz in der Logik der Beobachtungen Jean-Pierre Vernants. Nur wird durch unsere Verschiebung des Blickwinkels auf den nämlichen Sachverhalt unterstrichen, daß die Aktivität der Ausgleichsbemühung letzten Endes eben die *Anerkennung* von real bestehenden Unterschieden betrifft, darunter auch die prinzipiellen Unterschiede zweier einander unverträglichen und darum – ihrem jeweiligen Eigensinn nach – konkurrierender Lebensordnungen. Diese Unterschiede werden eben nicht aufgehoben, sondern sozusagen auf den verschiedenen Ebenen der städtischen Existenz ganz genauso wie auf denen des religiösen Universums plaziert, um, derart lokalisiert, in ihrem jeweiligen Partialrecht beglaubigt und damit zugleich begrenzt zu werden. Genau das findet seinen Ausdruck auch im Pantheon der »klassischen« Zeit, in dem den Göttern die ihnen je zukommenden *timai*, die angemessenen Ehren, zugestanden wurden. Dadurch sind eben auch die zwischen ihnen waltenden Unterschiede, die graduellen und die prinzipiellen, anerkannt und damit zugleich die Unterschiede der Zeiten, denen sie entstammen. Angestrebt ist auch in dieser, der zeitlich-geschichtlichen Dimension – über die ein deutliches Bewußtsein bestand[164] – ein Ausgleich, der in eins damit die in dieser Hinsicht bestehenden Unterschiede gelten läßt. Die verschiedenen *timai* werden den Göttern erkennbar auf den ihnen entsprechenden, einander heterogenen Zeit-Stufen zugebilligt, je nach der kulturellen Fertigkeit nämlich, die sie vertreten, und das heißt auch: je nach der Phase in der Geschichte der Zivilisation, der sie zugehörig sind.[165] Im Verhältnis der Gestalten des Pantheons wird das zeitliche Nacheinander in der Abfolge dieser Geschichte gleichsam in einem räumlichen Nebeneinander abgebildet. Die Göttergesellschaft entsteht mithin auf dem Wege einer mit Umsicht vorgenommenen Symbolisierung – einer

»Zusammenlegung«, durch welche den zwischen den Göttern zeitlich und systematisch waltenden Unterschieden die ihnen zukommenden Orte und Zuständigkeiten zugewiesen wurden. Auch hier war es also ganz offensichtlich um Ausgleich zu tun, darum, das Neue zum Alten und Ältesten zu gesellen, die zwischen ihnen – und das heißt eben auch: zwischen den verschiedenen Graden des Zivilisiertseins – herrschenden Widersprüche symbolisch zu versöhnen. Welch klares Bewußtsein darüber bestand, daß alle Götter – und noch die urtümlichsten – von der Stadt geehrt werden (und das heißt: in ihr beherrschbar sein) mußten, belegt Aischylos' *Orestie*, in der das Entstehen der neuen Ordnung, und das heißt: eines neuen, öffentlichen Rechts im Akt der Versöhnung der Menschen mit den alten und den neuen Göttern dargestellt wird. Das widerspiegelt auf einer Ebene dieser Trilogie, auf ihrer reinen Handlungsebene nämlich, die soziale und religiöse Realität, in der die *polis* tatsächlich keineswegs den alten Ritus und die mit ihm verbundenen alten Ordnungsvorstellungen aus der neu errichteten Ordnung herausdrängte.

Symbolische Ordnung: Die Dionysos-Feste

Mit dem zuletzt Angesprochenen sind einige Aspekte der vermittelnden Aktivität genannt, welche die tiefgreifenden Divergenzen im Athener Leben in *polis* und *asty*, zwischen *polis* und *asty*, hervorriefen, in der Spannung von Tradition und Neuerung, dem unbedingten Festhalten am Überkommenen und dem – allerdings in einem anderen Sinne – ebenso unbedingt werdenden Fortwollen zum Neuen. Mit dem Eintritt der Stadt in die Dimensionen der Weltgeschichte wachsen dem Willen, beides aufeinander zu beziehen, neue Komplikationen hinzu. Die ungeheure Beschleunigung im Strom der Ereignisse, in den das demokratisch gewordene Athen geworfen wurde, erzeugte Lagen, die mit dem aus der Vergangenheit überlieferten »nomologischen Grundwissen« gar nicht mehr in Übereinstimmung zu bringen, von ihm her nicht länger zu bewältigen waren.[166] Das in den Erfolgen der schrittweisen Durchsetzung der demokratischen *eunomia* und der abrupten Reichswerdung begründete Athener »Könnensbewußtsein« (Christian Meier) wird jetzt in nicht geahnter Geschwindigkeit, in nie gekannten Ausmaßen bedrohlichen Zerreißproben ausgesetzt. Seinen Höhepunkt erreicht es mit dem großen Sieg Athens über die Perser zu Beginn des fünften Jahrhunderts (im Jahr 480); eine empfindliche Schlappe (wenngleich kein Ende) erfährt es durch die endgültige Niederlage Athens in dem 27 Jahre dauernden innergriechischen Krieg, der im Jahre 431 begonnen hatte und im Jahr 404 zu Ende ging. Dazwischen war Athen Großmacht geworden, Führerin des griechischen Seebunds und Bewahrerin des großen Bundesschatzes, dazwischen liegt die Eroberungsexpedition, die nach Sizilien geschickt wurde und in einem Desaster endete, dazwischen liegen Versuche, die Demokratie zu stürzen und eine Herrschaft weniger Mächtiger zu etablieren, aber auch die Wiedererrichtung der Demokratie. Dazwischen also liegen Anfang und Ende eines Reiches, das eine Zeitlang Großmacht gewesen und als Großmacht gestürzt war. All das stellt eine weitere Herausforderung dar für die Integrationskräfte, die in der *polis*-Kultur für den permanenten Ausgleich nicht nur der sozialen und der existenzberührenden Konflikte, sondern nunmehr auch der durch die wechselnden politischen Lagen provozierten Krisen des Gemeinwesens zu sorgen hatten.

Mit solcher »Integrationspolitik« ist, gut soziologisch, in jedem Punkt nun aber auch die Dimension wieder berührt, welche in allen Ebenen dieses politischen und städtischen Lebens untrennbar mitspielt – als eigentliches Ferment des Zusammenhalts. Wirksam bleibt es in der Dimension des Religiösen. Tatsächlich stellt dies, wie Durkheim es gesehen hatte, wie es Vernant modifiziert hat, auch über die wechselnden Schicksale der Außenpolitik hinweg das stärkste Band dar, das die auseinanderstrebenden Kräfte und die divergierenden Lebensordnungen der Stadt zusammenzubinden vermochte. Unabdingbar war und blieb dieser Bereich, weil andere Mittel der Integration nicht zur Verfügung standen. Der »Staat« – deshalb eben ist dieser Terminus nur unter starkem Vorbehalt zu benutzen – führte im Bewußtsein der Griechen kein Eigenleben, dem man sich als einer transpersonalen Entität verpflichtet, vor dem sich die Summe der Gleichen in ihren Rechten zurückzusetzen gehabt hätte. Eine in diesem Sinne zu verstehende »Staatsraison« existierte nicht. In der Form der direkten Demokratie war der Staat vielmehr gleichbedeutend mit der Gesamtheit seiner Bürger. Er war nicht mehr als diese und *insofern* eben gleichbedeutend mit der Stadt.

Das spezifische Gefüge der *polis* kannte deshalb auch noch keine, erst für die neuzeitlichen Gesellschaften charakteristischen, präzisen Abgrenzungen zwischen unterschiedlichen Organisationsbereichen und institutionellen Kompetenzverteilungen des »Staatlichen«. So wenig sich in ihr Alltag und Freizeit, Kunst und Arbeit, Wirtschaft und Kultur voneinander abgrenzen lassen, so wenig sind auch Staat und Gesellschaft voneinander und beide von der Religion und ihren Institutionen unterschieden.[167] Die *polis* verfügte nicht etwa über die uns vertrauten, rein weltlichen Ordnungsmächte, durch die die gesellschaftlichen Beziehungen mit äußerem Zwang oder doch mit Zwangsandrohung aufrecht zu erhalten sind. Es gab keine allgemeine Schule, in der ein staatsbürgerliches Normenbewußtsein ausgebildet werden konnte. Es gab keine Polizei, die Vergehen oder nur Regelverstöße im Alltag hätte verhindern können. Und sowenig es eine verbindliche »Heilige Schrift« gab, in der die für alle verbindlichen Gebote aufgestellt waren, gab es eine einheitliche Priesterkaste, der die Formulierung und Überwachung der Regeln eines besonderen religiösen Verhaltens oblegen hätte. Noch aber gab es zu diesen Zeiten ein Berufsmilitär, das auf die Aufgaben der Kriegsführung des Reichs, auf Planung und Strategie von Angriff und Verteidigung spezialisiert gewesen wäre, um diese stellvertretend für das Ganze auszuüben.[168] Wie in den Perserkriegen, so kämpfte auch für das Imperium die gesamte Bürgerschaft. In den nicht abreißenden Feldzügen, über die der Rat nunmehr beständig zu entscheiden hatte, waren *polis* und Reich identisch und beides eben mit der Gesamtheit der Bürger, die zu Lande und zu Wasser in koordinierter Aktion, in den Manövern der Phalanx und der Flotte, die eigenen Beschlüsse auszuführen hatte. Wie diese Entscheidungen, so betrafen auch daraus folgende Siege oder Niederlagen alle Bürger ganz direkt und unvermittelt. Gerade wegen solcher Unmittelbarkeit der bürgerlichen Erfahrung in der »Innen«- wie in der »Außenpolitik« kamen deshalb der Religion im *polis*-Ganzen Funktionen zu, die in einem modernen Gemeinwesen ausschließlich den im engeren Sinn staatlichen Aufgabenfeldern zugehören. Indem sie auf vielfältige Weise praktiziert wurde, vermittelte sie weiterhin die Normen, die auf ethischem, sozialem und schließlich auch auf militärischem Gebiet Identitäten zu stiften vermochten.

Das Religiöse also schafft über vielfältig Trennendes hinweg Solidaritäten, es schafft Ordnung. Insofern erweist es sich als mit dem Symbolischen identisch, denn nur in diesem Bereich war ein Ausgleich zwischen Widersprüchen möglich, die in der Praxis unaufhebbar waren. Das Religiöse kann vermitteln, weil es geradezu, so hat es Vernant formuliert, als »Symbol in Aktion« zu betrachten ist.[169] Damit ist auch das genaue Feld bezeichnet, in dem es als solches im konkreten städtischen Leben am effizientesten in Erscheinung tritt. Der Festkalender, folgt aus den Konvergenzen der soziologischen wie der religionswissenschaftlichen Theorie, bezeichnet nämlich den Ort, in dem das Religiöse seinen »Sitz im Leben« der Gesellschaft hat. In den Festen wird die gesellschaftliche Ordnung in gemeinsamen Vollzügen, unter Beteiligung aller praktisch ins Werk gesetzt. Das läßt sich für die Athener Gesellschaft in ihrer Geschichte bestätigen. Tatsächlich vermag man das Fest im Leben der *polis*-Gesellschaft als das seine Integrationskräfte voll ausspielende »Symbol in Aktion« ansehen und zugleich bei der Arbeit beobachten.

Das Dionysos-Fest bleibt deshalb zunächst in den Blick zu nehmen, und zwar, soziologisch betrachtet, das Fest als solches. In dieser Hinsicht geht es um den Aufweis der Formen, in welchen es seine integrativen Kräfte zu entfalten vermag. Der symbolische Darstellungszusammenhang, den es als städtisch-politisches Ereignis, als Ablauf, mithin als strukturiert-strukturierende Aktivität des Symbolischen bildet, verlangt unter den von uns etablierten Voraussetzungen gesonderte Aufmerksamkeit. Denn mehr als daß die Theateraufführungen von Anfang an im Zusammenhang mit der Dionysosverehrung der Stadt begegnen, hat die kritische Revision der Ursprungstheorien, und zwar sämtlicher Ursprungstheorien, nicht ergeben. Durch viele weitere Quellen und die didaskalischen Urkunden ist darüber hinaus die weitere Entwicklung nur im Zusammenhang der Frühgeschichte der dionysischen Kultfeiern gut belegt. Als ihre festen Bestandteile, also unter starker staatlicher Protektion, waren sich die dramatischen Künste von Anfang an der öffentlichen Anerkennung sicher und konnten deshalb bereits am Ende des sechsten Jahrhunderts differenzierte, eigenständige Ausdrucksformen ausbilden (von denen freilich nur didaskalisch berichtet wird, eben im Sinne des Rapports über Verlorenes, textlich erhalten ist davon, bis auf Bruchstücke, nichts). Notwendigerweise fällt die Frage nach den Anfängen des Theaters in Athen deshalb zusammen mit der Frage nach der Frühgeschichte der Dionysos-Feste, von der ältere Überlieferungen zuverlässige Informationen enthalten. Diese Frage betrifft also ausschließlich den Rahmen, in dem die Aufführungen des Theaters ihren festen Ort finden. Dieses Rahmenwerk läßt sich eben als eine erste institutionelle Grenze lesen, welche das Theater aus dem Ensemble der übrigen Institutionen ausgrenzt und ihm damit in ihrem Gefüge einen bestimmten Stellenwert verleiht. Diese Grenze fällt zusammen mit dem Festprogramm als symbolischer Form.

Dabei erweist gerade ein Blick auf die Quellenlage zum bedeutendsten der Theaterfeste der Stadt, auf die »Städtischen«, die »Großen« Dionysien, die Wichtigkeit des Aspekts der symbolischen *Arbeit* des Religiösen, auf den wir mit der Verschiebung des Blickwinkels von den Strukturen auf das von ihnen Strukturierte Wert gelegt haben. Bei aller mit der Überlieferung verbundenen Inkonsistenz dokumentiert sich in ihr zumindest eine beständig unternommene, nicht abreißende symbolische Aktivität, in welche die *polis* ihre Bevölkerung im ständigen Feste-Feiern involviert hat. Die Quellen reichen nämlich durchaus nicht aus, um die Ordnung des Festablaufs zu einem »gegebenen« Augenblick, etwa zu Zeiten der »Klassiker« dieses Theaters, zuverlässig zu rekonstruieren.[170] Hierüber herrscht Unsicherheit, müssen Konjekturen, Vorausgriffe aus früheren, Rückschlüsse aus späteren Zeiten Lücken auffüllen. Deshalb können die Historiker den Ablauf der Großen Dionysien allein im Sinne einer idealtypischen Ordnung beschreiben – gleichsam im Zeitraffer über weite historische Spannen hinweg. Gerade dieser Umstand aber verrät für unseren Zusammenhang durchaus Signifikantes. Denn dieser weitgespannte, mehr als zweihundert Jahre umfassende Zeitraum, in welchem sich die *polis* zur Demokratie formiert hat und das Imperium – und unmittelbar damit die Bürgerschaft – tiefgreifenden, erschütternden Umbrüchen ausgesetzt war, findet sich in den diversen Elementen, Nummern, Bausteinen gleichsam gespiegelt, die Bestandteile des Festprogramms waren und den »staatlichen« Rahmen der Theateraufführungen bildeten. Von ihnen enthalten die aus unterschiedlichen Zeiten datierenden Quellen verstreute Nachrichten, manchmal auch nur Indizien, aus denen man eben nicht mehr als das Modell der Großen Dionysien zusammenzusetzen vermag. Es ist sehr wahrscheinlich, daß das Muster, das ihm zugrunde liegt und in ihm bewahrt sein mag, sehr alten, mit der Entstehung der Stadt gesetzten und aus Älterem transformierten Topoi folgt. Erkennbar ist aber, legt man das idealtypisch rekonstruierte Programm der Dionysien sozusagen über die geschichtlichen Verläufe der *polis* und des Imperiums, daß dieses Muster auf sich verändernde Bedingungen variabel zu reagieren vermochte. Es erwies sich als aufnahmefähig für den Wechsel der Situationen, arbeitete an und mit ihnen, adaptierte sie im symbolischen Reflex darauf. Man kann sehen: Das Fest fängt in der Entwicklung seines Programms der symbolischen Formen nicht nur die Spannungen auf, vor denen sich die Geschichte der Stadt abspielt, sondern eben auch die Verschiebungen, welche sie in dieser und durch diese Geschichte durchmacht. Schließlich ist es, als symbolischer Zusammenhang genommen, aktionsgewordenes Symbol der Größe des Imperiums, das, paradoxerweise, gerade als solches Symbol den Niedergang, schließlich den Verfall des Imperiums überdauern sollte.

Schon für die allerersten Anfänge einer ausgesprochenen Staatsfeier läßt sich durch die Quellenlage, kombiniert man sie mit den eben beschriebenen historischen Verläufen, die Aktivität belegen, mit welcher das Dionysosfest den je veränderten Gegebenheiten angepaßt wird. Eher als die Kontinuitäten treten im Fest als dem Paradigma des gesellschaftlichen Ereignisses die Diskontinuitäten hervor. Sie lassen sich nunmehr aber über das schematische Muster einer allgemeinen Evolution kultureller Formen hinausgehend deuten – und zwar als Ergebnis des Zusammenspiels von strukturellen Veränderungen, die sich in der Logik des Werdens der *polis* ergeben, mit einer Folge von Maßnahmen, die dieser Logik des gesamtgesellschaftlichen Entwicklungsprozesses Entsprechung leisten. Mit Klarheit zeigt sich das bereits für die Kultpolitik des Peisistratos, deren symbolische Ordnung konsequent ihre Grundlage, die geltende Regierungsform, nachbildet. Sie zielt erkennbar darauf, die bestimmten Geschlechtern vorbehaltenen Kultpraktiken durch übergreifende, auf den neu geschaffenen politischen Realitäten basierende, ihnen entsprechende Feierlichkeiten abzulösen.

Der Vorgang einer solchen Ablösung folgt dabei von Beginn an einer klar profilierten Strategie. Es geht um Aufhebung der Tradition, indem sie in einem ihr übergeordneten Neuen adaptiert, in ihm konserviert, damit aber zugleich einer Umdeutung unterzogen wird. Die Panathenäen, die – jährlich einmal als kleine, einmal alle vier Jahre als große Staatsfeier begangen – zum wichtigsten Fest der Stadt aufrückten, vereinnahmten dabei mit Rezitationen der homerischen Epen und, vor allem, den chorlyrischen Darbietungen die Traditionen der alten Adelskultur und gestalteten sie zu Legitimationsformen der neuen Herrschaftsform aus.[171] Die weitergreifende Politik der Tyrannis zeigt sich dagegen besonders gut am Dionysosfest. Als Staatsfeier, an der die gesamte Bevölkerung beteiligt werden sollte, wurde es ganz neu geschaffen und als städtisches (*asteios*) dem älteren, ländlichen (*agroikos*) Dionysosfest gegenüber aufgewertet. Damit zusammen hängt die neu eingeführte Bedeutsamkeit eines relativ jungen Dionysos, der einst aus dem Grenzdorf Eleutherai nach Athen gekommen war und mit dessen Geschichte sich die Familie des Peisistratos genealogisch verband. Einerseits sollte dies also dem ländlichen Brauchtum ein städtisches Gegengewicht schaffen. Insofern grenzt sich die städtische Dionysosfeier mit Wollen und Bewußtheit als neues von dem alten, ans Land gebundenen Fest ab. Die Abgrenzung des Neuen vom Alten betrifft aber nicht nur den Gegensatz von Stadt und Land, sondern hat – dem gleichen Sinn folgend – auch einen innerstädtischen Aspekt. Dafür zeugt die doppelte Bezeichnung dieser Feier. Als »Städtisches« Dionysosfest setzt sie sich nicht nur den ländlichen, als »Großes« setzt sie sich zugleich den übrigen, den älteren Dionysosfesten des *asty* entgegen.

Eines von ihnen läßt sich mit hoher Wahrscheinlichkeit aus archäologischen und literarischen Zeugnissen rekonstruieren – und zwar in einem ausgesprochen kultpolitischen Zusammenhang.[172] Seine Lokalisierung auf dem Gelände des ältesten Gräberfeldes der Stadt zeigt seine Nähe zum Heroen- und Gräberkult, wie er ebenso für Sikyon unter Kleisthenes zu dokumentieren war. Auch der Name des hier verehrten Dionysos, Lenaios, zeigt einen Gott, der noch in unmittelbarer Nähe zum ältesten Mythos steht – *lenai* ist eine der Bezeichnungen für die Mänaden, die weibliche Gefolgschaft in den Geschichten und den geheimen Kultbegängnissen des Gottes. Greifbar wird sein Gottesdienst aber zu einer Zeit des archaischen Athen, als sich auf diesem vom Ahnen-Ursprung her »geheiligten« Gebiet bereits die Umrisse der *agora* abzeichnen – als Stätte der Zusammenkünfte des Rates und der Gerichte. Ihr Zentrum war ganz offensichtlich in einem *hieros cyclos*, einem Heiligen Kreis gelegen, der auch als *orchestra*, als Tanzplatz, bezeichnet wurde. Religiöses und Politisches begegnen hier mithin in einem noch ungeschiedenen Konnex – die »magischen« Tänze, die hier dargeboten worden sind, werden die Verbindung zum Schutzgott der Versammlungen, die *threnoi*, die Totenklagen, die Gunst der toten Helden »beschworen« haben. Solche Riten aber hatten vom ungebrochenen mythisch-rituellen Komplex bereits auf signifikante Weise Distanz gewonnen. Seine Plazierung auf der *agora* belegt, daß der lenäische Dionysos bereits eine politische Rolle spielt. Als Heroen- und Totengott tritt er schon als ein Gott der auf die gemeinschaftlichen Geschicke bezogenen Versammlungen und der Gerichtsverfahren in Erscheinung. Im Hinblick auf dieses dionysische Kultbegängnis ist also für Athen eine Parallele zu den Berichten über Korinth und Sikyon zu ziehen. Wenn die parische Marmorchronik für die Zeit von 581-561 von den ersten dramatischen Aufführungen in Athen berichtet, und zwar von solchen komödiantischer Art, dann weist solches auf das Fest dieses Dionysos im Heiligtum des Lenaion hin, auf eine starke rituelle Bindung also solcher Aufführungen, wie immer sie ausgesehen haben mögen.

Wenn dieselbe Chronik die ersten Tragödienaufführungen aber auf das Jahr 534 setzt und sie in Verbindung mit dem legendären Thespis bringt, dann ist damit die Zeit des Peisistratos berührt, mithin die grundlegende Reform, durch die Dionysos in Athen zum Gott einer neu gewordenen *polis* und damit zu einem politischen Gott neuer Art geworden ist. Soviel jedenfalls läßt sich aus den Daten über die Geschichte Athens, über Peisistratos' dynastische Politik belegen. Ganz ähnlich wie es Herodot von Periandros in Korinth und Kleisthenes in Sikyon berichtet hat, setzt sich der Gott der neuen politischen Ordnung als Symbol dieser neuen Ordnung an die Stelle des alten und behauptet ihm gegenüber seine Dominanz. Gott der Städtischen, der Großen Dionysien ist und bleibt seitdem jedenfalls der Dionysos, der einst aus Eleutherai nach Athen gekommen ist. Und die Verbindung dieses Festes mit Thespis, wie sie didaskalisch überliefert und vielfach kolportiert wird, belegt in diesem Zusammenhang nicht mehr, als daß das dionysische Drama eben zuerst greifbar wird in solcher Entfernung vom »Ursprung«. Diese aber kommt zustande – eindeutige Entsprechung zur Logik des Politischen – aufgrund eines politisch gewollten und bewerkstelligten Bruchs mit dem Herkommen. Wie Periander den Dithyrambos, wie Kleisthenes die *tragikoi choroi*, die Bockschöre, in ihren Staatskult aufgenommen und ihnen damit neuen Sinn und neue Bedeutsamkeit verliehen hatten, so nimmt Peisistratos die tragische Weise in den Kult des Dionysos aus Eleutherai auf. Als Bestandteil, heißt das, einer symbolischen Ordnung, als deren Ausdruckskunst die Tradition, wie immer sie ausgesehen haben mag, jedenfalls zwangsläufig neue Formen angenommen haben muß.

Bewahren des Alten durch Aufnahme in ein neues Gefüge, durch welches jenem ein neuer, ein neugewordener politischer Sinn verliehen wird, zeigt sich aber auch für die nachfolgende, entscheidende Reform. Unter Kleisthenes wird das Große Dionysosfest als wichtiges Kultbegängnis der *polis* beibehalten. Auch hier zeigt sich im Ergebnis der Übernahme das Nebeneinander von festgehaltener Tradition und ihrer Überformung durch einen neuen Sinnhorizont, in welchen diese eingebracht und neu gedeutet wird. Dies entspricht ganz dem Vorgang der Kultreform der Tyrannen, die deshalb in mehr als nur einem Punkt von den Bewegungen hin zur Demokratie, schließlich von der Demokratie selbst fortgeschrieben wird. Auch Peisistratos hatte das Fest des lenäischen Dionysos nicht etwa verdrängt, sondern allenfalls marginalisiert. Solange beide Feste auf der *agora* begangen wurden, mögen sie jedenfalls unterschiedlichen Göttern, einem älteren und einem jüngeren gegolten haben. Die Erinnerung daran lebt noch fort, als das archaische Fest unter dem Namen der Lenäen von der entwickelten Demokratie in die Staatsfeierlichkeiten aufgenommen wurde. Dies geschah wahrscheinlich erst um 440, als die lenäischen Aufführungen, ca. sechzig Jahre später als das große Dionysosfest, von der *agora* ins Dionysos-Theater und damit in die Nähe des von Peisistratos geschaffenen *temenos* am Südhang der Akropolis verlegt wurden. Von nun an fanden beide Feiern in unmittelbarer Nachbarschaft des Heiligtums des Dionysos aus Eleutherai statt. In der damit etablierten Festordnung kommt der genau austarierte Stellenwert des älteren Gottes in der neuen *polis*-Gesellschaft zum angemessenen Ausdruck. Von der öffentlichen Bedeutung der Staatsfeier her, durch die er im neuen Rahmen zu offizieller Anerkennung gelangt, ist er dem jüngeren Gott jetzt gleichgestellt. In Form des »kleinen« Festes bleibt seine Feier dem Rang nach der des jüngeren, des politischen Dionysos aber untergeordnet. Die gemeinsame Ordnung akzentuiert auf diese Weise gerade die Hierarchie der Feste gemäß den Gradabstufungen an öffentlicher Relevanz, die ihnen im Festkalender zugestanden wird.

So wie früher die Tyrannis, so wie später die Demokratie, die durch die Übernahme der Lenäen in die Reihe der Theaterfeste der fortbestehenden Tradition ihren Tribut zollt, hielt man auch nach Kleisthenes Phylen-Einteilung am Herkommen fest. Die Prozession, mit der die Statue des Dionysos zum Festbeginn von außerhalb der Stadt in den Theaterbezirk heimgeholt wurde, wird auch bei der – unter dem Druck der Fliehkraft seiner Staatsreform zustandegekommenen – Neuordnung das Fest eröffnet haben. Diese »Heimholung« gilt noch immer dem aus Eleutherai gekommenen Gott und hält insofern zwei Stadien seines Mythos präsent. Im Kern haben wir es noch immer mit der ältesten Schicht des Ritus zu tun. Die hier zutage tretende heilige Handlung bleibt ihrem tiefsten Sinn nach die heiligste. Ihm zufolge ist sie Wiedervergegenwärtigung des Ursprungs, »Darstellung« als Wiederholung der mythischen Geschichte von der ersten Ankunft des aus Eleutherai gekommenen Gottes in Athen.[173] Das bleibt so von Anfang bis zum Ende des Festbegängnisses in der Geschichte der Stadt. Im Innern der über die gesamte Zeit tradierten Handlung agiert der Ritus den Mythos des Gottes, wiederholt sich in ihm das Ursprungsgeschehen. Mit dem Kommen des Gottes verbindet sich auch das Kernstück des Religiösen – das Paradigma nämlich des religiösen Handelns schlechthin, das Opfer. Sowohl im Heiligtum auf der Straße nach Eleutherai, wohin die Statue des Dionysos in der Nacht vor Beginn des Festes verbracht worden war[174], als auch zu Ehren des (zurück)gekommenen Dionysos im Theaterbezirk selbst, zur Eröffnung der Feierlichkeiten, wurden Tieropfer dargebracht – auch als Bestandteil der den Festteilnehmern zugute kommenden »Opferküche«.[175] Dieser Akt der unmittelbaren Kommunikation von Menschlichem und Göttlichem verbürgt – bei aller darin gelegenen Distanznahme, die Vernant aufgezeigt hat – die Ankunft des Gottes, vergegenwärtigt sein Kommen als Restitution der »einstigen« Ankunft und damit als Manifestation seiner Wirklichkeit. Der älteste Dionysos lebt fort als der »kommende Gott«.[176] Solches aber tradiert sich eben nur in einer, der tiefsten Schicht des rituellen Begängnisses – unterhalb einer politisch-zeremoniellen Anlagerung. Anknüpfend an den »Gründungsakt« des Peisistratos und auch diesen tradierend, schreibt der Vorgang nämlich auch die symbolische Überformung des *dromenon* fort, durch welchen die Tyrannis diesen Ritus erster Ordnung bereits »politisiert« und auf ihre Herrschaftsordnung ausgerichtet hatte.

Die Einfügung der traditionellen Elemente in ein neues Bezugssystem, das sich dem vorangegangenen entgegenstellt, indem es die Elemente neu formiert, bestätigt sich aufs wiederholte Mal für das neue Fest des isonomen Athen. Solche Zeremonien wie die der einleitenden Prozession werden wiederum eingebunden in ein neu formiertes Ganzes, dessen Elemente umgruppiert werden und damit in eine neue Systemstelle eintreten. Ganz in der Logik der Entwicklung, durch die die Gesellschaftsreform zur Demokratie tendiert, wird den Großen, Städtischen Dionysien der Charakter eines Volksfestes verliehen. Wobei dies nun aber ganz und gar politisch zu verstehen ist – das Volk, das hier beteiligt wird, ist seiner Tendenz nach bereits der *demos*, die politische Größe, die zur Herrschaft drängt. Unter Kleisthenes wird das Dionysosfest jedenfalls zum Fest der neu geordneten *polis*, wird symbolischer Ausdruck der reformierten Sozialordnung.

Seitdem beteiligen sich in vielfältiger Form die zehn neu geschaffenen *phylai*, die künstlichen »Stämme«, mithin die organisatorischen Grundzellen des Gemeinwesens, an dieser Feierlichkeit. Von nun an verstrebt sich die Festorganisation ganz mit dem System des *polis*-Aufbaus. Die zehn Stämme sind nämlich die eigentlichen Agenten des »sozialen Dramas«, als das man die Inszenierungsweisen des Rahmenprogramms der Theateraufführungen mit Fug beschreiben kann.[177] Im Zentrum der in ihm hergestellten Zuordnung zwischen dem gemeinsamen Ganzen und den Elementen, aus denen es sich zusammensetzt, steht der *agon*, der Wettkampf. Tatsächlich ist er als das »dramatische« Moment zu begreifen, welches die gesamte Festveranstaltung organisiert. Der Wettkampf »dramatisiert« erkennbar das Verhältnis von Teil und Ganzem, von einzelnen Stämmen und dem Zusammenhang, zu dem sie sich gefügt haben und in allen Aufgaben, die gemeinsam zu bewältigen sind, nach innen und nach außen, immer wieder fügen müssen. Dieser Zusammenhang tritt nun aber durch seine agonale Dramatisierung in allen unlösbar miteinander verquickten Aspekten zutage, unter denen diese Gesellschaft die Einheit einer unmittelbaren Erfahrungsrealität bildet. Über den Wettkampf behaupten die Stämme ihre Autonomie und setzen sich zugleich in Relation zu der sie übergreifenden Ordnung, die ihre »Rolle spielt« sowohl in Gestalt der *polis*, nach Innen also, als auch in Gestalt des Imperiums, in »außenpolitischer« Hinsicht mithin.

Der politische *agon* eröffnet – am ersten Tag der Feier, nach Prozession und Opfer, den ältesten rituellen Verrichtungen – die eigentlichen Feierlichkeiten. Ganz unmittelbar treten in der repräsentativsten (und kostspieligsten) Zeremonie des festlichen Rahmenwerks die Stämme gegeneinander an. Man mag annehmen, daß bereits die Sitzordnung im *theatron*, dem Zuschauerraum des Dionysostheaters, die Zuordnung von *polis* und *phylai* zum Ausdruck brachte. Möglicherweise saßen die Zuschauer in verschiedenen, den einzelnen Stämmen vorbehaltenen Rängen, wobei die mittleren Ränge den Beamten und Ratsmitgliedern, vielleicht auch den in der militärischen Ausbildung befindlichen Epheben vorbehalten sein mochten.[178] So wäre allein die Anordnung des Publikums eine Darstellungsform, in der sich die Struktur der politischen Ordnung kundtut: Ihre Aufgliederung wird ebenso zum rahmenden Bild wie ihre Zusammensetzung, die sich in doppelter Weise durch den Bezug der *polis*-Abteilungen auf das gemeinsame Zentrum unterstrichen findet. Repräsentiert wird es durch das von den Wahlmännern gebildete Verwaltungsgremium ebenso wie durch die jungen Krieger, die sich auf die Verteidigung der Stadt vorbereiten.

Die großen Chöre, die inmitten der *orchestra*, im Kreis um den Musikanten und den Altar aufgestellt, den Dithyrambos, den Kultgesang des Dionysos anstimmen, treten jedenfalls unmißverständlich als Delegationen der einzelnen Phylen auf, der Kernzellen des *polis*-Ganzen.[179] Die Durchführung dieses Wettkampfs, bei welchen nur die Phylen um die Siegespreise konkurrierten, war allein Stammessache; die Ehrung seiner Teilnehmer, der Organisatoren und der Dichter, betraf ausschließlich das Kollektiv, als deren Vertreter sie fungierten. Jede Phyle stellte den Choregen, den Finanzier, und die große Zahl der Mitglieder, die für die beiden beteiligten Chöre aufzubringen waren. Runde fünfzig Sänger umfaßten, neben dem Vorsänger und dem Flötenspieler, sowohl der von den Stämmen entsandte Männer- wie auch der von ihnen gestellte Knabenchor.[180] Die Bedeutsamkeit der unmittelbar vorangegangenen Opferprozedur aufgreifend, kam der religiöse Charakter dieser Aufführungen im äußeren Dekor zum Ausdruck. Die Gewänder der Aufführenden trugen Attribute der Dionysosverehrung: Der *exarchon* war mit Bändern und Blüten geschmückt, die Choreuten trugen lange Festkleider und Efeukränze. Auf solch religiöser Grundlage hob die Ordnung dieses Wettbewerbs ansonsten aber deutlich die strikte Parallelität der Stammesabgesandten sowohl zur Ratsversammlung wie zum militärischen Aufbau des Reiches hervor.

Der Reichsaspekt kam in der Zeremonie der militärischen Führer zur Geltung. Nach Abschluß der Chorwettbewerbe, nachdem also der siegreiche Stamm ermittelt und geehrt worden war, und zur Eröffnung der Tragödienwettbewerbe traten die zehn Generäle – je einer aus den zehn Stämmen – zu einem gemeinsamen Opfer an.[181] Auch sie waren auf diese Weise am Festbegängnis beteiligt, als Repräsentanten nämlich der militärischen Bedeutung der Phylen, die eben auch die Kernzellen des Aushebungssystems des Heeresaufgebots bei den Kriegs-Unternehmungen waren.[182] Die fünfzig Mitglieder der Chöre selbst – ebensoviel wie jede Phyle Vertreter in den Rat zu entsenden hatte – standen in mehrfacher Repräsentanz. Sie konkurrierten als Bürger der *polis*, daher die Entsprechung zur Zusammensetzung der *boule*, wie als Krieger des Imperiums, als welche sie von den Generälen angeführt wurden, sowie – in Form der Erwachsenen- wie in der der Knabenchöre – als Vertreter der verschiedenen Generationen. In diesem mehrfachen, die sozialen Rollen wie die Generationenfolge umfassenden Bezug stand also der *agon* der Stämme. Sie wetteiferten gegeneinander, jeder darauf aus, sich als der Beste zu erweisen; im gemeinsamen Bezug aber auf *polis* und Reich definiert sich dieses Beste als dasjenige, was für das gemeinsame Ganze, nach innen wie nach außen, das beste ist.

Der *agon* ist freilich nicht auf die politische und imperiale Repräsentanz der Beteiligten beschränkt. Als Motor des sozialen Dramas, als welche das Fest als Ganzes inszeniert wurde, bezieht er auch die Organisation der Theaterveranstaltungen ein. Wobei sich gerade auf dem Hintergrund der beschriebenen gegenseitigen Durchdringung von Staat, Gesellschaft, Wirtschaft, Kultur und Religion die besondere Funktion der Theaterfeste zu erkennen gibt. Im Blick darauf zeigt sich nämlich, daß die Feste – nach innen – ein Mittel für die Aufrechterhaltung der politischen Ordnung der Stadt darstellten. In jeder

Weise waren sie darauf angelegt, den Gemeinsinn der Bürger aufzurufen und zu stärken, auf den allein sich Stabilität und Kontinuität in einem »Staat« ohne Schule und Polizei gründen konnte. Zugleich – und nach außen – stellten sie den äußerst effektbedachten Ausdruck der Vormachtstellung Athens über das übrige Griechenland dar. Unschwer läßt sich der ganze, in sich verschlungene Komplex von drei Seiten her rekonstruieren. Nämlich, erstens: Von der Wettbewerbstruktur der Aufführungen her, zweitens von ihrer Finanzierungsweise her und, drittens, von der staatspolitischen Funktion der Feste her gesehen. In allen drei genannten Bereichen ebenso wie in deren Zuordnung drückt sich ein- und derselbe Symbolzusammenhang aus, in dem sich religiöse, sozialpolitische und repräsentative Aspekte unauflösbar durchdringen und der insgesamt nichts anderes meint als eine besonders eindrucksvolle Bestätigung der *polis*-Identität.

Von Anfang an – die Meldungen über den »ersten Sieger« Thespis testieren es – wurden nicht nur die Dithyrambenvorstellungen, sondern auch die Theater-Aufführungen als Wettbewerb durchgeführt. Was die Organisationsstruktur betrifft, finden auch sie sich in das soziale Drama einbezogen, welches das Fest inszeniert. Dies bleibt so und greift in sich stetig erweiternde Dimensionen aus, indem immer mehr der an den Aufführungen Beteiligten in die Konkurrenz einbezogen werden. In allererster Linie etabliert sich darin – schreibt sich fort und differenziert sich – wiederum ein ganz besonderer, auf die *polis*-Ordnung bezogener religiöser Charakter der Feste. Diesem *agon*, wie er als Höhepunkt fast aller altgriechischen Festlichkeiten stattfand – so etwa den gymnastischen Olympischen Spielen oder den Pferde- und Wagenrennen der Isthmischen Spiele von Korinth, den lyrischen und epischen Agonen der Delphischen Spiele oder den während der Athener Panathenäen ausgetragenen Rhapsodenwettbewerben –, diesem allgegenwärtigen Wettbewerb also lag zunächst eine sehr besondere Vorstellung von Gottesdienst zugrunde. Sie gibt eine weitere kennzeichnende Eigentümlichkeit griechischer Festlichkeit zu erkennen, denn in ihr schließen sich die sozialen und politischen Aspekte des *agon* mit solchen des schieren Amüsements zusammen. Dieser Gedanke besagte: Zu Ehren der Götter mußte auf allen Gebieten, im Praktischen und im Künstlerischen, die jeweils beste Leistung ermittelt werden und zwar: zum Beweis der menschlichen Tüchtigkeit (*arete*), die den Göttern zum Ruhm und zugleich den Menschen zur Freude gereichen konnte.[183]

Die Adresse der Theaterwettbewerbe der Dionysien an ein in solch vielfältiger Weise interessiertes Publikum gibt nun wiederum ihre agonale Inszenierung zu erkennen, die eine sorgsame Vor- und Nachbereitung umfaßte. Der Wettstreit wurde mit dem *proagon* eröffnet, der kurz vor Festbeginn, seit 444 in dem (in diesem Jahr fertiggestellten) Odeion des Perikles, einer überdachten Konzerthalle im Dionysos-Bezirk am Südhang der Akropolis, stattfand. In Anwesenheit der Schauspieler gaben hier Dichter und Choregen erste Auskünfte über die zu erwartenden Aufführungen. Wiederum ein paar Tage nach dem Abschluß der Festlichkeiten fand eine Bürgerversammlung (*ecclesia*) im Dionysostheater statt, in der die Veranstalter der Aufführungen Organisation und Ablauf der von ihnen betreuten Aufführungen rechtfertigen und den Klagen und Beschwerden der am Fest Beteiligten oder der Zuschauer Rede stehen mußten.[184] Die weitere Festfolge war ganz den Aufführungen vorbehalten. Am ersten Tag, zwischen Prozession und Umzug, fand der beschriebene Wettstreit der Dithyrambenchöre statt. Am zweiten Tag folgten die Komödienaufführungen, wobei (bis auf Einschränkungen während des Peloponnesischen Kriegs[185]) regelmäßig fünf Autoren mit je einem Stück gegeneinander antraten. Die größte Bedeutung hatte der Tragödienwettbewerb an den abschließenden drei Tagen: Täglich wurde jetzt die Tetralogie eines Dichters gezeigt; drei in früher Zeit thematisch zusammenhängende, später ganz unverbundene[186] tragische Stücke, auf die jeweils ein Satyrspiel folgte. Bei den Tragödien- und Komödienaufführungen konkurrierten zunächst ausschließlich die Dramatiker um die drei Staatspreise und die Festausrichter, die Choregen, um Anerkennung für die beste Organisation und Ausstattung der von ihnen betreuten Aufführungen. Später wurde der Wettstreit auf die Schauspieler ausgedehnt, für die seit 449 (Tragöden) bzw. 329 (Komöden) Preise vergeben wurden.[187]

In beiden Fällen, die Organisation und »Kunst« zugleich betreffen, wurde also der jeweils beste Bürger ermittelt, dessen besondere Tüchtigkeit zugleich der Stadt zum Ruhm und den Göttern zur Ehre gereichte. Im *agon*-Gedanken durchdringen sich also von vornherein staatspolitische und religiöse Aspekte. Aber mehr noch: Man kann sich vorstellen, welche ganz unmittelbare Faszination dieser Wettkampf und sein Ausgang auf die Masse der anwesenden Zuschauer ausübte, welch hohe emotionale Beteiligung an Kampf und Sieg sie aufbrachten, wenn man Näheres über die Organisation des *agon* erfährt: Die Richter (*kritai*) wurden in einem komplizierten Auswahlverfahren ermittelt, um die Unbestechlichkeit ihres Urteils gegen mögliche Einflußnahmen zu sichern.[188] Dreimal entschied das Los: Zuerst bei der Vorauswahl der Kandidaten aus allen zehn Athener Gemeinden, dann bei der

Bestimmung von jeweils zehn Preisrichtern, die – unmittelbar vor Beginn der einzelnen Wettkämpfe – aus diesen Kandidaten ermittelt wurden, und schließlich, nach Ende der Wettkämpfe, bei der endgültigen Auslosung der fünf Stimmen, die allein für die Preisvergabe entscheidend waren.[189] Eine derartige Absicherung spricht dafür, daß die Versuche, auf die Entscheidung der Richter Einfluß zu nehmen, zahlreich und massiv gewesen sein müssen – und mag als Beweis gelten für die ganz unmittelbare Faszination, die der Wettkampf auf die Masse der Zuschauer ausübte.

An all diesen Details zeigt sich also, wie sehr der *agon* zur üblichen Festpraxis und wie stark diese wiederum zu den Fundamenten der *polis* gehörte. Man sieht hier zum ersten Mal und besonders eindrücklich, wie die Staats- und Götterfeier mit ostentativ ausgelebtem Massenvergnügen in eins fielen. Wie der Dithyramben-Wettbewerb die *arete* der Stämme zu erweisen hatte, wurde der die Emotionen der Beteiligten wie, vor allem, der Zuschauer aufwühlende Theater-Wettstreit durchgeführt, um den persönlich Besten zu ermitteln. Und auch hier war, um es noch einmal zusammenfassend zu sagen, der Beste eben derjenige, der Ehre einlegen kann für die Größe der Stadt – darin bestand der politische Gedanke des *agon*-Prinzips – und der dadurch – das war die religiöse Kehrseite des politischen Gedankens – für die Größe der Götter und Heroen zeugt, die sie gegründet haben und schützen und auf die die Stadt ihre ganze Identität zurückführen konnte. Und das Vergnügen aller war in alledem ohnedies ganz selbstverständlich enthalten. Das alles also umschloß der Enthusiasmus der Feiernden, die im Erlebnis des erhabenen und spannenden Wettkampfs alles drei zugleich sein konnten: Kultgemeinde, Volksversammlung und, ganz einfach, Theaterpublikum, für das der Wettkampf hohe Sensationsreize mit sich brachte.[190]

Der zweite, für die Organisation der Theaterfestspiele wichtige Aspekt zeigt die gleiche, für Wettbewerbsgedanken und -durchführung charakteristische Verquickung von, jedenfalls für das moderne Bewußtsein, ganz heterogenen Funktionen. Zumindest bis zum Ende des vierten Jahrhunderts war die Ausrichtung der Theaterfestspiele nämlich nicht Staats-, sondern Bürgerpflicht. Nach den Regeln der während des fünften und vierten Jahrhunderts in Militär- und Zivilangelegenheiten von allen wohlhabenden Bürgern verlangten öffentlichen Dienstleistungen (*leitourgia*) war der Finanzier der Aufführungen ein Privatmann, der im Unterschied zum eigentlichen Vorsänger und -tänzer des Chors, dem in den Aufführungen mitwirkenden Koryphaios, »Chorführer«: Chorege, genannt wurde. Der Einsatz, den die Privatleute leisten mußten, war nicht nur für den einzelnen, sondern für die ganze Schicht der Vermögenden außerordentlich hoch. Das zeigt die große Menge der jährlich ins Amt berufenen »Chorführer«. Bei den Dionysien wurden insgesamt 18 – wenn Männer- und Knabenchöre gemeinsam auftraten sogar: 28 – Choregen benötigt; je drei für die Tragödientrilogien mit den anschließenden Satyrspielen, fünf für die Komödienaufführungen und zehn – oder eben sogar: zwanzig – für die Dithyrambenchöre, welche auch noch die kostspieligsten von allen waren.

Der im einzelnen von den Choregen verlangte Aufwand gibt sich deshalb am besten im Blick auf die Dithyramben-Aufführungen zu erkennen: Für sie hatte der Chorege nämlich, außer dem Vorsänger und dem Flötenspieler, jeweils runde 50 Sänger zu verpflichten und mit aufwendigen Kostümen auszustatten. Aber auch für die Tragödienaufführungen war einiger Aufwand erforderlich. Nachdem dem Choregen durch die Archonten, den höchsten Staasbeamten, einer der konkurrierenden Dichter zugeteilt worden war, wählte er – aus allen Bürgern Athens – zunächst die Choreuten, also die Mitglieder des Chors aus. Sofern sie ihm nicht durch Losentscheid zugeteilt wurden – eine Praxis, zu der man seit 449 im Zusammenhang der Einführung des Schauspieler-Wettbewerbs überging –, hatte er darüber hinaus die Akteure zu verpflichten; und schließlich fielen Gagen für den Flötenspieler und den »Regisseur«, den Didaskalos als dem Choreographen an. Die *polis* bezahlte ausschließlich die drei Schauspieler, für das übrige Personal hatte der Chorege während der Vorbereitungen und der Dauer des Festes Unterhalt und Tagegelder auszulegen. Darüber hinaus waren natürlich die Kosten für die Ausstattung und die Masken und Kostüme zu bestreiten. Gelegentlich traten noch *parachoregmata*, Sonderleistungen, hinzu, so wenn Statisten für stumme Rollen oder, in seltenen Fällen, sogar ganze Doppelchöre benötigt wurden.

Wobei auch diese Einrichtung der Liturgie von der spezifischen *polis*-Kultur zeugt, in der Religion, Sozialpolitik und Bürgervergnügen bruchlos in eins fallen konnten.[191] Wiederum: Von diesen drei Seiten her gibt sich die Choregie als ein System aufeinander verweisender symbolischer und materieller Akte zu erkennen, welche im Rahmen des übergeordneten Ganzen – das Ganze der Bürger – letztlich die Anerkennung der geltenden Statusunterschiede und die Legitimität der für die einzelnen Schichten unterschiedlichen Rechte und Pflichten unterstreichen sollten. Bedeutsam wurde dies zunächst für den mit hohen Kosten Belasteten selbst. Denn solcher Aufwand verstand sich im System der Demokratie und auf dem Hintergrund der Geschichte seiner politischen Durchsetzung durchaus nicht länger von selbst. Den Herrschaftsprivilegien entkleidet, mit welchen sich solche Fürsorge für die Bevölkerung ihrer aristokratischen Herkunft nach verbunden hatte, mußten die Betroffenen angesichts ihrer politischen Entmachtung den von ihnen verlangten Aufwand als zu Unrecht erhobene Besteuerung auffassen. Die erwähnte beständige Forderung der Reichen nach politischer Führerschaft belegt jedenfalls klar und nachdrücklich, daß in ihren Augen ein Ungleichgewicht zwischen Pflicht und Recht eingetreten war. Dies auszutarieren tritt wiederum der zeremonielle Vorgang in Aktion. Durch die agonale Organisationsweise wurde den Pflichtbeiträgern eine Kompensation im Rahmen der symbolischen Ordnung des Festes zuteil.

Das zeigt sich zuerst vom religiösen Gesichtspunkt her: Der kultische Anlaß des Festes hob bedeutsam den ganz besonderen Ehrenstatus hervor, der mit den vom »Chorführer« verlangten hohen Aufwendungen verbunden war. Mit der Ernennung zum Choregen ist also eine Ehrung des der Athener Elite zugehörigen Bürgers und damit eine Ehrung für diese Elite selbst verbunden. Wichtig ist solch herausgehobene Position der Begüterten aber, umgekehrt, auch vom sozialpolitischen Moment her gesehen. Der Einsatz der Reichen, der ihre Sonderrolle inmitten der Gleichen hervorstrich, demonstrierte nämlich andererseits auch die besondere Fürsorgepflicht, welche ein großes Vermögen für die breite Masse der ärmeren und armen Bevölkerung zwangsläufig mit sich brachte. Und endlich hat er Bedeutung auch vom Aspekt des Massenvergnügens her betrachtet. Die Einwohner der gesamten *polis* konnten – das zeigt das umfassende Rahmenwerk: die Präliminarien beim *proagon*, die Rechenschaftspflicht der Choregen bei der abschließenden *ecclesia* – von den Privilegierten auch etwas verlangen. Ihr ungetrübtes Vergnügen war ihnen durch das Privatvermögen garantiert – und sie hatten das Recht, es ganz penibel und akribisch einzuklagen. Das war durchaus kein formaler Akt: nicht nur das Ansehen der Amtsträger, sondern auch ihre weitere politische Karriere hing von der Anerkennung ihrer Leistungen für die Unterhaltung der Einwohner der Stadt ab.

Der Erfolg der Choregen beim Publikum verdankte sich nämlich durchaus nicht nur der gelungenen Ausstattung der Aufführungen, sondern auch ihrer anderweitigen Großzügigkeit, zum Beispiel bei der Bewirtung der an der Vorführung Beteiligten. Auf sie wurde genau gesehen, die Ausgaben der Choregen waren geradezu ein Gradmesser des öffentlichen Ansehens, das die Amtsträger späterhin genießen konnten. Damit verbunden war schließlich ein ganz unmittelbarer Nutzen, den die Hochgestellten aus ihrer Sorge für das öffentliche Wohl ziehen konnten. Karitativ und uneigennützig war die Liturgie nämlich nicht, so wenig wie bloß symbolisch: Das Amt wurde erstrebt und genutzt, um eine Klientel zu gewinnen oder zu vergrößern und damit öffentlichen Einfluß zu erhalten oder zu mehren. Berühmte Staatsmänner – Themistokles, Perikles, Nikias, Alkibiades – haben deswegen als Choregen amtiert. Diese politische Bedeutung des Amtes führte in der militanten *polis*-Atmosphäre mit einiger Zwangsläufigkeit auch dazu, daß seine Ausübung fast regelmäßig Anlaß zu Auseinandersetzungen zwischen rivalisierenden Politikern oder Parteien gab, die häufig in aufwendigen Gerichtsverfahren geklärt werden mußten.[192]

Zu guter Letzt – die dramatischen Aufführungen wurden noch von allerhand Spektakeln umrahmt, in denen sich die Macht der *polis* demonstrativ und unverhüllt nach innen und nach außen darstellte.[193] Ganz offen zeigt sich in ihnen wiederum das bereits bekannte Ineinander von kultischen, sozialen und politischen Aspekten, das auch dem *agon*-Gedanken und der Choregen-Einrichtung innewohnte und das ihren ganzen Sinn ausmachte. Auch die repräsentativen Teile des Festes hatten der religiösen und zugleich der ganz profanen Legitimierung der *polis* zu dienen, so wie eben sie war. Nach dem kultischen Festakt und der großen Opferzeremonie im Heiligtum des Dionysos zur Eröffnung der Feier schloß sich eine feierliche Prozession (*pompe*) an, in welcher das Standbild mit der dem Anlaß angemessenen Würde ins Theater geleitet wurde. Hier fanden zunächst zwei ganz unmittelbar die *polis*-Gemeinde betreffende Prozeduren statt. Nachdem einzelne Bürger für besondere Dienste, die sie der *polis* geleistet hatten, ausgezeichnet worden waren, wurden, sofern sie das entsprechende Alter erreicht hatten, die Kinder der für Athen Gefallenen in den Kreis der Erwachsenen aufgenommen. Verbunden mit dem Segen des Volkes erhielten sie eine Rüstung zum Zeichen ihrer neuen Ehre. Im Anschluß an diesen Initiationsvorgang wiederum, unmittelbar vor Beginn der Dithyrambenaufführungen, fand schließlich noch ein repräsentativer Staatsakt statt, mit dem Macht und Reichtum des Reiches vor der Bürgerschaft und den im Frühjahr zahlreich nach Athen kommenden Gästen demonstriert wurde. Seit Überführung der Kasse des Seebundes nach Athen übergaben die Verbündeten nach den Kult- und Initiationszeremonien ihre Tribute. Wobei die *polis* die

Gelegenheit nutzte, ihre Vormachtstellung deutlich zu unterstreichen. Der regelmäßig anfallende Gewinn der Führungsmacht wurde vor dem Publikum des Dionysostheaters triumphal zur Schau gestellt. Nach den auf solche feierlichen Staatsakte folgenden Dithyrambengesänge kam schließlich das Amüsement zu seinem Recht: Ein ausgelassener Umzug (*komos*) der Bürger durch die Straßen beendete den ersten Festtag und leitete zu den Aufführungen der Komödien über.

In diesen ausgesprochen staatspolitischen Zeremonien kommt die »Bürger-Ideologie« am deutlichsten zum Ausdruck. Unmißverständlich wird in ihnen die Zusammengehörigkeit von *asty*, *polis* und Imperium hervorgehoben und damit die Einheit akzentuiert, in deren Rahmen sich der ganze *agon* abspielt. Die Ehrung der verdienten Bürger unterstreicht nämlich in allererster Linie die Größe der *polis*, für die solche Verdienste erworben wurden und vor welcher sie sich für den einzelnen überhaupt erst als Verdienste erweisen lassen; durch die Aufnahme der Waisen stellt die *polis* die Funktion heraus, die sie als Ersatz für die Familienbindung zu übernehmen vermochte; und in der Ausstellung der Tribute tat sich, Bürger, Stämme, Familien verbindend, die Macht kund, die über ihre eigenen Grenzen hinaus als Führerin eines großen Reichs Anerkennung verlangt. Insofern bezeichnen diese Zeremonien das symbolische Zentrum, auf das sich der ganze bisherige Wettkampf im sozialen Drama der Festinszenierung wie auch der folgende *agon* der Theateraufführungen ausrichtet.

Aus allen angeführten Beispielen wird evident, daß die Dionysos-Feste zur klassischen Zeit Athens eben keine reine Kultfeier waren, sondern sich in ihnen heilige und profane Aspekte, von der Götterfeier über die Demonstration der Staatsmacht bis hin zu vielfältigen Lizenzen für das pure Massenvergnügen, auf charakteristische Weise und jedenfalls: untrennbar mischten. So zeigt sich, daß die Organisation des Festes ein ausgesprochen stabiles und kompaktes System der gleicherweise symbolischen wie handfest-materiellen Legitimierung der *polis* zum Ausdruck brachte, indem sie – durch praktizierte Solidarität – an die Gemeinschaft aller appellierte, gleich ob reich oder arm, und ihnen die Gewißheit gab, in einer – erstens – geheiligten, – zweitens – nach innen trotz aller sozialen Unterschiede intakten und – drittens – nach außen starken, souveränen Gesellschaft zu leben. Dieser komplexe Symbol- und Handlungszusammenhang und keineswegs die reine Kultfeier bildet den institutionellen Rahmen und damit die eigentliche Voraussetzung der Tragödienaufführungen, von denen man also annehmen kann, daß auch sie sich nicht in purer Kultfeier des Dionysos erschöpften, sondern ebenfalls in intensiver Weise auf die *polis*-Gesellschaft bezogen waren.

Der Ritus im Fest

Wenn nun mit der Betrachtung des Festrahmens als Inszenierungsform der *polis*-Ideologie durchaus noch nicht Aspekte des in ihn einbezogenen Theaters selbst zur Sprache gekommen sind, dann ausdrücklich doch solche, welche die Theatralität des *polis*-Lebens betreffen. Darauf bezog sich bereits die – vom Ethnologen Victor Turner übernommene – Rede vom »sozialen Drama«. Es hat sich gezeigt, daß der Großteil der den Fest-*agon* prägenden symbolisch-«dramatischen« Handlungen gesellschaftliche Funktionen erfüllte – indem sie der Ordnung von *polis* und Imperium und dem Bemühen galten, die sozial und politisch auseinanderstrebenden Kräfte in diese Ordnung einzubeziehen. Aber man kann Turners Begriff darüber hinaus noch in einem spezifischeren Sinn auf unsere Problemstellung hin befragen, insoweit in ihm unter dem Theatralitäts-Gesichtspunkt auch ein ganz besonderes Verständnis des Ritus impliziert ist. Daraufhin betrachtet, ist im Festzusammenhang nicht nur – horizontal genommen – das im Zuge der Herausbildung der *eunomia* zustandegekommene soziale und politische Gefüge, sondern auch – in der Vertikalen gesehen – das Verhältnis der prinzipiell divergierenden Lebensordnungen innerhalb der *polis* und damit die grundsätzliche Spannung in ihr berührt. Der Ritus, in einem strikten Sinne: als Begegnung mit dem Heiligen, ist ja innerhalb der festlichen Geschehenssequenz die erkennbar älteste Praxis, und sie bleibt – wie sich herausgestellt hat – auch im dionysischen Festbegängnis perennierend. Dessen Strategie der Anpassung des Symbolischen an die Prozesse des Sozialen und des Politischen spielt sich mithin über einem beharrenden Kern ab. Der liegt im Opferzentrum des Festes, wie es über die längsten Zeiten seiner Entwicklung unverändert tradiert wird.[194]

Nun richtet sich gerade der in Turners Konzeption enthaltene (und versuchsweise auch bereits auf das griechische Festwesen applizierte[195]) Begriff des Rituellen seiner Grundintention nach gegen die Überbetonung der integrativen Funktionen des Rituals durch die Soziologen. Dagegen wird seine besondere »theatrale« Qualität, nämlich sein geradezu spielerisches Moment aufgeboten. Den Ablauf eines solchen Dramas beschreibt Turner in einem Phasensystem, das Freiräume schaffe für denkbare Alternativen zur geltenden Ordnung – den Bruch mit einer sozialen Norm und der in ihr implizierten Krise, deren Bewältigungsversuch im rituellen Zentrum des ganzen Vorgangs und wiederum dessen Ende durch Wiederherstellung der Norm *oder* ihre endgültige Außerkraftsetzung. Dieses gegenüber dem Positivismus der soziologischen Theorie in Geltung gebrachte dynamische Moment des Rituellen sei eben in seinem spielerischen, »ludischen« Moment begründet. Wirksam werde es vor allem in der Bewältigungsphase der Konflikte und Krisen und bekunde sich dort im Reflexionspotential, das in der Sphäre der »Liminalität«, dem durch eine Schwellenerfahrung gekennzeichneten Ausnahmezustand, entbunden werde. Daraus bezögen Fest und Ritual starke Kräfte nicht nur zu Bewahrung einer Ordnung, sondern auch zu ihrer Veränderung. Wie verhält es sich nun mit der Behauptung einer verändernden Kraft des Ritus, wie mit dem Spielcharakter des rituellen Tuns im Kontext des Dionysosfestes?[196]

Es hat sich herausgestellt, daß das »soziale Drama«, das sich im Fest-Rahmen abspielt, ohne Zweifel eine starke Dynamik besitzt. Gerade in der und durch die Forschungsgeschichte läßt sich solches belegen. Eine ausgesprochene Flexibilität des Festgeschehens dokumentiert sich nämlich in der Unmöglichkeit, die Festordnung für einen bestimmten Zeitpunkt genau zu fixieren. Deutlich wird dadurch die Aktivität dieses sozialen Dramas als ein beständiges Bemühen, das Fest den wechselnden Lagen der Stadt anzupassen, den nach innen sich entwickelnden so gut wie den nach außen entstehenden. Damit korrespondiert es den aufgezeigten Strategien der symbolischen Problembewältigung in der horizontalen wie der vertikalen Schichtung ihrer unterschiedlichen Lebensordnungen. Aus dem historischen Abstand bezeugen läßt sich solche Aktivität freilich nur von ihrem Ergebnis her und demzufolge ausschließlich auf ihren inneren Sinn hin besehen. Im Resultat genommen, besteht der aber erkennbar im Willen zu Ordnung und Gleichgewicht. Gerade die Adaptationen der Festformen an die *polis*- und die Reichsentwicklung, von denen man nicht sagen kann, wann, nur *daß* sie erfolgten, zeigen, wie diese Aktivität auf die Anpassung symbolischer Formen an wechselnde Gegebenheiten zielt. Die in der Entwicklung des Festes herrschende Dynamik spielt sich mithin im festen Rahmen einer vorgegebenen Struktur ab, welche sie nicht zu verändern, nur zu modifizieren vermag – damit sie in Geltung bleiben kann.[197]

Es bestätigt sich dadurch, historisch betrachtet, der konservative Grundzug des Festes und seiner Riten, von dem Durkheim hinsichtlich »primitiver« Gesellschaften gesprochen hatte. Deshalb bleibt auch die damit zusammenhängende Vermutung wahrscheinlich: Das Heilige und seine Manifestationen – darunter, am wichtigsten, das rituelle Tun – sind für solche Sozietäten notwendig, insofern sie ihnen gesellschaftliche Integrationsformen zur Verfügung stellen. Wo die Institutionen fehlen, welche die gesellschaftlichen Imperative – solche, die Gemeinschaft ermöglichen und erhalten – als faktisches Gesetz durchsetzen könnten, braucht man starke, bindende Kräfte, die unterhalb der Bewußtseinsschwelle wirksam sind. Riten aber haben solch bindende, zwingende Kraft, sie binden die asozialen Tendenzen und erzwingen die Ausrichtung der Handlungen an der gemeinschaftlichen Norm.[198] Solche Voraussetzung für die Wirksamkeit des Fest-Rituals jedenfalls hat sich für die *polis* bestätigt, unter deren Institutionen gerade die der Exekutive fehlten. Im allergemeinsten kann man deshalb vermuten: Indem man dem Ritus folgte, folgte man in betonter Weise der »Sitte der Väter« und reproduzierte sie in der und durch die im Tun gelegenen Befolgung dieser Sitte stets aufs neue. Soweit wird man der Soziologie also weiterhin recht geben müssen.

Aber auch die oben erläuterte Kritik an der soziologischen Theorie bestätigt sich durch den Blick auf die Eigentümlichkeit dieser Gesellschaft. Sie läuft darauf hinaus, daß es nicht etwa die »primitiven« Gesellschaften sind, welche die »Vergottung« des Sozialen betreiben. Sondern daß es eben recht eigentlich der Soziologismus selbst ist, der solcher Verabsolutierung Vorschub leistet. Insofern er nämlich »die« Gesellschaft hypostasiert, der man die Individuen gegenüberstellen kann, um deren subjektives Tun mit dem objektiven Gebilde »des« Sozialen zu erklären, wird übersehen, daß die Gesellschaft eben aus Individuen sich gesellt. In unserem Betracht ist das von analytischem Gewicht, insoweit sich herausgestellt hat, daß sich die *polis* selbst als Summe von Gleichen verstand und verstehen mußte, die kein ihnen vorrangiges Ganzes duldeten noch dulden konnten, sondern sich zum Ganzen erst zu fügen hatten. Es war zu verfolgen, wie sich gerade von dieser Notwendigkeit her der ganze Sinn des festlichen *agon* erschließt. Ein anderer Gesichtspunkt der soziologischen Konzeption des Heiligen ist von solchem Einwand freilich nicht betroffen. Er hatte sich durch die Religionswissenschaft bestätigen und vertiefen lassen. Die soziologische Unterscheidung der subjektiven Ansicht über das rituelle Tun – in den Kontakt mit den Göttern, den Anfängen, den Ursprüngen zu treten – und der Einsicht in seinen objektiven Grund, seine wirkliche Funktion – die gesellschaftliche Ordnung herzustellen –, ist weiterhin ernst zu nehmen. Nötig ist allerdings, daß man diesen Unterschied nicht zwischen hypothetisch vorausgesetzter Ordnung und rituellem Geschehen in Anschlag bringt, sondern als Problem im Innern des Ritus selbst ausfindig zu machen versteht. Da Gesellschaft in einem beständigen Prozeß, in beständiger Konflikt-Dynamik, sich aus einzelnen zusammenfinden muß, hat der Ritus durch Geist *und* Körper jedes einzelnen hindurch wirksam zu werden. Erst indem er auf diese Weise jeden einzelnen betrifft, kann er überhaupt Gesellschaft produzieren, herstellen. So betrachtet, zeigt sich aber ein Widerstreit von Subjektivität und Objektivität, welcher der kultisch-religiösen Erfahrung selbst eingeschrieben ist und der sich in dem von ihr deshalb unabweisbaren Täuschungscharakter manifestiert. Ausgehend von dieser Einsicht, wurde – wie oben gezeigt – für eine kritisch gesonnene, die Re-Ritualisierungsvorgänge unseres Jahrhunderts ins Bedenken ziehende religionswissenschaftliche Theorie das eigentliche Problem des *homo religiosus* beschreibbar, das seinen Ausgang nimmt vom konstitutiven »Riß« im ursprungsmythologischen Bewußtsein und das – vor allem – seinen *Ausdruck* findet im Versuch, die (an sich selbst reflektierte) Kluft zwischen erstrebter Ursprungssubstanz und dafür einstehener Darstellungsform zu überbrücken. Dieser in der religiösen Anschauungsform selbst gelegene Zwiespalt, der im übrigen auch in Jane Harrisons Forschungen zum Naturritual als Skandalon aufgetaucht war, entbindet für die Teilnehmer des Rituals recht eigentlich die Notwendigkeit, das Wissen, die Ahnung über das im Ritual implizierte Moment des »Dissimulierens« zu verbergen. Wie steht es damit, an unserem Material betrachtet?

Der Täuschungscharakter des Religiösen ist nun tatsächlich, ganz unabhängig von der soziologischen Erklärung dieses religiösen Tuns, ein konstitutives Moment des paradigmatischen Ritus der Griechen, des Opferritus. Bereits der Mythos, auf den sich dieser Ritus bezieht, weiß das. Schon er ist ein »Soziologe«. Beredt in diesem Sinne ist vor allem der Gründungsmythos vom Opfer, vom Uropfer, mit dem alle Opferpraxis einsetzte.[199] Unbestritten, daß der Geschichte des Prometheus die von Vernant entschlüsselte Dialektik eingeschrieben ist, durch die sich die menschliche Ordnung, indem sie mit ihnen in Kontakt tritt, zugleich vor dem unmittelbaren Zugriff der göttlichen Mächte schützt. Ebenfalls unbestreitbar aber, daß sich in ihr doch auch ein Wissen darum formuliert, was in diesem Uropfer und damit in jedem Opfer wieder und wieder geschieht. Der Trick des Prometheus, den die Menschen nicht zu durchschauen scheinen, von dem sie aber profitieren, sorgt dafür. Vorgeblich, um die Götter zu ehren, wird geopfert, tatsächlich aber geschieht all das um der Menschen selbst willen. Der Mythos sagt es sehr deutlich: Mit dem Opfer hängt das Moment der Göttertäuschung, des Betrugs unauflöslich zusammen. Im Opfer, und dies ist das ihm vom Mythos mitgegebene und von ihm jederzeit präsent gehaltene Wissen, treten die Menschen den Göttern als Betrüger entgegen. Das Opfer ist als Darstellungsform nicht etwa der wiederholte Betrugsversuch, sondern die Demonstration des Betrugs selbst. In ihm gehen die Menschen ein Risiko ein, das von den Göttern entschieden wird – zwischen den Möglichkeiten der Annahme oder Ablehnung der »Gabe«.[200] Hier liegt also ein Problem, das mit dem ursprungsmythologischen Bewußtsein gesetzt und demzufolge im Ritus zu bearbeiten ist. Es besteht dieses Wissen darum oder doch zumindest die Ahnung davon, daß man im rituellen Tun die Götter täuscht. Andererseits aber muß man daran glauben können, daß man im Ritus in Kontakt mit den göttlichen Ursprüngen tritt, sonst könnte der Ritus gar nicht funktionieren. In der Überzeugung, subjektiv, müssen die Ursprünge, müssen die Götter aktualiter wiederkehren, muß die heilige Zeit, muß der heilige Raum vergegenwärtigt werden. Weshalb das Wissen um den Täuschungscharakter des Opferritus, des unbedingt notwendigen Glaubens wegen, die eigentliche Täuschung notwendig macht, um die es im Ritus geht: die Selbsttäuschung nämlich.

Die besondere Bedeutung dieses Aspekts für unsere Problemstellung erhellt sich nun gerade dann, stellt man Vernants Ansatz einen anderen entgegen, der – selbst an den Opferursprüngen interessiert – die ursprungsbezogene Seite des Opfervorgangs hervorstreicht.[201] Auf diesen Aspekt des Rituals ist der Gräzist Walter Burkert in seinem Buch über den *homo necans*, den tötenden Menschen, und in vielen weiteren Beiträgen zum antiken Ritualismus eingegangen. Er stimmt der Auffassung bei: Riten schaffen und sichern gesellschaftliche Tatbestände, indem sie Traditionen transportieren, und auf diese Weise erhalten sie die Ordnung. Hier ist es tatsächlich darum zu tun, daß aus einer Vielzahl von Individuen sich ein einheitliches Ganzes bildet. Dabei kann es aber nicht darum gehen, daß die einzelnen ein vorab und unabhängig von ihnen bestehendes Ganzes, »die« Ordnung der Gesellschaft, einfachhin übernehmen, auf sich nehmen. Hier findet vielmehr ein Lernen, ein Einüben statt, als unmittelbare körperliche und emotionale Übernahme des Tradierten durch jeden einzelnen, wodurch sich die einzelnen erst zur Gemeinschaft formen.

Wobei wiederum ein Umstand besonders wichtig zu nehmen ist und für die besonderen Komplikationen sorgt. Riten selbst müssen nämlich erlernt werden und sind von Mal zu Mal, von Generation zu Generation neu zu erlernen. Erleichternd für diesen Lernprozeß ist der dem Ritus innwohnende Appellcharakter an das Mimetische, an die menschliche Nachahmungsbefähigung.[202] Die Theatralität des Ritus, das »Ludische«, ist ein für sein Funktionieren wesentliches Moment. Dadurch entsteht nun aber ein neuer Aspekt im Täuschungszusammenhang des Ritus, der sich uns, so weit gekommen, als Selbsttäuschungszusammenhang herausgestellt hat. Es ist eben gerade dieses mimetische, spielerische Moment des Rituals, das dem Bewußtsein derer, die dieses Ritual ausüben, notwendigerweise verborgen bleiben muß. Sie müssen es in der Überzeugung, insofern: im Glauben vollziehen, daß es hier gerade eben nicht um Spiel und Nachahmung gehe, sondern sich in ihrem Tun höchste Wirklichkeit eröffne. Andernfalls verliert dieses Tun das funktional Wichtigste: daß es nämlich bindende, zwingende Kraft hat; bindende, zwingende Kraft, indem es die Abweichung bindet und dazu taugt, in identischer Weise die identischen Werte zu internalisieren, die die gesellschaftliche Ordnung in ihrer Identität halten. Deshalb fährt Burkert fort: »Trotzdem genügt dies (mimetische, zur Nachahmung einladende Moment – T.G.) nicht, die starre, über lange Perioden unveränderliche Form des Rituals zu bewahren. Dies zu leisten, muß der Ritus als ›heilig‹ fixiert sein. Zum religiösen Ritus gehört fast stets der Charakter des ›Ernsten‹: Gefahr wird signalisiert, was die Aufmerksamkeit anspannt und das Folgende aus dem unendlich bunten Strom der alltäglichen Erlebnisse heraushebt. So wird der Lernvorgang zu einer nicht mehr rückgängig zu machenden Prägung. Einprägsam ist vor allem das Erschreckende, was wiederum gerade die aggressiven Riten so bedeutsam macht.«[203] Gerade weil der Ritus mimetisch ist, das Moment des »Dissimulierens« aber verborgen bleiben muß, inszeniert sich der Ritus letzten Endes immer als Ernstfall. *Deswegen* braucht es, Burkerts Theorie zufolge, das real vollzogene, das wirkliche Opfer, deswegen ist die Schlachtung notwendig, deswegen muß Blut fließen.

Nach Burkerts Überlegungen geht es also darum, dem latent mimetischen, »ludischen« Bewußtsein der daran Teilnehmenden den Wirklichkeitscharakter des rituellen Tuns entgegenzuhalten, damit dieses nicht in die Unverbindlichkeit eines »bloßen« Spiels abgleitet, damit es seine Verbindlichkeit von Mal zu Mal, von Generation zu

Generation behält. Und an dieser Stelle tritt das *sacrum* ein. Wenn es nämlich um die Absicherung der wirklichkeitsbezogenen Funktionen des Rituals zu tun ist, so geschieht das, indem dieses in den Status des Heiligen erhoben wird. Anders gesagt: im Heiligen geht es zwar nicht um die Urwirklichkeit, es geht nicht um das Heraufrufen des gründenden Geschehens – da liegt allein die subjektive Begründung dieses Tuns, darin liegt der Grund der Täuschung. Objektiv besehen geht es aber tatsächlich doch um Wirklichkeit, in Burkerts Konzeption sogar um buchstäbliche, um tödliche Wirklichkeit. Diese Wirklichkeit muß in die Symbolik des Rituals, in seine mimetische Struktur eingebaut sein und darin immer wieder bewußt und präsent gehalten werden, damit das Ritual für das Bewußtsein derer, die es vollziehen, und darin und dadurch für die Gemeinschaft, die sich in ihm und durch es reproduziert, seine Leistung erbringen kann. Deshalb aber, sagt Burkert, ist das Heilige geradezu identisch mit der Gewalt, oder, anders gesagt, die Wirklichkeit des Heiligen ist die Gewalt. Für ihre Präsenz im Ritual aber sorgt das Opfer. Es ist notwendig für die Wirklichkeit, für die Wirksamkeit des rituellen Tuns.[204]

Der besondere Wert der Darlegungen von Burkert für uns besteht nun darin, daß er diese Ritus-Theorie ganz dezidiert am griechischen Material entfaltet. Gerade am entscheidenden Punkt operiert er nicht mit dem Kulturvergleich, der von den evolutionistischen Gelehrten der Schule von Cambridge zuweilen überstrapaziert worden war, so daß ihre Ergebnisse alle Spezifik verlieren mußten. Seine Theorie der rituellen Gemeinschaftsstiftung durch die Opferpraxis, durch die Herstellung ernstester, blutiger Wirklichkeit entsteht vielmehr eben gerade und nur durch die Deutung der altgriechischen Befunde. Deren eingehende Untersuchung belegt seine Grundthese: »Grunderlebnis des ›Heiligen‹ ist die Opfertötung. Der homo religiosus agiert und wird sich seiner selber bewußt als homo necans. Dies ist ja ›Handeln‹ schlechthin...«[205] In solchem Handeln *erleben* sich die Teilnehmer des Ritus als Gemeinschaft. Wobei die Art und Weise dieses Erlebens sehr aufschlußreich ist für das, worum es hier im letzten geht. Sein immer wieder, in zahlreichen Quellen über zahlreiche Kultpraktiken des alten Griechenland beschriebener Ausdruck ist der Opferschrei, die *ololoyge*.[206] Das ist der Schrei der Frauen. Es ist der Schrei, der den blutigen Höhepunkt des rituellen Vorgangs begleitet, das Zentrum des heiligen Tuns: das Schlachten, den Moment, in dem das Messer den Schnitt in die Kehle vollführt, den Augenblick, in dem Blut fließt. In diesem Schrei verschafft sich die ganze im Erleben dieses »unsagbaren

Opfers« gelegene Zweideutigkeit Laut. Darin liegt höchster Triumph und schlimmstes Entsetzen zugleich.

Hier also hat man die kultische Realität der Ambivalenzen des Heiligen vor Augen, die für die Religionsphänomenologen wie für die Religionssoziologen von besonderer Attraktivität waren. Für alle stellten sie ein Faszinosum dar, in welcher Formulierung auch immer. Sei es das *mysterium tremendum ac fascinans*, das Erzittern und Staunen machende Mysterium Rudolf Ottos, die Erhabenheit des (Menschen-) Opfers bei Walter F. Otto, das »nicht-kontraktuelle Moment« im Kontrakt, das nach Durkheim, sozusagen als sein »blinder Fleck«, aller Vergesellschaftung vorausliegt, der Doppelaspekt des Erhabenen und des Schmutzigen, des Reinen und Unreinen zugleich, den Marcel Mauss am Heiligen und insbesondere am Opfer hervorhebt. Es betrifft das Doppelte, das in der Opfertötung zugleich und in eins erfahren wird: Erhebung angesichts der höchsten Wirklichkeit, welche durch den Urfall des Tuns hervorgerufen wird, und höchstes Entsetzen über die darin gelegene Schuld. Diese Ambivalenz des Erlebens der rituellen Gemeinschaft ist nun aber der Struktur des rituellen Tuns bis in seine tiefsten Schichten hinein buchstäblich eingeschrieben. Das höchste Tun ist zugleich – und der rituelle Vorgang weiß darum und hält es bewußt – verbotenes Tun.

Das zeigt sich besonders gut für die erwähnte Zeremonie der *buphonia*, der Ochsenschlachtung. Man hat an diesem Beispiel in seiner Deutung durch Jean-Pierre Vernant bereits sehen können, wie dieses Ritual als ein sorgfältig ausgearbeiteter Täuschungszusammenhang funktioniert. Wenn nach Vernant das »Spiel« um die Ochsenschlachtung die Trennung der menschlichen von der göttlichen Sphäre *verbergen* soll, welche die Bezugnahme des Ritus auf den Mythos des Prometheus impliziert, wenn die den Prinzipien der *polis* entsprechende Gerichtsförmigkeit der nachbereitenden Zeremonie die im Tötungsakt gelegene Gewalt zivilisieren und auf diese Weise säuberlich von »wilder« Gewalt sondern soll, so bleibt darin der Tötungsakt selbst der dem Symbol unzugängliche, unauflösliche Rest. Hier zeigt die Vernantsche Dialektik den in ihr enthaltenen Gegensinn. Der Akt des Tötens, unverbrüchlicher und unverzichtbarer Teil der »Opferküche«, steht dafür ein, und das Entsetzen, das er entbindet und das sich im rituellen Geheul Entladung schafft, beglaubigt es. Für einen Moment offenbart sich damit – gemessen am wirklichen, am tödlich-wirklichen Vorgang – das Imaginäre und damit: das Ideologische des staatskultischen Zeremoniells, das dem Zwang, dem es sich symbolisch zu entschlagen sucht, doch nicht entrinnen kann. Hier begegnet die rituelle Sequenz, auf deren Suche Gilbert Murray war, noch zu historischer Zeit; ein »dramatischer« Aufbau nämlich – aber um ein blutig-wirkliches Zentrum. In alledem bestätigt sich die Doppel-Struktur des Opferverlaufs, die – entsprechend dem Doppelcharakter des Heiligen – immer Sakralisation und Desakralisation zugleich umfaßt. So wird erklärlich, daß Ernstes, Ernstestes neben dem Lächerlichen, der Farce etwa des Messer-Urteils, stehen kann. Das folgt aus der im Spielzusammenhang vorgenommenen Aufteilung der Ambivalenz des Heiligen in ein Programm voneinander getrennter und zugleich aufeinander bezogener Akte.

Deshalb wird nach den von Burkert gegebenen Erläuterungen dieser Handlungszusammenhang zugleich als ein Arbeitszusammenhang deutbar. Tatsächlich wird hier ein psychischer Komplex bearbeitet, der mit der Ambivalenz des Heiligen – unbedingt Gebotenes und unbedingt Verbotenes zugleich zu sein –, der mit der Ambivalenz des Opfers – reine Tat und reine Schuld zu sein – unabdingbar zusammenhängt. Weshalb das Erlebnis dieses Handelns – des Tötens, das göttlich und verbrecherisch in eins ist – zugleich in einem komplizierten Rahmenwerk von Entsühnung und Entschuldung gleichsam kanalisiert wird. Die Handlung des Ritus entsteht ja – wie an der *buphonia* zu sehen – nicht anders als durch die Verteilung des psychischen Geschehens der daran Beteiligten auf verschiedene Stationen innerhalb einer bestimmten Geschehenssequenz und damit als im Agieren vollzogene Auflösung der mit dem Heiligen, dem Opfer, verbundenen Ambivalenz. Das geschieht, indem die zugleich und in eins, in kontradiktorischer Widersprüchlichkeit erlebten Gefühle, Triumph und Entsetzen, qua Aktion *verteilt* werden auf nacheinander liegende Stationen einer Handlungsfolge. Das buchstäblich Wirkliche, das real Unumkehrbare, das im Akt des Opferns, im Töten liegt, wird auf diese Weise doch umgekehrt – und zwar durch die Aktionen der Selbsttäuschung: In die Maßnahmen der präparierenden Entschuldung und der postponierten Entsühnung, in der die Wirklichkeit – das Töten – in das rein Imaginäre überführt wird, wodurch die Entlastung der Gemeinschaft von der durch sie begangenen Tat erfolgt.

Theater als gesellschaftliches Faktum

Nach der Betrachtung des zeremoniellen und des rituellen Rahmenwerks im festlichen Kontext der Theateraufführungen sind wir, dem Leitfaden unserer Überlegungen weiter folgend, zu schlüssiger kategorialer Differenzierung zwischen beidem herausgefordert. Sie ist nötig, um, erstens, den besonderen Ort und Stellenwert der Aufführungen im beschriebenen Festzusammenhang herauszufinden und um, zweitens, die spezifischen Bedeutungsweisen der theatralischen Darstellungsweisen in dessen symbolischer Ordnung bestimmen zu können. Dabei hat solche Sonderung zu erfolgen jenseits aller eingeschliffenen Unterscheidungsweisen, zumal derer, die mit dem Säkularisierungsgedanken zusammenhängen. Eine simple Gegenüberstellung von Kult und Kunst, im Sinne von heilig und profan, ist uns aus all den dargelegten Gründen, nach welchen in der *polis*-Kultur zwischen solchem gar nicht unterschieden werden kann, von vornherein verwehrt. Aber in noch anderem Sinn will das Auseinanderhalten von Kunst und Nicht-Kunst als Unterscheidungskriterium nicht taugen, dann nämlich, wenn man etwa einen gewohnten Begriff der Kunst an unseren Zusammenhang heranträgt.

In der Diskussion der antiken Ursprungstheorien und im Blick auf die die *genera* der griechischen Dichtung je prägenden regionalen, dialektalen Herkünfte ist bereits hinlänglich klar geworden, daß in einem uns geläufigen Begriff von einer griechischen »Kunst« nicht die Rede sein kann.[207] Autonomie kennen diese Gattungen eben nicht. In vielfältiger Weise sind sie nicht nur mit dem Religiösen, sondern überhaupt mit der intellektuellen Entwicklung des griechischen Menschen verbunden, und das heißt: mit dem in der ganzen kulturellen Praxis seines Lebens wirksamen Zusammenhang von Religiösem und Mentalem. Aber auch schon prinzipiell betrachtet, heißt von »Kunsttheater« zu reden, den Begriff des Theaters von vornherein und in unzulänglicher Weise verengen. Denn die generelle Frage ist ja berechtigt: Ist denn das Theatralische, das Theatrale wirklich nur an die zu ihrer und zu späterer Zeit hochgeschätzten und -spezialisierten Formen »hoher« Kultur, *insofern* an Kunst, gebunden?[208] Kommt es nicht in jeder Zeit, in jeder Kultur in vielfältigen weiteren, kunstfremden Spektakeln vor, auch in Staatsaktionen etwa, in religiösen Zeremonien, Ritualen, sakralen wie profanen, steckt es nicht ganz tief in jeder noch so alltäglichen Begegnung von Menschen – als Präsentation und Repräsentation, als Rollenspiel, als Selbstdarstellung und -verstellung, als Ostentation und *mimikry*, als Nachahmung und Spiel und in mannigfach anderen Arten und Weisen mehr? Wenn die als Kunst geltenden Theaterformen nur eben eine besondere Ausformung dessen bilden, was als »Theatralität« einer je besonderen Zeit und Gesellschaft sich in vielfältigen anderen Formen auch noch manifestiert – was rechtfertigt, so betrachtet, eine vorab getroffene Unterscheidung zwischen einzelnen ihrer Formen? Was anderes als eine Besonderung, die nichts weiter ist als das Resultat einer ihnen zugesprochenen Werthaftigkeit, dem je geltenden und ungeprüft fortgeschriebenen Kanon des Distinguierten entsprungen, nicht aber der sachlichen Einsicht in das, was die Einheit des theatralischen Prinzips ausmacht, das tatsächlich weit mehr umfaßt als nur die Kunstformen? Regiert also hier nicht – vor der Sache und sie dem Blick verstellend – ein Schema, das einteilt in »hoch« und »niedrig«, von daher: der Betrachtung »würdig« oder »nicht-würdig«, und das, gemessen an den Eigentümlichkeiten unseres Gegenstands, wiederum ganz unangemessen ist? – Solche Frage ist nun aber ausgerechnet im Blick auf die kulturelle Praxis der Griechen von vornherein unbedingt positiv zu beantworten. Denn diese ist, so hat sich herausgestellt, Praxis im Wortsinn, weil immer eben mit Handlungen verbunden, die, wie Vernant gezeigt hat, an den diversen – religiösen und politischen – Orten einer ausgesprochenen Kultur der Schau von bezeichnender, identitätsstiftender und -verbürgender Wichtigkeit waren.

Sowenig die Existenz des »homo ludens«, sowenig also die Tatsache, daß *mimesis*, daß Darstellung, daß Spiel etc. sich mit unterschiedlichsten menschlichen Lebensvollzügen verbindet, daß diese also anthropologische Kategorien bilden – schon Aristoteles hat schließlich den Menschen das *zoon mimetikotaton*, das allermimetischste Wesen genannt[209] –, sowenig soll im folgenden auch in Zweifel gezogen werden, daß etwa bestimmte religiöse oder soziale Verkehrsformen ebenfalls durch Aspekte von Theatralität charakterisiert sind. Das ist wichtig zu nehmen, und es ist in unseren Zusammenhängen die ganze Zeit über wichtig genommen worden: Just diesem Aufweis dienten sowohl die allgemeinen Betrachtungen zum Kult als Darstellungsform wie auch die spezifischen Untersuchungen zur »sozialen Dramatik« im Ablauf der Großen Dionysien. Es war dabei festzustellen: Auch in seinen kultischen wie in den anderen, sozial repräsentativen Zusammenhängen begegnen – schon rein äußerlich genommen – »theatrale« Elemente: Dialog, Rolle, Handlung und Konflikt, das Gegenüber von Darstellern und Zuschauern etc. Das alles sind Bestandteile des im Festbegängnis inszenierten sozialen Dramas in seinen symbolischen Formen von Zeremonie und Ritual. Dennoch: Bei der Durchsicht der verschiedensten Forschungsbeiträge zum Verhältnis von Kult und Theater im Konnex der *polis*-Kultur hat sich, ganz und gar von unserer Sache her, Schritt für Schritt die Notwendigkeit herausgestellt und gefestigt, trennscharf zu differenzieren. Die Anlässe dazu sind mittlerweile erschöpfend zahlreich geworden.[210] Wenn nicht von Unterscheidungskategorien also, die von außen an unseren Zusammenhang herangetragen werden sollen, dann doch vom Unterscheidungsbedarf, der sich aus den diskutierten Sachverhalten selbst ergeben hat, sind Selektionen zu treffen und echte Vergleichsgrößen zu schaffen, zwischen denen dann stichhaltige Differenzierungen möglich sein können. Da sie wertneutral zu sein haben, müssen die Kategorien der Einheit dessen, was wir im engeren Sinne als Theater fassen wollen, so weit wie möglich im historischen Substrat greifbar und darin so gut als möglich objektivierbar sein. Sie müssen nicht in dem zu finden sein, was für die Späteren daran das Bedeutsame im Sinne des Wertvollen, sondern in dem, was den Zeitgenossen daran nachweisbar wichtig war.

Dieser Nachweis aber läßt sich im ersten Zugriff anhand der Tatsache führen, daß die *polis* ihrem »Theater« im ganzen sozialen »Theatralitätsgefüge«[211] und auch und gerade im Festrahmen einen besonderen, materiell ausgestatten Rang einräumte. Er ist in äußeren Daten greifbar, insofern diese eine den Aufführungen zugehörigen, ihnen allein vorbehaltenen eigenen *Geltungsbereich* umzirkeln. Indem sie nämlich eine gesonderte Zone eröffneten, in der »Theater«, gesellschaftlich gesehen, *faktisch* als Eigenes und Besonderes vorzukommen vermochte. Darin liegt kein Werttopos, sondern darin wird, zunächst einmal und zunächst noch immer soziologisch betrachtet, die gesellschaftliche Realität des Theaters greifbar, von dem also – die Anführungszeichen um das Gemeinte auflösend – getrost gesprochen werden kann: zunächst einmal als von einer sozialen Institution nämlich.

Institutionalisierung heißt auf diese Weise, nüchtern, faktisch betrachtet: Solchem Theater wird ein besonderer Status im gesellschaftlichen Leben eingeräumt. Es ereignet sich zu bestimmten Gelegenheiten an bestimmten Orten (das sind andere als die, an denen weitere für die Sozietät wichtigen Ereignisse stattfinden); es erhält Bauten, welche die Spieler und Zuschauer in ein je bestimmtes Verhältnis der Zuordnung bringen (andere als die, welche für weitere Anlässe der religiösen oder sozialen Repräsentation bestimmt sind); es verfügt über bestimmte Bedingungen des szenischen Ausdrucks in Szene, Kostümen, Masken etc. (also über andere Auftrittsbedingungen, als sie für Rollenspiele anderen sozialen, religiösen etc. Typs bestehen); es beruht auf gewissen, vielleicht unausgesprochenen, aber fest verankerten Absprachen über das hier Darstellbare und seine Grenzen, und es spielt mit dem hier Darstellbaren, zuvor und vor allem: mit und an seinen Grenzen selbst (das unterscheidet es von den anderswo wirksamen Darstellungskonventionen); es erfordert professionelle oder jedenfalls spezialisierte Mitarbeiter, die über ganz bestimmte Kunstfertigkeiten verfügen müssen (im Unterschied zu all jenen, über die sie in anderen Zusammenhängen auch noch verfügen können oder müssen); im engen Zusammenhang mit alledem bildet es schließlich einen eigenen Schriftenkanon aus, seien es ausgeschriebene Texte oder partiturähnliche Improvisationsanweisungen, welche als Vorlagen des Spiels dienen oder seine Konventionen fixieren und die mithin seine Wiederholung ermöglichen (gelegentlich ist das ein festgelegter und textlich fixierter Dialogkorpus, wie ihn auf je typische Weise die Gattungen der dramatischen Texte enthalten, jedenfalls aber sind es – wie in den mannigfachen Formen des antiken Stegreifspiels[212] – eigene Geschichten, eigene Figuren, eigene Handlungsverläufe in Differenz zu Geschichten, die an anderen Orten erzählt oder zu Handlungen, die anderswo vollzogen werden). Theater, heißt das, terminologisch unterschieden, ist *auf solch faktisch bestimmte Weise* vergesellschaftete, gesellschaftlich angeeignete, gesellschaftlich verarbeitete, weil eben: institutionell überformte Theatralität. Hierin also besteht der Allgemeinbegriff, unter dem zu fassen ist, was im folgenden als Theater und unter dem Aspekt seiner Aufführungen in den Fokus der Aufmerksamkeit gerückt werden soll. Es handelt sich, zunächst einmal, um eine gesellschaftliche Einrichtung, welche, von ihren Bau-, Handlungs- und Darstellungskonventionen her betrachtet, gerade in Differenz steht zu anderen Formen von Kommunikation durch Interaktion, wie sie an andere Institutionen (Zeiten, Orte, Bauten, Konventionen, Spezialisten) gebunden sind oder aber auch, unterhalb der Institutionen, vielleicht mit – gegen den unvermeidlichen Zwangscharakter der Institutionen gerichteten – subversivem Vermögen frei flottieren.

Institutionalisierung von Theater (als solcher Vorgang der gesellschaftlich wirklichen Konzentration von Theatralität zu Theater) heißt damit in erster Linie: gesellschaftlich wirkliche und wirksame Ausgrenzung *bestimmter* Formen des Theatralischen (des Theatralen, der Theatralität) aus dem, was alles sonst noch unter die Kategorien des Theatralischen (des Theatralen, der Theatralität) zu fassen wäre.[213] Auf die institutionellen Kontexte, in welchen Theatralität enthalten ist und welche sich, so oder so, als dessen Prägeformen auswirken, kommt es hier in erster Linie an. Theater in diesem Sinne, zunächst als Institution genommen, setzt sich als eigener *soziokultureller Zusammenhang* allen anderen gerade entgegen, unterscheidet sich jedenfalls von ihnen als ein besonderer Erfahrungsbereich im Institutionengefüge einer Gesellschaft. Das heißt: die Differenz, die hier Theater aus- und umgrenzt, ist keine den zur Institution zugelassenen Formen oder Potentialen von Theatralität inhärente Qualität – nichts, was sie, an sich gesehen, vor anderen Formen von Theatralität besonders auszeichnen würde. Theater wird nicht etwa zu einer *essentiell* exklusiven Form von Darstellung, Spiel oder Verkörperung etc. erklärt. Gemeint ist damit zunächst einmal ausschließlich das, was an szenischen Darstellungsformen in den Akten der Errichtung der Institution zu ihren Zeiten, Orten, Kunstfertigkeiten zugelassen wird. Theater, heißt das, kommt hier eben in Betracht in bezug auf dasjenige, was eine bestimmte Gesellschaft als Theater *gelten* ließ, so betrachtet als gesellschaftliches (und also historisch bestimmtes) Faktum.

Aber, die Grenzen des Theaters so zu bestimmen, genügt nicht. Diese institutionellen Formen bleiben zugleich inhaltlich zu lesen, auf die ihnen inhärierende Bedeutungssprache nämlich. Nach dem Durchgang durch Jean-Pierre Vernants Darlegungen zur Religionsgeschichte Griechenlands als Entwicklungsgeschichte der (Bild-)Wahrnehmung und zu den einher mit ihr sich wandelnden Erfahrensweisen des Göttlichen haben wir bereits allen Anlaß, diese institutionelle Grenze des Theaters als *ästhetische* Grenze in einem sehr spezifischen Sinne zu verstehen. In und mit ihr wächst dem Dionysos, mit dem sich das Theater verbindet und ihn zu seinem Gott werden läßt, eine neue Göttlichkeit zu – die beunruhigende, paradoxale Göttlichkeit des Scheins nämlich in seinen in die radikale Fraglichkeit gesetzten Bezügen zur Realität. Wenn sich dies, wie Vernant gezeigt hat, von Beginn an vor allem mit dem Aufkommen von Tragödie und Komödie verbindet, ist, über den institutionellen, den sozialen Aspekt der das Theater besondernden Grenzziehungen hinaus, zugleich nach den ästhetischen Markierungen dieser Grenzen zu fragen, die einen ganz besonderen Wahrnehmungsraum für eine zugleich religiös und politisch besetzte Erfahrensart eröffnen.

Theatergeschichte als Wahrnehmungsgeschichte

Nun ist das Entstehen des griechischen Theaters im fünften Jahrhundert, bei allen im einzelnen gelegenen Unklarheiten, im Zusammenhang mit der beschriebenen Entwicklung des Dionysosfests im großen und ganzen sehr deutlich zu verfolgen. Dabei handelt es sich aber, nach dem eben Gesagten, um ein Entstehen in einem sehr prägnanten Sinn. Nicht um ein Entspringen aus Ursprüngen oder besser: ein Sich-Entwinden aus Ursprüngen, sondern – zunächst einmal und im Sinne unseres Institutionenbegriffs – um das Werden des Theaters als einer gesellschaftlichen Einrichtung. Dieses Entstehen spielt sich in einem sehr genau zu beobachtenden Zeitraum ab, zwischen dem ausgehenden sechsten und dem Ende des vierten Jahrhunderts – und es folgt erkennbar der inneren Logik, mit der sich in diesem Zeitraum auf allen Gebieten die Institutionen der *polis*-Kultur herausbilden.

In zunächst blaß, nur schemenhaft wahrnehmbaren, rasch kräftige Kontur und klaren Zusammenhang gewinnenden Linien deuten sich denn auch sehr früh die Umrisse einer Theaterinstitution an. Aus dem letzten Drittel des sechsten vorchristlichen Jahrhunderts sind die ersten Dichternamen überliefert, das folgende Jahrhundert bringt bereits sämtliche »Klassiker« hervor: die schon zu Lebzeiten gefeierten Verfasser von Tragödien, Aischylos, Sophokles und Euripides, sowie Aristophanes, den bekanntesten Dichter einer ersten Komödie von charakteristischer Eigenart. Nicht nur von den Stoffen her – den *mythoi*, die keineswegs alleiniger, aber bevorzugter Gegenstand der Tragödien sind, sowie dem Alltagsleben in Athen, das die alten Komödien traktieren –, auch von den solch besonderen stofflichen Anforderungen genügenden formalen Fügungen her sind bald festliegende textliche Schemata für die Unterschiede der Dramenformen gefunden. Jede Tragödie und jede Komödie kennt auf diese Weise die Grenze des in ihr Darstellbaren als ihre Form-Grenze. Aber die verschiedenen »Textsorten« spielen auch mit dem hier jeweils Darstellbaren, und sie spielen – vor allem – an und mit seinen Grenzen, in jeder Gattung anders. Jede Tragödie, aus einem strikt fixierten und jeweils vollständig benutzten Korpus von Handlungsnummern aufgebaut, bringt diese Nummern in jeweils neue Fügungen und überrascht die Zuschauer auf diese Weise mit Unerwartetem, so nicht Erwartbarem; die Komödie, im gewöhnlichsten Leben statt in der heroischen Überwelt angesiedelt, parodiert, travestiert die traditionellen Stoffe, durchbricht auf diese Weise die ansonsten strikt geschiedenen Welten, mischt sie zu grotesken Orten des u-topisch Unter- und Überweltlichen.

Einher mit der Ausbildung solch fester Bauformen in den dramatischen Gattungen etablieren sich die stabilen Grundlagen für ihre Aufführungen. Regelmäßig, zu festliegenden Anlässen und mehrfach im Jahr, werden in Athen Tragödien und Komödien gespielt. Ein Theaterbau wird dafür errichtet, der innerhalb weniger Jahrzehnte typische

Gestalt gewinnt und in der zweiten Hälfte des Jahrhunderts die für weitere Jahrhunderte bleibenden Grundzüge aufweist. Zu diesem Zeitpunkt existieren zwar noch keine Theaterberufe, wohl aber gibt es bald Experten für zahlreiche Kunstfertigkeiten auf höchstem Niveau. Waren die *poietes*, die Textschreiber, zunächst auch ihre eigenen Akteure und *didaskaloi*, also Choreographen, so wuchsen im raschen Entwicklungsprozeß auch auf diesem Gebiet die Spezialisten heran, und schon bald gab es verschiedene *technitai* mit meisterlichen Fähigkeiten in ihrem Handwerk (das eben durchaus noch nicht als »Kunst« verstanden wurde)[214]: Schauspieler, Sänger, Tänzer und Musiker, Szenographen, Veranstalter und einige weitere Spezialisten für die komplex gewordenen Erfordernisse des Spiels. So läßt sich die grobe Skizze des Prozeßverlaufs im Entstehen des Theaters der Griechen zeichnen. Der aber läuft in all den Punkten, die sich als Merkmale eines gesellschaftlichen Institutionalisierungsvorgangs zu erkennen geben, sehr geradlinig auf ein bestimmtes Ziel zu, das schließlich und endlich – wenn auch in manchem (hier liegen Korrespondenzen zur Festentwicklung im Ganzen:) erst nach der »klassischen« Zeit – eine äußerst klare und prägnante Struktur aufweist. Auf allen Gebieten, die hier eine Rolle spielen, läßt sich diese Struktur als Resultat einer Suche nach festliegenden und bleibenden Konventionen beschreiben, welche das Theater eben als einen ganz unverwechselbaren Ausdrucks- und Erfahrungsbereich im Leben der *polis* ausgrenzen.

Dies ist zunächst dem besonderen Status abzulesen, der den Theateraufführungen im und seit dem fünften Jahrhundert von der *polis* Athens eingeräumt wird. Dieses Theater findet hier zu bestimmten Gelegenheiten statt: Mit Ausschließlichkeit nämlich an den beiden mehrtägigen Dionysos-Festen, den »großen« Dionysien und den kleinen Lenäen. Gemeinsam als Theaterfeste aus dem übrigen Festkalender der Stadt ausgesondert, zeigen sich ihre Unterschiede innerhalb dieser Gemeinsamkeit in erster Linie an den bereits erwähnten, früh etablierten und festgehaltenen Gewohnheiten, welche die hier aufgeführten dramatischen Gattungen betreffen. Die Dionysien waren und blieben im wesentlichen das Tragödien-, die Lenäen das Komödienfest. Diese Gelegenheiten, Theater zu spielen und zu sehen, verbanden sich zunächst (und immerhin die ganze »klassische« Zeit über) mit einem sehr hohen Exklusivitätsanspruch. Sämtliche Dramen, die hier zur Aufführung gelangen durften, mußten Originale, die Aufführungen mithin einmalig sein – was unzweifelhaft mit dem in all seinen miteinander verquickten Aspekten so wichtigen Wettbewerbsprinzip zusammenhängt. Konnten Zweitaufführungen bestimmter, vielleicht der in Athen im *agon* durchgefallenen Texte lange Zeit über nur außerhalb der Stadt, etwa im Theater des Piräus, stattfinden, so war das im Rahmen der offiziellen Dionysosfeste erst seit dem Tod des Aischylos möglich. Seitdem waren Wiederaufführungen seiner, später auch generell der Werke anderer erlaubt.[215]

In Ritual und Zeremonie des beschriebenen Rahmenwerks, in das die Aufführungen eingebaut waren, tat sich die kultische und politische Bedeutsamkeit der an diesen Festen stattfindenden Aufführungen kund – unterstrichen wurde damit, daß sie als ein die ganze Öffentlichkeit betreffendes Ereignis zu gelten hatten. Dennoch tritt darin auch die Exklusivität der Aufführungen zutage und damit wiederum deren ganz Eigenes und Besonderes. Solche Grenzbestimmung kann man in allererster Linie an den Distinktionen ablesen, die den einzelnen Festen im städtischen Raum zugestanden wurden und die für die Griechen eine besondere Bedeutsamkeit hatten. Daß dem Theater ein bestimmter Ort zugewiesen wurde und welcher das war, ist mithin in hohem Maße aussagekräftig. Jeder religiöse, politische, gesellschaftliche Vollzug fand eben an genau plazierter Stelle in der *polis* statt, so daß die Ordnung, in der die Stadt lebte, aus der heraus sie lebte, sozusagen auf einem symbolischen Raumgefüge aufruhte, in dem man sich, im Raum genauso wie in der Zeit, fest und sicher zu orientieren vermochte. Auch die Aufführungen fanden dementsprechend an einem genau definierten, begrenzten Ort statt, dessen fest gefügter Lage eine eminente Bedeutung in der Topographie der Stadt zukam.

Wie sorgfältig nach der in der inneren Logik der Festentwicklung wirksamen Reformstrategie – genau plaziertes Bewahren des Alten im Kontext jeder Neukonstruktion – der Ort des Theaters gefunden wurde, zeigt die Verlegung der Aufführungen von der *agora* an einen neuen, ihnen allein vorbehaltenen Ort am Süd-Ost-Hang des Burgbergs der Stadt, an die Akropolis. Mag dafür ein praktischer Grund – der Einsturz einer hölzernen Zuschauertribüne während einer der Vorstellungen auf der *agora*[216] – eine Rolle gespielt haben, jedenfalls ist diese neue Örtlichkeit ganz bewußt gewählt. Das zeigt sich daran, daß sie wiederum in der Nähe eines Dionysos-Heiligtums verbracht wurde, in die Nachbarschaft des Dionysos Eleuthereus auf der der Stadt abgewandten Seite der Akropolis. Diese Ortsbestimmtheit des Theaters zeigt seine gewahrte Verbindung mit dem Leben der *polis*, diesesmal eben zur kultischen Tradition. Zugleich verdeutlicht diese Plazierung aber auch die Verselbständigung des Theaters gegenüber dem

Kult. Das Theater wird dem Gottesdienst des Dionysos ja nicht etwa einverleibt, sondern – nachdem es aus dem alten Kultzusammenhang auf der *agora* herausgelöst worden war – zu ihm im wahren Wortsinn, örtlich nämlich, topographisch, in Bezug gesetzt; dem *temenos* des Gottes nicht etwa integriert, sondern ihm räumlich nur nahe gerückt und ihm solcherart gegenüber gestellt. Allein von der Örtlichkeit her erhalten die Aufführungen einen deutlich vom Kult getrennten, wenn auch auf ihn in betonter Weise bezogenen Status. In diesem Zusammenhang profiliert sich das Theater als vollkommen eigenständige Institution der *polis*-Gesellschaft des fünften Jahrhunderts zunächst einmal als ganz und gar charakteristischer Typus eines öffentlichen Bauwerks, als *theatron*. Der an die Akropolis verlegte Aufführungsort hat sich gegen Ende dieses Jahrhunderts zu charakteristischer Gestalt ausgebildet und bringt auf diese Weise die Spieler und Zuschauer in ein ganz bestimmtes Verhältnis der Zuordnung zueinander.

Nun ist gar nicht zu leugnen, daß dem ältesten Spielelement dieser Theateranlage durchaus noch Spuren kultischer Formen mitgegeben sind. Es leitet sich ja her von dem Aufführungsplatz, der mit einiger Sicherheit übernommen wurde vom Kultort der rituellen *dromena* des lenäischen Dionysos auf der alten *agora*. In der *orchestra* des neu gefundenen Aufführungsortes stößt man deshalb unzweifelhaft auf diese aus dem Kultgeschehen, vom Ritus her übernommene Form, auf eine *orchestra* nämlich, die zunächst – als die Aufführungen noch auf dem »Markt« stattgefunden hatten – jedenfalls ein *hieros cyclos*, ein heiliger Kreis gewesen war, der als Kultplatz von der Gemeinde der Zelebranten umringt worden ist.[217] Freilich – gerade an den Wandlungen, die dieser *choros*, der alte Tanzplatz, hin zur *orchestra* einer neuartigen Bauanlage durchmacht, läßt sich mit Deutlichkeit die Auswirkung der Tendenz zu einer neuen, der eigenartigen Gelegenheit der Theateraufführungen zugehörigen Konvention des Zeigens und Schauens verfolgen. Denn dieser rituelle Ort wird, nachdem er auf den Burgberg verlegt worden ist, erkennbar einem rasch einsetzenden und tiefgreifenden Transformationsprozeß unterzogen. Die verläßlich bezeugten Entwicklungen hin zum typischen Bau des klassischen Theaters bezeichnen unmißverständlich die Fluchtlinien seines Auszugs aus dem Kult. In ihnen ist nämlich ein unverkennbarer Formwille am Werk.

Das läßt sich, soweit man sie in Umrissen zu erkennen vermag, bereits für die frühesten Aufführungen am neuen Spielplatz des Theaters auf der Akropolis belegen, welche mit dem alten *choros* der *dromena* des »Markts« auszukommen hatten. Die hier auf halber Höhe eingegrabene Terrasse hat jedenfalls zunächst nur die *orchestra* aufgenommen, die zum tiefergelegenen heiligen Bezirk (*temenos*) des Dionysos durch eine Steinmauer abgestützt wurde.[218] Dieser frühe Spielplatz auf der Anlage der Akropolis wird – so wie die Gemeinde den kultischen Verrichtungen beiwohnte, indem sie den rituellen Kreis umringte – zunächst wahrscheinlich auf den dem südlich angrenzenden Abhang abgewandten Seiten von den Zuschauern umstanden worden sein. Später mag man an ihren Rändern auch Bänke aufgestellt und schließlich ansteigende hölzerne Gerüste mit Sitzbänken (*ikria*) aufgebaut haben. Freilich, und hier liegt bereits ein charakteristischer Unterschied zu der durch die Kreisform des Kultorts bedingten, konventionell festliegenden Zuordnung der Zelebranten und der Gemeinde des Ritus: Diese früheste Bühne kannte noch keine mit Eindeutigkeit fixierte Blickrichtung der Zuschauer auf die *orchestra*.

Ganz offensichtlich konnten die temporär errichteten *ikria* wohl an wechselnden Orten aufgebaut werden, je nach den Bedürfnissen der einzelnen Aufführungen und wo das Spiel auf der *orchestra* und dem an sie östlich angrenzenden Felsgelände (*pagos*) gerade Platz bot. In frühester Zeit dürften solche natürlichen Gegebenheiten der die *orchestra* einfassenden Hanganlage in den Spielort miteinbezogen worden sein.[219] Die ältesten Stücke, von denen noch die frühesten des Aischylos Zeugnis ablegen und die auf dieser frühen Bühne aufgeführt wurden, kennen noch kein mitspielendes Bühnenhaus – mithin noch keinen baulich fixierten Ort für die Schauspieler. Um das dramatische Gegenüber von Akteuren und Chor zu verdeutlichen, konnte also vermutlich auch auf dem Felsgelände gespielt werden. Wahrscheinlich ist: Chor und Schauspieler traten durch zwei seitliche Zugänge (*parodoi*) auf, deren westlicher an der stützenden Terrassenmauer entlang zur *orchestra* anstieg, während der östliche durch den Felshang zum Aufführungsort hinabführte. Von diesem erhöhten Platz aus konnten Chor und Schauspieler ins Spiel in der *orchestra* eingreifen.[220] Die konventionelle, für alle Aufführungen verbindliche Bildspannung der Arrangements richtete sich auf dieser frühen »Pagos-Bühne« (Siegfried Melchinger) demnach an den Polen aus, welche durch die natürlichen Gegensätze zwischen Ost und West gebildet wurden – dem Fels gegenüber dem tiefergelegenen Dionysos-Hain und dem darüber hinausreichenden Ausblick aufs Meer. Auf diese von Ost nach West verlaufende Spielachse hin werden folglich auch die hölzernen Zuschauerbänke angeordnet worden sein.

Die weitere Baugeschichte zeugt nun davon, daß und inwiefern aus einer zunächst noch undifferenzierten und ungegliederten Beziehung von Zuschauern und Spielern ganz eigenständige Konventionen der Zuordnung beider entwickelt wurden. Mag die *orchestra* des neu angelegten Theaterbezirks von Anfang an, wie auf der *agora*, kreisrund oder aber, wie die neuere Archäologie annimmt, den Gegebenheiten der neuen Örtlichkeit entsprechend zunächst zu einem Rechteck transformiert worden (und noch zu Zeiten der großen Tragöden »rektolinear« geblieben) sein[221] – die Entwicklung läuft zunächst einmal darauf hinaus, eindeutige Differenzierungen zwischen den räumlichen Bezirken und mithin: zwischen den einzelnen Funktionen der Bauteile des Theaters zu finden. Erste klare Abgrenzungen in dieser Hinsicht erlaubt der in frühperikleischer Zeit begonnene und im Jahr 460 vorläufig beendete Umbau des Dionysostheaters. Zunächst wurde Platz für ein erstes Bühnenfundament an der südlichen *orchestra*-Tangente, also am Rande des Abhangs zum *temenos* des Dionysos hin geschaffen. Dazu wurde die alte *orchestra* einige Meter weiter nach Nordosten verlegt, das Niveau des Spielgeländes zwischen Ost- und West*parodos* eingeebnet und der Zuschauerraum dem Berghang als muschelförmige Höhlung (*koilon*) eingeschnitten. Auf diese Weise schuf man auf der dem Heiligtum zugewandten Seite – im direkten Gegenüber zur Mittelachse des Zuschauerraums – das Fundament für szenische Aufbauten, die im Zentrum der Sicht lagen und zum ersten Mal in klarer Perspektive gegliederte Bildwirkungen ermöglichten.

Mit der Errichtung eines Bühnenfundaments war nunmehr also ein räumlich unzweideutig fixierter Handlungsort gefunden. Auf diesem breiten Fundament wurden die ersten größeren Holzgebäude für die *skene* errichtet. Wahrscheinlich handelte es sich schon zur Mitte des fünften Jahrhunderts um langgestreckte, flache Mittelbauten zwischen links und rechts zur *orchestra* hin vorspringenden Seitenflügeln (*paraskenien*). Neben den östlich und westlich verlaufenden Zugängen zur *orchestra* stand nunmehr eine dritte Auftrittsmöglichkeit zur Verfügung: Das Mitteltor der Gebäude führte auf die eigentliche Bühne, das von den *paraskenien* seitlich eingefaßte – und möglicherweise schon früh als erhöhtes, freilich nur knapp über dem *orchestra*-Niveau liegendes Gerüst (*okribas*) errichtete – *proskenion*, die Spielfläche für die Schauspieler.[222] Auf diese Weise war eine Aufgliederung des Spielortes in zwei in sich geschiedene Bezirke gefunden: War die *skene* der Handlungsort, der den Schauspielern reserviert war, agierten in der *orchestra* nun im wesentlichen der an allen Aufführungen beteiligte Chor. Das auf diese Weise in *skene* und *orchestra* und damit in eine bleibende, baulich fixierte Raumspannung versetzte Spielfeld wurde darüber hinaus in ein klares Verhältnis zur Zone des Publikums gebracht. Im direkten Gegenüber zur *skene* war der Zuschauerraum der neuen Theateranlage als keilförmige Höhlung in den Berg eingeschnitten worden, so daß die Blickrichtung der Zuschauer auf die Aktionsräume von nun an eindeutig festgelegt war. Sie richtete sich seitdem ein- für allemal nach der Zentralachse aus – was natürlich Folgen für das Spiel und die für seine Zwecke errichteten Örtlichkeiten haben mußte: Eben dadurch konnten die »Inszenierungen« von nun an ihre Bildeffekte aus der festliegenden Blickrichtung der Zuschauer auf das Geschehen aufbauen.[223]

Das Ergebnis dieser Entwicklungen dokumentiert der zu Zeiten Alexander des Großen unter Lykurg (vielleicht sogar schon früher[224]) in Stein errichtete vollendete Bau des Dionysostheaters. Aus *skene* und *koilon* vorkragende Bauteile sorgen hier für deutlich betonte Korrespondenzen zwischen den drei voneinander abgehobenen Orten: Der nunmehr jedenfalls mit Sicherheit kreisrunden *orchestra* entsprechen die links und rechts vom flachen Mittelbau vorspringenden Seitenflügel der *skene*, auf welche wiederum die aus dem *koilon* vorgezogenen, mauergestützten Seitenwände der *cavea*, die *analemmata*, zulaufen. Zwischen den korrespondierenden Endseiten der *skene* und der *cavea* führen die Zugänge für Schauspieler und Chor durch Steintore auf beiden Seiten in die zentrale *orchestra*.

Doch nicht nur solche Stellung der *orchestra* im Mittelpunkt der Anlage zeugt von von ihrer Wichtigkeit. In der Zuordnung der drei Zonen selbst ist die Bedeutung des ältesten Bauelements erkennbar unterstrichen. Dabei handelt es sich freilich um eine neugewonnene Bedeutung, und zwar als Ergebnis der Transformation des *hieros cyclos* – über ein möglicherweise für die frühen Spielanlässe abgewandeltes Rechteck – zurück zur Kreisform, die durch solche Metamorphose in eine ganz neue Funktion eingetreten ist. Als ihr betonter Mittelteil wird der *orchestra*-Kreis nämlich spätestens im Bau des Lykurg zum *geometrischen* Ausgangspunkt der Theateranlage. Ihm haben sich die später hinzugekommenen Bauteile angeglichen: Die vorspringenden Seitenflügel des Bühnenhauses und die vorgezogenen, halbamphitheatralischen Einfassungen des *orchestra*-Runds durch die Zuschauerränge überführen die Kreisform in das Konzept der Gesamtanlage. Auf diese Weise hat sie endgültig alle rituelle Bedeutung der ihr zugrundeliegenden Kultform verloren und übt im entwickelten Theaterbau zuvor und vor allem eine herausgehobene architektonische Funktion aus: Die Kreisform prägt die

Idee des Grundrisses der Gesamtanlage und akzentuiert die Einheit der Elemente, aus der sie zusammengesetzt ist. Erkennbar läuft die ganze Entwicklung also darauf hinaus, eindeutige Trennungen zwischen sämtlichen an den Aufführungen Beteiligten – den Schauspielern, dem Chor und dem Publikum – zu schaffen, indem man deutlich separierte, genau umgrenzte Bezirke für sie schafft. Zugleich aber betont die fertiggestellte Anlage auch die Zusammengehörigkeit und Einheit der räumlich untergliederten Bereiche. Differenzierung in einer sie umfassenden Einheit: Darauf beruht, kann man sagen, die grundsätzliche Bauidee des entwickelten Theaters, die in allen erhaltenen Bauten griechischen Ursprungs deutlich unterstrichen wird.

Die beschriebenen Entwicklungen verdeutlichen, wie man versuchte, aus ungegliederten Anfängen neuartige Bauformen zu entwickeln und in einen klaren, übersichtlichen Bezug zueinander zu setzen. Sie zeigen damit, wie ganz bestimmte, nur für diesen Bautypus – das *theatron* – geltende und ihn von allen anderen Gebäudetypen abgrenzende Konventionen gesucht und gefunden wurden. Allein die Bauform belegt also schon die Eigenständigkeit des Theaters, das aus vorgefundenen Formen, wie dem Bezug von *orchestra* und Gemeinde, neue Fügungen entwickelt, die sonst nirgendwo vorkommen und dergestalt aus dem Theater einen ganz unverwechselbaren Begegnungsort der am hier stattfindenden Ereignis Beteiligten werden lassen.[225] Dessen Eigenart wiederum gibt sich in der funktionalen Bedeutung zu erkennen, welche die *orchestra* – als Bauteil architektonischer Mittelpunkt der Gesamtanlage – für das Spiel ausübt, das hier vonstatten geht. In Aktion versetzt, vermittelt dieser Spielplatz nämlich, als eigener Ort, zwischen der Sphäre der von den Schauspielern dargestellten Handlung und dem Bereich der Zuschauer. Er ist und bleibt von nun an der angestammte Ort des Chores, dieser in allen erhaltenen Texten immer im Spiel befindlichen »dramatischen« Figur: aus vielen bestehend und dennoch eine einzige *dramatis persona*, ein wahres Kollektivum, das – wie die Zuschauer – der Handlung, manchmal sehr ohnmächtig, zuschaut, sie zugleich aber auch – darin steht der Chor den Akteuren nahe – kommentieren und reflektieren, zuweilen gar – dann ist er den Schauspielern fast vollends gleichgeordnet – in sie eingreifen will. Auf solche Weisen verwickelt der Chor das Geschehen auf der *skene* – für die Zuschauer – schon während des Spiels, an dessen Grenze er agiert, in eine unablässige, beunruhigende Debatte.[226]

Nun zeigt sich auch im Blick auf die Formen, in welchen sich der Chor zu äußern vermag, die Suche nach neuen, den Theaterzwecken entsprechenden Konventionen – bei aller gewahrten Tradition, durch welche die Lieder bei seinem Einzug (*parodos*) und seinem Auszug (*exodos*) sowie die die Handlung unterbrechenden »Standlieder« (*stasima*) in auffälliger Weise an die metrischen und strophischen Bauvorschriften der Chor-Lyrik, vor allem aber auch an den mit ihr von Anfang an verbundenen dorischen Dialekt fixiert bleiben.[227] Ausschlaggebend dafür ist die räumliche Differenzierung der Sphären durch das Hinzutreten der *skene*. Als – den gewahrten lyrischen Ausdrucksformen entsprechend – in sich betont undramatische Kunstform wird der Chorgesang im Rahmen dieser neu geschaffenen Raumspannung zum Element eines von Stück zu Stück jeweils verschieden genutzten dramatischen Wirkungskalküls. In eins damit konnte die dramaturgische Rolle des Chors durch die szenische Anordnung der Spieler bildlich deutlich akzentuiert werden. Die Aktionen des Chors mußten – bedingt durch ihre räumliche Entgegensetzung zur *skene* – in einem genau kalkulierten, kontrastreichen Bezug zur jeweiligen, von den Schauspielern verkörperten Situation stehen. Solche Spannungsbezüge zwischen Schauspieleraktion und Chor-Arrangement, auf die aus der Konfrontation der Chor- und Schauspielerpartien in den Texten zu schließen ist, werden wohl die Grundfigur der szenischen Sprache dieses Theaters gebildet haben, hauptsächlich auf ihnen werden die erzählerischen Effekte und unausgesprochenen, dem Text nur latenten Bedeutungen der Inszenierungen beruht haben. Jedenfalls ermöglichte die Ausrichtung des Blicks der Zuschauer durch die Zentralachse plastische, zugleich symmetrische und spannungsreiche Bildkompositionen, in denen die szenische Anordnung im Verhältnis von Akteuren und Chor, unabhängig vom gesprochenen Text, für symbolische Handlungswirkungen genutzt werden konnte. Sowohl das Verharren in den angestammten Spielorten *skene* und *orchestra* als auch alle denkbaren Formen ihrer Annäherung, Überschreitung und neuerlichen Entfernung gewannen spezifische Bedeutung für den jeweiligen Handlungszusammenhang.

Nachdem er in der Mitte der Spielanlage seinen angestammten Platz gefunden hatte, ist der Chor aber mehr als nur der Kontrapart der Schauspieler. Er ist nunmehr auch – in bestimmter, ganz anderer Weise als die Akteure und die von ihnen dargestellte Handlung – als zweitem Bezugs-Pol den Zuschauern konfrontiert. Räumlich abgesetzt von der *skene*, dramaturgisch, bildkompositorisch in permanente Spannung zur szenischen Aktion, zur dargestellten Geschichte versetzt, wird er nunmehr zum Vermittler zwischen Akteuren, Handlung und den Zuschauern. Denn durch die von der Trennung des Spielbereichs in *skene* und *orchestra* diktierten Dramaturgie stehen Schauspieler und Chor ja in ganz verschiedener Beziehung zum Publikum. Im Spielgeschehen entpuppt sich die *orchestra* als eine Art Zwischenraum zwischen dem Raum der Fiktion, der dargestellten Geschichte, und dem realen, dem Dionysos-*temenos* und der *polis* nahen Ort, in dem sich die Zuschauer befinden und einander (bedingt durch die Halbkreisform des *koilon*) als solche ständig präsent bleiben. Bezogen auf die in diesem Theater mögliche *aisthesis*, die Wahrnehmung eines *mythos*, einer Geschichte, stellt dieser in sich gestufte Raum eine Art von Vermittlungsinstanz dar, indem er für eine Brechung in der Unmittelbarkeit der Wahrnehmung sorgt. Direkte Identifikationsprozesse lassen diese Raum-Aufteilung und die durch sie gedoppelten Bildebenen der Arrangements jedenfalls nicht zu. Hier, in der *orchestra*-Ebene, werden sie immer wieder gebremst, gestaut, möglicherweise umgebogen. Der Zuschauer bekommt solcherart keine Möglichkeiten geboten, sich völlig und für die ganze Dauer des Spiels in die Handlung zu verlieren. Zwischen ihm und den Akteuren steht immer der Chor, der nicht eigentlich handelt, sondern durch die gewahrten und betonten lyrischen Mittel seine auf die Geschichte und die in sie verwickelten Figuren bezogenen Gedanken und Emotionen zum Ausdruck bringt. Die lyrischen, vom Chor gesungenen und gesprochenen Partien bringen deshalb immer wieder eine Distanz zwischen Wahrnehmung und Wahrgenommenem zur Geltung, indem sie gleichsam den permanenten Reflexionsrahmen für die Handlung bilden, an dem der Zuschauer Orientierung zu finden vermag, was die möglichen und möglicherweise einander widerstreitenden Bedeutungen betrifft, die den Vorgängen auf der Bühne beizulegen sein mögen. Der Chor bringt somit ausdrücklich die Ebene der Bedeutsamkeit der vorgeführten Geschichten »ins Spiel« und belastet sie durch die Fraglichkeiten einer tiefgreifenden, beunruhigenden Irritation. Diese Irritation betrifft nicht das Denken und Urteilen der einzelnen, die in die Handlung verwickelt sind, sondern das – aus der Draufsicht einer freilich kurzen Distanz zu den Handelnden – darüber grundsätzlich Denkbare. Das entbindet die Urteilsmöglichkeiten, die den Gedanken und dem Urteil einer bestimmten Person womöglich entgegenzuhalten sind und diesen zum Korrektiv werden können. So bereitet der Chor der Wahrnehmungsbereitschaft der Zuschauer sozusagen den Boden, gibt ihr Anhaltspunkte, reißt Alternativen auf, sorgt für die Unruhe, die immer wieder Anstöße gibt für die Bewegung von Emotion und Gedanke.[228]

Am Beispiel des Verhältnisses von *orchestra* und Chor ist zu verfolgen, wie der institutionell besonderte Bautypus Theater die Prägeform für das ihm mögliche Wahrnehmungsverhältnis bereitstellt. Zugleich aber auch: Wie dies von den in den Aufführungen begegnenden Zeige-Möglichkeiten bewußt aufgegriffen, reflektiert und zu den Mitteln einer nur hier begegnenden Darstellungs- und einer dieser korrespondierenden Wahrnehmungsform durchgebildet wird.[229] Der Moment, in dem die Chorpartien dramaturgische Gestalt gewinnen und sich mit den Chorauftritten feste szenische Konventionen verbinden, hat ja die Aufstaffelung der Funktionsteile des Theaterbaus in *cavea - orchestra - skene* zur unabdingbaren Voraussetzung. Aus dem Gegenüber von Zuschauern und *skene* resultiert die vermittelnde Funktion der *orchestra* und des Chors. Dagegen ist in Folge dieser Entwicklungen die Bühne, die *skene*, in deutlich markierte Distanz zur Sphäre der Zuschauenden versetzt. Sie ist allein mit den Akteuren verbunden und damit bevorzugter Schauplatz der sich in diesem Theater vollziehenden, eigentlichen dramatischen Handlung. In der voll entwickelten Theateranlage mit dem muschelförmigen Zuschauerraum vollzieht sie sich insbesondere vor dem durch Dekorationselemente in die Handlung einbezogenen Bühnenhaus.

Wie immer sie genau ausgesehen haben mag, die im fünften Jahrhundert benutzte *skene* muß sich jedenfalls sehr einfach und bescheiden ausgenommen haben.[230] Die zunächst möglicherweise nach den Handlungserfordernissen jeder tragischen Trilogie eigens errichteten schlichten Bühnenaufbauten wurden dabei wahrscheinlich bald durch ein auf dem Bühnenfundament fest installiertes Gerüstsystem mit Stütz- und Querbalken ersetzt, in das bemalte Holztafeln (*pinakes*) eingesetzt wurden, um den jeweiligen Schauplatz zu charakterisieren – Paläste, Hütten oder Tempel, Zelte und Höhlen etc. Hatten bis dahin die Aufbauten selbst genügt, trat in dieser Bühnenform also ein weiteres, neues Ausstattungsmoment hinzu – die *skenographia*, die Bühnenmalerei, deren Einführung dem Sophokles zugeschrieben und als deren erster Meister Agatharchos bezeichnet wird.[231] Ausstattungsmalereien vervollständigten nunmehr die perspektivisch-raumplastischen Wirkungen, welche die Inszenierungen aus der klaren Staffelung von Zuschauerraum - *orchestra* - *skene* entwickeln konnten. Die Bühnenmalerei, mit der das Bühnenhaus als Handlungsort näher lokalisiert wurde, benutzte dabei wohl perspektivische Mittel, indem sie sich der Schrägsicht, der Überschneidungen und Verkürzungen bei der Wiedergabe der einzelnen Lokalitäten bediente. Die aber erscheinen auf dieser

Bühne keineswegs als definierte Orte innerhalb eines sie umfassenden und ordenden Raumkontinuums. Sie bilden vielmehr isoliert bleibende Schauplätze in einem nicht nur aus der *skene*, sondern auch aus der *orchestra*, dem verschiedene Handlungsorte darstellenden Auftrittsort des Chors, und schließlich auch aus Elementen der natürlichen Landschaft bestehenden Aktionsraum. Bildlich genommen und mit den Worten des Kunsthistorikers Erwin Panofsky gesagt, präsentiert sich diese verschiedene, ganz heterogene Handlungsorte addierende Bühne als »Aggregatraum«, der mehrere Fluchtpunkte und Horizontlinien aufweist und von den Zuschauern – dem Gang der Handlung von Schauplatz zu Schauplatz folgend – aus verschiedenen Blickpunkten nacheinander wahrgenommen werden muß.[232] Von einem einheitlichen Bildraum, der sich als ein – die Beziehungen zwischen den verschiedenen dargestellten Orten herstellendes – »homogene(s) und unbegrenzte(s) System von Größenrelationen« (Panofsky) präsentiert, kann im altgriechischen Theater jedenfalls keine Rede sein: Zwischen den verschiedenen, sukzessive wahrgenommenen Handlungsorten befindet sich einzig die nicht zum Schauraum gehörende Leere (*chora*).

Der hinter der noch niedrig gelegenen Spielfläche, dem *proskenion*, angedeutete eigentliche Schauplatz der Handlung war damit nur ein Teil des eigentlichen Bühnenbildes, besser: des Bühnenraums der Aufführungen. Aristoteles bezeichnet ihn im sechsten Kapitel der *Poetik* mit dem umfassenden Terminus *opsis*, als die Gesamtheit des den Zuschauern im Theater Sichtbaren. Wobei man hinzufügen kann: Es ist sämtliches Sichtbare (*kosmos opseos* – das Ganze des Schaubaren), insofern und soweit aber nur, als ihm im Lauf des Spiels Bedeutung für die Handlung oder die Position zukommt, welche eine Person in ihr einnimmt. Es ist das – sozusagen aus dem realen Raum, der im Kontext des Spiels eben nur als *chora*, als Leere, wahrgenommen, oder besser: eben nicht wahrgenommen wird – herausgehobene Sichtbare, das dem Kontext des Spiels zugehörig ist und in diesem Bedeutungskraft zu entfalten vermag. Es ist das aus der »leeren« Realität des Hier und Jetzt durch den Spielvorgang *abstrahierte* Sichtbare, nur das eben, was Bedeutungsfähigkeit besitzt, um eine bestimmte Handlungsfiguration zu veranschaulichen. Wobei dies freilich all das, was hier und jetzt präsent ist, umschließen kann und durchaus nicht auf die *skene* und die *skenographia* beschränkt ist. Bedeutend sichtbar werden, das kann auch und vor allem der natürliche Spielhintergrund im Athener Dionysostheater: das Meer in der Ferne und der unmittelbar an die *orchestra* angrenzende heilige Hain des Dionysos.[233]

Aber auch das nicht unmittelbar Sichtbare – die durch den Burgberg verdeckte Stadt rechts, die Fernstraßen linkerhand – spielte mit. Eine aus dieser realen Topographie heraus entwickelte Auftrittskonvention charakterisierte die Personen noch vor ihrem ersten Satz: Wer durch den linken Zugang zur *orchestra* erschien, kam aus der Fremde; durch die rechte *parodos* dagegen kam man aus der Stadt. Mit jedem Auftritt aus solchen »hinterszenischen Räumen« – zu rechts und links, Stadt und Fremde, kam mit Errichtung des *skenen*-Gebäudes noch das hinter seinen Wänden angenommene Hausinnere (*hyposkenion*) hinzu – war auf diese Weise zugleich eine Aussage über Rolle und Bedeutung der Figuren im Konfliktfeld des Stücks verbunden.[234] Wie die Landschaft, so wurde auch die natürliche Zeit als Spielelement genutzt. Der Wechsel der Tageszeiten im realen Gegenüber von Spielern und Zuschauern wurde im Gang der Geschichte, wie der Raum, gewissermaßen fiktionalisiert, die Real- in die Spielzeit gleichsam verwandelt: Die sich im Lauf des Tages verändernden Licht- und Schattenverhältnisse zwischen *skene* und *orchestra* sorgten für die (durchaus raffinierten) visuellen Effekte, die im dadurch bedeuteten Zeitvergang des Geschehens weitere Bezüglichkeiten in dem durch es gestifteten Konflikt-Zusammenhang zur Anschauung brachten.[235]

Neben Raum und Zeit (und Requisiten[236]) trugen natürlich auch die Darstellungsweisen der Schauspieler konstruktiven Charakter – als Mittel zur Veranschaulichung der Handlungs*fügung*. Durch die zumindest im Äußerlichen überlieferte Ausdifferenzierung der verschiedenen schauspielerischen Funktionen läßt sich belegen, daß sich auch diesbezügliche Konventionen sehr früh bereits herausgebildet haben. Besonders gut zeigt sich das an Zahl und Status der *hypokrites*, der Schauspieler. Ausgehend vom »ursprünglichen« Gegenüber von Chor und Sprecher, entstehen sehr rasch Spezialisten für die »ersten«, »zweiten« und »dritten« Rollen. Hier verhält es sich ganz so wie bei der Umgangsweise mit dem Chor: Wie diese Konvention, einmal gefunden, der Zahl nach beibehalten wurde – nachdem sie von Sophokles eingeführt wurde, kennt keine der »klassischen« Tragödien mehr als drei Akteure, hat keine ihrer Aufführungen mehr als 15 Choreuten[237] –, so verhielt es sich auch mit den auf die drei *hypokrites* verteilten Figurentypen. Auch hier bildet sich ein stabiles System von »Rollenfächern« heraus, wie es rekonstruierbar wird insbesondere aus den überlieferten Angaben zur Bühnenbekleidung und -maskierung.[238] Im Kostüm individualisiert dieses System nicht, sondern unterscheidet dichotomisch: Götter von Menschen, Männer von Frauen, Griechen von *barbaroi*, von Fremden. Ganz genau so kennzeichnen die Masken, auch sie differenzieren nach Gegensatzpaaren. Sie trennen Heroen und gewöhnliche Menschen, Mann und Frau, einheimisch und fremd, alt und jung, reich und arm. Darüber hinaus legen sie die einzelne Figur, die durch solche Typologie schon als Vertreter eines Allgemeineren bezeichnet ist, im Wortsinn auf ein Schema fest, auf einen einzigen Ausdruck ihres *ethos*, ihres »Charakters«[239], ihrer Emotion, ihres Intellekts. Wenn auch die frühen Masken mit Sicherheit nicht ganz starr, sondern – zunächst wohl aus gestärktem Leinen gefertigt – mehr oder minder schmiegsam gewesen sind: Der Makenausdruck verhindert jedenfalls mimisches Spiel, zeichnet die Figur in einem einzigen Zug ihres Wesens und fixiert sie darauf.

Wobei sich in diesem Zusammenhang zum wiederholten Mal zeigt, daß die institutionellen Grenzen, durch die das Theater – was seine festlichen Gelegenheiten wie seinen Ort und Bau betrifft – zu einem gesellschaftlichen Ereignis besonderer Art und Bedeutung wird, in eins damit auch als seine ästhetischen, die Wahrnehmung betreffenden Grenzen zu lesen sind. Die Bauanlage allein läßt schon ein merkwürdiges Gegenspiel entstehen zwischen dem, was man hier von den Figuren sieht – man mag sie in diesem riesigen Theater aus weiter Distanz, folglich fern und klein erblicken – und was man von ihnen hört. So fern sie sein mögen, man vernimmt sie, die ausgezeichnete Akustik dieser Bauten sorgt dafür, sehr gut, ihre Stimmen sind ganz nah. So sind Sehen und Hören von der Theateranlage her schon getrennt, differenziert. Dies wiederum verwandeln sich die in diesem Theater üblich werdenden Darstellungsmittel, die Prozeduren des Sichtbarmachens in mehreren Hinsichten an.

Insbesondere findet sich die Kontraposition der Wahrnehmungssensationen reflektiert im eigenartigen Verhältnis, in dem hier Sprache und Erscheinung der Schauspieler zu einem ausgesprochenen Verweisungszusammenhang zwischen Schaubarem und Verborgenem, Nicht- oder gar Unsichtbarem zusammentreten. Wenn sich darüber auch kam etwas in Quellen beschrieben findet, so erlaubt die mit Sicherheit schon für die früheste Zeit testierte Konvention des Maskenspiels doch pronocierte Hinweise darauf. Es liegt nämlich auf der Hand, daß der vom *skeuopoios*, dem »Ausstatter«, fixierte Ausdruck der Masken für die Maskenwirkung im Spielzusammenhang durchaus nicht alles ist. Eben dies läßt Rückschlüsse auf die Spielweise, besser: auf die Zeigekonventionen der Schauspieler zu.[240] Allein die Dimensionen des Baus erzwingen ein radikal veräußerlichendes, demonstrierendes Spiel.

Die hier zur Schau gestellten Figuren müssen sich im Wortsinn in Haltungen präsentieren, und sie »entwickeln« sich, dem Gang der Handlung folgend, ihn durch die Markierung ihrer Wendepunkte pointierend, im akzentuierten Wechsel von Haltungen. Dementsprechend ist der Spielvorgang durch einen ausgesprochenen und betonten ikonischen, ja ikonologischen Charakter gekennzeichnet. Gewissermaßen skulpturierte Körperbilder müssen in ihm Bezeichnungskraft gewonnen haben durch die je signifikante Kombination von Maske, Kopfhaltung, Pose und von ihr ausgehendem Bewegungsablauf, schließlich durch die Stellung von Armen und Händen der Akteure. Wodurch »Entwicklungen« ihrer Figuren allein aus der in zeremoniellem Gestus vorgenommenen Änderung solcher Haltungen darstellbar werden. So wie die einzelnen feststehenden literarischen »Nummern« des Gebets, der Klage etc. bestimmte, genau bemessene Wertigkeiten innerhalb des begrenzten sprachlichen Ausdrucksvolumens der Texte besitzen, werden deshalb auch die Körperzeichen allmählich Musterhaftigkeit ausgebildet haben in einem konventionalisierten, in allen Einzelheiten sozusagen durchcodierten Spiel. In ihm verbanden sich ganz bestimmte stimmlich-sprachliche und gestische »Nummern« mit genau umrissenen, dem Publikum vertrauten Ausdruckswerten. Wie es Stimm- und Körperzeichen gab für die Wiedergabe der einzelnen Text-Bausteine, mußten eben auch die emotionalen Äußerungen, die mit Masken nicht »natürlich« darstellbar waren, ihr Widerlager finden in festgelegten Körper-Figurationen und -Choreographien, welche für die Zuschauer die sprechenden Wirkungen von »Signalements« besaßen.

In solchem Zusammenhang einer betont zeichenhaft vorgetragenen Haltung und in deren weiterem Zusammenhang mit der Handlungssituation, der (lyro-)dramatischen Stimmung, dem Licht, im Zusammenspiel all dessen vermag denn auch, alle Erfahrungen mit entsprechenden Theaterformen sprechen dafür, der Maskenausdruck durchaus zu changieren. Zumindest in dem Rahmen, der durch das Schema des jeweiligen Typus vorgeben und begrenzt ist, ist dem Maskengesicht ein gewisses Mienenspiel zu eigen. Dies charakterisiert das Ausdrucksvermögen des Hypokriten, bietet ihm (und beschränkt) seine Möglichkeiten, der jeweiligen Figur, dem »Charakter«, Nuancen zu verleihen. Er vermag seinen – durch die bekannte Figurentypologie vorgegebenen und festliegenden – Ausdruck im Wechsel der Haltungen von einem Moment des Spiels zum nächsten jedenfalls in durchaus unterschiedlichen Facetten zu zeigen. Dennoch entsteht durch die Schematik und damit durch die betonte Skalierung solch zeichenhaft-zeremonellen Spiels ganz automatisch ein Widerspiel von Gesagtem und Gezeigtem: Wenn die Texte etwa, was sehr häufig vorkommt, vom Sturmlauf der Emotionen, der Leidenschaften sprechen, die eine *dramatis persona* am Wendepunkt ihres »Schicksals« umtreiben mag, dann bleibt dem Wechsel des sichtbaren Ausdrucks einer Figur doch ein sehr schmaler Rahmen gesetzt. *Zeigbar* ist jedenfalls nicht – weder in der Widerspruchsfülle noch in der Dynamik –, was im gleichen Augenblick vom Wirbel der Affekte im Innern dieser Figuren *gesagt* wird und für die Zuschauer zu hören ist. Dem in sehr engem Radius begrenzten Wechsel der zu beobachtenden Affektbewegungen *kontrastieren* deshalb die Aussagen, welche die Schauspieler oder der Chor über den emotionalen Zustand des einzelnen treffen.

Das sprechendste Beispiel für solche Auseinanderfaltung des Gezeigten und des Gesagten schließlich ist die mit der Bühnenmaschinerie verbundene Praxis des Versteckens von Greuelszenen hinter der *skenen*-Wand. In Aktion »ausgemalt« wurden sie, im Moment, in dem sie sich im Hausinneren vollzogen, allein durch die Sprache, in der Evokation einer Ahnung oder Vision der Draußenstehenden oder im nachhinein durch den emotionsgeladenen Bericht eines Zeugen. *Gezeigt* wurden sie jedoch grundsätzlich erst nach vollbrachter Tat. Täter und Opfer wurden mit dem *ekkyklema*, einem Rollwagen, aus dem *hyposkenion* herausgefahren, wodurch die Tat, der stofflichen Sensation des reinen Geschehnisses beraubt, von ihrem Ergebnis her und in all ihren Aspekten dem Bedenken ausgesetzt wurde – in den Voraussetzungen ebenso wie in den Implikationen, die sie für die Zukunft haben wird. An der Tableauwirkung dieses Exempels, in welcher die bauliche Eigenart des *theatron* für eine bewußt kalkulierte Unterbrechung in der Handlungsführung genutzt ist, erkennt man am besten die die Wahrnehmung betreffenden Bedeutungen des Theaters. Hier ist der Zuschauer, allein von der Bauanlage her genommen, im Sichtbaren und Hörbaren mit klar getrennten Ausdrucksebenen konfrontiert, aus deren weiterer Differenzierung das Spiel seine raffinierten Konsequenzen zieht. Sehen und Hören reißen in den beschriebenen Beispielen, als seine auseinandergelegten Pole, in beiden Fällen einen *Reflexionsraum* für den Zuschauer auf, den er an keinem anderen Ort der *polis* zu finden vermag. Der integrale Raum des Hörens und Sehens auf der *agora* etwa, dessen Wichtigkeit von Vernant erläutert wurde[241], oder der »Fleisch und Stein« verschmelzende Raum des durch Rede und Widerrede leidenschaftlichen Hin- und Hergerissenseins der Beteiligten, den Richard Sennett in den Ratsversammlungen aufgewiesen hat[242], findet sich in diesem Theater von vornherein aufgesprengt. Und er wird durch seine, den räumlichen Gegebenheiten entsprechenden, »ästhetischen« Ausdrucksmittel weiterhin in seine Bestandteile zerlegt – als besondere Anforderung für die Wahrnehmung des Zuschauers, der, was er so ostentativ getrennt findet, in einen Bezug zueinander zu bringen hat.

Daran anknüpfend, läßt sich schließlich plausibel machen, welche exorbitante Bedeutung der dramatische Text für solche Aufführungspraxis hatte.[243] Woran man zugleich ermessen kann, daß Schrift und Szene durchaus nicht etwa in einem akzidentellen, beiläufigen Verhältnis zueinander stehen. Es zeigt sich, daß die dramatische Literatur wiederum ein wesentliches institutionelles und zugleich »ästhetisches« Zubehör dieses Theaters ist. Die phonetische Schrift, in der Sprache zur vollen Sichtbarkeit gelangt, stellt zu Zeiten seines Aufkommens ja noch ein relativ »neues Medium« dar, eine Kulturtechnik, die als solche das Verhältnis der Menschen zur Welt grundlegend und mit spürbaren Folgen geändert hatte und weiter änderte. Genau dies nun aber läßt sich – jedenfalls mit einigen seiner Konsequenzen – für die Verquickung von Schrift und Bühne zeigen. Zunächst einmal ist sie wieder unter dem institutionellen Gesichtspunkt wichtig zu nehmen: Der Wechsel von der bis dahin beherrschenden Oralität, der Mündlichkeit, als Mitteilungs- und Ausdrucksform der verschiedenen Erzähl- und Redeweisen zur Schrift ist die erste Grundbedingung dafür, daß sich diese »Kunst«-Form von der Person ihres Urhebers, des Schöpfers, lösen konnte. In der Anonymität des Autors, der hinter seinem Werk verschwunden ist, liegt also – unabhängig vom Plan oder der Intuition eines einzelnen »Erfinders« (vielmehr als Bedingung ihrer Möglichkeit) – die kulturtechnische Voraussetzung dafür, daß die Aufführungen zur Angelegenheit des Zusammenspiels von Spezialisten verschiedenster Kunstfertigkeiten werden konnten. Mit solcher Verselbständigung des Werks hängt die ästhetische, die Wahrnehmung betreffende Folge der Schrift für das Theater unmittelbar zusammen: Sie gab dem Dramatiker nämlich ganz neue Darstellungsmöglichkeiten an die Hand. Mittels der Schrift ändern sich jetzt eben auch die Konstruktionsprinzipien, welche die bislang einzig bekannten, auf der Oralität basierenden ersetzen. Schriftlich werden die alten Geschichten ganz anders erzählt, und damit werden eben ganz andere Geschichten als früher erzählt.

Der Dichter hat jetzt die neue Möglichkeit, eine hoch komplexe und vielfach in sich geschichtete Handlungswelt in mehrstufiger Reflexion auf seinen Arbeitsprozeß zu berechnen und zu konstruieren. Er vermag dadurch das Prinzip der Linearität zu durchbrechen, das, grundsätzlich jedenfalls, allem mündlichen Erzählen zugrunde liegt, das an die Präsenz des Erzählers, des Rhapsoden der Epen etwa, gebunden bleibt.[244] Das Problem des Anfangens und des Beschließens etwa stellt sich dem Autor in seinem Arbeitsprozeß in ganz neuer Weise: Beginn und Ende der mündlichen Erzählung liegen fest, sie kommen aus der Tradition, daher, daß man diese Geschichte mit genau diesem Anfang und diesem Schluß schon immer so erzählt hat. Dies, Anfang und Ende, übernimmt der Erzähler, dazwischen mag er anreichern, ausschmücken, abschweifen, um aber zwangsläufig, den Notwendigkeiten spontaner Mobilisierung der Gedächtnisfunktionen folgend, immer wieder zum Erzählfaden zurückzufinden. An ihm hat er sich im Endeffekt unverbrüchlich zu orientieren, damit er von jenem Anfang zu diesem Ende kommt. Dem Tragödienschreiber aber liegt das Handlungsganze in Schriftform vor Augen, und er hat deshalb andere und komplexere Konstruktionsmöglichkeiten für seine Handlungsgestaltung. Das erschließt Möglichkeiten, Anfang und Ende in vieldimensionaler, komplizierter Weise aufeinander zu beziehen. Er kann etwa einen mehrdeutigen Anfang schreiben, der dieses *oder* jenes Ende möglich sein läßt, oder aber dem Erzählgang kleine Details einbauen, die dieses Ende, obwohl es von diesem Anfang her so nicht erwartbar war, doch möglich, ja nachgerade notwendig werden lassen. Dem Zuschauer erschließt sich das nicht auf den ersten Blick, auch nicht in der Aufmerksamkeit auf die bloße Handlungsfolge. Im Bedenken des Ganzen aber – auf das die Chorgesänge beständig verweisen in der unablässig gestellten Frage nach der Bedeutung des Geschehens oder im Rückblick vom gewohnten Ende her, von dem her gerade Ungewohntes im Handlungsgang auffallen mag und, im nachhinein, Erklärungskraft gewinnt – will es ihm dann unvermeidlich scheinen. Auf diese Weise schafft der Poet jetzt eine Welt für sich mit vielfältigen Beziehungen in der Horizontalen wie in der Vertikalen, die der Zuschauer alle verfolgen muß, will er nachvollziehen, was, vor allem aber: wie und warum etwas geschieht oder geschehen ist.

In dieser eigenen Welt kann der Dichter seinen Akteuren bestimmte Identitäten geben und diese Identitäten als genau bestimmte Positionen in einem durch sie gebildeten Feld der Widersprüche einkalkulieren.[245] Er kann mit den Dimensionen seiner Welt – Innen und Außen –, den Schichtungen dieser Welt – Oberfläche und Tiefe –, mit ihren Kategorien – Schein und Sein – spielen und all das in komplizierteste Bezüge setzen. Genauso wichtig wie die Änderung des formgebenden Prinzips beim Erzählen von Geschichten aber ist, daß sich mit dem

Aufkommen der Schrift das Hören und Sehen und beider Verhältnis geändert hat und weiter ändert. Wie dies seine formalen Konsequenzen findet, reflektiert es sich ebenso thematisch in der unsicher, fragil gewordenen Schreib-Welt der Tragödien: Was sich dadurch in der Lebenswelt ändert, das gibt in der neuartigen Tragödienkunst, in der selbstbezüglichen Reflexion auf ihre Welt, zu wichtigen und wichtigsten Fragen Anlaß. Die Tragödien spielen es in den verschiedensten Fällen permanent durch: Das Sehen, das Reden und Hören kann trügerisch sein und täuschen; es gibt Mißverständnisse, die Katastrophen zur Folge haben, Zweideutigkeiten der Wahrnehmung, die den Helden vor existenzielle Entscheidungen stellen: Ihm droht der Untergang, wenn er sich, aus Mangel an Möglichkeiten sicheren Wissens, falsch entscheidet – oder für ihn schon so entschieden worden ist.

Allein durch die Schriftform verleiht das Theater den alten Berichten aus der Vorzeit mithin zwangsläufig einen neuen Sinn, indem es sie nämlich durchaus nicht nur in neue, sondern überhaupt erst in Zusammenhänge stellt. Das aber sind andere als die, von denen im Kontext der Überlieferungsprozesse als von der Logofizierung der Mythen durch die (Lokal-)Geschichtsschreiber die Rede war.[246] Sie berühren vielmehr die Lebenswirklichkeit der Mythen. *Mythologein*, Geschichtenerzählen, kannten die Griechen nämlich auch andernorts als im festlichen Vortrag von Epen und Chorgesängen – ganz unmittelbar im Leben und im Kult. Keineswegs aber kannten sie im Leben und im Kult *den* Mythos oder gar die *Mythologie* als Durchdringung des *mythos* durch den *logos*, als Rationalisierung des Mythos. *Mythologein* vielmehr betraf in erster Linie bestimmte, einzelne Geschichten, wie sie sich mit bestimmten Kultakten, Institutionen, Orten verbanden, indem sie ihr *aition*, ihren gründenden Anfang, ihren Ursprung kundtaten; nicht aber: den Zusammenhang dieser Geschichten über Kulte, Institutionen, Orte hinweg. So also, als jeweils einzelne, kleine Erzählung hatten die *mythoi*, die Geschichten, ihren Sitz im Leben, und von dort her, von »ihren« Kultpraktiken, Institutionen, Orten, bekamen sie überhaupt erst – im Leben wie im Kultvollzug – Bedeutung.[247] Die Schrift der Dramen verwebt nun aber eben diese *mythoi*, also: die von Platon so genannten vielen, verstreuten Erzählungen von »Göttern, Heroen, Dämonen und unterweltlichen Wesen«[248], mit dem Epenstoff und beides zusammen zu dem Komplex, den Aristoteles seinerseits in der *Poetik* mit einem anderen Begriff als *den* mythos bezeichnet, den *mythos* des Theaters nämlich, die Fabel, den *plot*, die hier vorgeführte Handlung. Und damit bereits, allein durch dieses Verweben des Vereinzelten, das als solches und an sich seinen bestimmten Kult- und Lebens-Sinn, eine bestimmte Bedeutung in Kult und Leben hat, zu einem neuen Zusammenhang, zu einer neuen Textur, verleiht das Theater den *mythoi* auch eine neue Bedeutung. Die Schrift stellt nämlich überhaupt erst die Kohärenz und damit die innere Struktur einer Geschichte ganz neuer Art her. Mittels der Schrift verbindet der Tragödienautor die diversen Handlungselemente, die aus der Tradition kommen, auf ganz und gar originelle Weise und verleiht ihnen dadurch die Komplexität des – durch vielfältige Bezüge miteinander vermittelten – Zusammenhangs dieser Elemente in einem Handlungsganzen.

Nun kann man aber, im Rückbezug auf die beschriebene Aufführungspraxis, in pointierter Weise sagen: Es ist eben, von dieser ihrer Leistung her gesehen, recht eigentlich die Schrift, die in diesem Theater von Schauspielern und Chor verkörpert wird und für das Publikum zu sehen ist. Das szenische Bezeichnen richtet sich ja in sämtlichen Hinsichten, in denen wir es betrachtet haben, auf die eigenartigen Zusammenhänge, auf die Textur, welcher sie den Geschichten unterlegt, und damit auf die Bedeutungen, auf die hin sie erzählt werden. Insofern trifft es zwar in erster Linie, aber durchaus nicht allein auf die Dramaturgie des Aischylos zu, wenn Karl Reinhardt feststellt, das tragische Drama sei »mehr ein Ganzes von Bezügen ... als eine durchlaufende Handlung«.[249] Wenn auch nicht in der aischyleischen Art, so doch von der sicherlich in ihr (mit)begründeten fundamentalen Konvention her, trifft dies für alle Texte dieses Theaters zu. Ebensowenig ist es uns verwehrt, bei aller nötigen Differenzierung zwischen den einzelnen Dramatikern, im Prinzipiellen Reinhardts auf Aischylos gemünztes Urteil über den Bezug von Wort und Bild für eine Grundkonvention der szenischen Sprache dieses Theaters zu verallgemeinern: »Drama ist hier überwiegend Interpretation des Bühnenbilds ... dies Bildhafte ist das zu Erklärende, woraus die Worte kommen und worauf sie sich beziehen.«[250] Aus solcher Distanz von Wort und Bild und der durch sie begründeten Notwendigkeit, beides miteinander zu vermitteln, ergeben sich ja überhaupt die besonderen Wahrnehmungseffekte dieses Theaters. In ihr und durch sie entsteht der irritierende Reflexionsraum, in welchem für den Zuschauer automatisch die Frage nach der Bedeutsamkeit des Geschehens auftaucht.[251]

So weit gekommen, können wir die Kategoriendiskussion wieder aufnehmen, welche mit den Überlegungen zur Kultpraxis begonnen wurde. Denn jetzt bestätigen sich einerseits die besonderen Qualitäten, welche die *Poetik* des Aristoteles für die *mimesis*, die Darstellung im Theater, und seinen *mythos*, seine Fabel, seinen *plot* behauptet hat, am Material.[252] Andererseits zeigt sich nun, auf dem Hintergrund aller Ausführungen zum Kultgeschehen, inwiefern die aristotelischen Bestimmungen auch eine genaue Abgrenzung implizieren zu den Kategorien, die für die rituelle Darstellung und Wahrnehmung zu gelten haben. Geht man nämlich von der Grundfunktion des Ritus – Wiedervergegenwärtigung der Anfänge – aus (und zieht deren Möglichkeitsbedingung im Opferhandeln ins Bedenken), liegt die Beziehung der Gemeinde zum rituellen Vorgang auf der Hand: Sie wird vom rituellen Vorgang absorbiert, in Bann geschlagen, ganz mit Beschlag belegt. Die räumlichen Grenzen zwischen dem Vollzug der *dromena* und ihrer Betrachtung durch die Gemeinde werden, zugleich mit der Unterscheidung der profanen und der heiligen Zeit, in der Vergegenwärtigung des einen, uranfänglichen Ereignisses getilgt und aufgehoben. Ganz anders im Theater: Der Theaterzuschauer wird, allein durch die beschriebene Raumaufteilung im *theatron*, durch die ganz bewußt, demonstrativ vorgenommene Sonderung der Bereiche – zuvor und allem: der der Handlung und ihrer Betrachtung –, dem theatralischen Ereignis entgegengesetzt und damit: konfrontiert. Er findet sich dadurch in eine bleibende, niemals ganz aufgehobene Spannung zum Geschehen versetzt, die eine ganz andere Erwartung weckt, als sie dem Kultort eingeschrieben ist. Diese Erwartung gegenüber der *mimesis* des Theaters hat – steht bei Aristoteles zu lesen – mit Vergnügen einerseits, mit der Neugier andererseits zu tun. Charakterisiert ist sie mithin – erstens – durch eine bestimmte, für Überraschungen offene Affektbezogenheit – ganz im Unterschied zum Ritus, in dem nichts Überraschendes geschehen kann und darf. Weiter kommt es, hat Aristoteles gesagt, in der poetischen *mimesis* nicht auf die Ähnlichkeit mit einem ihr Vorausliegenden an; das Überraschende, so darf man schlußfolgern, ist also Grund des ästhetischen Vergnügens. Dadurch ist die poetische Wahrnehmung gekennzeichnet durch eine Spannung aufs Neue, so noch nie Gesehene – ganz im Gegensatz zum Ritus, in dem es ausschließlich ums überwältigende Uralte, weil: Uranfängliche zu tun ist. *Dessen* Wirklichkeit und damit *die* Wirklichkeit in dem von Mircea Eliade betonten starken, absoluten Sinn ist mithin, in übertragener und buchstäblicher Bedeutung zugleich, die Grundkategorie des Kultgeschehens. Im Ritus *realisiert* sich (die Opfergewalt sorgt dafür) der Mythos in der identischen Wiederholung des Ursprungsgeschehens; für seine Dauer gewinnt er damit vollgültige Wirklichkeit, insofern die Manifestation des Heiligen als reine Wirklichkeit und nichts als Wirklichkeit aufzufassen ist.[253]

Dagegen bezeichnet Aristoteles mit der Vokabel vom *mythos* des Theaters bekanntlich – das wird ausdrücklich unterstrichen – eine nur wahrscheinliche Handlung. Blickt man auf die Abgrenzung, die er zwischen Geschichtsschreibung und Theater vornimmt, wird ganz evident: Er bindet den *mythos* des Theaters entschieden an die Kategorie der Möglichkeit und rückt ihn damit nicht nur in den graduellen Gegensatz zur *historia*, die nur das wirklich Geschehene im Sinne des tatsächlich Geschehenen[254] zum Gegenstand hat, sondern, unausgesprochen, auch in den radikalen Gegensatz zum rituell vollzogenen Mythos, der – seinem Begriff nach – weit wirklicher ist als die Wirklichkeit des Historischen, sofern er – diesem Begriff nach – eben nichts anderes ist als Wirklichkeit, die höchste, reinste Wirklichkeit, die sich in der Erfahrung des Uranfänglichen und Heiligen manifestiert. Die ist schlechthin unveränderlich, ganz mit sich identisch. Wogegen in der poetischen *mimesis* ein Appell an die Neugier, an den Erkenntnistrieb ergeht, in erster Linie daran nämlich, die Originalität, das Neue an den vorgeführten Geschichten wahrzunehmen. Gerade das Unerwartete ist im Drama bedeutungskonstitutiv, im Überraschenden erschließt sich der Sinn, welchen das Überlieferte auf der Szene erhält. Somit ist eine eindeutige Scheidung zwischen Kult und Theater als definitive Trennung der für sie je konstituierenden Kategorien geboten: Wenn Wirklichkeit, heilige, das heißt: absolute Wirklichkeit die Kategorie des Ritus ist, dann ist, im Gegensatz dazu, *Möglichkeit* die Kategorie des Theaters. Aber weiter noch: Wenn dies, mit Aristoteles, für die im Text konstruierte Handlung, den dramatischen *mythos* zu gelten hat, so muß, nach der Betrachtung der Zeigeweisen dieses Theaters, zugleich hinzugesetzt werden: Die Existenzweise dieser nichts als möglichen Geschichten im Schauraum des *theatron* ist der pure, referenzlose Schein.

Um dies in aller Konkretion zu verdeutlichen, genügt ein weiterer, näherer Blick auf den Darsteller und das ihm vorzüglich zukommende Attribut, die Maske. Über die Maske hatte Walter F. Otto schließlich die unmittelbaren Zusammenhänge zwischen Kult und Theater belegen wollen. Die Maske des Dionysos, so hatte er behauptet, kennzeichnet die mit Dionysos, dem Wahnsinns-Gott, verbundene Erfahrung der Welt als Paradoxon. Im dionysischen Gottesdienst, hatte er argumentiert, vertritt die Maske den Gott auf zweideutige Weise: Er ist in ihr, in ihrem in den Bann schlagenden Blick, zugleich ganz und gar präsent und, durch den leeren, blinden Blick der leblosen Augenhöhlen, der Anwesenheit radikal entzogen. Die Maske vereint also Otto zufolge Anwesenheit und Abwesenheit des Gottes. Sie vermag das – so wäre hinzuzufügen, um Ottos Intuition mit Vernants diesbezüglichen Überlegungen auf festeren Boden zu stellen – kraft der Verschränkung von Funktion und Bedeutung, welche sämtlichen rituellen Zeichen eigentümlich ist: Indem in der Maske, im bloßen Akt ihres Zurschaustellens, der Gott Wirklichkeit gewinnt – hierin liegt ihre zeremonielle, das Andere anrufende, aufrufende Funktion –, teilt er sich den Gläubigen mit – darin liegt ihre bezwingende Bedeutungskraft. Die anwesende Wirklichkeit des Gottes offenbart sich eben im *Ergriffensein*, in der überwältigenden Erfahrung gerade seiner Abwesenheit, die seine göttliche Identität ausmacht und verbürgt. Daran will Otto die ganz tiefe Beziehung des Dionysos zum Theater demonstrieren: In der Begegnung der Gläubigen mit der Maske verbirgt sich für ihn, was er das Grund-Mysterium des Theaters nennt, die Geschiedenheit nämlich des Schauspielers in Person und Rolle, die (seiner Ansicht nach:) im Augenblick der Darstellung zur Identität finden. Im dionysischen Paradox sieht er also das zum Theater gehörige Phänomen der Dopplung vorgeprägt, der (wiederum seiner Ansicht nach:) im Akt der Verkörperung eins werdenden Zweiheit von Szene und Handlung, von Schauspieler und Rolle.

Von der Theaterinstititution und den ihr zugehörigen Konventionen her betrachtet, nimmt sich das freilich ganz anders aus: Dort nämlich fungiert die Maske vorderhand als ein Darstellungsmittel zweiter Potenz; durch sie wird die mögliche Figur eines Textes bezeichnet, die nunmehr im abstrakten Raum einer betont ins Sichtbare gebrachten Fiktion zur Anschauung gebracht wird. Und dies – sieht man auf die Maske als Mittel der Vergegenwärtigung eines Anderen, als es der Maskenträger ist – bewirkt den grundlegenden Unterschied zwischen der Verwandlung, die sich an einem Maskentänzer vollzieht, und derjenigen, die durch den Schauspieler vollzogen wird. Die Maske des Ritus bringt die Starre der Ergriffenheit durch das Göttliche hervor: Vermittels der Identifikation des Menschen mit dem Gott, und das heißt gerade durch die darin gelegene Selbsterhöhung, vollzieht sich die radikale Selbstentfremdung – als Enteignung und Ersetzung des Selbst durch das ganz Andere, das Göttliche. Dagegen ist die notwendige Selbstentfremdung des Schauspielers eine in sich reflektierte: Sie hält den Abstand zwischen dem Selbst des Akteurs und der fremden Figur, welche er verkörpert, bewußt. Dies ist eine unabdingbare Voraussetzung dafür, daß ein Spiel wie das der Theaterinstitution zugehörige überhaupt zustande kommen kann – eben nicht:

die Manifestation des Anderen als Wirklichkeit, sondern: die Demonstration des Anderen als einer vorstellbaren Möglichkeit.[255]

Darüber hinaus, daß die Maske auf der Szene Darstellungsmittel ist, ein mögliches Anderes bezeichnet, ist sie deshalb aber auch als ausdrücklicher Hinweis auf die Grundwirklichkeit des Theaters zu verstehen. Im Theater besitzt die Maske zweifache Bezeichnungskraft, die zugleich der im Spiel bedeuteten Möglichkeit wie auch der Zweideutigkeit der Spielsituation selbst gilt. Die Theatermaske ist nicht bloßes Idol, in welchem, wie das Vernant als Folge einer durchaus komplizierten intellektuellen Operation beschrieben hat, ein – sozusagen auf erster, niederer Erfahrungsstufe – real Abwesendes, der Gott, mittels des wirkkräftigen Symbols – gewissermaßen auf zweiter, höherer Erfahrungsstufe – reale Anwesenheit gewinnt. Sie hat alle Spuren dessen, was man ihre Magie nennen mag, abgestreift: Die magische Funktion ist in ihr vielmehr in einer eigentümlichen, nämlich selbstbezüglichen Bedeutungskraft getilgt und aufgehoben. Dafür sorgt nun wieder der institutionelle Zusammenhang, in den die theatralische Darstellungsform eingebettet ist und der ihren spezifischen Zeichencharakter präformiert. Ihn übersieht die Phänomenologie W. F. Ottos, indem sie sich – entgegen ihrer auf unmittelbare Erfahrensbeteiligung abzielenden Absicht – bei der Betrachtung des Kultattributs gleichsam auf den Standpunkt des Museumsbesuchers von heute stellt. Denn solcher Phänomenologie ist die Maske allein als ein aus allen Gebrauchszusammenhängen herausgelöstes, von ihnen sorgfältig gereinigtes Artefakt »gegeben«.[256]

Dagegen ist darauf zu insistieren: Die Masken im Ritus und im Theater sind, institutionell betrachtet, in bestimmte, konventionell festliegende Gebrauchs- und damit von vornherein in je eigenartige Bedeutungszusammenhänge eingebunden, die ihre verschiedenartigen, und zwar: ihrem Sinn nach gegensätzlichen Bezeichnungspotentiale präformieren. Das zeigt sich vorzüglich darin, daß die Verfertigung der Masken im rituellen Kontext ein ausdrückliches Arkanum darstellt, das – bei Strafe des Verrats – im Bereich des Verborgenen bleiben mußte.[257] Das Verstecken des Gemachten, des Hergestellten – soweit es eben möglich ist – ist dem Kultprogramm bereits vom Rahmenwerk her eingeschrieben. Seiner Darstellungsform wohnt, wie zu verfolgen war, die Selbsttäuschung unverbrüchlich inne. Sie ist dort wirksam als Maßnahme für das im Ritus notwendige Kaschieren des »Dissimulierens«, das für die Gegenwärtigkeit, die ungeteilte Wirklichkeit des Ursprungsgeschehens zu sorgen hat. Dem entgegen steht aber, ihrer präzisen Intention nach, die Prozedur des *proagon*, die zu den festen Konventionen im Festablauf der Dionysien gehört. Ein paar Tage vor Festbeginn stellten sich in diesem vorbereitenden Treffen die Schauspieler in Person dem Publikum vor, und der Autor gab dabei ausführliche Auskünfte über sein Werk, das zur Aufführung gelangen sollte. Bei Aufführungsbeginn wußten die Zuschauer also bereits, um was es im Spiel gehen und zwischen welchen »Charakteren« es sich abspielen werde. Zugleich aber auch: wer die allen bekannten Bürger waren, die dieses Spiel vorführen würden.

Mit dem ersten Auftritt auf der *skene* präsentieren sich diese bekannten Akteure, so kann man also sagen, *in der* Maske, *als* Figur (in einer Zweideutigkeit, mit der die alte Komödie ausdrücklich zu spielen vermag – das gehört in der illusionszerstörenden »Einlage« der *parabase* zu ihren bleibenden Konventionen[258]). Woran man ermessen kann: Die dialektische Aktivität der Theatermaske besteht nicht etwa nur darin, daß sie in ein- und derselben Wendung sichtbar macht und verbirgt – das leistet das von Vernant interpretierte Idol ja auch und gerade, indem es den Gott in seiner Abwesenheit anwesend und dadurch ganz und gar wirklich sein läßt. Das surplus der Theatermaske besteht demgegenüber vielmehr darin, daß sie diese Wendung, dieses Zugleich ganz und gar präsent hält. Indem sie eine mögliche Figur bezeichnet, verdeckt sie in eins damit – und alle wissen es – den Akteur, welcher dergestalt – als verdeckter – auf der Bühne anwesend bleibt. Der zeremonielle Sinn dieser Maske besteht also darin, gleichsam die Grenze der sich im Raum der *skene* ereignenden Verwandlung zu markieren, ihr Nicht-Vollständiges zu betonen, die Dopplung von Figur und Spieler als Zweiheit in der Einheit – also: das Gegenteil des von Otto Behaupteten – eigens zu unterstreichen. Wenn der Ritus des Dionysos die Erfahrung des *Weltparadoxes* beinhaltet, welches den Gläubigen überwältigt und erfüllt, wenn darin der ganze Vorgang des Ritus besteht, dann muß – auf der Seite der Spieler wie der Zuschauer – das *Paradox des Theaters* eben schon verstanden sein, damit der Vorgang des Spiels überhaupt zustande kommen kann.[259] Dem hier vollzogenen Akt der Darstellung wie dem der Wahrnehmung muß das *Wissen* um das den Spielvorgang konstituierende Paradox – nämlich: die Dopplung in die Realität des Spiels und der im und durch das Spiel vergegenwärtigten Möglichkeit – zugrunde liegen. Allein durch solchen die Theaterkonvention betreffenden Sachverstand und die mit ihm verbundene Kennerschaft im einzelnen kann der Theatervorgang allererst als ganz spezifischer: eben als im Spiel, im Modus der Möglichkeit bedeutender Vorgang hergestellt und wahrgenommen werden. Indem sie die zwischen Rolle und Akteur, zwischen Möglichkeit und Wirklichkeit verlaufende Trennlinie bezeichnet, bekennt die szenische Maske die dem Theater eigene Paradoxie ausdrücklich ein, damit der szenische Vollzug als Spiel wahrgenommen werden kann. Das dem Theater innewohnende Paradox wird mithin ausdrücklich als der Schein *erfahrbar*, der hier vor aller Augen produziert wird und der sich vollends von der göttlichen Substanz gelöst hat. In dieser Paradoxie des *gemachten* Scheins, der gerade das andere der ihn produzierenden Wirklichkeit ist, der nämlich sein Geltungskriterium in der schieren Möglichkeit besitzt, eröffnet sich der neue religiöse Erfahrungsraum, den Vernant in der Entwicklungsgeschichte der griechischen Wahrnehmungsformen mit der Irritation des Dionysischen aufkommen sieht.

Der Ritus im Theater

Mit dem Gott verbunden, der in und mit dieser Verbindung freilich gegenüber seinen sonstigen Gestalten einen neuen Charakter gewinnt[260], bleibt dieser Schein göttlicher Schein – und als solcher Schein hat er Wirklichkeit geschaffen. Er hat betroffen, getroffen. Wie stark, das zeigt, was Aristoteles in der *Poetik* über die Wirkung der Tragödienaufführungen sagt: Sie, jedenfalls die gelungenen unter ihnen, haben bei den Zuschauern *eleos* und *phobos* hervorgerufen, Jammern und Schaudern als elementare Affektäußerungen. Weshalb auch wir uns bei dem Schein dieses Theaters nicht »ästhetisch« beruhigen dürfen. Als Schein der Kunst, als schöner Schein vermag er durchaus nicht genommen werden. Vielmehr erhebt sich sogleich die Frage: Was ist es, was im Schein dieses Theaters aufzuscheinen vermochte und was die Provokation für die *polis*-Bürger darstellte?

Angesprochen waren die zum Festbegängnis versammelten Zuschauer durch die Dramenaufführungen jedenfalls als *polis*-Bürger. Die Komödie tat das explizit und unmittelbar[261]; aber auch die Tragödie ist, auf dem Hintergrund der beschriebenen Entwicklungen betrachtet, nicht anders denkbar denn als politische »Kunst«. Das ist sie allein im Hinblick auf die Theater-Institution, besehen auf ihre festlichen Gelegenheiten, ihre topographische Verortung, die nur ihr eigene Bauanordnung und zu guter Letzt auch und gerade durch die Schrift, die entwickeltste Kulturtechnik, derentwegen das Drama einen ausgesprochenen »Fortschritt« darstellt gegenüber den an die Form der Oralität gebundenen Kunstformen. Durch die Nutzung der Schrift, die

Handlungen und Aufführungen in ihren Tiefenschichten organisiert, und indem sie das Oberflächengeschehen der *mythoi* in das mit ihr entstandene politisch-juridische Vokabular verwickelt, hat die Tragödie von Anfang an den Anschluß gefunden an jenes »zusammenhängende Ganze öffentlich verbreiteter Wahrheiten«, von dem Vernant als dem neuen Wissensraum der *polis* gesprochen hat. Als Institution steht das *theatron* von Beginn an im Gegensatz zu den kultischen *arkana*, zum Separatbereich der Familien- und Geschlechterriten. Alle Bürger versammeln sich hier, um alle Betreffendes zu schauen, zu vernehmen. Wobei, wie an der Festorganisation zu zeigen war, die Gesamtheit, die hier zusammengekommen ist, ausdrücklich das Ganze der *polis* repräsentiert. Zur Selbstverständigung darüber bietet die »Kunst«gattung des Theaters die adäquaten Mittel. Unverkennbar gehen sie konform mit den beschriebenen Entwicklungen der Distanzierung der alten Formen des Göttlichen. Ja, man kann sagen: Sie radikalisieren sie, ziehen ihre äußerste Konsequenz. Ihnen verbindet sich nämlich der Einspruch gegen den *Grund* der Autorität des Mythos, indem sie zunächst einmal dazu nötigen, die Frage nach den *Gründen* des in den mythischen Geschichten beschlossenen Geschehens aufzuwerfen. Das letzte Kriterium der Geltung eines Mythos, dessentwegen er bestimmte Lebenszusammenhänge und gesellschaftliche Einrichtungen auf einen (heiligen) Ursprung zurückzuführen und sie so in ihrer allgemeinen Verbindlichkeit zu legitimieren vermag, fällt ja geradezu in eins mit der Geschlossenheit und der Unveränderlichkeit seiner Form. Damit der Mythos Normen setzen und sichern kann, braucht es die Stereotypie der Erzählung und ihren Vollzug in festliegender, durch den Ritus sanktionierter Weise. So betrachtet, impliziert allein die in der Darstellungsart des Theaters beschlossene formale Innovation – wie Walter Benjamin resümiert hat, was das Erscheinen der Tragödie in der griechischen Kultur recht eigentlich bedeutet – eine »*tendenziöse* Umformung der Tradition«.[262] Denn unter diesem Aspekt gesehen, stellt der Moment, in dem sich das Theater der *mythoi* bemächtigt, einen einschneidenden Bruch dar mit dem Geltungsgrund des den Mythen eingeschriebenen »nomologischen Grundwissens«. Für das Theater kann die tradierte Geschichte ausschließlich als Rohstoff zählen, als Sujet, dessen traditionell feststehende Erzählbestandteile unter dem Diktat der ihm eigenen Dispositionszwänge anders angeordnet, neu und mit anderem verbunden werden müssen. Die Darstellungsformen des Theaters, die solche Veränderungen zwangsläufig mit sich brachten, mußten die Überlieferung dabei im Entscheidenden revidieren: Sie brachen nämlich zunächst in jedem Fall mit dem festen Erzähltext zugleich den ursprünglichen Sinnzusammenhang des Mythos auf.

Das geschieht allein kraft seiner eigenartigen, die *mythoi* in die Möglichkeitsform hinüberspielenden Mittel, welche die tradierten Geschichten sozusagen disponibel werden lassen für die Erörterung der Probleme des politischen Handelns. Allein von ihrer Formbestimmtheit her führt die Szene eben aktive Figuren vor Augen, die Motive für ihre Handlungen brauchen und (zu) haben (glauben), die darum zwangsläufig nach Stichhaltigkeit und Tauglichkeit zu befragen sind. Insofern destruiert sie den Erzähl- und Handlungs-Zusammenhang, als der sich der Mythos von seiner definitiv festliegenden Form her präsentiert, von Anfang an als einen vorgängigen Erklärungs-Zusammenhang. Auf der Szene gibt es keine den Figuren vor- und auf diese Weise übergeordneten Wirkinstanzen, wie sie in den autoritativen Erzählformen des Mythos impliziert sind. Alles muß vorab in den Handlungen der Handelnden gelegen sein; alle durch sie hindurch wirksame Notwendigkeit wird erst im nachhinein durch sie rekonstruierbar. Im Moment des Geschehens legt die Bühne den Konnex des Geschehens unwillkürlich in die verschiedenen Perspektiven auseinander, die die handelnden Figuren auf das Geschehen einnehmen, indem sie es nämlich durch ihr Handeln allererst konstituieren und dieses sich, vorderhand jedenfalls, allein durch ihre verschiedenen Handlungsmotive den Zuschauern erschließt. Auf der Szene agieren die Figuren in bestimmten Situationen, jetzt und hier, und auch sie sagen etwas über ihr Handeln, über ihre Motive aus – wenn diese etwa im Widerspruch stehen zur Lage der Dinge. Mag es sich, vom Ende her betrachtet, auch als Schein herausstellen, im szenischen Augenblick hängt das Geschehen im Theater ab von der Entscheidung derer, die in den dargestellten Handlungszusammenhang involviert sind, und notwendigerweise stellt sich die Frage nach richtig und falsch. Nolens volens belastet die Szene die Figuren dadurch mit der Verantwortlichkeit der zur Praxis Genötigten und Verpflichteten. Dergestalt vermag sie eben auch die aktuelle Lage der *polis* in den altbekannten Stoff hinüber- und die eigenen Probleme in ihm durchzuspielen, um auf diese Weise die Gegenwart mit der Überlieferung ins Benehmen zu setzen. Von dieser Seite her betrachtet, ist die Notwendigkeit unabweisbar, die Tragödie mit Geschichtswissenschaft und Soziologie als »politische Kunst« zu begreifen, und zwar als eine, die eine Balance zu schaffen sucht zwischen dem »nomologischen Grundwissen« der Tradition und den wechselnden Lagen der *polis*. Allein durch das Gewicht, das den

Handelnden und ihren Handlungen als den von der szenischen Form her in den Vordergrund gerückten *Themen* zukommt, allein weil sich dadurch im *mythos* zeitweilig ein Raum notwendiger Wahl zwischen Alternativen auftut (als wie trügerisch sich diese am Ende auch erweisen mag), gehört die Tragödie zu der in und mit der *polis* aufgekommenen »Kunstreligion«. Ihre wie deren »symbolisierende« Leistung erprobt sich von Aufführung zu Aufführung als »Kunst« der Balancierung von Widersprüchen und Konflikten, die im historischen Augenblick der Lage des Politischen zwischen Tradition und Neuerung entstanden waren.[263]

Andererseits macht gerade das Beispiel des Theaters der Tragödie auf die Grenzen aufmerksam, die der Integrationskraft des Symbols gesetzt sind – in einer Zeit, als sich Einheit und Größe von *polis* und Imperium eben nur noch im und durch das Symbol behaupten ließen. Das zeigt sich insonderheit im Blick auf die Konkurrenz von Tragödie und Philosophie vor dem Hintergrund der Herausbildung der *polis* und der aktuellen Lage, in die sie im »klassischen« Jahrhundert geraten sollte.[264] Aussagekräftig wird deren Konstellation gerade in beider Bezug auf die innen- und außenpolitische Krise, welche zur Zeit ihrer gemeinsamen Entstehung die einander verbundenen Formen des Religiösen und des Politischen erfaßt hatte. Auch die Philosophie läßt sich, wie das Theater, als ein Versuch der Lösung der politischen Krise begreifen, dem unverkennbar ein tief empfundenes Ungenügen am Staatskult zugrunde liegt. Nicht zuletzt aus ihm resultiert die unerbittliche Kritik der Philosophie an den *mythoi*, deren Stoff und die in ihm gelegenen Anstößigkeiten restlos überstiegen werden sollen. Das im radikalen Verwerfen der mythischen Geschichten und der mit ihnen verbundenen öffentlichen Kultformen ausgebildete »transzendentale Bewußtsein« der Philosophen – das hat Klaus Heinrich für diverse Zusammenhänge und unter wechselnden Aspekten aufgewiesen – ist in eins damit (und, politisch genommen, dem ersten Sinn nach) ein *technologisches* Bewußtsein.[265] Ihm geht es mit der Tilgung der *mythoi* und der aus ihnen hergeleiteten, ihre Monstrositäten besänftigenden symbolischen Verkörperungen um die Entmachtung der in den einzelnen Göttergestalten versinnlichten *timai* und *technai*, die im Pantheon der Staatsreligion koordiniert und dadurch in ihren je eigenen Rechten begrenzt, zugleich aber auch beglaubigt worden waren. Ersetzt werden sollen sie in den verschiedenen Entwürfen einer philosophischen Gegenreligion, in welchen Spielarten auch immer, durch den *einen* Gott, durch ein noetisches Prinzip in einer Sphäre des unveränderlich

Bleibenden, jenseits aller sinnlichen Verkörperung und unaufhörlichen Veränderung. Da sich diese intelligible *arche* allein dem reinen Denken erschließen und deshalb privilegierter Gegenstand eines alles Spezialistentum übersteigenden und es in sich zusammenfassenden Expertenwissens sein soll, bereitet die Philosophie von Beginn an, kulminierend in der Staatsutopie des Tragödienfeindes Platon, auch den Philosophen-König vor. Konsequent versucht die *Politeia* eine Neugründung des Staats in zentraler planerischer Organisation, in welcher allen Teilen die ihnen in hierarchischer Ordnung unverrückbar zukommenden Plätze zugewiesen sind und aus der die verderblichen, erschreckenden und passiv machenden *mythoi*, die Geschichten von »Göttern, Heroen, Dämonen und unterweltlichen Wesen«, endgültig verbannt sind.[266]

Auf diesem Hintergrund einer in der Geschichte des griechischen Denkens andauernden Mythenkritik, die in der Philosophie ihren Gipfel erreicht (und ihren politischen Sinn offenbart), scheint die Tragödie im Prozeß der »Entdeckung des Geistes« gegenüber den übrigen Kunstformen plötzlich in eigenartiger Weise anachronistisch.[267] Auf seltsame, seltsam verwickelte Weise geht das Theater gerade hinter die bisher in Griechenland entstandene (und die Philosophie vorbereitende) Dichtung zurück. Das zeigt sich am Verhältnis seiner Darstellungsform zu der des Ritus, insofern diese der des Theaters in unverlierbarer Weise nahesteht. Denn auch die Szene bleibt an den Modus der *Vergegenwärtigung* von Handlungen und an die Versinnlichung von Konflikten gebunden.[268] Ein der rituellen Darbietung des göttlichen Geschehens gegenüber zu konstatierender Fortschritt des Epos und der Lyrik hatte nun aber gerade darin bestanden, die Urzeit in den ihnen je eigenen Formen zu brechen und der Gegenwart zu entfernen. Auf diese Weise war das Band gelockert worden, das in archaischen Zeiten die *legomena*, die gesagten Dinge, an die *dromena*, die getanen Dinge gebunden hatte in der Wiederholung der Anfänge, des weltbegründenden Tuns der Götter. Bereits im Epos Homers war – gemäß den von Vernant beschriebenen Werdekräften der *polis* – die heilige Urwirklichkeit in die Distanz eines vergangenen Geschehens zurückgerückt und als ein Wechselspiel zwischen Göttern und Menschen vorgeführt worden, das in der Vorzeit sich abgespielt hat, zu Zeiten der versunkenen Helden. Die Lyrik, wie sie zu besonderen Gelegenheiten gesungen wurde, zu Hochzeiten etwa oder Siegerfesten, *erinnerte* an den Mythos, indem sie die Gegenwart dieser Hochzeit oder dieses Sieges in einen Bezug zu irgendeiner Götter- oder Heroenhochzeit, zu einem urzeitlichen Sieg setzte. Die Chöre sangen etwa hier und jetzt auf einen Sieger und behandelten ein mythisches Exempel, mit dem das Lied die Gegenwart verglich, als deren Analogon: Verglichenes und Vergleich blieben da, bei allem zwischen ihnen gestifteten Bezug, doch deutlich voneinander unterschieden. Demgegenüber präsentiert das Theater – wie Aristoteles das ausgedrückt hat – die Handelnden »in ihren Handlungen«, vollzieht sich das Geschehen der Tragödie also in strikter Gegenwärtigkeit. Auf der Szene wurden die *mythoi* wieder unmittelbar präsent. In der Gegenwart, die die Tragödie schuf, tauchte samt den Stoffen, die in ihr Aktualität gewannen, die Wirklichkeit der *mythoi* in gewisser Weise ganz unmittelbar wieder auf – als Revokation der Urwirklichkeit.[269] Diese Wirklichkeit gewinnt in den Geschichten der Tragiker also eine ganz eigenartige Präsenz, sie wird – das kann man den Überlegungen des Aristoteles zu *eleos*, *phobos*, zur *katharsis* entnehmen – in diesem Theater bezwingend nahe. Indem die Trgödie so an der Vergegenwärtigung der *mythoi* festhält, tut sich aber die Doppelbödigkeit des dem Theater eigenen Ästhetischen auf: Denn der Modus des Auftauchens dieser Urwirklichkeit ist signifikant; sie wird hier revoziert im Gewande der *Möglichkeit* einer Geschichte, gekleidet in den *Schein* der Gegenwart. Den damit verbundenen Effekt mag man der Umdrehung des Gedankens entnehmen: Einerseits verwandelt das Theater die Realität, das Hier und Jetzt, in Möglichkeit und Schein. Andererseits scheint, kategorial genommen, in diesem Schein des Theaters – seine Unmittelbarkeit sorgt dafür – absolute *und* buchstäbliche Realität auf.

Gerade durch solche vielfach vermittelte, reflektierte Vergegenwärtigung im Medium des bezeichnenden Scheins liegt nun ein weiterer und: der entscheidende, weil mächtige Angriff der neuen Form, Geschichten zu erzählen, gegen die normative Kraft des Mythos. Mächtig ist er, weil er eben an die alten Geschichten und damit an die Verkörperungen des Konfliktgeschehens gebunden bleibt, die zur Entstehung der *polis* geführt hatten und in ihr virulent geblieben waren. Aus dem »Verismus« der *mythoi*[270] wächst dem Theater sein besonderer Realismus zu, dessentwegen es letzten Endes erst Einspruch zu erheben vermag gegen die Ausschließlichkeit der *Geltungsansprüche* des Mythos. Eben dies bleibt den Darstellungs- und Denkformen der literarischen »Künste« ebenso verwehrt wie der Philosophie, die in je verschiedenen Formen der Distanzierung und Transgression des Mythos seine normative Kraft nicht anfechten (können). Zwar nehmen die alten Geschichten in den Epen literarische und damit in gewisser Weise zugleich historische Form an. Aber immer noch gilt: Auch die im Epos distanzierte Geschichte behält ihre Autorität, insofern das Lied des Sängers objektiv von Objektivem berichtet, von der Gründung der Welt durch die Götter und Halbgötter und von der seitdem bestehenden Weltordnung, die ewig ist und ewig akzeptiert werden muß. Es ist die eine, unveränderliche Perspektive des Berichtenden, die von solcher Objektivität zeugt: So war es und so gilt es – das sagt Homer, das sagen die Rhapsoden, wenn sie, wieder und wieder, von den anfänglichen Ereignissen erzählen.[271] Die *mythoi* in den Epen (wie in der Lyrik[272]) behaupten weiterhin den Anspruch einer verpflichtenden Mächtigkeit des Mythos, insofern sie noch immer *paradeigmata* darstellen, unbezweifelbare Musterbilder für alle Gegenwart. Die Philosophie aber, welche die *mythoi* ganz und gar hinter sich zu lassen und damit (aus Denken und Staat) zu verdrängen sucht, bleibt gerade darin dem Mythos im Endeffekt restlos verfallen. Im Übersteigen der *mythoi* kann die Philosophie den mythischen Zwang eben nicht brechen, als nur gedanklich aufgeklärter kehrt er im Denken wieder. Auch dies hat die Religionsphilosophie Klaus Heinrichs an zahlreichen Beispielen demonstriert und erhärtet: Die auf eine letztbegründende Ursache zielenden Denkweisen der Philosophen *reproduzieren* in ihrer Logik die mythischen Zwänge. Ungebrochene Ursprungsmythologie setzt sich in ihnen als ein Schema durch, dem sie weiterhin zu folgen gezwungen sind. Indem sie einen Versuch der Verdrängung und Ersetzung des Mythos darstellen, wirkt der Mythos in ihnen fort in Form einer machtvollen Wiederkehr des Verdrängten.[273]

Nun kann man im Aufgreifen der Erwägungen zu der der ursprungsmythologischen Geisteslage innewohnenden Antinomie des »Herkommens vom Ursprung« (zwischen aus ihm Entlassensein und an ihn Gebundenbleiben) sagen: Im Gegensatz zum Ritus, welcher ihn zu überspielen sucht, zugleich aber im Gegensatz zur Philosophie, welche das Genealogisieren als logische Form gleichsam verinnerlicht hat, »dramatisiert« die Tragödie gerade den *Bruch* mit den Ursprüngen. Wobei sie den *mythoi* einerseits im tiefsten verbunden bleibt – und durchaus nicht nur vom Stofflichen her. W. F. Ottos Beobachtung, nach welcher das Tragische vor der Tragödie liegt, läßt sich sinnfällig bestätigen: Die »tragische« Struktur, welche die Texte in den überlieferten Stoffen herausarbeiten, modelliert nämlich gleichsam die bereits dem Heroenmythos eingeschriebene Grundfigur und rückt sie damit explizit in den Fokus der Bedeutsamkeit des szenischen Geschehens. Die Mechanik, die es dirigiert, muß an jedem Tragödienschluß unvermeidlich auffallen: Der Held, der vermeint, die Gewalt des Ursprungs gebrochen zu haben, wird vom Zwang des Ursprungs eingeholt – und zerbricht an ihm. Sein Handeln steht unter dem Bann der Wiederholung, und diese Figur der Wiederholung verdeutlicht das szenische Geschehen, indem sie ihm nunmehr den Charakter eines allen menschlichen *Handlungen* unterliegenden Modells zuschreibt. Die Lösungen, welche einzelne Tragödien diesem Modell in einzelnen Krisen-Situationen der *polis* abzugewinnen suchen, liegen jenseits seiner Geltung, die sie nicht in Frage stellen. Deswegen bleiben sie allesamt – mustergültig im Fall des *König Ödipus* – Mysterienlösungen (und sie beanspruchen, hier liegt ihr programmatischer Widerspruch zur Philosophie, auch nicht, mehr – oder eben nicht weniger – zu sein).[274] Im Zusammenhang mit der szenischen Vergegenwärtigung des Geschehens, dessen Notwendigkeit sich am Ende erweist, nachdem es durch einen Handlungszusammenhang hindurch zustande gekommen ist, verleiht das Theater dem Schicksal, indem es die Mächtigkeit des Ursprungsgeschehens auf diese Art bestätigt, freilich eine tiefe Fragwürdigkeit. Den von den Göttern gestifteten Zusammenhängen, von denen Epos und Lyrik aus feststehender auktorialer Perspektive berichten und welche das sich autonom setzende Denken der Philosophen als Denkzwang auch wieder einholen, setzt der Gegenwartsmodus der Szene – das ist die andere Seite der szenischen Präsenz des Geschehens als Handlungszusammenhang – nämlich den Anblick des Menschen entgegen, der in diese Zusammenhänge verstrickt ist und – wenn sich seine Anstrengung, das Schicksal zu brechen, als Illusion herausgestellt hat – ihre Auswirkungen zu *erleiden* hat.[275] Im Akt der Vergegenwärtigung rückt die Szene das Subjekt vor Augen, dem in seinen und gegen seine Handlungen das Geschick zustößt, an dessen Notwendigkeit es zerschellt. Diese Notwendigkeit wird aber im Zusammenstoß mit den sich gegen sie erhebenden und im unvermeidlichen Scheitern an ihr leidenden Menschen angezweifelt, insofern sie nun deutbar wird als *Terror* der göttlichen Weltordnung.

Im Anschluß an Hegel ist, geschichtsphilosophisch betrachtet, zu Recht darauf hingewiesen worden, was die Tragödie – als absolute Form, als Form nämlich der Selbstvorstellung des Geistes im Geschichtsprozeß genommen – bedeutet: Indem die Szene den Untergang des Menschen *vergegenwärtigt*, der sich in immer neuer und immer vergeblicher Anstrengung gegen den Verhängnis-Zusammenhang der Welt zur Wehr setzt, vermag sich das Subjekt gerade im Leiden an der durch die Götter gestifteten Weltordnung zum ersten Mal als selbständig zu erfahren und sich aus den Verstrickungen der Schuld-

und Schicksalszusammenhänge, von denen die mythische Geschichte Bericht gibt, zwar nicht zu befreien, immerhin aber: sich in ihnen zu artikulieren und damit: sich in ihnen im stummen Protest zu erheben. Im Untergang des einzelnen entpuppt sich – in geschichtsphilosophischer Perspektive genommen – der Schein des Theaters in seiner *Positivität*: als Ausdruck nämlich einer »nachsittlichen«, einer »inneren Subjektivität« und insoweit als Vorschein eines Autonomieanspruchs des Individuums.[276]

Im historischen Augenblick der griechischen Tragödie wird nun aber gerade der »ästhetische« Charakter des Theaters auf andere Weise sprechend. Jenseits von (struktur-funktionaler) Soziologie, Geschichtswissenschaft und -philosophie ist der »strukturalistischen« Sicht ihr Recht einzuräumen, nach der das Theater seine zeitgenössische Wirkungskraft in der *Negativität* seines Scheins besaß. Als (intentionsloser) Ausdruck nämlich der Krise einer Kultur, die auf der Bühne – im Gewande eines ihr scheinbar konstitutiv Fremden[277] – mit den eigenen, von ihr nicht integrierbaren Konflikten konfrontiert und so von ihren Grundfesten her zum Einsturz gebracht wird.[278] Indem die Szene durch die besondere Art ihres *mythologein* die tradierten Geschichten umformt und dadurch die Autorität des Mythos erschüttert, löst sie zugleich die in ihm enthaltenen Ordnungsvorstellungen auf: Sie negiert die Grenzziehungen zwischen Gott, Mensch und Tier, zwischen Kultur und Natur, welche im System des Mythos die Ordnung der Zivilisation begründen, sie konfundiert die Gegensätze, mit welchen der Mythos operiert und vereinigt die Polaritäten, durch welche er ein Bild der Welt »konzipiert«.[279] Dies alles gelingt, weil der Mythos innerhalb dieser Kultur – aufgrund der in ihrem Zustandekommen wirksamen Realabstraktion – Symbol geworden ist für die Entstehung der Weltordnung. In der Tragödie wird die mythische Geschichte also zugleich zur Bezeichnungsform eines Symbols, in dem sich die Ordnung des Kosmos artikuliert findet, welche auch die *polis* umfaßt und trägt.

In diesem Zusammenhang bewirkt nun die unverlierbare Verwandtschaft und der darin zutage tretende Gegensatz von Ritus und Szene Entscheidendes. Wenn die Tragödie nicht nur eine neue Form ist, den *mythos* zu erzählen, sondern: wenn in der und durch die Neuheit der Form der im Kultzusammenhang begründete Mythos zum Gegenstand gemacht wird und *Aussagen nunmehr über ihn* getroffen werden, dann wird in eins damit eben auch der Ritus als Handlungsform thematisch. Mit der Wendung aus Jan Kotts Tragödienbuch[280] gesagt, die er am Beispiel der *Bakchen* des Euripides erhärtet, die ja als ganze den urtümlichsten dionysischen Ritus darstellen: In der neuen Form des Theaters werden eben die Bezeichnungsweisen des Kults, der Zusammenhang von Riten und Mythen, zum Bezeichneten; die Kultsignifikanten werden auf der Bühne zu Signifikaten einer kohärenten und komplex gefügten Handlung. Das Theater, neben dem, was es an neuen, politischen Bedeutungen hervorbringt, ist und bleibt, semiologisch gesprochen, eine Weise des Bezeichnens des Ritus, mithin der (von dem Cambridgern so genannten) »Primitivität«, und zwar derjenigen, die in aller Zivilisation, in aller Kultur überdauert hat – nicht etwa als (abgelebtes) *survival*, sondern als arbeitendes Strukturmoment, das in ihr hoch wichtig bleibt, insofern es noch die *polis* will begründen können. Hierin gewinnen die vielfältig angestellten Beobachtungen über die wichtige Rolle von Ritual und Opfer in der Tragödie ihre besondere Signifikanz.[281] Man mißversteht sie, liest man sie als Hinweis auf die »primitiven Wurzeln« der Tragödie und damit auf die »Primitivität« des Theaters. Ihre Wichtigkeit erweist sich vielmehr erst in »synchronischer« Hinsicht: indem die Tragödie in der Form des in ihr und durch sie »pervertierten Opfers«, des »pervertierten Rituals«[282] gerade die »primitive« Motorik der Zivilisation vor Augen stellt. Wenn das Opferritual im Kult in der Form des Imaginären die kulturschaffenden und -tragenden Trennungen begründet: Götter- und Menschenwelt voneinander abgrenzt, wilde Gewalt von zivilisiertem, zivilisationsbegründendem und somit heiligem Tun scheidet und dabei den (opfernden) Menschen vom (geopferten) Tier trennt, so hebt die Tragödie auch solche Trennungen auf. Und sie weist damit auf eine entscheidende, diesen Differenzierungen zugrundeliegende Dichotomie hin: auf die zwischen wirklichem Tun und dessen symbolischer Strukturierung.

Unter diesem Gesichtspunkt hat der französische Literaturwissenschaftler René Girard eine ernst zu nehmende Korrektur an der strukturalistischen Ethnologie (der Antike) angebracht. Im gleichen Jahr, in dem Walter Burkert auf die fundamentale Rolle der Gewalt für das Funktionieren des Opferrituals hingewiesen hat, lenkte auch er die Aufmerksamkeit auf die enge Beziehung zwischen dem »Heiligen und der Gewalt«, insoweit sie sich als Ausfluß eines gesellschaftlichen Problems beschreiben läßt.[283] Ohne Gewaltmonopol, ohne codifiziertes Recht und organisierte Exekutive findet sich – so folgt aus Girards Anthropologie der menschlichen Aggressivität[284] – die Gesellschaft der Allgegenwart der Gewalt konfrontiert, als einer Gewalt aller gegen alle.

Solcher Unterschiedslosigkeit setzen die Klassifikationssysteme der Kultur, darunter, am wichtigsten, die Mythen, die Trennungen entgegen, in welchen die Normen für ein Überleben der Gemeinschaft begründet sind.[285] Da es sich aber eben um *solch* grundlegende Unterschiedslosigkeit handelt, um die Indifferenz der Gewalt nämlich, gegen welche sich die Gesellschaft in elementarer Weise zu schützen hat, steht am Beginn jedes Wertsystems die eine, entscheidende, differenzierende *Tat*: ein Ur-Opfer als ein Gründungsopfer, das, soll es wirksam sein, in einem real vollzogenen Kollektivmord bestehen muß. Begangen wird er an einem Objekt, das alle in der Gesellschaft vorhandene, frei flottierende Gewalt bündelt und restlos auf sich zieht. Auf dieses reale, »versöhnende« Opfer, das in Stellvertretung für die Gemeinschaft vonstatten geht, bezieht sich jeder Ritus, der deshalb insofern mimetisch ist – als er nichts anderes beinhaltet denn die Nachahmung des ersten, versöhnenden Opfers. Der Ritus ist dieser Definition zufolge die »mimesis eines kollektiven Gründungsmords«[286], in dem jedes darin involvierte Opfer das Substitut des ersten Opfers ist, das – ein Mitglied der Gemeinschaft selbst[287] – dieser Gemeinschaft unmittelbar – und real – dargebracht worden ist. Die Gewalt gegen das versöhnende Opfer ist insofern die Gründungsgewalt, die am Ursprung aller Differenzen, damit der Ordnung, damit der Kultur steht. Sie ist »der Ursprung dessen, was zum Wertverhalten des Menschen gehört und was zu bewahren ihnen am meisten am Herzen liegt«.[288]

Wenn der Ritus also dazu da ist, die aus der menschlichen Triebstruktur resultierende Gewalttätigkeit zugleich zu befriedigen und zu kanalisieren, hat er einen schwierigen Balanceakt zu vollziehen. Die Gewalt hat real zu sein und zugleich als »gute« Gewalt zu erscheinen. Wodurch die Verschiebung vom versöhnenden Opfer auf sein Substitut notwendigerweise die Verkennung dieser Verschiebung in sich bergen muß, ohne daß aber der Zusammenhang zwischen beiden vollends vergessen werden darf: »Indem sie sich nachhaltig dem dargebrachten Opfer zuwendet, verliert die Gewalt das ursprünglich anvisierte Opfer aus dem Blickfeld. Die Opferstellvertretung ist mit einer gewissen Verkennung verbunden. Solange der Opferkult lebendig ist, kann die Opferung die Verschiebung, auf der sie beruht, nicht offenkundig machen. Sie darf weder das ursprüngliche Objekt noch die Verlagerung von diesem Objekt auf das tatsächlich dargebrachte Opfer gänzlich vergessen machen, denn sonst gäbe es keine Stellvertretung mehr und das Opfer würde seiner Wirksamkeit verlustig gehen.«[289] Der »Sündenbock« ist ein Effekt der Ablenkbarkeit der Gewalt von einem eigentlich gemeinten auf ein diesem vorgeschobenes Objekt – ein erster Stellvertreter, der wiederum in jedem Opfer des Ritus sein Substitut findet.[290] Gemeint ist deshalb mit jedem Tieropfer das erste Opfer – und damit: ein Mensch. Das Wissen um solche Ambiguität, die eben auch der zivilisierten »Opferküche« zugrunde liegt und für die Wirksamkeit des Rituals konstitutiv ist, ist, so Girard, auf symbolischer Ebene allen Riten und Mythen eingeschrieben. Es funktioniert darin »textimmanent« und findet seinen Niederschlag in einem in Symbolen sprechenden Idiom der Verschleierung, das sich aber durch gewisse Stereotypen, welche die ursprüngliche Opferselektion nachahmen, seiner Ernsthaftigkeit und Effektivität vergewissert (und sich damit gleichsam auch selbst verrät).[291] Insofern fungieren Mythos und Ritual, dem Bewußtsein gegenüber, als verdeckende Formen, als Formen der Verkennung des wirklichen Tuns, die freilich notwendig sind, damit der Opferkult die Differenzen zwischen der schrecklichen, zerstörerischen und der heilsamen, friedensstiftenden Gewalt aufrecht zu erhalten vermag.[292] Das heißt aber: Es gibt für alle unterschiedlichen Formen des Opfers »einen gemeinsamen Nenner der Opferwirksamkeit«: »Dieser Nenner ist die immanente Gewalt«[293], welche – durch die verschiedenen Formen der »Opfertheologie« sanktioniert – in den Status des Heiligen versetzt werden kann, ohne darum aufhören zu müssen, reale Gewalt zu sein.

Vor diesem Hintergrund versucht Girard im historischen Augenblick der *polis* gleichsam die tragische Inspiration zu fassen zu bekommen. Sie ist durchaus nicht kongruent mit der Intention, im Mysterienspiel öffentlich verbindliche Lösungen anzubieten für die Krise der Gesellschaft. Vielmehr spiegelt die Tragödie die ihr zugrundeliegende »*Krise des Opferkults*« selbst wider, wie sie zur Zeit ihrer Entstehung virulent geworden war – als ihr intensivster *Ausdruck*: »Die *Krise des Opferkultes* ist ... als die *Krise der Unterschiede* zu definieren und damit als Krise der kulturellen Ordnung insgesamt.«[294] Die tragischen Formen *bedeuten*, *bezeichnen* die Aufhebung der Unterschiede, die der Mythos »opfertheologisch« begründet und an deren Stabilisierung dem Ritus gelegen ist. Statt der Trennung der Positionen in einem symbolisch strukturierten Wertesystem stellen sie deren Gleichberechtigung und ihre Symmetrie her. Entdifferenzierung aber ist, von der Basis her genommen, von der her wertesetzende Differenzen schlußendlich notwendig werden, als Aggressivität zu denken – die Krise der Unterschiede bedeutet die Auflösung der (differenzierenden) Strukturen in gegenseitige Gewalt. Damit rührt die Tragödie an die Realität des

Mechanismus menschlicher Gewalttätigkeit, veranschaulicht in den Formen, in denen sie das Geschehen darbietet, die Reziprozität, die Wechselseitigkeit des gewalttätigen Verlangens.[295] In ihr wird die Krise des Religiösen, die unmittelbar zusammenfällt mit der Krise der Gesellschaft, zum »dramatischen« Ereignis, und sie hält stets bewußt, daß diese Krise nicht nur die Existenz von Individuen, sondern im tiefsten und letzten die Gemeinschaft in ihrer Existenz betrifft.[296] Als Bezeichnungsform des Mythos rückt die Szene den Mechanismus des Zustandekommens der durch ihn geschaffenen Ordnung vor Augen, indem sie zugleich deren imaginären Rechtfertigungsgrund außer Kraft setzt: »Wenn die Tragödie eine besondere Affinität zum Mythos aufweist, dann heißt das nicht, daß sie in die gleiche Richtung geht. Im Zusammenhang mit der tragischen Kunst sollte man nicht von Symbolik, sondern von Entsymbolisierung sprechen.«[297]

Weshalb die Szene als Bezeichnungsform des Ritus innerhalb der absoluten Realität der im *mythos* bezeichneten Urwirklichkeit eben auch die buchstäbliche Realität hervorspielt, welche der Ritus in seinem Ordnungsschaffen zu überspielen sucht. Die »Perversion«, der sie das Ritual unterzieht, nimmt auch die Stellvertretung zurück, um welche der Ritus zugleich weiß und, mythologisch gedeutet, nicht wissen darf. Das im Theater dargestellte Opferritual betrifft den Menschen, der in ihr an Stelle des Opfertiers fällt.[298] So reißt der Tragiker das »Geheimnis des Opfers« aus seiner theologischen Verhüllung heraus.[299] Der untrennbare Zusammenhang von Religiösem und Politischem innerhalb dieser Kultur erhält dadurch eine besondere Akzentsetzung. Als eine die rituelle Praxis betreffende Aussageform rührt das Theater an den sozialen Grund des Religiösen. Einerseits spricht das Theater der Tragödie, Mitgift der mythischen Geschichten, vom Schicksal als vom Schicksal menschlichen Handelns. Von ihm *erzählt* es als von einem Scheitern des heroischen Aufbäumens dagegen, und zwar – Konsequenz des *mythologein* – in ständiger Wiederholung solchen Aufbäumens und solchen Scheiterns. Darin liegt ein erstes Moment, das man schicksalskritisch nennen mag: Ohne es anzuzweifeln, macht die Tragödie durch die Insistenz des Erzählens, welche sich in der permanenten Wiederholung zu erkennen gibt, zugleich auch aufmerksam auf die *Differenz* in der Wiederholung. Auf diese Weise zeigt sie das Schicksal wirksam in einer ans Handeln gebundenen, geschichtlichen Dimension.[300] Andererseits – als Bezeichnungsform des Opferhandelns – läßt die Tragödie den Ritus auf seine Willkür hin durchsichtig werden. Im Theater wird das religiöse Tun als gesellschaftliches Handeln beschreibbar, und zwar: als eines, das sich selbst verkennt und auf diese Weise dem Schicksal in die Hände spielt. Wenn das Theater in und mit seinen Geschichten die Notwendigkeit des Weltzusammenhangs bestätigt im neuerlichen und neuerlichen Scheitern des neuerlich und neuerlich unternommenen Anrennens der Menschen dagegen, so enthält es dadurch die einzig wirksame Form einer Anzweiflung des Schicksals.[301] Kritik am Schicksal nämlich, das sich die Menschen antun, indem sie dem Verhängniszusammenhang der Welt zu entsprechen und ihn bedingungslos zu reproduzieren suchen. Als ästhetische Form ist das Theater der Tragödie eine Form des *Wissens* um die Wahrheit des Opferhandelns.

Anmerkungen

1 Vernant schreibt dazu: »Funktionalismus und Symbolismus erscheinen ... in ihrer Gegensätzlichkeit wie zwei Seiten einer Medaille, jeder der beiden Ansätze übersieht oder verbirgt jeweils das, was der andere erkennt und beschreibt.« (J.-P. Vernant: *Der Mythos*, in: Ders.: *Mythos und Gesellschaft im alten Griechenland*, Frankfurt am Main. 1987, S. 223)

2 Die Versuche, innere Beziehungen zur philosophischen Phänomenologie aufzuweisen, müssen als recht ergebnislos betrachtet werden. Zu verschiedenartig sind die hier zusammengefaßten Angänge an die Religion, zu unsystematisch ihre Theorien. Über die Feststellung gewisser Ähnlichkeiten mit der Philosophie wird man also kaum herauskommen können. Möglichkeiten und Grenzen der Vergleichbarkeit von philosophischer Phänomenologie und Religionsphänomenologie legt dar: R. Schaeffler: *Religionsphilosophie*. Freiburg, München [2]1997, S. 105ff.

3 Rudolf Otto: *Das Heilige. Über das Irrationale in der Idee des Göttlichen und sein Verhältnis zum Rationalen*. Breslau 1917. Zu den »wissenschaftsexternen« Intentionen Ottos und zum Einfluß der Erfahrungen des Ersten Weltkriegs auf die Konzeption seines Buches vgl. Gregory D. Alles: *Rudolf Otto*, in: A. Michaels (Hrsg.): *Klassiker der Religionswissenschaft. Von Friedrich Schleiermacher bis Mircea Eliade*. München 1997, S. 203f.; S. 206.

4 Ausdrücklicher Kritik unterzieht Otto die animistisch-evolutionistische Theorie zuerst in seiner Rezension des zweiten Bandes von Wilhelm Wundts *Völkerpsychologie*; wiederabgedruckt in: C. Colpe (Hrsg.): *Die Diskussion um das ›Heilige‹*. Darmstadt 1977 (= Wege der Forschung Band 305), S. 257ff.

5 So der Religionshistoriker Mircea Eliade in seiner konzisen Zusammenfassung von Ottos Gedankengang (*Das Heilige und das Profane. Vom Wesen des Religiösen*. Hamburg 1957, S. 7): »Das Heilige manifestiert sich immer als eine Realität, die von ganz anderer Art ist als die ›natürlichen‹ Realitäten. Zwar bringt die Sprache das *tremendum* oder die *majestas* oder das *mysterium fascinans* in Worte, die dem Bereich der Natur oder dem profanen Geistesleben des Menschen entlehnt sind, aber diese analogisierende Ausdrucksweise entspringt eben der Unfähigkeit, das *ganz andere* zu benennen: die Sprache ist darauf angewiesen, alles, was über die normale menschliche Erfahrung hinausgeht, in Worte zu kleiden, die dieser normalen Erfahrung entstammen.«

6 Die verschiedenen Artikulationsformen der Erfahrung des Heiligen in den einzelnen Religionen sucht Otto in deren jeweiligem »Sondergeist« zu erfassen, der auf dem Wege der »Religionsmessung« als ihr »Feingehalt« zu beschreiben sei; vgl. dazu C. Colpe: *Die wissenschaftliche Beschäftigung mit ›dem Heiligen‹ und ›das Heilige heute‹*, in: D. Kamper/Chr. Wulf (Hrsg.): *Das Heilige. Seine Spur in der Moderne*. Frankfurt am Main 1987, S. 33ff.

7 Eine solch klare terminologische Trennung zwischen Mythos, Ritual und Kult findet sich konsequent durchgeführt etwa bei dem schwedischen Religionshistoriker Geo Wildgren (*Religionsphänomenologie*. Berlin 1969). Der Sache nach unterscheiden die meisten Religionsphänomenologen aber in dieser Weise. Auch wenn etwa W. F. Otto nur von Mythos und Kultus des Dionysos spricht, meint er mit dem letzteren Begriff aber eben den Zusammenhang von Mythos und Ritual.

8 Der Symbolismus der Religionsphänomenologie wird im übrigen durchaus nicht von Rudolf Otto inauguriert; er erwächst vielmehr – im Gegenteil – aus der Kritik

seiner These, das »Numinose« sei allem Menschlichen »inkommensurabel«. Strikt genommen wäre es dann das Unerfahrbare an sich. Symbole vermitteln demgegenüber zwischen dem Heiligen und der menschlichen Erfahrung: Anders als bei Zeichen handelt es sich um der Erfahrung zugängliche natürliche Elemente, die in irgendeiner Weise am Heiligen teilhaben. Vgl. dazu G. D. Alles: *Rudolf Otto*, in: A. Michaels (Hrsg.): *Klassiker der Religionswissenschaft. Von Friedrich Schleiermacher bis Mircea Eliade*, a.a.O., S. 210. Zum Begriff *tautegorisch* vgl. Teil I: *Zur Wirkungsgeschichte des antiken Theaters – Orientalisierung der Antike*, Anm. 80.

9 An dieser Stelle wird zum ersten Mal eine Affinität dieses religionswissenschaftlichen Ansatzes mit dem »Strukturalismus« von Claude Lévi-Strauss auffällig. Folgender kleiner Passus aus seiner Analyse des Ödipus-Mythos zeigt, daß der sich sein Problem, grundsätzlich genommen, durchaus ähnlich stellt. Da heißt es: »Den Mythos mit der Sprache vergleichen, hilft gar nichts: Der Mythos ist ein Bestandteil der Sprache; durch die Sprache ist er uns bekannt, er hängt mit der Rede zusammen. Wollen wir uns über die spezifischen Merkmale des mythischen Denkens Rechenschaft geben, so müssen wir verifizieren, daß der Mythos gleichzeitig in der Sprache und jenseits der Sprache ist.« (Claude Lévi-Strauss: *Die Struktur der Mythen*, in: Ders.: *Strukturale Anthropologie*. Frankfurt am Main 1967, S. 229). Ein wenig später heißt es: »Die Substanz des Mythos liegt weder im Stil noch in der Erzählweise oder der Syntax, sondern in der Geschichte, die darin erzählt wird. Der Mythos ist Sprache; aber eine Sprache, die auf einem sehr hohen Niveau arbeitet, wo der Sinn, wenn man so sagen darf, sich vom Sprachuntergrund ablöst, auf dem er anfänglich lag.« (ebd., S. 231). Wo die Religionsphänomenologen durchaus noch auf herkömmlich hermeneutische Weise vorgehen, entwickelt der Begründer des »Strukturalismus« in der Anthropologie denn aber ein ungleich subtileres Instrumentarium der Mythen-Analyse, und er faßt seinen Untersuchungsgegenstand und die mit ihm verbundenen Schwierigkeiten auch weitaus differenzierter als die Dionysos-Forscher. Vgl. Anm. 78

10 Walter F. Otto: *Die Götter Griechenlands. Das Bild des Göttlichen im Spiegel des griechischen Geistes*. Frankfurt am Main 1929. Walter F. Otto: *Dionysos. Mythos und Kultus*. Frankfurt am Main 1933.

11 Mit dem Aufweis solch innerer Übereinstimmungen im »Entwicklungsbegriff« zwischen den Anthropologen und ihrem scharfen Kritiker Wilamowitz eröffnet W.F. Otto sein Dionysos-Buch (W. F. Otto: *Dionysos. Mythos und Kultus*, a.a.O., S. 11).

12 Rudolf Ottos Begriff der göttlichen Offenbarung sei psychologischer Art: »Nur der seelischen Erfahrung, also einem durchaus mystischen Erleben, offenbart sie sich unmittelbar.« Dagegen wird eingewendet: »Was dem Menschengeschlechte in Epiphanien entgegentritt, ist nicht eine durchaus unerkennbare und unanschauliche, nur die weltfremde Seele erschütternde Wesenheit, sondern die Welt selbst als göttliche Gestalt, als Fülle göttlicher Gestaltungen.« (ebenda, S. 33)

13 Dieser Konnex dokumentiert sich in einer personellen Konstellation an der Frankfurter Universität, der Zusammenarbeit von Völkerkundlern, Orientalisten, Gräzisten und Religionswissenschaftlern, für die zuerst (die erst nach dem Zweiten Weltkrieg auf einen anderen Arbeitszusammenhang übertragene) Bezeichnung einer »Frankfurter Schule« gefunden wurde. Ihre dem Evolutionismus widerstreitenden völkerkundlichen Prämissen sind in der Kulturtheorie des Vorstands des Frankfurter »Forschungsinstituts für Kulturmorphologie« (IfK), Leo

Frobenius, formuliert. Hier wird davon ausgegangen, daß die Kulturen der Weltgeschichte jeweils ein gegeneinander abgegrenztes, in sich geschlossenes Ganzes bilden, einen »Organismus«, vergleichbar biologischen Gebilden. Wie diese, so macht auch jede Kultur die charakteristische Entwicklung aller Organismen durch, von Geburt, Reife und Tod. Um das innere Wesen des individuellen Gebildes und damit sein principium individuationis selbst zu verstehen, führt Frobenius die Lehre vom *paideuma* ein, durch welches ein kulturelles Gesamtgefüge und die Mitglieder dieser Kultur eng zusammenhängen. Es bildet eine diesen *übergeordnete* Gesamtheit von Werten, Normen, Verhaltensweisen, Sitten, Berufspraktiken etc., die der Völkerkundler als eine in sich geschlossene Einheit und das heißt eben nur in der Bezüglichkeit all der in ihr beschlossenen Elemente aufeinander zu studieren vermag. Insofern die jeweilige Kultur durch ihr *paideuma* einen immanenten Verweisungszusammenhang aller für sie wesentlichen Merkmale bildet, ist dem Völkerkundler die Vorgehensweise der Evolutionsten ab ovo verwehrt – er kann nicht einzelne ihrer Elemente isolieren und, so vereinzelt, auf einen älteren Zusammenhang, dem sie entstammen sollen, zurückführen. Er hat sie vielmehr als Faktoren eines Bezugssystems in Betracht zu ziehen, durch welches sie ihren Sinn zugewiesen bekommen.

14 In Frobenius' Ergriffenheitskonzept gibt sich die von W. F. Otto – gegen R. Otto in Geltung gebrachte – objektivistische Wendung der Religionsphänomenologie besonders deutlich zu erkennen. Ergriffenheit als menschliches Weltverhalten hat nämlich im Rahmen seiner Kulturlehre einen genau umrissenen »paideumatischen« Ort. Analog zur Lebenskurve eines Menschen hat danach jede Kultur die Stadien Kindheit, Jugend, Mannesalter, Greisenalter zu durchlaufen. Ihnen zugehörig sind je charakteristische Geisteshaltungen, von den vitalen Anfängen über deren allmähliche Abnutzung bis zum schließlichen Verfall. Der Kindheit kommt dabei die *Haltung der Ergriffenheit und des Ausdrucks* zu, der Jugend die *Eingliederung*, dem Mannesalter die *Anwendung* und dem Greisenalter schließlich die *Abnutzung*. In der Anfangsphase von *Ergriffenheit/Ausdruck* zeigt sich die Vitalität einer Kultur in ihrer Ursprünglichkeit, in der die Menschen unmittelbar gepackt und ganz erfüllt sind von der sie umgebenden Wirklichkeit und ihr antworten, indem sie sie nachvollziehend darstellen. Ganz im Gegensatz zur Verbindung von *mimesis* und Magie der Evolutionisten spielt der Aspekt der (geheimen, verborgenen, nur mit unzulänglichen Mitteln verfolgten) Zweckdienlichkeit in dieser mimetischen Reaktion des Menschen aber keine Rolle. Im Ergriffensein von der Wirklichkeit ist der Mensch ganz und gar passiv, manifestiert sich ein autonomes Wirklichkeitserleben, das die Intuition bildet für das *paideuma* der sich heranbildenden Kultur. Im Andrängen der »Wirklichkeit« und der mimetischen Reaktion der Menschen darauf bilden sich geistig-religiöse Schöpfungen. Sie fügen sich hier noch zu einer in sich geschlossenen Ordnung jenseits von sozialer Differenzierung oder einer Abspaltung des Individuums von der Gruppe. Wenngleich sie bei Otto explizit keine Rolle spielt, liegt diese Ergriffenheits-Konzeption seiner Argumentation unverkennbar zugrunde; K. Kerényi: *Dionysos und das Tragische in der Antigone*. Frankfurt am Main 1935, S. 8, unterstreicht diesen unmittelbaren Zusammenhang mit Frobenius' Kulturmorphologie ausdrücklich.

15 Daß sich für Rudolf Otto Religiöses ausschließlich dem religiösen Sinn erschließt, geht aus der berühmt gewordenen Adresse an den Leser hervor: »Wir fordern auf, sich auf einen Moment starker und möglichst einseitiger religiöser Errregtheit zu

besinnen. Wer das nicht kann oder wer solche Momente überhaupt nicht hat, ist gebeten nicht weiter zu lesen.« (R. Otto: *Das Heilige*, a.a.o., S. 8)

16 Vgl. dazu Fritz Kramer: *Einfühlung. Überlegungen zur Geschichte der Ethnologie im präfaschistischen Deutschland.* In. Thomas Hauschild (Hrsg.): *Lebenslust und Fremdenfurcht. Ethnologie im Dritten Reich.* Frankfurt am Main 1995, S. 85ff.

17 Der Berliner Religionsphilosoph Klaus Heinrich hat Walter F. Otto – der von sich behauptete, noch an Zeus zu glauben – deshalb mit gutem Recht als »halb Forscher, halb Phantast« bezeichnet (Klaus Heinrich: *anthropomorphe.* Frankfurt am Main 1986, S. 111).

18 Am suggestiven Stil zeigt sich denn auch unübersehbar das aktuelle Interesse des hier verfertigten Dionysos-Bildes. Gegen die banal gewordene Existenz des Gegenwartsmenschen und die Ausflüchte, die sie vor den schrecklichen Einsichten in die Weltwahrheit bietet, und vielleicht im Gefühl einer bevorstehenden Zeitenwende fordert Otto die Restauration einer »dionysischen Weltanschauung« in Nietzsches Sinne ein. Nach der ganzen Logik seiner Interpretation fällt dies in gewissen Aspekten umstandslos in eins mit dem Interesse an der Rekultifizierung gegenwärtigen Lebens. Diesen Zusammenhang entfaltet in extenso Hubert Cancik (*Dionysos 1933. W.F. Otto, ein Religionswissenschaftler und Theologe am Ende der Weimarer Republik*, in: R. Faber, R. Schlesier (Hrsg.): *Die Restauration der Götter. Antike Religion und Neo-Paganismus.* Würzburg 1986, S. 105ff.). In ausführlicher Analyse des Dionysos-Buchs von W. F. Otto zeigt er, wie die Vergegenwärtigung der dionysischen Erfahrung in allererster Linie ein Effekt der Sprache dieses Werkes ist, ihrer Terminologie der Plötzlichkeit, Heftigkeit, Grausamkeit. Er streicht dabei die »Kongruenz von Gegenstand, biographischer Situation des Verfassers und geschichtlichem Augenblick« (S. 105) hervor und betont, daß seine Monographie in diesem geschichtlichen Moment »erst als Theologie einer dionysischen Weltanschauung in Deutschland ihre volle Bedeutung« gewinne (S. 122). Auf diesem Hintergrund ist die Rede von einer *Rekultifizierung* durchaus nicht metaphorisch, sondern buchstäblich zu verstehen. Cancik zeigt, wie die – staatlich geförderte – Nietzsche-Verehrung in Weimar, zu deren Beginn W.F. Otto wesentlich beigetragen hatte, die »religionswissenschaftliche, theologische und rhetorische Feier des Gottes und seines Propheten Nietzsche ... zu kultischer Konkretisierung« drängte (S. 120). Das manifestiert sich schließlich in der Aufstellung einer von Mussolini gestifteten »original«-antiken Dionysos-Statue in der Ehrenhalle des Nietzsche-Archivs, womit »der Kult eines Nietzsche-Dionysos gestiftet bzw. fortgeführt werden sollte« (S. 121). Wenn Cancik bei W.F. Otto durch die Vermittlung der seit 1933 an Bedeutung und administrativen Rückhalt gewinnenden Nietzsche-Bewegung einen besonderen Gegenwartsbezug feststellt, könnte man ein durchaus weitergehendes »Ergriffensein« W.F. Ottos, nämlich das durch die Ahnung einer bevorstehenden kulturgeschichtlichen Wende, als Konsequenz der sonstigen Übereinstimmung mit der Kulturlehre von Leo Frobenius durchaus annehmen. Der jedenfalls spricht ausdrücklich von der Möglichkeit des Zuendegehens einer altgewordenen, absterbenden Zeit und dem Anbruch einer neuen Vitalität in der eigenen Gegenwart, insoweit diese womöglich am Beginn einer neuen »Kulturperiode« stehe (= Leo Frobenius: *paideuma.* München 1921, S. 8). Die Anfangsstadien einer Kultur sind seiner Konzeption nach aber durch die nämliche »ursprüngliche Wildheit« charakterisiert, die für Otto den Dionysos zum Faszinosum machen.

19 In diesem Zusammenhang ist der innere Konnex mit Frobenius' Völkerkunde sozusagen am springenden Punkt zu greifen. Ottos Dionysos als Gott des Weltparadoxes deckt sich mit der Grundkonzeption des »Heiligen« in dieser Fassung. Bernhard Streck schreibt dazu: »Wo Identitäten sich widersprechen, war für die Mythologen der 20er Jahre ein heiliger Ort gefunden, es wurde die Nähe einer Gottheit geahnt. Schöpferkraft und Erhabenheit zeigten sich einzig in der coincidentia oppositorum.« (B. Streck: *Entfremdete Gestalt. Die Konstruktion von Kultur in den zwei Frankfurter Denkschulen*, in: Th. Hauschild: *Lebenslust und Fremdenfurcht. Ethnologie im Dritten Reich*. Frankfurt am Main, S. 115.) Zugleich unterstreicht Streck den in der *mimesis*-Theorie von Frobenius unterstellten inneren Zusammenhang von Vitalität und Grausamkeit: So zeige sich »die Nähe zum Ursprung. Die Natur ergreift den Menschen, und dieser antwortet ergriffen durch kulturellen Ausdruck, der aber im Grunde nichts anderes ist als die Nachahmung der Natur mit all ihrer ›Barbarei‹ – wie etwa dem Töten, um zu gebären. ... Harmonie mit der Natur wird aber durch ihre andachtsvolle Abbildung zum Ausdruck gebracht, so wie die Mythen im Ritual dargestellt werden.« (ebd., S. 116) Wenn W. F. Otto im Dionysos-Buch das blutige Opfer als Ausdruck »eines schöpferischen Geistes« glorifiziert (W. F. Otto: *Dionysos. Mythos und Kultus*, a.a.O., S. 22), so feiert er anderswo das Menschenopfer als »das großartigste Bekenntnis zu dem Ewigen und Heiligen hoch über der Banalität alles Thatsächlichen und der philisterhaften Wichtignahme der Existenz«. Vor der bewundernswerten Erhabenheit des Menschenopfers entlarvten sich die heutigen Kulturen als »die eigentlich Primitiven« (W. F. Otto: *Die Wirklichkeit der Götter*. Reinbek bei Hamburg 1963, S. 117). Im Blick auf die von Otto hervorgestrichene Wichtigkeit der Opferpraxis für die »ursprünglich« reine Form des religiösen Ergriffenseins zeigen sich denn aber auch die Grenzen seiner Aktualisierungsbemühungen. Sie werden nun nicht etwa bewußt formuliert, sondern geben sich in einem Selbstwiderspruch zu erkennen, in den Otto durch einen Skeptiker gebracht wird. Die Frage von Karl Reinhardt, ob er – der sich selbst als Zeusanhänger bekannte – auch das kultisch vorgeschriebene Stieropfer darbringe, mußte er verneinen (vgl. Erika Simon: *Die Götter der Griechen*. München 1969, S. 11). Im übrigen hält sich Otto bei seiner Beschreibung der rituellen Grausamkeit des Dionysos-Kults tatsächlich nicht an historisch Belegtes oder Belegbares; er unterzieht seine Zeugnisse vielmehr einer selbst recht gewalttätigen Interpretation, um die Riten als blutigen Ausdruck des »finsteren Wahnsinns« darzustellen (vgl. dazu H. Cancik: *Dionysos 1933. W. F. Otto, ein Religionswissenschaftler und Theologe am Ende der Weimarer Republik*, a.a.O., S. 105ff.).

20 W. F. Otto: *Dionysos. Mythos und Kultus*, a.a.O., S. 111.

21 ebenda, S. 182.

22 Vgl. ebenda, S. 80ff. In dem eigens der Maske gewidmeten Kapitel beschäftigt sich W.F. Otto mit der Epiphanie, der Erscheinung und Offenbarung des Dionysos in der Gestalt der Maske oder: als Maske, wie das in einer Zeremonie der Anthesterien geschah, in der der Gott selbst durch ein überlebensgroßes Masken-Idol vertreten war.

23 Vgl. ebenda, S. 189.

24 ebenda, S. 190.

25 K. Kerényi: *Dionysos. Urbild des unzerstörbaren Lebens*. München/Wien 1976. In dem hier unternommenen kulturhistorischen Versuch der Rekonstruktion der

Grundlagen der Dionysos-Religion mag man die Distanz sehen, die Kerényi gegenüber der zunächst mit W. F. Otto geteilten intuitiven Vergegenwärtigung des Dionysos dazugewonnen hatte. Wobei es bei Kerényi gerade diese Distanz ist, die nunmehr den Gedanken an eine *bewußte und gezielte* Aktualisierung der alten Mythen ermöglicht. Aus dem Briefwechsel Kerényis mit Thomas Mann geht jedenfalls hervor, daß er mit Mann in der von diesem geäußerten Absicht übereinstimmt, man müsse »dem intellektuellen Fascismus den Mythos wegnehmen« und ihn »ins Humane umfunktionieren« (Brief Thomas Manns vom 7. 9. 1941, in: K. Kerényi, Th. Mann: *Ein Briefwechsel.* Zürich 1945, S. 85).

26 Vgl. K. Kerényi: *Dionysos. Urbild des unzerstörbaren Lebens*, S. 13ff.

27 Außer dem genannten vor allem in den Dionysos-Teilen in: K. Kerényi: *Griechische Miniaturen.* Zürich 1957 und *Die Heroen der Griechen.* Zürich 1958.

28 Zu diesem Zusammenhang vgl. vor allem K. Kerényi: *Die Mythologie der Griechen.* Band II: *Die Heroengeschichten.* München [15]1996, S. 21ff.

29 ebenda, S. 19.

30 K. Kerényi: *Dionysos und das Tragische in der Antigone.* Frankfurt am Main 1935. Hier grenzt Kerényi die tragische Welterfahrung des Dionysischen von der »epischen Traurigkeit«, dem Wissen von der Unweigerlichkeit des Todes und der Vergeblichkeit aller menschlichen Anstengung, und dem modernen tragischen Lebensgefühl zugleich ab, dem das Nicht-Sein als das Nichts der vollständigen Leere und Sinnlosigkeit erscheinen will. Die Tragödie sei demgegenüber der Modus vollkommener Vergegenwärtigung des dionysisch Tragischen und verleihe ihm eine neue Qualität und Intensität.

31 Vgl. ebenda, S. 16. Auch Kerényi zieht an dieser Stelle, unter dem Einfluß W.F. Ottos, den ausdrücklichen Vergleich mit dem Opferritual. Die Grausamkeit, mit der die Tragödie ihre kathartischen Wirkungen erziele, vergleicht er der Erschütterung im aztekischen Menschenopfer – des höchsten Gewärtigseins des Lebens im Moment der Vivisektion.

32 Den Begriff des Stils übernimmt Kerényi von Leo Frobenius und verbindet ihn mit dem Gedanken der »biotischen Existenz« einer Kultur, die allein sich phänomenologischer Erfahrung erschließe; vgl. dazu vor allem K. Kerényi: *Die Religion der Griechen und Römer.* München, Zürich 1963, S. 16f.

33 Insofern sehen beide Phänomenologen in den Motiven der Dionysos-Religion, die sie für wichtig erachten, lachs gesagt, nicht mehr als die ganz allgemeine geistesgeschichtliche Voraussetzung der Tragödie. Damit bleiben sie freilich der von ihnen abgelehnten historischen Schule eng verpflichtet. Ein Mangel, der um so schwerer wiegt, als man gegen eine solch schwammig bleibende Verbindung zwischen Dionysoskult und Tragödie auch die Beobachtungen der komparatistischen Anthropologie wieder in Geltung bringen kann. Denn die von Otto und Kerényi hervorgehobenen Motive – Paradoxie der Welterfahrung unter dem Gesichtspunkt der Verschränkung von Geburt und Tod, Feier des unzerstörbaren Lebens – und die damit verbundenen Symbole, wie etwa die Maske, sind eben doch genausogut in anderen Mythen und Riten ausgedrückt und enthalten. Der Gedanke, nach der Maskengestalten als Formen der Vergegenwärtigung der toten Ahnen zu begreifen seien, gehört jedenfalls zu den frühesten Konzeptionen von Leo Frobenius. Von Beginn an hatte er ihn an afrikanischen Masken entfaltet und in seiner *Kulturgeschichte Afrikas* von 1933 das afrikanische Masken-Kultspiel als wichtigsten Faktor der Vergesellschaftung in einer »Todlebengemeinschaft«

verstanden (vgl. dazu B. Streck: *Fröhliche Wissenschaft Ethnologie. Eine Einführung.* Wuppertal 1997, S. 168ff.). Solche Einwände zeigen, daß die Phänomenologie ihren selbst formulierten Anspruch, eine ganz spezifische Beziehung von Dionysos und Theater nachweisen zu können, eben nicht erfüllen kann.

34 Das zeigt sich insbesondere im Vergleich von Ottos Buch über die *Götter Griechenlands* von 1929 mit dem *Dionysos* von 1933: Wo hier Erschrecken und Entsetzen herrschen, werden dort dort »vornehme Distanz«, und Naturidylle einander zum Komplement. Insoweit ist in diesen Büchern das je Eigene der olympischen und der Dionysos-Religion zur Sprache gebracht. Erläutern könnte W.F. Otto diesen in ein- und derselben Kultur begegnenden Gegensatz nicht; dazu fehlen ihm alle Maßstäbe. Die gleiche Maßstablosigkeit gilt auch für seine Zuordnung der Bereiche von »Kultus« und Kultur, das heißt Architektur, bildender Kunst, Musik, »die alle einmal im Dienste des Göttlichen gestanden haben«. Sie sind ihm unterschiedslos »Sprachen, mit denen die Menschheit zum Erhabenen redet und aus keinem anderen Grunde redet, als weil sie reden *muß*« (W.F. Otto: *Dionysos*, a.a.O., S. 21). Eine ganz ähnliche Konsequenz ergibt sich für Kerényi durch seine Insistenz auf der phänomenologischen Vorgehensweise. Insofern sich die charakteristische, die »biotische« *Existenz* einer kulturschaffenden Religion durch alle dokumentarische wie monumentale Vermittlung hindurch letzten Endes allein der *Erfahrung* des Forschers erschließe, erwächst aller Vergleichsabsicht – auch wo sie ausdrücklich bekundet wird – die unübersteigbare Grenze (vgl. dazu K. Kerényi: *Die Religion der Griechen und Römer*, a.a.O., S. 15). Konsequent lehnt Kerényi den Vergleich bei der Betrachtung einzelner Religionen denn auch immer wieder ab, gerade um »unvermittelt« auf ihr jeweils Spezifisches stoßen zu können. So heißt es etwa in der Betrachtung der Lebensführung der römischen Jupiter-Priester, die ihn zum Kern der römischen Religiosität führt, programmatisch: »Um so wichtiger ist, daß unsere Interpretation dieses Lebens rein phänomenologisch bleibt, sich auf die Darstellung ohne die Hilfsmittel von Analogien beschränkt, welche die Aufmerksamkeit vom Charakteristisch-Römischen ablenken würde und keine voreiligen Annahmen in das überlieferte Material hineinbringt.« (K. Kerényi: *Antike Religion* [1971]. Stuttgart 1995, S. 115) Damit ist aber auch ihm die Möglichkeit der Verhältnisbestimmung zwischen diversen religiösen »Stilen« versagt.

35 Vgl. dazu René König: *Einleitung*, in: Ders. (Hrsg.): Emile Durkheim: *Regeln der soziologischen Methode.* Neuwied, Berlin ²1965, S. 78.

36 Besonders deutlich wird dies etwa im Kapitel IV der *Regeln*, wo eine Klassifikation der Gesellschaftstypen ausschließlich unter Berücksichtigung einfach organisierter Sozietäten vorgenommen und dabei das Gefüge der *polis* besonders hervorgestrichen wird; vgl. René König (Hrsg.): Emile Durkheim: *Regeln der soziologischen Methode*, a.a.O., S. 165ff.

37 Das Werk ist in erster Auflage 1864 erschienen. Es bestimmt die Religion als Triebkraft und wesentliches Bindemittel der comunitas der antiken Stadt. Aus dem Totenkult, das ist die grundsätzliche und in dieser Form grundsätzlich neue Idee dieses Werks, seien die Familie und letzten Endes auch das Eigentum als *sakrosankte* Werte der Gemeinschaft hervorgegangen. Die gesellschaftliche Geltung der Moral, heißt es schon bei Fustel, leite sich letzten Endes aus den Dimensionen des Heiligen her. (Jüngste deutsche Übersetzung: N.D. Fustel de Coulanges: *Der antike Staat. Studie Über Kultus, Recht und Einrichtungen Griechenlands und Roms.* Essen 1996.) Bei Korrekturen im einzelnen, die Durkheim an solchen Theorien

seines Lehrers anbringen sollte, hat er doch zeitlebens an den von ihm empfangenen, wichtigen Einflüssen festgehalten. Auf Fustel, der – wie Durkheim berichtet – gesagt habe, »Geschichte ist die Wissenschaft sozialer Fakten, das heißt, sie ist selbst Soziologie«, führte Durkheim sein soziologisches Interesse zurück. Dazu und zur Revision von Fustels Gedanken in Durkheims Soziologie vgl. A. Momigliano: *Der antike Staat des Fustel de Coulanges. Anhang I: Fustel und Durkheim*, in: Ders.: *Wege in die Alte Welt*. Frankfurt am Main 1995, S.288ff.

38 Das findet sich als Grundthese der neuen Wissenschaft von der Soziologie in Durkheims zuerst 1895 erschienenen *Regeln* entwickelt; vgl. René König (Hrsg.): Emile Durkheim: *Regeln der soziologischen Methode*, a.a.O., S. 105-144, S. 220f. In seiner Einleitung arbeitet R. König im Versuch, Durkheim mit Durkheim zu korrigieren, meines Erachtens überzeugend heraus, daß der Begriff des »sozialen Tatbestandes« nicht einfachin vorliegende Fakten in naiv-positivistischem Verstande meint. Gedacht ist an eine durch die Betrachtung konstituierten »Tatbestand«, das heißt eine eigenständige Wirklichkeitsebene, die sich einzig theoretisch reflektierter, systematischer Beobachtung erschließt, als deren Konstrukt sie zu gelten hat. Es handelt sich, sagt König mit Talcott Parsons, um eine »empirisch verifizierbare Aussage über Erscheinungen in Termini eines begrifflichen Schemas oder Systems« (ebd., S. 38). Der Begriff *fait social* ist mithin statt mit *»sozialer«* angemessener übersetzt mit *»soziologischer* Tatbestand«. Hier zeigen sich die Grenzen von Adornos Kritik an Durkheim, insoweit er sein Denken umstandslos mit dem Positivismus des 19. Jahrhunderts identifiziert. Vgl. Theodor W. Adorno: *Einleitung zu Emile Durkheim, ›Soziologie und Philosophie‹* [1967], jetzt in: Ders.: *Soziologische Schriften I* (= *Gesammelte Schriften*. Band 8), Frankfurt am Main 1972, S. 245ff.

39 Deshalb impliziert das *survival*-Verfahren tatsächlich eine doppelte Verkennung. Wenn die Anthropologen etwa die Tragödie auf ihren Ursprung in einer früheren Kultform »zurückführen«, ist dabei weder diese noch jene angemessen verstanden. Denn beide sind vorab ganz willkürlich aus den ihnen eigenen sozialen Zusammenhängen abstrahiert worden. Solche Operation ist mithin als bloßer Denkvorgang ohne Realsubstrat anzusehen. Denn sie macht ja gerade die Abstraktion davon zur Voraussetzung ihres Vergleichverfahrens. Wenn etwa die Tragödie aus magisch-animistischem Verhalten oder aus dem Frühlings-Ritus des Dionysos »hergeleitet« wird, dann hat man in solcher Operation *von vornherein* verfehlt, was diese Phänomene, was das Ritual einerseits, was die Tragödie andererseits überhaupt wissenschaftlicher Erkennbarkeit zugänglich werden läßt. Es mangelt jeder Maßstab, die ihnen je eigene Bedeutsamkeit einzuschätzen. Es wird ja so getan, als seien archaischer Stammes-Kult und *polis*-Theater Phänomene, die ohne je eigenen Kontext, ohne Zusammenhang vorkommen.

40 Den Begriff der Institution übernimmt Durkheim – auf der Suche nach Konstanten im sozialen Leben, nach »konsolidiertem sozialen Leben« – im Vorwort zur zweiten Auflage der *Regeln* von Paul Fauconnet und Marcel Mauss; sie hatten ihn im Artikel *Sociologie* im Band 30 der *Grande Encyclopédie Française* (Paris 1901) vorgeschlagen.

41 Diesen Gegensatz zwischen subjektiver und objektiver Perspektive betont Durkheim bereits in seiner lateinisch geschriebenen Dissertations-These über Montesquieu von 1892; französische Übersetzung: E. Durkheim: *Montesquieu et Rousseau, précurseurs de la sociologie*. Paris 1953, hier S. 86.

42 Dadurch aber bekommt die von Durkheim durchaus benutzte Kategorie des Ursprungs gegenüber den bisher betrachteten Verwendungsweisen eine grundsätzlich neue Bedeutung. Da die Funktion einer Institution nicht zu verwechseln sei mit ihrem etwa intendierten Nutzen, kann ihr Ursprung nicht länger in individuellen Gründungsakten lokalisiert werden. Noch aber in einem gegenüber dem je betrachteten früheren, ihm zeitlich vorangegangenen sozial-kulturellen Kontext, in einer dort isolierten Einzelheit, als deren *survival* diese Institution in neuen Verhältnissen fortlebe. Weshalb der Ursprung in soziologischem Sprachgebrauch einer Institution deckungsgleich ist mit dem Grund ihres Notwendigwerdens in diesem und für diesen Kontext. Ihre Notwendigkeit aber wird aufgedeckt in der Angabe der je eigenen Funktion, die sie im gesellschaftlichen Ganzen ausübt.

43 Vgl. dazu René König: *Einleitung*, in: Ders. (Hrsg.): Emile Durkheim: *Regeln der soziologischen Methode*, a.a.O., S. 34.

44 So formuliert und erläutert in: Emile Durkheim: *De la division du travail social.* Paris ^{4}1922, S. 35ff.

45 Von Durkheims wohl frühester Auseinandersetzung mit der Religion berichtet Marcel Mauss. Er hatte seinen 1894-95 in Bordeaux gehaltenen Kurs über *Les origines de la religion* besucht, der ihm zur »Offenbarung« geworden sei (vgl. Heinz Mürmel: *Marcel Mauss*, in: A. Michaels (Hrsg.): *Klassiker der Religionswissenschaft. Von Friedrich Schleiermacher bis Mircea Eliade*, a.a.O., S. 212). Durkheims erste ausdrückliche Studie zur Religion, *De la definition des phènomenes religieux*, wurde 1897/98 im zweiten Jahrgang von Durkheims Zeitschrift *L'Année Sociologique* veröffentlicht. Zum Zeitpunkt des Erscheinens seines umfangreichsten Werkes über die Religion, *Les formes élémentaires de la vie religieuse. Le système totemique en Australie*, im Jahre 1912 blickt Durkheim auf eine lang andauernde Beschäftigung mit dem Religiösen zurück und zieht deren soziologische Bilanz.

46 So heißt es bündig in E. Durkheim: *Die elementaren Formen religiösen Lebens.* Frankfurt am Main 1994, S. 62: »Die Aufteilung der Welt in zwei Bereiche, von denen der eine alles umfaßt, was heilig ist und der andere alles, was profan ist; das ist das Unterscheidungsmerkmal des religiösen Denkens.« Dabei versteht schon Durkheim unter dem Heiligen, *sacré*, anderes und Komplizierteres als das Numinose der Phänomenologen. Für ihn ist es durch eine grundlegende Ambiguität gekennzeichnet. Es umfaßt Positives wie Negatives, Erlaubtes und Verbotenes, Reines und Unreines zugleich und in eins. Das Heilige bildet unbestreitbar die Grundlage der Gesellschaft, aller Gesellschaft, da es Grundlage der menschlichen Fähigkeit zur Vergesellschaftung ist. Des näheren befaßt es unter sich aber gerade die Kräfte, die eine Gesellschaft über sich, über ihre Normalität hinaustreiben; über sich hinaustreiben freilich nur, damit sie wieder zu sich, zu ihrer Normalität, zurückzukehren vermag. Feste, Riten, kollektive Extasen führen über die durch Gewöhnlichkeit, Regelmäßigkeit gekennzeichnete Profanität hinaus, aber nur, um deren Gültigkeit – in selbst regelmäßig und regelhaft erfolgender Transgression – zu bestätigen und zu verstärken. Marcel Mauss wird diesen Gedanken weiter verfolgen: Das Heilige, das *sacrum*, kann nur existieren in der und durch die Praxis des *sacrificum facere*. Mit ihm ist immer Verlust, Zerstörung verbunden, in diesem weiten Sinne versteht Mauss die Opferpraxis. In solchem Opferhandeln setzt sich das Kollektiv *praktisch* in Verbindung mit dem ihm in absoluter Hinsicht Erlaubten *und* Verbotenen.

47 Im Gegenteil: Auf diesem Niveau zieht er die primitiven Gesellschaften nur zum Kontrast heran; als *Folie*, vor der sich die komplexer gewordenen Anforderungen

der Sozialisation in Gesellschaften beschreiben lassen, die – statt wie in archaischen Sozietäten auf »mechanischer« – nunmehr auf »organischer« Arbeitsteilung beruhen. Dieser Gegensatz wird aufgestellt im Werk über die Arbeitsteilung: *De la division du travail social.* Paris 1893. In den Gesellschaften mit »organischer« Arbeitsteilung betrachtet er nicht länger äußeren Zwang, soweit er sich jedenfalls in Institutionen manifestiert, als sozialisierenden Faktor. Als ihre Grundlage stellt er nun vielmehr die Individualität und die individuell »internalisierte« Moral heraus.

48 Auf theoretischer Ebene versucht Durkheim freilich auch die Modellhaftigkeit der primitiven Vergesellschaftungsprozesse für die modernen Gesellschaften zu rechtfertigen. Für diese verteidigt er zwar die Unhintergehbarkeit der Individualität als einen absolut gültigen Wert an sich und lehnt alle äußere Gewalt (*violence*) ab, die ihm als das Gegenteil eines vergesellschaftenden Faktors erscheint. Modellhaft erscheinen ihm die primitiven Sozietäten – in historischer Betrachtung – nun aber gerade deshalb, weil der Zwangscharakter ihrer Institutionen letzten Endes verantwortlich sei für das Entstehen der aller Internalisierung zugrundeliegenden moralischen Obligationen, wodurch auch für das Gewissen des einzelnen der Individualismus vom Egoismus, die Freiheit von der Pflichtvergessenheit getrennt worden seien. Hans G. Kippenberg schreibt dazu: In *Die elementaren Formen des religiösen Lebens* entwickle Durkheim ein »Modell kommunizierender Röhren zwischen der Sakralisierung der Gesellschaft und der ›Autonomie‹ des Einzelnen«. Die elementaren Gesellschaften hätten danach die Struktur moralischer Autonomie allererst erzeugt – als die in die Individuen verlagerte Bereitschaft, der Freiheit »zu folgen als moralisches, soziales, vernünftiges Wesen« und somit gegen die eigenen, egoistischen Neigungen zu handeln (H. G. Kippenberg: *Emile Durkheim*, in: A. Michaels (Hrsg.): *Klassiker der Religionswissenschaft. Von Friedrich Schleiermacher bis Mircea Eliade*, a.a.O., S. 117).

49 Dieser ganze Zusammenhang wird im Religionswerk klar ausgesprochen. So heißt es etwa vom primitiven Religionssystem als Erkenntnisobjekt, das einfach und elementar ist (E. Durkheim: *Die elementaren Formen religiösen Lebens*, a.a.O., S. 17): »... erstens muß es in Gesellschaften zu finden sein, deren Organisation von keiner anderen an Einfachheit übertroffen wird. Es muß zweitens möglich sein, es zu erklären, ohne daß man ein Element einführen muß, das von einer voraufgegangenen Religion geborgt worden ist.« In dieser einfachen und elementaren Struktur hofft Durheim das konstant menschliche Wesen erkennen, mithin auch den Kern des gegenwärtig lebenden Menschen erreichen zu können. Denn die Soziologie »... hat, wie jede positive Wissenschaft, vor allem das Ziel, eine aktuelle, uns nahe Wirklichkeit zu erklären, die folglich imstande ist, unsere Gedanken und Handlungen zu beeinflussen. Diese Wirklichkeit ist der Mensch und im besonderen der heutige Mensch, denn es gibt nichts, woran wir stärker interessiert sind.« (ebd., S. 17) Deshalb gilt von der primitiven Religion: »Wenn wir sie als Objekt unserer Untersuchungen gewählt haben, so geschah das, weil sie uns geeigneter schien als jede andere, die religiöse Natur des Menschen verständlich zu machen, d.h. uns einen wesentlichen und dauernden Aspekt der Menschheit zu offenbaren.« (ebd., S. 18) Die primitiven Religionen »antworten auf dieselben Bedürfnisse, sie spielen die gleiche Rolle, sie hängen von denselben Gründen ab; sie können also genauso gut dazu dienen, die Natur des religiösen Lebens zu offenbaren, und folglich das Problem zu lösen, das wir uns gestellt haben« (ebd., S. 19). Für die religiöse Einstellung *des* Menschen ist der Kult mit seinen fest-

liegenden mythischen und rituellen Funktionen mithin grundsätzlich, jederzeit und überall unabdingbar: »An der Basis aller Glaubenssysteme und aller Kulte muß es notwendigerweise eine bestimmte Anzahl von Grundvorstellungen und rituellen Handlungen geben, die trotz der Vielfalt der Formen, die die einen und die anderen haben annehmen können, überall die gleiche Funktion erfüllen. Diese beständigen Elemente bilden das, was in der Religion ewig und menschlich ist. Sie bilden den objektiven Inhalt der Idee, die man meint, wenn man von ›der Religion‹ im allgemeinen spricht.« (ebd., S. 22)

50 Den ersten Versuch, die Verflechtungsweisen von gesellschaftlicher Organisation und der Logik von Klassifikationssystemen aufzuweisen, hatten Durkheim und Mauss 1903 in einem Beitrag zu *L'Année sociologique* gemeinsam unternommen: *De quelques formes primitives de classification. Contribution à l'étude des représentations collectives*. Das führt in Mauss' *Essai sur le don* zum Begriff des *fait social total*. Die meiner Kenntnis nach einläßlichste Erläuterung dieser Kategorie findet sich in Claude Lévi-Strauss' Einleitung in einen Band mit gesammelten Aufsätzen von Marcel Mauss zur Theorie der Magie. Strauss reflektiert hier auch das ethnologische Erkenntnisproblem mit, das sich aus der mit einem sozialen Tatbestand verbundenen Doppelperspektive von Subjektivität und Objektivität ergibt; vgl. C. Lévi-Strauss: *Einleitung in das Werk von Marcel Mauss*, in: M. Mauss: *Soziologie und Anthropologie*. Band 1. Frankfurt am Main 1989, S. 20ff.

51 René König (Hrsg.): Emile Durkheim: *Regeln der soziologischen Methode*, a.a.O., 114.

52 »Die Bewegungen sind stereotypisiert; alle führen die gleichen Bewegungen unter den gleichen Umständen aus, und diese Gleichförmigkeit des Verhaltens enthüllt nur die Gleichförmigkeit des Denkens. Da das Bewußtsein aller in den gleichen Wirbel gezogen wird, geht der individuelle Typus fast ganz in dem Gattungstypus auf. Nichts ist so unentwickelt wie diese Mythen, die aus einem einzigen Thema bestehen, das endlos wiederholt wird, wie diese Riten, die aus einer kleinen Anzahl ständig wiederholter Gesten bestehen.« (E. Durkheim: *Die elementaren Formen religiösen Lebens*, a.a.O., S. 23)

53 Den primitiven Gesellschaften entnimmt Durkheim Modelle für die Gegenwart, insofern sich diese für ihn in einem Übergangszustand zwischen dem Ungültigwerden äußerer Zwänge und einem sich erst anbahnenden Heranwachsen moralischer Obligationen im Inneren der Individuen befindet. Deutlich restaurativ ist er, wenn er gegen den Verlust der moralischen Autorität der Institutionen Kirche, Ehe, Familie und Vaterland im Selbstmordwerk die Schaffung »moralischer Milieus« vorschlägt – etwa durch ständisch-zünftige Reorganisation der Arbeit in der Berufssphäre (E. Durkheim: *Der Selbstmord*. Neuwied, Berlin 1973, S. 450).

54 Vgl. W. P. Vogt: *Über den Nutzen des Studiums primitiver Gesellschaften: Eine Anmerkung zur Durkheim-Schule 1890-1940*. In: W. Lepenies: *Geschichte der Soziologie. Studien zur kognitiven, sozialen und historischen Identität einer Disziplin*. Band 3. Frankfurt am Main 1981, S. 276ff. Vogt dokumentiert diese Einsicht, die Mauss in den fatalen Zusammenhang zwischen »wissenschaftsinternen« und »-externen« Interessen der Soziologie zieht (vgl. Teil III: *Nach dem Evolutionismus – von der Diachronie zur Synchronie*, Anm. 97). In seinem Werk über *Die Gabe* von 1925 hatte Mauss noch die Empfehlung ausgesprochen, man sollte »zu Archaischem und Elementaren zurückkehren«. In den dreißiger Jahren erhob ein Kritiker gegen den Urheber solcher Empfehlungen, Durkheim selbst, den Vorwurf, »ein wissenschaftlicher Vorläufer des Faschismus« gewesen zu sein (ebd., S 287). Dagegen

verwahrt sich Mauss in Briefen an den Kritiker, gesteht aber die Einseitigkeit der Orientierung auf ein autoritäres Ordnungskonzept ein, dessen realpolitische Folgen nun zu beobachten seien. Vogt schreibt dazu und zitiert Mauss: »In den Briefen ... gab Mauss eine gewisse Schuld zu. Er räumte ein, daß das von der Durkheim-Schule beschriebene primitive (und oft als Modell vorgestellte) Verhalten Parallelen im Faschismus, dieser zeitgenössischen Geißel hatte; und er räumte ein, daß die Durkheim-Schule gegenüber einer solchen Tragödie sich besser hätte vorsehen sollen: ›Daß große moderne Gesellschaften – wie die Bewohner Australiens durch ihre Tänze – in diesem Ausmaß hypnotisiert [*suggestionées*] werden könnten ... hatten wir wahrlich nicht erwartet. *Diese* Art Rückkehr zum Ursprünglichen war nicht Gegenstand unserer Überlegungen. [Der Faschismus ist] eine überaus starke Verifizierung der von uns angedeuteten Sachverhalte und der Beweis dafür, daß wir diese Verifizierung durch das Böse und nicht nur durch das Gute hätten voraussehen sollen.« (ebd., S. 289f.)

55 Besonders deutlich wird dies in der elaborierteren Form des Durkheimschen Ansatzes, welche er in Gestalt des *Struktur-Funktionalismus* erhält. Danach sind alle kulturgeschichtlichen Erscheinungen, als *faits sociaux* in den Blick genommen, in Form von Institutionen einer Gesellschaft aus bestimmten – transpersonalen, jenseits der bewußten Intention einzelner liegenden – Strukturen hervorgegangen. Ihre eigentlich gesellschaftliche Aufgabe aber liegt darin, die Strukturen, welche sie hervorgebracht hat, in möglichst identischer Weise zu bewahren. Die Funktion *aller* sozialen Institutionen, und prototypisch dafür sind in primitiven Sozietäten die religiösen, besteht eben darin, das Weiterleben der Gemeinschaft in der geltenden Struktur zu garantieren. Profane und sakrale Institutionen und deren Zusammenspiel sorgen mithin letzten Endes und im tiefsten Grunde für den Fortbestand einer Gesellschaft. Religion, als Institution genommen, ist, wie alle Institutionen, ein Faktor sozialer Integration. Die elaboriertere Form der strukturell-funktionalen Theorie begegnet zuerst in den Schriften Bronislaw Malinowskis. Wie im Rahmen des *Struktur-Funktionalismus* das Verhältnis von Funktion und Struktur für kulturelle, für gesellschaftliche Institutionen zu denken ist, erläutert Malinowski anschaulich in seinem 1926 erschienenen Buch über *Sitte und Verbrechen bei den Naturvölkern*. Hier baut er einen von Durkheim selbst bereits geäußerten Gedanken aus, nach dem es erst die Abweichung von den gesellschaftlichen Normen ist, welche Normativität ins gesellschaftliche Bewußtsein rückt. Dies erläutert Malinowski an den Relationen, in denen Verbrechen und Strafe als *faits sociaux* stehen: Daß es in der Gesellschaft, in jeder Gesellschaft abweichendes Verhalten gibt, in der schärfsten Form: daß es Verbrechen gibt, sagt er, hat durchaus einen sozialen Sinn. Denn: es ruft Strafe hervor. Das Verbrechen ist abweichendes Verhalten, es verletzt damit den Konsens aller über bestimmte, unbedingt einzuhaltene Normen des Denkens und Betragens. Durch die Verletzung solcher Konsens-Normen aber werden diese zugleich wachgehalten und bekräftigt. Die Strafe hat nämlich die Funktion, diese Kollektivgefühle in größtmöglicher Intensität aufrechtzuerhalten. Ihren Sinn hat die Strafe mithin nicht hinsichtlich dessen, der bestraft wird, hier funktioniert sie nur negativ. Positiv wirkt sie sich aber auf die Gesellschaft aus, und hier liegt ihre eigentliche Funktion. *Strafe muß sein* – damit eben die Normen, die das Verbrechen verletzt, nicht außer Kraft geraten und etwa das Verbrechen, die Normverletzung, zur neuen Norm wird. An diesem Beispiel läßt sich das Verhältnis von Struktur und Funktion sehr gut erläutern. Es ist eine

bestimmte Struktur, das kollektive Normenbewußtsein, welches durch das Verbrechen verletzt wird, das eine bestimmte Funktion, die Strafe, hervorruft. Die Funktion der Strafe aber besteht darin, die Struktur, aus der sie hervorgegangen ist, nämlich: den Normenkonsens, zu bewahren. Sie besteht darin, das Weiterleben der Gemeinschaft in der geltenden Struktur zu garantieren. Deshalb also, sagt Malinowski, schafft sich jede Gesellschaft bestimmte Institutionen, deren Funktion darin besteht, die ihr eigenen moralischen Grundlagen durch alle zeitliche Veränderung hindurch in identischer Weise aufrechtzuerhalten, jedenfalls möglichst unangetastet zu bewahren. Die Institutionen sind damit die Garanten der Stabilität der Gesellschaft, welche sie hervorgebracht hat.
Diesen Gedanken wendet Malinowski auch, zweitens, auf die Parität von profanem und sakralem Verhalten in Stammesgesellschaften an. So wie die profanen Institutionen die Funktion haben, beherrschbare Konflikte, juristische, familiäre, praktisch-arbeitsteilige, politische, zu vermeiden und auf diese Weise die überkommenen Strukturen des gesellschaftlichen Zusammenlebens zu bewahren, so haben die religiösen Institutionen – Malinowski spricht in der Regel noch immer und ohne groß zu unterscheiden von »magischen« Praktiken – die Funktion, realiter nicht beherrschbare Konflikte zu vermeiden. Religiöse Institutionen bearbeiten einen eigenen Bereich der menschlichen Welterfahrung, und sie haben die Funktion, vom Menschen praktisch nicht kontrollierbare Ereignisse auf irrationalem Wege kontrollierbar zu machen. Sie bauen etwa Angst vor der Übermacht der Götter und der Natur ab, führen daraus erwachsende psychische Spannungen auf ein erträgliches Maß zurück. Hier handelt es sich um Formen der Kanalisierung psychischer Energien, wie sie aus Ängsten vor der unkontrollierbaren, übermächtigen Welt, der Natur oder des heilig-Numinosen, aus Widerspruchs- und Krisenerfahrungen der menschlichen Existenz erwachsen und als solche eben die Ordnung des Alltagslebens, das System der Gesellschaft bedrohen. Insofern sind sie Operationen an der – nicht zu leugnenden, realiter in der Seele der Menschen und dadurch in der Gesellschaft vorhandenen – Irratio, als solche also selbst irrational. Aber sie bauen den Konflikt zwischen den konkurrierenden Sphären der Ratio und der Irratio ab und sind, so betrachtet, eben von der Funktion her besehen, die sie in und für eine Gesellschaft ausüben, durchaus rational. Sie verhindern, daß die Übermächtigung vor dem Heiligen, dem Numinosen übermächtig wird, und sie wehren auf diese, auf die ihnen eigene, irrationale Weise der Gefahr, daß dadurch die Strukturen einer Gesellschaft außer Kraft gesetzt werden. Profane und sakrale Institutionen und deren Zusammenspiel sorgen mithin letzten Endes und im tiefsten Grunde für den Fortbestand einer Gesellschaft.

56 M. Eliade: *Schamanismus und archaische Ekstasetechnik* [1951]. Zürich o.J., S. 5.

57 ebenda.

58 ebenda.

59 Die Beispiele für das, was ein religiöser Mensch im strikten Sinne ist, bezieht Eliade ausschließlich aus Stammesgesellschaften der Weltkulturen, d.h., einfach gesprochen, aus Gesellschaften mit wenig komplexem Organisationsgrad. Die Angehörigen der heutigen Gesellschaften Europas und Nordamerikas zieht er zum Kontrast heran.

60 M. Eliade: *Das Heilige und das Profane. Vom Wesen des Religiösen.* Hamburg 1957, S. 47.

61 Die mythologisch gesetzte Ursprungsbindung der griechischen Kulturformen streicht etwa Karl Kerényi deutlich hervor; vgl. dazu seine Diskussion der Begriffe

»ektypisch«, »archetypisch«, Wiederholung und »zitathaftes Leben« (K. Kerényi: *Die Religion der Griechen und Römer*, a.a.O., S. 32f). Vgl. auch: K. Kerényi: *Über Ursprung und Gründung in der Mythologie*, in: Karl Kerényi, C.G. Jung: *Einführung in das Wesen der Mythologie*. Zürich 1951, S. 25. In der Ursprungskategorie konvergieren Mythos und Ritual: »›Ursprung‹ bedeutet in der Mythologie zweierlei. Als Inhalt einer Erzählung, eines Mythologems ist er ›Begründung‹, als Inhalt eines Akts: Gründung. In beiden Fällen ist er ein Sichzurückstellen des Menschen in seinen eigenen Ursprung und damit Inerscheinungtreten des menschlich überhaupt erreichbaren Ursprünglichen in Urbildern, Urmythologemen, Urzeremonien.« Bündig wird zusammengefaßt: Für den ursprungsgebundenen Menschen gilt: »Urzeitlichkeit gilt ihm für Eigentlichkeit.«

62 Die eingehendste Auseinandersetzung mit der nationalsozialistischen »Bewegung« als Bewegung der Rekultifizierung unter dem Aspekt einer aktualisierten Ursprungsbindung findet sich bei Paul Tillich: *Die sozialistische Entscheidung*. Potsdam 1933. Die Attraktivität dieser Bewegung liegt für Tillich in der Orientierung auf die entscheidenden Ursprungsmächte von Boden, Blut und Stamm (ebd., S. 28ff.). Sein Versuch läuft darauf hinaus, die Ursprungskategorie der politischen Romantik zu entwinden, indem er eben ihre Zweideutigkeit und die in ihr enthaltene doppelte Obligation von Regression bzw. Progession aufweist. Dabei hält er der marxistischen Ablehnung aller »übergeschichtlichen« Konzeptionen des Menschen die Notwendigkeit einer Verbindung gerade der Politik mit der Anthropologie entgegen: »Die Wurzeln des politischen Denkens müssen im menschlichen Sein selbst aufgesucht werden. Ohne ein Bild des Menschen, seiner Kräfte und Spannungen zu haben, ist es nicht möglich, über die Untergründe des politischen Seins und Denkens etwas auszusagen: Ohne eine Lehre vom Menschen kann es keine Lehre von den politischen Richtungen geben, die mehr wäre als die Darstellung ihrer äußeren Erscheinung.« (ebd., S. 16) Wenn er dabei ebenfalls konstatiert: »Aller Mythos ist Ursprungsmythos, Antwort auf die Frage nach dem Woher und Ausdruck des Stehens im Ursprung und in der Gebundenheit an seine Macht« (ebd., S. 19) und dieses im menschlichen »Sein« begründet sieht (ebd., S. 15ff.), so sucht er zur Analyse dieser Ursprungsbindung das Bündnis von »Mythenforschung, Tiefenpsychologie, Soziologie und Ontologie« (ebd., S. 28). Es gelingt ihm zu zeigen, daß der »revolutionäre« Anspruch des Nationalsozialismus gerade dem romantischen Bedürfnis, dem er die Resonanz verdankt, diametral entgegensteht. Da die unbedingte Ursprungsbildung nur durch Regression zu erreichen ist, muß sich solch »revolutionäre« Intention zwangsläufig in jedem Punkt zurücknehmen. Um die wirklich revolutionären Ansprüche des Ursprungs zu begründen, betont Tillich deshalb die Dialektik dieser Kategorie, die von ihrer Zweideutigkeit entbunden wird: »Der Ursprung läßt entspringen. Durch Sprung entsteht ein Neues, das vorher nicht war und nun ein Anderes, Eigenes gegenüber dem Ursprung ist. Wir finden uns zwar als Gesetzte, aber zugleich auch als Eigene. In der Spannung zwischen Gesetztsein und Eigensein verläuft unser Leben.« (ebd., S. 18) Und: »*Der Ursprung ist zweideutig*. In ihm ist eine Spaltung zwischen wahrem und wirklichen Ursprung. *Das wirklich Ursprüngliche ist nicht das in Wahrheit Ursprüngliche*. Es ist nicht die Erfüllung dessen, was mit dem Menschen vom Ursprung her gemeint ist. Die Erfüllung des Ursprungs ist vielmehr das, was dem Menschen als Forderung, als Soll gegenübersteht. Das Wozu des Menschen ist das, worin sich sein Woher erfüllt.« Das »reine ursprungsmythische Bewußtsein« weiß von dieser Zweideutig-

keit nichts, das garantiert seine Mächtigkeit: »Aus dem ungebrochenen Ursprung kommt Macht des Seins ...« (ebd., S. 21). Das Bewußtsein über die Mächtigkeit des Ursprungs bricht insofern seine unbedingte Mächtigkeit und befreit von seiner regressiven Kraft. Jedes *Bewußtsein* über das menschliche Verhältnis zum Ursprung entsteht aber als Bewußtsein der Zweideutigkeit der menschlichen Lage, mithin als unglückliches Bewußtsein. Dies darf nicht verloren gehen, wenn – unter den Kriterien des Bewußtseins als Einsicht in die individuelle Selbständigkeit und der Gerechtigkeit als Einsicht in das Miteinander, in der sich Indvidualität allein entfalten kann und das mithin Anerkennung der Individuen verlangt – die Wichtigkeit der Ursprungskategorie anerkannt werden soll, um damit einem menschlichen Seinsbedürfnis zu entsprechen: »*Der Ursprungsmythos darf nur gebrochen, enthüllt in seiner Zweideutigkeit, in das politische Denken eingehen.*« (ebd., S. 22)

63 In Frankreich zeigt sich dies vor allem im 1937 von Henri Bataille, Roger Callois und Michel Leiris gegründeten *Collège de sociologie*, wo man – anknüpfend an Durkheims Bemerkungen über die Ambivalenzen des Heiligen – in einer »Soziologie des Heiligen« nach einer »heterogenen« Heiligkeit in der modernen Gesellschaft sucht.

64 Zu diesem Programm als Arbeitsgrundlage der Religionsphilosophie vgl. K. Heinrich: *arbeiten mit ödipus. Begriff der Verdrängung in der Religionswissenschaft*. Frankfurt am Main 1993, Anm. 22, S. 262; zum Hintergrund der geschichtlichen Erfahrungen ebenda, S. 24f., und Klaus Heinrichs Vorbemerkung zur Neuauflage von P. Tillich: *Die sozialistische Entscheidung*. Berlin 1980.

65 Die Zitate im Text nach K. Heinrich: *Die Funktion der Genealogie im Mythos*, in: ders.: *Parmenides und Jona. Vier Studien über das Verhältnis von Philosophie und Mythologie* [1964]. Frankfurt/M. 1992. Hier heißt es im Wortlaut zum Mythos als Erzählung und Geisteshaltung: Das Wort Mythos »bezeichnet nicht nur einen Stoff [d.h.: eine Götter- und Heroengeschichte], sondern zugleich eine besondere Geisteslage: die, in der jene Erzählungen ein unbedingtes, d.h. religiöses Interesse finden. Wenn wir nach dem Grund dieses Interesses fragen, so fragen wir nach der besonderen Qualität, die die Gestalten und Lokalitäten und überhaupt alle Geschehnisse in jenen Erzählungen besitzen. Es ist die Qualität des Ursprungs. Sie haben nicht nur jene allgemeine Mächtigkeit, wie sie jedes in menschlicher Rede beschworene Stück der Wirklichkeit hat, sondern sie sind Träger einer unbedingten Mächtigkeit, der Mächtigkeit des Ursprungs. Der Erzählende ebenso wie der Hörende partizipieren an Ur-Gestalten, Ur-Lokalitäten und Ur-Geschehnissen« (ebd., S. 11f.). Zum Zusammenhang von Mythos und Ritus: »Die profane Wirklichkeit, in der auch die Menschen in einer mythischen Geisteslage leben, kann nur dann ›geheiligt‹ und als dauerhaft erfahren werden, wenn sie ... in einer Urwirklichkeit ›gründet‹. Das ist ›jene‹ Wirklichkeit, die im Mythos erzählt und im Kultus als dem dargestellten Mythos vergegenwärtigt wird. Und der Mythologe ›begründet‹, indem er diese seine Wirklichkeit von ›jener‹, dieses sein Geschlecht von ›jenem‹, diese Zeit von ›jener‹ ableitet, d.h. ... genealogisiert.« (ebd., S. 12f.) Zur anthropologischen Verankerung des Bedürfnisses nach dem Ursprung: »... es ist nicht überflüssig, sich klarzumachen, daß der Genealogisierende nicht bloß ein intellektuelles Bedürfnis befriedigt. Auch wir spüren noch etwas davon. Die Entfernung vom Ursprung, das Losgerissensein etwa vom heimatlichen Boden oder dem mütterlichen Schoß der Familie oder dem väterlichen Schutz, den die größere soziale Gruppe des Stammes oder der Nation gewährt; das Auf-Sich-Gestelltsein

in der Führung des eigenen Lebens ... das alles kann eine Quelle tiefer Angst bedeuten, und die genealogische Überbrückung des Bruchs zwischen dem Ursprung und allem, was dem Ursprung entspringt, kann sehr wohl die Qualität einer Heilsantwort haben. Die genealogische Rückbindung an den Ursprung antwortet auf die Leben zerstörende Bedrohung, mit nichts identisch zu sein. Indem sie Selbst und Welt von göttlichen Urgestalten, Urformen, Urgeschehnissen herleitet, nimmt sie die Angst vor dieser Bedrohung.« (ebd., S. 13f.) Zur Zweideutigkeit der Ursprungskategorie: »Dem Ursprung Entspringen bedeutet einerseits Herkommen vom Ursprung, die Macht des Ursprungs weitertragen. Es bedeutet andererseits Sichlösen vom Ursprung, dem Ursprung Entronnensein. Der Entrinnende erwirbt gegenüber dem Ursprung die Selbständigkeit – bis hin zu Angst und Ohnmacht des Alleingelassenseins von dem ihn tragenden Ursprung. Und Verlust der Selbständigkeit ist umgekehrt der Preis, der für jedes Beharren im Ursprung zu entrichten ist – bis hin zur Opferung des Selbst an den es verschlingenden Ursprung.« (ebd., S. 15) Zur Schutzfunktion der rituellen Wiedervergegenwärtigung der Ursprünge: »Aber dieser Schutz wird unter großen Mühen erworben, und er wird um einen hohen Preis erkauft. Ununterbrochen muß sich der Mensch in einer ursprungsmythologischen Geisteslage, mit kultischen Veranstaltungen und Opfern jeder Art, seiner Herkunft versichern. Denn der Bruch zwischen ihm und den heiligen Mächten des Ursprungs läßt sich nicht ungeschehen machen, und es gehört zur Dialektik des Ursprungsdenkens, daß diegleichen Veranstaltungen, die den Bruch überbrücken sollen, den Bruch sichtbar machen. Unter diesem Gesichtspunkt eröffnet sich ein fast unbegrenztes Feld systematisch fundierter religionsgeschichtlicher Forschung: von jenen Verkörperungen der genalogischen Überbrückung an, deren Funktion es ist, den Bruch selbst und damit zugleich das tragische Scheitern seiner Überbrückung darzustellen ... bis hin zu jenen Maßnahmen ritueller Art, die den Bruch wider besseres Wissen verbergen sollen.« (ebd., S. 14f.)

66 Nachahmung als Wiederholung des Ursprungsgeschehens bedeutet die Verwandlung der »minderen«, der profanen Wirklichkeit in die eigentliche, die archetypische Wirklichkeit. Mit Deutlichkeit ist dies Eliades Argumentation zu entnehmen, wenn er auch die damit verbundenen Probleme nicht anspricht. Vgl. dazu M. Eliade: *Das Heilige und das Profane*, a.a.O. und: Ders.: *Kosmos und Geschichte* [1949]. Frankfurt am Main 1994.

67 Vgl. die diesbezügliche Argumentation im *Exkurs* zu seiner *Ästhetischen Theorie*: *Theorien über den Ursprung der Kunst*. Hier setzt sich Adorno mit der These auseinander, die Maske sei »nicht bloß der Dämon, dessen Kraft auf den Träger übergeht: der Träger selbst werde leibhaftig zum Dämon und, als Selbst, ausgelöscht. Dagegen regt sich Zweifel: jedem Stammesangehörigen und auch dem Maskierten ist der Unterschied zwischen seinem eigenen Gesicht und der Maske unmittelbar evident und damit die Differenz, die nach der neuromantischen Konzeption nicht spürbar sein soll. So wenig Gesicht und Maske eines sind, so wenig kann der Maskenträger leibhaft als Dämon wahrgenommen werden. Das Moment des Dissimulierens wohnt dem Phänomen inne, im Widerspruch ... [zur] ... Behauptung: weder die oft völlig stilisierte Form noch die teilhafte Verdeckung der Maskenträger beeinträchtige die Auffassung von der ›Wesensverwandlung des Trägers durch die Maske‹. ... Wo der Angehörige des Clans das Totemtier oder eine gefürchtete Gottheit imitiert, zu ihr sich macht, bildet sich der Ausdruck, ein

Anderes als der Einzelne für sich ist. Während Ausdruck scheinbar zur Subjektivität rechnet, wohnt ihm, der Entäußerung, ebenso das Nichtich, wohl das Kollektiv inne. Indem das zum Ausdruck erwachende Subjekt dessen Sanktion sucht, ist der Ausdruck bereits Zeugnis eines Risses.« (Theodor W. Adorno: *Ästhetische Theorie. Gesammelte Schriften.* Band 7 Frankfurt am Main 1970, S. 485f.) Wichtig ist dabei der Hinweis auf den sozialen Charakter des »Ausdrucks«. J.-P. Vernant wird solches für die Formen von Darstellung und Wahrnehmung der *polis*-Kultur ausführen.

68 V. Ehrenberg: *Polis und Imperium.* Zürich, Stuttgart 1965.

69 Auf solcher Grundlage schreibt Siegfried Melchinger die Geschichte des *polis*-Theaters als eines im modernen Sinne politischen, d.h. säkularen Theaters. Vgl. S. Melchinger: *Geschichte des politischen Theaters.* Band 1. Frankfurt am Main 1974.

70 Vgl. J.-P. Vernant: *Der Mensch im antiken Griechenland*, in: Ders. (Hrsg.): *Der Mensch der griechischen Antike.* Frankfurt am Main, New York 1993, S. 11.

71 J.-P. Vernant: *Zwischen Mythos und Politik. Eine intellektuelle Autobiographie* [1996]. Berlin 1997, S. 32.

72 Das betont Vernant ausdrücklich als leitendes Motiv seiner Forschungen zur griechischen Religionsgeschichte in einem Interview mit dem *Nouvel Observateur* vom 11.5.1980; vgl. dazu R. Schlesier: *Kulte, Mythen und Gelehrte. Anthropologie der Antike seit 1800.* Frankfurt am Main 1994, S. 298.

73 Vgl. dazu L. Febvre: *Sensibilität und Geschichte. Zugänge zum Gefühlsleben früherer Epochen* [1941], in: Claudia Honegger (Hrsg.): *Schrift und Materie der Geschichte. Vorschläge zur systematischen Aneignung historischer Prozesse.* Frankfurt am Main 1977, S. 313ff.

74 Zu Affinitäten und Unterschieden zwischen der französischen Antikenforschung um J.-P. Vernant und der Erforschung der (frühen) Neuzeit durch die *Annales*-Historiker vgl. P. Burke: *Offene Geschichte. Die Schule der ›Annales‹.* Berlin 1991, S. 101.

75 Diesen Satz formuliert Claude Lévi-Strauss: *Strukturale Anthropologie.* Frankfurt am Main 1967, S. 25; er findet sich zitiert bei J.-P. Vernant: *Der Mythos*, in: Ders.: *Mythos und Gesellschaft im alten Griechenland*, a.a.O., S. 224.

76 Gegen die Rede der Cambridge Ritualists von Primitivität und magischer Religion wendet Vernant deshalb ein: »Die antiken Religionen sind in geistiger Hinsicht nicht weniger reich, auch nicht weniger komplex und intellektuell organisiert als die von heute. Sie sind anders.« (J.-P. Vernant: *Mythos und Religion im alten Griechenland* [1987]. Frankfurt am Main, New York 1995, S. 8f.) Im erkenntniskritisch durchreflektierten Rahmen, in welchem sich Vernant seine Frage nach dem Anderen der griechischen Kultur stellt, wird zugleich die Gefahr vermieden, dieses Andere nur als das spiegelverkehrt wahrgenommene Selbst aufzufassen. Zu dieser Gefahr, soweit sie auch heute noch droht, vgl. jetzt: P. Cartledge: *Die Griechen und wir* [1993]. Stuttgart, Weimar 1998.

77 Vgl. J.-P. Vernant: *Mythos und Religion im alten Griechenland*, a.a.O., S. 9.

78 Vernant grenzt sich ausdrücklich von einem Strukturalismus ab (J.-P. Vernant: *Zwischen Mythos und Politik*, a.a.O., S. 45f.), der »die Geschichte zugunsten von formalen Modellen und abstrakten Schemata aus dem Bereich der Sozialwissenschaften zu verdrängen« sucht (ebd., S. 46). Er berücksichtigt aber die linguistischen Entdeckungen auf dem Feld von System und Synchronie, die es dem Mythologen ermöglichen, »die Oppositions- und Homologiesysteme an den Tag zu bringen, die das Gerüst der mythischen Erzählungen bilden«. Insofern bekennt

sich der Religionshistoriker als Strukturalist. Interessanterweise zeigen sich die Grenzen der Mythen-Interpretation von Lévi-Strauss just in ihrer paradigmatischen Anwendung auf den »klassischen« griechischen, den Ödipus-Mythos (vgl C. Lévi-Strauss: *Die Struktur der Mythen*, in: Ders: *Strukturale Anthropologie*, a.a.O., S. 226ff.). Als das Problem, das hier in Form der Logik binärer Gegensatzbildung »bearbeitet« wird, bezeichnet er zwar auch das Problem der Autochthonie. Die Lösungen, die er in der Parallelisierung und Gegenüberstellung der bedeutungstragenden Motive in den Geschichten um das Geschlecht des Ödipus findet, können dagegen kaum überzeugen. Zur immanenten und von daher schlüssigen Kritik an dieser strukturalen Methode der Mythen-Entschlüsselung vgl. K. Heinrich: *arbeiten mit ödipus. Begriff der Verdrängung in der Religionswissenschaft*, a.a.o., S. 191ff.

79 J.-P. Vernant: *Der Mensch im antiken Griechenland*, in: Ders. (Hrsg.): *Der Mensch der griechischen Antike, a.a.O.*, S. 8.

80 J.-P. Vernant: *Die Entstehung des griechischen Denkens* [1962]. Frankfurt am Main 1982, S. 20.

81 ebenda, S. 114.

82 ebenda, S. 8.

83 ebenda, S. 35.

84 Vgl. dazu ausführlich die Darstellung bei Chr. Meier: *Athen. Ein Neubeginn der Weltgeschichte*. Berlin 1993, S.69ff.

85 J.-P. Vernant: *Der Mensch im antiken Griechenland*, in: Ders. (Hrsg.): *Der Mensch der griechischen Antike*, a.a.O., S. 25. Vernant stützt sich in seinen Ausführungen zur griechischen Konzeption des Sehens insbesondere auf die »archäologischen« Forschungen des Foucault-Schülers Gérard Simon. Bei ihm heißt es entschieden: »Denn im archaischen Griechenland heißt Sehen leben, sehen und leben in dieser Welt« (G. Simon: *Die Wissenschaft vom Sehen und die Darstellung des Sichtbaren. Der Blick der antiken Optik*, in: Ders.: *Der Blick, das Sein und die Erscheinung in der antiken Optik* [1988]. München 1992, S. 225).

86 Vgl. Charles Segal: *Zuschauer und Zuhörer*, in: J.-P. Vernant (Hrsg.): *Der Mensch der griechischen Antike*, a.a.O., S. 226.

87 J.-P. Vernant: *Der Mensch im antiken Griechenland*, in: Ders. (Hrsg.): *Der Mensch der griechischen Antike*, a.a.O., S. 28.

88 Die Beziehungen zwischen dem griechischen Alphabet und der in ihm erreichten Sichtbarkeit der Sprache in der Schrift sowie die Folgen des Umbruchs von einer oralen zu einer litteralen Kulturform, deren Auswirkungen er bis in das Denken der Philosophen, insbesondere Platons, feststellt, sind Gegenstand der Forschungen Eric A. Havelocks. Dazu und zum Verhältnis seiner Studien zur »Schule von Toronto« um Harold A. Innes und Marshall McLuhan vgl. E.A. Havelock: *Als die Muse schreiben lernte* [1986]. Frankfurt am Main 1992.

89 J.-P. Vernant: *Die Entstehung des griechischen Denkens*, a.a.O., S. 49.

90 ebenda, S. 43.

91 Herodot: *Historien*: II, 53. Wobei Herodot Homer und Hesiod, »die den Hellenen Entstehung und Stammbaum der Götter geschaffen und den Göttern die Beinamen gegeben und ihre Ämter und Fertigkeiten gesondert und ihre Gestalten deutlich gemacht haben« (Übersetzung nach W. Marg), auch nach der heutigen Datierung exakt, nämlich um 800, ansetzt.

92 Vgl. J.-P. Vernant: *Die Entstehung des griechischen Denkens*, a.a.O., S. 110.

93 Vgl. die Auseinandersetzung mit Cornfords Werken *From Religion to Philosophy* von 1912 und *Principium Sapientiae. The Origins of Greek Philosophical Thougt*, postum 1952 erschienen, bei J.-P. Vernant: *Vom Mythos zur Vernunft. Die Entstehung des positiven Denkens im archaischen Griechenland* [1957], in: C. Honegger (Hrsg.): *Schrift und Materie der Geschichte. Vorschläge zur systematischen Aneignung historischer Prozesse*. Frankfurt am Main 1977, S. 335ff.
94 J.-P. Vernant: *Die Entstehung des griechischen Denkens*, a.a.O., S. 123.
95 ebenda, S. 39.
96 L. Bruit-Zaidman, P. Schmitt-Pantel: *Die Religion der Griechen. Kult und Mythos*. München 1994, S. 11. Auf Grundlage von Vernants Forschungen bietet das Buch einen ausgezeichneten Überblick über die verschiedenen Aspekte der griechischen Religion.
97 Vgl. M. Detienne, J.-P. Vernant: *La cuisine du sacrifice en pays grec*. Paris 1979.
98 J.-P. Vernant: *Die Entstehung des griechischen Denkens*, a.a.O., S. 51.
99 J.-P. Vernant: *Mythos und Religion im alten Griechenland*, a.a.O., S. 75.
100 J.-P. Vernant: *Zwischen Mythos und Politik. Eine intellektuelle Autobiographie*, a.a.O., S. 37.
101 J.-P. Vernant: *Mythos und Religion im alten Griechenland*, a.a.O., S. 75.
102 ebenda, S. 12.
103 »In beiden Fällen verschwimmt die normale Entfernung zwischen dem Opfernden, dem Opfertier und der Gottheit und verschwindet schließlich ganz.« (ebd., S. 77)
104 Vgl. ebenda, S. 84ff.
105 Vgl. ebenda, S. 86ff. Die Verbindung des Dionysos mit dem Begriff des Anderen übernimmt Vernant von Louis Gernet (vgl. L. Gernet: *Dionysos et la religion dionysiaque: éléments hérités et traits origineaux* [1953], in: Ders.: *Anthropologie de la Grèce ancienne*. Paris 1968, S. 63ff.).
106 Das Heilige weist auch durchaus die insbesondere von Marcel Mauss hervorgehobene Zweideutigkeit auf, die zwischen dem Anziehenden, Erlaubten, und dem Abstoßenden, Verbotenen, oszilliert. Aber: Wie Reinheit und Unreinheit kontextabhängig sind, verbindet sich die Ambivalenz des Heiligen mit einem »Spiel von ›heilig‹ und ›befleckt‹«. Je nachdem, in welche Stelle des »Systems von Riten und Vorstellungen« eintritt, was als rein bzw. befleckt gilt, kann es negativ oder positiv funktionieren, so daß »die Befleckung im Rahmen des Systems von Riten und Vorstellungen, die ihre Einordnung in die Welt der Menschen regelt, eine positive religiöse Kraft beinhalten kann.« (Bruit-Zaidman/Schmitt-Pantel: *Die Religion der Griechen*, a.a.O., S. 15)
107 J.-P. Vernant: *Der maskierte Dionysos in den ›Bakchen‹ des Euripides* [1986], in: J.-P. Vernant: *Der maskierte Dionysos. Stadtplanung und Geschlechterrollen in der griechischen Antike*. Berlin 1996, S. 81.
108 ebenda.
109 J.-P. Vernant: *Zwischen Mythos und Politik. Eine intellektuelle Autobiographie*, a.a.O., S. 120.
110 Vgl. J.-P. Vernant: *Théorie générale du sacrifice et mis à mort dans la ΘΥΣΙΑ grecque*, in: *La Sacrifice dans L'Antiquité*. Genf 1981, S. 1ff.
111 Der einläßlichste Rekonstruktionsversuch mit ausführlicher Diskussion der Quellen findet sich bei W. Burkert: *Homo necans. Interpretationen altgriechischer Opferriten und Mythen*. Berlin, New York 1972, S. 153ff. Zur Kontroverse um Bedeutung und Verlauf dieses Opfers vgl. H.W. Parke: *Festivals of the Athenians*. London 1977, S. 162ff.

112 Vgl. K. Meuli: *Griechische Opferbräuche*, in: *Phyllobolia. Festschrift für P. von der Mühll*. Basel 1946, S. 185ff.

113 Vgl. J.-P. Vernant: *Théorie générale du sacrifice et mis à mort dans la ΘΥΣΙΑ grecque*, in: *La Sacrifice dans L'Antiquité*, a.a.O.

114 J.-P. Vernant: *Mythos und Religion im alten Griechenland*, a.a.O., S. 50.

115 Vgl. J.-P. Vernant: *Zwischen Mythos und Politik. Eine intellektuelle Autobiographie*, a.a.O., S. 177ff.

116 ebenda, S. 213.

117 ebenda, S. 41.

118 Diese Wahrnehmungsgeschichte »bildet den geistigen Rahmen und setzt voraus, daß die Begriffe Erscheinung, Nachahmung, Ähnlichkeit, Bild und falscher Schein in ihren gegenseitigen Beziehungen und ihrer gemeinsamen Gegenüberstellung zum Realen, zum Sein, sich bereits gebildet und klar abgezeichnet haben« (ebenda, S. 198).

119 J.-P. Vernant: *Die Entstehung des griechischen Denkens*, a.a.O., S. 50.

120 J.-P. Vernant: *Der Mensch im antiken Griechenland*, in: Ders. (Hrsg.): *Der Mensch der griechischen Antike*, a.a.O., S. 23.

121 J.-P. Vernant: *Zwischen Mythos und Politik. Eine intellektuelle Autobiographie*, a.a.O.,S. 217.

122 Die Untersuchung der Maskenfiguren hat Vernant in einem zusammen mit Françoise Frontisi verfaßten Essay begonnen: *Figures du masque en Grèce ancienne*, in: J.-P. Vernant, P. Vidal-Naquet: *Mythe et tragédie II*. Paris 1986, S. 25ff. Eine Zusammenfassung in deutscher Übersetzung findet sich bei J.-P. Vernant: *Tod in den Augen. Figuren des Anderen im griechischen Altertum: Artemis und Gorgo*. Frankfurt am Main 1988, S. 29.

123 Vgl. ebenda, S. 9-18.

124 J.-P. Vernant: *Zwischen Mythos und Politik. Eine intellektuelle Autobiographie*, a.a.O., S. 120.

125 An sie knüpft Vernant wie auch Marcel Detienne ausdrücklich an. Besonders deutlich zeigt sich diese Nähe in Detiennes Auseinandersetzung mit den Erscheinungsweisen des Dionysos, vgl. M. Detienne: *Dionysos. Göttliche Wildheit.* [1986] München 1995, in der sich der Autor ausdrücklich auf Ergebnisse W. F. Ottos beruft.

126 J.-P. Vernant: *Zwischen Mythos und Politik. Eine intellektuelle Autobiographie*, a.a.O., S. 198.

127 ebenda, S. 206.

128 Pausanias nennt – im zweiten Jahrhundert nach Christus – ausdrücklich nur solche Ansiedlungen *poleis*, in der sich ein Regierungsgebäude, ein Marktplatz (*agora*) und ein Theater befinden. Vgl. M. I. Finley: *Die antike Wirtschaft*, München 1977, S. 147.

129 Obwohl »Stadtstaat« als Übersetzungswort für *polis* mit guten Gründen geläufig geworden ist, hat man politisches und solch städtisches Leben doch auch zu unterscheiden. Eine *polis* kann durchaus nur als Verband von ländlich-dörflichen Gemeinden Bestand haben, während einige der griechischen *poleis* darüber hinaus noch eine urbane Lebensweise entwickelt haben, die nicht ganz und gar deckungsgleich war mit dem Verfassungsleben. Zu dieser Differenzierung vgl. F. Kolb: *Die Stadt im Altertum*. München 1984, S. 58ff.

130 Deutlich wird dies etwa an der Definition des städtischen Lebensraums der *poleis* bei Ch. G. Starr: *The Economic and Social Growth of Early Greece 800-500 B.C.* New

York, Oxford 1977. Wenn er sein Vorhandensein weniger an der Bevölkerungszahl, sondern an der Existenz gewisser baulicher Institutionen, darunter der Theater, festmacht, zeigt sich, daß seine Datierung des Aufkommens griechischer Städte um die Wende vom 7. zum 6. Jahrhundert zu früh angesetzt ist. Das Theater läßt sich als charakteristischer Bautypus nicht vor dem 5. bzw. dem 4. Jahrhundert nachweisen. Vgl. dazu: F. Kolb: *Die Stadt im Altertum*, a.a.O., S.61f.

131 Vgl. dazu vor allem Chr. Meier: *Die Entstehung des Politischen bei den Griechen.* Frankfurt am Main 1980, S.16f. Interessante Aufschlüsse über die verschiedenenen Perspektiven der französischen und der deutschen Geschichtsschreibung bietet der Vergleich der beiden Essays von Christian Meier und Paul Veyne, in Dies.: *Kannten die Griechen die Demokratie?* Berlin 1988.

132 Vgl. J.-P. Vernant: *Die Entstehung des griechischen Denkens* [1962]. Frankfurt am Main 1982.

133 Eine detaillierte Darstellung der Reformen, durch welche die Demokratie Athens vorbereitet wird, und zur Organisation der Demokratie selbst bei J. Bleicken: *Die athenische Demokratie.* Paderborn, München; Wien, Zürich ²1994. Besonders wertvoll der Literaturbericht zu einzelnen Aspekten des Themas (S. 437ff.).

134 Darin spinnt sich erkennbar noch die Rolle des Magiers und Schamanen fort, der etwa in Fällen der Blutschuld oder anderer Befleckung, die eine Gemeinschaft auf sich geladen hatte, für die rituelle Entsühnung Sorge zu tragen hatte. Vgl. dazu J.-P. Vernant: *Die Entstehung des griechischen Denkens*, a.a.O., S. 66ff.

135 So übersetzt Chr. Meier: *Athen. Ein Neubeginn der Weltgeschichte.* Berlin 1993, S. 69f.

136 Vgl. dazu Y. Garlan: Der *Mensch und der Krieg*, in: J.-P. Vernant (Hrsg.): *Der Mensch der griechischen Antike.* Frankfurt am Main, New York 1993, v.a. S. 76ff.

137 Zu diesem Gedanken Solons vgl. Chr. Meier: *Die Entstehung einer autonomen Intelligenz bei den Griechen.* In: S. N. Eisenstadt (Hrsg.): *Kulturen der Achsenzeit. Ihre Ursprünge und ihre Vielfalt.* Band 1. Frankfurt am Main 1987, S. 113f.

138 Grundlage dafür war die *seisachtheia*, die »Lastenabschüttelung«, wohl nicht die gänzliche Aufhebung, so doch die Minderung der Schulden, durch welche die Bauern zu ausgesprochenen Sklaven der aristokratischen *gentes* geworden waren.

139 Dies ist Basis ihrer Beteiligung an den Entscheidungen des – in allererster Linie wohl für die Regelung von Rechtsfragen zuständigen – Rats (*boule*), in denen die traditionellen vier Stämme (*phylai*) Attikas (je hundert) Vertreter zu entsenden hatten.

140 Den Ausdruck »Mischung« gebraucht Aristoteles (*Staat der Athener* 21,2) zwar erst für die Reform des Kleisthenes; er trifft in modifizierter Form aber bereits die Gesellschaftseinteilung des Solon, indem auch hier Altes zu Neuem gefügt, insofern »gemischt« wird.

141 Die *heliaia*, der Hauptgerichtshof auf der *agora*, wurde wahrscheinlich in der Frühzeit der Herrschaft des Peisistratos erbaut.

142 Zur Herrschaftspolitik des Peisitratos vgl. F. Kolb: *Die Bau-, Religions- und Kulturpolitik der Peistratiden*, in: *Jahrbuch des deutschen Archäologischen Instituts*, Berlin. 92/1977.

143 Zu den Festreformen des Peisitratos vgl. M. Stahl: *Aristokraten und Tyrannen im archaischen Athen.* Stuttgart 1987. Zur Debatte über die Rolle des Peisitratos und die darin erhobenen Einwände gegen die Festreform durch die Tyrannis vgl. H. A. Shapiro: *Art and Cult under the tyrants in Athens.* Mainz 1989.

144 Zu den Motiven des Kleisthenes vgl. J. Bleicken: *Die athenische Demokratie*, a.a.O., S. 35ff., S. 447ff.

145 Zur Reform des Kleisthenes vgl. ebenda, bes. S. 153ff.

146 Diese Reform atmet deutlich den geometrischen Geist, den Vernant für den homologen Bezug zwischen naturphilosophischen und politischen Ordnungsvorstellungen aufgewiesen hat. Die gesellschaftliche Einteilung erfolgt bei Kleisthenes gemäß einer rechnerisch vorgenommenen Anordnung gleicher Teile um einen gemeinsamen Mittelpunkt. Zu Vernants Deutung der Reformen des Kleisthenes vgl. J.-P. Vernant: *Raum und politische Organisation im antiken Griechenland*, in: Ders.: *Der maskierte Dionysos. Stadtplanung und Geschlechterrollen in der griechischen Antike* [1965], a.a.O., S. 55 ff. Der Essay knüpft an die Ergebnisse des zuerst 1964 erschienen Kleisthenes-Buches von Pierre Lévêque und Pierre Vidal-Naquet an: *Clisthène l'Athénien*. Paris ²1983.

147 Es sind eben die jeweils einen Querschnitt aus den Territorien bildenden politischen Einheiten, die nun Vertreter nach Athen entsenden, in die erweiterte *boule*, den Rat, der gegenüber dem solonischen um hundert auf 500 Mitglieder, 50 aus jeder Phyle, vergrößert wird.

148 Über den wichtigsten sozialen Geltungsunterschied zwischen den verschiedenen Bevölkerungsgruppen bestimmte der auch die gesamte »klassische Periode« durchziehende Gegensatz von *ploutos* (Reichtum) und *penia* (Armut). Nur diejenigen konnten zunächst nämlich volle Bürgerrechte beanspruchen, die Landbesitz nachweisen konnten, und (oft auch) umgekehrt – nur ein Bürger konnte Landbesitz erwerben.

149 So erhielten in Athen auch die wohlhabenden Bürger Vergütungen für ihre Pflichtbeiträge zu den öffentlichen Aufgaben. Nur die Ausrüstung der Kriegsschiffe (Trierarchie) sowie die Ausrichtung der zahlreichen Feste (Choregie, Gymnasiarchie) mußten weiterhin aus dem Privatvermögen der Amtsträger bestritten werden.

150 Vgl dazu J. Bleicken: *Die athenische Demokratie*, a.a.O., S. 280ff. Materiell abgesichert wurde solche Beteiligung insbesondere auch durch öffentliche Besoldung der Amtsübernahme sowie zahlreiche Sitzungsgelder für die Teilnahme an Gerichts- und Ratsversammlungen, zu denen schließlich auch mit der Einrichtung der Theorikon-Kasse die Finanzierung des Besuchs der (Theater-)Feste hinzukam; vgl. dazu ebenda, S. 283, S. 536f.

151 Mit welcher Umsicht und Sorgfalt diese Aufgabe als politische Pflicht erkannt und wahrgenommen wurde, mag man – unter anderem – an dem umfangreichen Kontroll-System ablesen, das zur Überwachung der angemessenen Besetzung und des ordnungsgemäßen Ablaufs des Verwaltungs- und Ämterwesens zu sorgen hatte. Zum Kontrollsystem des Verwaltungs- und Ämterwesens vgl. J. Bleicken: *Die athenische Demokratie*, a.a.O., S. 265ff.

152 Vgl. dazu Chr. Meier: *Athen. Ein Neubeginn der Weltgeschichte*. Berlin 1993, S. 138f.

153 Differenzierte Erwägungen zur Polarität im griechischen Denken bei P. Cartledge: *Die Griechen und wir* [1993]. Stuttgart, Weimar 1998.

154 Vgl. dazu W. Burkert: *Antike Mysterien. Funktionen und Gehalt* [1987]. München ²1991.

155 Der Kult des Theseus, der der Überlieferung zufolge die Einigung Attikas unter der Führung Athens herbeigeführt haben soll, verband sich deshalb insbesondere mit dem imperialen Anspruch der Stadt im Seebund; so »brachte« um 475 Kimon die Gebeine des Theseus aus Skyron »zurück« – als Symbol der Einheit Attikas und der Seemacht Athens gleichermaßen.

156 So formuliert Dionysius in *Über Demosthenes*, zitiert nach L. Canfora: *Der Bürger*, in: in: J.-P. Vernant (Hrsg.): *Der Mensch der griechischen Antike*, a.a.O., S. 161.
157 Vgl. ebenda, S. 160ff.
158 Vgl. dazu N. Loraux: *L' Invention d'Athènes: histoire de l'oration funèbre dans la cité classique*. Paris 1981 und Diess.: *Les Enfants d'Athéna: Idées athéniennes sur la citoyenneté et la division des sexes* [1981]. Paris ²1984.
159 Vgl. G. Sissa: *Die Familie im griechischen Stadtstaat*, in: A. Burguière u.a. (Hrsg.): *Geschichte der Familie. Band I: Altertum* [1986]. Frankfurt am Main, New York 1996, S. 247.
160 Vgl. dazu R. Sennett: *Fleisch und Stein. Der Körper und die Stadt in der westlichen Zivilisation*. Berlin 1995, S. 87ff.
161 ebenda, S.92
162 Zum Begriff des Symbols als einer »Zusammenlegung« im Gegensatz zu dem des Symptoms als – zufälligem – Zusammenfall vgl. K. Heinrich: *arbeiten mit ödipus. Begriff der Verdrängung in der Religionswissenschaft*, a.a.O., S. 256f.
163 Zu den Begleittieren im Anschluß an J. Harrison vgl. K. Heinrich: *arbeiten mit ödipus. Begriff der Verdrängung in der Religionswissenschaft*, a.a.O., S. 167ff.
164 Ein gutes Beispiel dafür bieten die Bemühungen um die Historisierung des Mythos, in der es eben um den Ausgleich zwischen zwei Zeitordnungen, der des *mythos* und der der *historia* zugänglichen zu tun war, um Homogenisierung der Zeitenfolge mithin, vgl. die diesbezüglichen Bemerkungen in Teil II: *Quellen und Fakten. Geschichte der didaskaliai.*
165 Vgl. dazu K. Heinrich: *anthropomorphe*, a.a.O. 1986, S. 124ff.; S. 182 ff.
166 Diesen Aspekt der Ungleichzeitigkeit zwischen dem aus der Tradition der *polis* stammenden Wertebewußtsein und den neuen Lagen, in die das Reich Athens geriet, betont Christian Meier: *Die politische Kunst der griechischen Tragödie*, München 1988.
167 Vgl. dazu ebenda, S. 43ff.
168 Vgl. dazu J. Keegan: *Die Kultur des Krieges*. Berlin 1995, v.a. S. 343ff.
169 J.-P. Vernant: *Zwischen Mythos und Politik. Eine intellektuelle Autobiographie*, a.a.O., S. 49.
170 Die Erschließung und Diskussion der auf die Dionysien bezogenen Quellen zieht sich hin über die Editionsgeschichte des wichtigsten Werks zu diesem Fest, A.W. Pickard-Cambridge: *The Dramatic Festivals of Athens*. Oxford 1953, rev. by J. Gould and D. M. Lewis, Oxford ²1968, with supplement and corrections, Oxford ³1988.
171 Zu den Panathenäen vgl. M. Stahl: *Aristokraten und Tyrannen im archaischen Athen*, a. a. O., S. 246ff.
172 Die Rekonstruktion dieses Zusammenhangs findet sich bei F. Kolb: *Agora und Theater, Volks- und Festversammlung*. Berlin 1981, S. 20ff.; im Resumee auch bei F. Kolb: *Polis und Theater*, in: G. A. Seeck: *Das griechische Drama*. Darmstadt 1979. Auch Kolb bezieht sich auf die Ergebnisse der Cambridge Ritualists.
173 Wie sehr Politik selbst schon Religionspolitik ist (und diese etwa nicht nur Teil jener) und wie wichtig der Aspekt des Rituell-Ursprünglichen bei aller Überformung durch das zeremonielle Symbol dabei ist (und bleiben wird), zeigt die (für den Berichterstatter selbst unglaubwürdige) Anekdote, die Herodot (I, 60, 3-5) über den Machtantritt des Peisitratos in Athen berichtet. Wegen seiner schon früher bekannten Gelüste auf die Alleinherrschaft ins Exil verbannt, hatte sich Peisistratos seine Rückkehr nach Athen zu guter Letzt durch einen Trick er-

schlichen: Er zog mit einem schönen, großen Mädchen, die als Athena verkleidet war, in Athen ein – zum Zeichen, daß seine Rückkehr »gottgewollt«, von der Stadtgöttin sozusagen persönlich legitimiert sei. Die Athener jedenfalls scheinen die rituelle Vergegenwärtigung des Ursprungsgeschehens ernst genommen, scheinen geglaubt zu haben, daß es die Göttin selbst gewesen war, die zusammen mit ihrem Schützling Peisistratos in die Stadt zurückgekommen sei.

174 Zu diesem Opfer vgl. F. Kolb: *Agora und Theater, Volks- und Festversammlung*, a.a.O., S. 44.

175 Diese Opferküche verband sich wohl vor allem mit dem Opfer des Stiers, der für die siegreichen Stämme beim Dithyramben-Wettbewerb ausgesetzt wurde, vgl. dazu W. Burkert: *Die antike Stadt als Festgemeinschaft*, in P. Hugger (Hrsg.): *Stadt und Fest. Zu Geschichte und Gegenwart europäischer Festkultur*. Unterägeri, Stuttgart 1987, S. 32.

176 Der anläßlich der Dionysien im übrigen zwei Mal kommt: Der *carrus navalis*, der Schiffswagen, auf dem er auch Einzug hält, bezieht sich auf einen anderen, über das Meer nach Ikaria gekommenen Dionysos.

177 Den Begriff des »sozialen Dramas« übernehme ich von Victor Turner, ohne den Versuch zu unternehmen, die von ihm darunter gefaßte Ablaufstruktur auf die Dionysosfeste zu applizieren. Dagegen spricht eben die unsichere Überlieferung, welche die Verifikation einer solchen Anwendung verwehrt. Wichtig zu nehmen ist ausschließlich die damit von Turner vorgenommene Modifikation des strukturfunktionalistischen Ansatzes, welche die »dramatischen« Momente einer rituellen Veranstaltung als Momente eines wirklichen Konfliktgeschehens hervorstreicht und damit eben nicht nur ihre integrativen, Strukturen bestätigenden Kräfte, sondern eben auch die in der »liminalen« Situation eröffneten Möglichkeiten zur Veränderung wichtig nimmt. Vgl. V. Turner: *Vom Ritual zum Theater. Der Ernst des menschlichen Spiels* [1982]. Frankfurt am Main, New York 1989. Einen Versuch der Anwendung seiner Kategorien auf das Dionysos-Fest findet sich bei F. Graf: *Die kultischen Wurzeln des antiken Schauspiels*, in: G. Binder, B. Effe: *Das antike Theater. Aspekte seiner Geschichte, Rezeption und Aktualität*. Trier 1998, S. 11ff.

178 Eine solche Sitzordnung schlägt vor: J.J. Winkler: *The Ephebes' Song. Tragōidia and Polis*, in: J. J. Winkler, F. Zeitlin (Hrsg.): *Nothing to do with Dionysos? Athenian Drama in its social context*. Princeton 1990, S. 38ff.

179 Zur künstlerischen Entwicklung des Dithyrambos vgl. B. Zimmermann: *Dithyrambos. Geschichte einer Gattung*. Göttingen 1992.

180 Die Zahl der beim Dithyrambenagon auftretenden Chöre bzw. der bei *jedem* Dithyrambenagon auftretenden Chöre ist umstritten; in der Literatur findet sich neben der Vermutung, bei jedem Fest der Großen Dionysien sei jeweils die volle Anzahl der Männer- und Knabenchöre aufgetreten auch manche Kompromißlösung, so etwa die, es haben sich jeweils nur fünf Männer- bzw. Knabenchöre beteiligt.

181 Zum Opfer der Generäle vgl. S. Goldhill: *The Great Dionysia and Civic Ideology*, in: J. J. Winkler, F. Zeitlin (Hrsg.): *Nothing to do with Dionysos? Athenian Drama in its social context*, a.a.O. S. 100ff.

182 Zur militärischen Bedeutung der Phylen und den entsprechenden Beweggründen, die – möglicherweise maßgeblich – zur Phylen-Organisation beigetragen haben, vgl. J. Bleicken: *Die athenische Demokratie*, a.a.O., S. 153ff., S. 491f.

183 Die einfühlsamste Beschreibung des Verhältnisses von *agon* und *arete* bei H. D. F. Kitto: *Die Griechen. Von der Wirklichkeit eines geschichtlichen Vorbilds*, Frankfurt am Main 1960, S.140ff.

184 Zu *proagon* und *ecclesia* vgl. A. W. Pickard Cambridge: *The Dramatic Festivals of Athens*, Oxford ²1968, S. 65f.

185 In diesen Jahren war das Fest auf drei Tage beschränkt, an jedem Tag sollen drei Tragödien, ein Satyrspiel und eine Komödie aufgeführt worden sein.

186 Die Auflösung der Bindung der Tragödienaufführungen zum Zyklus erfolgte höchstwahrscheinlich wegen der gestiegenen Bedeutung der Schauspieler, deren beste dadurch für alle teilnehmenden Dichter zur Verfügung stehen konnten, vgl. A. W. Pickard Cambridge *The Dramatic Festivals of Athens*, a.a.O. S. 118.

187 Der an den Lenäen ausgerichtete *agon* war dagegen wesentlich bescheidener. Wie bei den Dionysien traten im wesentlichen fünf Komödienautoren mit je einem Stück gegeneinander an. Die ungefähr zehn Jahre nach der Einrichtung des Fests, etwa 432, hinzugefügten Tragödienaufführungen scheinen sich – wie aus erhaltenen Aufzeichnungen für die Jahre 419/18 bezeugt ist – auf die an einem Tag stattfindenden Wettbewerbe von zwei Autoren, die jeweils zwei Stücke vorstellten, beschränkt zu haben; ob den Tragödienaufführungen Satyrspiele folgten – wie das bei den Dionysien üblich war –, ist nicht überliefert. Einige Zeugnisse belegen aus der Sicht der Autoren die mindere Wichtigkeit dieses Fests: für sie hatten die an den Lenäen stattfindenden Aufführungen geringeres Gewicht als Teilnahme und Sieg bei den Dionysien.

188 Vgl. A. W. Pickard Cambridge: *The Dramatic Festivals of Athens*, a.a.O., S. 96f.

189 Die sich bei einem solchen, sprichwörtlich gewordenen System ergebenden Urteilsmöglichkeiten spielt durch H-D. Blume: *Einführung in das antike Theaterwesen*. Darmstadt ³1991, S. 42.

190 »For the Athenians the Great Dionysia was an occasion to stop work, drink a lot of wine, eat some meat ...« So lautet ein lapidares und eindeutiges Urteil über die Bedeutung der Feste für die Athener (O. Taplin: *Greek Tragedy in Action*. London 1978, S. 162). Man sollte dies aber eben nur als einen, wenngleich wichtigen Aspekt des Erlebniszusammenhangs sehen, in dem allererst die volle Bedeutsamkeit dieser Feste zu fassen ist.

191 Die Eigentümlichkeit der *polis*-Liturgie im Unterschied zum römischen Euergetismus beschreibt P. Veyne: *Brot und Spiele. Gesellschaftliche Macht und politische Herrschaft in der Antike* [1976]. München 1994, S. 163ff.

192 Ihnen verdankt sich ein Gutteil der Überlieferung über die institutionellen Abläufe der Feste: Die Schwierigkeiten, die er im Lauf seiner Choregie mit einem politischen Gegner auszutragen hatte, hat Demosthenes in der sogenannten Meidias-Rede festgehalten. Sie ist ein wichtiges theaterhistorisches Zeugnis, weil in ihr viele das Choregenamt betreffende Einzelheiten zur Sprache kommen.

193 Vgl. dazu im einzelnen: S. Goldhill: *The Great Dionysia and Civic Ideology*, in: J. J. Winkler/F. Zeitlin (Hrsg.): *Nothing to do with Dionysos? Athenian Drama in its social context*, a.a.O.

194 Mit welcher Beharrungskraft das Tieropfer über die Jahrhunderte hin im Zentrum des griechischen Kults stand, zeigt sich besonders eindrucksvoll, wenn man die Entwicklung des Athener Staatskults unter dem Aspekt seiner sonstigen »Rationalisierung« und »Säkularisierung« in den Blick nimmt, wie das etwa Sally C. Humphreys tut. Vgl.: Dies.: *Die Dynamik des griechischen Durchbruchs. Der Dialog zwischen Philosophie und Religion*, in: S.N. Eisenstadt (Hrsg.): *Kulturen der Achsenzeit. Ihre Ursprünge und ihre Vielfalt*. Band 1, a.a.O., S. 128ff. Zum Überdauern des Opfers in all den hier beschriebenen Veränderungen v.a. S. 141f.

195 Dieser Gedanke ist in jüngster Zeit gerade auf die Dionysien übertragen und – im Anschluß an R. Seaford: *On the origins of satiric drama.* Maia 28, 1977, S. 209ff. – insbesondere im Blick auf die Rolle der Ephebie erprobt worden. Es gibt nun gewichtige Indizien dafür, daß das Fest »liminales« Erleben freigesetzt hat – also eben den Zwischenzustand inszeniert hat, der laut Turner Veränderungen möglich macht. Aber das Beispiel der Epheben zeigt, welche Unsicherheiten, historisch betrachtet, in dieser Hinsicht bestehen. Mit einiger Sicherheit ist zu vermuten, daß die Bedeutung der Epheben im Lauf der Festentwicklung an Bedeutsamkeit zunahm – und damit ein prototypischer Zustand eines ausgesprochenen Schwellenzustandes in der Ausnahmezeit zwischen Kind- und Erwachsensein der jungen Männer, dem Ablegen einer alten und dem Übernehmen einer neuen »Rolle«. Belegen läßt sich eine herausgehobene Rolle der Epheben nun gerade für die Hochzeit des Tragödientheaters nicht, und damit bleibt die These durchaus anzuzweifeln, wonach die Theateraufführungen für die jungen Männer – und sei es nur im Durchspielen von Alternativen gegenüber der gegebenen Ordnung – eine Vorbereitung auf den Kriegsdienst gehabt hätten (zu dieser These vgl. J. J. Winkler: *The Ephebes' Song. Tragōidia and Polis*, in: J. J. Winkler, F. Zeitlin, Hrsg.: *Nothing to do with Dionysos? Athenian Drama in its social context*, a.a.O., S. 38ff.).

196 Die Berechtigung einer solchen Überprüfung des Turnerschen Ansatzes am griechischen Material, die Fest, Zeremonie und Ritual übergreift, ergibt sich aus der eigenartigen Unschärfe dieses Ansatzes selbst. Recht besehen unterscheidet Turner, bei aller sonstigen begrifflichen Trennung von Ritual und Zeremonie, Liminalität und Liminoidiät etc., das Fest – als den regelmäßig stattfindenden Ort im Leben der Gesellschaft – und die in ihm begegnenden rituellen Formen der Konfliktbewältigung nicht oder doch kaum voneinander. Auf diese Weise kommt bei ihm, wenn ich recht sehe, das Verhältnis zwischen dem Konservativismus des Festes und der angeblichen Spontaneität seines Ritus nicht zur Sprache – mit dem oft beobachteten Ergebnis, daß er auf diese Weise der konservativen strukturfunktionalistischen Prämisse gar nicht entkommen *kann.*

197 So daß das »soziale Drama« dieses Festablaufs, in systematischem Betracht, gleichsam nur in den Grenzdaten faßbar wird, von denen es einerseits ausgeht und auf die es andererseits hinzielt. Von seinem Nötigwerden her nämlich – von den Konflikten, Widersprüchen und Krisen aus gesehen, deren sich ändernde Konstellationen dazu zwingen, eine alte Struktur aufzulösen, die jene nicht länger mehr in ihre symbolische Ordnung zu integrieren vermag. In eins damit aber auch von ihrem Ende her gesehen, vom Ergebnis nämlich der Ersetzung dieser alten, ungenügenden durch eine veränderte, den Anforderungen der neu entstandenen Lagen entsprechende symbolische Form. Die Geschichte der wechselnden Festformen, soweit und bis zu dem Punkt, zu dem sie zu schreiben ist, zeigt nur, daß alle dort erreichte Auflösung von Strukturen wiederum in eine umformierte, eben dem Neuen adaptierte Struktur zurückkehrt. Und sollte es zutreffen, daß die beschriebenen, auf *polis*, *asty* und Imperium zugeschnittenen Elemente, wie sie für den Modellfall der Großen, der Städtischen Dionysien aufzuweisen waren, nach dem Verlust der Führerrolle Athens auch im zweiten Seebund so – und vielleicht jetzt erst *so* – kombiniert waren, kann eben behauptet werden, daß diese Festordnung die innere Festigkeit und imperiale Größe Athens gerade zu einem Zeitpunkt zum vollendeten Ausdruck bringt, als beider Zusammenfall in der Realität längst verloren war. Insofern wäre das Fest tatsächlich selbst diese Ordnung von *polis* und

Reich – als sie allein noch im Symbol behauptet werden kann. Zum historischen Hintergrund einer solchen Vermutung vgl. Teil II: *Probleme der Überlieferung – Geschichte der* didaskaliai.

198 Dies bestätigt sich gerade für die griechische Religion. Wenn sie auch nicht übermäßig ritualisiert war, so galten ihr »Glaube« und Ritenvollzug doch als ein- und dasselbe, *nomizein* = »Glauben« ist gleichbedeutend mit *therapeuein* = die der Gottheit gebürenden Riten ausführen. Vgl. etwa Mario Vegetti: *Der Mensch und die Götter*, in: J.-P. Vernant (Hrsg.): *Der Mensch der griechischen Antike*, a.a.O., S. 297.

199 Vgl. dazu K. Heinrich: *tertium datur. Eine religionsphilosophische Einführung in die Logik*. Basel, Frankfurt am Main ²1987, S. 125ff.

200 Vgl. K. Heinrich: *Versuch über die Schwierigkeit nein zu sagen*. Basel, Frankfurt am Main ³1985. Anm. 8 zum *Exkurs über Odysseus und Herrn K.*, S. 180.

201 W. Burkert: *Homo necans. Interpretationen altgriechischer Opferriten und Mythen*, a.a.O., versucht eine Erklärung der Opferfunktion aus ihrem Ursprung. Das wird besonders deutlich in dem Teil seiner Theorie, der mit der *Entstehung* von Ritualen zusammenhängt – als dem in Lernprozessen fundierten und durch Lernprozesse weitergegebenen gesellschaftsermöglichenden und -erhaltenden, bindend-zwingendem Tun. Burkert knüpft hier an die Ethologie, die Lehre von den Verhaltensweisen der Tiere, insbesondere an Konrad Lorenz an und dabei an die Gedanken, die Lorenz in seiner Schrift über *Das sogenannte Böse* entwickelt. Aggression ist – nach Lorenz' Ethologie – dem Menschen in seiner biologischen Grundausstattung nur latent mitgegeben, muß also – damit sie virulent werden kann – entwickelt und erlernt werden. Biologisch unterscheidet sich der Mensch vom Tier durch seine Instinktentbundenheit. Was Probleme für seine Existenz mit sich bringt, die sich insbesondere am Übergang zur Jagdkultur zeigen. Der Mensch ist, anders etwa als das Raubtier, für das Töten nicht programmiert, er muß sich seelisch sozusagen in die Lage versetzen, töten zu können. Er ist biologisch nicht darauf festgelegt zu töten, und er ist als Lebewesen dazu auch gar nicht ausgerüstet. Deshalb braucht er Werkzeuge dazu – und die zu erdenken und herzustellen ist er sehr wohl in der Lage –, immer bessere und größere, wenn es etwa um die Großwildjagd geht. Er muß also den Tötungswillen zugleich mit der Tötungsmacht entwickeln, die eben im biologischen Instinktprogramm und der natürlichen Ausstattung nur rudimentär, nur der Anlage nach, enthalten sind. Freilich: Ebenso fehlen dem Menschen, hat er einmal Tötungswillen und -macht entwickelt, nun auch die instinktprogrammierten Tötungs*barrieren*, welche die Raubtiere ihren Artgenossen gegenüber besitzen. Und genau an dieser Stelle fängt für Burkert das *gesellschaftliche* Problem an. Der Tötungswille, ist er nun einmal entwickelt und erlernt, kann sich nämlich auch und gerade gegen die Angehörigen der eigenen Gattung richten, und das um so leichter, als die in der Ausrüstung des Menschen hergestellte Tötungsmacht gegenüber diesen Artgenossen weitaus größer ist als gegenüber dem wehrhaften Großwild etwa. Der Artgenosse ist eben einfach ungefährlicher und leichter zu überwältigen als das Tier.

Um diese gesellschaftliche Gefahr der entfesselten menschlichen Aggression zu bändigen, um sie einem für die Gesellschaft förderlichen Auflösungsprozeß zu unterziehen, sind nach Burkerts Theorie die Rituale da. Die Ritualisierung des Tötens, des Opfers, wird dadurch zu einem – durch die kulturell produzierte Gewaltbereitschaft hervorgebrachten – Strukturproblem aller Gesellschaften. Der Ritus ist notwendig, um innergesellschaftlich vorhandene Gewalt zu bannen, deshalb braucht es das wirkliche Opfer, das diese Gewalt auf sich zieht. Und es braucht dieses wirkliche Opfer gerade dann, wenn der kulturelle Sublimierungsprozeß so weit fortgeschritten ist, daß sich der Ritus – zumindest zeitweilig – mit Symbolen begnügen zu können scheint. Gerade »Hochkulturen«, schreibt Burkert deshalb, »verlangen, mit dem Fortschritt der Bewußtheit, nach absolutem Ernst – nach real vollzogener Menschentötung. Höchster Ausdruck der staatlichen Gewalt war darum die Todesstrafe.« (S. 58) Gerade Hochkulturen greifen also auf die Opferwirklichkeit zurück, wenn ihre Riten Symbol- und Spielcharakter gewinnen.

202 ebenda, S. 35: »Fortbestehen kann ein nicht angeborenes Ritual ... nur, wenn es durch einen Lernprozeß weitergegeben wird. Der stark entwickelte Nachahmungstrieb des Menschen, zumal des Kindes wird hier entscheidend; die zum Ritus gehörende Theatralik lädt dazu ja ganz besonders ein. Kinder spielen Hochzeit und Beerdigung immer wieder nach.«

203 ebenda.

204 Burkert bemerkt dazu (S. 57): »... höchst reales Blutvergießen und ausgesuchte Arten von Quälereien garantieren den Ernstcharakter des Rituals.« So ist es gerade »das Grausame, ›Böse‹, das hier am Werk ist«, das die »Leistung (erfüllt), eine Sozialstruktur über den Generationenwechsel zu erhalten.« Man kann diese Rolle der Gewalt nun aber nicht nur am (Tier-)Opfer, sondern auch und gerade gegenüber den in rituelle Vorgänge einbezogenen Menschen beobachten. Auffällig ist das vor allem in den Initiationsriten. Ein besonders eindrucksvolles Beispiel für die Verschwisterung von identitätsverheißender Ursprungslogik und identitätsstiftender Gewalt, geradezu den Prototyp einer Vergegenwärtigung der Anfänge als schlagende Lösung des Ursprungsproblems beschreibt Joseph Campbell (*Mythologie der Urvölker. Die Masken Gottes*. Band 1. Basel 1991), sehr einprägsam und vieles zugleich verdeutlichend, an einem blutigen australischen Initiationsritus. Der Initiand wird hier an einem bestimmten Abschnitt seines Lebens von der Gruppe isoliert, ausgesuchten Quälereien ausgesetzt, schließlich beschnitten und im kultischen Schlußakt – ein paar Wochen nach der Beschneidung – der Subinzision unterzogen, das heißt, es wird »mit einem Steinmesser die Harnröhre von unten der ganzen Länge nach aufgeschlitzt.« (S. 124) Dieser ganze aktuelle, körperlich vollzogene, blutig wirkliche Vorgang wird nun in kultischer Darstellung mit einem mythischen Symbol in eins gesetzt: Der Gepeinigte umarmt eine Stange, die in den (bei diesem Stamm, aber – wie Campbell zeigt – auch anderswo verbreiteten) Erzählungen vom Ursprung der Welt die tragende Rolle spielt. In diesem Akt veranschaulicht Campbell, wie der Ritus eben dazu da ist, das Ursprungsproblem und die vielen damit verbundenen Widersprüche im einzelnen zu lösen: »Die kosmische Stange (mit der der Initiand verschmelzt, in eins gesetzt wird – Th. G.) und der (im Rahmen der Beschneidungszeremonie – Th. G.) eingeschnittene Phallus sind dasselbe: der männlich-weibliche, sich selbst genügende, alles erzeugende Ahn des Anfangs. Die zeitliche Polarität von Vergangenheit und Gegenwart, die sexuelle von Mann und Frau, die rituelle von Kultplatz und Stätte des Urbeginns werden samt und sonders, gleichzeitig und gleichermaßen, aufgelöst. Und die phallische Operation, aufgrund deren die Männer, nach authentisch freudianischer Auslegung, von sich behaupten dürfen: ›Wir sind nicht von der Mutter getrennt, denn wir zwei sind eins‹, setzt sie gleichzeitig und gleichermaßen in die Lage, auf ihre Weise an einem mythischen Bild vom metaphysischen Geschehen des Kosmos teilzuhaben: dem Geheimnis jenes kosmogenischen Kunst-

stücks, durch das das Eine zum Vielen wurde und immerzu wird und durch das die Zeitlosigkeit der Ewigkeit sich im Weltenwandel der Zeit spiegelt.« An diesem einfachen, plausiblen Beispiel sieht man, erstens: Der Ritus antwortet sozusagen auf ein metaphysisches Bedürfnis des Einzelbewußtseins, und er arbeitet dabei sozusagen als logisches Instrument – er löst den Widerspruch des Ursprungs, das »Geheimnis« der Kosmogenie. Darüber hinaus aber erkennt man an diesem Beispiel noch weiteres: Im Rahmen einer bloßen Bewußtseinsphilosopie kann man die Arbeitsweise des Ritus nicht zureichend beschreiben. Der Ritus schreibt sich ja jedem einzelnen *körperlich* ein, die wirklich erfahrene Qual ist der Modus der Vergegenwärtigung, welche die intellektuell zerrissene Verbindung mit dem Ursprung im Handeln wiederherstellt und erzwingt. Campbell schreibt dazu (S. 140f.): »Man wird an seine Erwachsenenrolle gebunden, soll das heißen, indem man mit einem Mythos identifiziert wird und tatsächlich, leibhaftig, höchstpersönlich an einer Manifestation mythischer Formen teilnimmt, wobei diese in den Rollen und Verrichtungen des Ritus sichtbar vorgegeben sind und der Ritus, weitergeführt, die Form der Gesellschaft stützt.« Hier, in der körperlichen Einschreibung der kollektiven Norm, liegt also die Nahtstelle zwischen Individuum und Sozietät. Von diesem Zusammenhang aus konzipiert Campbell denn auch die Bezüge zu Freuds Metapsychologie (S. 510ff.). Der Ritus stabilisiert die einfache Form der Stammesgesellschaft eben durch die *buchstäbliche* Unterwerfung der Triebkräfte unter das Gebot der gesellschaftlich geltenden Normen, durch höchst real bewerkstelligte Integration der »Energien der Psyche« »in ein System gesellschaftlicher Pflichten«. Indem »durch eine feierliche Herbeiführung intensiv geteilter Erfahrungen« »das gesamte System der Kinderphantasien und spontanen Anschauungen in das Gemeinschaftsleben eingebunden und damit verschmolzen wird«, wird der »von allen Seiten – von innen nicht weniger als von außen – bombardierte Einzelne entweder in Form gehämmert ... oder zum Wahnsinn getrieben.« Zeugnisse für Gewaltformen, die mit griechischen Initiationsformen, insbesondere solchen, die mit dem Wehrdienst verbunden waren, u.a. bei P. Vidal-Naquet: *Der schwarze Jäger. Denkformen und Gesellschaftsformen in der griechischen Antike* [1981]. Frankfurt am Main, New York 1989.

205 W. Burkert: *Homo necans*, a.a.O., S. 9.

206 Vgl. ebenda, S. 12; S. 20.

207 Vgl. dazu Teil III: *Die Theorien der historischen Schule. Das Drama als attische Form der »Kunst«*.

208 Diese Frage drängt sich, dem Leitfaden der Forschungsgeschichte folgend, auf durch die Theatralitäts-Debatte, die gegenwärtig nicht nur in der Theaterwissenschaft, sondern auch in vielen anderen Kulturwissenschaften geführt wird. Insbesondere in der Theaterwissenschaft ist sie aber durch eine besondere Anstrengung gekennzeichnet, einen »weiten« Theaterbegriff gegen den in der bisherigen Theatergeschichtsschreibung des Fachs willkürlich eingeengten Begriff von »Kunsttheater« zu verteidigen. Gerade der Begriff des Kunsttheaters bleibt dabei freilich in merkwürdiger Weise unscharf, weshalb von Fall zu Fall – wie hier am Beispiel des griechischen Theaters – zu klären bleibt, was darunter materialiter zu verstehen sein mag.

209 Aristoteles: *Poetik* IV, 2.

210 Solche zu genauer Sortierung provozierenden Anstösse bieten die Gegenüberstellung von *methexis* und *mimesis* bei Jane Harrison; die Beobachtungen zu

den Transformationsprozessen, die zwischen der rituellen Geschehenssequenz und den von Gilbert Murray analysierten Tragödienhandlungen wirksam sind; die unzulängliche, in der Tautologie steckenbleibende Unterscheidung von Kult und Kultur bei Walter F. Otto; schließlich auch Jean-Pierre Vernants Aufweis ganz unterschiedlicher Manifestationsformen des Heiligen in der Entwicklung einer vom Religiösen tingierten Wahrnehmungsgeschichte – zwischen den Polen der zur Erscheinung gelangenden Substanz (die gerade aufgrund ihrer Abwesenheit ganz und gar anwesend ist) und der reinen Erscheinung an sich (die vom irritierenden Zweifel begleitet ist an den sicheren Grenzziehungen zwischen Schein und Sein).

211 Das Konzept des Theatralitätsgefüges findet sich – im vorherrschenden Blick auf die Verhältnisse der frühen Neuzeit – entwickelt in diversen Schriften von Rudolf Münz, gesammelt in: R. Münz: *Theatralität und Theater. Zur Historiographie von Theatralitätsgefügen.* Hrsg. von G. Amm, mit einem einführenden Beitrag von G. Baumbach. Berlin 1998.

212 Zu den Formen des antiken Stegreifspiels vgl. Teil III: *Die Theorien der historischen Schule. Das Drama als attische Form der »Kunst«.*

213 Damit ist keineswegs eine absolute Grenzziehung vorgenommen, durch welche das Theater im Theatralitätsgefüge seiner Zeit in irgendeiner Weise isoliert würde. Ganz im Gegenteil: Erst unter dem Blickpunkt eines Institutionalisierungsprozesses wird der Vergleich in einem historisch bestimmten und besonderten Theatralitätsgefüge möglich. Das läßt sich bereits an dem in diesem Zusammenhang ganz formal (also gar nicht etwa im präzisierten Sinne einer soziologischen Institutionenlehre) gebrauchten Begriff der Institution erläutern. Von seiner Wortbedeutung her bezeichnet dieser Begriff nämlich Inneres und Äußeres zugleich, deutet auf ein Verhältnis von Innen und Außen. Institution vom lateinischen *institutio* heißt, wörtlich genommen: Errichtung. Errichtung aber fällt eben mit einem Akt der Grenzziehung zusammen. Grenzen allerdings stehen *zwischen* innen und außen; sie grenzen im gleichen Zuge nämlich ein *und* aus. Das, was sie eingrenzen, bestimmt sich – de-finiert: legt Grenzen fest – überhaupt erst als Eigenes und Besonderes in bezug auf dasjenige, was dadurch ausgegrenzt wird. Wenn die Grenzen dessen, was hier als Theater der *polis*-Kultur gelten soll, mit den äußeren, materiellen Grenzen, den Grenz-Daten sozusagen, einer gesellschaftlichen Institution zusammenfallen, welche diese Kultur in Bauformen, Darstellungskonventionen und vielfältig spezialisierten Fertigkeiten als jeweils eigenartiges Strukturgefüge ausgebildet hat, dann wird man dies auch nur von solchen Grenzbestimmungen her verstehen können. Dies setzt aber voraus, daß man notwendigerweise das mit in den Blick nimmt, *woraus* sich diese Formen ausgrenzen, das also, was ihrerseits durch sie ausgegrenzt wird und jenseits ihrer Geltungsansprüche – aber eben noch in ihrem Grenzbereich – liegt. An den Trennlinien, Bruchstellen, den Rissen, welche die Institution Theater als einen Bereich ganz eigener und strikter Konventionalität umgrenzen, wird man also auf andere Formen theatralischen Verhaltens dieser Kultur stoßen, mögen sie in religiösen, sozialen, staatspolitischen Bereichen liegen, die sich als das Double und das Andere dieser Institution zugleich zu erkennen geben. Von der Differenz her wird man beides beleuchten können und müssen, will man trennscharf nicht nur vom Begriff, sondern von der Sache her verfahren und Differenzierungen als je spezifische im zu verhandelnden historischen Stoff vornehmen können.

214 Wie noch Aischylos traten die ersten Tragödiendichter zunächst auch als Protagonisten in ihren Stücken auf. Mit der Ausweitung der Rollenzahl wählten die *poietes* dann besonders begabte Chormitglieder zur Darstellung der übrigen Figuren aus. Während die Schauspieler des Aischylos Ä wie Kleandros und Mynniscos Ä ausschließlich in den Stücken »ihres« Dichters und in den Wiederaufnahmen der klassisch gewordenen Texte auch noch nach dessen Tod auftraten, schrieb Sophokles bereits für Berufsdarsteller, die auch in Stücken anderer Autoren spielten (so z.B. Callipides). Er selbst Ä wie auch Aristophanes und Euripides Ä verzichtete früh auf eigene Bühnenauftritte. Vgl. dazu: P. Ghiron-Bistagne: *Recherches sur les acteurs dans la Grèce antique*, Paris 1976.

215 Die wachsende Beliebtheit der Schauspielkunst beim Publikum und ihre dadurch geförderte Emanzipation von der Dramatik wurde im Jahr 449 vor Chr. durch die Einführung eines Wettbewerbs der Protagonisten in Athen anerkannt. Die Ä vom Staat bezahlten – drei Schauspieler wurden nunmehr für jedes Stück ausgelost. Um die Chancengleichheit im Wettbewerb der Dramatiker sicherzustellen, wird sich zu dieser Zeit auch die Zusammenfassung der Tragödienaufführungen eines Autors zu Trilogien aufgelöst haben. Jeder der drei konkurrierenden Protagonisten konnte so in je einem der drei (jetzt thematisch unverbundenen) Stücke eines Dichters auftreten, so daß nicht länger der Zufall, über den besten Schauspieler zu verfügen, über den Erfolg eines Dramatikers entscheiden konnte. Diskussion der diesbezüglichen Didaskalien bei P. Ghiron-Bistagne: *Recherches sur les acteurs dans la Grèce antique*, a.a.o., S. 149ff. Im 4. Jahrhundert überflügelte die Bedeutung der Schauspielkunst das Renomee der Dramatik endgültig. So klagt Aristoteles in der *Rhetorik*, 1403b: »Heutzutage haben die Schauspieler größeren Einfluß als die Poeten« – auf diesem Hintergrund mag sich denn auch, äußerlich betrachtet, Aristoteles' Geringschätzung der *opsis* des Theaters erklären. Der innere Grund dafür wird dagegen im prinzipiellen Mißtrauen des Philosophen gegen die Sphäre der Sinnlichkeit und Bewegtheit der Erscheinungen selbst liegen, vgl. dazu Teil IV: *Der Ritus im Theater.*

216 Dies nimmt etwa F. Kolb an: *Agora und Theater, Volks- und Festversammlung*, a.a.O., S. 55f.

217 Es gibt in literarischen Quellen und kultischen Zeugnissen ebensogut wie in archäologischen Befunden zahlreiche Hinweise auf die rituelle Bedeutungskraft, welche die Kreis- und Ringform für den Ort der heiligen Verrichtungen wie für die dabei ausgeübten Bewegungen besitzen – sie übt beispielsweise bindendumschließende, von daher: das heilige Tun abgrenzende, aus dem gewöhnlichen Raum und der gewöhnlichen Zeit heraushebende Funktionen aus und formt zugleich die Betrachter dieser *dromena*, die den heiligen Kreis umstehen, zur Einheit der – für das Erlebnis des Heiligen präparierten – Gemeinde. Vgl. etwa die Zeugnisse bei Samson Eitrem: *Opferritus und Voropfer der Griechen und Römer*. Kristiana 1915, Reprint: Hildesheim/NewYork 1977.

218 Unterhalb dieser Spielstätte an die Mauer angelehnt und dadurch den Blicken der Zuschauer entzogen, war Platz für ein langgestrecktes Gebäude, das als Magazin (*skenothek*) und als Aufenthaltsraum für die zahlreichen Mitwirkenden der Dionysien dienen konnte. Auf dem Dach dieses Gebäudes mögen auch einige in den frühen Stücken benötigte einfache Dekorationen aufgebaut worden sein, bis der Umbau des Theaters die endgültige Form der *skene* ermöglichte.

219 So vermutet S. Melchinger: *Das Theater der Tragödie*. München 1974; ein großer Teil der Forschung ist bereit, ihm darin zu folgen.

220 Auf dem sich – Melchinger zufolge – in Aischylos *Persern* der Kronrat, in den *Sieben* die Mauerzinnen Thebens und in den *Hiketiden* die heilige Anhöhe befunden haben mochten.

221 Vgl. dazu vor allem die Beiträge in: E. Pöhlmann: *Studien zur Bühnendichtung und zum Theaterbau der Antike*. Frankfurt am Main 1995.

222 Anzunehmen ist, daß die *skene* bereits des fünften Jahrhunderts zumindest zwei Türen aufwies, vgl. dazu: E. Simon: *Das Antike Theater*. Freiburg, Würzburg [2]1981, S. 38f.

223 Man kann sogar mit guten Gründen vermuten: Die Entdeckung der Perspektivenwirkungen in der Malerei und ein von hier aus auf das Theaterspiel ausgreifendes Bedürfnis nach plastischer Symmetrie sind sehr wahrscheinlich sogar die inneren Gründe für einen Umbau des Theaters, der diese Spielanordnung nach der Zentralachse ermöglichte.

224 Vgl. dazu: H. R. Goette: *Griechischer Theaterbau der Klassik – Forschungsstand und Fragestellungen*, in: E. Pöhlmann: *Studien zur Bühnendichtung*., a.a.O., S. 30.

225 Das *koilon* bietet ausgezeichnete akustische Möglichkeiten, von denen man sich vor allem im Theater von Epidauros noch gut überzeugen kann und die in den Aufführungen planmäßig genutzt wurden. Zuletzt drückt der Halbkreis das Selbstverständnis des *polis*-Theaters auch in der Raumordnung aus. Der Zuschauer hat bestmögliche Sicht auf das Spiel, und zugleich wird ihm durch die betonte Rundung des Zuschauerraums bewußt gehalten, daß er Teil eines großen Zuschauerkörpers (im Dionysostheater von 14.000 bis 17.000 Menschen) ist, in dem er das Ganze des Stadtstaats repräsentiert sehen sollte. In der Baulösung drückt sich also bereits der Bezug des Theaters auf die *polis* aus – die Zuschauer erfahren sich in diesem Theater als Gemeinschaft, und zwar nicht länger nur als Kult-Gemeinde, sondern als Staats-Gemeinde. Daß man gerade auf diese »politische« Bedeutungsstruktur des *koilon* Wert gelegt hat, zeigt der Umstand, daß die Bürgervollversammlungen (*ekklesiai*) nach Vollendung des Baus von der *agora* in das Dionysostheater verlegt wurden – daß die wichtigsten, alle Bürger beteiligenden Staatsveranstaltungen von nun an also im Theater stattfanden.

226 Vgl. dazu J. Rode: *Chorlied* in: W. Jens, Hg.: *Die Bauformen der griechischen Tragödie*, München 1971, S. 85ff.

227 Die Monologe und Dialoge der Schauspieler hingegen sind in ionischer, an das Epos angelehnter Sprache geschrieben; vgl. dazu Teil III: *Die Theorien der historischen Schule. Das Drama als attische Form der »Kunst«*.

228 Somit ist durch den Chor die Übergangs- und Trennlinie zwischen der Realität der Zuschauer und der Fiktion der Handlung bezeichnet. Man kann also sagen, daß der Chor in herausgehobener Weise mit der *dianoia* zu tun hat, die Aristoteles mit der dramatischen Handlung und, entsprechend, mit ihrer Wahrnehmung verbindet. *Dianoia*, heißt es im Kapitel sechs der *Poetik*, sei »das Vermögen, das Sachgemäße und Angemessene auszusprechen«, die »Erkenntnisfähigkeit ..., wenn die Personen darlegen, daß etwas sei oder nicht sei, oder wenn sie allgemeine Urteile abgeben«. *Dianoia* bezieht sich, so, eben als Element der dramatischen Handlung genommen, also auf die Denk- und Urteilsfähigkeit der durch die Schauspieler dargestellten Figuren. Die *dianoia* des Chors, wie sie sich in den erhaltenen Tragödien zeigt, ist dagegen eine Erkenntnisfähigkeit auf anderer, höherer Stufe, weil sie von allgemeiner Art ist: Diese Erkenntnis steht dem Appell, die an die Wahrnehmungsbereitschaft der Zuschauer ergeht, jedenfalls näher als die *dianoia* der dargestellten Personen.

229 Der folgende Versuch einer Beschreibung der Darstellungs- und Wahrnehmungsformen im *theatron* betrifft allein ihre Herleitung aus den durch die Theaterinstitution der *polis* und ihren Konventionen vorgegebenen Bedingungen. Es geht also weder darum, »Inszenierungs-« oder Spielweisen aus den Texten zu extrapolieren (wie bei O. Taplin: *Greek Tragedy in Action*. London 1978), noch um den Zusammenhang von Wahrnehmungsweisen mit (lacanschen) Kategorien der Subjektkonstitution (wie bei H. T. Lehmann: *Theater und Mythos. Die Konstitution des Subjekts im Diskurs des antiken Theaters*. Stuttgart 1991). Aus der eingeschränkten Perspektive des hier unternommenen Versuchs ergeben sich auch weitere Engführungen (zum Beispiel gegenüber R. Barthes: *Das griechische Theater*. In: Ders: *Der entgegenkommende und der stumpfe Sinn. Kritische Essays III*. Frankfurt am Main 1990, S. 69ff.). Man mag mir dabei entgegenhalten, daß ich mich in der Beschreibung der (institutionellen Konsequenzen für die) Formensprache dieses Theaters an Brecht (und Diderot) anlehne. Die Nähe der Kategorien, die ich für dieses Theater im Gegensatz zu den für den Kult geltenden vorschlage, zu Brechts Grundlegung des epischen oder dialektischen Theaters ist mir durchaus bewußt. Ich gebe aber zu bedenken: Es handelt sich hierbei eben um solche Kategorien, welche die Grundlagen des Theaters und durchaus noch nicht die Formen des episch/dialektischen Theaters betreffen. Sie haben viel eher mit den Bemühungen Brechts um Realismus zu tun, und Realismus bei Brecht zielt in allererster Linie auf die Grundwirklichkeit des Theaters. Realistisches Theater ist für ihn zunächst dadurch gekennzeichnet, daß es eben dieser seiner eigenen Wirklichkeit entspricht und sie bewußt hält. Aus ihr zieht er dann die formalen, stilistischen Konsequenzen für ein Theater des »wissenschaftlichen Zeitalters«. Insofern implizieren Brechts Basiskategorien Bestimmungen der szenischen Sprache schlechthin, vermögen also auch Theaterformen zu betreffen, die den seinen gegenüber – als »aristotelische« – quer (zu) stehen (scheinen). Umgekehrt wird man aber auch von diesem »aristotelischen« Theater her bestimmte Züge der Brechtschen Theoriebildung neu einschätzen können. Wenn Brecht nämlich eine dem episch/dialektischen Theater korrespondierende »Zuschaukunst« postuliert, dann steckt darin das Bemühen um eine Konventionalität, die der Kennerschaft, dem Sachverstand entspricht, wie sie der *thea*, der »Schau« im griechischen Theater innewohnen – und die letzten Endes Bestandteil der aus dem Kult stammenden »Kunstreligion« der *polis* sind. Vgl. dazu: K. Heinrich: *anthropomorphe*, a.a.O., S. 68ff.

230 Die wörtliche Bedeutung des Ausdrucks *skene* = Zelt hat den Anlaß für zahlreiche, einander widersprechende Spekulationen über die frühe Form der hellenischen Bühne gebildet. Man hat ihr Vorbild einerseits im Zelt gesehen, das der reisende Schauspieler und Tragödienautor Thespis um die Mitte des 6. Jahrhunderts auf der Athener *agora* neben seinem Wagen aufgeschlagen haben soll. Wenn die Berichte über Thespis auch mit Sicherheit nicht der historischen Wirklichkeit entsprechen, so ist doch bezeugt, daß noch im 4. Jahrhundert Zelte für Theateraufführungen auf den Plätzen griechischer Städte benutzt wurden. Dementsprechend denkt man sich den frühesten Bühnenaufbau am Rand der *orchestra* des Athener Dionysostheaters als von Stangen getragene, große Zeltkonstruktion, die der Aufbewahrung des Fundus und möglicherweise auch früh schon als Auftrittsort für die Akteure gedient haben soll. Andere verstehen *skene* dagegen als von der Alltagsbedeutung unterschiedenen Terminus technicus des Theaters, in dem der ältere Ausdruck für die Behausungen der Feldlager: *klisia* mit der Bedeutung »Bretter-

hütte« fortlebte. So stellt man sich hier die ersten Bühnenhäuser an der *orchestra* als temporär errichtete – entweder nur als Magazin gebrauchte oder bereits ins Spiel einbezogene Ä Holzbuden vor. Die erhaltenen Dramentexte lassen für die Frage nach der Form der frühen *skene* und ihren Wandlungen während des »klassischen« 5. Jahrhunderts freilich keine evidenten Schlüsse zu. Es mag bereits in frühen Stücken Ä wie etwa in der möglicherweise um 490 aufgeführten (verlorenen) *Achilleis* des Aischylos Ä »Zelte« als Handlungsorte gegeben haben, die (nach Siegfried Melchingers Vermutung) auf dem an die älteste *orchestra* unmittelbar angrenzenden Dach der *skenothek* Platz gefunden haben können. Allerdings fehlen alle Hinweise darauf, ob es sich dabei um Zeltaufbauten nach persischem Vorbild aus Stoff oder Leder gehandelt hat oder um Blockhäuser, wie sie Homer als Unterkünfte der Griechen vor Troja beschreibt. Die ersten als unerläßliche Spielorte erforderlichen Häuser finden sich in der um 458 aufgeführten aischyleischen *Orestie*. Sie setzen die wahrscheinlich um 460 abgeschlossene Verlegung der *orchestra* des Dionysostheaters voraus, welche die Errichtung eines Bühnenfundaments an der dem neuerrichteten Zuschauerraum gegenüberliegenden Tangente der *orchestra* ermöglichte. Auf diesem breiten Fundament konnten erstmals größere Holzgebäude errichtet werden.

231 Zu Agatharch vgl. Teil II: *Die Poetik des Aristoteles. Teleologie – die theatergeschichtliche Methode der* Poetik.

232 E. Panofsky: *Die Perspektive als symbolische Form*, in: Ders.: *Aufsätze zu Grundfragen der Kunstwissenschaft.* Berlin 1964, S. 139.

233 Nachdem die natürliche Umgebung auf der von Siegfried Melchinger postulierten »Pagos-Bühne« zunächst direkt in das Spielgeschehen einbezogen worden war, wuchsen mit der Errichtung der Bühne und der Ausbildung der für die griechische Theateranlage charakteristischen Raumspannung zwischen *orchestra* und *skene* der Landschaft differenziertere dramatische Funktionen zu. Die Dramatiker brauchten sie nun bevorzugt für symbolische Wirkungen: Land und Meer, die den Zuschauern vor Augen lagen, werden so schon in den Schlußliedern der *Orestie* als Sinnbilder der gelungenen Versöhnung zwischen Göttern und Menschen angerufen, und im letzten Stück des Sophokles – dem *Ödipus auf Kolonos* – steigt der Protagonist in den heiligen Hain des Dionysos hinab: Die dem Publikum vertrauten symbolischen Strukturen der dionysischen Kultanlage wurden auf diese Weise ganz unmittelbar ins Spiel einbezogen und in eine dem Gang der vorgeführten Geschichte entsprechende Bedeutung »übersetzt«. Eine einfache Handlung wie der Schritt des Schauspielers von der *orchestra* in den Tempelbezirk konnte derart – im Kontext der vorgestellten, im Spiel bezeichneten Handlung – als feierliches, zeremonielles Zeichen der Verklärung des Helden verstanden werden. Vgl. dazu: J. Dingel: *Requisit und szenisches Bild in der griechischen Tragödie*, in: W. Jens, Hg.: *Die Bauformen der griechischen Tragödie*, München 1971, S. 346ff.

234 Zu den Raumkonventionen vgl. K. Joerden: *Zur Bedeutung des Außer- und Hinterszenischen*, in: W. Jens, Hg.: *Die Bauformen der griechischen Tragödie*, a.a.O., S. 369ff.

235 Sofern Zeit für die Handlung der Stücke überhaupt von Bedeutung ist, handelt es sich vornehmlich um Tageszeiten; Hinweis darauf, daß Morgen, Mittag und Abend der Handlungszeit in den Aufführungen identisch waren mit der Zeit, in der sich das Spiel vollzog – also mit dem Tageslauf von Sonnenaufgang bis zum Sonnenuntergang, der bei allen szenischen Wettbewerben für die Aufführungen voll aus-

genutzt wurde. Zum »Scheinwerfer Sonne« vgl. M. F. Gerhäuser: *Untersuchungen über die Spielmöglichkeiten in griechischen Theatern*, Darmstadt 1964.

236 Beredtes Beispiel für die sprechende Rolle der Requisiten ist der Wagen, mit dem – im ersten Stück der aischyleischen *Orestie* – der aus Troja kommende Agamemnon mit der kriegsgefangenen Kassandra heimkehrt. Er kommt von links (also: aus der Fremde) und hält in deutlicher Entfernung vor der den Atridenpalast darstellenden *skene*. Das Folgende ist aus dem Mythos bekannt: Klytaimnestra, Agamemnons Frau, wird den König und seine Sklavin aus Rache für den von Agamemnon einst gebilligten Opfertod ihrer Tochter Iphigenie töten. Der eigentliche Theatervorgang – das Neue, Überraschende und damit: das eigentlich Bedeutsame der Szene – spielt sich deshalb ausschließlich in den Umständen und der Art und Weise ab, wie die beiden Opfer den Weg zwischen Wagen und Palast, der Stätte des Mordes, überqueren. Der König schreitet, verlockt von den Schmeicheleien Klytaimnestras, schließlich über ein für ihn ausgelegtes Purpurtuch. Das auffällige Requisit ist keineswegs nur schmückendes Beiwerk, sondern Handlungselement. Es dient als Signal (die rote Farbe – ein Fleck, der im Szenenbild hervorsticht), mit dem, ganz plakativ, ein Zwiespalt der Figur bezeichnet wird: Einerseits steht es, so wie Klytaimnestra sagt, für Ruhm und Sieg des Kriegshelden. Andererseits weiß der Zuschauer aber auch, was die Königin (hier) nicht sagt. Da er Klytaimnestras Mordplan kennt, ist er sich der bösen Ironie des Zeichens bewußt, das – blutigrot – auf die Agammemnon bereitete Falle und den geplanten Mord vorausdeutet. So hält es, im Moment der bevorstehenden Rache, mitsamt dem Ruhm des Kriegshelden zugleich auch seine Schuld präsent, die alle Verdienste nicht zu tilgen vermögen. Das Requisit »funktioniert« aber noch weiter; kurz darauf ist es seine Abwesenheit auf der Szene, die sprechend wird. Der nun folgende Gang der Kassandra zum Palast ist kommentierendes Gegenbild zur Agamemnon-Szene: Für Kassandra wird der Purpur entfernt; sie geht den Weg zur letzten Station ihrer Gefangenschaft allein und ohne Ehre. Aber: auch schuldlos; als reines Gewaltopfer. Die Wiederholung ein- und derselben Handlung unter umgekehrten »Vorzeichen« (und als solches, im Wortsinne, spielt das Requisit hier mit) betont aber nicht nur einen Kontrast zwischen dem Schicksal des Königs und der Sklavin. Die Dopplung ist dialektisch, die Wiederholung birgt einen zweifachen Sinn: Der zunächst auffallende Kontrast verrät, auf den zweiten Blick, nämlich auch eine unübersehbare Korrespondenz der Situationen von König und Sklavin, die Folgen in der Zukunft haben wird. Der Opfergang Kassandras, dem des unschuldigen Tiers vergleichbar, für dessen Tod im Ritual dem Opfernden Buße abgefordert wurde, weist zugleich auch auf die Sühne herausfordernde Schuld Klytaimnestras voraus. Die bei aller Differenzierung deutlich betonte Parallele besagt: Ist die an Agamemnon begangene Tat einerseits nachvollziehbare (und unausweichliche) Rache für seine Schuld: brutaler Mord – genauso brutal gewalttätig wie der an Kassandra – bleibt sie allemal: Die Spirale von Schuld und Rache wird sich um eine Stufe höherdrehen. Vgl. weiter: J. Dingel: *Requisit und szenisches Bild in der griechischen Tragödie*, in: W. Jens, Hg.: *Die Bauformen der griechischen Tragödie*, a.a.O., S. 346ff.

237 Der Komödienchor hingegen hatte traditionell 24 und der Chor der Satyrspiele 12 Mitglieder.

238 Obwohl das Theater zahlreiche Einzelheiten der dionysischen Kultmasken übernommen und weitergebildet hat, galt die Rollenmaske bereits den Zeitgenossen

als ganz eigenständige Erfindung, die ausschließlich den Bedürfnissen des Spiels angemessen war. Abgesehen von den praktischen Vorteilen für den schnellen Rollenwechsel durch Schauspieler, die stets mehrere Figuren zu verkörpern hatten, diente sie zunächst vor allem dazu, die dramatische Figur vom Subjekt des Schauspielers deutlich abzuheben und sie auf diese Weise in ihrer eigenen Kunstwirklichkeit zu beglaubigen. Die später hinzukommenden Neuerungen – in denen sich allmählich, wie das auch bei den anderen Formelementen dieses Theaters der Fall ist, feste Konventionen der Masken-Darstellung herausbildeten – sollten die so objektivierte Figur im Hinblick auf ihre Funktion und Bedeutung in der Handlung, möglichst einfach und eindeutig, näher charakterisieren. Diese Entwicklung wird durch die Legenden über den »ersten Schauspieler« Thespis belegt, der im späten 6. Jahrhundert bei seinen Auftritten in Athen das Gesicht zunächst mit Bleiweiß geschminkt, dann mit Blumen verhüllt haben soll, bis er schließlich eine den ganzen Kopf bedeckende Maske aus Leinen benutzte. Über die weitere Entwicklung wird berichtet: Der Tragödienautor Phrynichos habe die Frauenmaske eingeführt, und Aischylos sei verantwortlich für das furchterregende Aussehen und die farbige Bemalung der Masken. Weiter ist bekannt: Statt aus Metall bestand die Maske der frühen Tragödie durchweg aus schmiegsamem Material, vorwiegend aus Leinen, das der Szenen- und Maskenbildner mit Gips oder Leim stärkte; seltener wurden wohl auch Kork oder Holz zum Maskenbau verwendet. Der Ausdruck der tragischen Masken war wenig standarisiert; jedenfalls – mit leicht geöffneten Augen und einem Schlitz, der sich den Mundbewegungen der Schauspieler anpaßte – nicht ins Fratzenhafte übertrieben. Trotz des weiten Spielraums, in dem der Ausdruck einzelner Masken variiert werden konnte, gab es wohl früh auch schon Merkmale, die für leicht erkennbare Differenzierungen zwischen verschiedenen Maskentypen sorgten: Die Masken der Frauen waren durchweg heller als die der Männer; die der Nichtgriechen sehr viel dunkler; graues und schwarzes Haar unterschieden Alt und Jung; regionale Haartrachten gaben Hinweise auf die Herkunft der Figuren. Schließlich wurde auch nach dem unterschiedlichen sozialen Stand differenziert, bis Euripides die krasseste soziale Kennzeichnung einführte, den schäbig gekleideten »Lumpenhelden«, den Armen oder Ausgestoßenen. Vgl. die Ausführungen zur Theatermaske bei S. Melchinger: *Das Theater der Tragödie*, a.a.O., S. 201ff.

239 »Charakter« und »Typos« werden hier in der ursprünglichen, aus der Münzfertigung stammenden Bedeutung gebraucht: im Sinne von »Prägeformen«.

240 Zu den Zeigekonventionen der Schauspieler vgl. J.M. Walton: *Greek Theatre Practice*. Westport, London 1980, S. 133ff.

241 Vgl. dazu Teil IV: *Die Polis. Die Entstehung der* polis.

242 R. Sennett: *Fleisch und Stein. Der Körper und die Stadt in der westlichen Zivilisation*, a.a.O. Berlin 1995, S. 66ff.

243 Schrift als Medium wird im folgenden im Sinne der von Harold A. Innis und Marshall Mc Luhan begründeten Schule von Toronto verstanden. Ein Versuch, dieses Medienverständnis mit aller (hier nicht gezogenen) Konsequenz auf das altgriechischische Theater anzuwenden bei D. de Kerckhove: *Schriftgeburten: Vom Alphabet zum Computer* [1990]. München 1995, S. 71ff.

244 Zu den Techniken des mündlichen Erzählens vgl. P. Zumthor: *Einführung in die mündliche Dichtung*. Berlin 1990.

245 Zum folgenden vgl. Charles Segal: *Zuschauer und Zuhörer*, in: J.-P. Vernant (Hrsg.): *Der Mensch der griechischen Antike*, a.a.O., S. 219ff., und die dort angegebene Literatur.
246 Vgl. dazu Teil II: *Probleme der Überlieferung. Antike Geschichtsschreibung und »mythisches Denken«.*
247 Auf den – vor der Verbindung von *mythos* und *logos* gelegenen – Zusammenhang von Mythologie und *mythologein* = Mythenerzählen weist hin: K. Kerényi: *Umgang mit dem Göttlichen.* Göttingen [2]1961, S. 36ff.; ein mögliches Beispiel für eine solche (bei Pausanias, IX, 25, erwähnte) ätiologische Erzählung – über eine Bodenvertiefung nahe Thebens, die durch das Gewicht des von Antigone entführten Leichnams des Polyneikes entstanden sein soll – führt George Steiner an in seinen Überlegungen zum mythischen »Stoff« der sophokleischen Antigone, vgl. G. Steiner: *Die Antigonen. Geschichte und Gegenwart eines Mythos* [1884]. München 1990, S. 141ff.
248 So definiert Platon: *Politeia*, 392 A.
249 Karl Reinhardt: *Aischylos als Regisseur und Theologe*, Bern 1949, S. 54.
250 ebenda, S. 59.
251 Alle beschriebenen Details dieser Bühnensprache lassen sich auf diese Wirkung beziehen. In der *orchestra* agierend und damit zwischen den Zuschauern und der Handlung vermittelnd, verschaffen die lyrischen Passagen den Erwartungen der Zuschauer Perspektiven; der Chor reflektiert ja über das Geschehen auf der *skene*, erhebt es bereits im – in sich gestuften, gebrochenen – Raum der Darstellung zum Gegenstand einer Debatte. Auf diese Weise versetzt er die Zuschauer in die Lage, selbst – im Für und Wider der möglichen Ansichten und Urteile – Reflexionen über die Bedeutung des Wahrgenommenen anstellen zu müssen. Gefiltert durch die permanenten Reflexionen des Chors, wird das Wahrgenommene zum Gegenstand einer nicht zur Ruhe kommenden Erkenntnis, deren Dynamik durch die offengehaltene, ständig wechselnde Möglichkeiten des kontroversen Urteils provoziert und in Gang gehalten werden. Im Kontrast der Textformen – den handlungsbezogenen und -befördernden gegen die handlungskommentierenden und -reflektierenden – spielt sich mithin die Abstraktion von der puren Tatsächlichkeit des Geschehens ab, indem dies auf die Ebene einer generellen Fraglichkeit erhoben wird. Das gleiche zeigt sich in den Spielweisen. Für Generalisierung sorgen auch die Stilisierungsformen, mit denen dieses Theater arbeitet. Niemals agieren hier Individuen, sondern – die Kostüme und Masken sorgen dafür – immer werden die einzelnen in ihrer Typik vorgezeigt, das heißt in dem, was an ihnen verallgemeinerungsfähig ist. Das ist grundiert durch den Grundzug des Spiels: Alle Zeigeweisen dieses Theaters konvergieren im Zeremoniellen, Feierlichen, Erhabenen, welche das Geschehen, das sich vor den Augen der Zuschauer abspielt, in eine Sphäre des Überwirklichen, des Anderen, des Fremden transponiert. Die *opsis* – das »Sichtbare«: die *skene* und der ihr zugehörige, von der Landschaft, den Tageszeiten, den aus der Realtopografie der Akropolis heraus entwickelten Konventionen, von Requisiten und Maschinen gebildete Schauraum – schließlich hebt die Handlung aus der Wirklichkeit der Spielsituation heraus und versetzt sie in die Potenz des Fiktionalen, verwandelt, transformiert Realität also in den Modus der puren, im und durch das Spiel bezeichneten, von ihm geschaffenen Möglichkeit.
252 Vgl. dazu Teil II: *Die* Poetik *des Aristoteles. Wirkungspoetik: Die Theateranthropologie.* Die *conclusio* aus den vorangegangenen Erwägungen wird im folgenden durch

die unterschiedliche Schreibweise gezogen: *mythoi* meinen die in Kult und Leben erzählten Geschichten, *mythos* bezeichnet den *plot* des Theaters, für welche die *mythoi* den Rohstoff abgeben. Auf die theoretischen Erwägungen zur Funktion des (Ursprungs-)Kults bezieht sich die Schreibweise Mythos.

253 Von den unterschiedlichen institutionellen Zusammenhängen in Theater und Kult her genommen, scheint mir die (etymologisch gegebene) Verbindung von *thea* und *theoria* die Besonderheiten der im Theater nötigen Schau eher zu verstellen. Im Zusammenhang der Kult-Wahrnehmung heißt *theoria*: Schau, Betrachtung, und der Ausdruck wurde zunächst für die von Fern her kommenden Teilnehmer an den Gottesdiensten fremder Regionen verwendet. *Theorioi* hießen also zunächst einmal die Gesandtschaften der Wallfahrer. Und diese nahmen in der Betrachtung der religiösen, festlichen Zeremonien an einer Schau teil. Aber: Die Teilnehmer dieser *theoria* waren eben Spezialisten, Eingeweihte nämlich, die wußten oder erkennen konnten, nach welchen Regeln sich das Fest vollzog; sie konnten beurteilen, ob das, was hier vollzogen wurde, nach den Regeln ablief. *theoria* meint mithin das Schauen auf das Kultgeschehen im Blick auf das in ihm Unveränderliche, auf seine Regelhaftigkeit, das allein die identische Wiederholung des Ursprungsgeschehens verbürgt. Das Akzent auf dem In-der-Bewegung-Sein, dem Reisen nämlich der Wallfahrer, verstärkt dabei noch die Hinsicht der Schau, mittels derer sich im fremden Brauch gerade das darin unverrückbar Festliegende erschließt. Im Theater dagegen verbindet sich das *theastai*, das Schauen, mit dem *thauma*, dem Staunen über das wunderbar Erhabene der wechselnden Vorgänge. Von daher ergibt sich auch ein Gegensatz der *thea* des Theaters zur *theoria* der Philosophen, die ihrerseits der kultischen *theoria* eng verbunden bleibt: Das *thauma*, heißt es bei Platon (*Theaitet* 155D), ist das *pathos* der Philosophen, das Leiden, von dem aus seine Erkenntnis beginnt, von dem er sich im Erkenntnisgang aber gerade zu lösen hat, indem er den Aufstieg aus der Tiefe zum Licht vollzieht, in dem sich ihm – in geistiger Schau – die reine, unwandelbare Form erschließt.

254 Vgl. dazu R. Zoepffel: *Historia und Geschichte bei Aristoteles*. München 1975.

255 Dazu gehört eben – zunächst einmal noch immer von der Seite des Schauspielers her gesehen – die Kenntnis der Situation, in der sich seine Figur befindet, das Wissen um die verschiedenen Möglichkeiten, auf welche irgend jemand auf eine solche Situation zu reagieren vermag, das Bewußtsein darüber, daß seine Figur von den vielen Möglichkeiten gerade diese Reaktion realisieren wird, und das heißt: die jederzeitige Kontrolle über die Ausdrucksmittel, die nötig sind, um eine bestimmte Figur zu profilieren.

256 Gerade diese Prätention der (fehlgehenden) Unmittelbarkeit markiert – wie die von Erika Simon mitgeteilte Reinhardt-Episode zeigt – die unüberwindliche Distanz des Phänomenologen von seinem Gegenstand, der die darin objektiv wirksame Vermittlung nicht bemerken und ins Bedenken ziehen kann (vgl. dazu Teil IV, Anm. 19).

257 Vgl. dazu J. Möbius: *Ursprungsmythos und zeremoniale Verfertigung von Masken*. Berlin (Diss.) 1957.

258 In ihr wendet sich der Chor direkt an Schauspieler und Publikum, um unter anderem auch über Anlaß und Form des Spiels zu räsonnieren.

259 Hier greift der von Diderot im *Paradoxe sur le comédien* beschriebene Unterschied zwischen der (unprofessionellen) »Selbstentfremdung« (aliénation) und dem für das Theaterspiel notwendigen Bewußtsein der Spieler von ihrer eigenen »Ver-

dopplung« (dédoublement), aber, wie im Falle Brechts (= Anm. 229), wiederum nur insoweit, als damit eine Grundwirklichkeit der szenischen Darbietung dramatischer Texte getroffen ist, unangesehen der Konsequenzen, die Diderot für die von ihm beabsichtigte szenische Illusion zieht.

260 Zu dem sich gerade im Zusammenhang mit der Theaternstitution schärfenden Unterschied des Dionysos als Gott der *polis* und als Gott der *mythoi* vgl. A. Bierl: *Dionysos und die griechische Tragödie. Politische und metatheatralische Aspekte im Text.* Tübingen 1991.

261 Eine klassische Darstellung hierzu: V. Ehrenberg: *Aristophanes und das Volk von Athen.* Zürich, Stuttgart 1968.

262 W. Benjamin: *Ursprung des deutschen Trauerspiels*, in W. B.: *Gesammelte Schriften* I.1, Frankfurt/Main 1974, S. 285. Hervorhebung von mir – T.G.

263 Vgl. dazu die Tragödieninterpretationen bei Chr. Meier: *Die politische Kunst der griechischen Tragödie*, München 1988.

264 Diesen Gegensatz faßt pointiert zusammen: R. Schlesier: *Zur Rivalität zwischen Tragödie und Philosophie.* In: *Interventionen. Heft 3: ›Kultur‹ und ›Gemeinsinn‹.* Basel, Frankfurt am Main 1994, S. 127ff.

265 Vgl. K. Heinrich: *anthropomorphe*, a.a.O., v.a. S. 106ff.

266 In der Schrift über den Staat verbannt Platon die Tragödie explizit aus der idealen *polis*, die er dort konzipiert, und zwar mit den gleichen Argumenten, mit denen er die *mythoi* aus diesem Staat verbannen will. Seine Kritik zielt also auf die Tragödie, insofern es sich dabei, in all ihren Zweideutigkeiten, um eine Form der Aktualisierung des mythischen Konfliktstoffes im Raum der *polis* handelt. Unverkennbar liegt hier ein Versuch der philosophischen Verdrängung von Konflikten vor, den die Tragödie, auch wenn sie nie zu ihrer Lösung gelangen konnte, doch immerhin als in der Sphäre der *polis* virulenten Konfliktstoff präsent hielt. Klaus Heinrich schreibt dazu: Platons Begriff der *mythoi* (= Anm. 248) wird verfertigt »anläßlich der Verwerfung mythologischen Redens über Götter und Heroen, in dem deren unversöhntes Dasein (Götterstreit, Heroenkämpfe, Staat 378) zum Vorschein kommt; also einer planmäßigen Verdrängung des hier zu behandelnden Stoffs – wenigstens soweit er nicht nachträglich als ›gerecht‹ motiviert werden kann: Staat 380A – als eines Konfliktstoffs, der die Jugend, zumal die zu Wächtern zu erziehende, in schädliche Verwirrung stürzt. Das harmonistische Bild der Wirklichkeit, das für diese entworfen wird (nur die philosophischen Beherrscher des Staats haben das Recht zur Lüge: Staat 389 B), enthüllt die ›Urkonflikte‹, die es lügenhaft verwirft, zugleich als mächtige soziale Realitäten.« (Klaus Heinrich: *Parmenides und Jona. Vier Studien über das Verhältnis von Philosophie und Mythologie* [1964]. Frankfurt/M. 1992, S. 163, Anm. 1. Nähere Ausführungen dazu: Klaus Heinrich: *arbeiten mit ödipus. Begriff der Verdrängung in der Religionswissenschaft*, a.a.O., S. 231ff.) Heinrich sieht also in der Insistenz, mit der Platon gegen die *mythoi* vorgeht, gerade einen Beleg dafür, daß die in diesen Geschichten formulierten Konflikte noch zu Platons Zeiten ganz und gar gegenwärtig waren und daß es deshalb recht eigentlich Platons Bemühen war, das Bewußtsein dieser Konflikte zurückzudrängen, was ihn automatisch in die Gegnerschaft zum Theater bringen mußte, das diese Konflikte ja der *polis*-Gemeinschaft unmittelbar präsent hält.

267 Vgl. dazu B. Snell: *Die Entdeckung des Geistes. Studien zur Entstehung des europäischen Denkens bei den Griechen.* Göttingen [7]1993, S. 95ff.

268 Gerade in dem zeremoniellen Herausheben gegeneinander fest besonderter Raum- und Zeit-Zonen vermag man ein gewahrtes Beziehungsverhältnis von Kult und Theater zu erkennen. Beide sind, darüber hinaus, daß sie bedeutende, mitteilende Formen sind, zugleich zeremonielle Formen, feierliche Merkzeichen eines Vorgangs, durch welche er aus der umgebenden Alltäglichkeit, betont, mit Ernst und Strenge, herausgehoben wird. Im Kultvorgang wie im *polis*-Theater gibt es kein Verwischen der Grenzen, kein unmerkliches Hinübergleiten von einem zum anderen Zustand. Zeremonielle, anrufende, aufrufende Prozeduren haben die Aufgabe, ausdrücklich darauf hinzuweisen: Etwas, alltägliche Erfahrungswirklichkeit, hört auf, anderes fängt an, eine andere Zeit beginnt, ein anderer Raum tut sich auf. Die hochgradige Konventionalität, die alle Elemente dieses Theaters durchdringt, weist unmißverständlich auf das Exzeptionelle, Exklusive des in ihm stattfindenden Ereignisses hin. Unterstrichen wird das durch die alle Sinne einbeziehenden Formen der unmittelbaren Beteiligung der Zuschauer – im Spektakulären von Vorgängen, die beides, Schauspiel und Hörspiel, zugleich sind.

269 Dies läßt sich an einer Stelle (1451b) der *Poetik* erhärten. Denn *mythos* heißt in der *Poetik* eben immer dramatische Handlung in dem Sinne, in dem Engländer und Amerikaner vom *plot* oder Brecht von der *Fabel* eines Stücks sprechen. Das deckt sich hier also durchaus nicht mit der Bedeutung, die wir, wenn wir das Wort hören, sofort assoziieren: eine Göttergeschichte. So, von ihren Stoffen her, hat ja schon Platon in der Schrift über den Staat den *mythos* definiert und als für die *polis* schädliches Gebilde verworfen: als Erzählung »von den Göttern, den Dämonen, den Heroen und den unterweltlichen Wesen« (= Anm. 248). Freilich, liest man die *Poetik* genauer, bedenkt man die Zusammenhänge ihrer Argumentation eingehender, dann zeigt sich, daß in dieser Dichtungslehre auch die uns geläufige Bedeutung mit im Spiel ist, und zwar gerade dann und auf eine sehr überraschende Art und Weise, wenn es um die poetische Handlung geht. Das zeigt sich, wenn Aristoteles versucht, den Möglichkeitscharakter der *poesia* näher zu bestimmen. Er unterstreicht als das wichtigste Kriterium ihrer Unterscheidung, das sie konstitutiv von der *historia* trennt, den Möglichkeits- und Allgemeinheitscharakter der Dichtung (die dadurch in die Nähe der Philosophie rückt). Der *mythos* des Dramas, sagt Aristoteles, führt nichts als eine Möglichkeit vor, nicht etwa ein vergangenes oder gerade noch gegenwärtiges Ereignis, das so oder so geschehen und – als historisch Vergangenes – wirklich *gewesen* ist. Daran hat sich die Poesie nicht zu halten, ihre Kategorie ist, statt der Wirklichkeit, die Möglichkeit. Die *poesia* wiederholt nicht die historische Welt, ist nicht deren Tautologie; sie schafft vielmehr eine Welt im Kleinen, ein Modell der Welt. Sie schafft die kleine Welt im Schein. Die mögliche Geschichte eines Dramas, räumt er zwangsläufig ein, kann natürlich durchaus völlig freier Erfindung entspringen. Sie hat sich ja, an sich genommen, nicht vor einer ihr vorgängigen Wirklichkeit zu rechtfertigen und zu verantworten. Freilich, die im *mythos*, also: der Handlung des Theaters vor Augen geführte mögliche Geschichte muß wahrscheinlich und von daher glaubwürdig sein, um überzeugen oder betreffen, die Neugier und das Vergnügen der Zuschauer erregen zu können. Der Zuschauer muß sich deshalb gewahr sein, daß es sich hier um eine wirkliche Möglichkeit, um eine tatsächlich gegebene Möglichkeit handelt. Sonst könnte die Tragödie ihren Wirkungszweck nicht erzielen, *eleos* und *phobos* hervorzurufen. Vor einer ganz undenkbaren Möglichkeit bliebe der Zuschauer von vornherein kalt; sie ginge ihn nicht das geringste an. Weil das so ist, fährt Aristoteles fort, nehmen die meisten Tragödien-

schreiber denn doch wirkliches Geschehen zur Grundlage und übersetzen es in eine auf dem Theater, hier und jetzt, im Schein des Zeigens, als möglich präsentierte Geschichte. Die Autoren wissen, warum: Denn von dem, was wirklich geschehen ist, glaubt man ohne weiteres, daß es eben auch möglich ist. Auf dem Theater also wird diese oder jene menschliche Handlungsmöglichkeit vorgeführt, die aber letztlich gründet in einer unbezweifelbaren Wirklichkeit, die ihr allererst die volle Überzeugungskraft verleiht. Diese ganze Argumentation klingt eher banal und überpenibel, wenn des Näheren etwa ausgeführt wird: eine Möglichkeit, die auf einer Wirklichkeit gründet, ist deshalb eine veritable Möglichkeit, die glaubhaft ist, weil Wirkliches nun tatsächlich eine Möglichkeit *garantiert.* Aristoteles spricht eigens aus, was man sich doch denken kann: Es hätte ja nicht geschehen können, es wäre auch gar nicht geschehen, wenn es nicht grundsätzlich möglich wäre. Bedenkt man nun aber die weiteren Zusammenhänge, von denen die *Poetik* hier handelt, scheint das alles dann aber doch weit weniger trivial, im Gegenteil sogar recht aufregend. Das Erstaunliche daran fällt auf, wirft man einen Blick auf die Stoffe, aus denen die erhaltenen Tragödien schöpfen, und die vielen anderen, von denen Fragmente oder Berichte oder auch nur die Titel überliefert sind. Da zeigt sich: Aristoteles selbst nennt und kennt offensichtlich nur eine einzige Tragödie, die tatsächlich, im Hergang und den Figuren, frei erfunden ist; zwei sind uns bekannt, eine davon mit den erwähnten *Persern* des Aischylos sogar überliefert, die historische Ereignisse aus der Zeitgeschichte behandeln. Die anderen aber, in ihrer überwiegenden Anzahl, traktieren die Geschichten von »Göttern, Heroen, Dämonen und unterweltlichen Wesen«. Sie handeln mithin, vom Stoff her genommen, von *mythoi* in Platons Verstande. Jetzt wird das Überraschende, das der aristotelische Gedankengang enthält, klar: Diese mythischen Stoffe der Tragödien sollen, das geht aus den scheinbar umständlichen Ausführungen der *Poetik* mit Eindeutigkeit hervor, wirkliches Geschehen betreffen. Diese Stoffe sollen sogar eine Wirklichkeit enthalten, die so stark ist, daß sie alle überzeugt, die Geschichte, die da vor aller Augen sich abspielt, könne sich auf diese oder jene Weise, in der oder anderer Variante zugetragen haben, weil sie eben wirklich (gewesen) ist.

270 Zum »Verismus« des *mythologein* vgl. K. Heinrich: *arbeiten mit ödipus. Begriff der Verdrängung in der Religionswissenschaft*, a.a.o., S. 262f., Anm. 29.

271 Vgl. dazu: H. T. Lehmann: *Theater und Mythos. Die Konstitution des Subjekts im Diskurs des antiken Theaters*, a.a.O., S. 63ff.

272 Vgl. dazu etwa die Bemerkungen Reinhold Merkelbachs zu einem (um 600 zu datierenden) Gedicht der Sappho auf eine Hochzeit in Mytilene, die mit der Hochzeit von Hektor und Andromache in Bezug gesetzt wird: »Die Chorsänger tun … dasselbe, was einst die Trojaner taten; sie sind in gewisser Weise mit ihnen identisch. Und die Rolle, welche einst Hektor und Andromache spielten, spielt heute das Brautpaar; sie *sind* heute Hektor und Andromache – denn im letzten Grunde sind die heutige und die mythische Hochzeit identisch.« (R. Merkelbach: *Sappho und ihr Kreis*. In: *Philologus* 101, 1957, S. 19f.).

273 Vgl. dazu K. Heinrich: *tertium datur. Eine religionsphilosophische Einführung in die Logik*, a.a.O.

274 Vgl. dazu die Interpretation des sophokleischen Ödipus auf dem Hintergrund der politischen und »kulturellen« Situation seiner Entstehungszeit bei K. Heinrich: *arbeiten mit ödipus. Begriff der Verdrängung in der Religionswissenschaft*, a.a.o., S. 123ff.

275 Vgl. dazu H.T. Lehmann: *Theater und Mythos. Die Konstitution des Subjekts im Diskurs des antiken Theaters*, a.a.O., S. 90ff.

276 Vgl. dazu Chr. Menke: *Tragödie im Sittlichen. Gerechtigkeit und Freiheit nach Hegel.* Frankfurt am Main 1996. Wenn nach Hegel die »schöne Sittlichkeit« des Ideals die Einheit von Substanziellem und Individuellem ausdrückt, so weil es in der traditionellen Sittlichkeit der *polis* »die allgemeine Substanz nur als Verwirklichung des individuellen Fürsichseins und das individuelle Fürsichsein nur als die Verwirklichung der allgemeinen Substanz gibt« (ebd., S. 47). Seinem Mangel an »innerer Subjektivität« entspricht im Ideal aber »ein Übermaß und eine Übermacht an sittlicher Substanz«, dergegenüber die Tragödie das »nachsittliche Subjekt« zum Vorschein bringt – das Subjekt in »seiner unmittelbaren Wirklichkeit und Gegenwart als *dieser* und d.h. als *dieser* Mensch« (ebd., S. 55). Menke hebt in diesem Zusammenhang gerade auch den performativen Aspekt der schauspielerischen Vergegenwärtigung als einen entscheidenden Gesichtspunkt in Hegels Tragödientheorie hervor.

277 In diesem Sinne wertet Froma Zeitlin die Funktion Thebens als den bevorzugten Schauplatz der Tragödie als den »anderen Ort« schlechthin und ein »Anti-Athen«, vgl.: Dies.: *Thebes: Theatre of self and society*, in: J.J. Winkler, F. Zeitlin (Hrsg.): *Nothing to do with Dionysos? Athenian Drama in its social context*, a.a.O., S. 130ff.

278 Vgl. dazu die Beiträge in J.-P. Vernant/P. Vidal-Naquet: *Mythe et Tragédie en Grèce Ancienne.* 2 Bände. Paris 1973, 1986; insbesondere: J.-P. Vernant: *Tensions et ambiguités dans la tragédie grecque*, in: *Mythe et Tragédie en Grèce Ancienne.* Tome 1. Paris 1973, S. 19ff.

279 Vgl. dazu v.a. die Schriften Charles Segals, konzis zusammengefaßt finden sich die hier wichtigen Gesichtspunkte in Ch. Segal: *Griechische Tragödie und Gesellschaft*, in: *Propyläen Geschichte der Literatur.* Erster Band: *Die Welt der Antike.* Berlin 1988, S. 198ff.

280 J. Kott: *Gott-Essen. Interpretationen griechischer Tragödien*, München 1975.

281 Vgl. etwa Jean-Pierre Guépin: *The Tragic paradox. Myth and Ritual in Greek Tragedy.* Amsterdam 1968; zu Besonderheiten bei Euripides: H. P. Foley: *Ritual Irony. Poetry ans Sacrifice in Euripides.* Ithaca, London 1985.

282 So Ch. Segal: *Griechische Tragödie und Gesellschaft*, in: *Propyläen Geschichte der Literatur.* Erster Band: *Die Welt der Antike*, a.a.O., S. 202, S. 207.

283 R. Girard: *Das Heilige und Die Gewalt* [1972]. Frankfurt am Main 1992.

284 Girard bindet die Aggressivität ganz entschieden an menschliche Triebhaftigkeit und Gesellschaftlichkeit zugleich. Er spricht vom menschlichen Begehren als von einem *désir mimetique*, einem mimetischen Begehren, bindet also Nachahmung ganz unmittelbar an die menschliche Triebstruktur. Weshalb in einer sozialen Urszene – der Beziehung zwischen zwei Menschen – immer schon die Rivalität dieser beiden enthalten ist: Hier ergeht ein Appell des einen an den anderen, ihn nachzuahmen, ihn zum Modell zu nehmen. Und dies trifft auf die Bereitschaft des anderen, jenen als Modell zu akzeptieren. Weshalb sich nun der Wunsch des einen immer auf das richtet, was der – bewunderte – andere bereits hat; er zielt darauf, zu bekommen, was der andere besitzt. Da dieser aber das, was er hat und liebt, behalten will, mit eben jener Unbedingtheit, mit der es der andere haben will, ist der mimetische Wunsch potentiell mit einer Gewaltsituation verbunden. Nachdem das Modell akzeptiert ist, richtet sich der Wunsch beider auf das gleiche Objekt, weshalb automatisch die Abwehr des Modells erfolgt: Es richtet sich nun gegen den Wunsch des anderen, den es doch erst hervorgebracht hat, und verwehrt ihm

das begehrte Objekt. Hinzu kommt ein weiteres, eine – wie Girard sagt – »Eigenschaft« der Gewalt: Leicht hervorzurufen, ist sie schwer zu besänftigen. Ist der Gegenstand, der Gewalt hervorruft, dieser unerreichbar, ist der andere etwa stärker und kann behalten, was der eine auch haben will, so hört sie damit nicht etwa auf. Mit gleicher Intensität kann sie eine Verschiebung auf ein anderes Objekt erfahren, sich also auf einen Stellvertreter richten. Gewalt aber, die sich in solcher Nachahmungssituation begründet – und diese Nachahmungssituation bezieht ja beide zugleich ein im nämlichen, im reziproken Verhältnis, jeder der beiden ist Modell und Nachahmer, Nachahmer und Modell zugleich –, ist unendlich. Hier liegt das Problem in »primitiven« Gesellschaften, in welchen die Beziehungen der Menschen durch Unmittelbarkeit gekennzeichnet sind; in dieser und durch diese Unmittelbarkeit begründet sich das »ursprüngliche« gesellschaftliche Verhältnis als ein Gewaltverhältnis. Dieses entfaltet Girard am Thema der Racheverpflichtung. Sie folgt ja gerade aus der Unmittelbarkeit, aus der Unmittelbarkeit der blutsverwandtschaftlichen Bindung, die – ist eine Gewalttat an einem Verwandten erfolgt – automatisch die Gegengewalt erzwingt. An der Rache zeigt sich nun aber besonders deutlich die Ambivalenz der Gewalt. Am Verhältnis von elementarer Gewalttat und Rache wird nämlich deutlich, daß gerade durch den Abscheu und die Ächtung der Gewalt die Gewalt notwendig hervorgerufen wird – als Gegengewalt der Rache. Die Verpflichtung, kein Blut zu vergießen, ist nicht eigentlich von der Verpflichtung zu trennen, vergossenes Blut zu rächen. Und dies wird zur Existenzbedrohung von Gesellschaften, die kein Recht kennen: In Gestalt der Blutrache wird Gewalt zur »allesbeherrschenden Macht«, zum »unendlichen Prozeß«, der eine Gesellschaft zerstören muß.

285 »Diese kulturelle Ordnung ist nämlich nichts anderes als ein organisiertes System von Unterschieden, das den Individuen ihre Identität verleiht und so deren Zuordnung ermöglicht.« R. Girard: *Das Heilige und Die Gewalt*, a.a.O., S. 77.

286 ebenda, S. 145. Vgl. in diesem Zusammenhang Girards Diskussion der in *Totem und Tabu* entwickelten Kulturlehre Freuds in Kapitel VIII seines Buchs (S. 281ff.). Dort dreht er deren Einschätzung durch die Wissenschaften und besonders durch die Psychoanalyse ganz entschieden um. Während gemeinhin die Metapsychologie als Bleibendes in Freuds Werk angesehen und die in *Totem und Tabu* vertretene Hypothese des Urmords der Söhne am allmächtigen Vater als Phantasterei und unhaltbarer Irrtum angesehen wird (oder als in mythischer Sprache formuliertes Denkmodell, das eine wissenschaftliche Theorie fundieren soll), lehnt Girard gerade die Grundaussagen der Metapsychologie Freuds ab und bezeichnet Freuds Ursprungstheorie des Opfers als die eigentliche Inspiration von *Totem und Tabu*, an der festzuhalten und weiterzudenken sei. Girard hält also, mit Freud, an der Realität eines ersten Mordes fest, in dem sich die Opferpraxis begründet. In der Ausführung dieses Gedankens gibt er ihm allerdings eine andere Wendung als Freud: Wenn auf der Realität dieses Urmordes beharrt werden muß als auf dem wirklichen Ursprung von Opferkulten, dann doch nicht so, daß man – mit Freud – an die gattungsgeschichtliche Einmaligkeit dieses Mords denken müsse. Auf der Basis von Girards Anthropologie gilt: Dieser Urmord passiert vielmehr in der Geschichte der Menschengattung mehrfach, er geschieht sozusagen in Serie, und zwar so, daß er in jeder »primitiven« Gesellschaft wieder und wieder geschieht, daß er immer wieder am Beginn der opferkultischen Begründung und Stabilisierung solcher Gesellschaften steht.

287 Allerdings gibt es strikte Regeln der Opferwahl, denen zufolge sich die Opfertauglichkeit zugleich an Nähe und Ferne bemißt, welche das erwählte Objekt zur Gemeinschaft besitzt. Dies Verhältnis begründet auch den Bezug des Opfersubstituts zum »Uropfer«: »... daß alle Opfer, auch Tieropfer, denjenigen gleichen müssen, an deren Stelle sie treten, um dem Appetit der Gewalt eine bekömmliche Nahrung zu liefern. Aber diese Ähnlichkeit darf nicht schlicht und einfach bis zur Verschmelzung gehen, sie darf nicht auf eine katastrophale Verwechslung hinauslaufen.« R. Girard: *Das Heilige und Die Gewalt*, a.a.O., S. 23f.

288 ebenda, S. 140.

289 ebenda, S. 15.

290 So bestimmt sich nach Girard die Stellvertreterfunktion des Opfers im Ritus. Es tritt weder an die Stelle eines Individuums, noch an die Stelle aller Mitglieder einer Gemeinschaft: »*es tritt immer an die Stelle des versöhnenden Opfers*«. Insofern »schützt es alle Glieder der Gemeinschaft vor ihrer eigenen Gewalttätigkeit, und zwar immer durch die Vermittlung des versöhnenden Opfers«, ebenda, S. 151.

291 Zu solchen Stereotypen, in welchen sich Mythen und Riten selbst verkennen, die sich aber als Spuren des Wissens der ihnen zugrundeliegenden Opferselektion verraten, vgl. R. Girard: *Der Sündenbock* [1982]. Zürich 1988, v.a. S. 23ff.

292 »Die Menschen durchdringen das Geheimnis dieser Dualität nicht. Sie müssen die gute Gewalt von der bösen unterscheiden; sie wollen erstere ständig wiederholen, um letztere auszuschließen. Der Ritus ist nichts anderes. Um wirksam zu sein, muß die opferkultische Gewalt der nicht-kultischen Gewalt möglichst ähnlich sein. Deshalb gibt es Riten, die uns schlicht als unerklärliche Umkehrung der Verbote erscheinen.« R. Girard: *Das Heilige und Die Gewalt*, a.a.O., S. 60.

293 ebenda, S. 18.

294 ebenda, S. 75.

295 So bezeichnet Girard den »Stil« der Tragödie als den der »Symmetrieeffekte«, ebenda, S. 102. Insbesondere die Stichomythie realisiert die »perfekte Symmetrie der tragischen Auseinandersetzung«, die wiederum – paradigmatisch dafür ist die Schilderung des Zweikampfes zwischen Eteokles und Polyneikes in den *Phönikerinnen* – eine Gewaltsituation aktualisiert: »Es gibt in dieser Schilderung nichts, was sich nicht auf beide Brüder zugleich anwenden ließe; alle Gesten, alle Schläge, alle Finten, alle Paraden wiederholen sich in identischer Weise auf der einen wie auf der anderen Seite bis zum Ende des Kampfes.« (ebenda, S. 70)

296 So zu deuten ist der Einsturz des Palastes in Euripides *Herakles*, in der *Taurischen Iphigenie*, in den *Bakchen*; vgl. ebenda, S. 67.

297 Auf diese Weise ist »die Tragödie ... immer eine Teilentschlüsselung der mythischen Motive, der Dichter bläst in die erkaltete Asche der Krise des Opferkults, er schweißt die zerstückelten Fragmente der untergegangenen Reziprozität zusammen; er gleicht aus, was die mythischen Bedeutungen aus dem Gleichgewicht bringen. Er erzeugt einen wahren Sturm von gewalttätiger Reziprozität, die Unterschiede schmelzen in diesem Tiegel, wie sie früher von der im Mythos verklärten Krise schmolzen«. »Die Tragödie neigt dazu, die Themen des Mythos in ihre ursprüngliche Gewalt aufzulösen.« R. Girard: *Das Heilige und Die Gewalt*, a.a.O., S. 100.

298 Darauf weist auch Walter Burkert hin, vgl. etwa: W. Burkert: *Homo necans. Interpretationen altgriechischer Opferriten und Mythen*, a.a.O., S. 29, Anm. 34. Vgl. auch: Ders.: *Mythos & Mythologie*, in: *Propyläen Geschichte der Literatur*. Erster Band: *Die Welt der Antike*, a.a.O., S. 11ff.

299 Die Tragödie verrät den Sinn des Opfers, verrät es, indem sie die Stellvertretung kenntlich macht, welche die Theologie verhüllt. Vgl. dazu Girards Bemerkungen zu Euripides *Medea* und Sophokles *Aias*: *Das Heilige und Die Gewalt*, a.a.O., S. 21ff.

300 Auf diese geschichtliche Dimension des *mythologein* weist Klaus Heinrich in seiner Kritik an der *Ödipus*-Analyse von Claude Lévi-Strauss hin, vgl. K. Heinrich: *arbeiten mit ödipus. Begriff der Verdrängung in der Religionswissenschaft*, a.a.o.,S. 191ff.

301 Auf diese Weise entdeckt die Tragödie – zeigt Jan Kott – in der heiligen Zeit der wiederkehrenden Anfänge die Profanität der menschlichen Zeit, in der Reversibilität der mythischen Zeit die Irreversibilität der kreatürlichen Lebenszeit. Und sie tut dies, indem sie die Gewaltförmigkeit der realitätsverbürgenden Grundfigur des rituellen Handelns, des Opfers, zum Vorschein bringt. Der in ihr nicht vollzogene, sondern – im Schein des Zeigens – *bezeichnete* Ritus bringt samt dem in ihm mitvollzogenen Opferakt im Endeffekt die Leiche hervor, die keine Wiederauferstehung kennt; ihre Formen geben, ganz unmittelbar, die Gewaltförmigkeit wieder, die das Opfer im Überspielen der ihm innewohnenden Ambivalenzen verbirgt und damit nur im symbolisch Imaginären zu versöhnen vermag. Im Schein des Theaters scheint die Wirklichkeit auf, die sich darunter verbirgt.

Lieferbare Titel

Rudi Thiessen

Urbane Sprachen – Proust, Poe, Punks, Baudelaire und der Park

Vier Studien über Blasiertheit und Intelligenz
Eine Theorie der Moderne

ISBN 3-930916-09-6
240 Seiten, Hardcover
DM 48,- SFr 45,- ÖS 350,-

»Es ist ein gefährliches Gemisch, das Thiessen angesetzt hat, von Mae West zu Miles Davis mit dem Minirock als Zwischenstation. (...) Ein nicht alltäglicher Versuch, Theorie zu machen.«
(Sender Freies Berlin)

Rudi Thiessen

It's only rock'n'roll but I like it

Kult und Mythos einer Protestbewegung

ISBN 3-930916-17-7
248 Seiten, 6 Abb., Hardcover
DM 48,- SFr 45,- ÖS 350,-

»Eine assoziationsreiche Spritztour für Anspruchsvolle.«
(Tages-Anzeiger Zürich)

Torah/Nomos/Ius

Abendländischer Antinomismus und der Traum vom herrschaftsfreien Raum

Hg. v. G. Palmer, R. Haffke, C. Nasse, D. von Tippelskirch

ISBN 3-930916-19-3
344 Seiten, Broschur
DM 48,- SFr. 45,- ÖS 350,-

Joachim-Tiburtius-Preis 1996

Theresia Birkenhauer

Legende und Dichtung

Der Tod des Philosophen und Hölderlins Empedokles

ISBN 3-930916-06-1
608 Seiten, Hardcover
DM 98,- SFr 89,20 ÖS 715,-

»Die ungemein gelehrte, stets anschaulich geschriebene und streckenweise gar spannend zu lesende Monographie gibt einen tiefen Einblick in die Poetologie Hölderlins.«
(Neue Zürcher Zeitung)

Herbert Ihering

Werner Krauß

Ein Schauspieler und das neunzehnte Jahrhundert

Hg. v. Sabine Zolchow und Rudolf Mast
Mit einem Vorwort von Klaus Kreimeier

ISBN 3-930916-15-0
96 Seiten, 3 Abb., Broschur
DM 28,- SFr. 26,- ÖS 204,-

Thomas Bernhard – Eine Einschärfung

Hg. v. Joachim Hoell, Alexander Honold, Kai Luehrs-Kaiser

2. Auflage
ISBN 3-930916-21-5
100 Seiten, 25 Abb., Broschur
DM 28,- SFr 26,- ÖS 204,-

Filmbuch des Jahres 1995 (epd-Film)

Karsten Witte

Lachende Erben, Toller Tag

Filmkomödie im Dritten Reich

ISBN 3-930916-03-7
276 Seiten, Hardcover
DM 48,- SFr 45,- ÖS 350,-

»Ein Buch der luziden Erkenntnisse, brillanten Formulierungen, bildgenauen Analysen.«
(Die Zeit)

Ernst-Reuter-Preis 1993

Hermann Kappelhoff

Der möblierte Mensch

G. W. Pabst und die Utopie der Sachlichkeit

Ein poetologischer Versuch zum Weimarer Autorenkino

ISBN 3-930916-02-9
268 Seiten, 5 Abb., Hardcover
DM 48,- SFr 45,- ÖS 350,-

»Mit seiner Poetik der Imagination räumt Kappelhoff ein enormes Defizit in der Pabst-Forschung aus.«
(Frankfurter Rundschau)

Zeitsprünge

Hg. v. Ursula Keller

Beiträge von : Wolfgang Kaempfer, Hans-Joachim Lenger, Peter Gendolla, Norbert Bolz, Christina von Braun, Georg Christoph Tholen, Hans Ulrich Reck, Jochen Hörisch, Detlef B. Linke, Ludger Heidbrink

ISBN 3-930916-23-1
210 Seiten, Broschur
DM 58,- SFr 54,- ÖS 420,-

Thomas Elsaesser

Das Weimarer Kino – aufgeklärt und doppelbödig

ISBN 3-930916-24-X
360 Seiten, Hardcover
DM 64,- SFr 58,- ÖS 465,-
erscheint im Oktober 1999

Die in bündiger Eleganz geschriebenen und brillant argumentierenden Essays entfalten das »historisch Imaginäre« des Weimarer Kinos und verfolgen dessen Spuren bis in die Folgezeit von Exil und national-sozialistischer Filmproduktion.

Astrid Deuber-Mankowsky

Der frühe Walter Benjamin und Hermann Cohen

Jüdische Werte, Kritische Philosophie und vergängliche Erfahrung

ISBN 3-930916-27-4
400 Seiten, Broschur, Fadenheftung
Ca. DM 54,- SFr 49,- ÖS 392,-
erscheint im Oktober 1999

Subtil und feinfühlig zeichnet Deuber-Mankowsky das Tasten, Suchen und Abgrenzen im Frühwerk Benjamins nach und beleuchtet den Weg, der Benjamin über die Jugendbewegung, die Gedichte Georges und das Konzept des »Kulturzionismus« zu einem der wichtigsten Kulturkritiker seiner Zeit werden ließ.

Reihe Traversen –

ästhetische Studien zum Denken der Bilder
herausgegeben von Hermann Kappelhoff

Traversen 1

Annette Storr

Haben Gertrude Steins Stücke etwas mit Theater zu tun?

ISBN 3-930916-01-0
48 Seiten, Broschur
DM 19,- SFr. 18,50,- ÖS 139,-

Traversen 2

Anja Streiter

Das Unmögliche Leben

Filme von John Cassavetes

ISBN 3-930916-04-5
120 Seiten, Broschur
DM 28,- SFr. 26,50,- ÖS 204,-

»... vorzüglich analysiert und brillant geschrieben.«
(Frankfurter Rundschau)

Traversen 3

Zeitlichkeiten – Zur Realität der Künste

Theater, Film, Photographie, Malerei, Literatur

Hg. v. Theresia Birkenhauer und Annette Storr

ISBN 3-930916-07-X
256 Seiten, Broschur
DM 38,- SFr 35,- ÖS 277,-

Traversen 4

Karsten Witte

Die Körper des Ketzers

Pier Paolo Pasolini

Mit einem Vorwort von Rudi Thiessen

ISBN 3-930916-10-X
180 Seiten, Broschur
DM 38,- SFr 35,- ÖS 277,-

»ein intelligenter Längsschnitt durch die publizistische Arbeit Wittes.«
(Die Zeit)

Traversen 5

Brigitte Peucker

Verkörpernde Bilder – das Bild des Körpers

Film und die anderen Künste

Aus dem Amerikanischen
von Sabine Zolchow

ISBN 3-930916-20-7
224 Seiten, Broschur
DM 38,- SFr 35,- ÖS 277,-
Erscheint Oktober 1999

Traversen 6

Lars Henrik Gass

Das ortlose Kino

Über Marguerite Duras

ISBN 3-930916-25-8
200 Seiten, Broschur, Fadenheftung
DM 38,- SFr 35,- ÖS 277,-
erscheint im Oktober 1999

Ihre Bücher sind bekannt, ihre Filme schon weniger; dochvöllig unbekannt sind die Beziehungen zwischen ihren Büchern und Filmen sowie die Tatsache, daß Marguerite Duras zwanzig Jahre lang nahezu ausschließlich für ihre Filme schrieb.

Reihe Texte zum Dokumentarfilm
Hg. EDI/dfi

Band 1

Dokumentarisch Arbeiten

Hg. v. Gabriele Voss

Christoph Hübner im Gespräch mit Jürgen Böttcher, Richard Dindo, Herz Frank, Johan van der Keuken, Volker Koepp, Peter Nestler, Klaus Wildenhahn.

2. Auflage
ISBN 3-930916-08-8
206 Seiten, Broschur
DM 28,- SFr 25,50 ÖS 204,-

»...ein Lehrbuch für junge Dokumentaristen.« (Filmgeschichte)

Band 2

Marcel Ophüls

Widerreden und andere Liebeserklärungen

Texte zu Kino und Politik

Hg. v. Ralph Eue und Constantin Wulff

2. Auflage
ISBN 3-930916-12-6
272 Seiten, Broschur
DM 36,- SFr 33,- ÖS 263,-

»... ein überraschendes, intelligentes, herausragendes Buch.« (Filmgeschichte)

Band 3

Bilder des Wirklichen

Texte zur Theorie des Dokumentarfilms

Hg. v. Eva Hohenberger

Mit Beiträgen von Jean-Louis Comolli, John Grierson, Roger Odin, Maxime Scheinfeigel, Vivian Sochack, Trinh T. Minh-Ha, Dsiga Wertow, Klaus Wildenhahn

ISBN 3-930916-13-4
344 Seiten, Broschur
DM 36,- SFr 33,- ÖS 263,-

Band 4

Kaja Silverman/ Harun Farocki

Von Godard sprechen

Mit einem Vorwort von Hanns Zischler

ISBN 3-930916-18-5
258 Seiten, Broschur
DM 38,- SFr. 35,- ÖS 277,-

Band 5/dfi (Hg.)

Alexander Kluge

»In Gefahr und größter Not bringt der Mittelweg den Tod«

Texte zu Kino, Film, Politik

Hg. v. Christian Schulte

ISBN 3-930916-28-2
Ca. 300 Seiten, Broschur, Fadenheftung
Ca. DM 38,- SFr 35,- ÖS 277,-
erscheint im Oktober 1999

Der Band versammelt die wichtigsten, vielfach vergriffenen Texte und Essays zu Film und (Medien-)Politik aus einem Zeitraum von über 20 Jahren.

»off«-Texte 6
Schriftenreihe des Filmmuseums im Münchner Stadtmuseum

Schönberg / Blonda / Huillet / Straub

Von heute auf morgen

Oper / Musik / Film

Hg. v. Klaus Volkmer, Klaus Kalchschmid, Patrick Primavesi

ISBN 3-930916-16-9
128 Seiten, zahlreiche Abb., Broschur
DM 34,- SFr 31,50 ÖS 248,-

»Mehr als ein ›Filmbuch‹ – eine kenntnisreiche Hommage an die ›Ästethik des Widerstands‹ der Straubs.« (Frankfurter Rundschau)

Documenta Choreologica / Tanzarchiv Leipzig

Spiegelungen

Die Ballets Russes und die Künste

Hg. v. Claudia Jeschke, Ursel Berger, Birgit Zeidler

ISBN 3-930916-11-8
256 Seiten, über 100 Abb., Hardcover
DM 56,- SFr 51,- ÖS 248,-

»Vielschichtig wie das Phänomen selbst, versuchen die Autoren und Autorinnen Annäherungen aus den verschiedenen Richtungen. Die Perspektiven fügen sich wie Mosaiksteine zu einem Bild.« (Tanzdrama)

Documenta Choreologica / Tanzarchiv Leipzig

Bewegung im Blick

Beiträge zu einer theaterwissen schaftlichen Bewegungsforchung

Hg. v. Claudia Jeschke

ISBN 3-930916-22-3
Ca. 512 Seiten, Broschur, Fadenheftung
DM 64,- SFr 58,- ÖS 465,-
erscheint im November 1999

Bewegung im Raum – nicht nur Tanz und Choreographie leben davon, mit dieser grundlegenden Kategorie arbeiten alle Bereiche des Theaters. Wie jedoch wird Bewegung in den unterschiedlichen Sparten des Theaters inszeniert?

Verlag Vorwerk 8
Großgörschenstraße 5 /
10827 Berlin
Telefon 030-7846101
Telefax 030-7813925
e-mail vorwerk8@berlin.snafu.de